SV

Ludwig Hohl
Die Notizen
oder
Von der unvoreiligen Versöhnung

Suhrkamp

»Die Notizen oder Von der unvoreiligen Versöhnung«
erschien erstmals in der Artemis Verlags-AG. Zürich in zwei Bänden;
der erste Band 1944, der zweite Band 1954.

© dieser Ausgabe Suhrkamp Verlag Frankfurt am Main 1981
Alle Rechte vorbehalten
Druck: Georg Wagner, Nördlingen
Printed in Germany

Die Notizen sind geschrieben worden in den drei Jahren 1934 bis 1936, während deren ich in Holland in größter geistiger Einöde lebte. Das ursprüngliche Manuskript, bedeutend umfangreicher als die endgültige Fassung, welches Anfang 1937 vorlag, enthielt die Texte in der chronologischen Reihenfolge ihres Entstehens; und in den folgenden Jahren ist dieses Manuskript umgebaut worden nach rein thematischen Gesichtspunkten, d. h. ohne die mindeste Rücksicht auf das Datum des Entstehens der einzelnen Stücke. (Das letzte Stück des XII. Teils, zum Beispiel, ist früher entstanden als das erste des I. Teils usw.) Und zwar erfolgte diese Aufteilung prinzipiell – d. h. soweit dergleichen praktisch möglich ist – gleichzeitig. Das Umbauen war dem Willen entsprungen, dem Ganzen eine – offenbar bis jetzt noch kaum von jemandem beachtete – Struktur zu geben. – Was während der langen Zeit des Auswählens, Anordnens, Eliminierens an Neuem hinzugekommen ist (vorwiegend Fußnoten), besteht in insgesamt ein paar Seiten, ist also dem Ganzen gegenüber belanglos.

Widerliche Umstände haben dazu geführt, daß das ganze Werk bisher nie in einem Bande gedruckt wurde. 1944 erschienen die Teile I bis VI in einem ersten, 1954 die Teile VII bis XII in einem zweiten Band. Diese Aufteilung war ganz arbiträr. Sie mußte den Eindruck erwecken, der zweite Band sei eine Art Nachläufer des ersten oder er sei später entstanden. Daß in den letzten Jahren einzelne Teile gesondert erschienen, verwischte die Erinnerung an das Ganze vollends. Aber das Werk – was immer es sei – kann nicht richtig erfaßt werden, bevor man seine Einheitlichkeit erfaßt hat. Es ist nicht eine Sammlung von Aphorismen.

Wenn einem Leser nach längerer Beschäftigung mit dem Werk der Untertitel *Von der unvoreiligen Versöhnung* nicht klar geworden sein sollte, so tut er gut daran, das Buch, für eine Zeit wenigstens, wieder aus der Hand zu legen.

Daß vieles lapidar tönt, war mir nicht unbekannt, lange bevor man es mir vorgeworfen hat. Wozu ich aber bemerken muß, daß gerade einige der am meisten lapidar tönenden Stellen mir die liebsten sind. – Die Erwägung, ob etwas kompliziert und neu aussehe, und »dichterisch« genug für gewisse Leute, hat mich nie leiten können. Es kam mir auf etwas ganz anderes an . . .; vielleicht den Hitzegrad; oder den Härtegrad.

Die Kritik, wie sie im allgemeinen geübt wird, gehört in den Bezirk des Amüsanten, möge sie tadelnd oder lobend sein. – Wenn welche das Werk kurzerhand ablehnen – sei es, daß es ihnen zu verwirrt oder zu lapidar, zu dunkel oder zu sinnlich, zu autodidaktisch oder zu literarisch, zu formlos oder zu konstruiert erscheint –, so nehme ich gerne die Gelegenheit wahr, jenes Wort Goethes anzubringen, das ich seinerzeit, vor nun bald 45 Jahren, als Motto vor die Gesamtabschrift der »Notizen« gesetzt hatte:

> Sie sagen, das mutet mich nicht an!
> Und meinen, sie hätten's abgetan.

Genf, Oktober 1980   Ludwig Hohl

I. Vom Arbeiten

Ψυχῆς ἐστι λόγος ἑαυτον αὔξων
Heraklit

1

Der Mensch lebt nur kurze Zeit.

Verhängnisvoll ist, sich einzubilden – genauer: die kindische Einbildung zu bewahren –, daß wir lange leben. Alles würde, wenn wir bei Zeiten von der Kürze unseres Lebens wüßten, sehr geändert sein.

Nun sieht unser Leben von der Kindheit aus gesehen freilich lang aus; von seinem Ende aus unerhört kurz; welches ist seine reale Dauer? Sie hängt davon ab, wie oft und von wie früh an du dein Leben als kurz betrachtet hast.

(Denn nicht die Uhr mißt die Länge eines Lebens; sondern das, was drin war.)

Alles, was wir handeln, muß, wenn es Wert haben soll, vom Betrachtungspunkt der Kürze unseres Lebens aus gehandelt sein.

Stehen wir nicht da, so werden wir, auch wenn wir scheinbar tätig sein sollten (äußere Gewalten treiben uns zumeist zu einer scheinbaren Tätigkeit und lassen uns ihr nicht mehr entrinnen), vorwiegend in immerwährender *Erwartung* leben; stehst du aber da, so willst du vor allem andern selber rasch noch etwas *tun* (– und mit einem ganz andern Ernste, als jenes Tun geschieht, in dem dich fremde, äußere Mächte gefangen halten). Es ist aber etwas tun und solches Tun – eigenes Tun, zu dem dich nicht fremde äußere, sondern innere Gewalten nötigen –, das einzige, was Leben gibt, was retten kann.

Solches Tun nenne ich Arbeiten.

Ich füge der Deutlichkeit halber nochmals den Abschnitt bei (aus *Nuancen und Details* II, 51), der, wenn auch keine Definition in dem Sinne, daß er das Wesen der Arbeit erklären würde, doch so definitionsmäßig ist, daß er alles unerbittlich auszuschließen zwingt, was ich nicht als Arbeit anerkenne.

»Arbeit ist immer ein Inneres; und immer muß sie nach einem Außen gerichtet sein. Tätigkeit, die nicht nach einem Außen gerichtet ist, ist keine Arbeit; Tätigkeit, die nicht ein inneres Geschehen ist, ist keine Arbeit.«

Es wurde noch darauf hingewiesen, daß das Außen verschieden sein kann: »Wenn es sich aber um innerliche Stoffe, innere Gebiete der Arbeit handelt? Dann immer nach dem relativen Außen (muß die Tätigkeit gerichtet sein): in diesem Inneren wieder dem Außen. (So ist das Klare dem Unklaren gegenüber ein Außen, der Gedanke der Ahnung gegenüber, das gesprochene Wort dem Gedanken gegenüber.)«

Um zu illustrieren: Der Künstler X., der sich seit drei Monaten allein mit »den Bewegungen seiner Seele« beschäftigt, statt seine sichtbaren Werke weiterzuführen – nachdem er doch einmal so weit ist, sichtbare Werke hervorbringen zu können –, arbeitet nicht. »Tätigkeit, die nicht nach einem Außen gerichtet ist, ist keine Arbeit.« Umgekehrt, Herr Durchschnitt, dessen Tätigkeit seit zehn Jahren den Bewegungen einer Mühle gleicht, arbeitet nicht: Seine Tätigkeit ist nicht ein inneres Geschehen.

Davon aber, was das Innere eines Tuns ausmacht, habe ich an mancher andern Stelle gehandelt. (Es besteht, um es kurz zu sagen, in der vollen Notwendigkeit des Tuns.)

Ich hebe davon noch besonders diese hervor (*Nuancen und Details* II, 11):

»Hindern dich die Umstände an der Entfaltung deiner Tätigkeit? Dann wirke auf die Änderung der Umstände hin und du hast darin deine Tätigkeit.«

Ja ich finde es sinnvoll, als Abschluß dieser kleinen Zusammenstellung von Einführendem und Hinführendem, jene ganze Seite nochmals wiederzugeben:

»Es fehlt . . ., ›in unserer innersten Seele‹ möchte ich sagen, an *farbigen Bildern: das ist unser Übel*[1].

Und unsere Entscheidung ist das: welchen Weg wir, diese *farbigen Bilder* zu erlangen, einschlagen. Da gibt es wirklich nur *einen* Weg, und hundert

---

[1] Ich finde nachträglich dazu diesen Satz in den Briefen der Katherine Mansfield: For it seems to me we live on new impressions – really new ones.

falsche. (Die meisten falschen bestehen darin, irgendeine Art Glück zu erhoffen, auf Glück irgendwie zu *warten.*) Der richtige Weg ist die Entfaltung der vollsten Tätigkeit, die uns möglich ist. Der vollsten: an unserem Vermögen (unseren Bedingungen) und an der Wirkung auf andere (uns wie andere) gemessen. Ein bißchen stricken genügt da nicht (oder es müßte, dem es genügte, ein trauriges Wesen sein). Hindern dich die Umstände an der Entfaltung deiner Tätigkeit? Dann wirke auf die Änderung der Umstände hin und du hast darin deine Tätigkeit. Wohl müssen wir, wie das Buch Jona es lehrt, ›gnädig‹ mit unserer (mit *der*) Natur sein, das heißt sie nicht überrennen wollen (es kommt nur zu *ihrer* Zeit die große Bewegung, die wir träumen), sie auch ›ausruhen‹ lassen (wie wir das vorläufig der Kürze wegen nennen); aber es gibt nur *einen* richtigen Weg...«

2

Dieser Mensch will nicht und will nicht arbeiten; mögen wir ihm nun die und jene Dinge zuschieben, die Methoden unserer Beeinflussung auf alle Arten ändern –: Arbeiten ist das einzige, bei dem einem kein anderer helfen kann.

Denn beim Nähen und Mähen kann ein anderer helfen, beim Abschreiben, bei allen Gliederbewegungen und allen Sprechbewegungen und allen diesen Dingen, nicht beim Arbeiten.

3

Worin besteht denn eines Menschen Wert, in dieser Welt, wo alles schwankt?

Es ist aber diese Schwierigkeit, menschlichen Wert zu bestimmen, auch wieder nur eine scheinbare Schwierigkeit, diese ernst sich gebende Frage eine Trugfrage; ist eine Frage bei jenen, die *nicht am Ort* sind; was können sie sich interessieren? Schwindelei! Die aber am Ort sind, sehen es besser. Das ist des Menschen Wert: *daß er Wert will.*

Sogleich aber muß hier gewarnt werden vor zwei Mißverständnissen – Ungenauigkeiten des Denkens, die zu gefährlichen Verwechslungen führen:

Erstens ist Wert wollen nicht dasselbe wie *sagen*, man wolle Wert (so wenig wie Liebe und das Gesäusel *von* Liebe dasselbe sind).

Zweitens ist Wert wollen nicht dasselbe wie Fett wollen, äußere Macht wollen.

(In Urzeiten mochte indessen hier Identität bestehen und sie besteht bei den Tieren wohl heute noch. Die immer und überall zugrundeliegende Forderung ist freilich die von *mehr* Leben, größerem Leben; nun ist es jedoch in das durch Jahrtausende entwickelte menschliche Bewußtsein längst, Jahrtausende schon, eingegangen, daß es für den Menschen unmöglich ist, auf jenem Wege – dem der Entfaltung von Gewicht, Masse, äußerer Macht – eine größere Quantität von Leben zu erlangen. Wer aber Wert will, kann nicht unaufrichtig sein; d. h., er kann niemals handeln *unter Verneinung schon erreichter Bewußtseinsstufen.*)

– Wert wollen ist nicht dasselbe wie sagen, man wolle Wert: ist aber identisch mit dem Arbeiten.

Wie würde man es aber verstehen, wenn ich sagte »des Menschen Wert liegt im Arbeiten«, heute, im *Derwisch-Zeitalter*:

> Tourne, tourne, le derviche!
> Que la force centrifuge
> Cravache aux quatre horizons
> Ses bras, ses yeux, sa raison!
> (Fernand Lot.)

– heute, wo man zehn Stunden sich im Kreise drehen oder den Fußboden so lange reiben, bis er weg ist, als Arbeiten auffaßt?

Man darf nicht enden, darauf aufmerksam zu machen, daß die meisten Menschen sich vor dem Arbeiten flüchten nicht in die Faulheit – nicht in die apparente Faulheit –, sondern in eine total tote Beschäftigung; nicht in die Bewegungslosigkeit . . . die wahre heutige Faulheit besteht in einer toten Bewegung.

Vollständige, apparente Bewegungslosigkeit wäre wohl in manchen Fällen sogar besser, weil aus ihr die legitime Bewegung brechen, in ihr die legitime Bewegung wieder ihren Anfang finden könnte.

»Beschäftigung, Bewegung«: ist denn Arbeiten nicht gleich Bewegung (Bewegung also auch gleich Arbeiten)?

Arbeit ist Bewegung . . ., *aber die unsrige.* Wir haben die verhängnisvolle Fähigkeit, andere nachahmen zu können, z. B. ein Mühlrad.

Das wirkliche Mühlrad, das sich dreht, arbeitet: denn das Drehen ist *seine* Bewegung, ist seine volle Möglichkeit. Auch die Katze arbeitet mit ihren Bewegungen, sie ist vollständig da in ihnen, vollführt sie zu ihrem Fortschritt. Und die Kinder vorwiegend. Wer das hohe Lob der Kinder im Neuen Testament – eine der eigentümlichsten und vielleicht die modernste Seite dieser interessanten Schrift, die fast zwei Jahrtausende lang mehr Macht ausübte als irgendein anderes Buch –, wer dieses unvermittelt hervorbrechende, intensive Lob der Kinder nicht voll begreift, sondern mühsam erklären muß – was ungefähr das Gegenteil ist von vollem Begreifen –, ja, der hat auch nicht begriffen, was Arbeit ist.

4

Wir bauen. Aber wo der Bauherr ist, wissen wir nicht. Tue nur das Deinige, das du wohl finden kannst.

5

Im Künstlerischen:
»Gibt es da nicht für deine Entwicklung gefährliche Einflüsse?«
– Wenn ich sehr arbeitsam bin, ist für mich nichts eine Gefahr.

6

Jede Arbeit geht von selber dahin, wo sie keine mehr ist.

Aufgabe des wirklichen Arbeiters ist daher vor allem dieses: immer umzuschalten; fortwährend die richtigen Momente wahrzunehmen, in denen ein Umschalten nötig ist.

Wie schon oft gesagt worden ist und stets wiederholt werden muß, haben sich die meisten Menschen vor dem Arbeiten geflüchtet nicht in die Bewegungslosigkeit, sondern in eine total tote Bewegung.

7

Sie rennen mit entsetzlicher Eile zum Bahnhof und steigen in einen Güterzug. Und selten einmal einer schreitet ganz langsam und fährt mit dem Blitz.

8

Man kann nicht weder im Positiven noch im Negativen, sondern neutral, latent, wartend leben, – »einfach leben«; so wenig, wie man Worte, die weder eigene noch fremde sind, gebrauchen kann; sondern wo du nicht positiv – nicht eigenes Leben – lebst, lebst du *schon* negativ, schon das Leben anderer; genau wie ein von mir verwendetes Wort, das nicht *mein* Wort ist[1], schon Plagiat ist.

9

»O Herr, gib jedem seinen eignen Tod!« hat Rilke ausgerufen.

»Gib jedem seine eigene Arbeit« möchte ich lieber gehört haben. (Und »eigene Arbeit« ist hier eine sich anschmiegende Redeweise; denn was ich Arbeit nenne, ist eben immer die eigene.) »Gib«? Nun ist die Frage, wer das geben soll. Was brauchen wir denn noch einen, der es gibt, da die Menschen, wenn sie sich's nehmen, es schon haben? (Abgesehen davon, daß die Herren den Menschen nicht deren eigene Arbeit zu geben pflegen, sondern etwas Entgegengesetztes.)

Der eigne Tod . . . – das ist wohl wunderbar, ist vielleicht das Höchste. Es fragt sich aber, wie dazugelangen? Der eigne Tod –, ja, er ist die Krönung: was nützt es aber, einem zu rufen »laß dich krönen!«, wirst du ihm nicht eher die Wege zeigen sollen, die zur Krönung führen?

Auf die eigene Arbeit folgt notwendigerweise der eigene Tod.

10

Methode:
Sich hineinlegen in die Dinge: das Schwimmen sei uns ein Bild davon! Zu handeln ohne Ruck und Stoß. Wütendes

---

[1] »Mein Wort«: das heißt voll verantwortet von mir. Vgl. VI, 30.

Umsichschlagen, besonders am Lande, nützt nichts. Besser ist gleich beginnen und wenn es auch sachte wäre; das Element trägt und das ist die Hauptsache.

Es ist nicht Kraft, was den guten Schwimmer macht, sondern das Vertrauen in das Element, das *schon körperlich gewordene* Vertrauen.

(Der sich am vertrauensvollsten hineinlegen kann in das Element, ist der beste Schwimmer. Mit geringer Kraft schießen die Fische wie Pfeile.)

11

Die Tätigkeiten müssen sich jagen, müssen dicht ineinandergreifen.

Mein Bekannter X. hat einmal behauptet, man müsse eine neue Frau haben, bevor die Beziehung mit der alten aufgehört habe. Jedenfalls muß es mit der Produktion so sein.

12

Schon darum darf man nicht aufhören zu arbeiten:

Die äußeren Umstände, die günstigen, ungünstigen, hemmenden, beflügelnden, wechseln unaufhörlich miteinander ab und zwar ganz unberechenbarerweise. Es kann auf eine lange Epoche schwerster Hinderung fast plötzlich eine der höchsten Förderung einsetzen; derjenige nun, der sich während der latenten Epoche nicht in dauernder Übung gehalten hat – selbst wenn nur das bescheidenste, selbst wenn gar kein sichtbares Resultat erreicht werden konnte! –, braucht eine *Zeit*, sich in die geänderten Bedingungen zu finden (gleichsam verrostet), seinen Zustand in Tätigkeitszustand zu wandeln; und inzwischen sind vielleicht die günstigen Umstände schon wieder vorbei (pflegen nicht die glänzendsten Konjunkturen die geringste Dauer zu haben?), in jedem Fall ist der Verlust ein erschreckender[1].

13

Herr Meyer,
das ist ein Herr, der von sich gerne behauptet, daß er festen Boden unter den Füßen habe.

14

Nachdem es mir endlich gelungen war, Herrn Meyer zu definieren
– als den Mann, der bei lauter Nichtgelegenheiten: also *nicht* beim Durchschreiten eines Sumpfgewässers oder Flusses (wo wir auf eine solche Auskunft vielleicht gespannt wären, wo sie einen Sinn haben könnte), nicht beim Durchqueren eines durch Neuschnee trügerisch gemachten Gletscherspaltengewirres; sondern wenn ein neuer Planet entdeckt wurde, oder wenn man von Johann Sebastian Bach redet, oder von den Kunsthändlern, die durch van Gogh reich geworden sind, oder von der Bedeutung der Träume: der bei lauter solchen Nichtgelegenheiten versichert, *er habe festen Boden unter seinen Füßen* –,
habe ich gründlich nachgedacht, was das heißen soll.
Mit diesem Boden kann nicht der irdische Boden gemeint

---

[1] In einem Augenblick sauste der Hase vorüber und die faulen Jäger riefen nach ihren Gewehren. – Eines Tages wurde die Ankunft des Fischzuges gemeldet. Die Fischer aber, die sich der Schlemmerei ergeben hatten, mußten erst ihre Netze flicken, ihre Geräte suchen, ihre leck gewordenen Schiffe pflegen. – Man weiß nicht, zu welcher Stunde der Nacht der Bräutigam kommt. Plötzlich erschien er; und siehe, die ihn empfangen sollten, schliefen, waren nicht da, ihre Lämpchen brannten nicht mehr.

sein. Mit diesem Boden kann auch nicht der *reale* Boden: der Boden, den wir selber bauen, gemeint sein. (Denn der schwebt uns nicht als unter den Füßen vor, sondern in Kopfhöhe, mit sehr fernem Horizont, in den seltenen Momenten, da er uns vorschwebt.) Mit diesem Boden kann gar kein Boden gemeint sein.

Nachdem ich es einmal herausgefunden habe, muß ich den Mut aufbringen, es zu sagen. Es heißt, daß Herr Meyer sich nie, *sich unter keinen Umständen auf ein Arbeiten einlassen wird*. Auf seine, die entsetzliche Weise ausgedrückt. Wie es mir gelungen ist, durch diese bergehohe Sinnlosigkeit der Ausdrucksform hindurch doch bis zu dem zu dringen, was gesagt werden sollte? Ja, darüber staune ich nun selber fast. (Jemand redet von »festem Boden unter den Füßen« und wir finden schließlich heraus, erstens, daß nicht von irdischen Verhältnissen, sondern von der schwer zugänglichen Region des unsichtbaren, realen Lebens geredet wird, zweitens, daß aber dort ziemlich genau das Gegenteil von dem gesagt werden soll, was die Worte, wie man sie auch drehe, ausdrücken können!) Doch habe ich es als ganz gewiß erkannt, es ist kein Zweifel mehr möglich. Die Verbindungen des dunklen Ausspruchs – das heißt aber die äußeren begleitenden Umstände, denn es waren ja eben keine wirklichen Verbindungen da –, das jeweilige Gleichartige in den verschiedenen Umständen, Herrn Meyers Miene, Ton, Haltung, haben mich es plötzlich ahnen lassen; und hundert Nachprüfungen haben mich sicher gemacht.

15

Eins in Dreien, Drei in Einem habe ich nie gesehn, aber Zwei in Einem, Eins in Zweien oft. Von den zwei geheimnisvoll verbundenen Gesichtern dieser Dinge schaute fast jedesmal, wenn man das eine sehen wollte oder zu sehen erwartete, einen das andere an; und in Momenten des Überganges schimmerten beide durcheinander.

Das waren: Tun und Erkennen, Erkennen und Tun, wie sie im Arbeiten vereinigt sind.

Und andrerseits auch das Arbeiten in örtlicher Hinsicht: »Arbeit ist immer ein Inneres; und immer muß sie nach einem Außen gerichtet sein.«

16

Demjenigen, der etwa sagt, daß auf diese Art schreiben leichter ist als auf jene Art schreiben, sein Leben lang Geld zusammenhamstern leichter als etwas leisten, rufen sie zu: »Mach's nach, das Leichtere, wenn es doch leichter ist!«

Wenn ich sage, daß den Mount Everest besteigen, oder auch nur die Aiguille Doran, schwerer ist, als um die Erde zu trotten, sagen sie »so trotte erst um die Erde und wir glauben dir«.

Das würde eine schöne Reihe von Dingen werden, um die ich trotten müßte, wenn ich all die Wege begehen wollte, die zu begehen mich die Idioten auffordern.

17

Kein Mensch kann gleichzeitig an mehreren Stellen arbeiten.

Um abzustoßen, muß man einen Widerstand leistenden Boden haben. Wenn der Monteur sich auf einer Leiter zur Decke des Zimmers erhebt, um dort etwas zu verändern, darf nicht zugleich unter den Füßen der Leiter etwas verändert werden, oder dann muß man gefaßt sein, daß der Monteur stürzt. Während die eine unserer Bewegungen verändernd, schöpferisch – das heißt Arbeit – ist, müssen die andern Bewegungen unseres Alltags mechanisch geschehen – das heißt das Gegenteil von Arbeit sein –, damit sie die das Arbeiten ermöglichende *Basis* bilden. Es kommt darauf an, daß wir unsere Kräfte vereinigt nach *einer* Stelle lenken – derjenigen, wo wir unser höchstes Resultat bringen können –; und daß wir an die andern Stellen, wo auch gewisse Bewegungen (sekundäre Dienste) nötig sind, keine Kräfte hinfließen lassen, oder das Minimum von Kräften: was eben heißt, daß unsere gewöhnlichen Alltagserledigungen *mechanisch* geschehen sollen.

Sofort müssen wir an Kant denken, einen überaus schöpferischen Menschen – das heißt überaus großen Arbeiter –, von dem man erzählt, daß er etwa dreißig Jahre lang sich jeden Tag um fünf Uhr erhoben, um zehn Uhr niedergelegt habe, daß er jeden Tag zur selben Stunde am selben Haus vorbeigekommen sei, so daß die Leute ihm den Übernamen »die Uhr« verliehen. Es wäre leicht und kurzsichtig, diese Lebensführung einem natürlichen Hang zum Pedantismus zuzuschreiben. Sie stand in enger Beziehung mit der überaus großen Arbeit; Nachprüfungen überall da, wo sehr große Arbeit war, werden ganz Ähnliches zeigen. (Nur im Vorübergehen werfen wir einen Blick auf die Lebensweise von Rodin, Cézanne, Balzac, Spinoza; auch die Arbeitsweise von Thomas Mann soll ganz »pedantisch« sein.) In gewissen Vierteln von Großstädten, wie dem Montparnasse, begegnet man bisweilen ungemein aufsehenerregenden Künstlerfiguren; nichts an ihrer Erscheinung ist konservativ; ihr Dasein ist eine Kette von unschuldigen Skandalen: Nicht so war Lenin, der Jahre oder fast Jahrzehnte lang in Bibliotheken arbeitete, Hefte mit winziger Handschrift füllend, äußerlich wie ein Bürger lebend, der aber dann allerdings die Welt veränderte. Cézanne, der größte Revolutionär unter den Künstlern,

Vom Arbeiten 21

fristete das Dasein eines kleinen, ängstlichen Rentners, zurückgezogen, karg an Gesten, ja fast karg ... an Geist. Das Feuerwerk zischt nach allen Seiten, die Kanone ist präzis und still.

Womit verbringt denn ihre Tage Frau Meyer? (Frau Meyer, die besonders in den nördlichen Teilen Europas und in den wohlhabenderen Ständen viele Schwestern hat.) Sie widmet sich ihrer Haushaltung. Und diese Haushaltung ist reich! Das heißt, eigentlich nicht so sehr; es ist eine ganz kleine Haushaltung; und wenn für Ernährung gesorgt und die Wohnung einigermaßen rein gehalten wird, ist alles geschehen, was man vernünftigerweise hier tun kann; jedoch bei Frau Meyer ist Haushalten eben schöpferisch! Keine Handlung findet man da, die mechanisiert wäre; Frau Meyer ändert unaufhörlich alles, von der Art ihrer Speisenzubereitung und ihres Einkaufens bis zur Anordnung der Teppiche; etwas am Hausstand ist jederzeit provisorisch; sie ändert die Reihenfolge der Erledigungen und wieder der Teile jeder einzelnen Erledigung, so daß immerfort Erschwerendes, Unerhofftes, Neues entsteht. Und so, über dieser erfindungsreichen, schöpferischen Art ihrer Ausführungen, bringt sie es denn zustande, täglich zehn Stunden für die Erledigung ihrer Hausgeschäfte zu verwenden, auch wenn dieser Hausstand nur zwei Personen umfaßt und die Wohnung noch so klein ist, auch wenn sie ein Dienstmädchen hat, und endlich noch zu klagen über die viele Arbeit[1]. Es ist eine Schande.

Man warte mit dem Einwand, Frau Meyer fülle ihre Zeit so

---

[1] Erklärungen wie, es liege nicht im Bereich einer Frau Meyer..., es müsse auch gewöhnliche, einfache Leute geben, u.s.f., kennen wir. Sie sind falsch. Es müsse auch die Kleinen geben: sage ich denn, daß Frau Meyer größer sein soll, als sie sein kann? Sage ich denn, daß Frau Meyer die Werke Goethes hätte schreiben sollen? Das Schöpferische in dem universalen Sinne, wie ich es verstehe, hat nicht nur mit jenen eigentlicheren, höchsten Werken zu tun; es geht, jeden nach seinem Maß, alle an. Auch Frau Meyer könnte ein wertvolleres Leben führen, – könnte nicht nur, sie hat es sogar durchaus nötig: so nötig, daß sie darüber krank ist seit Jahren. Weil die Seele krank ist, erzeugt sie fortwährend körperliche Krankheiten, die kein Arzt heilen kann. (Keiner von diesen Aerzten, die Frau Meyers Milz untersuchen, aber nicht ihr Leben.)

aus, weil sie nichts Bedeutendes, keine wirkliche Arbeit zu tun habe: denn ich will ja eben sagen – und ich sage es mit ebensolchem Rechte –, weil sie ihre Zeit auf diese Weise verbringt, wird sie nie eine höhere Beschäftigung, etwas Wirkliches zu tun finden. All ihre bessern Kräfte werden verbraucht, zerstreut. Man kann an jeder Stelle, wenn nicht schöpferisch sein, so doch seine schöpferischen Kräfte vergeuden. Es besteht für Frau Meyer nur eine Hoffnung: die gewaltsame äußere Einschränkung durch irgendeine Art Gefängnis (die sich manche Frau Meyer in einem gewissen Maße selber bereitet, indem sie sich eine Krankheit anschafft).

Man weiß, wie der durchschnittliche Franzose sein äußeres Leben einrichtet; er wurde dieser Gleichförmigkeit, Sterilität wegen oft verlacht; aber daß er so lebt, das hängt eng damit zusammen, daß Frankreich, was die Kultur einer ausgedehnten mittleren Schicht, die durchschnittliche Kultur des Volkes angeht, mit keinem andern modernen Land sich vergleichen läßt. Durch die Mechanisierung des alltäglichen äußeren Lebens werden höhere Kräfte frei.

(Der Holländer, Gegenteil des Franzosen, verwendet die Kräfte, die ihm nach der sogenannten Berufsarbeit bleiben, zu unaufhörlichem Ändern und Verbessern seiner Wohnung. Für den Franzosen haben Gedanken eine höhere Anziehungskraft als Möbel. Er will lesen, an Dingen des Geistes und der Welt teilnehmen, diskutieren. Am Abend verläßt er seine Wohnung, geht nach Veranstaltungen, ins Café, um zu sehen, zu hören, zu reden; der Holländer sitzt den Abend lang vor seinen schönen Möbeln und glotzt auf eine eigenartige Weise.)

Immer und überall gilt es: Sobald die Vorgänge auf einer Ebene mechanisiert sind, treten die schöpferischen Kräfte (die Kräfte schlechthin) auf einer höheren Ebene in Erscheinung.

Es war in Urzeiten einmal ein Geschöpf, das die erste Maschine erfand, genauer: fand, entdeckte (das wird etwa der Hebel gewesen sein). Dürfen wir annehmen, daß es sie entdeckte, weil es intelligenter war als die andern Geschöpfe? Nein, sondern es fand sie durch Zufall (diese *erste* Mechanisierungsmöglichkeit einiger seiner notwendigen Erledigungen): aber sobald sie in seinem Gebrauch stand, *wurde* es intelligenter als die umgebenden Geschöpfe; das heißt, seine Kräfte verließen die Ebene, auf der nun Mechanisierung eingetreten war, und suchten ihre Anwendung auf der nächsthöheren. Anders ausgedrückt: seine Kräfte wurden jetzt, im Vergleich zu denjenigen des zurückgebliebenen Geschöpfes, des vollständigen Tieres, das, was wir nennen *schöpferisch*, – und waren dennoch, nur angewandt auf einer andern Ebene, dieselben Kräfte, wie die sich beim Tier in unaufhörlich wiederholten, fast keine Frucht bringenden Tatzenbewegungen verbrauchten. (Während das vollständige Tier etwa sich Tage lang damit beschäftigte, den Stein, der vor seine Höhle gefallen war, wegzuschaffen – mit Scharren, Kratzen, Schieben, Stoßen –, erledigte das jenes andere Geschöpf, das schon den Hebel kannte, in einem Augenblick und wandte sich mit seinen Kräften anderem zu.)

18

Das menschliche Arbeiten, das weltverändernde Wirken, vollzieht sich in drei Stufen. Diese sind:
1) Die große Idee
2) Die (der großen Idee entsprechenden) Einzelvorstellungen; anders gesagt: die Applizierung der großen Idee, ihre Auflösung in kleine Ideen, Ideen des Einzelnen
3) Die (den Einzelvorstellungen entsprechenden) Einzelausführungen.

Kurz gesagt: Die große Idee, die kleinen Ideen, die kleinen Taten.

Und leider bleiben die meisten Menschen stets auf der ersten dieser drei Stufen stehen; bleiben stehen bei der großen Idee oder ihr gegenüber auf einer Art Aussichtspunkt; die Sache bekommt dann die Farbe und den Rang des »Idealismus«, der Phantasterei; man denke nur an die Kirche und an die Menge der durch sie Untätigen. Benjamin Constant hat genau das gesehen, als er schrieb: »Les sots font de leur morale une masse compacte et indivisible, pour qu'elle se mêle le moins possible avec leurs actions et les laisse libres dans tous les détails.«

– Diese drei Stufen sollen das Ganze des menschlichen Handelns bilden? Sie bilden das Ganze, sind alles. – Wo bleibt denn die große Tat?

»Folgt dann die große Tat etwa von selber?« Nein. Sie ist schon geschehen.

19

Das Höhere als eine große Idee sind also die kleinen Ideen, die aus einer großen Idee entsprungen sind; und das noch Höhere die kleinen Taten, die aus den kleinen Ideen entsprungen sind, vorausgesetzt, daß diese ihrerseits wieder aus einer großen Idee entsprungen sind.

Die Narren werden sagen: »Hm; und das Höchste ist die große Tat?« Auf das deutlichste ist auszusprechen: Es *gibt* keine große Tat *noch,* das heißt eine große Tat, die etwas anderes als das Genannte wäre; die dritte der drei Stufen ist das Höchste, ist der Abschluß. Die drei Stufen sind eben die menschlichen Stationen, die zusammen die große Tat darstellen.

Als Beispiel untersuchen wir die große Tat, die in der Errichtung eines ungewöhnlichen Bauwerkes besteht:

Du hast die großartige Idee eines Gebäudes – die Vision

eines großartigen Gebäudes (und wer sah nicht *einmal* in seinen Träumen einen erhabenen Bau, sei es Palast oder Kathedrale?); das ist die erste Stufe. Und ist die, auf der die Allgemeinheit stehen bleibt, sich ein bequemes Verhältnis bildend mit der Vision, der man den Namen »Ideal« verleiht und die weit entfernt, gegenüber und geschieden liegt (wie ein Berg, wenn ein tiefes Tal ihn trennt, vom andern geschieden ist) von dem, was die Menschen ernst nehmen (»les sots font de leur morale une masse compacte et indivisible . . .«); selber nicht ernster genommen als Zuckerbäckerkünste, Monstranzen von Pfaffen, schmückende Glasuren, überflüssige Ornamente, die, wie man sagt, das Leben »verschönern«, »angenehm begleiten«, – die aber nie vermögen, da eine Wirkung auszuüben, wo das Leben häßlich ist und Schönheit nötig hätte, wo es wehvoll ist und Linderung der Schmerzen forderte.

Du setzest die große Idee um in Einzelideen (die gar nicht groß sind!); das ist die zweite Stufe und die, die schon selten erreicht wird: So ist *die* und so *die* Mauer, so das Dach und so die Schwelle; 20 cm, 85 cm, 2 m 65, 7 × 33, Winkel von 42 Grad. Dies alles aber – keiner entrinne! – müssen Maße sein eines Gebäudes, das der großartigen Idee entspricht, nicht irgendeines Hauses! Die Schwelle sei nicht *irgendeine* Schwelle! Dicke der Mauer, Länge jedes Balkens, alle Maße müssen zusammenstimmen, zusammen aber das großartige Gebäude ergeben, nicht irgendein Gebäude.

Dann führst du aus, Schwelle, Mauer, Türen, alles so, wie die Einzelideen vorzeichneten (und das »Zeichnen« kann ja hier im buchstäblichen Sinn verstanden werden). Das ist die dritte Stufe. Dieses Ausführen besteht, wie jeder weiß, in lauter kleinen Taten, zahllosen, mühsamen, *gewöhnlichen.* Wenn nun alle kleinen Taten beendet sind, Fenster eingesetzt und Geländer angebracht, bleibt da noch die große Tat zu tun, worin bestünde sie?

Mag diese Lehre den wenig Denkenden banal erscheinen; ich glaube, daß sie den Jünglingen immer wieder zu bringen nicht von einer gewissen Nützlichkeit, sondern einer ungeheuren Bedeutung ist; und daß darin vielleicht mehr als in irgend etwas anderem die Liebe zu den Menschen liegt. Nichts anderes als diese Lehre ist es, was sich durch Goethes Werk, jedenfalls des alten Goethe Werk, hindurchzieht als die dominierendste Linie. *Wer* würde die große Tat vollbringen, wenn sie in Wirklichkeit so wie in der Vorstellung der Jünglinge wäre? Es *ist* nicht so schwer, wir sind nicht so verloren, so vom Zufall abhängig, vom »Glück«; nein, wir können ungefähr das herausbringen, was wir sind. (»Wer immer strebend sich bemüht . . .«)

»Die Höhe reizt uns, nicht die Stufen; den Gipfel im Auge wandeln wir gerne auf der Ebene.« Wer aber würde den Gipfel erreichen, wenn er es in einer großen Tat, d. h. ohne die Stufen, ohne die Schritte (also in einem Sprunge) vollbringen müßte? – Wer ihn erreicht hat über die Stufen, muß der noch die große Tat tun?

20

Noch einmal:[1]
    Die große Idee,
    Die kleinen Ideen,
    Die kleinen Taten,
– und keine vierte Stufe, nichts anderes mehr.

---

[1] Steht diese Darstellung des menschlichen Arbeitens, in der ich eine klare Dreistufigkeit aufzeige, nicht im Widerspruch mit der oder jener meiner andern Aussagen über denselben Gegenstand, etwa jener Stelle, wo ich vom Arbeiten als einer unerklärlichen Zweiheit von Innen und Außen rede? – Man kann jederzeit vom selben Gegenstand verschiedene Strukturen aufzeigen. Ein Haus läßt sich einteilen in Keller, Erdgeschoß, erstes Stockwerk usw., besteht zugleich aber auch aus Zement, Stein, Holz, Eisen, und wo wäre da der Widerspruch? Man kann den Montblanc von Courmayeur aus und von Chamonix betrachten; und man kann ihn von Courmayeur falsch und von Chamonix richtig sehen,

Vom Arbeiten

(Du habest die große Idee, dein Leben zu ändern [und haben nicht die meisten sie?]; so laß die große Idee zerfallen in die ihr entsprechenden Teil-Auffassungen [wie viele gelangen so weit?]; tue diese einzelnen Dinge [langsam, im Maße deiner Möglichkeit, *deiner* Kräfte nur, eins nach dem andern]: Dein Leben ist geändert.)

Ich sehe den Einwand kommen, ich sehe im Geiste vor mir einen langsam den Kopf schüttelnden Mann (nicht ganz waagrecht und nicht ganz senkrecht bewegt er den Kopf), der den Einwand vorbringt: In dem, was ich sage, sei gewiß viel Richtiges und es möge für das gewöhnliche Dasein sogar durchaus zutreffen; jedoch gebe es in der Geschichte, da, wo man im besonderen von Geschichte, oder von Weltgeschichte, spreche, Gelegenheiten, bei denen *nur* die große Tat möglich, erforderlich sei, die eigentliche große Tat, die man nicht anders nennen könne: nicht einzelne Ausführungen! sondern ein Zusammenreißen, in *einem* Augenblick, aller sonst in verschiedenen Richtungen wirkenden Kräfte zu einer Synthese, welche die Natur der Explosion, des Sprunges habe. (Man möge an eine Schlacht Napoleons denken etc.)

– Auch das werde ich leugnen. Daß in einem gewissen Sinne die große Tat existiert, ist ohne weiteres klar und niemand wird darüber streiten: sie existiert *im Fernanblick;* wir, die weit weg sind, sehen dort eine große Tat. Aber in der Wirklichkeit, in der Nähe, während es geschah, war alles anders. Möge doch in uns die Beobachtung wachsen! Nicht *er,* der Held der Geschichte, schickte sich an zu einem Sprung: die vielen Momente – Einzelausführungen –, die er aneinandergereiht hatte, trugen ihn hin: Er hatte in diesem Augenblick nicht mehr zu tun als in irgendeinem Augenblick der vorhergehenden seriösen Ausführungen. (Das deckt sich mit dem, was ich an anderer Stelle sagte: Die Ethik zu schreiben war für Spinoza, da, wo Spinoza war, leicht.) Die zahlreichen hinter einem liegenden Momente bilden wohl manchmal einen solchen Druck, daß sie einen weiteren, kurzen Moment erzeugen, der nennbar in das Welthistorische schlägt (um sich nachher wieder in einer neuen langen Serie anonymer Momente fortzusetzen), ohne aber in diesem welthistorischen Moment irgendwie einen *Sprung*

---

aber auch von Chamonix falsch und von Courmayeur richtig. Der Flieger indessen erblickt den Berg wieder in einer ganz anderen Ausbreitung: alle drei Betrachter jedoch können uns den Montblanc näher kennen lehren. Und der Alpinist untersucht ihn in Hinsicht seiner Besteigbarkeit, unterscheidet leicht begehbare Flanken, ein schwieriges Gratstück, eine abweisende Wand; der Geologe übermittelt uns von ihm ein ganz anderes Bild, da ist nicht Rechnung darin getragen, wo ein Mensch sich hocharbeiten kann. – Und es ist immer noch der Montblanc.

von dem Ausführenden zu verlangen: Er tut nur ein Einzelnes, ein Genaues, wie er vorher getan hat. Das kann uns besonders klar werden, wenn wir uns an die Worte erinnern, die einer der gewaltigsten Revolutionäre im entscheidendsten Augenblick gefunden haben soll: »Hier stehe ich; *ich kann nicht anders.*«

O lieber Freund Mensch, das Leben ist doch nicht so schwer!

21

Einige bemühen sich immer, in die Geschichte einzutreten. In die Geschichte tritt man von selber ein.

22

Ach ja, das alles (von der Dreistufigkeit) sei ja längst bekannt, hundeeinfach, klar wie Wasser, sagt man mir. (Ich brauche nicht hinzuzufügen, daß die Unterhaltung mit Herrn Meyer, dem Apotheker, geführt wird.)

Genügend bekannt, einfach?

– Natürlich. (Er rümpft die Nase, schaut hochfahrend und ermüdet.)

– Vollständig klar, und wahr, und einfach? Realisierbar also?

– (Er macht eine stumme Bewegung.)

– Warum bist du denn so ein Stümper geblieben?

23

Dieser hielt sich ans Einzelne und änderte das All. Jener predigte das Universale und änderte weder das All noch das Einzelne.

24

Ich scheue mich nicht, es noch einmal zu wiederholen: Es gibt nicht, nach den genannten drei Stufen, noch eine große Tat. Und das ist der Satz, den ich an dieser Stelle in Stein geschlagen haben möchte, nicht geschrieben auf Papier.

... daß es, viertens, noch die große Tat gebe, das ist der *Wahn*, der Wahn, der unter den Menschen am meisten Unheil gestiftet hat. Nur wer nicht länger nachdenkt, ermißt das nicht. Warum ist Ernst Schmetterling eine so traurige Sache, so nichtig, so – *wertlos?* Er sagt: »Ja, wenn *alle* Menschen ... tun würden ... (nicht in den Krieg ziehen, ein anderes Leben führen oder dergleichen), so aber – was kann einer. (Wenn die große Tat geschehen wäre, geschähe, geschehen würde, dann, ja ...)« Und er bleibt Ernst Schmetterling, eine so traurige Sache, so nichtig, so wertlos. (Ein Mann, der, wie die meisten andern, nicht das Geringste tut, nicht das Kleinste ändert, von dem nichts zurückbleibt.)

Ernst Schmetterling ist ein Mann, der nicht teilnimmt an der Welt und von dem folglich, wenn er gestorben ist, nichts zurückbleibt. Und die große Idee hatte er indessen, Ernst Schmetterling, er hatte die volle Sehnsucht! Wir können nicht teilnehmen an der Welt durch die große Idee, durch die volle Sehnsucht. *Es ist nicht möglich.*

25

Es glänzt der Panzer Achills und jener alten Krieger – er glänzt durch die Jahrhunderte hindurch. In der Nähe war er von Staub und Schweiß verdüstert, und von Blut. Was ist denn glänzend bei dem, der die Leistung tut? Nur sein

Glaube, die ferne Vision . . .; nie das Sichtbare, das Einzelne, das Nahe. Die einzelnen Schritte, die die große Besteigung ermöglichen (die selbst man nie tun kann), sind nichts als Mühsal, unsägliche.

Ich habe die Männer auf den Bergen gesehn. Daß ihr Tun leicht sei, ist eitel Lüge.

Jeder einzelne Schritt ist das Brechen eines Widerstandes; jedes Brechen macht Schmerzen.

26

Aus dem Hochgebirge:

Ich meine, ich habe auf keiner Hochgebirgsbesteigung einen einzigen Schritt getan mit Freude. Das sei uns ein Bild des Ganzen.

Froheit, Freudigkeit konnte mich aber wohl erfüllen, wenn ich an das Gesamte, d. i. Ziel und Sinn der Besteigung, die Unternehmung der Besteigung, die Besteigung dachte. Die einzelnen Schritte sind ganz einfach sauer. Und ebenso erinnere ich mich nicht, daß etwa je beim Schreiben das mich Hinsetzen (mich *wieder* Hinsetzen!), das Ergreifen des Stiftes, kurz das Einzelne, nicht sauer gewesen wäre:

Seine Sauerkeit konnte aber in manchen Fällen von der Froheit, die vom Ganzen ausging, übertönt werden, zugedeckt, in ihrer Wirkung aufgehoben – genau wie im Gebirge die Sauerkeit der Schritte.

Das einzige, was man hoffen kann, ist, daß die einzelnen Schritte vom Ganzen so vollständig gehalten seien, daß sie wie unbewußt geschehen.

Den Leuten, die das leugnen, fehlt eben das Gedächtnis. Oder, in den komplizierten und nahen Fällen, das Vermögen genauen Beobachtens.

Und warum der einzelne Schritt einer Hochgebirgsbesteigung sauer wird im Gegensatz zum Ganzen, darüber besteht für mich keine Frage. Das Ganze ist neu, der Schritt ist alt. – Nur das Neue, das Verändernde, Produktive erfreut den Menschen. Nur das Leben erfreut das Leben. (Der Tod erfreut nicht das Leben.) – Ein neues Ganzes machen wir zu einem Teil mit alten Bausteinen: den Schritten in diesem Fall.

27

... Fast tödlich erschrocken wandte er sich weg vom Grate und stieg er wieder bergabwärts; und erst wie er Halbstunde um Halbstunde tiefer kam, löste sich allmählich in ihm die Starrheit des Schreckens. – Was hatte sich zugetragen? Hinter dem nackten Grat war eine Gestalt hervorgetreten. War eine Gestalt hervorgetreten, trotzdem, wie er genau wußte, niemand dort sein konnte. Niemand war dort gewesen, war dorthin gelangt als er selber, den seine Wege hingeführt hatten, die wie Kreise um den Berg sich legenden, zahllosen, stets, und von vielen Orten her, neu beginnenden und höher sich türmenden Wege, die Zeiten lang durch das Gebirge sich windenden, unermüdlichen Wege, welche endlich in die Nähe dieses letzten, die Welt vom Himmel scheidenden Grats gebracht hatten ...

Dann vergaß er nach und nach den Vorgang – halb. Aber die unermüdlichen Wege waren nicht gestorben; sie trieben ihn wieder, oder er trieb sie. Sie wuchsen wieder auf, bäumten sich wieder auf, in immer größerer Zahl und höher durch das Gebirge sich legend, in dem Maße, wie Zeit verging; ihre *Zahl* wuchs und durch ihre Zahl türmten sie sich höher und höher durch das Gebirge. – Diese *Wege* wollte er; er konnte sie nicht nicht wollen. Den Vorgang oben hatte er vergessen. – Und endlich, sich unermüdlich höher schraubend, führten sie wieder zum selben Grat. (Es dauerte lange, wenn es auch rascher als das erste Mal geschah. Es dauerte lange, aber endlich führten sie doch *dahin;* sie konnten nicht anderswohin führen.) Dort aber ... trat eine Gestalt hervor.

Und er floh abermals. Er eilte bergabwärts, jedoch nicht mehr so rasch, von so großem Schreck getrieben, wie das erste Mal. Und als er ein Stück sich entfernt hatte, wagte er es, sich zurückzuwenden: da war oben der Mann verschwunden.

Das wiederholte sich viele Male, bis er endlich, am Grate stehend, zu bleiben, zu schauen vermochte.

Da erkannte er, daß diese Gestalt er selber war.

Jedoch war jener dennoch ein anderer und vermehrte ihn um einen Mann. Er handelte ohne ihn; er vermochte seine Augen anderswohin zu lenken, ihm war eine neue Gewalt gegeben und er würde notwendigerweise die Welt verändern.

Er war nicht nur ein Spiegel, sein Ebenbild, sondern auch – sein Sohn.

―――

28

Egoismus ist nicht eine andere Welt – nur eine kleinere. Ist nicht das Gegenteil vom Aufgehen in die Welt, sondern eine Vorstufe.

»Meine Sehnsucht ist zu groß geworden, um auf Erden – das heißt in *meinem* Leben – noch Erfüllung finden zu können. Daher muß ich mich notwendigerweise schon den andern zuwenden. Schon den DINGEN«, spricht der Weise.

29

Was das Höchste ist?
Ich muß mich keinen Moment besinnen. Die richtige Arbeit.
– Das Erkennen?
– Die richtige Arbeit *ist* das Erkennen.
– Die höchste Erkenntnis?
– Die größte Zahl von richtigen Arbeiten *ist* die höchste Erkenntnis.
Sie ist eine andere Formel dafür, wie Genie eine andere Formel für vollkommenen Sozialismus ist. Wie Wundertat und künstlerische Potenz ein und dasselbe sind.

30

Dem andern schaden, wenn es einem nützt, kann unter Umständen eine positive Handlung sein. Dem andern schaden, wenn es einem nicht nützt, ist unter allen Umständen eine negative Handlung.

Das Letztgenannte kann also, unter allen Umständen, nur ein dummer Mensch tun. – »Böse«? Böse ist ein abgeleiteter Begriff; man weiß nicht sicher, was man damit meint; er schwankt von Mal zu Mal, von Ort zu Ort. »Dumm« ist ein primärer Begriff.

»Unter Umständen«: dann nämlich, wenn man dadurch instandgesetzt wird, das größere Resultat zu bringen, als der andere, ungeschädigt, gebracht hätte.

31

Der wirklich Tätige kann sich nicht überheben. Überhebung tritt erst dann ein, wenn die Tätigkeit schon unvoll ist, Fehler aufzuweisen beginnt.

32

Wenn eine Handlung nur mir gilt, oder nur den andern gilt, ist sie keine positive Handlung: keine Arbeit.

Denn die positive Handlung gilt dem höchsten Resultat, das ich bringen kann, durch mich oder durch die andern oder durch beide, früher oder später aber immer *für* mich *und* für die andern, für die andern und für mich.

33

Der das Gute tut, um Lohn zu bekommen, ist ebenso verloren, oder noch mehr, wie der, der das Schlechte tut, um sich selber zu belohnen. Der zweite ist kurzsichtig, der erste ist ein Narr.

34

Der tätigkeitslose Mensch muß entweder wüten oder krank sein.

»Tätigkeitslos«: in hohem Maße ungenügend tätig. Denn vollkommen tätig ist keiner, ganz untätig auch keiner.

»Wüten oder krank sein«: je nach seinem Charakter, ob dieser mehr wüst, hemmungslos, oder kultiviert, ethisch-kanalisiert sei.

35

»X. hat sich in eine *Verlustposition* begeben«, schrieb ich in einem Brief und wollte damit andeuten, daß weitere dieser Person zustoßende Unglücksfälle, von denen berichtet würde, mich nicht mehr verwundern könnten, indem sie nichts anderes als das Natürliche, das zu Erwartende seien; daß die Person sich in einer Lage befinde, in der man nur noch verlieren, nicht mehr gewinnen kann. Und diese Lage war so: X. hatte seit einigen Jahren mehr und mehr sich darauf eingestellt, etwas zu *erwarten*, zu warten auf eine günstige, von außen kommende Änderung seines Lebens. Während das einzige Äußere, auf das man ungestraft warten darf, Wirkungsmöglichkeiten sind, Instrumente, unsere (schon bestehende) Tätigkeit zu erhöhen, hatte die genannte Person der Welt eine Schlußrechnung vorgelegt, aus der hervorging, daß die Welt ihre Schuldnerin sei und daher verpflichtet, ihr Abzahlungen zu leisten, das heißt, Beglückungen zu senden durch menschliche Begegnungen, neue Umstände, durch das Außen, durch die andern.

―――

36

Die Welt besteht aus Straßen, von denen die wenigsten erst begangen sind. All der ungreifbare Raum um dich besteht aus Straßen, die du nicht als solche vermagst zu erkennen. Straßen muß der Mensch nicht bauen.

Den Mut haben, eine Straße zu erkennen, das ist Leistung.

37

Da reden sie immer vom »Schicksal«, von der Tragödie Hölderlins. Und doch ist er einer der wenigen Sieger gewesen ...

38

Und zuletzt glaube ich immer noch an eines: an die Welt.
DIE WELT IST DIE GRÖSSTE ALLER PERSÖNLICHKEITEN.

39

Die Menschen bessern sich wenig und spät.
Aber einige bessern sich doch.
Die andern ... laß.

40

Ob man arbeitet oder nicht, weiß man selber ganz genau.

41

Und da erfand er einen neuen Rausch, den des Arbeitens.

42

Wer wirklich arbeitet, kann nicht mehr aufhören zu arbeiten[1].

---

[1] Der Satz scheint mir zugleich auch die freieste, aber genaueste Übersetzung zu sein dieses Wortes von Heraklit: Ψυχῆς ἐστι λόγος ἑαυτὸν αὔξων. (Wörtliche Übersetzung von Diels: »Der Seele ist das Wort [Weltvernunft] eigen, das sich selbst mehrt.«)

43

»Vivre avilit« hat H. de Régnier gedichtet und man hat dieses Wort hoch gelobt, hat es »fulgurant« genannt; ich finde es falsch.

Das Wort hat indessen eine oberflächliche, eine sprichwörtliche Richtigkeit; es ist richtig, angewandt auf das, was die meisten Menschen Leben *nennen;* und kann somit als Zeugnis dienen über die Art dieses »Lebens«: Verkümmern (sich vermindern, hinsiechen) macht häßlich. Leben führt genau zum Gegenteil, Vermehrung aller Dinge, also auch der Schönheit. Die meisten Menschen freilich führen eine andere Art Dasein, unfähig, sich aufzuheben zur Tätigkeit, unfähig, die zahllosen Bilder zu empfangen, die stetig heranströmen, unser Wesen vermehrend.

Wir erinnern uns vielleicht noch an das Wort, das ein anderer, viel berühmterer Greis über den Verlauf des Lebens geäußert hat: man werde nur *älter,* nicht *weiser;* kann es uns verwundern, daß eben der Greis Hamsun solches herausfinden muß? Wir werden der Meinung dieses großen Lyrikers[1] das Wort eines dritten Greises gegenüberstellen, der ganz gewiß kein geringerer Lyriker war als Hamsun und ganz sicher ein größerer Geist:

»Es wäre nicht der Mühe wert, siebzig Jahre alt zu werden, wenn alle Weisheit der Welt Torheit wäre vor Gott.«[2]

44

Um die Erkenntnis herum gibt es zwei fundamentale Irrtümer: erstens, man könne sie übermitteln (wie man Namen oder wissenschaftliche Lehrsätze übermittelt); zwei-

---
[1] Ich denke dabei an die einzelnen wunderbaren Seiten seiner endlosen Erzählungen.
[2] Goethe, »Maximen und Reflexionen«.

tens, man könne sie bewahren (in Gedächtnis oder Bücherschrank).

45

Daß wir aus dem Leben hinaus in den Tod hinüber nichts mitnehmen können, weiß jeder; aber wer weiß die ebenso große Wahrheit, daß wir auch ins Leben hinein nichts mitgebracht haben von irgendeinem *Wert?* Alles, was irgendeiner mitbringen konnte, waren Bedingungen; die Werte, wenn er welche haben wollte, mußte er von Stunde zu Stunde, von Minute zu Minute, *erzeugen.*

Denn Werte können nicht aufbewahrt werden. Das ist ja eben der Sinn aller Veränderungen: die nicht aufzubewahrenden Werte immer wieder gegenwärtig zu machen.

Du brennst: die Flamme ist der Wert.

46

Und daher sind jene allein unserer Sympathie würdig, die, obgleich alle Veränderungen umsonst sind, doch die Veränderungen wollen, – *um das Unveränderliche zu erhalten.*

47

Man kann nicht etwas voll erkennen und nicht tun. Das Erkennen geht *unmerklich* in die Tat über.

> Man hört so oft sagen »er weiß es wohl, aber er tut es nicht«. Und das ist wieder so eine billige Sprichwörtchenweisheit, gefällig den Ohren der schwach Denkenden, im Grunde völlig unwahr.

»J. *weiß* ja das alles selbst, weiß, daß die Beziehung mit diesem Mädchen für ihn schlecht ist, zu hoch bezahlt, daß er sie besser aufgeben würde.«
– Nein, er weiß es nicht. Oder was will »wissen« sagen? Wenn J. klar erkennen würde, daß diese Beziehung für ihn schlecht ist, würde er sie aufgeben, und zwar mühelos. Nun, da er an der Beziehung festhält, sind nur diese zwei Fälle möglich:

Entweder ist er nicht so weit, das zu erkennen, was wir erkennen; oder er sieht etwas, das wir nicht sehen und das nicht von der Sache zu trennen ist.

48

Wir wissen zwar, daß die Erkenntnis das Höchste ist. Aber es ist sinnlos, einem Menschen zuzurufen: »Erkenne!« Erkennen ist der Gipfel, aber wie sind die Wege? Über die Ebenen des Alpinisten schaut als Wunderbarstes der Gipfel; aber sein einziges Sinnen gilt dem Weg. Was ist der Weg desjenigen, der steigen will zu den Gipfeln des Lebens? Das Richtige tun!

Welches aber ist die Tat, die am meisten des Richtigen enthält? Dir präsentieren sich, wenn du jung bist, viele! – So ergreife eine, in der du Richtiges siehst! Das Richtige in ihr wird groß, und wird eine Leuchte, die dich führt zu Richtigerem.

49

Variante:

Es ist mir zwar klarer als irgend etwas, daß das Höchste nur im Erkennen, daß die einzige wirkliche Erlösung des Menschen nur im Erkennen sein kann:

Aber dem Menschen folglich sagen »Erkenne!« und meinen, irgend etwas getan zu haben, ist reiner Wahn.

Es kommt darauf an, das Richtige zu tun; *Arbeiten ist die Realisierung des Erkennens.* Aus Erkennen genährt, nährt es das Erkennen. Das Erkennen nährt sich nicht selber.

50

Wir erkennen durch die Sinne. Aber unser Sinn aller Sinne ist das Tun.

51

Das wahre Arbeiten wäre wie die Melodie einer Orgel, wenn die Melodie einer Orgel mehr Orgeln und immer größere Orgeln erschüfe.

Wie kommt es jedoch, daß von all dem plötzlich das Ende da sein soll durch den Tod?

Dies – kommt gar nicht; haben wir doch dann immer mehr Nicht-Tod: Anschluß an alles. Arbeiten ist nichts anderes als aus dem Sterblichen übersetzen in das, was weitergeht.

II. Vom Erreichbaren und vom Unerreichbaren

(Der Mensch – Entwicklung, Veränderung, Geschichtliches –
Erziehung – Beziehungen, Soziales – Biologisches.)

> *Ordnung und Sichtung sind der Anfang der Beherrschung und der eigentlich furchtbare Feind ist der unbekannte.*
> Thomas Mann

1

Wo ist der Weg?
Gib alles drum! Dann wird es einfach.

2

Die einen sehen von den zwei großen Prinzipien nur das eine: daß verändert werden muß, und leben nur in *diesem* Stoß zur Veränderung, als ob es der erste und einzige und vollendende wäre, steigen und fallen mit ihm: das ist die Einfalt der Jugend.

Die andern aber sehen die Kette vieler, vieler Veränderungen, die schon geschehen sind, und sehen, durch alle hindurch, das Unveränderliche, und meinen endlich, daß alles Ändernwollen eitel sei: das ist die Einfalt des Alters.

Der Geistesstarke aber steht zwischen diesen beiden, er hat von jedem einen Teil. Denn die menschliche Größe – also die Geistesgröße – ist wesentlicherweise aufgebaut auf der Zahl *Zwei*. Der Weise sieht wohl das seit den Zeiten Heraklits Unveränderte, nicht zu Verändernde (welches das meiste der Welt ausmacht), aber er weiß zugleich, daß keine menschliche Geisteskraft bestehen kann ohne den Willen, zu verändern, dem Besseren entgegen. Und er sieht da, eben im Zusammentreffen dieser Zwei – unseres Veränderns und des Unveränderlichen –, noch etwas, das man nicht aussprechen kann; das aber alle geistig Großen, über alle Grenzen hinweg, eint.

3

Die Welt ist alles andere als ein Entweder-Oder und als ein Sieg beim ersten Versuch.

4

Die Frage ist nicht so sehr, ob ein Mensch gesund oder krank sei, wie, was er mit seiner Gesundheit oder Krankheit macht.

5

Wenn die Menschen zur richtigen Zeit verändern würden . . ., nicht zu früh und nicht zu spät –, dann hätten sie das Leben; da ist das Geheimnis.

6

Es gibt (im Großen) nur *einen* Irrtum. Denn darin sind wir einig, daß die hohen Dinge erhalten, die niedrigen ausgerottet (bekämpft) werden sollen. Der Irrtum besteht darin, daß man die Formen für die Dinge selber nimmt und folglich eine Form, in welcher das Hohe (das Gute, das Richtige) einmal *gewesen* ist, zu erhalten sucht.

7

Wer die äußern Formen will bewahren, muß sich nicht zum Verwalter der hohen Dinge machen wollen; wer die hohen

Dinge will bewahren, muß nicht die äußeren Formen bewahren wollen.

8

Wo ist der Abgrund? *In jedem unrichtigen Schritte;* nicht aber in der Vielfalt, der Vielstimmigkeit.

9

»Aber ganz anders verhält es sich mit der *Weisheit* (die zwar nie etwas wissenschaftlich Erkanntes wegleugnen dürfte, könnte); hier besteht unsere ganze Leistung darin, dieselbe Höhe *wieder* zu erreichen. Denn Weisheit (. . .) kann nicht übermittelt werden.«[1]

Aber die *Formen* der Weisheit sind immer anders und die Formen gehen bis zur Tat – erstrecken sich über die verschiedensten Bereiche, da ist es Wort, Sprachgebrauch, dort Haltung, Ja- oder Neinsagen: immer durch die Zusammenziehung mit dem jeweiligen (immer anderen) Zeitlichen entsteht die Form.

Der ewigen Weisheit erreichbare Fraktion, der unveränderlichen Weisheit Erscheinungsform, geworden durch Zusammenschließung mit durch die Zeit gegebenen Ausdrucksmitteln *irgend* einer Art, ist also immer eine andere.

10

Drei Stufen. – »Ich weiß zu viel, um einen Rat geben zu können.« Das kommt oft vor, ist richtig, wichtig. Einer, der

---

[1] Nuancen und Details II, 47; vgl. Nuancen und Details III, 1.

zehnmal weniger wüßte, würde sogleich raten, frisch und vielleicht gar nicht schlecht. Wie soll man zu diesem Verhältnis sich einstellen? Die Stufe des höhern Werts wäre also zugleich die wertlosere? – Der zweite Fall ist noch nicht das Endgültige; es gibt eine dritte Stufe. Einer, der dieses relative »Alles« weiß und doch einen Rat gibt, er ist das Gute. Er wird sie andeuten, die andern Dinge alle, die Gegengründe, in seiner Rede, aber, wie sie alle in einer Reihe dastehen, berechtigt, voll existierend, wird er eines vortreten lassen, siegreich, und wird die Gründe sagen, warum eben diesem Ding alle andern hintangestellt werden müssen.

11

Im Gebirge. Hell beleuchtet sahen wir den Weg der andern; nicht aber den unsrigen.

12

. . . schmal ist die Stelle, wo man den Seligen die Hand reichen kann.
(Die engste Kunstgattung – eine gute Tat – Arbeit sein Leben lang, die nur einmal Licht bringt, – oder noch anderes.)

13

Das Leben. Erst zählt man die schlechten Momente. Dann zählt man die frohen Momente. – und wird froher.

14

Die Nacht, welche zu nichts gut ist – jedenfalls nicht sichtbar wirkend –, hat doch ihr besonderes Licht: ein Licht, das man nachher, in der guten, der positiven Zeit, nicht mehr finden kann und das man leicht vergessen könnte, leicht übersieht in der fahlen Vergangenheit, an deren Machtlosigkeit man jetzt allein denkt.
Das Licht aus der Nacht nehmen.

15

Ein wahrhaft großer Unterschied besteht nicht zwischen den räumlich am meisten entfernten und äußerlich gegenüberliegenden Dingen, wie Nord- und Südpol, sondern der größte etwa darin:
Zwischen dem Empfang und Gefeiertwerden des großen Fliegers in der Weltstadt und der Nacht über dem Ozean – dieser immer gleichen schrecklichen Nacht der vollständigen Einsamkeit, in der sich die wirklichen Siege austragen, wo die *Leistung* geschieht (die geistige Leistung: jener schwierige Flug, der bisher keinem gelungen war, vielen aber den Untergang gebracht hatte, gehört schon dazu, wenigstens teilweise – oder vielleicht auch nur bildweise . . .).
– Wollten sie ihn feiern?
Er war ja gar nicht mehr.
Jener, den er beschworen hatte, um durch die Nacht über das Meer zu kommen, kann nicht unter Menschen gehn.

16

Die Narren kommen immer hinterher und rufen »Unglück!« dann, wenn es schon gar keines mehr ist.

17

Die Geistesstärke eines Menschen ist zu messen im Zustand der Angst. Nicht, daß nicht jeder in gewaltige Angst gestürzt werden könne – jedoch ist der Unterschied der, ob er in diesem Zustand noch auf Überlegungen des Verstandes zu hören vermag oder nicht. Jener Professor auf dem ihm gefährlich scheinenden Grat: Mag diese Angst ihn angekommen sein, es ist zu begreifen: aber daß er auf die einfachen Argumente für die Gefahrlosigkeit und auf die klaren Anweisungen der Kundigen, wie er jedem Rest von Gefahr entgehen könne, nicht zu hören vermochte, das zeigt – nicht eine noch größere Angst, sondern eine geringere Geistesstärke an. Der geistig Starke sucht eben in der höchsten Gefahr am ehesten Zuflucht bei der Vernunft, er sucht durch den Verstand Rettung vor allem!

18

An der *Veränderung der Fragen* sieht man, daß alles anders kam. – Nicht etwa, daß jene Fragen gelöst sind, die gute Zeit begann, dann neue Fragen, sieht man: nur aus der Veränderung der Fragen erkennt man, beiläufig und wenn man angestrengt guckt, daß jene, die früheren Fragen gelöst sind.

19

Veränderung des Bewußtseins

Aus einem Zeitungsbericht: »Der Schnee knirscht, das Thermometer meldet −10 Grad. Plötzlich tönt durch die Stille: ›Löscht Feuer und . . .‹ Es ist *der Nachtwächter*. Denn A. ist einer der wenigen Schweizer Orte, wo der Nachtwächter (. . .) immer noch seine Runde macht, Stunde für Stunde (. . .) auf dem Rücken blinkt das Feuerhorn.«

Ich stellte mir vor, in welcher Weise eine unserer Großmütter oder Urgroßmütter diesen Bericht gelesen haben möchte. Der Nachtwächter ist für sie eine eherne Institution, wie ein Gebilde der Landschaft, des Sternhimmels; und eine Mitteilung über ihn nimmt sie nicht anders entgegen als sie den Bericht liest von einem Sturm, der in Asien gewütet, von roten Felsen in *dem* Gebirge, von der Dunkelheit der Nacht *da*. Uns aber, anderen, ist es nicht mehr gegeben, so zu denken: wir suchen uns den Rat der Gemeinde vorzustellen, seine Verschiedenheit von andern Gemeinderäten zu begründen, die sich eben darin zeigt, daß er die Abschaffung des Nachtwächters noch nicht beschlossen hat. *Beschlossen:* irgendwo wird beschlossen, von Menschen, – es ist nicht Landschaft. Die Urgroßmutter würde erschrecken, wenn man ihr von dieser für sie tief in das Landschaftsgemälde versenkten Erscheinung als von einer Einrichtung, etwas Arbiträrem spräche: ihre Entwicklung ist noch nicht so weit, sie kann es noch nicht denken.

Dieser Unterschied aber in der Einstellung, er ist das geschichtliche Phänomen, bezeichnet ein wichtiges Ereignis.

Aus dem unermeßlichen Wirrwarr dieser Dinge heraus, dieser Fragen der Weltentwicklung, der Verantwortung in ihnen, Sinn, Wert der Neuerungen, hebt sich vorerst nur dieses eine als ein strahlend Richtiges und unerschütterlich Sicheres hervor:

Was ich einmal denken kann, das *muß* ich denken. Wo einmal Licht begonnen hat, ist nur die Möglichkeit, daß es zunehme (– gleichviel, wie es vorher und in verschiedenen Zeiten und anderswo, gleichviel, wie gut und schlecht und immer geartet es irgendwo und -wann gewesen sei!).

Denn wo man etwas denken kann, da bietet sich früher oder später ein Weg.

20

Und noch einmal: Es gibt nichts, das man denken kann und das unmöglich wäre. Nur, das eine ist näher und das andere ist ferner.

21

Alles Gute geschieht nur durch die Not, das heißt die Freiwilligkeit, nicht durch den Zwang, das heißt die Nötigung.

22[1]

Die Frage nach dem Sinn des Lebens wird größer werden im Laufe der Jahrzehnte. Und – wie es viele richtig erkannt haben – sie wird entschieden werden, in letzter Instanz, durch die Fähigkeit zur Liebe.

---

1 Vgl. »Interview m. Prof. Viktor E. Frankl«, Weltwoche v. 22. 3. 78.

Die großen Fragen um die Freundschaft herum . . . (Und ähnliche große Portale.)

Gewisse Menschen *können* nicht zur völligen Verneinung kommen, alles sinnlos finden! Wäre das Ganze noch so morsch und faul, so gibt es immer noch Kinder, Junge, denen man helfen kann (– ja, haben mir nicht doch auch mehrere geholfen, zu verschiedenen Zeiten, Glück gebracht, etwas gegeben: durch welche Erfahrung, welche Erkenntnis kann diese Tatsache je aufgehoben, ungeschehen gemacht werden?), das genügt schon wieder für einen Sinn und das Ganze fängt von vorn an.

Unflätige werden am Ende die Welt nicht anders als unflätig finden können, wenn sie in der Erkenntnis durchgestoßen haben. Hölderlin sagt es: »An das Göttliche glauben / die allein, die es selber sind.«

Wie sollte eine Welt je sinnlos werden, in der ein Balzac gewesen ist (hat sein können)?

23

Immer ist das der Weg (sind dies die Stationen):

Erstens sieht man, daß keiner hilft, keiner helfen kommt (wenn man in der Not ist; ohne Not sieht man überhaupt nichts).

Zweitens stellt man sich die Frage, ob man selber im umgekehrten Fall sich anders verhielte (als jene andern alle, die nicht helfen kommen).

Drittens hängt von der Beantwortung dieser Frage die Antwort ab auf eine andere, größere Frage: ob die Welt einen Sinn habe, ob das Leben lebenswürdig sei.

Und siehe, viertens, es ist nicht nötig, daß man so ganz anders als die andern (als so, wie die andern von außen scheinen) sei: an *einer* Stelle nur muß die Flamme der

Hinwendung brennen, *noch* brennen, *immer* brennen; – Hinwendung zu einem Jungen, wurde vorher gesagt; sei es zu einem Erwachsenen in Liebe, es tritt dafür ein (auf eine fraglichere Art suchte D. H. Lawrence die Lösung); die Liebe zu einer – in einer – Idee (zu einem Fortschreiten des Menschen in höherer Art) tritt sicher dafür ein. Eines dieser drei Dinge muß bestehen: Oder dann hat die Welt keinen Sinn, weiterleben können dann nur Idioten – »leben«: vegetierend hinkrepieren.

24

Der Lohn muß in dir sein, natürlich gibt es kein anderes Ziel der Leistung; und er wird auch dann in dir sein, wenn du sagen kannst: »ich habe einem andern zu Gefallen gelebt«, *vorausgesetzt, daß* es mit deiner Konstitution übereinstimme, einem andern zu Gefallen gelebt zu haben. (Denn du darfst nie verlangen, daß von dem andern dir der Lohn komme! Solche Rechnung wäre wider alles Gesetz.)

25

Der Mensch hat die Pflicht, reich zu sein.

26

Es gibt nur *Momente* der Nähe.

27

Die Größten eines Reiches sind immer, die von wo anders herkommen.

Dies wurde mir besonders klar bei der Lektüre von Balzacs Novelle »Z. Marcas«: Die Lektüre brach auf einer der letzten Seiten ab, weil dem Buch jene Blätter fehlten; ich habe jene Seiten nie gelesen, auch nie einen Bericht über die Erzählung: und doch bestand für mich nie ein Zweifel, wie die Geschichte ausging (da sie von Balzac geschrieben ist, kann man ja ihr gegenüber raten wie gegenüber der Natur): Der Mann ist *nicht* zur Macht gelangt. Er konnte nicht. Warum?

Weil Balzac sich selber darstellte in jenem Mann; weil Z. Marcas zu sehr wie Honoré de Balzac war.

– Aber Balzac *ist* doch zu seiner Macht, zu einer dominierenden schriftstellerischen Größe, gelangt?

– zu einer *schriftstellerischen* Größe! Und das, weil er so sehr wie Z. Marcas war, das heißt ein Mann, der zu einer andern, einer weltlichen Macht tendierte. Die größten Kräfte gewinnt man durch Abdrehung aus ihrem Ursprungsgebiete – durch Exil.

Wachsen nicht die schönsten Rosen unmittelbar nach der Kreuzung, wenn also jedes ihrer Elemente eben auf eine neue Basis gesetzt wurde? – Und wird ihre Schönheit, wenn die Mischung fortbesteht, dauern, oder nicht vielmehr sich vermindern? Nun ist die Frage, wie weit da überhaupt eine Mischung dauern kann, – Fachleute mögen darüber belehren. Es werden sich gewiß in der Biologie einfachste, deutlichste Beispiele finden.

Wer weiß, ob nicht die größten Männer der weltlichen Macht – wie Napoleon, Lenin – mit einem so und so großen Teil ihres Wesens zu etwas völlig anderem – zum Künstler oder zum Denker – bestimmt waren? und eben erst durch das Überpflanzen in die andere Region ihre unbesiegliche Stärke erlangten? – »Wer weiß«: es wäre vielleicht eher zu sagen: »Jeder weiß –«.

Rein Mathematik in der Mathematik kann nicht erblühen. Es muß ein Dichter (oder ein Denker) in einen Mathematiker gesetzt sein: dann blüht der Denker, oder der Dichter, infolge der Verpflanzung ungemessen auf und dann haben wir einen großen Mathematiker.

28

Die Prüfmittel für die zwei hauptsächlichen Arten der Sehfähigkeit:

Für das psychologische Sehen: Deutung der Träume (wirkliche natürlich, nicht äußerliches Konstruieren nach Anleitungen).

Für das wirtschaftlich-politische Sehen: Richtige Prognosen.

In der Umkehrung: Es wird also niemand seine politische Sehfähigkeit beweisen, indem er auch noch so ausführlich darlegt, warum die Ereignisse, die schon eingetreten sind, eintreten mußten. Möge er sich in seinen Darstellungen als großer Dichter erweisen, politische Sehfähigkeit dürfen wir ihm, solange er keine richtigen Prognosen aufstellte, absprechen. – Und seine psychologische Fähigkeit wird keiner beweisen, indem er den andern zu assimilieren trachtet, magnetisiert, mit einer Moral behängt.

29

Er sieht in große Distanzen: in ungeheure Ferne und in ungeheure Nähe (was dasselbe ist): Das nenne ich psychologisches Sehen. Er sieht in die mittlere Region: es fehlt ihm also das Beurteilen der *allgemeinen* Umstände, Zustände: wirtschaftlich-politisches Sehen.

30

Alle großen Geister haben irgendwo ein System, sogar Goethe; das System aber ist ein irdischer Notbehelf (eine Einschränkung).

Im Geist wären alle eins; so aber hat Goethe auch einige ablehnen müssen (Kleist, Beethoven), sogar Goethe.

31

Die ungeheure Ausdehnung des *obersten* Plateaus ...

32

Ist Kunst Belehrung oder Schönes Bietende?
Sie ist beides und keins:
Sie ist *Bejahung Gebende*.

Beim Anblick einer Landschaft, exaltierter Landschaft: die schaukelt, gehoben wird[1], plötzlich erkannt, was der ganze Kunstvorgang ist: daß eine Landschaft, eine schwere, irdische, massige (nicht dargestellt, sondern) in Bewegung gezeigt, daß etwas in ihr gehoben wird (sei es auch ein Menschenschicksal, ganz gleich). Nur Dionys ist Kunst-Grund; das Apollinische ist eine Mischung, es kann dem Dionysischen gar nicht gegenübergestellt werden.

Unfug ist das mit dem »Fabulieren«! Eine *geistige Aufgabe* haben sie sich gestellt, das ist Kunst.

Gesehen, wie in den Dünen, aus der lächerlichen Sandhäufung, die die Menschen machten, ein richtiger Berg geworden ist (mit Bäumchen bepflanzt zuletzt und mit einer Weg-

---
1 Vgl. V, 2.

Treppe hinauf – ein kleiner Berg wie die andern auch, die vorherigen, in der Natur stehenden): Das begreift kein Dorfschulmeister. Das ist Menschenwerk. (Und als erster auch, wie die andern, wird ein Dorfschulmeister den Berg ehren.)

Dein Bild ist unzureichend. Wir bilden einen höheren Verein.

(Was ist vorzuwerfen, an was allem fehlt's?)
... aber ich kann in den alten Fabelbüchern der Menschheit lesen.

33

Das Wort, das Geschriebene:
Möge gefaßt und geboten werden, bevor es wieder verschleimt und verglast ... solang es noch die Eckigkeit in der Erde geborenen Metalls hat.

34

Nie zu vergessen, in welchem Maße Worte kostbare Dinge sind, die einmal aufgehen wie Samen; die, behalten – man kann sie doch wie materiell behalten, im Gedächtnis –, ihre Zeit abwarten zu größter Aktion, strahlend erwachend in Kraft, nach Jahren.

35

An Faust hätten Ungezählte geglaubt, die ihn gesehen hätten am Anfang, in seiner Studierstube, – das ist nicht schwer. Aber wer hätte noch an ihn, an seine Geistigkeit, geglaubt, der ihn sah *auf seiner Reise* . . .?
(Das machte aber nichts aus für Faust, denn er wurde ja nicht gerecht durch die Menschen, sondern durch die himmlischen Heerscharen.)

36

»Wer immer strebend sich bemüht . . .«
Dies ist vielleicht die entscheidenste Wendung, die es im Leben auszuführen gilt (einige lernen es spät, andere nie; Heinrich von Kleist starb daran, daß er es nicht erreichte):
Die Wendung von der Gipfel-Rechnung der Jugend zu dem sicheren Wissen, daß es keine echte Anstrengung gibt, die fruchtlos bliebe.
Denn die Jugend lebt in der Vorstellung, nur den Gipfel erreichen stelle einen Wert dar (und dazu noch den höchsten Gipfel; als ob es einen höchsten gäbe!); und, folglich, wenn es dann nicht geschieht, verzweifeln sie an ihren Schritten.

Vom *mystischen* Wesen jeder ernsten menschlichen Anstrengung: Sie ist nicht ein gerader Weg, wie die Jugend meint; ihre Frucht (des Weges Ziel) ist nicht zu erblicken: nicht den Gipfel, den es zu erreichen gilt, sehen wir, sondern eine Aushängefahne, uns auf den Weg zu locken, und im besten Falle einen Vorgipfel von keiner Bedeutung. – Auf dem Weg finden wir dann Edelsteine, – oder sehen wir den immer wahreren Gipfel: unser eigentliches Ziel ist der Weg.
Die Größten sind nur *die größern Wegkundigen*.

37

Ich glaube, daß der Gedanke alles besiegt – der Gedanke ist der kleine Arbeiter: der Größte unter ihnen. (Der Kleinste: aber deren Legion wird zur Verfügung über Weitestes.)

38

Dieser Mensch, dieser Geist, der sagt: »Ich werde eine große Lehre zurücklassen...«: warum schenkt er sie uns denn nicht jetzt, diese Lehre, die doch (wie von ihm auch angedeutet wurde) nur aus einem Wort, einem Satz besteht? So fragen die Toren und die Jungen. Sie wird nur *ein* Satz sein, die Lehre, aber man kann ihn nicht, diesen Satz kann man noch nicht sagen –, man kann ihn nicht direkt sagen, trotzdem man ihn vielleicht irgendwie schon weiß (alles nährt sich aus ihm...) – er wird nur gesagt und gefaßt werden nach und mit zehntausend anderen Sätzen.

39

Aber *ein* Großes hat die Nacht: man sieht in der Nacht weiter.

40

Intuition und Beziehung zur Vergangenheit

Bei disziplinierten Versuchen, sich zu erinnern an schon in Nacht versunkene Dinge des Vortags, stehen Wunder vor einem auf. Da ist die Wahrnehmung dieser *Lichtspur*, wo die Übermittlung gegangen ist, die ich nicht mehr habe, vor kurzem noch hatte; und die Erinnerung an den *Ort* (den zeitlichen Ort), an dem ich noch gewußt habe; und ferner ist in mir etwas wie eine *Form* für die mir entschwundenen Dinge da, so daß, wenn einer diese Dinge erzählt (und zwar angenommen, daß diese Dinge dabei nicht etwa selber vor mir wieder erstehen, denn über diesen simplen Fall, den des direkten Erinnerns, wären hier keine Worte zu verlieren), ich sagen kann: »Ja, so muß es gewesen sein«, eben weil die erzählten Dinge in die in mir bestehende Form sofort hineinpassen ...

Ganz so aber ist es auch mit den Wundern des sich Erinnerns oder Erinnernwollens an viel weiter zurückliegende Dinge des Daseins, an Dinge entfernter Vergangenheiten, – man darf ja auch da von sich Erinnern reden, da das Gedächtnis nicht mit dem einzelnen Menschen aufhört oder beginnt, sondern sich durch Generationen zurückerstreckt –: und auf einmal bekommen wir auf diesem Wege Erhellung über das Wesen der sogenannten Intuition überhaupt.

In solchem Zusammenhang lesen wir die Worte von Goethe:

»Des tragischen Dichters Aufgabe und Tun ist nichts anderes als ein psychisch-sittliches Phänomen, in einem faßlichen Experiment dargestellt, in der Vergangenheit nachzuweisen.«[1]

»Eine Chronik schreibt nur derjenige, dem die Gegenwart wichtig ist.«[2]

»Wo der Anteil sich verliert, verliert sich auch das Gedächtnis.«[2]

Und daher wird man die Möglichkeiten einer Gegenwart erkennen an der Wahl der Vergangenheiten, mit denen sie sich trägt (und ob sie sich überhaupt mit welchen trägt, ist die erste Frage; wenn sie sich mit keiner trägt, ist sie selber nichts). Man denke etwa an eine der heutigen Nationen, die sich vorwiegend mit der Hermannsschlacht und ähnlichen

---
1 »Verschiedenes Einzelne über Kunst«.
2 »Maximen und Reflexionen« III.

Dingen aus den Urwäldern abgibt. – Das Goethesche »Sage mir mit wem du umgehst, so sage ich dir wer du bist; weiß ich, womit du dich beschäftigst, so weiß ich was aus dir werden kann« ist genau auch gültig für die Wahl der vergangenen Perioden oder vergangenen Geister.

41

Wenn man etwas Wichtiges zu sagen hat, muß man auch das Risiko auf sich nehmen, das verbunden ist mit dem, was man sagt. O über jene, die immer wieder klagen: »Ich habe zwar recht gehabt, aber – wenn ich jenes doch besser nicht gesagt hätte!«

Die Geringen, noch nicht Genügenden, wenig weit Blickenden! – Ist Schaden daraus geworden? So wird doch das Gute noch immer weit größer sein!

»Etwas primär Wichtiges« sollte vielleicht ergänzend gesagt werden. Denn mit manchem Sekundären, auch Wichtigen, aber nicht zum Wesentlichen des eigenen Produzierens Zählenden, mag man zurückhalten, um sich nicht die Mittel zu der Hauptsache, die man zu vollbringen hat, vorzeitig zu nehmen.

42

»Ist's denn ein so großes Geheimnis, was Gott und der Mensch und die Welt sei?

Nein! Doch niemand hört's gerne; da bleibt es geheim.«[1]

Zum Beispiel denen zu sagen, die streiten, ob der Mensch (seine Schicksale) ein Produkt des Milieus oder eine Folge der (angeborenen) Persönlichkeit, seines Willens, seiner eigenen Anstrengung, sei. Denn wie einfach, unverkennbar ist die

---

1 Goethe, »Venezianische Epigramme«.

Wahrheit: daß er beides ist, so sehr das eine wie das andere, und wenn's an einem in bedeutendem Maße fehlt, gibt's nichts Gutes.

– Nur du selbst kannst einen bessern Zustand schaffen! – Da ist wohl etwas Wahres dran; aber eben darum, weil ich's nicht geleugnet habe, ist es nicht wahr.

43

Ein im Strom (oder wäre es im *ruhigen* Wasser ...?) Schwimmender: Er kommt nicht von der Stelle. Weiß er, ob es an ihm, seiner Willensschwäche liegt oder an den Umständen? Woran soll er's erkennen? Er sieht nur, daß er nicht vorwärtskommt.

Jedoch wichtig für das Praktische, für gewisse Fälle des Praktischen, ist, daß er sich nicht mehr und mehr durch den Gedanken, es *liege* an ihm – wenn es nicht der Fall ist –, dazubringe, daß sein Wille wirklich krank wird.

44

Wie die eigene Kraft weiterreicht, unsichtbar: Ein größerer Leib.

Der Grund der Beschränktheit der menschlichen Leistung ist der, daß einer nur wenige haben kann (oder keine), die fest an ihn glauben. So steigt der Mensch in eine gewisse Höhe und steigt dann nicht weiter – nicht weiter in jenes Unaussprechliche, in den Geist hinein (– der *auch* »Wunder« täte in allem Handeln). Wenn er viele, vielleicht zehn oder zwanzig hätte, die völlig an ihn glauben, würden in ihm Kräfte erstehen (würde er genötigt sein zu Kräften), die alles ermöglichen.

45

Falsche Emanzipation

Warum sind in Holland (mehr als irgend anderswo) die jungen Mädchen so unanständig, rabiatstarr, von unglaublicher Rücksichtslosigkeit, auf Launen ruhender Ausschließlichkeit in den Reaktionen, – als ob ihnen nicht nur jeder Takt, sondern auch die tiefere Empfindung vollständig fehlte? Wegen der Starrheit ihrer Erziehung, der exklusiven Natur ihres von ganz veralteten Einstellungen imprägnierten Milieus, in dessen Sinne sie – soweit sie nicht eines verlogenen Daseins fähig waren – nicht mehr leben konnten, von dem sie aber, schwache Einzelne, *nicht richtig* sich zu emanzipieren die Kraft hatten. Hätten Milieu und Erziehung ihnen einigermaßen ihren Lebensraum zugestanden und sie *begleitet*, wären sie vor diesen häßlichen Übertreibungen bewahrt geblieben; nun wiesen dieses Milieu und diese Erziehung den Weg des Erstickens und daher mußten sie opponieren: und dabei verbrannten sie alles, auch das Gute, das, was nicht oder noch nicht zu ändern war und was sie durchaus nötig gehabt hätten zu einem guten Leben (wie das Volk tun würde, wenn *es*, allein, die Revolution machte); denn sie hatten keinen Führer und zur richtigen Emanzipation haben nur Seltene, Große eigene Kraft genug.

– A wollte B ins Kloster nötigen und hat sie dadurch ins Hurentum getrieben.

46

Der, dem das, was ihm gehört, nicht gewährt wird, nimmt sich in der Regel mehr, als ihm zukommt. Erklärung der Häufigkeit der Messiasse in gewissen (kleinen, vorwiegend wirtschaftlich gesinnten) Ländern: man gibt dort den geistig Arbeitenden nicht die ihnen gebührende Anerkennung. (Noch deutlicher macht das ein Blick auf Frankreich, wo so gut wie keine Messiasse vorkommen.)

47

In der Geschichte, der großen wie der kleinen, hat man immer wieder deutlich gesehen, wie die übertriebene Sparsamkeit zu großen Verlusten verurteilt.

In der Geschichte von Gemeinschaften wie von Einzelpersonen; nicht nur auf finanziellem Gebiet, sondern auch auf dem des Trieblebens (die explosiven Exzesse schwer gehemmter Naturen!), des Kunstbestrebens (der Ernst im Ernste, zu knapp bemessener Raum, sich Versagen der Spielfreiheit; »der völlige Ernst tötet den Stil«), der Ökonomie der Kräfte schlechthin (von hier aus läßt sich ein Gemeinsames sehen im Leben von Balzac, Kleist, van Gogh). – Geschichte, die immer lehrte:

Wenn die Eltern geizig sind, müssen die Kinder verschwenden.

48

Vom Unglück

Alles Leben, sei es Genießen oder Leisten, ist doch nur ein Jagen, und wenn man nicht das heimliche Gefühl hat eines Eingereihtseins, ist man unglücklich.

Das heißt, daß es doch kein anderes (wirkliches) Glück gibt als das, das einem Balzac bei seinem gehetzten freudlosen Leben – das legitime Leistung, hervorragend eingereiht war – auch zukam.

Müßte man es demnach nicht lassen, gegen das Unglück

(der gewöhnlichen Art), gegen Leiden und Krankheit, zu kämpfen, da doch – –? Wehe solchem Beginnen!

(Abgesehen davon, daß die eine Art Unglück rasch in die andere umschlagen kann.)

49

Natürlich, Ausweg muß man immer suchen – aber nicht falschen. Denn die Ausgänge, die wir auf falschem Wege suchen, lassen uns nur tiefer in das Loch zurückfallen. (Sturz in Gletscherspalte: Stiller Plan das erste.)

50

Der Mensch lebt in dem Maße, wie er kommunikationsfähig ist[1]: ist die Kommunikationsfähigkeit vorbei, so ist auch das Leben vorbei.

Es lassen sich drei Stufen – Abteilungen, Arten – von Kommunikationen unterscheiden:

1. mit Nächsten (Leistung einer Mutter dem Kind gegenüber, beispielsweise; oder eines Mannes der Frau gegenüber und umgekehrt; einem Freund gegenüber; irgendwessen irgendeinem Nächsten gegenüber);

2. mit *den* andern (soziale Leistung);

3. mit Fernen (geistige Leistung im engern Sinne: Kunst, Erkenntnis, Wissenschaft u. ä.).

Jede der drei Arten kann die andern ersetzen oder ergänzen. Die Wahl der Art oder der Arten hängt von der Beschaffenheit der Person ab.

Die drei Arten gehen in einander über, da sie nur drei

---
1 Vgl. 23.

Formen sind *eines* Elementaren: des Geistigen (im weitesten Sinne), des strebend sich Bemühns, der rettenden Tätigkeit, der »reinen Tätigkeit« Goethes.

Wohl besteht also die Rettung, in ihrem Grunde, nur in der Kommunikation mit Menschen, darin hat D. H. Lawrence recht; Kommunikation aber gibt es eben in ganz verschiedener Weise und keineswegs nur in jener, die er als die einzige wahre bezeichnet hat. – »Je crois à la nécessité *d'avoir bon cœur en baisant*« sagt er[1]: aber warum nicht auch »bon cœur« – wirkliche Zugewendetheit – »en parlant à quelqu'un« – wenn man mit jemand spricht – oder: »wenn man handelt«, »wenn man lebt«, »wenn man schafft«, – so daß man also den Zusatz zu »bon cœur« einfach weglassen könnte?

Das stimmt doch nicht ganz, sieht grob über den besonderen Sinn weg des von Lawrence Beigetragenen, dessen Bedeutung ich für groß halten muß: dieser Sinn ist ein historisch zu begreifender, besteht in einer Reaktion, einer notwendig gewordenen Korrektur der Einstellung einem Vorgang gegenüber, wo man seit langem auf eine lächerliche Weise Leidenschaft und Fatalität die alleinige Rolle hat spielen lassen wollen.

51

Zwar wächst man durch die Last, die man trägt (nur durch die Last); ist aber die Last zu groß, bricht man im Nu zusammen.

Sünde ist nicht nur, nicht Last tragen zu wollen; sondern auch, sich freiwillig eine größere Last aufzubürden, als man tragen kann.

52

Es gibt nur *ein* Unglück: daß einer nichts zu tun hat oder gezwungen wird, etwas Falsches zu tun.

---

[1] Der englische Originaltext steht nicht zu meiner Verfügung und auch dieser Satz aus der französischen Übersetzung ist auswendig zitiert.

Falsch ist jede Tätigkeit, die die Fähigkeiten des Ausübenden nicht steigert.

53

Tat: aus demselben Stoff wie Licht, weiter kann sie es auch nicht bringen; ein anderes *Quantum* von Licht; Akkumulator von Licht.

54

»Sei duldsam gegen die Natur« soll man nicht falsch verstehen. Wir sollen die müden Pferde, die rennen, nicht übers Maß antreiben, auch Geduld haben, wenn sie rasten; aber wir lassen die Pest, die wütet, nicht weiter bestehen. Noch die Faulheit in dir.

55

Auf die Entschuldigung einer Unterlassung hin (»aber der Grund ist . . .«, ». . . ich hatte doch einen Grund«):
Du mußt mir nicht sagen, daß jenes Tun (Nichttun) auch Gründe hat (wie alle Dinge), aber, warum du jene Gründe vorgezogen hast.

56

Einer der wichtigsten Sätze von Karl Kraus lautet: »Gute Ansichten sind wertlos. Es kommt darauf an, wer sie hat.«

57

Wenn man nicht den Fortschritt als solchen (das verbessernde Tun) liebt, sondern an der Erreichung des Ziels haftet, an einem zu erreichenden Idealzustand (und das heißt: am näheren Bild statt am höheren) –, so ist man gerade so dumm wie jene, die Gutes einem andern tun, um von ihm Lohn zu empfangen; ebenso sicher wird man den Zusammenbruch erleben.

58

Der Weg. Daran arbeiten, im Emotionellen sein gewöhnliches (alltägliches) Dasein auf die *Höhe des Reisedaseins* zu bringen – zu jener Verfügungsfähigkeit, Hingabefähigkeit, Fähigkeit, große Proportionen zu sehen, inneren Spannung, Zeugungsfähigkeit des Gedankens –, *das* ist das Leben.
(Leben ist immer gleich Erhöhung des Lebens, Vermehrung des Lebens.)

59

Menschliches Milieu. Der Verkehr braucht sich, um produktiv zu sein, keineswegs auf das Freundschaftliche zu beschränken; auch das Abstoßende kann fördernd wirken. Nur das Sumpfige, Reaktionslose, zum Beispiel Holland als Ganzes[1], hat die Wirkung der Einsamkeit, und zwar nicht der gesuchten, klaren, welche auch wieder unter Umständen (wie ein Minus in der Mathematik – freilich nicht mit einem andern Minus zusammen) einen positiven Wert erzeugen kann. Die

---
2 geschrieben 1934.

sumpfigen, reaktionslosen Menschen aber gleichen der Null – oder dem Sand.

60

Nur das mit Widerständen Kämpfende ist geistig stark.

Ich muß, was ich zuerst nur bei mir erkannte, mehr und mehr an den Erscheinungen der allgemeinen Geschichte sehn – und am Ende verwundert es nicht weiter und ist es nur ein klar eingefügtes Glied jenes Denkens, in dem der Hauptsatz steht von der Produktivität – daß kein Leben bleiben kann ohne Produktivität.

61

Krieg. – Zu dem oft übel ausgelegten Satz, daß der Krieg der Vater aller Dinge sei.

– Eine lange Periode ist jedenfalls nach den heutigen militärischen Kriegen nötig, für die wenigen Wertvollen, die übrig geblieben sind, die *der Zufall* nicht vernichtet hat, nur um sich zu erholen.

– Es gibt einen fruchtbaren Kampf: den aus innerem Anlaß, um geistige Resultate geführten. Der Kampf ist nur dann positiv, wenn er zwischen Ähnlichwollenden stattfindet (also nicht zwischen Gut- und Übelwollenden: da könnte das einzige Gute darin bestehen, daß die Übelwollenden vernichtet würden – ein Ausgang, der doch fragwürdig ist –, nicht im Resultate des Kämpfens selber), zum Beispiel zwischen den zwei Polen eines Wesens, denn die sind ähnlich (das Überwiegende an den Polen ist gleich), aber nicht zwischen einem Gelehrten und einem Gorilla, einem Dichter und einem Bergsturz.

62

Das Studium, das Vorbild der Physik hat etwas Versöhnliches; begleitet glänzend bei den geistigen Entdeckungen.

63

Kraft. »Die Kraft habe ich, muß nur noch den Glauben haben!«
Ist scheinbar richtig, stimmt aber nicht. Kraft ist nur akkumulierter Glaube. – Was ist ein starker Muskel? Akkumulierter Glaube, niedergeschlagen ins Körperliche.

64

Das Leben sagt nie »ich werde«, sondern immer ICH BIN.
Und dann der Arbeiter, der jämmerlich hinkrepierende? oder vielmehr die Arbeiter? Sind auch. Und eben ist ihr Bewußtsein zu wecken dessen, was sie wirklich sind. Und sie werden auch sagen:
»Ich bin! – und weil ich bin, sollst auch du sein«, nämlich eine geänderte Bedingung.

65

Die Menge denkt wenig. Darum eben sollten die Denkenden sie führen, nicht die Ausnützenden.

66

Klassenbewußtsein, ja, die Theorie ist nur allzu richtig. Aber es gibt noch eine dritte Klasse, die des Sokrates, die der Unversöhnlichen.

67

Selbstkritik des Schriftstellers

Die richtige muß innen sein, nah beim Ursprung, in *seinem* Bann.

Die unrichtige, schlechte aber kommt von außen, kommt schon aus einem Raum, wo auch der Zweifel war über die Möglichkeit einer Verbindung mit den andern, und ist *nur* zerstörend.

68

Man darf sich nur dann sprichwörtlicher Wendungen (oder gar ganzer Sprichwörter) bedienen, wenn man sie wiedererweckt, wenn man durch jeden ihrer ausgedörrten Teile frisches Leben strömen läßt (was selten möglich, schwerer ist, als ohne sie sich ausdrücken).

Denn auch die Worte sterben unaufhörlich ab und müssen unaufhörlich ihr Leben neu empfangen.

69

Auf Armlänge hat man keine Kraft.

Theologie

»Schon Spinoza höhnt, daß zweifellos die Neger sich ihren Gott als Neger denken und daß die Esel, wenn sie einen Gott hätten, zweifellos ein Eselwesen als höchstes Wesen sich dächten. Dieser Spott ist des großen Denkers nicht würdig.« Diese Äußerung aber ist eines Theologen würdig.[1] (Indessen nennt er Spinoza einen großen Denker: was wohl die Theologie mit dieser denkerischen Größe beginnen kann?) Es ist klar, daß die so einfache und unbestreitbare Tatsache, die Spinoza feststellt, von einem Theologen nicht angenommen werden kann, da ja für ihn Gott im Mittelpunkt steht – wie sollte er da durch ein fernes Geschöpf modifiziert werden (bald als schwarz, bald als Eselwesen gedacht werden) können? wie dürfte man so etwas aussprechen ohne seiner zu höhnen? Alle Theologie ruht auf diesem Grundsatz vom *Punkt*, vom *Mittelpunkt*, – während alles wirkliche Denken von jeher das Wesen der Welt als Veränderung, Bewegung, einen *Fluß* begriffen hat.

Goethe hat so ausdrücklich gelehrt, daß es kein Inneres und *noch* eine Erscheinung, *noch eine Oberfläche* gebe; und die Erde, die Planetensysteme, der »Schwerpunkt« und alles lehren es. Was ist der Schwer*punkt*? (Die Mathematik ist da, um die Physik erfassen zu lassen; die Physik, um die Erscheinungen erfassen zu lassen.) Wenn wir auf der Erde wohnen, was tut uns der Mittelpunkt? Wohl kann er – als mathematischer Punkt – uns dienen, die augenblickliche *Richtung* eines Teils der Kräfte zu verstehen, aber die Kräfte sind bei uns, oder in der Erde (in der Ausdehnung der Erde!).

---

[1] Emil Brunner, Neue Schweizer Rundschau (wohl 1934), S. 480.

Könnten wir die Erde ein wenig drücken: alles würde sich ändern; stelle sie wo anders hin: was ist noch jener Punkt? Gott aber ist doch »die Kraft«? – Und der Schwerpunkt irgendeines kleineren Körpers: der mathematische Punkt einer gedachten Resultante, die man doch nicht als König und Gott, *als Realität* all den Millionen Kräften gegenüberstellen kann, die von jedem Ort des Körpers ausgehen? Verändere die Form des Körpers: der Schwerpunkt ist wo anders. Schlage mit dem Hammer drauf: er zerspringt vielleicht in tausend andere. – Wesentlich ist nicht Punkt und Mittelpunkt, sondern ungeheure Menge Ding, die im Strom der Ewigkeit dahingeht.

Aber die Irrlehre der Theologie, die wohl das Falscheste ist, was der menschliche Geist je hervorgebracht hat, die Lehre vom Mittelpunkt als dem Beherrschenden, dem Lebenspendenden und Realen, dauert immer weiter. Im Mittelpunkt ruht die höchste Herrschaft. Kopernikus ist für die Theologie noch nicht geboren. Die jenem früheren folgten, hat sie erst verbrannt, dann (wie sie jetzt ja auch schon Spinoza annimmt, als »großen Denker« bezeichnet) hat sie einiges zugestanden – aber nur einiges. Und dieses einige ist eben niemals die Sache selbst. Heute kann die Theologie zwar nicht mehr leugnen, daß wir um die Sonne kreisen, daß wir zusammen mit der Sonne auch wieder in einer Bewegung sind, – das macht aber nichts, das ist noch nicht das Entscheidende, es geht noch eine Zeitlang so fort, die Bewegung erstreckt sich noch etwas weiter – dann aber hört sie auf, irgendwo dort ganz draußen beginnt das Reich des Mittelpunktes, der bewegt sich nie, um ihn kreisen wir ja doch alle, von ihm bekommen wir alles Leben!

71

Und Goethe ist auch nicht im Mittelpunkt, sondern ein Bewußtsein gewesen, das sich gewaltig über den Strom erhoben hat und über die Zeit hinschaute.

72

Bei Hamsun findet sich der schöne Satz, daß es nicht eine Ursache gibt, sondern Ursachenreihen.

73

Die große Idee und die guten Gedanken
(Eine Gegenüberstellung.)

Eine große Idee besteht aus zwei Elementen: Einerseits ist sie das, woran man üblicherweise denkt, das Wirkende im Reiche des stets Bekannten, das, was man, je nachdem, wie es mit dem eigenen Denken zusammenstößt, annehmen oder abweisen wird. Andrerseits aber wie eine weithinleuchtende Fackel.

Ganz anders verhält es sich mit den guten Gedanken; sie bestehen nicht aus zwei Teilen; das Transzendente fehlt ihnen; ihre Wirkung bleibt auf Ort und Stelle beschränkt; von einer Fackel, einem Scheinwerfer haben sie nichts.

Das wird deutlich durch eine Gegenüberstellung von Forel und Freud. Freud konnte mächtig angegriffen werden und Forel ... den muß jeder in einzelnem loben. Aber wie armselig wirkt er, wie so ganz und gar *die Wirklichkeit nicht berührend,* mit seinen Vorstellungen vom »Pathologischen«, von »krank« und »gesund« (vom Genie, das *sogar manch-*

mal...), von »Giften«! Und vor dieser kläglichen Erscheinung ist dann nichts mehr, das noch mildern, retten könnte. Mit Freud dagegen möge man uneins sein – das berührt aber, da er der Mann ist, der eine große Idee hatte, immer nur den einen Teil des von ihm Dargelegten, gegen den andern Teil seiner Idee vermag es nichts. Forel ist typischerweise der Mann von *nur* guten Einzelgedanken. Und nun ist eben dieser frappante Unterschied zu erkennen: Eine große Idee ist in erster Linie eine Fackel, die weithin leuchtet, *beleuchtet*, auch die ihrem Ort entgegengesetzten Gebiete; der andere aber, der Mediziner und Biedermann, findet sein Bewenden mit seinen Erdenschritten: sind sie gut, lobt man; sind sie schlecht, können ihn die vorhergehenden guten nicht retten.

Eine große Idee äußert sich ja auch in einzelnen Gedanken; seien diese aber schlecht oder gut: ein Höheres leuchtet herein.

Sind sie gut, leuchtet ein Höheres noch herein; sind sie schlecht, leuchtet ein Höheres, durch das Höhere das Gute noch herein.

Dem Mann mit nur guten Gedanken muß man für jeden einzelnen dankbar sein, er verdient es. Dem andern nicht. Er hat es nicht mehr nötig, man entgeht ihm nicht. Auch wenn man ihm der Feindlichste wäre und vor ihm in die abgelegenste Schlucht der Gebirge sich verkröche, – der Widerschein jenes Lichts, vom Himmel her, wird einmal hereinzünden.

74

Psychologie

Wir unterscheiden vorerst zwei Gruppen: Die Nichtpsychologen und die falschen Psychologen. Diese, die besonders von Wien aus sich entwickelten, gleichen Leuten, die mit geschwungenen Äxten irgendwelchen Passanten nachrennen, die ihnen nichts getan haben und von denen sie nichts zu erwarten haben.

– Auf dem Grunde des Meeres liege ein Doppelzentner Eisen; durch eine Kette mit ihr verbunden ist ein Schwimmkörper – Holz oder Ballon, einer Mine ähnlich –; die Länge der Kette ist eben so groß wie der senkrechte Abstand hinauf an die Oberfläche des Wassers; das Meer ist undurchsichtig: An dieser Vorrichtung werden wir die höhere Intelligenz (oder die psychologische Fähigkeit) des Menschen darstellen.

– Oder auch jenes Zeichen, das ein Dichter am Fenster aushängte, wird uns als Prüfmittel dienen, ob jemand psychologische Fähigkeit hat: Es hing nämlich fast immer dort; in seltenen Momenten nur fehlte es am Fenster. Und es bedeutete, wenn es dort hing, daß man ihn besuchen könne, hing es aber nicht dort, daß ihm nicht sonderlich daran liege, weil man ihn unter Umständen stören könnte ... Käthchen Milz, welche das begriffen hatte, kam zu einer ihrer neuernden und ach! so einleuchtenden Ideen – die ganze Allgemeinheit applaudierte ihr, Apotheker voraus –: praktischer wäre doch, wenn er das Zeichen aushängen würde, um vor Arbeitsstörung zu sichern, und wenn er dagegen, wie fast immer, den Leuten zur Verfügung stehe, nichts, da doch die allermeiste Zeit eben ... usw.

Und Käthchen Milz konnte, oder wollte ..., nicht verstehen, daß es keinen Sinn mehr gehabt hätte, ein Zeichen auszuhängen, um vor Störung zu sichern: indem das Zeichen selber schon Störung war.

Käthchen Milz hatte eben keine Fähigkeit für Psychologie, was nicht schlechter ist als eine falsche. »Falsche Fähigkeit« ist eine falsche Ausdrucksweise, denn falsche Fähigkeit gibt es nicht, es gibt nur Fähigkeit oder Nichtfähigkeit auf einen Baum zu steigen oder einen Zusammenhang zu begreifen. Ich meinte natürlich mit »falscher Fähigkeit« eine Nichtfähigkeit, aber eine dadurch verschiedene von derjenigen Käthchens, daß sie sich äußerlich mit Attributen der Fähigkeit umgibt, in einem Wort, ich dachte an Leute, die Freud u. a. gelesen haben und überall anzuwenden suchen, ohne aber etwas zu verstehen. – Um zu der Mine zurückzukehren:

Wir unterscheiden insgesamt drei Stufen: 1. Die vom Zusammenhang Wissenden, ganz oder teilweise, und in diesem Fall weiter Untersuchenden. 2. Die »Pädagogen«: die Ahnungslosen, droben am Wasserspiegel Stoßenden und Schlagenden. 3. Nun eben noch jene, die Steine ins Wasser werfen, Fische erschießen, das (schon trübe) Meer trüben.

75

Die andern

Einer warf mir vor, daß ich immer nur an mich denke. Einst beunruhigte mich das (ein Zeichen schon wider die Berechtigung des Vorwurfs), später, als ich mehr Sicherheit gegenüber den Dingen, Einsicht erlangt hatte, konnte ich antworten: »Ja, und ich muß und ich werde noch viel mehr an mich, und mich, denken. Die einen sind schon bei den andern – die können sich lassen. Ich aber muß mich durch mich hindurch denken, um zu den andern zu kommen.«

Aber die meisten sind gar nirgends.

76

Sie sagen: »Das Kind ist so brav heute!«

Hm, nein, in den meisten Fällen, leider ... – was wissen sie, wann das Kind wirklich brav ist! Es leidet nur keinen Mangel heute, ist nicht in Not.

Vom Erreichbaren und vom Unerreichbaren

Ich möchte die Menschen auch dazuführen, auch ich, an den andern zu denken, – aber zu *denken* an den andern. Nicht sich zu schlagen in Heiligkeit, in Pflichtheiligkeit, der unwandelbaren, eigenen, immer gleichen Bewegung, und zu meinen, es gereiche dem andern zum Heil.
– aber zu denken an den andern.[1]

77

... Was aber wäre das für ein Sozialismus, wenn man in den andern nur die andern, nicht sich selber sieht?

78

Eine Entdeckung ist immer proportionenlos, eine Entdeckung ist ungeheuer, – wie ein riesiges goldenes Kalb steht sie da in der Welt.

79

Das endlos lange Kreisende jedes schöpferischen Gedankens: wie im Menschen, so in der Menschheit. – Nur Richtung muß gewiesen sein, dann kommt man langsam überall hin. Es dauert lange, aber endlich kommt man doch dahin, wohin seit langem die Richtung gewiesen war.

---

1 »Kierkegaard nous rappelle que pour aider les hommes, il faut d'abord les trouver là où ils sont.« Nouvelles Littéraires 3. 11. 34.

80

Große Intelligenz, vereinigt mit irgendeinem Talent, mit Willen appliziert, führt *immer* zu Leistungen und Entdeckungen.

Große Intelligenz ist selten, Talent häufig, daß die beiden mit Willen appliziert werden, ist das Seltenste.

81

Illegalität

Große Wissenschaften sind immer nicht konsekriert. (Neu und vag ist jener Raum und Rahmen, in dem die größten Entdeckungen geschehen; unerrichtet ist deren Fakultät an der Universität; oder es sei eine, die gesprengt wird und zerfällt.)

Welcher Wissenschaft gehörte das an, was Freud entdeckte? Man wies es aus den konsekrierten Wissenschaften hinaus.

Wirken und Entdeckung eines Kopernikus wies man aus den konsekrierten Wissenschaften hinaus. Es hätte nichts mit Wissenschaft mehr zu tun, sagte man, sondern es sei Lästerung.

Was für eine Wissenschaft trieb Sokrates?

Die neue Wissenschaft wird illegal geboren (aus zwei früheren, deren Verbindung man nicht gestattet).

Was für eine Wissenschaft war das, was Lenin (der obskure Lenin) Jahrzehnte lang trieb und womit er nachher eine Welt baute? Schwärmereien eines fanatischen Abseitigen waren es, gefährlich vielleicht (wie eines, der heimlich Ränke spinnt; es braucht nicht viel, um gefährlich zu sein) (oder vielleicht nicht einmal »gefährlich«, aber keineswegs ernst ... ohne Breite.

Und so ist es auch mit den Formen (der Kunst).

Immer wenn ein bedeutendes Werk geschaffen worden war, machten die Professoren eine Theorie, die dessen Form konsekrierte; von Unfähigen wird sie dann weiter ausgefüllt.

Auch die tragende Form wird immer illegal geboren.

Aber jeder bedeutende Schriftsteller wird wirken durch seinen Geist.

82

Einer sagte: »Ich das Haupt einer Schule? Ich halte denn doch meinen Geist noch für in besserem Zustand als das!«

Die Vielheit der Menschen, erstarkend, bildet einen Staat. Schwach oder degenerierend vermögen sie keinen Staat zu schaffen oder lassen einen zerfallen. Der Geist nimmt den umgekehrten Verlauf: er gründet eine Schule, wenn er dekadent wird. Ist er stark, hat er noch nicht Schule oder sprengt eine.

83

Es kann keine Handlung, die wir mit gutem Willen tun, verloren sein. (Ein Gedicht.)

Aber es kann kein guter Wille wider die Erkenntnis.

84

Was ein Pessimist ist?
Ein schlechter Mensch.
(Aber die meisten Pessimisten sind keine Pessimisten.)

85

Es gibt einen Ort (ein äußerster Ort ist es), wo es bei unserer freien Entscheidung liegt, ob wir sagen »gut« – und es wird gut –, oder »schlecht« – und es wird schlecht.

(An diesem Ort entscheidet es sich denn, ob man gehöre zu den Guten, oder zu den echten Pessimisten, das heißt den Bösen: die »es« dem Ganzen nachtragen; sich am Ganzen dafür rächen wollen, daß . . .)

86

Exklusivität ziemt nur dem, der Großes leistet, oder dann dem, der ganz engbegabt ist.

87

Jedes große, wirklich produktive Denken stellt die Welt in einer Absolutheit dar. Jedes *Bild* ist ein Absolutes. Die Zeit vergeht, und einmal zeugt sie auch dieses Gebilde, als ein Bedingtes.

88

Der *Beruf* nur kann bestenfalls ganz geistig sein; es ist ein Irrtum, daß irgendein *Leben* ohne auch das politische Prinzip geführt werden könne (es sei denn das letzte Stadium des Heiligen, also nicht Leben, sondern Vernichtung).

89

Es verhält sich mit der Politik wie mit dem Körper. Die Leute sagen, wir können nicht außerhalb der Politik leben – die es auch meinten zu sein, seien es doch nicht. Da will nun aber ein Mensch nicht Körperübungen machen, verachtet überhaupt alles, was mit Unterhaltung des Körpers zu tun hat. Diese Einstellung wäre (vielleicht) schön, wenn man infolge geistiger Stärke auch ohne Körper, ohne vom Körper abhängig zu sein, leben könnte. –
Aber dennoch, trotz alledem ... bei einigen sind die Körper fast unwichtig geworden, zum Beispiel Kant, Hölderlin.

90

Wenn du es mit all deinem Schreiben und Bergsteigen nicht weiter gebracht hast, als daß du am Ende deines Lebens erkennst, du hättest nicht schreiben oder bergsteigen sollen, sondern besser Landwirtschaft getrieben, dann hast du es freilich nicht weit gebracht.

91

Der Stupide hat es leicht, einen großen Willen haben: man mißt seinen Willen an den geringen Widerständen.

92

Große Fähigkeit, Lust zu nehmen, und Schöpferkraft sind bisweilen um eines Haares Breite nur von einander entfernt.

93

Vom Geiz

Von dem Mann, der immer etwas zu hoch zielte ... genauer, nach einem Ziel schoß, das höher war, als seine jeweilige Waffe hintragen konnte. Trug seine Waffe in eine Höhe von 20 Meter, schoß er nach einem Ding, das 25 Meter hoch war. Hatte er indessen am nächsten Tag eine Waffe, mit der man in eine Höhe von 50 Meter schießen konnte, hielt er sich nicht weise an ein Objekt von 30 oder 40 Meter Höhe, sondern an eines, das 51 Meter hoch war und traf wieder nichts. Und so immer fort.

Er verfehlte den 8-Uhr-Zug und kehrte verzweifelt zurück; als er sich wieder zu einem Entschluß sammelte, fiel sein Ermessen nicht auf einen Zug des nächsten Morgens, sondern, um »wenigstens noch etwas zu gewinnen«, auf den 11-Uhr-Zug, der schon im Bahnhof dampfte, er raste hin, verfehlte ihn und zerstörte die Nachtruhe; so verfehlte er immer alle Züge.

94

Eine der Hauptlinien alles Geschehens:
Die Überwindung des Leidens durch dessen Veräußerlichung.

95

Der weise Mensch klagt oder schimpft nur über das, was zu ändern ist (wenn es, sei es auch noch so leise, von einer Möglichkeit des Änderns doch vordämmert), warum? – Denn sonst vergrößert er nur das Übel.

Klagen und Schimpfen ist eine Appellation, deren eine Komponente in der Aufforderung besteht, das Angerufene möge wachsen. (Nur ausgewachsene Zustände treten zu Entscheidungen.)

Nun macht man indessen, beim Zahnarzt etwa, diese Erfahrung, lernt diese Methode:

Auf die Schmerzen *gefaßt sein,* weder sie fliehen noch sie bekämpfen, sondern sie *annehmen,* – sie denken. In dem Maße, wie man sich identifiziert mit ihnen, indem man sie völlig annimmt, sie denkt, wird man wieder mächtiger – von innen, von der andern Seite her –, herrscht über sie.

– Besteht da ein Widerspruch? Denn wenn wir den Zahnschmerz nicht fliehen, nicht vermindern wollen, sondern in seiner vollen Größe sich vor uns entwickeln lassen, können wir ja doch nicht hoffen, daß er – nach dem Satz »nur ausgewachsene Zustände treten zu Entscheidungen« – umschlage, das heißt sich auflöse? – In einem richtigen Erkennen kann nichts sich widersprechen (denn die Gesetze widersprechen sich auch nicht, sie laufen aber wohl nebeneinander, kreuzen sich, laufen auch entgegengesetzt, so daß das stärkere des andern Lauf übertrifft, ohne es aber aufzuheben – ist doch das eine in der verlangsamten Wirkung des andern enthalten –) und auch hier ist der Widerspruch nur ein scheinbarer:

Wir rufen den Zahnschmerz zu seiner Größe auf zu dem Zwecke, daß wir *uns* (oder daß wir das Gefühl in uns) zu einer seinem (nur gedachten) Maximum gewachsenen Größe aufrufen: plötzlich wird er plastisch und klein vor der entstandenen, gegenwärtigen Größe. Es handelt sich also auch da wirklich um eine Änderung, wenn auch eine anders liegende, als zu erwarten war.

96

Daß man von Glück so wenig spricht (in Briefen, irgend Meldungen), hat noch einen andern Grund als den, daß man produktiv sein muß (das heißt das Schlechte zur Behandlung bringen, nicht das Gute, welches es ja nicht nötig hat): Wenn wir sie nennen, sind die Dinge meistens vorüber, – die Leiden, und die guten Dinge auch.

97

Eine gute Tat, da wir *doch* einmal leben müssen, doch leben . . .

Auf die guten Taten kommt nun doch alles an (nun: wenn wir auch gar nicht das Ganze einrenken, entscheidend verbessern können; wenn das Ganze auch immer in seiner Fragwürdigkeit in der Art eines Totenschiffes weitertreibt).

Gute Taten können nun doch nur, alle Tage, verbessern, schlechte verschlechtern (und wenn auch durch keine guten Taten das Ganze gut werden kann, so würde es ohne sie doch vielleicht sehr schnell unerträglich schlecht werden, werden wie die Pest). Möchte jeder in seinem Leben doch *eine* tun! Eine gute Tat, die er *nennen* kann. – Andernfalls ist freilich sein Leben nichts.

Als gute Tat kann nicht gelten, wenn man einmal im Jahr, etwa um Weihnachten, den Armen eine kleine oder auch größere Summe gibt. Diese Handlung ist in ihrer Art zwar wohl gut, aber ihrer Quantität nach so gering vor der Masse des Übrigen, der indifferenten und somit schlechten Lebensäußerungen (-Funktionen, Wirkungen) einer Person, daß sie eben verschwindet. In deinem Beruf, in deiner ganzen im weitesten Sinne sozialen Stellung tust du nichts Gutes (und jede Indifferenz wird, da irgendein Lebensstrom, von Bösen geführt, immer fließt, böse): das stellt das vielmal Hunderttausendfache jener guten Wirkung an schlechten Wirkungen dar. – *Die gute Tat muß in deinem hauptsächlichen Dasein stattfinden.* (Die scheinbar geringe Tat, an Zahlenwert, wird da gleich multipliziert mit Zehntausend.)

98

Die *Werte* sind überall dieselben: in der guten Musik und in dem guten Handeln dieser einfachen Frau.

Aus der Höhe manchen wertvollen Vollbringens schaut man darum eben hinüber in die andern wertvollen Regionen. (Zum Beispiel hat es große Politiker gegeben, die gut urteilten über Kunst.) Nicht aber aus jeder Höhe in jede andere: denn die Formen sind verschieden, die *Form*schwierigkeiten gewaltig. Da es in allem Handeln nur dem Außen sich zuzuwenden gilt, eben diese Formschwierigkeiten, Form ist Außen.

Sie ist Außen: aber keineswegs etwas Äußerliches!

99

Mensch! Du mußt das Gute wissen, am Guten alles messen. Wenn du nur schaust, ob du nicht da und dort etwas Schlechtes tust: das ist kein Leben.

100

Einer wandelte durch den entblätterten Wald allein und sagte (zu denen, die nicht da waren): »Hier sehe ich den Hain wieder, und ist wieder Sokrates (oder Plato, oder Aristoteles), es fehlen nur die Schüler.« Besann sich, bestätigte: ja, vielleicht besteht wohl die Anlage zum selben; es fehlen nur die Umstände, die hier einen Sokrates (einen historischen) machten.

Den Umständen sind wir alle untertan; aber nur für die äußern Ausmaße unseres Werks, nicht für die geistige Bedeutung; – nur für die historische Wirkung, nicht die Höhe unserer eigenen Leistung.[1]

101

»Du bist zu spät.« »Es ist zu spät.«
Es kann keiner zu spät kommen, wenn er wahr ist. Er kann es nur günstig oder ungünstig treffen.

102

Goethes Mahnung ist:
Reiße dich zusammen zum Entscheidenden!

---

1 Vgl. Nuancen und Details III, 14.

103

Vom Altern

»Man wird nicht weiser, nur älter«: Ich würde das, wenn es nicht von Hamsun gesagt wäre, als einen Unsinn bezeichnen und hinzufügen, daß man nicht altern wird, wenn man nicht will, und daß man immer weiser werden wird, wenn man will.

Ach die schöne goldene Jugendzeit, man wird alt, alles vergeht! Ich aber frage: *Wo ist das Gold?* Denn in der Jugend war es nicht.

Das Gold ist in meinem Hinsehen und das Gold wird nicht alt, vergeht nicht, da ich immer hinsehen kann. – Es ist ja entsetzlich, was der Volksmund da wieder an Verwirrung einfachster Dinge gestiftet hat. Hat das Kind Gold? – Wenn es auf etwas Fernes hinschaut. – Vergeht etwas, was vergeht? Die Muskelkraft? Dann wird sie ja, da du sie erst siehst, Gold. Die Gesundheit? Die du ja, während sie da ist, auch nicht siehst, denn du schaust dann zweifellos auf etwas anderes, zum Beispiel auf große Reisen, auf ferne Inseln, die in Gold erglänzen. Und jetzt, da die Gesundheit dir fern ist und du sie siehst und dich ihrer *erfreust,* besitzest du sie mehr als vorher.

Wenn überhaupt einmal von Besitzen geredet werden soll oder kann . . .

Wie du älter wirst, nimmst du jedenfalls immer zu: das, was wertvoll ist in dir, steigert sich, wie bei Goethe, – wenn du dich nicht vom Geschwätz der Menge verblenden lässest und immer, statt was erblickbar ist zu erblicken, das *haben* möchtest, was einem andern Zustand angehört. Dem Kinde – das immer das haben möchte, was die Großen haben, zum Beispiel lange Hosen – kann man den Irrtum verzeihen, aber wie sollen wir ihn den Erwachsenen und den Greisen verzeihen? – Hamsun hat schon recht: sie werden immer dümmer.

Freilich, wie willst du wachsen, wenn du immer deinem Wachstum entgegenarbeitest?
Der Baum nimmt sein Gesetz voll auf, du aber bist wie ein Baum, der einen Strom Gift mit den andern Saftströmen in sich hineinleiten würde. Ist doch das Denken, die Denkweise, ein schweres, bestimmendes Element im Menschen, nicht minder gewichtig als das Materielle, als des Baumes Wurzel, oder Rinde.
Der Baum aber weiß, daß es nur einen Aufstieg gibt, nur ein größeres Hinaufwachsen und ein weiteres sich Entfalten; und nachher nur noch den Tod.

»Der Baum –; ist aber am *menschlichen Körper* nicht deutlich ein Aufstieg und eine Dekadenz zu beobachten?« – Es handelt sich in jedem Vergleich um richtige Umsetzung. Du bestehst doch nicht nur aus einem Körper? Sondern noch aus vielen Potenzen. Einmal wächst der Baum in die Höhe und einmal in die Dicke. Einmal produziert er Festigung seines Gewebes und einmal Früchte.

»Größeres Hinaufwachsen.« Was heißt »hinauf«? Was der vorherigen Richtung nicht widersprechen wird; das Leben kann nicht auf seine Schritte zurückkommen, nur *weiter*. Mögen auch gewisse Propheten das Bild einer Welt gepredigt haben, in der der Geist keine positive Rolle spielt, in der es nicht weitergeht, sondern sich darum handelt, in die Erde zurückzukriechen.
Es handelte sich aber in den beiden berühmtesten Fällen, dem Rousseaus und dem Hamsuns (auch Lawrence könnte man noch in gewissem Maße dazuzählen), vor allem um eine Reaktion gegen Seichtheit, gegen geistige Verfälschung, weniger um ein volles Weltbild! Isaak (in »Segen der Erde«) ist wohl positiv gewissen Narren gegenüber, die es anzuschwärzen, zu korrigieren oder auszumerzen gilt oder galt, aber der wahre Schöpfer der Zukunft ist nicht Isaak, sondern, wenn einer von jenen, Geisler (genauer: Geisler ist jedenfalls eine Komponente von ihm): wie es Kolumbus und Leonardo waren und alle jene »Mondwanderer«, von denen Thomas Mann so schön

geredet hat. Isaak bebaut nur ein kleines Landstück, der aber, von dem Geisler ein Teil ist, eine Welt.

Und was ist denn Hamsun selbst? Eine Zeitlang hat er freilich Landwirtschaft getrieben, aber wenn er es auch viel länger getan hätte, was bedeutet seine Landwirtschaft gegenüber seinem Schreiben? Alle Hamsun und Rousseau widerlegen sich selbst.

104

Die Größe des Menschen – die Hoffnung, die der Mensch hat; der *Weg* zu der Größe – liegt im Erkennen seiner Geringheit, der Relativitäten, d. h. der Beziehungen in der unermeßlichen Nacht um ihn, nicht in deren Beherrschung, *nicht in der Beherrschung des Ganzen,* sondern in der Sauberkeit seiner eigenen Linienführung, in der Klarheit *seines* Getriebes: wie eine kleine Uhr ist er inmitten des unorganischen Chaos der Sahara: In der Klarheit und Richtigkeit seines Funktionierens liegt seine Größe. Und in der Beleuchtung seines kleinen Kreises.

Der Mensch ist wie eine kleine Uhr – die geht – in der Sahara; und wie eine Lampe – eine einzige – in der unermeßlichen Nacht. Nicht aber wie ein Adler ist er, der so breit wäre, daß er die Sahara an sich reißen könnte, zusammenfassen, tragen.

Wenn der Mensch dieses weiß und sich im ersten zu vervollkommnen sucht, wird er größer werden; wenn er das zweite versucht, wird er kleiner werden. (Ungefähr so: wenn das Kind Mozart zu musizieren sucht, wird es größer werden; wenn es mit einem Elefanten zu ringen versucht, . . .)

Heute ist, dieses Fundamentalste unserer Bedingungen zu wissen, erstens schwieriger und zweitens nötiger als vorher, denn die großen wissenschaftlichen Entdeckungen, angewendet in der Technik, blenden stark. – Ich bezweifle nicht, daß wir einmal nach dem Mond fahren werden (oder doch: fahren könnten, wenn es darauf ankäme, die Interessen sich dahin trügen); aber dadurch, daß er nach dem Mond fährt, wird der Mensch nicht größer, da der unendliche Raum um ihn nicht kleiner wird (von Unendlich eine Zahl abgezogen läßt immer Unendlich). Der Mensch kann es nicht an *Dimension* mit dem Universum aufnehmen, wohl aber an Klarheit; der Dichter-Mensch im Menschen – kann es an Kraft nicht mit dem Bergsturz aufnehmen; die Feder, mit der ich dieses schreibe, ist nicht dasselbe wie eine Bombe: wenn sie Bombe sein will, was ist sie dann? Will sie aber als Feder dienen, dann wird sie mehr als eine Bombe. Denn was ist auch eine Bombe mit der Kraft der Himmelskörper verglichen oder nur des Ozeanes? Des Menschen Größe liegt im *Begreiflichen* (in den Dingen des Begreifens), nicht in der Kraft.[1]

105

Einige Dinge gibt es aber, auf die sich entschieden nie eine wahre Antwort finden wird (und es soll auch gar nicht anders sein). Der Begriff gehört zu ihnen, den wir einmal mit dem griechischen Wort logos bezeichnen.

(Und auch eine Frage etwa wie die, ob es Unglückliche, solche also, die sich nicht durch Produktion erlösen können, geben muß oder nicht.)

... Und es soll nur ein dunkles Ringen bleiben. Gewisse Dinge kann man nicht anders klar machen, als dadurch, daß man sich gewaltig von ihnen entfernt.

---

[1] »La grandeur de l'âme n'est pas tant tirer amont et tirer avant comme savoir se ranger et circonscrire.« Montaigne.

106

Kunst

Es braucht weniger zur Kunst, als ich einst dachte.
– nicht so komplexhafte Ansammlungen, nicht so sehr eine undurchdringliche Vereinigung vieler Dinge: sondern *ein* Element und ein klares Gehen. – nicht das Ziehen unübersehbarer Truppen, sondern das Gehen eines Wanderers.

107

Wichtige Entwicklungsstufe

Erst will die Jugend in Integralität leben – das heißt, die Ideen, die ihr als die göttlichen taghell erscheinen, verwirklicht sehen in der Welt; der sie betreffenden, in ihnen stehenden oder von ihnen zunächst abhängigen Welt –. Dann kommt der Zusammenbruch; die Menschen begreifen nicht, daß, *trotzdem* die Idee nicht in Integralität sich durchsetzen kann (so schnell? o Jona!), sie dennoch in einer andern *Form* zur Existenz kommen kann.
Da ist die Frage der Entwicklung.
Fürchte dich nicht, der Wettbewerb ist nicht schlecht: die andern hatten dieselben Bedingungen.

108

Es kommt nur darauf an, *irgendwo* zu beginnen, nicht, am Anfang zu beginnen: da es ja keinen Anfang gibt.

Den Narren zugeeignet, mit ihren Systemen, mit ihrem »verfehlten Leben«, mit ihrem »zu alt«, mit ihrem »zu hoch für mich«, ihrem »ja, aber wie es machen?«, »am Alltag, wie es realisieren?«: Es gibt gar kein WIE zu realisieren – das Wie ist ja schon realisiert und eben das Wie – sondern das Richtige.

Beim Lesen eines Buches, beim Studieren einer Wissenschaft, bei allen größeren, wichtigen Unternehmungen. – Zu warnen ist auch vor jenen Schriftstellern, die auf fünf Seiten nichts sagen, von denen man erst einen dicken Band gelesen haben muß, um sie zu verstehen.

109

Er ist immer ein wenig hinterher – und wenn er noch so rennt, die Wirklichkeiten sind immer um ein Glied der Kette voraus und er ist hinterher. Dabei kann einem sehr genau das Bild einer geometrischen Reihe vorschweben, in der die Dinge fortschreiten: er sagt 4, aber es waren schon 8; schnell sagt er 9, 10, 11, aber jetzt waren es 16; er beschleunigt: 20, 25! ruft er, aber es waren 32 . . . Nie ist er bei den Dingen; er rennt schneller, aber die Dinge rannten auch schon schneller, und noch schneller als er. Wie soll das enden – wird er noch vor dem Ende sich retten können?

Zweifellos nicht auf diese Weise. Nicht indem er seine Geschwindigkeit immer erhöht, er, der von Anfang an doch der Langsamere ist; sondern nur, indem er seine Methode ändert: indem er nicht unten rennt, sondern von oben kommt; und das heißt hier, indem er das mathematische Gesetz erkennt. Mit einer Operation höheren Grades vertraut, fährt er kühn, wie aus den Wolken, hernieder und steht schon da, wo die Reihe donnernd, mühselig und gewaltvoll auf der Erde heranbraust.

110

Der Spiegel

Du selbst bist vielleicht unsichtbar; dann erkennen wir aber in manchen Fällen dein Wesen in einem Spiegel.

Der Spiegel sind mehrere (und da sie nicht zu dir gehören, wirst du sie auch nicht entfernen können). Zum Beispiel:

Wie stirbst du?

Welches von den Märchen, die du in deiner Kindheit hörtest, hatte Vormachtstellung?

Zu welchen Perioden der Vergangenheit hast du Beziehung? (Und wenn zu keinen, ist auch das wieder ein Spiegel.)

Wen liebst du? (Und wenn du keinen liebst, ist auch das ein Spiegel.)

Und noch viele. Es sind überall Spiegel und du müßtest dein Leben verwenden, um klug ihnen allen zu entgehen; und wenn du es erreicht hättest, wäre auch das wieder ein Spiegel.

111

Zur Überwindung des Leidens

Ein Vogel – morgens früh, während ich schlaflos und unbequem liege – beginnt mörderisch, in grauenhafter Freche zu schreien auf dem Dach (unmittelbar über mir); es stürzt wie eine See in die Ohren, es könnte wahnsinnig machen. Ich bin kein Kind mehr und in meiner Verzweiflung (Notlage) weiß ich: es gibt nur *ein* Mittel, und greife darnach: so schnell wie möglich akzeptieren, völlig bejahen, und schon fühle ich: die Wirkung vergeht; schon wird der Ton nur noch wie der

Boden meines Zimmers, den ich auch nicht beachte, wie meine Füße, die mich auch nicht im Denken stören. Und zugleich fühle ich, daß es mit allen äußern Umständen des Menschen, von Jahrhundert zu Jahrhundert, auch nicht anders sein kann (in alle derartigen Überlegungen sollte indessen noch die physiologische Grenze hereinbezogen werden; nicht als Aufhebung, aber notwendige Ergänzung): Der Mensch wird unaufhörlich weiterdenken, sobald er die neue Basis angenommen hat.

Ich habe einmal geredet von einem Kork: den man nicht ersäufen kann, und gemeint, daß es Gott sei. Es ist; aber nun weiß ich: nur der Mensch.

112

Einen Mann angetroffen, der so lange ins Leere starrte – in den Himmel –, bis er etwas sah: eine Projektion seiner eigenen Augen, die krank geworden waren, und das nannte er dann Herrn Zebaoth, Jehovah; und mit andern Namen.

113

Über Gott

Man hat, wenn man von den großartigsten Erfindungen redete, die der Menschheit gelungen sind, diese meistens vergessen: Gott.

In der Angelegenheit Gott ist das Merkwürdigste dies, daß jene, die ihn ernst bejahen, mit denen, die ihn ernst verneinen, sich sehr gut verstehen.

»Gott« ist – genauer: war; in den Zeiten eben, da er noch Wirklichkeit war – eine geniale Abkürzung vieler Dinge.

Gott würde ich schon lieben, wenn ich nur wüßte, *wen*. Man kann einen Menschen, oder eine Wahrheit, lieben, aber nicht einen Knotenpunkt. Denn dieser, von den Dingen abgezogen, hat keine Existenz; die Dinge haben wir ja schon.

114

Die Kirche

Paulus: Einer der größten Schriftsteller, die je gelebt haben, und sicher einer der schlechtesten (übeltäterischsten).
. . . Wenn du aber jene Liebe hast und *weder* mit Menschen- und Engelzungen redest, *noch* deinen Leib brennen lässest (lassen kannst), noch alle deine Habe den Armen gibst (geben kannst), noch – – (dort nachzulesen), und eben nur jene Liebe hast, ohne irgend etwas zu tun: dann – ja, dann: – wirst du *doch* selig!
Ist es da nicht in der Tat besser, gleich jene Art Liebe zu wählen?
Das haben die Leute denn seither auch getan – es ist die geistliche. – Bald haben sie den Weihrauch dafür angestellt – er hat die Rolle eben so gut erfüllt, und es war noch praktischer. – Nun ist die reine Liebe DORT. Der Weihrauch hat und tut die reine Liebe – er schlängelt sich in Duft und Fäden immerfort gen Himmel. Die Menschen können tun und lassen, was sie wollen.

Die Kirche ist nicht faul seit . . ., sondern sie war von Anfang an faul.
– aber jener Sinn ihrer, den Balzac und Dostojewski gesehen haben? (Dostojewski übrigens kann da nicht viel bedeuten, da er nur als Künstler

groß und unfehlbar war. Im Geiste, genauer: im Gedanklichen, hat er kein Werk geschaffen, das heißt, ist ihm, trotz höchster Subtilität im einzelnen, im ganzen die Sublimierung nicht gelungen, sondern blieb er dem Pathologischen verhaftet.[1]) Balzac, ein so vorurteilsloser, so *gerechter* Geist, ein Mann mit solchem *Raum* in seinem Denken? Der Sinn, den Balzac trotz der Einsicht in das Üble wahrgenommen hat? Es ist die Erzeugung von gewissen Kulturgütern, oder, mehr noch, die Ermöglichung der *Dauer* gewisser Zustände und somit die Ermöglichung derjenigen Dinge selbst, deren Zustandekommen schon von Dauer abhängig ist. Ein Gefäß, – das lange daure, Dauer ermögliche: zugleich aber auch, das das Neue in seinen scherbigen Armen zerdrückt. (In der jeweiligen Zeit nur wird die Entscheidung zu finden sein, welche von den beiden menschlichen Elementarbedingungen vorzuziehen ist.)

115

Wenn jener alte, versoffene und zittrichte Zahnarzt sagte: »Seid freundlich zu einander! – Alles Übrige – –«, so hatte er da einen Teil der Weisheit. Die ganze Weisheit führt zwar auch zu nichts anderem; aber sie besteht vor allem darin, Wege zu bereiten, Hindernisse wegzuräumen.

116

Die Welt fault rasch und wenn du sie nicht unaufhörlich in dir erzeugst, bist du arm.

Noch einmal: Mißtraue nur *den seit langer Zeit Geretteten!*

---

1 »Wenn es keinen Gott gibt, ist mir alles erlaubt«.

117

Schon darum muß man das (äußere) Ziel, das man erstrebt, erreichen, damit man sieht, daß es sich um etwas ganz anderes handelt.

118

Von der lähmenden Vorbereitung

Genauer: Vom Lähmenden der *falschen* Vorbereitung. Denn es gibt auch eine Vorbereitung, die durchaus nötig ist, richtig. – Doch wäre diese besser nicht »Vorbereitung« zu nennen; das ist sie zwar in einer Hinsicht; ist es aber nur dann, wenn sie selber eine Ausführung ist; daher würde man besser fordern, daß es keine Vorbereitungen, nur Ausführungen geben dürfe.

Der Hauptsatz ist hier:

Eine Tätigkeit nährt die andere, wenn sie nicht für andere, sondern für sich getan ist. Wenn sie dagegen nicht für sich getan ist, kommt sie weder andern noch sich zugute.

In solchem Zusammenhang zu verstehen ist die Zeile: *Der Mensch hat die Pflicht, reich zu sein.* – Dahin gehört auch dieser Satz: »Fest soll sein alle Tage.«

»Kann denn alle Tage Fest sein?« – Es hängt nur an dir.

Nur muß die Produktion *be-geistert* werden, alles andere ist ein falscher Weg.

Oder: »Man kann nicht immer im Rausch leben.« Kann man es nicht? Man muß ihn nur richtig orientieren!

119

Noch einmal: Der Künstler ist nur eine größere *Quantität* als irgendein Mensch – nicht etwas *anderes*. Wir können also, wenn wir sein Gesetz erforschen – wozu die Umstände eben der größeren Quantität wegen sich vorzüglich eignen –, zu dem für alle Menschen Gültigen gelangen.

Also: Leben ist gleich Kunstprodukt und Kunstprodukt ist gleich wahrem Leben. Das eine wie das andere erreichen besteht in einem richtigen Verhalten, Zeugnis geben, das ist Darstellen eines Innen durch ein Außen; kurz, besteht in Bejahung des Lebens, somit: Vermehrung des Lebens; ist Kommunikation mit den andern, Arbeiten.

120

Krank wird man: 1. durch Überproduktion, 2. durch Unproduktion, 3. durch nicht legitime Ernährung.

(Und alles kann sich in einem Knoten übel vermischen.)

121

Das einzige *bleibende* Unglück, das heißt, das Unglück, das auch noch besteht auf der höheren Stufe, sind *Ernährungs-Veränderungen.*

(Kerkerzelle. Sokrates in der [gedachten] Verbannung von Athen. Der Alphornspieler im muffigen Waldloch.)

Variante:
Einmal wird eine Zeit kommen (das wird dann »der Himmel auf Erden« sein), da es nur noch *ein* Unglück gibt: Ernährungs*veränderungen;* und *eine* Sünde: Faulheit.

122

Daß die Welt sehr wenig durch den Geist, durch die menschliche Tätigkeit geändert wird, wissen wir ganz genau.

Aber: *wie klein* auch die durch den Geist geschehende Veränderung sei, wir wissen, *daß darin doch das ganze Leben,* darin allein der Wert ist.

Man kann nicht geistig sein und zugleich nicht ändern wollen. Das Wesen des Geistes ist eben, daß er ändern will. (Auch ein Epikur! Man muß nur genau hinschauen.)

123

Nur daraus, daß das maßlose Prinzip mit dem Maß zusammenstößt, entsteht der Glanz.
(*Nicht* also aus der Vereinigung zweier geformter Dinge; und nicht aus dem Zusammenstoß zweier chaotischer Dinge.)

124

Es ist nicht dasselbe, ob man jemanden bewundert oder liebt. Und zwar ist deutlich zu sagen, daß Liebe mehr ist: denn sie schließt Bewunderung ein.

125

Die jeweilen neue Religion, die mehr oder weniger durch *einen* Mann hindurch gebaut wird: sie wird es aber ebensosehr (auch in dem den einen Mann am meisten betonenden Falle) durch das Leiden eines Jahrhunderts. Denn was hülfe es sonst, daß dieser Mann, der die Lehre konzipiert, sie lehrte? Sein Auftreten würde wirkungslos bleiben, der Mythos würde keine Wirklichkeit bekommen; und man würde höchstens allenfalls sagen: »er hat gut geredet« (literarisch gut), – und vorübergehn.

126

Wenn es heißt: »Man hat so genau gerechnet – alles war ganz genau berechnet – und nun sind die Dinge doch ganz anders herausgekommen«, so kann als sicher gelten: die Rechnung war eben doch nicht genau.

127

Eine Bilanz ziehen, Bilanz der Einzelwahrnehmungen, Entdeckungen, Leistungen, ist nur nötig in der Politik und in ähnlichen Produktionen, nicht aber in der Kunst (Philosophie inbegriffen), in der Wissenschaft: Hier tut alles die eigentliche, blanke Entdeckung, die vollerfüllte Detailproduktion. (Wenn du den Erreger einer Krankheit entdeckt hast, kann jedes Kind die Bilanz ziehen; wenn du eine Methode der Bekämpfung entdeckt hast, wird jeder nicht ganz hirnverbrannte Arzt sie anwenden.)

Tut man es aber doch: In der Wissenschaft mag es hingehen, in der Kunst ist es Sünde.

128

Groß ist die Frage: Sind die Menschen entsetzlich dumm oder nicht?

Manchmal scheint es, daß sie entsetzlich dumm seien und dann wieder (an Zeichen, die in kleinen, einzelnen Dingen liegen) nicht.

Spinoza hat die Frage so beantwortet: Sie sind nicht so dumm, aber das Richtige zu finden ist sehr *schwer*.

Ich glaube, daß es fast Sünde ist, so zu reden (und möge es die einzige sein, die er begangen hat). Mir scheint, es ist gerade eben *nicht* schwer, richtig zu leben – für den, der sich dauernd, schrittweise aktiv verhält –, die Menschen sind nur entsetzlich *faul*.

Da gehen sie lieber eine Stunde beten als eine Minute zu denken, so faul sind sie.

129

Im Altertum gab es den Sophismus und heute gibt es die Theologie. Aber der Sophismus brachte noch manches Gute (die Gewandtheit im Umgehen mit Begriffen u. ä., man lese darüber bei Burckhardt), die Theologie profitiert nur davon.

130

»*Gott*«. Nicht alle, die diesen Namen verwendeten, haben (auch in neuerer Zeit, in alter versteht es sich von selbst) Unsinn geredet: Man braucht nur an Spinoza zu denken – oder an die paar letzten, ausgezeichneten Seiten von Hesses „Knulp" (einem im übrigen eher langweiligen Buch). Vielleicht ist es nicht weniger oft vorgekommen, daß welche dieses Wort mit einem Sinn verwendet haben, als welche behauptet haben, es gebe keinen Gott, und keine Vorstellung damit verbanden, das heißt, gar nicht befähigt zu dieser Verneinung waren (und dann auch etwa in der Todesstunde nach Gott schrieen, oder wenn sie nur Zahnschmerzen hatten, heimliche Gebete zu ihm zu senden begannen, ihm Versprechungen machten usf.).

Man kann nicht, wenn die Verneinung auf einer wirklichen Vorstellung ruhte, in der Not – und wie groß diese auch immer sei – Gott wieder anrufen und ihm Versprechungen machen (irgendwelcher »Instinkte« wegen oder wie sie das nennen); man wird immer wissen, daß er nicht da ist, solange der Geist nicht getrübt ist.

Die Vernunft des Menschen ist kein Kinderspiel, verfliegend vor dem Ernst, sondern eine ernste Sache – die ernsteste, mächtiger als alles, außer einem: der Welt.

131

Die Gewalt eines geistigen Ortes erwächst vor allem aus der Länge des Weges, der zu ihm hinführt.

– Der Mann der größten Widerstände, der dann aber, in später Stunde (denen zur Überraschung, die ihn nur oberflächlich kennen), doch der größten Entschlüsse fähig ist: dieser ist dann, infolge der angesammelten Kenntnisse (durch die Widerstände, die er in sich überwand), ungefähr *unbesieglich* (in seinem Aufbrechen; in seiner Überzeugungskraft gegenüber andern).

132

Variante:
Ich muß immer wiederholen, daß die Potenz eines Revolutionärs um so größer ist, je größer die Widerstände waren, die er in sich selber vorher zu überwinden hatte. Jeder in ihm vorher angetroffene und überwundene Widerstand übermit-

telt ihm eine Kenntnis und jede Kenntnis ist hier eine Waffe.

(Oder: ... und jede Kenntnis ist hier eine Kraft.)

Es ist etwa an Luther zu denken – ob man ihn gerne mag oder nicht, ist eine andere Frage, er ist für das eben Genannte ein überaus deutliches Beispiel. Oder an Paulus.

Die in einem gewissen Sinne *von Natur* Revolutionären, die überall sofort als Revolutionäre erscheinen, die Luftigen und leicht Flatternden, die überall mühelos aufbrechen, weil sie kein Gewicht haben, die nie einen Widerstand in sich kannten, sondern selbstverständlicherweise dabei sind, wenn es an ein Ändern geht, – erreichten nie viel. Alle großen Revolutionäre sind von schwerem Material.

133

Panthalis

> »Nicht nur Verdienst, auch Treue wahrt uns die Person.«
> (Faust II, III. Akt)

Dieses Wort von gewaltigem Ton, dieses über alle Maßen wunderbare Wort, das Goethe die Chorführerin Panthalis sagen läßt, ist wie ein trennendes Schwert, wie ein letztes Gericht, das die Menschen für immer scheidet, ihnen ihren Platz zuweist entweder in einer der zwei Gruppen, die allein Wert haben, oder dann in der dritten Gruppe, der aller andern ...:

Wer keinen Namen sich erwarb, noch Edles will,
Gehört den Elementen an, so fahret hin!
Mit meiner Königin zu sein, verlangt mich heiß;
Nicht nur Verdienst, auch Treue wahrt uns die Person.

Also: Entweder »Verdienst« (Leistung – Werk), oder Treue. Die andern – gehören den Elementen an, sie waren eine kurze Zeit hier, sie haben nicht teilgenommen, sie lösen sich wieder auf. Sie sind das absolut Negative, von denen Mephistopheles *mit Recht* sagen könnte: *Es ist so gut, als wär' es nicht gewesen* ...

Warum nicht weitergehen und sagen: Nur die schöpferische Macht braucht nicht treu zu sein (wobei das genau gesehen nur heißt: nicht im üblichen Sinne, nicht etwas Sichtbarem, *Nennbarem* treu)?

Wäre da etwas übertrieben? – Was ist es denn, wenn einer nicht treu ist und doch keine Leistung vollbringt? Planloses Irren – Irren in die Ferne, aber ohne die Ferne je zu erreichen: denn, wenn einer die Ferne erreicht, ist es ja eben Leistung. Abenteuer – *unproduktives* Abenteuer. – Aber dies ist zu sagen:

Wenn du bei Muttern so lange bleibst, bis du weggehen *mußt*, wird der Schritt schöpferisch sein.

»Planloses Irren in die Ferne«: und diese Gewöhnlichen suchen sich dadurch zu sichern, daß sie Muttern im Hintergrund hätten, daß sie alles für die Mutter täten: untrügliches Zeichen des Nichtvorhandenseins einer schöpferischen Potenz – und somit, da sie ja auch nicht *treu* waren, eines Werts ...

Was ist nun aber der Wert dessen, der »treu« ist, der bei der Mutter bleibt? Daß er mitbauen hilft an dem zukünftigen Aufbrechen! Denn die vorzeitig Aufbrechenden *sind* keine Aufbrechenden. Sie sind nichts.

Schwärmer – Staubkörner, Flocken in Lüften; treibend über dem Abgrund, aber *nichts verbindend*, sie, die *keinen Ort* besitzen *und* kein Werk.

Ist aber nicht vielleicht das einzige endgültig Wertvolle (im menschlichen Sinne) das Werk? – während der Ort nur soweit Wert hat (wieder im menschlichen Sinne), als er dem zukünftigen Werk entgegen die volle Ausreifung der Bedingungen bringt?

Was ist denn Goethes Frau, Goethes Haus? – Ein Zusatz wird nötig: Die Zeit (»dem zukünftigen Werk entgegen«) kann einschrumpfen, bis daß sie gleichsam keine Zeit mehr ist, sondern Gegenwärtigkeit; der »Ort« ist dann nicht mehr »Basis«, sondern *Bewahren*. Denn diese zwei Elemente braucht es immer zum schöpferischen Ereignis: das Geschaffene und das Schaffen. Das Geschaffene kommt jedoch in zwei Formen vor: Erstens als Komplex – die Vergangenheit. Zweitens in zahllosen kleinen Fragmenten, ins Schaffen eingestreut, (die eigentlich wieder dieselbe Rolle spielen, man müßte sie nur mikroskopisch sehen) – die bewahrende Gegenwart.

Dasselbe nochmals und anders gesagt: Wer die Zeit richtig handhaben kann in seinem Denken, die Zeit denken, und das heißt die Zeit *weg*denken, dem ist die große französische Vergangenheit im Verhältnis zur französischen Revolution genau dasselbe wie Goethes Frau (es soll hier nicht quantitativerweise, nur dem Wesen nach verglichen werden) im Verhältnis zu Goethe. Beide Male ist da das der schaffenden Kraft Macht verleihende Geschaffene.

Unter »Person« verstand Goethe das, was man meistens als »Wert« bezeichnet; genauer, diejenige menschliche Form, die Wert hat.

Wenn Goethe »Person« sagt, so drückt er sich weniger verständlich und um eine scharfe Nuance produktiver aus – zwei Dinge, die zusammen zu gehen pflegen.

Zu »Wert« habe ich zweimal gefügt »im menschlichen Sinne«. Der Gegensatz wäre: im Sinne des Alls, am Universum gemessen. Aber wie wollte man elementar an der Schöpfung (wie sie es nennen) messen: Für sie, die »Schöpfung«, war der Wert gestern eins, ist heute eins, wird immer eins sein. Man kann ein sich gleichbleibendes Wesen nicht fördern. Aber die Menschheit kann man fördern.

Das Universum, eine sich gleichbleibende Eins, verändern wollen, fördern wollen, wäre sinnlos, da es außer ihm nichts gibt. – Aber die Menschen bekommen ihren Wert in dem Maße, wie es ihnen gelingt, sich in das All einzufügen, genauer, an ihrer Eingefügtheit bewußt teilzunehmen.

134

Man kann nicht zwar den Willen zur Größe, nicht aber Größe haben. Wo der wirkliche Wille zur Größe ist, da ist Größe.

135

Von einer Zweiseitigkeit

Wie wir die Dinge nicht anders als in Raum und Zeit denken können, so zeigen wir ein ähnliches Unvermögen darin, daß wir gewisse ihrer Eigenschaften nicht *zusammen* denken können (eine negiert dem Anschein nach die andere; das Ding hat aber doch beide).

So ist diese gewaltige, zentrale Sache: Wir wissen, daß wir nichts verändern (so verschwindend wenig, daß man sagen kann: nichts); und wir wissen, daß wir doch dauernd verändern müssen, daß wir *nur dadurch leben:* Wir verändern und leben dadurch, wobei wir doch nichts verändern. Das ist nicht zusammen zu denken; nicht gleichzeitig zu denken und nicht zu verbinden – und doch erweist es sich als klar in der Wirklichkeit, im Erleben, das erste für sich, das zweite für sich. Das erste ist ein Wissen (das man reines Wissen nennen könnte), das zweite ein Wissen von dem, was wir tun müssen (– und ist auch ein reines Wissen).

Ich habe es einmal so formuliert: »Das Leben will Verwandlung und wird das Beharren der wichtigsten Dinge erreichen. Der Tod will die Beharrung und wird die Verwesung erreichen.«[1]

136

Eine Hauptsache, die man nie vergessen dürfte: daß es an *uns* liegt, die Welt zu ändern, nicht bei den andern. *Immer bei uns.*

137

Wenn DU dich verwandelst, verwandelt sich die Welt.

138

Der Gedanke, daß »das Irdische« – unser Leben – nur eine Vorbereitung sei, ist schön, aber mißverständlich und gefährlich. Gefährlich, wenn man etwa die Existenz eines »Jenseits« daraus annehmen würde.
Von was denn die Vorbereitung?
Ja, von was! (Von all den andern Vorbereitungen, durch deren Kette hindurch . . .)

139

Und doch und doch . . . es gibt doch nur *einen* Weg der Weltverbesserung, das ist der der Weltveränderung – niemals den entgegengesetzten.

---
[1] Nuancen und Details II, 51.

Freiheit ist, wo man in das Notwendige einstimmt – niemals wo anders.

Bürger sind, welche sagen, »es ist notwendig« von dem, was längst nicht mehr notwendig ist, und dafür das Notwendige mißachten.

Genie ist, was immer das als notwendig erkennt, was just notwendig geworden ist (oder allenfalls auch: was es im nächsten Moment werden wird).

Und wo wäre denn *das Gute?* Du fürchtest umsonst! Von *jenem* ist der Begriff des Guten abgeleitet (er ist sekundär, jenes primär). Was jenes erfüllt, ist gut. Die menschlichen Werte sind fortdauernd; ja herausgefordert, werden sie sich nur erhöhen.

Das Erkennen schafft unerhört *Fremdes* in das Natürliche hinein.

140

Der Mensch muß erst seinen Bruch mit der Natur sehen, um wieder Natur zu werden.

141

Immer zu beachten, daß es nur die eine Richtung einer Entwicklung gibt, niemals die andere.

142

Wer etwas erkannt hat und sich davor zurückhält, der tötet.

143

Und, immer im selben großen Zusammenhang:
Wenn du das eine nur tust, um das andere zu tun, – ist's dir nichts nütze.

144

Zu dem Wort: »Der Mensch hat die Pflicht, reich zu sein.«
Die Zeit schlecht verbringen ist Sache der Stümper. Für den Höherstehenden handelt es sich darum, jede Zeit voll zu verbringen – in *ihrer* Art voll. Aus der schlechten Zeit ersteht schlechte, aus der vollen ersteht volle, jede in ihrer Art voll. Aus dem vollen Schlaf ersteht volles Wachen; aus der Zeit voller Lektüre, voller Geselligkeits-Produktion, ersteht die Zeit voller Arbeitsproduktion; usf.

Was an der Produktion Wert hat (für den produzierenden Menschen), ist die Produktivität, nicht das Produzierte.
Anders:
Produktion und Produktivität sind, wenn man nur die in ihnen enthaltenen Werte vergleicht, eines.
Oder:
Die Produktivität ist die höchste Produktion.

145

Vollkommener Sozialismus und Geist sind einer nur das Surrogat des andern; das heißt, vollkommener Sozialismus ersetzt den Geist und wirklicher Geist den Sozialismus.

146

»Ja und der andere?«
Sind denn jene, die das »Werk« empfangen, keine andern?
An welchen Abzeichen erkennst du den andern? Daran, daß
ihm geholfen wird!

147

Viel habe ich geredet von der Bedeutung der Kommunikationsfähigkeit, der Verbindung, einer der wichtigsten Angelegenheiten –:
Aber es gibt eine gewisse Verbindung mit seiner Umgebung, die der schöpferische Geist niemals haben darf.
In diesem Zusammenhang muß der Satz verstanden werden: Alle Mächtigen waren Träumer.

148

Daraus, daß von ihm behauptet wird »er hatte keine Feinde«, schließe ich noch bei weitem nicht, daß er auch nur einen Freund hatte. Die Nullen machen nicht einmal den andern Nullen einen so großen Eindruck.

149

Ich meine, daß der Mensch die Pflicht hat, jedem anderen, der etwas geleistet hat, für dieses Geleistete dankbar zu sein. (Ebenso wie er gegen jeden, der nichts ist, über seine Nichtleistung in Wut falle.)

Ehre und Dankbarkeit wird er auch jenen geben, die etwas geleistet haben in dem seinigen entgegengesetzten und ihm vielleicht sogar widerlichen Gebieten. – Jedem wirklichen Kenner irgendeines Handwerks, irgendeiner Industrie, irgendeines Verhältnisses von Dingen dieser Erde, *jedem genauen Kenner irgendwelcher Umstände.*

150

Immer wieder und wieder (was auch Balzac betont): Wie das Kleine das Größte lehrt.

In einer besonderen Anwendung:
»Si les hommes voulaient être francs, ils reconnaîtraient peut-être que jamais le malheur n'a fondu sur eux sans qu'ils aient reçu quelque avertissement patent ou occulte.«[1]

151

Was ein Mensch aufzeigt, das weiß er nicht immer

Unser Erkennen auf *richtigem* Wege ist zwar grenzenlos; hier aber zeigen sich die Grenzen . . . *solchen* Weges des Erkennens.
Der zweitgenannte Weg ist der individuelle, menschlich aufzeigbare Weg; der erste der des integralen Erkennens: sozusagen der übermenschliche Weg. Man könnte die Frage stellen: Warum verwende ich den Indikativ, statt zu sagen »*wäre* zwar grenzenlos«? Weil jener Weg nicht *außer*menschlich ist; weil wir ihn in kleinsten Zeiteinheiten – wenn wir ins Höchste steigen – doch haben. Dahin gehört der Satz: Es gibt nur *Momente* der Nähe.

---

1 Balzac, »Une Ténébreuse Affaire«.

152

Des Künstlers Beziehung zur Umgebung

Sie ist nicht jene *wahre* Beziehung, die auf gegenseitiger Offenheit ruhte, sondern ein sich miteinander Vertragen – über dem Abgrund. In der wahren Beziehung wären auch keine Gesetze nötig (kein »Anstand«); in *diesen* Beziehungen muß aber auf die Einhaltung gewisser Bestimmungen geachtet werden.

Die Werke müssen verfaßt werden in einer wahren Beziehung (es ist die einzige ganz wahre!); aber siehe, *ohne* andere Beziehung, ohne Beziehung mit der näheren Umgebung, können auch die Werke nicht geschaffen werden (= kann auch jene, die ferne, die integral wahre Beziehung nicht beibehalten werden). Also hält der Künstler die Beziehung mit der Umgebung doch, als eine wenig wahre, – um des Werkes willen.[1]

153

»Wer mehr als einen Freund wünscht, verdient keinen« (Hebbel). – Die Werke? Sind Briefe an den Freund. Außerordentliche Naturen können im allgemeinen in der Nähe keinen Freund haben (die Begrenzung eines menschlichen Lebenskreises macht es jedenfalls unwahrscheinlich: nur Ähnliches verbindet sich); ihre Werke sind Briefe an den fernen Freund.

---

[1] Vgl. IV, 20 (»Von einer Dissonanz«).

154

Verhältnis des geistigen Arbeiters zum Volk

Es handelt sich für ihn nicht darum, sich hinabzuheben, sondern, es zu sich empor zu heben. Das möchten denn freilich jene nicht zugeben, die vor allem die Dialekte fördern wollen, das Lob der moosigen Dächer singen und wenn immer möglich sich »volkshaft« gebärden. Es gibt aber da nur *einen* rechten Weg – genau wie gegenüber den Kindern –: den andern zu dem zu fördern, was *ihm* gut ist, und das geschieht nicht durch gelegentliches Einschmeicheln. »O den Menschenkenner! er stellt sich kindisch mit Kindern, / Aber der Baum und das Kind suchet, was über ihm ist.«

Dieses Epigramm Hölderlins hatte ich auswendig zitiert; als ich es nachlas, fand ich etwas noch Einschlagenderes: den Titel, den ich vergessen oder überhaupt nicht beachtet hatte und welcher lautet: »Falsche Popularität«.

Zu »vor allem die Dialekte fördern«: – sondern man sollte ihnen eine Sprache geben, die sie weiterführt (die mehr Menschen sprechen; die mehr und Genaueres zu sagen erlaubt).
Zu »das Lob der moosigen Dächer singen«: – sondern ihnen Dächer geben, durch die es weniger hereinregnet.

155

Äußere Lebensbedingungen. Wird der geistige Arbeiter Gleichheit der äußeren Bedingungen verlangen? Seine Rede ist nicht »Der andere hat so und so viel von dem (Geldeinkünften zum Beispiel), also muß ich auch – –«, sondern er wird sich in seinen Forderungen dadurch bestimmen lassen, was *er* braucht, was der andere braucht. Wenn er leben und produzieren kann, ist es ihm ganz gleich – jedenfalls in

Hinsicht auf seine eigene Person –, ob einer eine Yacht besitzt und ein Schloß am Königssee bauen läßt; umgekehrt aber, wenn er mit dem, womit ein Arbeiter vielleicht leben könnte, nicht leben und produzieren kann (eigentlich würde genügen »produzieren«), so wird er mehr verlangen.

156

Wie die Dinge, wo absolutes Licht wäre, ihre Form (ihre Wahrnehmbarkeit) verlieren würden, so müßte meiner Meinung nach ein absolutes (universelles) Bewußtsein gleich sein gar keinem Bewußtsein (wenigstens nach menschlichen Maßen, aber was für ein anderes Maß kann es denn geben?).
Das heißt aber nicht, daß wir Halbdunkel halten sollen; wir sollen immer nach dem Licht streben. Gemäß dem Hauptsatz, daß es nur *eine* Richtung der Entwicklung gibt.

Etwas vom Ärgsten in Holland (außer der Sprache) ist, daß die Leute das Halbdunkel lieben, am Abend möglichst lange kein Licht anzünden (vielleicht doch vorwiegend aus Geiz).

»Aufdämmern« einer Erkenntnis: das Wort ist mir lieb. Aber wie kommt das Aufdämmern? Nur, indem wir aus dem Dunkel zum Licht gehen.

Verhaßt jedes Dunkel: Der Norden, die Nacht, die Dummheit usf.

157

Leiden. »Mit seinen Leiden ist er nun allein.«: Genau genommen muß man mit seinen Leiden immer allein sein. – Ein vollkommen Leidender ist notwendigerweise vollkommen allein (s. darüber die letzten Seiten von Malraux's »Voie Royale«).

Nur haben einige starke Mittel zu Gebote, die Leiden zu verscheuchen: durch einen stärkeren Gegenstrom zu beheben.

Was man nennt »geteiltes Leid« ist keineswegs geteiltes Leid; sondern durch eine Freude (welche aus der Konkordanz kommt) vermindertes Leid.

Teilnahme im Leiden heißt nicht, daß man einen Teil übernehme: sondern Überwindung (Verminderung) des Leidens durch etwas Größeres.

Denn die Freude, *die* – läßt sich teilen! Das ist seltsam und eine wichtige Feststellung kann daran ihren Ursprung nehmen: es erhellt daraus, daß Leid und Freude nicht Gegenteile (Gegenteile sind ja ähnlich), sondern *von verschiedener Natur* sind.

158

Etwas vom Schwersten: Die Zahl Zwei zu denken. (Der Jugend ganz unmöglich.)

Auf einer gewissen Entwicklungsstufe wird der bedeutende Mensch ins Elend geführt, zu einer geistigen Machtlosigkeit, dieses Fehlers wegen (dieses Denkfehlers – es gibt keine andern): Er hat den Begriff »Stoff« – oder »Welt« – oder »Weib« (auch mit allen drei Namen zu bezeichnen) – nicht kennen gelernt. (Der unbedeutende Mensch kennt ihn schon immer. Aber er kennt nichts anderes.)

159

Zur Zahl Zwei. Es sollte jeder Mensch jeden Tag daran denken, daß die mächtigste und geistigste Institution (ich sage *Institution*), die auf Erden je bestanden hat, die des Papsttums, diejenigen verbrennen ließ, die behaupteten, daß nicht die Sonne um die Erde, sondern die Erde um die Sonne kreise.

... dann wären wir auf einer andern Welt, die sich zu dieser verhielte wie der Himmel.

160

Und dies ist die Frage: warum die größten Lehrer der Menschheit immer stellenlos sind.

161

Wer helfen kann und tut es nicht, verhält sich wertlos.

Folglich: bei wem dieses Verhalten überwiegt, der ist wertlos, – es sei denn, daß er durch eine Hilfeleistung höheren Grades von dieser Hilfeleistung abgehalten werde. (Höherer Grad ist hier genau dasselbe wie größere Quantität, nur sieht man es nicht gut.)

Denn ein anderer Hauptsatz lautet (Hebbel hat es sehr klar gewußt; – besser wäre »sehr stark gewußt«: man kann in ganz verschiedener Stärke wissen): *Man muß seine Kräfte dahin tragen, wo das höchste Resultat ist,* das diese Kräfte erreichen können. (Hebbel sagte, daß man seiner höchsten Kraft gehört.)

162

Das Kind hat die *Urgültigkeit* (im Gegensatz zur wirkenden Gültigkeit), allbedeutend, aber nur so, wie Berg oder Pflanze auch. Die wirkende Gültigkeit ist nicht weniger, ist nichts anderes als ein Stück der Urgültigkeit plus etwas, nämlich das, was man auf der zweiten Stufe dazulernt, die Bewußtseinsgrade des jeweiligen Weltstandes; die Mittel. Dieses auf der zweiten Stufe Gewonnene gibt, wenn es *wieder* mit der Urgültigkeit *zusammenkommt,* Kunst, oder Produktion überhaupt (wirkende Gültigkeit), allein ist es nichts.

163

Es gehört eine ungemeine Kraft dazu, in der Geldbedrängnis (Ausgeliefertheit durch die Not) die seelische Würde aufrecht zu erhalten; der Künstler kann das, der allgemeine Mensch kann es nicht; also muß der allgemeine Mensch die Welt ändern. (Denn die seelische Würde ist alles, oder doch, worauf es zuerst ankommt.)

Früher wurde das Problem gelöst durch die Religion. Die Religion mit dem Himmel usw. gab dem Einzelnen einen Reichtum, aus dem er zehren konnte; wie der Künstler aus einem Reichtum zehrend sich hält. *Da man anders denken kann,* kann die Religion die Frage nicht mehr lösen. Nur durch dicken, durch absoluten Glauben konnte sie es; man kann niemals zurück in einen alten Glauben; nur zu neuem Glauben (das ist einer, der die neuen Erkenntnisse, ohne eine zu eliminieren, wieder sammelt); hier herrscht unerbittlich das Gesetz der nicht zu ändernden Richtung[1], der Reihenfolge: Wenn einmal etwas erkannt worden ist ...

164

»Ein Heiliger«, mein Lieber? Ich sage ein Sanktionierter.

---
1 Vgl. 141, 142, 156, 19.

165

Ich möchte einmal wissen, was denn die Heiligen getan haben, wenn sie mehr als Balzac oder (der späte) Rilke getan haben.

Was wäre denn heilig, wenn nicht so ein Leben wie das von Balzac? Man stelle die Perioden dieses Lebens neben einander (es sind nur zwei): Die unendliche, die nicht auszusprechende Beladenheit des ersten Teiles[1], in dem er nur einen Stern als Freund hatte;

die ungeheure, dauernde, scheinbar über alles Menschliche hinausgehende schöpferische Entladung und ewige Mühsal des zweiten Teiles (von 30 bis 50 Jahren seines Alters); und dann trat der Tod ein, eben als der Ausblick erreicht war. Was gibt es als zu heulen vor solchem Anblick? Hier ist Benassis[2] noch einmal.

166

An einem Gotteshaus vorbeigehend.

Da haben sie es nun hingestellt, ein *gewaltiges steinernes Gebäude,* für – –; für nichts. Wer allein dieses begriffe: daß das gewaltige steinerne Gebäude mit all seinem Prunk und den Anzeichen des höchsten Ernstes dasteht für etwas, das nicht existiert, der wäre reif für die größten Weltveränderungen. (Denn wie viel weniger müssen die übrigen Institutionen auf einer Realität ruhen.)

---

[1] »Ich bin immer gebeugt gewesen unter einem schrecklichen Gewicht . . . nichts kann Ihnen eine Vorstellung geben von meinem Leben bis zu 22 Jahren. *Ich bin erstaunt, daß ich nur noch mit dem Schicksal zu kämpfen habe.*« (Balzacs Briefe.)

[2] »Le Médecin de Campagne.«

Wirksame Mittel, zu überzeugen, daß Gott nicht existiert, werden wohl nur geschöpft werden können aus genauen Kenntnissen dessen, was jene treiben; nicht der von jeher Fernstehende wird die Mittel aufbringen – er redet wie gegen eine Wand, man verschließt ihm die Türen –, nur wer selber ein heftiges Erlebnis hatte in jenem Bereiche. – Er sieht: daß er nie eigentlich an Gott geglaubt hat (was das Ausmaß des großen Ereignisses keineswegs vermindern kann) und daß das keiner tut; daß er nur mächtige Anstrengungen gemacht hat, sich zu überzeugen und so ein gewaltiges Du von festen Konturen herbeizurufen, vor sich erstehen zu lassen: er hat gezaubert (zu zaubern versucht, jedenfalls: Zauberei getrieben). Aus seinen Umständen hervor drang er empor zu höchsten *Namen*. Namen für innere Verhältnisse. – Zwischen diesen zwei Dingen: nicht glauben zwar (auch ein Barrès hat nicht geglaubt), aber wiederum auch nicht wissen, daß Gott *nicht* existiert ..., ist ein sehr großer Raum. – Nicht *glauben* ist es bei jenen, aber dies: *sich von gewissen Dynamismen ergreifen lassen*. (Bei Barrès und den Mächtigeren als Barrès: Dostojewski, dem alten Tolstoi usw.)

167

Die größten Leiden sind immer geheime. Ja, meiner Erfahrung nach immer und ausnahmslos.

Ein Weg zur Überwindung, jedenfalls zur Verminderung, des Leidens ist somit schon angezeigt: Bekanntmachung, in erster Linie vor sich selber.

Da nun aber beinahe jedes Leiden, sobald man es deutlich sieht, sich als eines erweist, das viele andere auch haben, vermindert es sich in noch höherem Maße, indem seine Sichtbarkeit sich dadurch noch vergrößert und es in noch höherem Maße die Fähigkeit gewinnt, vor einem selber aus dem Dunkel zu treten.

Der Weg? (Denn es gibt immer die Frage des Weges, des Weges im einzelnen, des *nächsten* Weges; dieser ist noch nicht fixiert dadurch, daß man die Gesamtrichtung kennt, die *große* Idee, die Gesamtidee hat.[1]) Es akzeptieren, völlig annehmen. Denn solange man dagegen kämpft, ist ein Stück Verneinung dabei, und solange nicht volle Bejahung ist, kann das Leiden nicht aus dem Dunkel treten, bleibt ein Stück geheim, also wirkend.

168

Man hat bei Eintreten eines Leidens nur die Wahl zwischen einem Verlieren und einem Gewinnen; es ist ganz unmöglich, daß die Besitzlage die frühere bleibe.

169

Für dieses einfache, unproduktive Wesen bedeutet Leiden nur einen Verlust; dieser Mensch hat nicht begriffen, daß Leiden keineswegs einen Verlust bedeuten muß – er faßt das Leiden materiell auf, determiniert, unveränderlich, einem Steinblock gleich –: daß vielmehr das Leiden eine Chance ist: für Gewinn oder Verlust. Anders gesagt: daß es nicht auf das Leiden ankommt, sondern darauf, *was wir daraus machen*. Wer das nicht einsieht, wer meint, daß es auf das Leiden selber ankomme, für den gilt es doch: er hat sich schon für das eine entschieden, für den Verlust.

---

1 Vgl. I, 18-24.

Es kommt darauf an, in jedem Leiden die höchstmögliche Tätigkeit zu entfalten (das höchste Resultat zu bringen, das Leiden produktiv zu machen) ... nicht, daß das Leiden mit ungeheuren Augen in die Welt starre wie das Pferdchen (meiner Erzählung mit demselben Titel) von 1929. Jener Weg ist nicht unmöglich: er ist zu schwierig, zu selten begehbar. Und er wird leicht mißverstanden: er ist nur der Weg der Kunst. Das Pferdchen war dort eigentlich nicht die Realität, sondern, daß ich's schrieb; für das Pferdchen selber galt ja diese Tatsache, daß ich's schrieb, nicht.

170

... und der dennoch sein Wesen bewahrt.

Aber bis der Mensch erkennen kann, daß man sich nicht durch Bewahren bewahrt, sondern durch sich Hinwenden (Ausgeben) –! Durch sich Hineinbegeben in immer neuen Stoff wird man ewig, durch sich halten Wollen in dem einen erlöscht man.

Wie die Flamme. Die Flamme, die der größte Denker des Altertums als ein Bild des Allgemeinen erkannt hat. (Oder: auf die Frage, was das Hauptsächliche sei, genannt hat.)

171

Höheres, oder Intensiveres, als volle Lebensteilnahme gibt es nicht. Wenn diese irgendwo erreicht oder fast erreicht ist, geht ein ungemeines Zittern, Glitzern, eine Radiation davon aus, die immer dieselbe ist, – Bach, Napoleon, irgendein gewöhnlicher Mann in einem vollkommenen geschlechtlichen Verkehr (welcher, wie Lawrence hervorhebt, eine seltene Sache ist), jeder Künstler jedesmal, wenn ihm etwas wirklich gelungen ist – nein: *gelingt*. (Und umgekehrt: *daher* komme das Kriterium für wirkliche Kunst! Es fällt fast alles durch, kalt hergestelltes, geschicktes, leeres Zeug.) Und jeder

Mensch jedes Mal, wenn er an irgendeinem Ding volle Teilnahme hat (»bejahende«? Teilnahme ist immer bejahend!); die Bezirke nur, genauer, die Bereiche sind verschieden: der Bereich ist immens bei Bach, gering im letztgenannten Fall.

Der letztgenannte Fall: der der vollen Teilnahme an irgendeiner Erscheinung – des Besitzens einer »adäquaten Idee« von . . . – des vollen Eintretens für . . . – wird gewöhnlich »Liebe« genannt; ich habe Widerstreben, ein Wort zu verwenden, das neunzehnmal mißbraucht wird, bis es einmal wenigstens halb richtig gebraucht wird – wie es eben im spätchristlichen Zeitalter nicht anders erwartet werden kann. »Liebe« ist das verhurteste Wort, das ich kenne.

172

Handwerk

Um sagen zu können – man sagt es nicht selbst, sondern die Kunst sagt es –: »Seht, ich habe kein Handwerk mehr!«, muß man es sehr weit gebracht, muß man viel, alles gelernt haben.

Lernen in der Kunst ist Verlernen. – Der Jüngling steht gefangen in seiner hohen Achtung vor dem Handwerk; *das* lähmt ihn. (Und er weiß es nicht.)

Er steht in einer Schlucht, von ungeheuer hohen Bergen überschattet. Zwar ruft er »Der Geist ist alles!«, aber in Wirklichkeit präsentiert sich ihm das riesenhaft hohe Gebirge als eine Summe von Handwerken – und mehr oder weniger um zu kompensieren ruft er so laut das Gegenteil –; er sieht das Äußere. – Denn er *könnte* jetzt schon das Seinige leisten! Das ist ein wenig hinansteigen. Die Achtung hindert ihn. Bald tut er, als ob er auf Stelzen gehe – und hat keine –, bald, als trüge er Steigeisen – auf einem kleinen Weg –, bald wie angeseilt, bald, als ob er im Kamin klettere, alles falsch angewendet, und er kommt nicht von der Stelle.

Die Leute sagen dann – also wenn sie etwa lesen oder sehen, was der Achtzehnjährige geschrieben oder gemalt hat –: er hat kein Handwerk! Aber richtiger würden sie sagen: »er hat zu viele Handwerke«. Doch würde das wohl schlecht wirken. Denn noch einmal: der Weg zur Überwindung des Handwerks geht durch das Handwerk hindurch. Zwar ist es ein Verlernen; aber man kann nicht sagen »wirf weg!«, sondern nur: »lerne!«

Es ist im Gleichnis mit dem Hochgebirge nicht mehr auszuführen. – Der Jüngling geht auf der Stelle und so, als ob er siebenmal gepanzert sei; eines Tages wirft er die Panzer (oder deren Vorstellung) weg und schreitet. – Vorher machte er lauter Unflätigkeiten, unflätige Gesten und stand; nun überwindet er Weg und macht nur dem zu überwindenden Weg adäquate Bewegungen. Hier ist es, wo das Gebirge nicht mehr belehren kann; denn es wäre im Gebirge möglich, Weg zu überwinden und doch noch überflüssige Gesten zu machen, *in der Kunst ist das nicht möglich.*

Deutlicher müßte es werden am Schwimmen, vor allem an dem Schwimmen, das nach Rekorden trachtet. Aber kein Gleichnis genügt da mehr ganz. Nur »das Leben«, das heißt das Gegenstück, das parallel Verlaufende, die Erweiterung, die Schwester, der Kunst, kann es lehren. Daß nur adäquate Bewegungen Weg überwinden, daß aber jede unadäquate Bewegung die Überwindung von Weg *verunmöglicht,* ist nicht mehr ausdrückbar, sondern nur an zwei Orten, in der Kunst und »im Leben«, zu *erfahren.*

Es ist vielleicht doch ausdrückbar, und zwar, wie oben angedeutet wurde, nicht im Schwimmen überhaupt, aber in jenem sportlichen Schwimmen, das Rekorde zu erreichen trachtet und wo also die wesentliche Bewegung nicht in der Bewegung schlechthin, sondern im Vorwärtskommen auf der Liste der Höchstleistungen gesehen werden muß. – Und doch ist auch dieser Vergleich nicht allseitig genügend; denn es ließe sich denken, daß einer integral gut schwimmt und doch keine Rekorde verbessert; und umgekehrt könnte ja einer von Natur mit so mächtigen Mitteln begabt sein, daß er – vielleicht – einen Rekord aufstellte, ohne seine Mittel in der entsprechendsten Weise verwendet (d. h. »nur adäquate Bewegungen gemacht«) zu haben. Man müßte eben edlere, höhere Rekordregistrierungen haben ... solche, die nur dem Rechnung tragen, der integral schwimmt (= seinen momentanen gemessenen Kräften gegenüber einen Rekord aufstellt). – Es gibt jedenfalls zwei Bewegungen, eine obere und eine untere; wenn einer in der Kunst die untere mit Integralität ausführt, beginnt sofort die obere. Es müßte sich doch noch ein genügender Vergleich finden, und zwar aus der mechanischen Welt. ... eine Gasuhr, deren Zeiger der höheren Einheiten erst dann in Bewegung gesetzt würde, wenn der der geringeren eine gewisse Geschwindigkeit erreicht. ... Walzen, die Elektrizität abgeben, wenn sie eine an ihrem Wesen gemessen totale Bewegung erreichen: von denen dann im kleinsten Moment Strahlung ausgeht, sonst aber in tausend Meilen Drehung nicht.

173

Die *Gesamtheit* bedrückte ihn; des Alls wegen, das er nicht hatte, tat er nichts.

174

Der Ort der Realisierung menschlicher Macht ist beim Einzelnen, nicht beim All.

175

Vom ewigen Handwerk

Da meinen die Leute immer »im Großen«, »im Ganzen«; aber es ist das Einzelne, worauf es ankommt. »Im Großen«

einen Roman schreiben kann jeder, aber im Einzelnen gewachsen sein macht einen Dostojewski aus. »Im Großen« die Welt verbessern – sich eine gute Welt vorstellen – kann jeder, aber die dem Einzelnen (das zu ändern ist) entsprechenden Vorstellungen fassen ist schwerer; *das* aber ändert nur die Welt. Man kann sie nicht »im Großen« ändern, in jener Region bleibt ewig Idee Idee, d. h. unproduktiv, sie zeugt nicht fort; es ist die Region des Bürgers, des Apothekers.

Sich eine Idee des Ganzen machen entspricht dem schwächsten geistigen Vermögen. Die höchste Summe von einzelnen Vorstellungen häufen – nein: durchlaufen – entspricht dem größten geistigen Vermögen. Der wunderbare Satz: *Je mehr wir die Dinge erkennen, um so mehr erkennen wir Gott*[1], mag einen immer wieder, wie eine Musik, von außen und innen tönend, auf Straßen und überall umklingen.

176

Der Glanz bricht aus dem Detail hervor, nicht aus dem Ganzen. Der Glanz bricht aus dem Detail hervor und schafft das Ganze. Nicht der Mensch schafft das Ganze.

177

– Aber diese unsäglichen Anstrengungen mißt keiner, sagte er.
Aber der Größte unter ihnen, die Welt, maß sie.

---
[1] Spinoza.

178

Alles ist Fragment gewesen, was je geschaffen worden ist.

179

Über das Beweisen

Alles Beweisen ist relativ. Beweisen heißt nur, ein Ding mit mehr Dingen in (richtige!) Verbindung bringen. Den besten Beweis liefern heißt mit am meisten Dingen in richtige Verbindung bringen.

Statt »beweisen« kann man auch sagen »Zusammenhänge aufzeigen«. Es gibt kein anderes Beweisen als Zusammenhänge aufzeigen.
– So ließe sich also der Beweis einer Sache endlos fortsetzen? So ist es auch; es ließe sich zuletzt, wenn unsere quantitative Begrenzung nicht wäre, eines, ein Beliebiges, durch alles beweisen. (Die Absolutheit des Bewiesenseins, wie es etwa die Geometer sich vorstellen – oder genauer, die Leute, die von der Geometrie ein falsches Bild haben und überdies die geometrische Methode meinen auf das Leben übertragen zu können –, ist also eine sehr kindische Vorstellung. – Was geschieht denn dort, in der Geometrie, wenn etwas bewiesen wird? Die Absolutheit erstreckt sich eben so weit, daß mit dem nächsten Glied der Zusammenhang voll aufgezeigt wird. – Im Leben ist dasselbe nicht möglich, weil jedes Ding *ringsum* an Dinge grenzt und alle diese Dinge sich untereinander verschieben.)

Was ist denn der »gesunde Menschenverstand«? Sehr engen Gesichtskreis haben und es nicht wissen.

Sage ich, daß es vollständig schlecht sei? – Es ist manchmal, in gewissem Maße, eine Gnade!

180

Dummheit ist ein Urbegriff; das Böse ist ein abgeleiteter Begriff.

181

Es ist zu begreifen, daß der gewöhnliche Mensch so über alles der Autorität, der Macht huldigt. Wer nicht in ihrer Endlosigkeit die Fäden erblickt (die dynamischen Verhältnisse), der hält sich an das, was wenigstens *einige* Fäden in ihrer (vorübergehenden) Vereinigung darstellt.

Gegenmittel also (unfehlbares, selber handelndes): die Erkenntnis.

Die Kraft existiert erstens als überall, universal vorhandene, dann aber auch als in einem Menschen momentan vorhandene und uns sehr sichtbar gegenübertretende. So ein Machthaber *ist* ein Stück Kraft (Wirklichkeit) und es ist also nicht unlegitim, wenn jene, denen kein anderes Erscheinen, Sichtbarwerden der Kraft (Wirklichkeit) (in einem vergleichbaren Ausmaß) möglich ist, ihm huldigen. Der im Erkennen fortschreitende Mensch aber schreitet auch fort im Erscheinenlassen der Kräfte; Kräfte werden sichtbar in größerem und größerem Kreis: für ihn gibt es nicht mehr so eine Autorität. Für ihn ist jener Machthaber schon wie ein Steinblock geworden und er besitzt die Erde; nur wie ein Stück Strick (Verbindung *einiger* Fäden) und er besitzt (durch Erkennen) die Natur: ewig hervorbringend Milliarden Fäden, aus denen man Millionen Stricke drehen kann. Den

Milliarden Fäden der Natur gegenüber steht *ein* Strick: Hund und Katze, die zufällig in seiner Nähe sind, wenn er sich bewegt, verehren ihn. (Verehrung und partielle Abhängigkeit sind zwei Dinge.)

182

Man muß immer mißtrauisch sein gegen eine Lehre, die einen früheren Zustand zu wiederholen trachtet (auch wenn man sonst gar nichts von ihr wüßte).

(Möge es sich um die Lehre des alten Tolstoi – der die Zustände der ersten Christen wiederherstellen wollte – oder um mächtige politische Bestrebungen wie den Fascismus handeln.)

183

Solange das Bewußtsein einer Sache nicht da ist, kann sie nicht Sünde sein – Leistungsverhinderung wohl. Wenn die leistungsverhindernde Sache bewußt geworden ist, ist sie Sünde.

184

»Die Ruhe macht es wieder gut.« Nein, die Ruhe macht gar nichts wieder gut, sondern die (günstigere) Bewegung.

185

Ob Galilei gesagt hat »sie bewegt sich doch«, oder ob er es nicht gesagt hat, oder ob es ein anderer gesagt hat, interessiert mich seit langem wenig. Nicht einmal, ob damals »sie« oder »es« sich bewegen sollte, ist die Frage; sondern es kommt nur darauf an, ob man sagen kann »... *bewegt sich doch*«, oder ob man es nicht sagen kann.

186

Glaube nicht den Leuten! Glaube nicht, daß das Böse, einmal begonnen, von selber weiterzehren müsse, sich vergrößern bis ... Es ist lauter Unsinn, es ist gar nicht nötig. Das Böse kann ebensowohl, wenn es einmal begonnen hat, studiert werden und dadurch gerade ein Schutzmittel verschaffen gegen ähnliches Böses, gegen seine eigene Vergrößerung. Nur für den Faulen ist das richtig, was die Leute erzählen, muß das, was einmal begonnen hat, immer sich weiterentwickeln, an ihm zehrend wie Krebs.

Für die Faulen: diejenigen, die selber nicht eingreifen. Alles geht weiter, zehrt, vergrößert sich in seiner Art; das Böse, das Gute. Das Gute? *Nur das Gute, das gar keines ist,* zum Beispiel das der Heilsarmee.

187

Diejenige Moral, der eine größere Moral zuwiderläuft, hat keine sittliche Basis mehr.

188

Der Geistige (oder der Produktive, was dasselbe ist) kann wohl nur *ein* Ding hassen: die Dummheit (oder die Faulheit, was dasselbe ist).

Je nach der Gelegenheit – nach der Art der Verbindung, dem Weg, auf dem wir zu der Sache kommen – sagen wir »Faulheit« oder »Dummheit«. Wenn Goethe vorwiegend gesagt hat »Dummheit«, so erlaubt das, seinen Ort, seine Zeit zu erkennen. Heute weisen wir mehr auf die Änderungsmöglichkeiten hin, auf die Zusammenhänge, und sagen »Faulheit«.

189

Geist mißt man an der Stärke des Widerstandes gegen das, was die Allgemeinen Geist nennen.

190

Konstanz. Wie vielen, die sich rühmen, sie hätten immer dasselbe gedacht seit zwanzig Jahren, müßte man, um ihr Werk zu krönen durch Spezifizierung, hinzufügen: » – nämlich nichts.«

191

Der Bürger mißt den Menschen am Negativen – wer keine schlechten Eigenschaften hat, ist gut –; der geistig Arbeitende am Positiven: wer keine guten Eigenschaften hat, ist schlecht.

192

Im Fortschreiten. Wer sich an denen hinter (unter) ihm mißt, ist verloren. (Was hindert ihn, wenn er zurückgeglitten ist, sich wieder mit denen hinter ihm zu vergleichen, und so fort bis zum Nullpunkt? So wird es vielmehr notwendigerweise geschehen.)

193

Sie denken: »Er ist ... frischgeboren der Mensch der Zukunft.« Nein, er ist nur überwiegend der Mensch der Zukunft und das andere in ihm tötet er täglich selbst. (Nichtig sind die Menschen, die nicht leben in dauernder Veränderung.)

194

Wer sich nicht selbst disziplinieren kann – das scheint mir sicher –, der bringt es niemals zu einer geistigen Leistung.
Er ist vielleicht durchaus geeignet für gewöhnliche Beschäftigungen: da diszipliniert ihn der Bureauchef, die Hausordnung etc. Wo aber sind Chef und Ordnung, deren Systeme dem Zustandekommen geistiger Leistungen dienen?

Es handelt sich dabei aber selbstverständlich um eine Disziplinierung derjenigen Kräfte, die seine geistige Leistung ermöglichen, nicht um diejenigen Disziplinierungen, die gerade einem Apotheker gefallen mögen; bei einem Maler z. B. um eine Disziplinierung seiner bildnerischen Fähigkeiten, nicht um die seiner Kleidung, seiner Essenszeit, seines sexuellen Wandels – oder aber nur in dem Maße, wie diese Dinge (Kleidung, Sittenwandel) das andere (die bildnerischen Vorgänge) ermöglichen oder stören; ein Verhältnis, das ganz persönlich bedingt ist.

195

Es gibt kein System (für das Leben, für irgendeine Lebensabteilung), das die Intelligenz überflüssig machte.

196

Beim Heben eines Gewichtes: Wenn du dich einsetzest, hängt das Resultat von den Bedingungen ab. Aber wenn du's nicht tust, von dir.

Wenn du dich einsetzest, mußt du dich nicht noch *übermenschlich anstrengen;* du wirst ohne das genau das Deinige erreichen.
»Er strengte sich übermenschlich an.« Das glaube ich wohl – aus den nichtigen Resultaten schließe ich's, daß er die Dinge über und außer ihm anstrengen wollte, statt sich selber hinzuwenden, einzusetzen.

197

Es gibt gar keine Vorbereitungen! Nur Arbeit, d. i. Ausführungen; Ausführungen freilich ganz verschiedener Art.

Die einen verbringen ihre Zeit in lauter Vorbereitungen, die andern wieder überhasten sich, indem sie Arbeitsstufen überspringen wollen.

198

Man sieht es täglich: daß die Menschen darum nicht helfen, weil sie nicht helfen wollen.

»Der Mensch lebt allein, um sein und seiner Mitmenschen Wohl so sehr zu befördern, als es seine Kräfte und seine Lage erlauben.« Lichtenberg.

– Es kommt nicht darauf an, zaubern zu können; größere Quantität schafft von selbst die Wunder.

199

Wenn die Menschen einmal begriffen, daß sie nur *eine* Heimat haben: das ist die Arbeit; aber die gute, die wahre.

200

Arten des Wissens

Worauf es ankommt, ist nicht, kolossal viel wissen; sondern, zur richtigen Zeit das Richtige wissen. André Gide ist so ein Mann, der jeweilen das Richtige gewußt hat. Der andere, der scheinbar viel weiß, hat nur ein scheinbares Wissen. Kein Mensch kann sehr viel wissen *zugleich.*

Sehr viel gleichzeitig wissen ist Sache der Bibliothek; der Mensch ist keine wandelnde Bibliothek.

Zu »der jeweilen das Richtige gewußt hat«: Man bemerkt solches meistens erst später; man erkennt im Moment nicht, wie tief es ist. Das ist es ja eben, die andern wissen nicht das Richtige! Da ist auch, was Lenin so ergreifend macht. Die schwatzende Bibliothek, der Mann, der von Himmel und Erde redet, macht da meist viel größeren Eindruck.

Thomas Mann ist gewiß nicht so ein Geist, aber die zu große Gleichzeitigkeit des Wissens beginnt doch schon in gewissen Momenten bei ihm eine leichte Gefahr zu bedeuten[1]; Gefahr, indem sie Verhinderung zu schaffen beginnt einer dem Momente in höchster Weise genügenden Vertiefung. Es liegt eine gewisse Gnade darin, wählen zu können. Gewöhnlich meinten wir, daß es Gnade sei, wenn man vieles nebeneinander wissen kann; aber darin, aus einem Nebeneinander im richtigen Momente das Richtige hervortreten lassen zu können (auch wider das andere, auch zum Schaden des

---
1 Geschrieben 1935.

andern, und mit voller Verantwortung!), glänzt eine noch höhere Gnade[1].

Jeder Augenblick ist bereit, ein Höchstes zu geben; man muß es nur empfangen können. Dieses empfangen Können – *das* ist das höchste Wissen.

201

Das Sichere

»Wo sind denn meine Freunde?« (oder »Knechte«), schrie Geßler, als Bedenklichstes geschah. Sie waren *natürlich* nicht mehr zur Stelle . . .
O armer Mann! Wie hatte es ihn überrascht. – Worauf baute er denn?
Die RICHTIGKEIT, das ist mein Freund! hätte er sollen sagen können.

———

202

Ein Idiot. Er verbrachte sein Leben damit, zu untersuchen, ob das, was *er* allenfalls herausgefunden hätte, schon andere herausgefunden hatten, und er es also nicht herausfinden müsse.

Er war größenwahnsinnig: nahm sich selber so wichtig, daß er sich geschämt hätte, auf einem Weg zu gehn, da irgendwann schon ein Mensch gegangen war.

---

[1] Vgl. 10.

203

Die Erbschaft

Es ist nicht so leicht, nach den Anweisungen großer Männer zu leben, ich meine, die Lehre großer Männer, wenn diese gestorben sind, zu realisieren. Denn von den zwei Richtungen, Möglichkeiten, die gegeben sind, birgt jede ihre Gefahren.

Man kann nach den Sätzen leben. Die Gefahr davon: Sinnlosigkeit.

Die andere Richtung ist: Wissen, daß die Sätze verändert, erweitert werden müssen, sich also durch ihren Wortlaut nicht binden lassen, sondern es wagen, vom Gesamten jener Denkweise aus neue Sätze zu bilden. Die Gefahr davon: daß etwas ganz anderes wird (wie es durch Paulus mit den Evangelien geschehen ist).

Wo ist der gute Weg, der der richtigen Nachfolge? Er ist nur im Schweren zu finden. – Es ist nur dadurch möglich, daß man ähnlich erlebt, das Unaussprechliche in den Sätzen jenes Mannes *wieder*findet; – daß man vom Gesamten aus jene Sätze wieder bilden kann und somit, mit gleicher Mühe, entsprechende neue. – Wirken denn jene nicht? Doch; aber nur, wenn man aus eigener Kraft eine große Nähe erreicht hat: dann springt der Funke herüber.

204

Wann hatte ich doch diesen unfaßlichen Traum von den Edelsteinen? – »Man *fabriziert* sie, man findet sie nicht, aus der Erde fabriziert man sie.« –?

Das war eine kolossale Ahnung, der Traum eines Überganges.

205

Eine neue Religion sagt bei ihrem Kommen nie »ich bin eine neue Religion« (was sich selber Religion nennt, ist niemals ernst zu nehmen), sondern »die Wahrheit ist . . .«.

Daran erkennt man sie.
(Denn auch *jene* . . . »werden nur gerettet durch den Glauben«.)

206

Notwendigkeit, ja. Aber der Mensch offenbart seine großen Kräfte nur in dem, was er »in Freiheit« tut. Die Anführungszeichen sind wichtig. Denn ich weiß wohl, daß es nur eine höhere (auf weitere Kreise sich beziehende) Notwendigkeit ist, eine, die uns in der Nähe nicht als solche erscheint.

Alle hochstehenden Schulen, zu allen Zeiten, waren freiwillige (etwa gewisse griechische Philosophenschulen oder die Schule eines Meisters der Renaissance): das heißt, man wurde nicht hineingenötigt, sondern es war vielmehr schwer, aufgenommen zu werden. – Fast alle geistige Leistung entstand »in der Muße«. Wer in der Schulzeit (von unsern Schulen geredet) Leistungen entwickelte, tat das in der Regel nicht in, sondern neben der Schule. Warum sind Montaigne, Balzac, Goethe, Lichtenberg nicht in den vorhandenen Schulen, Formen, groß geworden, nicht in denen, die man forderte, in die hinein man sie setzte, deren Ausfüllen man erwartete? Warum Alexander, Napoleon, Lenin nicht in den *vorhandenen* Systemen? – in treuer Pflichterfüllung und Höchstentwicklung an der Stelle, die man ihnen zugewiesen hatte?

207

Die Persönlichkeit formt sich durch geistige Erlebnisse, genau wie sich die Macht des Papsttums durch die Kreuzzüge geformt hat.

Das wissen wenige; die meisten nehmen an, sie forme sich »von selbst«, in der Ruhe, durch »Wachstum« (und wie diese dunklen, nichtssagenden Ausdrücke alle lauten).

So mag ein junger Mann zwischen 20 und 25 Jahren jenes Erlebnis haben, in dessen Mitte der Begriff »Gott« steht; nachher fallen die *Stoffe* – wie die Kreuzzüge auch nichts erreicht haben –, d. h. alles, was damals in dem heftigen Erlebnis wichtig schien; und etwas, das damals nicht oder kaum beachtet wurde, blieb: durch die Kämpfe, durch die Expositionen, durch das Zusammenreißen der Kräfte gegenüber der Welt, durch das erstmalige Infragestellen der Welt und das Ertragen der Isolierung hat sich Härte gebildet: Der Jüngling läßt zwar später alles fallen, worum er gekämpft hatte, er erkennt die Bedingtheit der Dynamismen, von denen er sich ergreifen ließ, – aber er geht als *ein Mann* aus dem Erlebnis hervor.

208

Das Christentum

Erst hat es sofern über einen Teil der Welt geherrscht (einen der Quantität nach sehr geringen), als es Menschen veränderte; dann hat es *die* Welt beherrscht durch das Ansehen, das aus jener Real-Wirkung geworden war. – Aus einer (quantitativ) geringen inneren Veränderung entsprangen riesige äußere Kraftentfaltungen.

Wenn man die Christengemeinden der ersten Jahrhunderte den Kreuzzügen, der Weltmacht der Päpste gegenüberstellt, wird man an eines Schriftstellers Laufbahn erinnert, welcher erst aus geistigen Wirklichkeiten (Nöten) ein echtes Werk schafft, dann aber, durch dieses Werk zu Erfolg gelangt, in ein machtvolles Weltdasein tritt, sich immer mehr äußerlich entfaltend, jenes immer mehr vergessend (in dünnern und dünnern Ausläufern verschwindet es allmählich), das den Anfang und nicht nur den Anfang, sondern überhaupt die Ermöglichung dieses äußern Starkwerdens dargestellt hatte.

Ein Balzac aber, ein Goethe blieben edel, geistig-produktiv bis ans Ende; warum? weil sie von Anfang an nichts verleugneten, nicht »vom Himmel gekommen« waren.

Wann hörte das Christentum auf? Zur Zeit der Kreuzzüge lag es jedenfalls schon in weiter Vergangenheit.

Was nennen wir überhaupt Geist? Jenes Anfangsstadium; das Bewußtwerden einer Kraft, die die Welt verändern kann. Der Gegensatz ist das Krieger und Pfaffentum.

Schöpferisch nennt man Zeitalter, in denen viele solcher Anfangsstadien sich finden, Zeitalter fortwährender Revolutionen: das Griechentum (aber nicht Sparta), die italienische Renaissance. Gegensatz das Mittelalter: ungeheure Pfaffen-, Krieger-, Ritter-, Herren-Macht. Im höchsten Grade unschöpferisch[1]; eine Latenz der Weltentwicklung, die aus der Ferne den Eindruck von »Dunkel« macht. Es war wirklich dunkel.

209

Beim Lernen. Und bei der Weltentwicklung:
So einfach ist es nicht! Es ist viel einfacher.

---

[1] Es gibt die Architektur, einiges andere; aber man erwäge, daß es sich um einen Zeitraum von einem Jahrtausend handelt.

210

Unterricht

Die meisten, allermeisten Schwierigkeiten kommen nicht daher, daß die Sache schwer zu lernen wäre, sondern daher, daß der Lehrer sagt, es sei schwer.

Wenn es schwierig wäre und der Lehrer sagte »es ist schwierig«, wäre es noch nicht so schwierig, wie es jetzt ist, da der Lehrer vom Leichten sagt »schwierig«, wodurch der (begabte) Schüler vollständig irregemacht wird.

Wann endlich wird es aufhören? werden die Apotheker hinausgeschmissen aus dem Unterrichtswesen und nach den Teufelsinseln verbannt werden oder nach irgendeiner andern Zwangsarbeitskolonie? Sie, welche die kostbarsten Güter durch Zwangsarbeit vernichteten!

Denn »so einfach kann es nicht sein«, sagt der begabte Schüler z. B. vor den Gesetzen der elementaren Physik, »so einfach, wie es mir im ersten Augenblick erschien, wie es da liegt, wie man's hört, sieht«; und folglich sucht er nun das zu Lernende *außerhalb*, im Nichts –; er sammelt sich zu unnützen Anläufen, er gerät unter das Gesetz der *falschen Vorbereitung*, und hört auf, zu *sehen*.

Das Ärgste ist aber noch nicht, daß der Schüler hier nicht lernt; sondern, *daß er zu lernen verlernt!* (Es bildet sich eine Kruste. Im besten Fall ist eine Gigantenarbeit im spätern Leben erforderlich, um sie wegzubringen.) Das ist die Wirkung der Schulen. Daher stimme ich für die Teufelsinseln.

Der richtige Sprachunterricht ist der, der keine Vorbereitungen machen läßt, der sofort Definitives gibt, *gibt*. – Und sei es auch *ein* Wort. Wenn gesagt wird »columba«, muß es schon lateinisch sein.

Und so ist es mit allen Wissenschaften.

Aus der Produktion kommt neue Produktivität. Aus der Vorbereitung bleibt noch immer der Sprung zu tun, der erst entscheidende Sprung – und er wird immer schwerer.

Des Menschen Würde erträgt nicht, Vorbereitungen zu machen, und rächt sich, wenn man sie doch dazu nötigt, mit einer Krustenbildung: Sie will um jeden Preis schaffen; und wenn man ihr zum guten Schaffen den Weg nicht öffnet, schafft sie ein Schlechtes.

> Jene Schule sagt: »Demütige dich! Verstehen wirst du noch lange nichts (– du müßtest erst die Götterhöhe eines Professors haben, dann freilich würdest du die ganze Welt verstehen), ducke dich jetzt in Vorbereitungen.«

211

Über Sprachunterricht

Die nötigste Eigenschaft, das erste Erfordernis, um fremde Sprachen zu lernen, ist Vertrauen. Das zuerst Erforderte, um die eigene Sprache zu lernen (auf der höheren Stufe, nicht als Säugling, sondern wenn man die Sprache schon »kann«), ist Skepsis.

Das Erste, was unsere Lehrer tun, wenn sie beginnen fremde Sprachen zu lehren, ist, das Vertrauen zerstören. (Vielleicht, damit man ihnen nicht zu schnell zuvorkomme an Kenntnissen?) Diejenigen Lehrer aber, die die eigene Sprache lehren, haben ein ungemeines Vertrauen ... ihrer Sprache gegenüber von jeher besessen (als ob sie ihnen alles gebe, gleich einer guten Kuh).

Schwimmen und fremde Sprachen lernt man auf ähnliche Art. Das volle Akzeptieren des Elementes ist das Entscheidende.

Die eigene Sprache lernen ist nicht Sache des Glaubens, wie die Herren Prosaisten in Helvetien meinen, sondern Sache des Wissens. Aber eine fremde Sprache (summarisch) lernen ist nicht Sache des Wissens, wie die verpfuschenden sogenannten Lehrkräfte meinen, sondern Sache des Glaubens. (Es soll so viel wie möglich gesprochen und gelesen, so wenig wie möglich überlegt, vorbereitet werden; es soll viel weniger auf Fehler geachtet werden als darauf, die höchstmögliche Quantität von Wörtern, am besten laut sprechend, zu verwenden. – Die Herren Lehrer aber sagen »denke scharf; überlege genau und ruhig, bevor du sprichst« und bringen es mit ihrer Methode dazu, daß die Schüler nach siebenjährigem Studium sich noch nicht französisch verständlich machen können.)

In eigener Sprache Geschriebenes sollte man langsamer, fremde Sprachen (die man noch nicht kennt) schneller lesen.

Worauf aber achtet man? Man sagt immer: »Nicht zu schnell!« Denn »das Verständnis steht still«. Aber wer sagt »nicht zu langsam« und kümmert sich darum, daß das Verständnis überhaupt nicht zu laufen begann? (Wie ein Benzinmotor nicht unter einer gewissen »Tourenzahl«, läuft das Verstehen nicht unter einer gewissen Geschwindigkeit – Menge des Zugeführten in einer Zeiteinheit –: Was kümmert das die Geschöpfe, die an der verantwortungsvollsten Stelle, an der Mittelschule, lehren?)

Es gibt drei Dinge, die man ganz gleich lernt und aus denselben Gründen nicht lernen kann: Schwimmen, Radfahren und fremde Sprachen.
Einige beginnen ja auch den Schwimmunterricht mit Muskelübungen – wenn möglich analytischen (wodurch man ja die allgemeine *Kraft* am besten entwickeln kann): ein Muskel nach dem andern wird ausgebildet ... wer soll das endlich wieder zusammensetzen, ohne daß die Energie, die in dieser

Komposition zu Tage gefördert wird, das Vertrauen in das Element zerstört?

Kein Mensch hat zum Schwimmen je *Kraft* gebraucht! (Diese kann nur beim *schnellen* Schwimmen vorteilhaft sein.)

212

Kinder haben ist gut für die Reichen, wenn sie kinderliebend sind. Für die Armen, ob sie kinderliebend seien oder nicht, ist es nicht gut.

213

Über das Kindererzeugen

»Erzeugen«? Unsinniger Ausdruck! Kommen lassen!

Wenn man nur um die Kinder sich mehr bemühen wollte, statt immer neue in die Welt zu setzen!

Warum aber besteht dieser fürchterliche Mißbrauch, eine Menge Kinder in die Welt zu setzen?

Es gibt verschiedene Gründe; der größte aber wohl ist die Faulheit der Frau. Und zwar nicht, wie einer etwa annehmen möchte, die kleine Faulheit in einem speziellen Augenblicke, sondern die allgemeine und große Faulheit: da die Frau im allgemeinen *nichts tun,* ihre höheren Kräfte nicht produktiv werden lassen will, ihren Ausgang nur zu Tanzsaal und ähnlichen abgeschmackten Dingen fände, findet sie nun diesen Ausgang zu ihrer Unterhaltung in der berühmten »Liebe zu dem Kinde«, die Kinder werden nun »Sinn ihres Daseins«; ihr Dasein hätte ja eben sonst keinen Sinn haben können. (Diese Unterhaltung ist, an ihr gemessen, freilich die bessere; am Kinde gemessen wäre der Tanzsaal in den meisten Fällen der vorzuziehende Weg gewesen.)

Das gilt aber vorwiegend nur für die sozial höheren Stände. Es gibt verschiedene Gründe, sagte ich; bei den armen Leuten, dem ganzen Proletariat, ist es die Armut. (Man hat weder Kraft noch Mittel, zu verhindern; man »läßt geschehen«.) – Die Armut, das Unglück für die Kinder, sie ist auch schon der Grund, daß die viel zu vielen Kinder da sind.

Die unheilvolle Wirkung der katholischen Kirche ist auch nicht zu vergessen; eine Wirkung, die sicher weniger in der Lehre besteht als in den praktischen Hindernissen (oder Förderungen), die, besonders wenn die Leute sehr arm sind, in den Weg gesetzt werden[1].

214

Ich finde sehr selten *schnurrig*, was Kinder sagen; ich finde es fast immer ernst.

215

Die Wirkung dieser Erziehung (von heute) besteht meistens darin, steril zu machen gegen jede Erziehung.

―――

216

Was schon viele Male gesagt worden ist, kann man noch unzählige Male wiedersagen; man darf es nur kein einziges Mal nachsagen; da liegt der Unterschied.

---

[1] Von dem besonderen Wahn in Kriegszeiten ist hier noch nicht geredet.

217

Die gefährlichen Intervalle

Es gibt noch eine Art, die Ausführung der Dinge zu verhindern, die meistens übersehen worden ist. Zuerst mir aufgefallen bei dem »logisch denken« der Schulmeister[1]. Nun sehe ich es erweitert: All das viele, das nicht geschieht, weil man *Zeit* sich gibt für das, was keine Zeit braucht.

(Fast so: Er nimmt sich Zeit zum Aufstehen. Folge: er schläft ein.)

Fast bei allen Beschäftigungen ist wichtig, daß man *keinen Anlauf* nehme. Dem Anlauf fallen so viele Arbeitsresultate zum Opfer!

218

Wenn jemand nichts tut, bereitet er deswegen noch lange nicht etwas vor.

Es gibt gar keine *nötigen* Vorbereitungen. Die Vorbereitungen, die nötig sind für kommende Leistungen, sind selber schon Leistungen.

Die meiste Zeit verbringen die Menschen mit Vorbereitungen und zwar – das ist erst das Wichtige – mit unnötigen Vorbereitungen.

(Die übrige Zeit verwenden sie in der Regel zum Bauen von Grabdenkmälern.)

---

[1] Vgl. 210, 211.

219

Das schöne Wetter wird dich zwar zur hohen Leistung führen, es, nicht du, – aber nur, nachdem du bei jedem Wetter deine Kräfte eingesetzt hast.

Du brauchst also keineswegs auf das schöne Wetter zu warten; nein, du *darfst* nicht.

Das Einsetzen der Kräfte aber soll geschehen in einer ruhigen Linie, nicht in hitzigen Stößen (weil diese über die Bisweiligkeit nicht hinauskommen können und gute Gelegenheiten verpassen lassen) – und niemals wirst du daran glauben, daß ein Anfang schwer sei!

220

Wir tun zwar Gutes für das, d. h. wenden immer unsere Kräfte entgegen dem, was Lohn (und den höchsten Lohn!) geben kann, – aber nicht dieses Lohnes wegen.

221

Man muß das Definitive tun, das, was man als definitiv *will*, – nicht also Vorbereitendes, das dann zu jenem *führe*.

Wie beim Schreiben die große Regel heißt: Hauptsache voraus!, so darf man nicht, wenn man den Zustand B will, den entgegengesetzten Zustand A herbeiführen, daß er dann zu B hinüberleite; unser Leben ist zu kurz – inzwischen treten unvorhergesehen C und D hinzu, verändern alles und du wirst dein Bild nimmermehr herausbringen[1].

---

[1] Um dem schlechteren Leser gegenüber für einmal Gnade zu üben, möge diese (schwächere) Variante doch noch aufgenommen werden: ». . . inzwischen treten unvorhergesehen C und D hinzu, verschlimmern und verändern alles, und wir haben unser Wichtiges nicht ausgedrückt.«

222

Der Künstler. Er fand immer die richtigen Farben nicht, wie er sie auch wählte (und er suchte sie zusammen in der halben Welt), und alles war ungemein kompliziert: – es war kein Leben drin. Die richtige Farbe fand er erst, als er mit seinem Blut schrieb; und da war denn auch alles ganz einfach geworden.

223

Hast ... – soll man denn in nichts Hast haben? In Einem nur habe Hast und Eile: vor dem Tode das Entscheidende zu tun.

224

Der Mensch ist der Versammlungsplatz der ewigen Stärke mit der ewigen Schwachheit.

Schwachheit: um heute die Tat zu tun, sehe ich mich nach den Bedingungen – nein, sogar nach den Begleitumständen um, unter denen ich das letzte Mal eine Tat getan habe: abhängig soll die jetzige Tat sein wie ein Sohn vom Vater, will sich verkriechen in Geborgenheit – ja, kann sie denn nicht *heraus* treten? (Ihr Wesen wird doch nur dadurch Wesen, daß sie heraustritt; es wird ihr nie fehlen an Begleitumständen, und an vollständig eigenen.) Das ist die Schwachheit.

Aber die ewige Stärke ist, daß der Mensch doch nach und nach alles (das Unermeßliche, das schon geschehen ist, vom Ergreifen des Feuers bis zur Psychoanalyse), durch alle Hindernisse der Latenz hindurch, erreicht hat; daß er nie daran denkt, mögen die hindernden latenten Massen (Milliarden der latenten Menschen) gleich dem Himalaja sein: vor ihm, der schwach und bloß herankommt, ein gebrechlicher Zweibeiner, 1 m 70 hoch, – daß er nie daran denkt, dieses Vordringen zu immer neuen Realisierungen aufzugeben. Und von den höchsten Leistungen geschahen. Bach und Hölderlin und daß der Mensch durch die Lüfte in wenigen Tagen um den Planeten fährt.

Skizzierung der *Stufen*, über die eine Realisierung verläuft:
Die erste Leistung besteht in der Förderung einer Ahnung zu starken Träumen (Ahnungen fließen immer neue zu). Die zweite ist die Verwandlung des starken Traums in feste Gedanken. Die dritte (wohl nicht schwerer als die beiden vorhergehenden) die Förderung des Gedankens zu dem, was man gemeinhin allein Realisierung zu nennen pflegt, der äußerlich sichtbaren Leistung.

225

Die *Vergeudung* ist das oberste (das quantitativ am meisten bedeutende) Gesetz der Natur.

226

Und wenn auch das Mißverständnis neunundneunzigmal größer ist, so ist es doch nicht das Mißverständnis, sondern das Verständnis, dieses eine Prozent, was zählt.

227

Nocheinmal: Als ich am weitesten gestiegen war, sah ich, daß Genie und vollkommener Sozialismus ganz und gar dasselbe sind.

Nicht alle Tage sehe ich's. Aber ich sehe es im Gebirge auch nicht alle Tage, daß ein gewisser Grat mit einem andern zusammenhängt: nur wenn ich sehr hoch gestiegen bin an jenem Berge, von dem aus man es allein sehen kann; – von dem aus man die eine Welle erkennt, die das ganze Gebirgsstück schuf, die noch durch es hindurchgeht, das man vom Tal aus immer nur als zwei Gipfel erblickt.

228

»Stark«, »schwach«, hört man immer sagen. »Van Gogh war einer der Stärksten.« » – war so schwach.«
Ja *worin* denn stark? An Körperkraft, an Geduld – oder an *Willen zur Realität?*

229

Alles, was ist, ist Krankheit und Heilung. Es gibt dann wohl noch viele andere Dinge, aber die haben keinen Wert – nur Scheinexistenz.

230

Krankheit ist ohne Wert, geheilt ist ohne Wert; Heilung, das ist alles, ist die Menschheit.

231

»Sie wird nie fertig mit diesen Leidenserscheinungen«: sie leidet nämlich viel *zu wenig* darunter.

232

Das Wunder sitzt nicht im äußern Zufall, sondern in der Kraft eines Verhaltens.

233

Das Unglück

»Das Unglück allein ist noch nicht das ganze Unglück...«[1].
... Und so ist das wahrhaft Arge in einer Lage materiellen Mangels erst in dem Momente da, *da diese Lage Gründe, alle Aktivität einzustellen, zu liefern beginnt.*

Andrerseits (in einem weniger entscheidenden Sinne) ist der äußerste Grad materieller Notlage dieser: wenn sie allen menschlichen Umgang aufzuheben beginnt.

(Es sind zwar nicht Leute von außerordentlicher Geisteskraft, die dem von materieller Not Geschlagenen auch noch das Letzte, ihren Umgang, entziehen, – aber sie sind zahlreich.)

Die Gründe, in der genannten Lage die Aktivität einzustellen, muß man wahrlich nicht herbeirufen: sie stürmen mit außerordentlicher Intensität in Scharen heran; ein geringer Teil würde genügen. – Man *darf* sie nicht annehmen.

Es muß, werde sie auch immer und immer noch kleiner (an äußerer Ausdehnung), immer noch und noch wieder eine Aktivität da sein!

Kreis um Kreis wird zerbrechen und sie wird sich immer im nächstfolgenden (innereren) Kreis wieder voll entfalten – sonst bist du wahrhaft verloren.

---

[1] Vgl. 333; 52, 100.

Der Violinspieler spiele zuletzt auf seinen Knochen, wenn man ihm das letzte Instrument – das Letzte, was als Instrument diente, denn er hat sich schon lange mit zufälligsten Geräten behelfen müssen – zerschlagen hat!

(Erst schwand das Publikum, er konnte noch für die Ewigkeit schreiben, dann nahm man ihm die Notenblätter. Er konnte noch für seine Zimmerwände spielen; dann nahm man ihm die Geige.)

234

Je größer die Verluste sind, um so mehr muß das Glänzende erglänzen. Das Bejahende in allen bejaht; das Verneinende verschwindet nur.

235

Von den guten und den schlechten Geistern

Ich möchte meinen Abscheu ausdrücken können vor jener gewissen Denkweise, die um des Systems willen arbeitet, um des Vorzeigenkönnens des Systems willen! Die ein »Denkgebäude« zustandebringt! Kein Mensch kann zwar so denken, daß ein Denkgebäude entsteht, aber man stellt doch ein Gebäude hin und erweckt bei den Apothekern Eindruck; man hofft überhaupt bei den Menschen Ruhm zu ernten für diese hochgefüllte Form, mehr als es mit den schlichten Dingen möglich ist, den ewigen Fragmenten, den immer neue Lücken zeigenden Teilen, den aus dem Berg gebrochenen Gesteinsstücken, die die Wahrheit sind. Solche Stücke Wahrheit, wie sie Heraklit, Goethe, Lichtenberg und andere hergebracht haben, haben den Menschen wenig Eindruck gemacht; lieber gleich ein volles Weltgebäude, mit genauer Einteilung, zuoberst darauf sitzt Gott und weiter unten an der Pyramide sind Schubladen für all die andern Sächelchen.

»Komm mir lieber nicht mit neuen Tatsachen, da das System einmal fertig ist...« So redete wohl mancher berühmte Philosoph, aber keiner so ganz wie die Theologie. Für eine andere Art Geister jedoch bilden die Tatsachen geradezu eine Beglückung; den Nährgrund, der ihre Ideen immer reicher emporschießen läßt; sind ewiglich Vater und Mutter, erweitern ihre Idee ins Zahllose. Während die einen jede Entdeckung der Wirklichkeit fürchten und bekämpfen, begrüßen die andern sie und fordern alle auf zur Mitarbeit. Jene wenden sich am liebsten an blinde Köpfe – welche wohl denken, aber nur mit geschlossenen Augen –; sie appellieren an die Apotheker, ganz genau; sie rufen unaufhörlich: »logisch denken!«

Als ob sich das logische Denken nicht von selbst verstünde.

Aber so fangen sie die Leute: indem sie ihnen sagen, das logische Denken sei schwer. Während sich nun diese Guten mit einer nicht bestehenden Schwierigkeit mühen, fallen sie mühelos in das System hinein; und ohne daß es ihnen einfällt, das System einer Prüfung, mit *Wirklichkeiten* (logisch ist so gut wie jedes System), zu unterziehen. – Es handelt sich um einen Kasten, vor welchem der Philosoph, der Theologe steht: »Du kannst nicht hineinsteigen«, ruft er den Jünglingen und Apothekern zu, »der Schritt ist kolossal schwierig.« Wenn die Leute hineingestiegen sind, vergessen sie vor Vergnügen darüber, daß ihnen ein so schwieriger Schritt gelungen ist, zu bemerken, daß man sie in einen Kasten eingeschlossen hat.

Als ob es sich bei diesen Schränken darum handelte, hineinzukommen, statt, ob man wieder herauskommt!

236

Die Philosophien sind nicht durch das, was sie an wirklichem Erkennen enthalten – und sie enthalten es in sehr ungleichen Quantitäten –, in Widerspruch. Sondern darin sind sie übereinstimmend oder sich ergänzend. Der Widerspruch besteht nur durch das, was zurechtgeteufelt werden muß, damit ein System entsteht, eine erzwungene Ganzheit; zwischen den Systemen also, den über die Erkenntnisse hinaus erzwungenen Ganzheiten.

<small>Alles wirklich Erkannte ergänzt sich nur; von sehr entfernten Punkten aus Erkanntes läßt sich für uns natürlich nicht zusammenfügen, wenn sehr viel Dunkles, d. h. nicht Erkanntes, dazwischen liegt.</small>

Widersprechen sich die Dichter? Die Philosophen auch nicht mehr, soweit sie nicht Systemerzwinger, sondern Weise, Arbeitende, Entdeckende waren. – Das Systemerzwingen ist ein Ding für sich, und das übelste. Die starrgewordenen Konturen widersprechen dem Lebendigen. Das Lebendige widerspricht sich nicht. Denn wo ein Lebendiges ist, ist nicht das andere. Die Katze widerspricht nicht der Kuh. Wohl aber widersprechen der Kuh die in die Luft – ins Leere – gezeichneten Konturen der früheren Kuh, die da war, oder gar die über jede Kuh hinaus gezeichneten Konturen, die Anweisungen, wie die Kuh immer sein solle.

Das Denken ist ein Mut und dann ein Übermut.

Das Denken ist eine verhängnisvolle Fähigkeit des Menschen: er vermag (ohne daß die Schelle erklingt wie bei der Schreibmaschine – und ohne daß an einen Rand angestoßen wird –) über wirkliche Orte, über Wege *hinaus* zu gehen. – Verklärer solcher *einen* Art des Denkens ist der Apotheker mit seinem ewig wiederholten »logisch denken!«; – als ob man anders als logisch denken könnte, als ob nicht alles Denken logisch wäre, als ob es darauf ankäme!

Die Frage ist nicht, ob das Denken logisch sei, sondern, ob es *am Orte* sei.

Bei Bankpapieren fragst du: »Sind sie vom Staat gezeichnet?« Hergeleitet also von jener realen Stelle, durch was für Hände immer, welche Wege immer sie gegangen seien, wo immer du dich auch befindest: sie sind »echt«. Aber beim Denken ist die Frage nicht, ob die Begriffe logisch abgeleitet sind, *auch* hergeleitet also von der realen Stelle, sondern, ob sie *hier* entsprechen, ob sie Realwert *sind*. – Darum ist der Apotheker so entsetzlich: er ist der Typ des logisch Denkenden. Bauern und ähnliche Menschen weigern sich eher; wo ihre Wirklichkeit nicht hinreicht, »denken« sie nicht fort (im allgemeinen); setzen ihre Wirklichkeiten den meinen entgegen (verneinen kurzerhand) und so bleiben wir alle in Wirklichkeiten. (Die der Bauern ist außerordentlich beschränkt: das kleinste Reale kann aber auch zum Bau kommen; im Sumpf – dem Apotheker – versinkt der Bau.)

Was ist jener Übermut? Daß man beliebig Bankpapiere drucken kann. Nun gibt es hier aber keine Papiermühlen.

Die Frage ist nicht, ob das Denken logisch sei, sondern: ob es nicht etwa *Inflation ist*.

Echtes Geld: mit der echten Unterschrift eines echten Unterstaatssekretärs (Ministers), mit echten Pressen hergestellt: 600 Milliarden nun im Tag. Man wundert sich ganz, daß die Leute noch nicht reich geworden sind.

Daß jemand in Inflation seines Denkens begriffen ist, woran erkennt man es? Fast immer daran, daß er auf das Logische seines Denkens aufmerksam macht, auf das Looogische[1].

---

1 Ich weiß, daß das nicht griechisch ist, aber . . . es ist eben nicht griechisch.

237

»Unser Wissen ist Stückwerk«: Paulus hat recht. Aber diese Stücke sind mir lieber als sein leeres Universum, das einen Gott, damit doch etwas drin sei, ersinnen muß, das ohne Gottes Vaterhand überhaupt nicht zu halten wäre.

238

Wenn man sich Gott sehr lange einbildet, erscheint er einem, man kann auch den Teufel und noch verschiedene andere Geister auf gleiche Weise kommen lassen, und es ist schwer zu sagen, was für Momente alle jeweilen in diesen Geistern vereinigt sind. Jedenfalls sieht so ein Geist jedesmal anders aus, weshalb auch die Religiösen befohlen haben: »Du sollst dir kein Bild machen!«, denn andernfalls, wenn man die *verschiedenen* Bilder vergleichen würde: da es doch nur *einen* Gott gibt...

239

Es ist nie, soweit wir Geschichte kennen, irgendetwas geschehen, und wenn es auch das Kleinste wäre, das auf die Existenz eines Gottes schließen ließe. Warum soll ich also die Existenz eines Gottes annehmen?

Es ist jedoch alle Male, soweit wir Geschichte kennen, wenn irgendwelche Menschen von Gott geredet, eine ihrer Projektionen Gott genannt haben, begreiflich, warum sie das getan haben.

Es ist also ganz unmöglich, nicht nur, die Existenz eines Gottes auf irgendeine Art zu beweisen, sondern auch, nur Mutmaßungen zu begründen, daß einer existiere.

Um die Mutmaßung zu begründen, daß jemand in der Scheune sitze, muß doch irgendein Zeichen, und wenn es auch das allerkleinste wäre, vorliegen? Du mußt einen Laut gehört haben, sei es auch der leiseste. Oder du mußt einen Schatten fallen sehen. Oder Fußspuren sehen, die hineinführen. Die Türe offen finden, die vorher geschlossen war. Rauch aus dem Kamin steigen sehen. Einen Menschen, der vorher in der Nähe war, verschwunden sehen. Oder irgendetwas anderes gesehen, gehört, gerochen, erfahren haben.

Seine Existenz beweisen (oder auch nur Mutmaßungen über sie äußern) zu wollen, ist also genau so müßig wie beweisen zu wollen – nicht, daß im Innern Südamerikas ein Millionen zählendes unbekanntes Kulturvolk lebe, bei weitem nicht, sondern viel müßiger –, wie beweisen zu wollen, daß neben meinem Schreibtisch eine Nähmaschine steht, wenn man nichts von einer Nähmaschine hört, nichts fühlt, keine sieht, nie eine gesehen hat und durch kein Zeichen welcher Art auch immer auf die Vermutung kommen konnte, daß eine dasteht.

Das haben auch die schlaueren unter den Theologen genau begriffen und sich völlig hinter die Offenbarung zurückgezogen.

Aber die Offenbarung ist eben das, was schon berührt worden ist: Der Psychologe, der Kenntnisse hat, wird uns in allen Fällen diese Offenbarung auf Bekanntes, das nichts mit einem Gott zu tun hat, vollständig zurückführen.

240

Ich meine, daß einer *klar weiß*, daß es keinen Gott gibt, ist erstens schon etwas Beträchtliches und zweitens selten – viel seltener, als man annimmt. Die meisten denken nichts in der Angelegenheit. Mir schien früher auch, man dürfe die Frage gleichgültig nehmen – so unwichtig sei Gott, daß nicht einmal die Frage, ob er existiere oder nicht, einen kümmern müsse –, was sich dann änderte, als ich mehr Menschen, Menschendinge, kennen lernte, beobachtete.

241

Theorie ist das Feindliche. Beobachtung ist das Helfende.

»Kommt denn nicht ein völliger Wirrwarr dabei zustande?«

Man kann mit dem Beobachten gerade ebensoviel pfuschen wie bei irgend etwas anderem! Wenn du kitschlose Beobachtung treibst, kommt kein Wirrwarr, keine allgemeine Auflösung heraus, sondern eine Linie, das Ewige, das am meisten Ewige, das uns überhaupt erreichbar ist.

Wer, wie viele, beobachten denn wirklich?

242

Was ist Beobachtung? Liebe.

243

Die Reformation

Die folgenden Ausführungen – welche mich, ich erinnere mich noch gut, damals verblüfft hatten – wollte ich erst weglassen, weil ich nachträglich erfuhr, daß sie zu einem zu bekannten Resultat führten; nach Wiederlesen nehme ich sie doch auf, wegen der deutlichen klaren Wege, die zu dem wohl bekannten Resultat führen: eben die Wege sind ihrer Deutlichkeit wegen doch von einer Bedeutung und gehören mir; sind um so lebendiger, als ich wirklich Stück um Stück während des Schreibens erst das Weitere entdeckte. Und »si les matières ... ne sont pas nouvelles, la disposition en est nouvelle«.

Ich glaube, daß die Reformation bei weitem nicht eine so große Sache war, wie man meistens annimmt. Aus zwei Gründen:
1. Auch heute, nach ein paar Jahrhunderten, hat die alte katholische Kirche noch immer eine gewisse wirkliche Macht – Macht, Welt zu lenken, der Geister sich zu bemächtigen; jedenfalls eine viel größere als die neue, die reformierte Kirche, die in Wirklichkeit wahrlich so viel wie gar nichts ist.
Diese Tatsache wäre seltsam, wenn die Reformation wirklich das große Ereignis gewesen wäre; die Form, die das wirkliche, das große, das geistige Geschehen eines Zeitalters schafft, ist immer nach einer gewissen Zeit bedeutend mächtiger geworden als die alte Form.
Beispiele: Das Christentum hat, als es in den ersten Jahrhunderten durchbrach, die Form des Altertums entweder versinken oder doch in sekundären Rang treten lassen. (Und die Renaissance, 1400 Jahre später, ist ganz etwas anderes; und alles kommt einmal wieder.) – Die Entdeckung Amerikas, die Erfindung des Druckens u. ä., ebenfalls mächtige Geschehnisse, haben Formen geschaffen, welche diejenigen des Mittelalters entweder versinken oder doch in sekundären Rang treten ließen.

Wie käme es also – um zurückzuschauen –, daß die Reformation, wenn sie wirklich eine mächtige Erscheinung gewesen wäre, eine Form schuf – die reformierte Kirche –, welche die frühere Form *nicht* versinken oder in sekundären Rang treten ließ, sondern daß sie, die reformierte Kirche, vielmehr immer sekundär blieb?

2. Die mächtigsten geistigen Erscheinungen ihrer Zeit (sogar weit über das Jahrhundert hinaus) wuchsen im

Rahmen oder auf dem Grunde gerade der *alten* Kirche (die italienische Renaissance), was wiederum verwunderlich und mehr als verwunderlich wäre, wenn die Reformation wirklich das *große* Geschehnis, die neue geistige Macht gewesen wäre.

Beispiel: Man stelle sich vor, daß, ob, das Christentum zugleich mit der Höhe der griechischen Kultur hätte hereinbrechen können!

Aus diesen zwei Gründen also schloß ich, daß die Reformation bei weitem nicht eine so große Sache sein konnte, wie man anzunehmen pflegt.

Was ist von der Reformation erzeugt worden? Allerlei geschichtliche Wirren in jener Zeit (Bürgerkriege), gewiß: aber hat sie über jene Wirren des Tages hinaus eine Form geschaffen (wie es immer gehen muß), die weiter als *Macht* lebte? Eine, die nicht einmal ebenbürtig der alten Macht lebte!

Aber man muß vorsichtig sein: hier entgeht mir vielleicht einiges. (Die reformierte Kirche ist *gewiß* keine Macht geworden...) Die Reformation mußte einen Einfluß ausüben auf die *Denkweise*, eine Änderung der Denkweise herbeiführen. (Ganz ohne direkte Beziehung; nicht die *kirchliche* Denkweise. Gleichnismäßig wirkend. Beispielsmäßig. Aufzeigend, daß man allerlei in Zweifel ziehen konnte, durfte.) – Die

wirkliche Fortsetzung der Reformation war die Aufklärung (Voltaire), die französische Revolution, und noch mehr, in dieser Linie. *Dies sind der Reformation wirkliche Kinder.* Ich hatte die Frage falsch gestellt, die Fortsetzung am falschen Ort gesucht. (Ich ging, ohne es zu merken, vom Standpunkt der reformierten Theologie aus.) Die Fortsetzung, das Produkt der Reformation ist *nicht eine neue christliche Kirche,* nicht diese blasse Sache, die heute als reformierte Kirche und reformierte Theologie existiert. *Dieses* Kind wurde totgeboren; es bekam nur den *Namen* des Erzeugers; ein anderer Zweig der Familie, der den Namen nicht trug, hat sich ins Mächtige entwickelt.

Die wirkliche Fortsetzung der Reformation brachte nicht eine neue Kirche, sondern die Auflösung der Kirche; führte zur Aufklärung, zu Diderot, dem Atheismus, der französischen Revolution und dem Sozialismus.

Schon Spinoza war ein Sohn der Reformation! – führte zu der modernen Philosophie, zu Voltaire und der Aufklärung, zur französischen Revolution, zur modernen Wissenschaft, zu Marx, zur russischen Revolution, zu der ganzen Breite modernen Geistes; die reformierte Kirche ist als winziger Zweig früh abzutrennen, seitab dünn im Nichts verlaufend. Eine graphische Darstellung wäre leicht und deutlich. – So sehen wir also, *was* wir der alten Form, der katholischen Kirche, gegenüberzustellen haben, und alles stimmt nun: Der Sohn ist mächtiger; das Alte, wenn auch noch nicht tot, hat immer abgenommen.

– Sie führte zur Auflösung der Kirche oder fiel wieder in den Katholizismus zurück: der einzige Zweig des Zweiges, der eine Nuance Realität hat, stammt von Calvin, der ja »päpstlicher als der Papst« war. – Calvin, gewiß der tiefste Geist der Reformation; er wußte, daß, wenn er die Kirche retten wollte, er zurückgehen mußte, mehr binden mußte, nichts sprengen durfte; darum war er »päpstlicher als der Papst«. – Zwingli freilich war ahnungslos. – Luther ist sehr interessant unter dieser Beleuchtung zu sehen; durch sein Leben geht ein halber Bruch; er hat auf einmal eine Ahnung bekommen . . . eine unheimliche Ahnung. (Eine zweite Reformation erwachte *in* ihm; von der schwieg er; er wurde dann fett. Darum, weil er auf solcher Grundlage fett wurde, sieht er so widerlich aus.)

Es bleibt noch mit Punkt 2 übereinzustimmen. Wie kann denn aber, wird man fragen, doch so Großes (die italienische Renaissance) auf dem Grund der *alten* Kirche geschehen sein? Die Antwort ist nicht schwer zu finden: nachdem wir einmal das (tiefste) Wesen der Reformation erkannt haben nicht als Gründungswillen einer neuen Kirche, sondern als Brechenwollen mit der alten, oder einfach mit der Denkweise des Mittelalters, sehen wir vieles, das nicht den Namen trug, als ihr parallel verlaufend – sie war nur die mächtigste Trägerin einer allgemeinen Bewegung – und auch im Italien der Renaissance, und hinauf bis zu Päpsten der Renaissance, wenn auch in schönem Kleide. Und eben infolge dieser maßvollen Form des Neuen war diese großartigste aller Synthesen möglich, diese am meisten Werte hebende Periode, die italienische Renaissance. (Gehen wir ins einzelne: In Michelangelo, in Leonardo, in allen ungefähr, waren kleine Reformationen.)

244

Der Mensch schaut dem Entschwundenen nach und vergißt leicht das, was er noch *hat*.

245

Dekadenz. In Zeiten, da man immer von Dekadenz reden hört, hat man ganz recht, viel von Dekadenz zu reden. Die Menschen sind immer dekadent gewesen – es kommt ganz darauf an, von wo aus man sie betrachtet. In den genannten Zeiten hat man eben eine dekadente Betrachtungsweise: eine an allen Erscheinungen nur die Spuren der zerfallenen früheren Form heraussehende, zum Beispiel am Baum im März die dürren Blätter vom vergangenen Jahr.

246

In der *Sparsamkeit* ist aber, trotz allem, ein Moment enthalten, das in der höchsten Weisheit wiederkehrt, einen Hauptteil von ihr bildet; jenes Wissen von der Bedeutung des Kleinsten, von den unsichtbaren Anfängen, den scheinbar ganz wesenlosen Dingen, die zusammen eine Macht bilden, über die Welt gewinnen. – Während der schnöde Oberflächliche sagt: »Aus so wenig wird nichts!« und die Welt nie ändert.

247

Die großen Lehrer haben meistens alles, was überhaupt in der menschlichen Möglichkeit steht, inbegriffen, aber mit verschiedenen Akzenten, d. h. in verschiedenen Quantitäten.
Sache der Geschichte ist es, eines nach dem andern groß zu entwickeln.

248

Das ist zuviel – jenes ist zuviel; das heißt, das schlägt um ins Ungute, jenes ins Ungute. Was denn tun? Es kommt auf die richtige Dosierung an: die *Ernährung* ist das Absolute!
Die Jugend sucht ihr Heil immer in Systemen – statt in der Natur.

249

Wichtig ist nur, daß ein *Spannungsverhältnis* mit den geistigen Entwicklungen da ist, es kann ebensogut wie ein Mitgehen ein Entgegenwirken sein; daß ein Ort des Widerstandes besteht. »Nun?« ruft der Vertreter jener *andern Gesellschaft*, »da sind ja wir!«
... *versumpfen:* das nennen einige geistigen Widerstand.

250

Als die Menschen die Planimetrie erfunden (entdeckt?) hatten, maßen sie alles mit dem Quadrat, zum Beispiel die

Härte, die Farbe tiefer Gewässer, die Elektrizität und den Glauben.

251

Die Idioten stellen die Dinge einander gegenüber, statt sie von einander abzuleiten.

252

Wenn die Menschen immer wüßten, ob es bei ihnen Unkenntnis oder ihr Urteil ist . . .!
(»Wenigstens . . .«? Nein, es wäre schon sehr viel. – Vielleicht unerreichbar viel ist es.)

253

Der traurige Zustand unserer Zeit rührt daher, daß sich die meisten Spezialisten universal wähnen; statt zu wissen, daß sie Spezialisten, wie die andern andere Spezialisten, sind. Der Politiker wähnt sich Welterlöser, statt Politiker. Politiker, das wäre: auf politischem Wege einen Beitrag zur Welterlösung liefernd. Der Künstler wieder gebärdet sich so, als ob jene keinen Beitrag liefern könnten. (– weil sie es auf eine andere Weise tun; er stößt sich an den andern Mitteln von jenen – als ob ein anderer Beruf nicht anderer Mittel benötigte. Er baut im Absoluten, aber ohne die Zeit – Gegenwart –. Jene bauen im Relativen, haben aber dafür die Zeit.)

254

Das schwerste Leiden ist immer das, das mit einer Leistung zusammenhängt.

255

Am meisten beleidigen zwei Arten von Vorwürfen: Diejenigen, die total falsch sind – unbegründet, verbindungslos –, und diejenigen (*das* weiß man gut!), die wahr sind.

256

Der Ruhm. – Der höhere Geist verachtet den Ruhm nicht, obgleich er um seine Nichtigkeit weiß; er nimmt ihn in gewissem Maße doch an und zwar ganz einfach der äußeren Lebensermöglichung wegen. Er nimmt das falsche Gebilde an, gewisser seiner Komponenten wegen, die wenigstens in der äußern Wirkung jenes Wahre und Simpelste ersetzen, das er nie erlangen kann: die Anerkennung.

257

Der schöpferische Geist und die Umwelt

Oft muß man eine richtige Anschauung, um sie gegen den unaufhörlichen Ansturm der andern, die sie nicht haben, zu halten, so sehr verstärken, daß sie, lediglich durch die Wirkung der Befestigungen, falsch *wird*. Eine Gefahr, vor der man sich hüten muß (man kann sich vor allem hüten durch Bewußtsein). Das wahre Ideal in dieser Sache ist doch nur

Stendhal, der sich einfach um das Nichtverstehen der andern nicht gekümmert hat. Es braucht eine ganz besondere Kraft dazu. (Wenn man ein Gegenbeispiel sucht, wird einem wohl sofort Nietzsche einfallen.)

»Der sich nicht gekümmert hat«: Wenn seine Erkenntnis richtig war, so mußte, wenn sie überhaupt andere anging, er auch wissen, daß diese ihn jetzt nicht verstehen konnten; wenn seine Prophezeiung, daß man ihn in hundert Jahren verstehen werde, auf richtigen Kenntnissen ruhte, so konnte es ihn auch nicht verwundern, daß – auf denselben Grundlagen ruhend – die Leute ihn jetzt nicht zu verstehen vermochten.

Stendhal – oder Spinoza. – Den andern, die man doch ohnehin überragt, auch die Entschuldigung zuschieben, die sie selber nicht aufzubringen vermögen. – »Er gewähre der Zeit (...) die Nachsicht des Siegers. – Sonst bleibt nur Leiden.«[1]

258

Das Geheimnis des Zuganges zum Schöpferischen ist, heute nur verschärft durch Haus- und Weltzustand, sich abschließen können; aber wie kann man sich abschließen ohne Geld?

Das verstehen, die noch einigermaßen Geld haben, nicht; sie wissen nicht, wie das totale Fehlen der Mittel einen *hinaustreibt*.

259

Vom Geldmangel

Produktion entsteht nicht mit *andern* Dingen, sie werde gebaut aus eurer eigenen Lage heraus!... Aber wie kann man

---
[1] Heinrich Mann in einem Aufsatz über Wedekind.

eine eigene Lage noch erkennen, die *immer* dauert? Wie der Mensch sich nur durch die Tat erkennen kann, d. i. durch ein Wirken in andere Dinge, so kann auch eine Lage nur zu ihrer Darstellung (im Sinne der Chemie) gelangen durch Grenzen an andere. – Und daß eine Lage nicht produktiv werden kann ohne Erkenntnis ihrer selbst, ist evident.

Es wird wirklich außerordentlich schwierig für denjenigen, der nie in dieser Lage war, sich die Lage der Geldlosigkeit vorzustellen; ich meine, für gewöhnliche Leute fast unmöglich. – Es kommt nun alles darauf an, sich zu diesen Kenntnissen zu erziehen, künstlich sie zu erlangen zu trachten. Es bieten sich zwei Mittel: erstens wird durch das deutliche Wissen um die Schwierigkeit die Vorstellungskraft gesteigert; zweitens durch die Lektüre guter Schriftsteller.

Das Ärgste aber in dieser Sache ist am häufigsten übersehen worden: Sehr viele, die selbst in der Lage der Mittellosigkeit sich befanden, aber nur kurze Zeit, können sich diese Lage in ihrer Dauerwirkung auch nicht vorstellen! – Die Wirkung dieser Lage ändert sich nämlich durch die Dauer außerordentlich.

Die nur kurz dauernde (wie auch die nur partielle) Notlage, selbst wenn sie sich wiederholt, hat etwas von der freiwillig auf sich genommenen, die bekanntlich so gut wie aller entscheidenden psychischen Wirkungen der echten bar ist. Man denke an die Entbehrungen der Geizigen – das Hungern auf einer Hochgebirgsbesteigung – das Hungern als Sport betrieben – die freiwillige Armut des alten Tolstoi (wobei dieser ja vielleicht auch etwas erlebte, aber jedenfalls etwas vollständig anderes als diejenigen, deren Bedingungen er nachzuahmen meinte).

260

Von einem Panzer

Da wollen sie dem Hungernden zu essen geben, geben ihm – und schon soll er fröhlich sein.

Es *gibt* schnelle Übergänge – aber nicht nach deinem Kommando.

Schläfrig betrachtete er die neue Gesellschaft, er, der in Schlaf gesunken war durch ihre lange Abwesenheit.

Er hatte sich ein System des Schlafs gemacht, das ihn rettete; es war nicht geschehen ohne lange Mühe. Er hat sich neue Freunde gewonnen: Elfen und Geister – die soll er plötzlich aufgeben; mit welchem Recht verlangt denn die neue Gesellschaft das von ihm? würde sie zufrieden sein, wenn man ihr gegenüber so handelte (ihr so rasch und leicht die Treue bräche)?

In der Mittelschule, etwa in meinem 17. Jahr, wurde ich einmal in ein oder zwei Fächern unterrichtet von einem Lehrer, mit dem sich vielleicht ein produktives Verhältnis hätte ergeben können; es gelang nicht, und zwar allein aus diesem Grunde: Die schwere Panzerrüstung, mit der ich mich damals schon längst gegen Schule und alle Lehrer versehen hatte – trotz dem einen *guten* Lehrer im 14. bis 15. Jahr, was aber auch schon zu spät war –, konnte ich nicht auf einmal wieder ablegen. Um so weniger, als solche Panzerrüstung ja nicht von außen verschafft und einfach angelegt, sondern aus der eigenen Substanz gebildet wird.

Diese Art von Panzerung ist zu wenig beachtet worden.

Im Nebenhaus wohnt ein Mann, dessen gesamte Einkünfte in sechs Gulden wöchentlicher Unterstützung bestehen, von Welt und Menschen verlassen, alt, halb wahnsinnig; häufig, ja fast dauernd hört man ihn in seiner Baracke ächzen, schimpfen und wüten. Ich hatte bald die Überzeugung gewonnen, daß es so arg geworden war (das heißt der Mann »halb wahnsinnig«, jedenfalls unausstehlich), eben weil er nichts besaß: keine Produktion, kein Getränk, ganz besonders aber – denn er ist mindestens siebzig Jahre alt, gebrechlich – keinerlei Gesellschaft. Da kam aber jemand mir aufs klarste beweisen, daß meine Meinung völlig irrig sei: denn letzthin habe jemand den Mann besuchen wollen, sei aber grob abgewiesen worden, habe vor zugeschlagener Türe stehen bleiben müssen.

Da haben wir's! Ja, meinst du denn, *daß der Mann noch leben würde, wenn er noch immer in Empfangsbereitschaft wäre?*

Man richtet sich doch ein in jeder Lage, sie möglichst zu ertragen.

Der Mann wäre längst nicht mehr da, wenn er den Zustand nicht längst aufgegeben hätte, der noch leichten Zugang bot! Wenn er sich nicht mit einem Harnisch gerüstet hätte, eine Schildplatte gebaut, die einzig mögliche Konstitution für ihn, da es ihm an Stützen von außen fehlte zehn Jahre lang. Meinst du, daß er auf dich hätte warten können? Zehn Jahre lang, immer in Empfangsbereitschaft? Wer zahlte das?

Stifter hat das wohl begriffen:
»– und wenn jetzt die Mutter in einer Anwandlung verspäteter Liebe und Barmherzigkeit das kleine Wesen in die Arme schloß und mit Tränen benetzte, so zeigte dasselbe keineswegs Freude, sondern weinte und wand sich aus den umfassenden Händen. Die Mutter aber wurde dadurch noch mehr zugleich liebend und erbittert, weil sie nicht wußte, daß die kleinen Würzlein, als sie einst den warmen Boden der Mutterliebe suchten und nicht fanden, in den Fels des eigenen Wesens schlagen mußten und da trotzen.«[1]

261

Die Übeltaten vergessen, die einem in vergangener Zeit zugefügt worden sind, ist in vielen Fällen nicht Großzügigkeit, sondern Gemeinheit.

---
1 »Brigitta«.

– Übeltaten, welchen man selbst jetzt entwachsen ist und welche man zum Beispiel als Kind erdulden mußte. Die jetzt wieder in jener Lage sind, haben nicht die Macht, sich zu wehren. Die der Lage entronnen sind und jetzt die Macht hätten, sich zu wehren für jene – wie sie vielleicht für das jetzige Ihrige wieder nicht die Macht haben, sich zu wehren –, die aber jenes Vergangene vergessen, sind Unbedeutende: es fehlt ihnen die Phantasie, es fehlt der Sinn für Verantwortung.

Auf gewöhnliche Weise ausgedrückt: Sie sind Schufte. (Sie haben dem die Treue gebrochen, was einmal, dort in den Finsternissen, ihr einziges Licht war: der Hoffnung, einst das Ihrige zu tun, daß solche Übeltäter nicht immer weiter wirken können. – Frei von solcher Verpflichtung wird man niemals, bevor sich jene Übeltäter gebessert haben; nicht daß man *selber* nicht mehr von ihnen leidet, kann einen entbinden.)

Weniger gewöhnlich ausgedrückt: Sie lassen die beste Gelegenheit, produktiv zu sein, vorübergehn.

262

Wenn die Menschen rein leben würden – jeder in seiner besonderen Lage, wie jetzt, aber rein –, müßte nicht so sehr auf das Erfordernis einer besonderen Leistung gedrungen werden.

Nun aber haben sie zur Reinigung nötig die Leistung.

263

Erkenntnis und Glaube

Erkenntnis kann sich nicht lange erhalten. Es sinkt dann zurück in die dauerhaftere Form des Glaubens. (Natürlich des neuen, des auf der neuen Erkenntnis ruhenden Glaubens. Dennoch kann von einem »Zurück« geredet werden; das »Zurück« gilt hier nicht horizontal, sondern vertikal: – erdwärts.) (Man beachte, daß ich sage »es«; ich will nichts anderes sagen.)

Aber die wohl dauerhaftere Form des Glaubens hat keine Nerven: sie merkt die Schmerzen, die Krankheit nicht, und nicht bis zum Ruin.

264

Fragmente und Varianten zum Zentralen

Eben weil Handeln nicht das Höchste, sondern das Erkennen das Höchste ist, ist Handeln das Richtige; denn nur es liefert ununterbrochenes Erkennen.

Das Erkennen tötet sich, wenn es allein bleibt; erst kommt es zum System, dann stirbt es ganz.

Was ist des Handelns Begrenzung, Gegenmacht? Die Hoffnungslosigkeit.

Die Hoffnung des Handelns ist das Erkennen. Aber des Erkennens Vater und Sohn ist das Handeln.

– Wir werden wirklich nicht durch den Glauben selig, wenn auch Paulus und Luther und alle Katholiken bis auf... Hamsun noch so sehr es versichern.

(Der Glaube rechtfertigt uns vielleicht vor Gott – was geht's uns an?
– aber nicht vor uns selber.)

Nicht die Seligpreisung rettet die Dinge, sondern, daß sie im richtigen Moment übertreten vom Handeln zum Erkennen, vom Erkennen zum Handeln.

... Nicht weniger, als es sich darum handelt, das Gute zu tun, und man nicht sagen kann: »Das Gute ist getan.«

Und wenn einer siebzig Jahre weise war, so muß er im einundsiebzigsten noch weise werden, um es zu sein.

Wer weiß, ob nicht die Bäume in ihrem Geist das einzige Streben kennen, die Sonne zu erreichen (sie materiell zu berühren): daraus entspringt ihre Form; man sieht endlich: ein schöner Baum.

Gesundheit ist nichts; aber das Streben nach Gesundheit gibt hohen Glanz.

Man könnte fast behaupten, alle Begabung besteht nur in einer Verminderung des Willens zur Faulheit.

Ich beginne mich an die Unverbesserlichkeit der meisten Menschen zu gewöhnen. (Ist es das, was Goethe unter »Entsagung« verstand?[1]) – Täglich brannte und brennt mich, daß die Menschen, die helfen könnten, nicht helfen *wollen:* und dabei *hätten sie selber nichts nötiger,* das heißt würde es sie selber wenigstens ebensosehr wie die andern vorwärtsbringen. Einige sagen noch, daß ihnen die Zeit fehle. Es ist nicht wahr.

Die Bibliothek genügt nicht als Wissen.

Der Satz ist doch nicht so einfach, wie es scheint. (Und daß die Bibliothek nicht materiell verstanden ist, wird nicht erst gesagt werden müssen.) Nicht die Bibliothek: weil das Wissen alle Momente stirbt. (Nur jene fauligere Form, der

---

[1] Es könnte sich wohl bestenfalls nur um einen Teil jener »Entsagung« handeln.

Glaube, erhält es etwas länger; aber das ist ja eben schon kein reines Wissen, Erkennen, mehr, sondern ein viel physischerer Vorgang: man drückt mit dem Finger auf gewisse Nerven . . .)

Darum ist das Lernen mehr als das Gelernte.

Die Allgemeinen stellen sich vor: gewußt ist gewußt und nicht gewußt ist nicht gewußt; das ist genau falsch. – Es ist einmal in voller Helle und sinkt Grad um Grad in die Dunkelheiten zurück: Es taucht endlos und in allergrößtem Maße überall in Dunkelheiten zurück (tiefer und tiefer), einiges taucht auf: auf das Maß des Auferstehenlassens kommt es an.

Der Raum des menschlichen Wissens gleicht nicht dem Schatzraum des Königs, in den man sichere Schätze sammelt, hinter sichersten Mauern, und wo jeder kommende die andern vermehrt.

Nie werde ich ein genaueres Bild davon finden, wie es sich verhält mit dem menschlichen Wissen, als ich auf dem Jahrmarkt sah: Da war hinter einer Plattform ein Geleise in die Höhe; eine Kugel rannte darin hinauf und zündete ein höheres und höheres Licht an; aber nicht von selbst rannte die Kugel: ein Mann mußte einen großen Hammer auf die Plattform niedersausen lassen und je stärker er schlug, um so höher trieb er die Kugel hinauf und um so höhere Lichter wurden angezündet. Die Kugel fiel, sie gingen wieder aus.

Wird denn nichts aufbewahrt? Die Übung, deine langsam sich vermehrende Kraft, die freudige Erinnerung.

(Und noch etwas, fast hätte ich es vergessen, und den Menschen hängt doch so viel daran! Man verleiht dir ein Sternchen, aus farbigem Karton und Draht. Sehr wichtig ist dieses Ding!)

265

Der Mensch

Ein hoher Name wartete des Menschen: er sollte Forscher heißen. Nun aber, da er sich so unflätig benommen hat, soll ihm ein anderer Name zukommen, daß seine Schande darin stehe: Einer, der seine Reichtümer verschwendet hat. – Für nichts: ein mieser Verschwender. Und eine Sau sogar baut ihre Möglichkeiten in die Höhe aus.

Ich saß auf einer Bank im Stadtwald, da kamen die beiden Weiber, von den Eichhörnchen her (die Weiber, die mich dort so verwundert hatten, weil eine ganze Anzahl kleiner Eichhörnchen um sie versammelt war), und nun sah ich: Beide waren ganz mißgestaltete Zwerge. (Darum also die Eichhörnchen!) Und übrigens nicht einmal etwa die echten, ganz feinen Zwerge, aber doch Zwerge. »Viele Leute hören erst, wenn man ihnen die Ohren abschneidet«, sagte der große Gestorbene[1]. (Wann starb er doch, gestern? Vor über hundert Jahren! Und doch scheint mir, es sei erst gestern gewesen.)

Habe ich mich nicht von Anfang an über die Leute ärgern müssen, welche durch diese Stadtwälder trotten, seit ich hier bin, zum Ersticken ärgern? Und zwar genau eben, weil sie weder Eichhörnchen noch Maus noch Vogel sehen. Beständig nach ihrem Hund kreischend oder ihre Zungen gegeneinander schwenkend! Oder, wenn sie allein sind, mit spitzem Blick nach dem Boden, den Regenschirm parodierend, den sie in Händen tragen. Und die Maus beachteten sie nie, bevor sie ihnen in den Fuß biß oder ihr Frühstück wegstahl. Aber denn Kant? Kartesius sah vielleicht auch nichts. Die haben das Recht. Du sollst nach innen oder nach außen schauen.

---
[1] Lichtenberg.

Aber wenn du einmal mit diesen Leuten ins Gespräch kommst, dann siehst du, daß sie nicht nach innen schauen ... Es ist besser, nicht mit ihnen ins Gespräch zu kommen. Ins Gespräch? Ich will sagen: Wenn du einen Monolog halten willst, stelle dich doch lieber zu einem Baum; die Szene ist klarer.

Der Mensch sollte ein Forscher heißen; aber er verdient diesen Namen nicht, der ihm eigentlich zukäme, er hat sich unflätig benommen. Der Name, der ihm nun gegeben wird, daß seine Schande darin stehe, ist: Einer, der seine Reichtümer verschwendet hat. Nicht für die andern, sondern für keinen.

266

»*Objektivität*« (Liebe, Haß). – Es ist bekannt, daß es einige gibt, die entweder geliebt (leidenschaftlich bejaht) werden müssen oder gehaßt (vollständig abgelehnt). Weniger bekannt ist vielleicht, daß es auch einige gibt, die entweder lieben müssen oder hassen (fast überall); und wenn es auch in derselben Sache nacheinander einzelnen Teilen gegenüber wäre.

Diese aber, und mögen sie kindisch scheinen, sind nichts anderes als die positivsten Geister der Welt. Wenn Weite des Gebietes (Vielheit der Stoffe; Schnelligkeit des Auffassungsvermögens) hinzutritt, wird ihre Wirkungskraft gewaltig. Aus ihrem Mosaik zusammengesetzt entsteht die *gute* Mitte; während jene andere Art »Mitte« in ein Mosaik zerfällt; worauf dessen einzelne Teile wieder zerfallen, und so fort und fort: ein Sandstein, bestimmt, Putzsand zu werden: das Einzelne, das die andern zusammenfügten, wird Granit.

267

Wahre Tätigkeit schützt sich selbst vor Überhebung.

268

Jene Leute, die man Egoisten nennt, denken weder an sich noch an andere, sie sind nur von einer Manie besessen.

269

Man muß nicht *auch noch* an andere denken. Das gute (richtige) Denken leitet automatisch zu den andern hinüber.

Man lebt weder in sich noch in den andern, sondern in seiner Produktion. (Möge man dem Anschein nach da oder dort sein. – Es kommt darauf an, seine Kräfte dahin zu lenken, wo das größte Resultat ist.)

Wenn man einmal sich zu sehen vermag, dann sieht man auch die andern.

270

»Du redest bestimmt zu viel von dir.«
»So?« antwortete der Weise, »da muß ich mich einmal etwas gründlicher studieren.«

271

Gehen, gehen . . .
– aber *vorwärts*gehen, nicht die ausgetretenen Wege. »Ausgetretenen«, d. h. Wege, die nichts mehr geben, die nicht mehr weiterführen, sondern im Kreise herum, immer demselben Kreise.

Gibt es aber keine andere Möglichkeit, so gehe in diesem Kreise herum; es ist noch besser als nichts, noch von dem Möglichen das beste. Das weiß jeder Gefangene in seiner Zelle. – Nur beginnt dann da noch sich hervorzutun, nach und nach, jenes Gesetzlein von der physiologischen Grenze . . .

272

Lächerliches Vorgehen. Daß der Mensch unabhängig sei von seinen Bedingungen, daß der Berufene sich emporarbeite zu einer sichtbaren, historisch realisierten Leistung trotz allen Widerständen, das wollen sie mit Hebbel, Beethoven, Spinoza, Schiller und noch einigen mehr, die zuletzt siegreich und berühmt waren trotz elender Bedingungen, beweisen.

Die andern . . . sind zum Gegenbeweise ja nicht erschienen.

273

Noch einmal vom *Ruhm*[1]. – Der Halbweise verachtet den Ruhm (daß der Gemeine ihn verehrt, ist selbstverständlich), – sei er doch keine wahre Anerkennung. Der Weise dagegen

---
1 Vgl. 256.

nimmt den Ruhm dankbar an, nicht weil er weniger deutlich einsähe, daß Anerkennung und Ruhm zwei Dinge sind, sondern weil er dieses zweiten, des Trugdinges, zur Vermehrung der schützenden Umstände bedarf – etwa so wie des Geldes.

Und wer soll den Ruhm haben – Ruhm ist Macht –, wer soll sich im Leben ausbreiten, der Sinn (das Reale) oder der Widersinn? (Denn einer tut es ja doch.)

Und so freut er sich, daß Spinoza und Hölderlin Ruhm erlangten, freut sich über ein »Scheinen bis ich werde«. Weil Hamann und Lichtenberg nie Mode wurden, habe auch ich des ersten Bücher noch nie, des zweiten teilweise und spät, lesen können, einfach weil sie nicht verbreitet, billig oder anderswie leicht erreichbar waren, und lange Zeit wohl auch, einfach weil ich nicht aufmerksam gemacht worden war darauf. (Und das ist nur die eine Linie.)

Die andere Linie: Wenn Michelangelo nicht Ruhm bekommen hätte, hätte er weder seine architektonischen noch die meisten übrigen Werke ausführen können; von Balzac hätten wir höchstens die halbe Comédie Humaine, da die schreckliche Lage ihn mit vierzig Jahren getötet hätte statt mit fünfzig; Goethe hätte weder den zweiten Faust noch den West-östlichen Divan schreiben können, da er entweder jenes Alter nicht erreicht hätte, oder doch in dem Alter nicht einen *Zustand*, der als Basis zu dienen vermochte. Solche Beispiele wären endlos viele zu geben.

Hauptsatz von der Abhängigkeit des Künstlers ist ja[1]: daß zwar niemals die reine geistige Höhe ein Produkt der Bedingungen ist, wohl aber die *Form* im weitesten Sinne; Form in dem Sinne, wie große epische Werke eine andere Form als Aphorismen sind; die Gespräche des Sokrates eine Form, die Tat Alexanders eine, die Sprüche Heraklits eine: alle diese Formen sind in ihrem Zustandekommen vollständig abhängig von den äußeren Bedingungen.

---

1 Vgl. 100, 223 und Nuancen und Details III, 14.

Heraklit hat in Ephesus nicht Gespräche führen (in Gesprächen seinen Geist verwirklichen) können; Sokrates, wenn er nicht sein ideales Athen wenigstens Jahre, Jahrzehnte lang gefunden hätte, hätte Schriftsteller werden müssen oder wäre uns unbekannt geblieben, Michelangelo ohne die Päpste und Fürsten der Renaissance hätte bestenfalls ganz kleine Figuren ausführen können.

274

»Gib Wunder!« kannst du lange rufen – es verhallt in der Sinnlosigkeit.
»Gib Ernährung!« ist der einzige berechtigte Ruf.

275

Der Sockel

Jeder große Künstler sucht wahrscheinlich vor allen andern Dingen diese zwei: sich zu isolieren (isolieren zu können) und Gleichförmigkeit der Ernährung. (Also nicht »Inspirationen«!)
Die Bedeutung der *Gleichförmigkeit der Ernährung* ist wohl zu wenig beachtet worden.
Veränderung, Phantasie? Aber die Phantasie soll nicht im Sockel sein, sonst fällt das Bild um. Der Sockel sei breit und ruhig.
Die Phantasien sollen nicht im Marmor sein, sonst fällt ein Stück heraus; dieser sei ebenmäßig.

Der Franzose richtet sich sein äußeres Leben möglichst ähnlich dem Mechanischen ein, weil er ein denkender Mensch ist; es ist, nur auf einer geringeren Stufe, genau dasselbe, wie Kant machte.

Die nordische Frau hat so viel Phantasien (genauer: Einfälle) in ihrer Haushaltung, weil sie nicht denkt, und um nicht zu denken.

Und dann gar erst das endlose Geschenkleinmachen, das unaufhörliche Umziehen und das viele Mobiliar des Holländers! Zu vergleichen mit der erhabenen Einfachheit jener Klöster, in die Pascal und – um genau zu sein: Michelangelo, Balzac, Rilke, Proust (und alle andern) zogen.

Wer Deutliches zu schreiben hat, schreibt gern auf weißes Papier.

Es ist mit der Lebensführung wie mit der Handschrift: Die Nullheiten machen viele Schnörkel.

Wie soll die Statue stehen ohne Sockel? Die Ernährung möge stark sein – aber möglichst frei von Einfällen. Durch jede Unregelmäßigkeit der äußeren Lebensführung geht eine schöpferische Kraft verloren. Man muß die Welt ändern: aber eben damit die große Änderung geschehen kann, darf man die Kräfte nicht teilweise verbrauchen. Eben weil es sich um dieselbe Sache handelt, weil eine Änderung in der Lebensführung und eine künstlerische Leistung (oder irgend eine große Leistung) im Grunde dasselbe sind – eben Änderung –, nur verschiedene Quantitäten, Strom aus derselben Quelle, nur eben ein größerer und ein kleinerer Strom, ist es so: das heißt, wird das Wasser, das durch das geringere Bett fließt, im größeren Strom fehlen, und wenn dieser eben ein Maximum leisten sollte – wahre Kunst ist aber immer ein Maximum –, wird die Leistung infolge des Fehlens des im andern Bett fließenden Wassers mißlingen.

276

Lorenzo Magnifico hat wohl nichts gefehlt, um ein großer Schriftsteller zu werden, als Mangel an solchem Lebenskreise.

277

... Endlich richtete er sich in der Nacht vollkommen bequem ein:
– es tagte.

278

Daß die Gegensätze einander rufen (anziehn), ist nicht wahr. (Wahr sein kann freilich, daß sie einander *hervor*rufen.) Wir wissen heute, daß die gemeinsamen Dinge verbinden. Was ist denn aber der Fall eines Demosthenes, der Sprech- (und vielleicht auch Sprach-)Fehler hatte (ob die Anekdote wahr sei oder nicht, ist bedeutungslos, wir sehen ähnliche Fälle täglich)? Dies ist es:

Man erzeugt den Hunger aus Erkenntnis dessen, was einem fehlt.

Und dieser Hunger ist schöpferisch, reizt, baut.

Dieser Hunger führt uns Wege zu Dingen, zu denen wir normalerweise – wenn wir mit weniger Mühe hätten gehen können – nicht hingegangen wären; er schafft eine so blendende Beleuchtung, daß wir in hohem Maße unsere Kräfte dorthin dirigieren –; und daß wir, trotz unserer (organischen; anfänglichen) Schwierigkeit, infolge des diktatorischen Befehles in uns, höhere Kräfte in jener Richtung entfalten, als ein für dieses Gehen normal Beschaffener (in

Beziehungen: ein Verwandter) entfaltet hätte, hätte entfalten können.

279

Der Künstler hat seine große Anziehungsfähigkeit gegenüber den Menschen (des Milieus – nicht der Ewigkeit) (gesellschaftlich, brieflich, auch erotische Verhältnisse mitbegriffen) in seiner depressiven Zone, seinem depressiven Zustand; in seiner schöpferischen Zone stößt er ab oder ist jedenfalls seine Anziehungskraft am geringsten[1].
– was den Menschen kein gutes Zeugnis ausstellt: wie sofort erhellt, gehen sie also ihre Verbindungen vor allem ein, um ihre Eitelkeit zu befriedigen, nicht um sich zu fördern. Der schwer geschlagene Künstler ist demütig, der leistende, im Anblick des übermächtigen Positiven, das er bringt, dem er sich widmet, oftmals fordernd.
Leistung entfremdet, Demut verbindet, und das ist etwas von dem Traurigen, das bleibt.

280

Es gibt nicht so viele Tragödien. Faust ist die eine, die andere ist die des Helden, der anstößt an zu engen Kleidern. Das gibt wenig Widerhall, freilich.
Der erste, Faust, stößt an mit seiner Maßlosigkeit am *Ende*, nachdem ihm alles gelungen war. Der andere (der Spinoza wäre, nicht Goethe) hat die unaufhörlichen Auflösungen zu fürchten durch schlechte Bedingungen (welche bei Spinoza

---

1 »Ich hatte im Stillen eine verlorene Liebe zu beklagen; dies machte mich mild und nachgiebig, und der Gesellschaft angenehmer als in glänzenden Zeiten.« Goethe, »Dichtung und Wahrheit«.

durch die erhabenste Gegenaktion aufgehoben wurden); alle kleineren Spinoza enden tragisch.

Das scheint hinfällig; der Held müsse unbedingt tragisch enden, geht das Gemunkel der Einwände. Der Held muß nicht unbedingt tragisch enden. Faust endete doch auch nicht tragisch??

(Einige enden am Ende, die andern wirtschaftlich.)

281

Die vergoldende Ferne

Wer hörte nicht gerne die Geschichte von jenem Manne, der unbesieglichen Glaubens fuhr und fuhr, über das Weltmeer fuhr, wo noch keiner gefahren war, bis er auf Land stieß, Amerika. Aber als man ihn stündlich zu ermorden drohte, wo blieb da das Schöne?[1]

Was das Ärgste war: Es stand gegen das große nicht ein großes Ding; hundert kleine Dinge standen dagegen, zum Beispiel in verborgenster Stunde mit dem Dolche durchstoßen zu werden oder ganz verschollen zu sein.

Siehe, wenn es etwas anderes gäbe, uns zu stützen, als den Glanz unserer Tätigkeit! Wenn Tätigkeit nicht zugleich selber Genugtuung, positiver Genuß wäre – –

Wer rettete uns?

Nicht *dieser* Kolumbus, welcher ankam, ist uns der wichtigste, sondern die hundert andern Kolumbusse, von denen wir nichts wissen, weil sie ermordet *wurden*.

Denn die Natur, physikalisch begriffen, vergeudet zwar nichts, aber die organische Natur (am Sinne – der Linie – ihrer

---
[1] Vgl. V, 27.

Entwicklung gemessen) vergeudet ungeheuer viel und die menschliche Natur vielleicht am meisten.

282

Wenn er nicht einmal das Komplizierte begreift, wie soll er das Einfache begreifen?

283

Die Moral ist dazu da, den Menschen seiner Pflichten zu entbinden.

Vorher hat er all seine Schritte selbst verantworten müssen, mit dem Sinn übereinstimmen, – nun braucht er sie nur mit dem vorgelegten Schema übereinzustimmen, mechanisch zu regulieren, und ist freigesprochen von aller Schuld.

– aber auch von der Weltentwicklung.

284

Die Technik des Siegens

Sie fragten ihn, welchen Umständen sie seinen unglaublichen Sieg zuzuschreiben hätten.

»Das kommt davon«, sagte er, »daß ich mich im Siegen nie geübt habe.«

Die beste Technik des Siegens besteht darin, keine Technik des Siegens zu haben, sondern eine Sache, und die Technik des ergebensten Dienstes an dieser Sache.

Alle, die für den Sieg kämpfen, trifft früher oder später einmal die Ermüdung. Von diesem Moment an wendet sich der Vorteil entschieden auf die Seite der andern, die für eine Sache kämpften, weil, ob sie selber ermüdet seien oder nicht, die Sache unermüdet fortbesteht – während dort der Sieg, der nur ein *ausgesetztes* Ziel war, fällt mit Kraft und Lust der Leute.

285

Wie man das große Wort »Wenn ihr nicht werdet wie die Kinder, werdet ihr nicht ins Himmelreich (zur Realität, zum Leben) kommen«, so hat auslegen können, daß man, als Erwachsener, ein Kesselchen nahm und Sand schöpfte, –
ist das Beispiel aller Beispiele.

286

Die wichtigste Macht, die man beobachten muß, um menschliches Handeln zu verstehen, ist das Nichthandeln (nicht die Sucht nach dem Geld).

287

Wer viel Wissen hat, ist gut.
(Wer nicht dazu gelangt, notwendigerweise gut zu sein, soll sich nicht einbilden, das, was er als Wissen hat, sei höheres, wirkliches Wissen.)

288

Das sind mir seltsame Geister, die die Wissenschaft so anschauen, daß sie den Glauben daraus ziehen können, wir würden in kurzem alles wissen. Wir kennen sie schon, aus dem Faust.

289

Ich liebe überhaupt das Rätsel nicht.
Ich leugne das Rätsel nicht.

290

»Der Streit wird ewig währen...« hört man öfters sagen. Aber der Streit ist oft *nur die Photographie eines Dings;* und die Narren nehmen den Streit ernst.

Der Streit wird ewig währen, ob der Künstler seine Resultate erarbeitet oder ob sie ihm gegeben werden; ... ob der Geist oder die Umstände entscheiden.

Alle diese ewig währenden Fragen sind im Grunde schlecht gestellte Fragen, darum dauern sie ewig.

291

Über Pascal

Es gibt die eine Art von Wahnsinn, welche den Namen hat, die das ganze Denken mit einer Schale überzieht, so daß es nicht mehr hindurch kann, nicht mehr zu den andern hin, so mit einer Schale überzieht, daß die Kommunikationsmittel fehlen. – und die andere Art von Wahnsinn, welche den Namen nicht hat, die die intellektuellen Mittel frei, ja sogar in Steigerung bestehen läßt (Pascal, der alte Tolstoi) und nur die *Seele des Denkens* ergreift.

292

Glauben und Wissen

Glauben und Wissen sind keine Gegensätze, sondern sehr ähnlich, nur in Schattierungen verschieden; schwierig wird das zu erkennen nur durch den entsetzlichen Mißbrauch, der mit dem ersten Wort getrieben wurde.

Wenn einer sagt »ich weiß«, so kann kein Zweifel bestehen darüber, was er gesagt hat; aber wenn einer sagt »Ich glaube...«, was sagt er dann?

Entweder 1. er glaube *nicht;* oder, 2. daß er weder glaube noch wisse; oder, 3. es sei zu vermuten!

Fall 1: Der Richter donnert den Zeugen an: »Sie mußten doch wissen, daß der Angeklagte...?« und der Erschrockene antwortet: »Ich *glaubte*...«

Fall 2: Gleiche Situation, aber mit einem weniger donnernden Richter; der weniger erschrockene Zeuge beginnt seine Erklärung: »Ich *glaubte*...«

Fall 3: »Er ist eben vorbeigegangen. Ich *glaube*, er ist beim Barbier.«

Daß es sich nicht um Nebenbedeutungen oder übertragene Bedeutungen handelt, sondern um lasterhaftesten Mißbrauch, wird niemand bestreiten wollen. – Und erst viertens erscheint das Wort in seinem einzigen Sinne: »Simon Petrus, glaubst du an mich?« – »Der Glaube hat dich gerettet.«

Der subjektive Wert von Glauben und vollem Wissen ist genau derselbe. Differenzen zeigen sich nur in der Beziehung zur Außenwelt. Volles Wissen heißt eine Stelle erreicht haben mittels sichtbaren Weges: die andern können also nachfolgen, sich hinzulenken, man kann ihnen den Weg zeigen; glauben heißt dieselbe Stelle erreicht haben auf nächtlichen Wegen: man vermag also die andern nicht hinzuweisen, es sei denn durch Geschrei, Gebärden, Versprechungen (andern Dingen also als den Dingen *hier*); und das kann nur wirken auf solche, die schon sehr nahe sind.

293

Einzelne Menschen, die anderes, alles sozusagen, abgetan, überwunden haben und sehr hoch hinauf gestiegen sind, können doch nie von einem Leiden, dem letzten und tiefsten Leiden vielleicht, loskommen, diesem:

Daß andere das, was man erkannt hat, und zwar einwandfrei erkannt hat und was rettend und wichtig ist, nicht erkennen wollen: daß man sie nicht hindern kann, mit dem Kopf unaufhörlich gegen die Mauer, eine Felsenmauer, zu rennen, welche man sieht und welche sie nicht sehen, – während man den einfachen Weg, daran vorbei, weiß.

– daß man sie wie Würmer sich im Staub drehen sieht und man weiß die Methode, das Geheimnis, wie sie sich verwandeln können, sie aber nehmen es nicht an, tun es nicht.

Dieses ansehen zu müssen, ist vielleicht die ärgste Pein: alle Höhen schauen in sie hinein; und ist die bitterste Isolation, weil keine Schuld dabei ist: man schaut in die nackte Ewigkeit hinein. Denn die Schuld wärmt in der Kälte der Isolation, Schuld verbindet.

294

Das Tragische

Genau wie mit »glauben«[1] ging es mit »tragisch«; genau wie »glauben« hat »tragisch« nur eine einzige, strenge Bedeutung.

(»Kann aber nicht jedes Wort übertragen gebraucht werden?« Jedes Wort kann übertragen gebraucht werden – wenn es kann. Jeder Berg kann bestiegen werden – wenn du ihn besteigst.)

Tragisch ist immer die zeitliche Verschiebung (Nichtübereinstimmung) zwischen einer Einzelentwicklung und der Gesamtentwicklung, die Spannung zwischen einem Bild und der Geschichte (dem Weltverlauf). Wenn aber Herr Meyer auf einem Ast sitzt, den er absägt, und stirbt, so ist das nicht tragisch, auch wenn er sieben Kinder hat, auch wenn er zwanzig hätte, die nun alle nicht mehr genährt werden: Weil Herr Meyer keine Einzelentwicklung nahm, durch deren zeitliche Verschiebung mit der Weltentwicklung das Unglück zustandekam; Herr Meyer nahm keine Entwicklung, er ist ja seit langem nur zurückgeglitten. Daß Hunderttausende im Krieg sterben, ist nicht tragisch (sondern ein schauerlicher Unglücksfall; es gibt jedoch Ableitungen, die das in solche Verbindung setzen; aber erst in jenen, die diese Ableitung machen, am Ort der Ableitungen sind, besteht dann Tragik). Denn sie lassen es ja geschehn (tun es aus Dummheit), sind also in Übereinstimmung mit dem allgemeinen Verlaufe. Der berühmten und aller anonymen Revolutionäre Untergang ist tragisch: denn er entstand aus dem Zusammenstoßen eines Bildes mit dem (trägen, zähen) Weltverlauf. Und wenn sie nicht untergingen, so waren es ihre Leiden. Und jedes mit einer Leistung zusammenhängende Leiden ist tragisch.

---
[1] Vgl. 292.

295

Wer eine Gelegenheit zu Heldentum *suchen* muß, der ist entweder ein Kind oder dann ganz unbegabt zu Heldentum.

296

Über die Traurigkeit

Alle Traurigkeit ist ein Fahrenlassen, ist nicht die Sache selbst (welche man nennt); so ist der Wahnsinn auch ein Fahrenlassen.

An der Traurigkeit aber ist es jedem möglich, das selbst zu beobachten.

Wenn man ein Licht anzündet, wird es notwendigerweise heller; das meine ich mit »die Sache selbst«. Wenn bestimmte Ereignisse aber einem Menschen geschehen, führen sie keineswegs notwendigerweise zur Traurigkeit: zu dieser kann vielmehr nur selber der Mensch sich führen; als in eine andere Sache, in einen Ausgang; genau, wie er sich in die Schenke führen kann. Einem starb der Bruder und entschwand das Vermögen: »Das hat ihn in die Schenke getrieben«: Nein! Den Ereignissen wohnt es nicht inne, wie ihnen gewisse andere Tatsachen innewohnen, z. B. daß der Mann nun kein Vermögen mehr hat, nicht mehr mit dem Bruder sprechen kann; innewohnen, sofern sie notwendigerweise aus jenen andern Ereignissen selbst entspringen.

Die Traurigkeit ist etwas dem Sport Vergleichbares, eine besondere Beschäftigung, eine Ausschweifung.

Darum sind die Tiere (im allgemeinen) nicht traurig. Sie *haben die Erfindung noch nicht gemacht.* (Erst die des Schreiens.)

Was ist das Kriterium der *Echtheit* einer Traurigkeit? In dem Sinne, daß die Traurigkeit notwendig wäre, ist keine

Echtheit möglich; in dem Sinne, daß ein Mensch sich ganz, oder annähernd ganz, ihr hingibt, kann sie echt sein. – »Daß dieser *wirklich* den Bruder verloren hat, das beweist, daß seine Traurigkeit echt ist; während diesem andern das und das gar nicht geschehen ist: seine Traurigkeit ist eine vorgetäuschte.« Ähnliche Reden hört man häufig; sie sind völlig sinnlos. Denn man kann ebenso gut traurig sein, ohne daß jenes geschehen ist, wie, wenn es geschehen ist; wie, nicht traurig sein, trotzdem es geschehen ist.

Echte Trunkenheit oder simulierte: da wiederholt sich dasselbe. Und noch einmal wiederholt es sich in der Kunst. (Nicht, daß du eine bestimmte Menge getrunken hast, beweist die Echtheit deiner Betrunkenheit; nicht, daß du gewisse Dinge »erlebt« hast, beweist die Echtheit deines Ausdrucks!)

Traurigkeit und Trunkenheit sind Künste – oder doch Vorläuferinnen der Kunst. Traurigkeit und Trunkenheit sind die frühesten Stufen einer Wendung, einer Lebensäußerung, deren höchste die Kunst ist.

Die fundamentalen Stufen dürften sein: I Schreien; II Traurigkeit; III Trunkenheit; IV Kunst.

Und auch da gilt, wie von jeder Entwicklung, daß man, wenn einmal der Zugang zu einer höheren Stufe frei ist, auf keine frühere zurückgreifen darf. – Der Organismus dagegen, vielfach veraltet, erfordert es bisweilen doch. Denn ein Mensch ist nicht eine Einheit: das Vorrücken in ihm vollzieht sich in einer Front von einer gewissen Länge, Teile sind weit voraus, andere zurückgeblieben.

Also: Auf dem höchsten Niveau gibt es kein Recht mehr auf Traurigkeit. (Es sei denn Traurigkeit einer ganz speziellen Art[1].)

---

1 Vgl. 293.

297

Ich stelle mir die Leiden jenes Mannes vor, dem zu einer Zeit, da noch erst das Gesetz der Addition mühsam erfaßter Allgemeinbesitz war, das Gesetz der Multiplikation nicht nur dämmerte, sondern ganz enthüllt und bei dem es somit notwendigerweise in vollem Gebrauche war:

Wenn eine große Not zu vielen gleichen Additionen trieb, multiplizierte der Mann, während die andern addierten, unaufhörlich Summand um Summand. »Was? so große Not und jetzt noch Spielerei?« schrien die andern und steinigten ihn. In einer minder dramatischen, vorgerückteren Zeit aber würden sie ihn nennen *herzlos*.

298

(Auf Bergbesteigungen und ähnlichen großen Unternehmungen:)

Der andere muß entweder mitgehen oder dann muß man sich von ihm ablösen.

299

Das Arge ist: die Zeit hätten, sehen nicht die Dinge, die gewaltigen Gegenüberstellungen, die Tragik; die das aber sehen, sind selber mitten drin und haben keine Zeit.

300

Jeder kann so viel tun! Wenn nur jeder wüßte, *was* er tun kann! Nicht immer das tun wollte, was die andern viel besser können. Hier ist das Unglück.

Die Reichen wollen immer moralische Erziehung statt Geld geben. Die Armen aber möchten immer das tun, was nur die Reichen tun können, nämlich Geld geben, und vergessen ganz, was *sie* an Reichtum haben.

301

Es muß auffallen, daß das, was einmal als schlecht gilt, immer positiv bewertet wird, d. h. so, daß das Negative hervortritt, und umgekehrt. So hebt man von der Alkoholwirkung nur das Schlechte hervor, von der Faulheit nur das Nichtschlechte. Und doch übertrifft das Schlechte der Faulheit das Schlechte der Alkoholwirkung um ein Unendliches.

Das eine Schlechte sieht man leicht; es ist äußerlich: sowohl außen als gering. Professor Forel hat es auch gesehen.

Professor Forel, das Sprachrohr der Apotheker (freilich der *fortschrittlichen* Apotheker), das ist so ein Mann, der flammende Reden halten würde gegen das Übel der Hühneraugen oder Bienenstiche zu der Zeit einer Pestepidemie; in den Bienenstichen die größte »Wurzel« alles Übels aufzeigen würde.

Gute Gedanken gegenüber großer Idee[1]:
Der gute Gedanke ist in der Nacht *ein* Schritt. Die große Idee ein Scheinwerfer, der eine ganze Berglandschaft beleuchtet, einen Kilometer weit, wobei freilich auch manche Wand oder Schlucht in gestörter Proportion, in einer Unheimlichkeit oder Geringheit, die sie nicht besitzen, erscheinen mag.

---
1 Vgl. 73.

Wird die Summe vieler tastender Schritte in stockdunkler Landschaft je dasselbe erreichen? Jeder, der eine Berglandschaft je gekannt hat in der Dunkelheit, muß sich eine Antwort keine Sekunde überlegen.

302

Dummheit und Faulheit sind vielleicht nicht ganz genau dasselbe; aber jedenfalls sind sie aufs innigste verbunden und an ihnen mehr als an irgendetwas sieht man, wie Dinge sich durch Eintracht gegenseitig riesengroß machen.

303

Das Altern besteht nicht darin, daß die Haare ergrauen, sondern daß das Wesen spröd wird, sich abschließt. Die meisten Schweizer sind mit neunzehn Jahren Greise.

304

Etwa von Faust geredet: »Der unergründliche Tiefsinn«? Nein: die nicht endenden Wirkungszonen.

305

(Gewisse Gegner des Richtigen – etwa in Fragen der Erziehung – berufen sich heute auf Goethe:)
. . . immer dieser eine arme Goethe! Weil er zehnmal mehr begriffen hat als die andern Deutschen, soll er gleich alles gewußt haben.

306

Damit etwas meßbar sei, genügt es nicht, daß es vergangen sei; es muß auch kein Leben mehr spenden.

307

Verwirrte Taten tut der Mensch zwar schnell, aber das Bewußtsein wandert langsam.

308

Zu *Goethe*. Daß das Höchste Geduld ist, ja. Aber von zehn werden neun *diese* Geduld mißverstehen.

309

Alles Praktische, das sich irgendwie aufzeigt, anpreist, praktisch gebärdet, ist nicht praktisch.
Sondern mehr.

310

Die Seher sind selbstverständlich *immer* halb blind gewesen.
(In der Gesellschaft der Fenster und Brillen gelten Teleskop und Mikroskop als blind.)

311

Die gotischen Kathedralen haben kolossale Einfälle? Aber sie benötigten als Sockel das Mittelalter, das gar keine hatte.

312

Hamsun sagte, um gewisse Leute herunterzumachen: »Sie wollen schneller sein als das Leben.« (»Mein Sohn ist der Blitz, er kann Handel treiben.«) – Sie *sollten* schneller sein! Das Verdammte ist eben, daß sie nicht schneller sind[1].

313

Das All-Bewußtsein dürfte keine Begrenzung der Erscheinungen sehn. Unbegrenzte Erscheinungen aber sieht man nicht.

314

Ich möchte sagen können:
»Ich bin der Verblendung auch fähig; aber nicht wie jeder andere. Weniger.«

---

[1] Vgl. 109.

315

Scheußliche Launen sollten sich allein diejenigen erlauben, die auch sehr positive Geisteszustände aufweisen.

316

Daß Gestaltung auch in der Beziehung mit den andern sein kann, das begreift kaum einer.

317

Von der wohltätigen Macht der Kirche

> Sie haben all ihre Güte dem Heiland gegeben.
> Sie haben selber keine mehr.

Ob die bösen Menschen kirchlich werden, oder ob die Menschen durch die Kirche böse werden, weiß ich nicht, aber sicher ist, daß die meisten bösen Menschen, die man im zivilen Leben antrifft, just auch die kirchlichen sind. Das heißt nicht, daß nicht hie und da auch ein durchaus böser unter den nicht kirchlichen sich finde (ein grünlicher dürrer Bauer, Bankier oder Gendarm) und nicht – seltener – unter den Kirchlichen einmal einer vorkomme, dessen Inneres aus anderem besteht als Zement und Gips.

318

Wenn wir in den Endregionen einer Entwicklungsstufe, um die höchsten Resultate einer Stufe kämpfen, entspricht uns das, was auf früherer Stufe vollendet ist, mehr, als die

Anfänge in unserer Stufe. (Diese Anfänge halten wir für verächtlich.)

Darum mochte Rilke Gegenstände lieber als wirre Menschen, mögen Künstler Tiere lieber als Menschen, konnte George mit Leuten aus dem Volke reden, nicht mit Gebildeten.

319

Die zwei Arten der Werke

Karl Kraus hat zwar recht; aber doch vor allem nur in seiner *Wirkung* ... Er stellt genau das politische Prinzip in der Literatur dar (dieses freilich von der höchsten Art, Richtung).

Man kann auf zwei Arten recht haben: 1. Projiziert auf eine bestimmte Fläche (recht »in der Wirkung«, »politisch recht«); 2. plastisch, seine Flächen, Ausdehnungen selber enthaltend. (Dieses zweite ist freilich nie ganz der Fall; kann es aber doch sein für Jahrtausende).

So können wir etwa gegenüberstellen: 1. Karl Kraus in seiner *Gesamt*wirkung. Jede beste Politik einer Zeit. Bestimmte Rufe, die wir, wenn sie der Vergangenheit angehören, nicht mehr verstehen. Ratschläge, uns, wenn wir in der Ferne stehen, völlig nichtssagend, dort aber heilsam. Moses. Und 2. Faust von Goethe als Ganzes; beste Malereien, etwa von Leonardo; Shakespeare; Montaigne.

Das zweite führt den Raum mit sich, das erste setzt ihn voraus (Karl Kraus zum Beispiel Wien und den allgemeinen – schlechten – Zustand der deutschen Literatur).

Wir können weiter gegenüberstellen: 1. Die (guten) Gesetze; 2. die Erkenntnis selbst, die höchste, deren wir fähig sind. 1. Moses; 2. Heraklit. 1. Die Wahrhaftigkeit; 2. die (angenäherte) Wahrheit. 1. Zola; 2. Balzac. 1. Die spezifisch nordische Kunst; 2. die griechische Kunst und die der italienischen Renaissance im allgemeinen. (Aber die Kunst hat immer auch Elemente der Kategorie 2!)

Doch sollen wir uns vor System hüten. Man kann nie *ganz* unterscheiden. Das zweite ist nur die Summe von mehreren Eins. Die »Wahrheit« ist ja nie die volle Wahrheit; nur die Summe der erreichten Wahrhaftigkeiten. Das zweite kann nicht für immer und nicht für überall, nur für *längere* Zeit (bisweilen Jahrtausende) und für größeren Raum absolut erscheinen. (Sonst hätte Goethe nicht mehrere verneinen müssen, die zweifellos nicht nur negativ waren.)

320

... die Moral sei aber in deinem *Beruf*.

Wenn man aller Moral entsprechen könnte: das würde nichts anderes als Omnipotenz bedeuten. – als universales Bewußtsein, und dergleichen Unsinn. – Es handelt sich eben nicht darum, zu wählen zwischen dem Guten und dem Schlechten – wie es in all den Millionen Kitschbüchern immer wieder dargestellt wird (mit den Bösewichtern, die eben das Böse wählen, und den edlen Guten, die das Gute wählen) –, sondern, zwischen *etwas Gutem und dem Besseren zu wählen*, darum handelt es sich. *Da* ist das Leben. Das Bessere muß aber von jenem Orte her verstanden werden, wo dein höchstes Resultat ist.

321

Dichter und *Politiker* – und natürlich alle andern dazwischen, die wissenschaftlichen Entdecker, die Seher, Propheten, Weisen – sind einmal *ein* Mann gewesen: einfach, der die

Welt zum Besseren verändern wollte. Auf Grund ihres Temperamentes haben sie sich früh geteilt:

Der die Geduld hatte, auch den Trug anzuwenden, zwecks einer in absehbarer Zeit zu erreichenden relativen Veränderung, wurde Politiker; der keine Geduld hatte mit der Dummheit der Menschen, das heftige, kindlichere, nicht zu bändigende Temperament, erfand die Dichtung: das hermetische Gebilde; das die absolute Veränderung wollende, nicht mit der Zeit zählende, zu *seiner* Zeit fraktionenweise (und über Stufen) in Realisierung tretende Gebilde.

Die Dichtung entstand also aus Ungeduld; der sich in Verzweiflung von der Langsamkeit der Menschenmenge Abwendende schuf sie. Wie soll er sein Übermaß an Leben – das ist im Verbessernwollen, Verbessernkönnen – doch anbringen? Und erfand Gebilde, die alles aufnehmen und ihre Zeit abwarten könnten. – Nachher gab man dann diesen Gebilden Selbstwert, wie es immer geht.

322

Bisweilen hat man an einer wunderbaren, vergeistigten, unirdischen Figur mit Befremden eine grobe, klotzige, irdische Seite wahrgenommen, die gar nicht in den Bau des gesamten so feinen Gebildes paßte, und dabei übersehen, daß eben dieses Klotzige, Irdische das war, was die ganze Figur bewahrte.

– Oder hat man von allem Wunsch, daß ein Mensch bewahrt werde, abgesehn (man kann verlangen, was man will, man sollte aber die Zusammenhänge, die Folgen kennen) und erwartete man nur noch, daß er, einer Rakete gleich, bis in den Zenit steige, in die Höhe seiner Folgerungen – seiner *einmaligen* Folgerungen –, und erlösche? Eine ganze Reihe stehen sie vor uns auf – Raphael, Günther, Mozart, Keats, van

Gogh, Katherine Mansfield erkennen wir sofort unter ihnen –, die alle dasselbe Los erlebten (nur völlig Unkundige sehen *Zufall* in diesem frühen Tod, oder können zwischen dem Schuß van Goghs und der frühen Todkrankheit jenes andern einen *tiefen* Unterschied empfinden)[1]. Und dieser Reihe gegenüber sehen wir andere Figuren stehen, darunter Goethe (der wahrlich bis auf den heutigen Tag Vorwürfe genug ertragen mußte eben um der Eigenschaften willen, die ihm erlaubten, Goethe zu sein![2]). – Das Bewahrende kann außerordentliche Muskelkraft (vielleicht Leonardo, Michelangelo), gieriger Hunger, wilde Genußfähigkeit, Stärke der Sexualität (Tolstoi) sein, bei andern aber ist es auch eine *geistige Verwirrung*, die sie bewahrt.

323

»Wenn ihr nicht werdet wie die Kinder ...«
Eine Sache gibt es, in der der Erwachsene weiter als das Kind ist. Wenn auch die meisten Erwachsenen nicht da sind, so doch der wesentliche Erwachsene (und das muß folglich das Letzte sein, zu dem die Welt sich entwickelt hat): Die Stellung zum andern, gipfelnd in der Einstellung zum andern, *wenn dieser im Leid ist.*

Das Kind empfindet diesem gegenüber entweder (fast immer) Schadenfreude oder dann primitive Güte, die ja angenehm, aber keineswegs von wirklichem Wert ist. (Es mag noch ein paar seltenere andere Einstellungen geben: krankenschwesterliches Wichtigtun – also Eitelkeit, unter den

---

1 Es ist unmöglich, daß das Extreme allein, das reine geistige Erlebnis, Dauer habe; wenn also ein Mensch ganz bei ihm ist, hat er auch nicht Dauer. Am klarsten vielleicht zu sehen am Fall von Rimbaud. Nachdem er in frühesten Jahren den Ausbruch einer kaum mehr vergleichbaren schöpferischen Potenz hatte erleben müssen, sah er sich vor der Alternative: wahnsinnig werden oder aufhören.
2 Man vergleiche etwa, was Thierry Maulnier über ihn zum besten gibt.

Krankenschwestern findet man die blühendste, jungfräulichste, unverfälschteste Eitelkeit –; und: Schrecken, besonders wenn das Unglück Erwachsene, welche mächtig schienen, getroffen hat.) Was aber fehlt, ist die einzige soziale Einstellung: *sich selbst im andern* denken; die Einstellung dem Leiden als Leiden gegenüber mit Aufhebung der Person. – In den andern bedeutenden Dingen, in Kunst und Geist *(Integralität)*, Erfindung, Arbeitsmethoden, ist das Kind dem Erwachsenen ebenbürtig; das Genannte allein hat es nicht. (Von den *Mitteln*, die der Erwachsene erworben hat und die natürlich viel größer sind als die des Kindes, sei hier nicht die Rede, sondern nur von Eigenschaften reinen Werts.) Das Kind steht dem andern immer klingend klar als Individualität gegenüber. – Und das einzige der genannten Gefühle, der Schreck, das noch eine gewisse nichtpersönliche Einstellung enthält, ändert an der Feststellung nichts, weil es eine Verbundenheit des *Herkommens* ist; nicht eine *erreichte* Verbundenheit, sondern eine, die beim Weitergehen aufgelöst werden muß.

324

Dieser Schuft läßt sich nie ein gesetzlich zu verfolgendes Delikt ... entfahren, möchte ich sagen, denn alles ist voll Moders und Unrats an ihm.

Dagegen der arme Mann – soweit mußte es nun noch kommen! – blank auf dem Teller vorweisbar: er hat *das* getan. (Und wenn es vielleicht noch nicht so weit ist: er hüte sich davor!)

Ist da etwas verwunderlich (heutzutage Empörendes? – nicht mehr, als zu allen Zeiten veraltete Zustände empörend sind!). Verwunderliches findet darin nur, der im Wahn der Jugend lebt, die Gesetze seien zur Belohnung der Guten da und zur Bestrafung der Ungerechten, statt zu wissen, daß sie lediglich da sind zur Aufrechterhaltung einer gewissen Ordnung.

325

Diskretion und Unwahrhaftigkeit

Es ist lange nicht nötig, daß eine menschliche Beziehung auf Unwahrheit gegründet sei, damit sie durch eine Indiskretion zerstört werden kann; sie kann durch ein Unverstandenes zerstört werden.

Was ist das Wesen von – der Unterschied zwischen – Diskretion und Unwahrhaftigkeit?

Diskretion ist bauend. Unwahrhaftigkeit ist negativ.

(Es ist leicht möglich, daß man Diskretion erst mit dreißig Jahren zu verstehen beginnt.)

Diskretion ist dadurch gekennzeichnet, daß du einem objektiven Betrachter sagen kannst, magst, zu welchem Zwecke sie geübt wird (wurde): Zweck, welcher immer ein positiver sein muß, weshalb du ihn ja auch nennen magst. Unwahrhaftigkeit dagegen scheut das Licht; sie wird zum Beispiel dazu geübt, dich reicher zu machen (finanziell) auf Kosten anderer. Oder, irgendwelche Fehler zu begehen, die dir selber als Fehler erscheinen, also es wirklich sind. Du wirst dem ganz unbeteiligten, aber gerechten Dritten nicht sagen wollen, wozu sie geübt wird.

326

»Jeder ist vollständig allein.«

Keiner kann sich den andern wirklich vorstellen, sich in ihn versetzen. Vielleicht sieht er alles ganz anders. Was du als rot siehst, sieht er als grün (usw.) . . .

Keiner kann sich also jemals in einen andern versetzen?

Auch die *Grundbegriffe* seines Denkens sind ihm fremd? »Wir alle sind fürchterlich abgeschlossen, durch unübersteigbare Mauern! Wir verkehren zwar miteinander, aber in Chiffern, in Zeichen! Was dahinter für den andern für Vorstellungen erstehen, für Inhalte sich abspielen, ist uns von Grund auf fremd. Jeder ist – nicht »ein bißchen«, sondern, wenn man genau ist, *total* allein.«

Das tönt sehr großartig. Es tönt ernst und tief, nicht alltäglich und nicht wie für jeden. Wie wahre Philosophie, und bald kommen wir noch zu Kants Ding an sich.

Es tönt sehr gescheit: Aber es ist nicht wahr.

Wenn jedoch der große Dichter sagt: »Wir *sind* einsam«, so ist das freilich etwas ganz anderes.

Wir – Fortgeschrittene oder Eingesperrte (diese zwei Gruppen, keine andern) – sind es aber nur, weil die andern so entsetzlich faul sind. Es ist ein Unterschied, ob man einsam ist, weil man im Hochgebirge oder im Gefängnis sich befindet und die andern sich nicht bemühen wollen, hinaufzusteigen oder hineinzugehen, oder ob die Kommunikationsmittel objektiv fehlen – wie sie uns etwa fehlen, mit den Bewohnern des Mars zu korrespondieren oder einem Baumstamm ein Gedicht begreiflich zu machen.

327

Die Hauptsache:

> »Warum ist Wahrheit fern und weit?
> Birgt sich hinab in tiefste Gründe?«
>
> Niemand versteht zur rechten Zeit:
> Wenn man zur rechten Zeit verstünde,
> So wäre Wahrheit nah und breit
> Und wäre lieblich und gelinde[1].

---

1 Goethe, Divan.

Das ist die Hauptsache. – Und es ist doch nicht immer und unter allen Umständen so, daß nicht einer zur rechten Zeit verstünde . . .

328

Wenn ein Mensch die Wahrheit sagt und in längerem Zusammenhang redet, ist es alle Male ein großes Werk.

Und so selten ist das wie sonst ein großes Werk. – Denn selbst jene, die nicht lügnerische Naturen sind, reden, sobald sie Längeres als einen kurzen Satz sagen, fast ausschließlich in Plagiaten.

329

Wichtig ist, daß man das vom Klavier nicht vergißt: Wenn du anderswo einen Ton erzeugst, gewisse Bewegungen machst, die einen Ton erzeugen, erklingt das Instrument. Das Universale – von unten bis oben gesehen – ist so eine Musikorganisation; wenn du *richtige* Bewegungen machst, gleichgültig ob kleine oder große, so erklingt diese Musikorganisation.

330

Seit Tagen immer, oder doch die meiste Zeit, Ströme vor meinen innern Sinnen (Ströme aus Wasser, aus Baumstämmen, aus Massen, die sich *wälzen*), Ströme, welche das Bild der Welt sind, des Allgemeinsten, der Kräfte, Dinge; und immer sinnend über das Verhältnis des Menschen dazu. (Selbstverständlich ist der Mensch, anderswoher gesehen, auch ein Teil der Ströme; welche Stellung soll er aber mit seiner Intelligenz dazu einnehmen?) Immer sinnend, daß des Menschen Wesen nicht ist, sich gegen Elefanten zu stemmen; sich an Körperkraft zu messen mit jenen Strömen; – sondern zu lenken.

331

Das Höchste hat stürmische und unstürmische Strecken des Weges.

Ein höchstes Resultat – ein so einfaches Stück – kann manchmal auf einen wahren Ozean des Leidens zurückschauen lassen. Der Einfältige nimmt es hin – das so einfache Stück –, als wäre es ein Spielvögelchen; er vergleicht es mit einem Stück Sturm, und findet es ganz klein.

Sind denn diese Meere des Leidens durch die höchsten Resultate gerechtfertigt? – Das wohl nicht. Nicht anders als durch den Gipfel ein Weg. (Der Gipfel ist klein, still, man sitzt freundlich auf ihm.) Denkt man noch an die Gletscherspaltengewirre, an all das stundenlange andere Fürchterliche? Die Gletscherspaltengewirre haben auch eine Realität, dort in der Vergangenheit, die nun schon verloren, nicht in den Gipfel einbezogen ist. Und Millionen sind auf dem Weg gestorben. (Es wäre scheußlich, wenn der Weg nicht auch Gipfel hätte. – Und auch unser Gipfel wird, wie Welle des Meeres, wieder überhöht. – Uns einigt mit allem nur die Liebe.)

332

Das Ewige

Das Leben hat wirklich viel von einem Traum (ich sehe wieder die Kaninchen, wohl neu herangewachsene, vom selben Platz aus, weiß, daß gleich wieder die Rhabarber hervorstoßen werden, und sehe, wie die Jahre schwinden; man wird fast *plötzlich* alt; die Jahrzehnte *verfliegen*), der Tod ist eine unwesentliche Kleinigkeit, wie ein kleiner Krampf, ein Auffahren beim Erwachen. Und auch da wieder bricht es mit unwiderlegbarer Deutlichkeit – wie das Sonnenlicht auf eine nächtliche Stadt fällt – über mich herein, daß es nur *eines* gibt, ein Gutes für uns alle bei diesen ganzen Affären, diesen Flüchtigkeiten: selber bestimmend mitzuwirken, das eine bejahend, das andere verneinend, bei diesen Flüchtigkeiten, diesen vorüberjagenden farbigen Träumen.

333

Das Unglück allein ist noch nicht das ganze Unglück; Frage ist noch, wie man es besteht. Erst wenn man es schlecht besteht, wird es ein ganzes Unglück.

Das Glück allein ist noch nicht das ganze Glück.

III. Reden, Schwatzen, Schweigen

> *»Du hast* nicht *recht!«* Das mag wohl sein;
> Doch das zu sagen ist klein;
> *Habe* mehr *recht als ich!* das wird was sein.
>
> Goethe

1

»Arbeit ist immer ein Inneres; und immer muß sie nach einem Außen gerichtet sein. Tätigkeit, die nicht nach einem Außen gerichtet ist, ist keine Arbeit; Tätigkeit, die nicht ein inneres Geschehen ist, ist keine Arbeit.

Alles Arbeiten muß sich dem Außen zuwenden: Wenn es sich aber um innerliche Stoffe, innere Gebiete der Arbeit handelt? Dann immer dem relativen Außen, in diesem Innern wieder dem Außen. (So ist das Klare dem Unklaren gegenüber ein Außen, der Gedanke der Ahnung gegenüber, *das gesprochene Wort dem Gedanken gegenüber*, das geschriebene dem gesprochenen gegenüber).«[1]

Daraus geht fast von selber hervor, daß Sprechen bald Arbeit ist – das heißt bejahend und zu bejahen, wertvoll – und bald nicht; und dasselbe Sprechen für *den* Menschen Arbeiten sein kann, für jenen aber nicht. Es ist in den Fällen Arbeit, wo es das Leben fördert, ein Dunkles zur Klarheit führt; wertlos und verwerflich aber in jenen Fällen, wo Klarheit schon erreicht ist und wo somit Sprechen nichts anderes darstellt als ein *Aufschieben der Tat* – oder neuer Tat –: wo es nicht Vorbereiten, notwendiges Vorbereiten der Tat und somit selber eine Tat ist, sondern jene überflüssige, lähmende, tötende Vorbereitung[2], vor deren zu wenig bekannter Gefährlichkeit man kaum genug warnen kann. (Man denke an einen Springer, der jedesmal, wenn er mit vollem Anlauf vor dem Seil angelangt ist, sich zurückwendet, um dem Anlauf noch einiges beizufügen.)

Wir können die eine Art des Sprechens kurz *Reden* nennen, die andere Schwatzen.

---
1 Nuancen und Details II, 51.
2 Vgl. II, 118, 197, 216-223.

2

Einer von den großen Unglücksfällen ist, daß die Menschen nicht reden wollen.
– nur schwatzen oder schweigen.

3

Wer braucht nicht zu reden? Vor allen, wer gut schreibt. (Er überspringt die Stufe, in jenem vollen Sinne, daß er nun höher ist, daß sein jetziger Standort sie enthält.) Die andern haben die Pflicht, zu reden –: oder auf welche Art kann der Mensch sonst weiterkommen? Dabei soll eine mächtige Kritik immer tätig sein, die alles Schlechte, was sie sagen, zerschlägt.

Ich sehe eine ungemeine Bedeutung des Schreibens und, zurückgreifend, eine ungemeine Bedeutung des Redens, für das Menschengeschlecht. Denn wachsen nicht auf einem geschriebenen Gedanken etwa zehn geredete nach? auf einen geredeten Gedanken zehn aus dem Dunkel der Ahnungen nach? Und es geht noch weiter; so wächst, im ganzen, aus dem Dunkel des Alls hervor die Differenzierung, das Wissen, die Tat; wird der Mensch teilhaftig, fortschreitend, mächtig.

Kann der Mensch nicht beides, Reden und Schreiben, durch Tun vollauf ersetzen? Sicher ist das theoretisch durchaus möglich – wie weit kommt es aber praktisch vor? Ist doch das andere, daß einer das Reden durch Schreiben ersetze, schon außerordentlich selten (genau so selten, wie die großen und zugleich einsiedlerischen Schriftsteller sind).

Es ist fast unmöglich, zwei oder mehr Stufen zu überspringen – von der Ahnung unmittelbar zur Tat zu springen, zu einer Tat, die nicht zufälliges Geschehen, sondern sinnvoll, wahre Arbeit ist. Diese Art des Vorgehens ist ja Sache des Tieres und wie weit hat es das Tier gebracht? Die Frage ist schlecht gestellt (– denn auch das Tier: in Jahrmillionen ...): Wie weit wird der *Mensch* es bringen mit Tiermethode?

4

Daß man so oft von schlechter Lage, so selten aber von guter Lage reden hört (oder so viel von der schlechten Fraktion einer Lage und so wenig von der guten Fraktion), mag mehrere Gründe haben, aber einer darunter ist groß und tief:
Die schlechte Lage hat es nötig, verändert zu werden, die gute Lage will und soll dauern. *Reden verändert.*

Ein weiterer Grund: man weiß es oft ganz und gar nicht, daß eine Lage, oder ein Teil einer Lage, besser geworden ist.

5

Während man sich nun mit dem Unterbewußten, dem Unbewußten und Ähnlichem, kurz den verschiedenen Arten des nicht ganz Bewußten sehr viel beschäftigt, ist noch lange nicht genug bekannt und wird vielleicht nie genug bekannt sein, daß es auch viele, ja endlos viele Grade des durchaus Bewußten gibt, *Intensitätsgrade des Wissens*. Der einfache Mann ist auch heute noch der Meinung, entweder wisse man eine Sache oder man wisse sie nicht. Kein größerer Irrtum ist möglich! Die Stärke, mit der etwas gewußt wird, ist verschieden von Mensch zu Mensch, von Tag zu Tag; ist nicht weniger veränderlich als die Lage eines Tropfens in einem strömenden Wasser, ja in einem Springbrunnen! (Womit es zusammenhängt, daß man eine Erkenntnis nicht aufbewahren kann, daß eine Rettung immer eben erst geschehen sein muß.) Daher kann Zitieren (eines ganz Bekannten), ja verschiedenes Betonen, schon eine große Leistung sein. – Wieder ein Zugang, die Bedeutung zu sehen des Redens.

6

Nicht zu reden, wenn es möglich wäre zu reden, wenn es Gelegenheit zu reden gibt, ist ein Luxus, den sich nur ganz Reiche ohne verheerenden Schaden erlauben können.

7

Schweigen kann seinen Sinn nur durch das es umgebende Reden haben; es ist wie ein Interpunktionszeichen, es kann nicht allein stehen. Wie ein Gedankenstrich.

Nun sind die Interpunktionszeichen wichtig; heißt das, daß jene gedichtet haben, die nur in Interpunktionszeichen gedichtet haben? – Und um genau zu sein, sind die Interpunktionszeichen noch mehr als das andere Schweigen, denn sie variieren, jenes nicht (es gibt das plumpe, irdische Schweigen des Punkts und das höhere, durchsichtige des Strichpunkts, das klare, einfache, nur wie eine Verschiebung wirkende des Beistrichs, das tiefe, mächtig Raum greifende dreier Punkte oder das wie ein Pfeil in die Ferne schießende zweier Striche, und andere); das gewöhnliche Schweigen ist gleichzusetzen *einem*, immer wiederholten Interpunktionszeichen.

Wir meinen also nicht, daß man immer reden solle. Wenn du durch dein Schweigen das hervorhebst, was du gesagt hast oder sagen wirst, magst du schweigen. Denn Schweigen allein ist nichts.

8

... Und Schweigen, sagen sie, sei Gold. Wie gewaltig muß das Minus ihres Redens sein, daß ihm gegenüber schon das Nichts gleich Gold zu setzen ist.

9

Ein Mensch, dessen Vorzüge in lauter Negationen bestehen – »Er raucht nicht. – Er trinkt nicht. – Er ist nicht maßlos. – Er mischt sich in niemands Sachen. – Er verletzt niemand.« – hat keine Werte.

10

»Ein bedeutendes Schweigen.« Mäßigkeit – Abwesenheit von Maßlosem; und alles Schaffende, alles Wertvolle tritt auf als ein Maßloses – hat nur Bedeutung, soweit sie der Grund (le fond), das verbindende, durch Verbindung ermöglichende Element eines Ungewöhnlichen, eines Maßlosen ist; also nicht selber Bedeutung. Genau so kommt einem Schweigen nur Bedeutung zu, soweit es als Rahmen der Bedeutung eines Geredeten hervorzutreten erlaubt; es gibt also kein bedeutendes Schweigen.

11

»Gab es nicht dennoch welche, die dasaßen im Genusse des Schweigens?« Aber nur durch ihre Gedanken, Vorboten des Redens; Abhängige vom Reden; Teile des Redens vor dich Herbringende. Wo man genießt, genießt man *etwas*; wenn man das Nichts genießt, genießt man nicht.

12

Die ewige Stille mag ich hoch loben – aber ich meine damit, um genau zu sein, die Musik Bachs, die Rede von Montaigne und anderes, was herrlich tönt.

13

Lobe meinetwegen das Schweigen – aber sprich gut und viel darüber.

14

Wer darf schweigen?
Das Militär und zwar vorwiegend das höhere, kommandierende. Napoleon! Weil die Worte, die er hingeworfen hat, sich in ihrer Dynamik bis zum Kolossalen verzweigen. Und Goethe, Hölderlin – weil sie schon millionenfach geredet haben.

> Wer schweigt, hat wenig zu sorgen;
> Der Mensch bleibt unter der Zunge verborgen[1].

Man könnte diesen Worten Goethes – dem zweiten Satz – Optimismus vorwerfen. Denn ob ein Mensch da ist? In den oben genannten Fällen weiß man's.

15

Würde ich jemals einem raten, er solle schweigen? Niemals; sondern: reden, reden! Und jedesmal, wenn er zu schwatzen beginnt, soll er eine auf's Maul bekommen.

---

1 »West-östlicher Divan«.

16

Es gibt zwei Arten von Geschwätzigkeit. Die erste: um eine Sache, die Bedeutung hat, viele bedeutungslose Worte machen. Die zweite: viele Sachen zwar nur kurz aufzählen, Sachen aber, die ganz bedeutungslos sind.

Die zweite ist die ärgere Geschwätzigkeit. Die erste könnte man die rhetorische nennen, die zweite die kommune. Bei den Armseligen ist Schweigen Gold. Viel reden ohne zu schwatzen ist am schwersten.

17

Schwatzen ist immer ein Fliehen vor der Arbeit.

Die erste, die kommune Geschwätzigkeit, die des Marktweibes, die von der Epik Mittel übernehmende: Fliehen vor der äußern Arbeit. (»Gestern hat das Lieschen Möbel bestellt. Die in der Wohnung nebenan hat auch gesagt: Nun – –. Der Herr Meier will auch bald umziehen, dann läßt er die Möbel in der alten Wohnung. Der Herr Andreas hat Gehaltserhöhung. Die Köchin ist eine Geschiedene.«)

Die zweite, die rhetorische, die des Apothekers, die von Philosophie, Wissenschaft, von der höheren Prosa, auch Lyrik, Mittel übernehmende: Fliehen vor der höheren Arbeit. (Beispiele sind alle durchschnittlichen Advokaten der Welt und alle durchschnittlichen Politiker der Welt; die im Pubertätsalter Stehenden; junge Mädchen; fast alle schreibenden Frauen; die meisten Schriftsteller.) Fliehen vor der höhern Arbeit: vor wissenschaftlichem Entdecken; vor dem Bilden eigener Sätze.

18

Beizufügen wäre noch etwas von einer dritten Art Geschwätzigkeit, welche wohl bisher am wenigsten beachtet worden ist:
Ich möchte sie die *lakonische* oder die *bäurische* nennen. Die Bauern haben den Ruf der Schweigsamkeit; in der öffentlichen Meinung, in den meisten Büchern. Sicher sind sie häufig stumm. Beginnen sie aber zu reden, so werden wir sie in den meisten Fällen als geschwätzig bezeichnen müssen (was Aufschluß geben könnte über die Umstände der gewöhnlichen Stummheit), wenn auch auf eine Art geschwätzig, die keine der beiden oben genannten ist, sie ist weder die des Marktweibes noch die des Dichterlings und des Advokaten: Sie besteht im fünf- oder auch zehn- und zwanzigmaligen Wiederholen eines einzigen, kurzen, entweder von Anfang oder doch spätestens von der zweiten Wiederholung an völlig sinnlosen, nicht selten sprichwörtlichen Satzes (»So ist das Leben.« – »Ja ja, so ist es.«). Diese Geschwätzigkeit ist vielleicht die am schwersten zu ertragende.

19

Der Holländer ist stumm, der Wiener schwatzt[1]. Schwierig ist die Beantwortung der Frage, welches von den zwei Dingen das ärgere sei. Von den beiden entsetzlichen Dingen.

---

[1] Geschrieben 1936. Vielleicht ist inzwischen der Wiener auch stumm geworden.

20

Noch etwas an der Sache der holländischen Stummheit ist nicht beachtet worden: *wenn* dann diese stummen Menschen einmal sich zum Reden wenden – – Es gibt doch Berufe, die zu vielem Reden nötigen, z. B. der des Handelsreisenden, des Conférenciers. Es könnte einer annehmen, daß das ärgste Geschwätz bei den redegewandten Völkern, bei den Franzosen anzutreffen sei; dieser hat aber gewiß so einen holländischen Anpreiser oder Witzbold nie gehört; er ist nie dabeigewesen, hat nie erbleichen und seine Haare haben sich nie sträuben müssen vor der da zutagetretenden grausigen Leere.

Das zeigt Überraschendes von der Natur des Schweigens. Auf der einen Seite sind das menschliche Schweigen und das Geschwätz nah beisammen; weit entfernt davon und einsam ist das Reden.

21

Doch ist das Schwatzen, für den vom Schweigen Ausgehenden, auch die erste Station auf dem Weg zum Reden; somit ist das Schwatzen, wenn auch ästhetisch betrachtet geringern Ranges als das Schweigen, wenn auch unbequemer, dennoch mehr als das Schweigen.

Anders gesagt: Das Schwatzen ist, im Gegensatz zum Schweigen, der Kritik zugänglich, somit indirekt produktiv.

Das Schwatzen ist mehr als Schweigen aus dem gleichen Grunde, wie das lallende Kind mehr ist als das stumme Fleisch.

Die alte Frage – was ärger sei, Schwatzen oder Schweigen – ist also entschieden. Besonders geeignete Fälle, uns den Wert zu zeigen, den Schwatzen haben kann, sind: der eine fremde Sprache Lernende[1] und das Kind. Das Kind ist von den zwei Fällen der wichtigere; deutlich erkennt man bei ihm Schwatzen als die erste Stufe beim Hervortreten aus dem Schweigen, aus dem Chaos, wo objektiv alles ist, menschlich aber nichts. Denn Formung ist nicht *eine* Eigenschaft des Menschen, sondern das menschliche Wesen selber.

22

Von denjenigen öffentlichen Rednern, die unsicher, oder doch scheinbar unsicher, ohne eindrucksvollen äußern Aufwand beginnen, dürfen wir im allgemeinen Besseres erwarten als von den mit großem Klang einsetzenden, welche meistens nicht vom Geist herkommen, sondern vom Konservatorium, vom Theater, vom Markt.

23

Wenn mit dem Auftreten vor großer Versammlung nicht meistens Erregung verbunden wäre, so nehme ich an, daß es um das Reden noch schlechter stünde; denn so, meine ich, würden auch noch mehrere von den bessern Rednern in Gefahr geraten, in Unterhaltung sich zu gefallen (»da wir eben so traulich beisammen sind«), durch angenehme Gesellschaft leicht berauscht –, statt in jene innere Gespanntheit, jene ernste Düsterkeit zurückzufinden, die allein einer *legitimen* Anwesenheit an solchem Ort gebührt; daß also eben die Erregung vielleicht wachhält;

---

[1] Vgl. II, 211.

– daß diese Erregung, erst von anderer Art, nämlich aus äußerlicherem Grund entstanden, auf einmal in ihre Verwandte mit der *großen* Ursache umschlägt, dazu hilft, daß seine wahren Grundsachen wieder vor dem Redner erstehen, ihn vor einer gefährlichen Verschleierung, der er sonst anheimfallen könnte, bewahrt.

24

Für den öffentlichen Redner kommt es vor allem darauf an, *keine volle Verbindung* mit dem Publikum zu bekommen ...
Die freundliche Unterhaltung, die gegenseitige Unterhaltung, die genußvolle Erregung des Publikums und des Redners Genuß im Erregen, in einander sich schlingend, bilden die Gefahr. – Es kommt darauf an, daß eine *Kluft* zwischen den beiden bestehe; der Redner gehöre seiner Sache, gehe ins Fremde; er muß immer in einem gewissen Maße entschweben, sonst ist, was er sagt, wertlos, – er ist ein Volksschwätzer, ein Mann vom Theater, ein Deklamator.

25

Es ist vielleicht gut, oder gar notwendig, daß ein Moment solcher Kommunikation einmal stattfindet, stattgefunden hat, – ein Moment. Er gibt dem Folgenden eine andere Grundlage, indem er als gleichsam kittendes Element ein Maß Vertrauen hinzufügt. Dieses Folgende aber sei, daß da einer etwas vor euch hinstellt, etwas nicht Gewöhnliches, das ihr nicht ganz versteht; was ihr sogleich ganz versteht, kann nicht ein Ungewöhnliches sein. – Ein wie viel besseres Zeichen, als jene gewisse herrliche Kommunikation (die man einen großen Erfolg nennt), ist es, wenn die Hälfte der Zuhörer sich erhebt und geht. »Beim Bier ist's doch gemütlicher.«

Valérys Vortragsweise ist grau, er soll – das habe ich mehrmals sagen hören – ein abscheulich schlechter Redner sein. Dieser Mann mit den ungeheuren Visionen des Geists! – der fast als der einzige, einer nur von ganz wenigen, heute noch erschrecken kann, wie früher Shakespeare und andere große Dichter die Menschen erschreckt haben, wie gruselige Gespenstergeschichten die Kinder erschrecken: der so heute noch uns, die Denkenden erschrecken kann. (Denn um zu erschrecken, muß man immer die Grenze des Gekannten überschreiten; man kann nicht mit dem erschrecken, was durchschaut wird. Daher kann man nicht erschrecken, indem man sich dumm stellt, wie so viele Schreiber es gerne möchten; wir sind ja doch nicht so dumm, und wir lachen nur. Um zu erschrecken, muß man *mit* all unsern Mitteln – nicht indem man einige wegläßt – vorgehen: was eben heute fast nur Valéry kann. Und wenn die Größe eines Dichters sich an seiner Fähigkeit, erschrecken zu können, mißt – und ich bin nicht weit entfernt, es zu behaupten –, so ist also Valéry ungefähr der größte Dichter.) Und da steht er denn vorne am Pult und murmelt er etwas, der Mann, dem diese Gewalten gegeben sind; er geht nicht mit dem Publikum durch; aber sind jene Gewalten nicht vor uns, durch seine Person dennoch da?

Bei welchem französischen Schriftsteller habe ich doch einmal ein hübsches Porträt so eines richtigen, erfolgreichen, herrlichen Volksredners gefunden (war es bei Duhamel?). Der Redner, stand da, verhält sich zu seinem Auditorium wie ein ausgezeichneter Reiter zu seinem Tier; er kitzelt ihm die Flanken, es bäumt sich, er sitzt »wie angegossen«, es schäumt, er feuert es gewaltiger an, sie schießen zusammen wie ein Pfeil dahin –.

Sie schießen davon. – *Wohin??*

– Es muß etwas Größeres vor euch erstehen. Man ist nicht mit dem Montblanc auf du und du.

26

Gemälde eines Redners – besser würde man aber wohl sagen, eines redenden Dichters oder Denkers, da wir ja etwas ganz anderes als jene »Redner« meinen und vielleicht überhaupt kaum mehr ein äußeres Reden –:
Er zitterte – und doch war es, als ob er jetzt eben Ruhe finde. Und die Laute traten in glühender Nacktheit in die Luft hinein, in die kühle und flaue; die Laute, die aus der Welt hinter ihm kamen, sich gesammelt hatten aus großer Weite durch ihn, in seinem Zeugnis, zur Stärke einer *Wirkung*, – die durch ihn, wie durch einen Brennpunkt Lichter, wieder in die Weite gingen, sich zerstreuend. Das Sprachrohr der Ewigkeit.

27

Von einem Wettkampf. – Und wenn er nun nach Athen, d. h. in den Montparnasse zurückkehren würde, nachdem er drei Jahre in der Einsamkeit war, du aber hast die drei Jahre dort geredet: Wie soll das Gespräch, in dem ihr nun die Stärke eurer Rede an einander meßt, zwischen euch ausfallen?
Du hast im Montparnasse unaufhörlich geredet, du warst in dauernder Übung und du hast über alle andern, die da waren, in der Rede den Sieg davongetragen. Er aber hat in der Einsamkeit nie mit sichtbaren Menschen geredet, nur mit den Größten der Vergangenheit, mit Montaigne und Spinoza und Goethe – mit den Bäumen und Vögeln und andern absoluten Dingen –, und hat verloren:
Folglich . . . würde er dich besiegen.

IV. Der Leser

Nicht jeder, dem man Prägnantes überliefert, wird produktiv; es fällt ihm wohl etwas ganz Bekanntes dabei ein.

Goethe

1

Die Kinder, wenn ihnen ein Buch, ein Stück gefällt, wollen immer sogleich vom selben Autor mehr lesen; lesen, wenn sie dazu gelangen können, von den Stücken, die dieser Autor verfaßt hat, eines nach dem andern *durch*, bis sie den Autor *aus*gelesen haben, was sie dann bedauern. – So auch mancher Erwachsene.

Was aber tut der *Leser*, wenn ihm ein Stück gefällt? Ohne Ausnahme das eine: er liest nochmals. Das zweite Lesen wird den ersten Eindruck nie nur bestätigen, sondern aufheben oder vertiefen.
Kein wirklicher Leser hat ein wirkliches Kunstwerk je ausgelesen.

Der wirkliche Leser wird in dem gut Geschriebenen immer neue Seiten entdecken; in jeder Lage ergeben sich neue Wirkungen. Selbst wenn er das Stück »auswendig« weiß, wird es erst recht inwendig, ein Teil von ihm und erreicht kein Ende, da es fortzeugend ist wie das Leben – da es selber das Leben ist, ein realer Teil der Dinge und unabsehbar in den Folgen.

Bei Lichtenberg steht: »Ein sicheres Zeichen von einem guten Buche ist, wenn es einem immer besser gefällt, je älter man wird, vorausgesetzt, daß man mit dem Alter auch weiser wird; denn ein Buch ist ein Spiegel, wenn ein Affe hineinguckt, kann kein Apostel herausschauen.«

Es ist ja möglich, daß Lesen weniger schwer ist als Schreiben. Es wären vielleicht mancherlei Gründe dafür aufzufinden – bis jetzt hat mir nichts den wahren Beweis davon gebracht, der nur empirisch sein könnte. Bevor ich mehr Leute zähle, die lesen können, als solche, die schreiben können, werdet ihr mich nicht überzeugen.

Mit Leuten, die das Lesen als passiven Vorgang bezeichnen, dürfte nicht zu reden ratsam sein. Wer weiß, vielleicht werden sie das Hören auch als passiven Vorgang betrachten und unter eurer Rede einschlafen oder sterben.

2

Prüfung:
Von einem Leser ist zu verlangen, daß er Proust und Lawrence, Lawrence *und* Proust verstehe; denn nur derjenige, der sieht, was in beiden gemeinsam ist – diesen beiden in so viel *Nennbarem* Entgegengesetztesten –, sieht das, worauf es eben genau ankommt in der Literatur; dieses ist also ein Unnennbares.

Die zwei Namen könnten durch andere ersetzt werden, sie stehen da als Beispiele; dazu eignen sie sich, weil sie diejenigen zweier wirklicher Schriftsteller sind (wenn auch nicht gleich großer; aber auch Lawrence war notwendig, hatte, im höchsten Sinne, etwas zu sagen), an denen jedoch eben nichts Gemeinsames sich aufweisen läßt, solange man nach irgend Äußerem, nach der vertretenen Richtung, nach »Meinungen« fragt.

Lawrence schimpfte über Proust, suchte ihm wennmöglich alle Bedeutung abzusprechen – begreiflicherweise, wenn man weiß, was für einen einzigen Weg der Erlösung D. H. Lawrence gegen Ende seines Lebens predigte ... (man wird sich dabei des Wortes von Voltaire erinnern: »Oublions les rêves des grands hommes, et souvenons-nous des vérités qu'ils nous ont enseignées«; und die »vérités« sind in diesem Fall die Köstlichkeiten an künstlerischer Intensität, die Lawrence nebenbei oder auf dem Wege zu seiner absurden Lehre erreicht); – und daß dagegen Proust weder in der geschlechtlichen Liebe noch sogar in der Freundschaft eine Erfüllungsmöglichkeit des Menschen, jedenfalls des hochentwickelten Menschen mehr sah.

Denn wer den einen verdammt und auf den andern schwört, dessen innerer Blick ist nicht auf das gerichtet, was trotz und mit ihren Besonderheiten in dem einen wie dem andern war (wenn auch, wie schon gesagt, freilich nicht in demselben Maße); er vermag nicht jene Berührung mit dem Unaussprechlichen, oder was ich kurz nennen will das REALE, wahrzunehmen[1]; sondern gefangengenommen sind all seine Blicke von dem leicht Nennbaren, dem Programmmäßigen, dem Stoff – denn *alles mühelos Nennbare gehört zum Stoff* –; nicht jenes sieht er, das in der Kunst das Entscheidende ist, sondern allein das, worauf nichts ankommt, als daß es, so dem einen, so dem andern Schriftsteller, als Leiter nötig war.

3

Stoff, Gehalt, Form

»Alles mühelos Nennbare gehört zum Stoff.« Möge es sich um Stoff im engeren, dem üblichen Sinne handeln, oder um etwas, das man anders zu bezeichnen pflegt: Was immer am Kunstwerk mühelos – das heißt mit gewöhnlichen, schon vorhandenen, nicht erst zu erobernden Mitteln – sich nennen, sich aufzeigen läßt, das gehört der großen Unterscheidung

---

[1] Und ihm kann es geschehen, daß er das Romanwerk von Jules Romains, der wohl unseres Jahrhunderts Balzac sein will, für Balzac ebenbürtig oder doch verwandt hält; oder die Novellen Jakob Schaffners für hochbedeutend, – obgleich doch eine Novelle wie »Der lachende Hauptmann« an jenem Unaussprechlichen, dem REALEN, so leer ist, wie überhaupt sich denken läßt.

nach in den Rang, in die Klasse des Stoffes: ist unwichtig, etwas, worauf künstlerisch nichts ankommt.

Die mancherlei Einteilungen der Wortkunst – wie: in »Roman«, »Novelle«, »Erzählung«, »Essay« usf. – und die damit zusammenhängenden Untersuchungen und Wertsetzungen haben mich seit Jahren immer weniger zu interessieren vermocht; ihre Fruchtbarkeit, die geistige Folge, die sie haben können, schien mir mehr und mehr in Frage zu stehen. Mögen diese gelehrten Untersuchungen und Abgrenzungen an manchen Orten und zu manchen Zeiten eine gewisse, vielleicht nur rein praktische Bedeutung gehabt haben oder haben –: was sind sie vor der Tiefe, der lebendigen Wirklichkeit der Goetheschen Unterscheidung und Gegenüberstellung dieser drei Elemente des Kunstwerks: *Stoff; Gehalt; Form!*

– Wo Form ist, ist immer auch Gehalt, ist immer auch Stoff. Der Dichter braucht sich also durchaus nicht um Stoff, ja nicht einmal um Gehalt zu kümmern; er wende sich allein der Form zu; *durch das, was er hier erreicht, erreicht er alles.* Möge das paradox tönen; es gab eine Zeit, wo ich es selber nicht annehmen wollte; in der Erfahrung, aus der Nähe gesehen offenbart es sich eben als etwas ganz anderes, als es zuerst schien, durchaus nicht als eine Verminderung des Geistes, des Werts, des eigentlichen *Lebens*, – im Gegenteil. Um den Gehalt hat sich nicht der Künstler zu kümmern, sondern, wenn jemand sich zu kümmern hat, die Natur. Jedenfalls muß sie, die Natur in ihm, hinter ihm, den ganzen Gehalt liefern, – wehe dem Künstler, der nach Gehalt jagt oder seinen schon bestehenden erhöhen will! Der Stoff aber gar – man kann nicht aufhören das zu sagen –, er ist das überhaupt Bedeutungslose, von ihm ist überall genug da, überall und immer; ihn muß nicht die Natur liefern, jeder kann ihn *nehmen*, wo immer er sei und in welchem Maße er will. Er ist für uns da wie der Raum um uns; den Raum muß nicht die Natur uns liefern, wir sind im Raum, wo nicht Raum ist, sind wir nicht. Gehalt zu besitzen ist eine Gnade, Stoff ist nichts, Form zu erreichen ist das Produkt der höchsten Arbeit und der Gnade. Keinem Stoff wohnt irgend eine Tugend inne; was unsere Meinung irreführt, ist, daß zwar *der* Stoff *dem* Künstler seine Tugenden zu entfesseln erlaubt eher als jener; – aber nicht *jenem* Künstler: Wäre im Stoff eine Tugend, müßte durch ihn die Beglückung gleichmäßig geschehn. – Der Malerei gegenüber ist die Welt fast allgemein zum Bewußtsein der Bedeutungslosigkeit des Stoffs gekommen, der Wortkunst gegenüber stehen wir auch heute noch fast alle auf der Stufe der Kinder. Wer würde, ohne sich lächerlich zu machen, sich noch darüber aufhalten können, daß ein Bild »nur« Äpfel »darstellt«, während doch Äpfel schon viele Male dargestellt worden seien? Und etwa verlangen können, Cézanne hätte eine unbekanntere Frucht, zum Beispiel eine aus dem Quellengebiet des Amazonenstroms, die nur dort gedeiht, »darstellen« sollen, um dadurch den Wert seiner Malerei zu erhöhen? Hier wissen wir nun, daß die *Richtung*, in der sich die Bemühungen um den Wert bewegen, eine ganz andere ist. – Manche der größten wie berühmtesten Dichter haben ihre Stoffe auf die sichtbarste Weise von andern übernommen, ohne daß diese Tatsache je in Frage gekommen wäre, dem Wert ihrer Werke Abbruch zu tun.

Das folgende Wort Goethes, dieses fundamentale Wort, dem zu wünschen wäre, daß es zum Ausgangspunkt jeder Kunstlehre gemacht werden könnte:

Den Stoff sieht jedermann vor sich, den Gehalt findet nur der, der etwas dazu zu tun hat, und die Form ist ein Geheimnis den meisten.[1]

ist selber ein Geheimnis den meisten.

---
1 »Maximen und Reflexionen« III.

4

Schriftsteller, wirkliche, gibt es wenige, aber ob es mehr wirkliche Leser gibt? – Jedenfalls ist wirkliches Lesen dem Schreiben näher als alles andere.

Das zu erläutern und zu beweisen ist das Folgende geeignet: Mehr als einmal ist es vorgekommen, daß ich irgendwo in einer der massenhaften Zeitpublikationen (also unerwarteterweise) auf einen erfreulichen, einen guten Satz stieß, der mich auf einen Schriftsteller aufmerksam machte: und daraufhin bei genauerem Nachprüfen zeigte es sich, daß ich den Satz falsch gelesen hatte und eine Banalität da stand, daß also der Schriftsteller, der meine Aufmerksamkeit erweckt hatte, ich selber war; daß ich, ohne es zu merken, ohne etwas Neues in die gewöhnliche Tätigkeit des Lesens einzuschalten, einen guten (oder doch mir gut scheinenden) Satz gebildet hatte. Kann die Nähe von Lesen und Schreiben deutlicher gezeigt werden?

Und bisweilen geschah es, daß ich, etwas wieder überdenkend, das mir seit langem klar geworden war, mich an eine Stelle zu erinnern meinte, die ich inzwischen in dem oder jenem Buch der Vergangenheit gefunden hätte und die genau dasselbe auf das klarste aussprach; und daß ich dann, diese Stelle dort, bei Spinoza vielleicht oder bei Montaigne, suchend – sei es um sie zu zitieren oder doch zu vergleichen und wohl auch ihre Schärfe zu bewundern –, sie nicht finden konnte: sie existierte nicht! Sondern ich fand nur Stellen, die sich mit dem in Frage Stehenden berührten, oder, äußerlich ganz anders, in einer tiefen inneren Übereinstimmung damit lebten, einem ähnlichen Grund entsprossene Gebilde waren. Zeigt das nicht die Lesearbeit? wie in ihr eines über das andere spielt? oder: wie von der großen Arbeit Lesen und Schreiben nur zwei – freilich potenziell verschiedene – Äußerungen sind?

Dahin gehört auch noch die Beobachtung, daß manchmal Worte, die wirklich tief sind, sogar in den *Witzigen Ecken* der Zeitungen sich finden; große Worte, die gewiß von jenen Schreibern, die diese Rubrik beliefern, nicht *geschaffen* worden sind: der Zufall stellte durch ihre Hand die Wörter zusammen zu einem Gebilde, das bestimmt ist, durch die Resonanz dieses oder jenes Lesers neben seinem niedern Sinn noch ein Leben zu erlangen, das man dem Verfasser vielleicht vergeblich begreiflich zu machen suchte. (Es versteht sich indessen von selber, daß es sich nur um ganz kurze Worte handeln kann. Und dasselbe gibt es auch im Gebirge, wo in den natürlichen Felsen bisweilen knappe Andeutungen ungeheuerlicher Plastiken sich finden – wahrnehmbar freilich nur dem Auge, das irgendwie bildhauerisch begabt ist. »Und das eben«, würde einer sagen, »ist der Unterschied: vor der geschaffenen Skulptur, dem Kunstwerk, wird nicht nur das bildhauerisch begabte, sondern *jedes* Auge . . .« Aber das ist nicht wahr.) – Eines der stärksten Beispiele: »Vater, was tut eigentlich der Wind, wenn er nicht weht?« Ist das nur die naive Frage eines Kindes, die komisch wirkt? und nicht zugleich auch der Kern einer großartigen Satire über die menschliche Begrenztheit und ganz nahe dem Wesentlichsten der Lehre Heraklits?

5

Diejenigen, die Lesen und Schreiben als Gegensätze sehn – während doch das eine nur die Intensivierung dessen ist, was auch dem andern allein das Leben gibt –, haben vom Lesen nichts begriffen, nie gelesen, ja, nie geahnt, was Lesen ist[1].

---

[1] »Das Buch hatte die Wirkung, die gewöhnlich gute Bücher haben. Es machte die Einfältigen einfältiger, die Klugen klüger und die übrigen Tausende blieben ungeändert.« Lichtenberg.

(»Lesen leidend, empfangend«: Man kann völlig teilnahmslos Geld empfangen, nicht aber eine Erkenntnis oder ein ihr verwandtes inneres Gut.)

Lesen ein passiver Vorgang: Der Irrtum muß vor allem dadurch erklärt werden, daß sehr allgemein eine falsche Vorstellung besteht von dem, was das *Schöpferische* ist. – Das Schreiben, sagen sie, sei doch schöpferisch, das Lesen aber das Gegenteil: man schaffe nichts, man übernehme, was schon *da sei*. – Wäre denn Schaffen ein Zaubern, aus dem Nichts heraus: das Verwandeln von Nichts in ein Etwas?

> Es liegt schon da, doch um es zu erlangen,
> Das ist die Kunst, wer weiß es anzufangen?[1]

Sind nicht für den Schreibenden die Wörter da und mehr Dinge, die durch Jahrtausende erhärteten Möglichkeiten der Grammatik, und noch viel mehr: die Gedanken, die die Menschheit vor ihm gebildet hat, die Fähigkeit zu Betonungen, erzeugt durch die Kräfte des ihn umgebenden und durch ihn fließenden Lebens? Und seine ganze Tätigkeit besteht im Wählen! – Daß man beim Schreiben eine weitere Wahl hat, beim Lesen eine engere, das ist der ganze Unterschied.

»Lesen ein passiver Vorgang«: Nachträglich finde ich dazu eine Stelle bei Valéry (Variété II): »L'état de fait, qu'on sent revenir, ramène doucement les hommes à ne plus même savoir lire; j'entends lire en profondeur. Il commence à se trouver bien des personnes à qui de demander le plus petit effort de leur esprit on inflige une sorte d'offense.« (Man spürt Zustände wiederkehren, welche die Menschen unmerklich dazu führen, nicht einmal mehr lesen zu können; ich meine, gründlich lesen. Man begegnet mehr und mehr Leuten, denen man dadurch, daß man ihnen die geringste geistige Anstrengung zumutet, eine Art Beleidigung zufügt.)

Noch eine Stelle gehört dahin. Ich gebe die Sätze, mit denen Valéry einen Aufsatz über Proust abschließt, deutsch wieder, so gut das in meinem Vermögen liegt:

». . . Man findet bisweilen, seine Werke seien nicht eben leicht zu lesen.

---
[1] Faust. Zweiter Teil.

Ich aber höre nicht auf zu antworten, daß man die schwierigen Autoren unserer Zeit segnen muß. Wenn sie sich ein paar Leser heranbilden, so haben sie es nicht nur für sich selbst getan. Sie schenken sie gleichzeitig Montaigne, Descartes, Bossuet und einigen andern, welche etwa noch wert sind, gelesen zu werden. All diese großen Männer sprechen aus gewaltigem Abstand (parlent abstraitement); sie prüfen nach allen Seiten (raisonnent); sie gehen in die Tiefe; sie lassen mit einem einzigen Satz die ganze Gestalt eines vollendeten Gedankens erstehen. Sie fürchten den Leser nicht, sie messen seine Mühe nicht und nicht die ihrige. Noch eine kleine Zeit, und wir verstehen sie nicht mehr.«

6

Den Augen sollte die Fähigkeit gegeben sein, wie die Hände auf gewisse Dinge einwirken proportional ihrer Kraft, in den Büchern Spuren zu hinterlassen proportional dem Begreifen.

Die Bücher – Faust, Montaigne, Pascal – dann wiederzusehn, nachdem sie von ... und von ... gelesen worden sind ...

Einmal langsam lesen genügt diesem wirklichen Leser nicht, er muß zwei-, dreimal lesen. Dem Apotheker genügt *ein* schnelles Lesen.

Faust hat er gelesen. Spinoza hat er gelesen. Auch Wallace hat er gelesen, und den hat er auch verstanden.

In den meisten Fällen, da einer sagt, wirklichen Werken gegenüber: »*das* verstehe ich daran, aber *das* verstehe ich nicht«, hat er gar nichts verstanden.

7

Menschenwürde und Bücherwürde

Viele Leute meinen, die Bücher seien da, daß man Sorge dazu trage.

Jemand hatte den zweiten Teil des Faust in irgendeiner billigen Ausgabe zerteilt, um immer ein Stück bei sich haben zu können. Ein anderer schrie darüber; es sei schade um das Buch! Besser, daß die Bücher schön bleiben, als daß man liest.

Er war ein sehr ansehnlicher Mann: Reich, reinlich, immer gut gekleidet und hatte viele schöne Bücher, von denen nicht einem einzigen ein Blatt gekrümmt wurde.

»Kulturgüter aufbewahren«. Das ist sehr schön. Aber besser ist neue erzeugen, indem die alten in Betrieb gesetzt werden. Und was bewahrt er überhaupt, heute (sind es die Manuskripte unbekannter bedeutender, also nicht gedruckter Autoren?), da die Bücher zu Tausenden verbreitet sind und im Bedarfsfalle jederzeit mit Leichtigkeit Tausende nachgedruckt werden können? Bewahrt er das *Werk*? – Glattheit des Papieres!

Hüte die Bücher vor der Berührung mit Augen! Daher ist es besser, sie auch niemandem zu leihen. Wenn sie nur nichts von ihrem Wert verlieren. Denn es steckt Wert drin: Glaube es!

Laß die Werte im Buche sitzen, daß sie noch andern zugutekommen können, sei christlich.

Von Stirn und Haupt ging ihm ein starker Glanz aus, wie von den Deckeln seiner Bücher. Jene ölte und polierte er täglich, diese behandelte er mit dem Staubpinsel; und so sorgfältig ging er mit ihnen um, daß sie nie ein Blatt, nie ein

Wort verloren: denn er wollte der künftigen Generation alles unversehrt erhalten. Er hatte beide, Hirn und Bücher, in dem Zustand gelassen, in dem er sie bekommen hatte. Sie hatten beide gleiches Los: Der Wert blieb drin; er kam nie zum Vorschein.

8

Zwei Inserate:

»Weihnachten steht vor der Tür! Was schenkst du deinen Verwandten, Freunden und Bekannten? Am besten Bücher. Wir empfehlen dir:

Goethes kleine Prosa in leichtverständlicher Form und von äußerster Dauerhaftigkeit. Unser Haus ist imstande, dieses Buch und bald auch andere zu einem erstaunlich billigen Preis zu liefern infolge einer genialen und höchst modernen Erfindung.

Diese neue Art Bücher wird sich zum Aufstellen im Bücherschrank vorzüglich eignen, von der bekannten, altväterischen Art Bücher aber sich durch folgende Vorzüge unterscheiden: Eine Dauerhaftigkeit, die schon an Unzerstörbarkeit grenzt (auch bei häufigem Ausleihen!); höchste Prunkhaftigkeit des Deckels; den viel niedrigeren Preis.

Dieser alle Konkurrenz in den Wind schlagende niedrige Preis wird dadurch ermöglicht, daß das Innere des Buches aus einem Brett gestaltet ist (echtes Eichenholz!). Nach dem Muster der Holzschinken – man muß nur auf die Ideen kommen! Unsere Erfindung ist gesetzlich geschützt.

Kraft dieser erstrangigen Erfindung werden wir zweifellos in kurzem alle Verlagshäuser überflügelt haben. Von jenen freilich sehen wir ab, die elende Machwerke in die Welt setzen, traurige Unterhaltungs-Werke und erbarmenswürdige Spannungs-Romane, die man *lesen* muß; denn wir, fern jenen verachtungswürdigen Niederungen, befassen uns allein mit der großen und wahren Literatur, mit den tiefen und ernsten Büchern der Autoren, die etwas zu sagen haben, und die sich zum Aufstellen im schönen Bücherschrank vorzüglich eignen und jedem Besitzer zur Ehre gereichen.«

»Dasselbe Haus empfiehlt sich auch für Lieferung von

GUSSEISERNEN KASSETTEN,

bestimmt zur Aufnahme von Manuskripten unberühmter Autoren, die irgendwelche Bedeutung haben (was aus den andern wird, weiß man ja).

Nach Einführung des Manuskriptes wird die Kassette nicht etwa durch einen Riegel verschlossen, oder versiegelt, oder geschraubt, oder vernietet, oder gelötet, sondern autogen zugeschweißt. Nur wohlausgerüstete Fachleute der Schwereisenindustrie sind dann imstande, den Metallmantel, der durchschnittlich 10 cm dick ist, wieder zu durchbrechen (– es sei denn, daß man vorziehe, die Kassette aus 2000 m Höhe auf den Schädel eines Verlegers fallen zu lassen: dann zerspringt der Guß-Stahl). – Die Vorzüge unserer Erfindung fallen sofort ins Auge: Die Manuskripte können nun allen Redaktoren, Verlegern und sonstigen Kennern vorgelegt werden ohne sich abzunützen und, vor allem, ohne den Empfängern die Mühe des Ein- und Auspackens zuzumuten. Jedermann wird zufrieden sein. Die Schriften trotzen dem Moder und der Feuchtigkeit, der sengenden Hitze, dem grellen Licht und den Jahrzehnten, und erreichen in der Mehrzahl der Fälle völlig unversehrt ihren Leser. – Gewicht der Kassette unseres kleinen Modells, dienend für ein Manuskript von ca. 100 normalen Seiten: nur zweiundzwanzig Pfund.«

9

Der Hund und der tiefstehende Mensch essen das, was ihnen wohlgefällt, schnell; was sie dagegen nicht lieben, vorausgesetzt, daß sie es doch einmal essen müssen, langsam. Der unentwickelte Mensch liest (der Hund liest nicht) das, was ihm gefällt, mit größter Schnelle ... *durch* (liest »durch«! und dann hat er »aus«gelesen!) – was ihm dagegen nicht gefällt, vorausgesetzt, daß er es doch einmal lesen soll oder will, langsam, immer langsamer ...

(– während der *Leser* einen Band Proust zehn ganze Tage liest, von dem aber, was durchschnittlich auf dem Markt erscheint, zehn Bände in einem Tag abtut; – denn auf Abtun kommt es an.)

Proust muß man beim Lesen wirklich *lesen*. (Überschlage Seiten: es fehlen die Seiten; das vor dir Liegende zwingt dich nicht, ermöglicht dir nicht, jenes, den übergangenen Teil, hinzuzukonstruieren; denn jenes hat ein eigenes Leben, ist auch von Proust, kann nicht von irgendwem sein.) Alle sind miteinander darin einig, daß man die große Zahl der modernen Bücher, und zwar derjenigen, die der allgemeinen Meinung nach ernst zu nehmen sind, nicht zu lesen braucht; man schaut sie etwas an; man blättert und liest eine Anzahl Seiten und kann die andern überschlagen; man sieht die »Meinung« des Autors und ungefähr, wie er schreiben kann; was verlöre man?

Ich aber meine, daß man die Bücher, die während der Zeit ihres Entstehens nicht gelesen werden müssen (und zwar: von unsereinem nicht gelesen werden müssen), später nicht mehr für die bedeutendsten halten wird und vielleicht überhaupt nicht für bedeutend. (Später, wenn das Geschwätz – »den Geist der Epoche ausdrücken« und so; als ob die Aufgabe der Literatur darin bestünde, mit Radio, Film und Presse zu wetteifern – wieder für einmal vorüber sein wird.)

10

Man könnte, um zu erfahren, ob man mit einem Menschen verkehren kann (– indessen ist diese Prüfungsmethode nur anwendbar gegenüber Menschen der gebildeten Schicht), ihn fragen: »Was hast du gelesen?« Wenn einer aufzuzählen beginnt: Homer, Pindar, ... und an der hundertsten Stelle zu Shakespeare kommt, an der zweihundertsten zu Goethe (bzw. in dem Ton aufzuzählen beginnt, der eine solche Reihe voraussehen läßt; denn so lange wird man ja nicht zuhören), dann weiß man, daß man mit ihm nicht sprechen kann. Wenn einer als Antwort die Frage stellt: »*Wie* gelesen?«, besteht Hoffnung.

Wenn einer so schaut, daß man weiß, er habe jenes Wie seit langem beantwortet, und sagt, beispielsweise: »Spinoza, Gide, Proust« (ich wiederhole, daß diese drei Namen nur

Beispiele sind), dann ist es einer, mit dem sich sehr wahrscheinlich reden läßt.

Wenn einer mit zwanzig Modernen antwortet, so ist es einer, mit dem man nicht verkehren kann.

11

Diejenigen, die von Literatur keine Ahnung und nichts gelesen haben, sind vielleicht nicht so arg; aber Gott behüte mich vor jenen, die von Literatur keine Ahnung und viel gelesen haben!

12

Definition:
Jemand, den man nach dem Wesen der Poesie fragte, antwortete: Poesie ist immer genau das Gegenteil von dem, was die meisten Leute sich bei dem Wort vorstellen.

13

Wie verkleidet man am besten eine Mitteilung? Durch größte Nähe der Wahrheit.

14

Über zwei Zeitschriften schrieb mir einmal jemand, um sie zu kennzeichnen, daß die eine »mehr dem Leben, die andere mehr den Lebenswissenschaften zugewendet« sei. Ein paar Jahre habe ich mich angestrengt, zu begreifen, was damit gesagt sein sollte, und es noch nicht begriffen.

15

Persönliche Erfahrungen:
Lange Jahre habe ich als einzige Lesewirkung hie und da einen Fettfleck wahrgenommen. – Dann kam unerwartet der erste Erfolg und war enttäuschend. Eine Dame, der ein Manuskript in die Hände geraten war, fand, daß das Buch sehr schön sei. Sie meinte den Deckel.

Später habe ich unter den paar Lesern zwei Hauptgruppen unterscheiden gelernt: Die einen sagten, ich sei »ins Abseitige geraten« und unverständlich geworden; die anderen, ich sei nicht nur leicht verständlich, sondern banal. (Diese, um genau zu sein, sagten das nicht in Worten, es ging aber daraus hervor, daß sie einerseits äußerten, sie hätten dergleichen schon oft gelesen und wüßten es selbst seit langem; andrerseits aus der rätselhaften Geschwindigkeit, mit der sie die Lektüre beendet hatten, um – mit einer Kaubewegung bisweilen und dem Ausdruck eines Kellners in der zwölften Stunde seines Diensts – das Manuskript wegzulegen.) Die zweiten sind die Hoffnungslosen.

Denn wenn die einen – um einen Vergleich zu ziehen, dem man wohl Unbescheidenheit vorwerfen könnte, soweit man eine mich an ihm nicht interessierende Seite beachten will – in den Gebirgsschluchten sich verloren haben: ihnen kann man vielleicht noch heraus- und auf den Weg helfen. Die andern erklären schlechthin, daß das kein Gebirge sei, daß man Besteigungen da weder ausführen müsse noch könne, da man das ganze Ding von ihrem Hausplatz aus mit der Hand zudecken könne, – und decken's.

Machtlos macht beim Schreiben die entsetzliche Vorstellung, daß der andere doch nicht versteht. Was für Erlebnisse, dunkel vor aller Welt, lange dunkel vor einem selber, gibt es da! Und sei es beim Schreiben eines Briefes: du verbesserst eine Stelle und weißt dabei, daß sie dadurch dem Empfänger unverständlicher wird ... (Was tun? Sollst du die Stelle wieder in die vorherige Form, die Form, die du als *faul* erkannt hast – konventionell: folglich zum größten Teil abgestorben: folglich falsch: nicht fassend, sondern Zeichensprache –, zurückversetzen?)

Was tun? – Es kommt nur darauf an, den *Leser* genug zu lieben, um ihm nicht abtrünnig zu werden für irgendwelche sichtbaren ...

16

Wenn einer nicht lesen kann, so sei er wenigstens belesen.

Man möchte mir Widerspruch mit einem vorhergehenden Satz vorwerfen: »... Gott behüte uns vor jenen, die von Literatur keine Ahnung und viel gelesen haben!« Aber sage ich denn, daß der Belesene von Literatur keine Ahnung haben müsse? Er möge mehrere gute Ahnungen besitzen und außerdem viele Schulbegriffe; von da bis zum wahrhaftigen, vertieften Lesen ist noch ein weiter Schritt. Es kann jedoch einer, der, mit Schulwissen und etwas Ahnung ausgerüstet, belesen ist, doch manche Dienste leisten.

17

Dir aber, wenn du liesest, ergeht es vielleicht so: Du mögest etwa Proust oder Pascal vornehmen (ich gebe diese Namen als Beispiele und das zweite ist mir lieber, weil da am allerwenigsten Gefahr besteht, daß einer sich im Stofflichen verfange) und du bist wie jemand, der in ein dunkles Zimmer eintrat; der plötzlich eintrat aus der vorherigen, erträglichen Helle: dem Halbdunkel. Nach und nach beginnt dein Auge wieder Dienst zu leisten, und es regt sich im Raume (die Finsternisse beginnen sich zu ballen, davonzubewegen). Was schaut dorther? Eine Versammlung bleicher Väter – du hattest sie nicht bemerkt, während sie still beobachtend sich verhielten. Es tauchen da und dort schimmernde Geschmeide und Leuchter auf. Hier brennen Edelsteine, besonders ein dunkelroter, ruhig brennender. Und durch ein Fenster, das erst jetzt allmählich als solches sich erkennen läßt, schaust du in das verwunderlichste Außen, in eine Welt (sie ist nichts anderes als die alte Welt, die Welt deiner Tage), so gestuft, so gemalt, so viel *reicher* als alles, was du kanntest ... und zugleich wieder so zart, so flüchtig und fast verwischt, wie bisweilen ein Anblick hinter Scheiben an einem Regentag, wie die Figuren, die auf einem weißen Löschpapier sich ergaben: nicht aufdringlicher, nicht härter. Was ist das nun? Es ist eben die alte Welt deiner Tage, der Ort, wo du warest.

18

Wenn wir aber sehr genau schauen, müssen wir feststellen, daß ein gutes Lesen nicht dauern kann, daß das volle Lesenkönnen, sobald es erreicht wird, immer wieder, fast sofort vom Lesen weghebt; oder doch, wenn wir dem Anschein nach beim Lesen noch bleiben, dieses doch kein eigentliches Lesen mehr ist. (Ich meine mich zu erinnern, daß Lichtenberg einmal von etwas Ähnlichem redet.) – Und gleichviel welches Lesen guter und bester Autoren, das uns hält durch »dramatische Spannungen« – das uns *hält* –, ist noch nicht das wirklich gute Lesen.

Das beste Lesen treibt uns zum Schreiben, zum Reden, zum Denken oder doch, wenigstens, zum Wiederlesen des eben Gelesenen – nicht zum Weiterlesen.

(Welches dann natürlich auch geschieht, aber wieder einen Anfang darstellt, einen neuen Spieleinsatz.)

19

Die deutsche Literatur ist an höchsten Leistungen vielleicht reicher als die meisten andern; woran sie aber ärmer ist als fast alle, woran es ihr in erschreckendem Maße fehlt, das sind tragende Mittelschicht, durchschnittliches Niveau der Bildung, in einem Wort: Leser.

Der deutsche Leser liest so, als ob ein Wort, immer ein Wort in der Masse der übrigen Wörter, nichts sei; liest genau so, wie Schiller dichtete, da, wo er am schlechtesten ist. Er hat ein *summarisches* Lesen, statt eines genauen. Wenn das Ganze sich nur irgendwie ernst oder tief gebärdet, irgendeine Art Getöse macht. Und so hat es geschehen können, daß man den neben dem späten Goethe größten Prosaisten, der keinerlei Getöse machte, wohl aber Schärfe *und* Tiefe besaß (die *zugleich* ja in der deutschen Prosaliteratur fast keiner besaß), der an Prägnanz und Sprachgewalt einem Larochefoucauld nicht nachsteht, dabei aber tief und weitblickend ist wie ... wie fast nur er allein, – daß man Lichtenberg im allgemeinen einfach übersah.

Ich habe mich bisweilen gefragt, wie bekannt wohl Goethe heute wäre, wenn er nur seine größten Werke (wie den zweiten Teil des Faust, die Sprüche, den Divan) geschrieben hätte (also den Werther usw. *nicht*).

Und dann fragt dieser Leser etwa auch noch nach der »Musik« der Sätze. Als ob nicht die musikalische Rede – besser aber würde ich wohl sagen: die melodische Rede, da der Ausdruck »musikalisch« sehr unpräzis ist, unter Umständen etwas ganz anderes bezeichnen kann, – eine längst überschrittene, für uns leicht und banal gewordene Frühstufe wäre! Als ob nicht jede Prosa und Lyrik *in dem Maße, wie sie bedeutender wird, tonloser würde!*

Wer das etwa bestreiten wollte, der werfe doch einen Blick auf die Entwicklung Rilkes, oder Goethes! – der vergleiche gewisse Gedichte Hölderlins, des größten Lyrikers überhaupt, mit äußerlich ganz ähnlichen Gebilden des so viel geringeren Klopstock! – der bedenke, daß die weitaus höchstentwickelte moderne Sprache, das Französische, zugleich auch die weitaus unmusikalischste ist; – der vergleiche eine Seite Valérys mit einer Seite irgendeines ähnliche »hohen Dinge« schreibenden Zeitgenossen von mittlerer Bedeutung (denn es ist klar, daß es eine ganz tiefe Stufe gibt, wo *noch* nicht einmal Musikalität der Rede erreicht ist); – der vergleiche eine Seite Prousts mit einer Seite – – ja, von fast allem, was zur selben Zeit geschrieben wurde. Zahllose weitere solche Beispiele wären nicht schwer zu finden. Und endlich vernehme man noch das unmittelbare Zeugnis von Goethe selber; im »Buch des Paradieses«, in einem »Höheres und Höchstes« überschriebenen Gedicht, findet sich diese unerhörte Strophe:

> Ton und Klang jedoch entwindet
> Sich dem Worte selbstverständlich,
> Und entschiedener empfindet
> Der Verklärte sich unendlich.

Und nachher fragt der deutsche Leser bestenfalls noch nach »Bildern«. Die können ja auch sehr schön sein. Aber warum fragt man nie nach den *Worten*? – Nur immer nach dem, was um die Worte herum oder hinter den Worten ist, was sie »ausdrücken«? – Und doch ist das Fundamentale in der Wortkunst allein und für alle Zeiten nur das Wort.

Was daher an Kritik der deutschen Literatur[1] am meisten zu wünschen wäre, das sind nicht Monumentalwerke, große sammelnde Darstellungen, sondern eine in gewisser Weise zersetzende, eine *schärfende* Kritik; eine vorwiegend satirische, die Dumpfheit angreifende, den Sinn weckende. (Eine Kritik, wie sie am ehesten zu existieren begonnen hat im Jahrzehnt nach dem letzten Krieg.)

---

1 Die allerschlechtesten Leser aber finden sich in der deutschsprachigen Schweiz. – Man braucht nur an das Los zu denken, das ihrem weitaus besten lebenden Prosaisten, Robert Walser, im Gegensatz zu den und jenen andern, bereitet wurde. – Hier weiß man, unter dem Einfluß des Dialektgebrauchs, weniger als irgendwo, daß man *mit Worten* schreibt.

20

Von einer Dissonanz

Zwischen diesen zwei Gegebenheiten: erstens der Tatsache, daß man mit seiner künstlerischen Arbeit (in der Richtung der Erkenntnisse, im Sinne der inneren Resultate dieses Arbeitens) die umgebende Welt, die Nächsten nicht ändern wollen darf (denn versucht man es doch, so verzweifelt, erstickt man daran; Beispiele dafür wären in jeder wirklich künstlerischen Existenz zu finden); und, zweitens, der Tatsache, daß ein künstlerisches Arbeiten aber nicht ernst (echt) sein kann, ohne die Welt ändern zu wollen: zwischen diesen zwei Gegebenheiten besteht eine Dissonanz von ungemeiner Schwere, die etwas weiter ausgemalt werden möge:

Bestünde nur die erste Tatsache, so wäre der Weg leicht. »Gut«, würde der Künstler sagen, »also wenden wir uns weg von jenen Wirkungsbereichen, lenken wir all unsere ernsten Kräfte ausschließlich in den Raum der Kunst, beschränken wir unsere ganze Tätigkeit auf unser Arbeitszimmer (jedenfalls innerlich), stellen wir keine Anforderungen mehr an die umgebende Welt (Anforderungen: denn als solche erscheinen die genannten Wirkungsversuche im Sinne der inneren Resultate des künstlerischen Arbeitens); keine dieser Anforderungen mehr, die, bestimmt als Hilfe, nur Bitteres, nur Unbill erzeugen! Machen wir uns weich gegenüber dem Nächsten, blöd und geduldig wie Holz, so, als ob wir von all dem in unserm eigenen Raum mit übergroßer Schärfe Geschauten nichts mehr wüßten ...; blind machen werden wir uns für den Umstand, daß der Nächste eben an dem Übel leidet, durch das wir selbst gewandelt sind, dessen Gesetz und Ende wir kennen, dessen Heilungsmittel wir besitzen!« Und alles wäre wieder leicht.

Nun kann jedoch der Künstler sich nicht blind machen.

Nun kann eine Schriftstellerei nicht ernst, nicht wirkliche Arbeit sein, ohne zugleich in irgendeinem Maße die Welt ändern zu wollen. – Welt aber ist alle Welt – nicht nur jene in höchstem Sinne literarische, jene auserwählte und enge, zukünftige und ferne: der spontane Sinn bei der geistigen Tätigkeit unterscheidet nicht, *vermag* nicht zu unterscheiden: Daher wird der geistige Arbeiter nach allen Mißerfahrungen immer wieder, unmerklich beginnend, auch in der Nähe zu wirken suchen (indem er, irgendeiner konkreten Lage gegenüber, das Hohe, das Klare, das schwer Errungene und unerbittlich Sichere einfach nicht verleugnen kann): um dann ein neues Mal erkennen zu müssen, daß er sich verrannt hat, daß er auf einem Weg sich befindet, der schließlich nur zum Irrwerden führen könnte, daß er sich verbraucht für nichts – oder für Schlechteres als nichts.

Auf einen zu erwartenden Einwand mag hier die Antwort stehen. Würde es denn überhaupt keine Möglichkeit geben, auf die Allgemeinheit, unmittelbar auf den durchschnittlichen Menschen fördernd zu wirken? – Um die Allgemeinheit dem Besseren entgegen zu verändern, braucht man eine Lehre, die der Langsamkeit, der tiefen Stufe der Menschen angemessen ist (man erinnert sich des so überaus wichtigen, zu oft vergessenen Wortes von Kierkegaard: die erste Bedingung, um einem Menschen zu helfen, sei, dahin zu gehen, wo er sich befinde); das heißt, eine *erzieherische* Lehre, oder eine *politische*. Die »Lehre« der Kunst – soweit man da von Lehre reden kann; aber die Kunst wird wirklich, an bestimmten Orten ihres Raums, eine eigentliche Lehre – die Lehre der Kunst ist nicht politisch oder erzieherisch (was wiederum keineswegs heißt, daß sie etwa im Widerspruch stehe mit dem, was am Politischen und Erzieherischen gut ist; jedoch wird sie erst in *ungeheurem Bogen* sichtbar damit zusammenkommen¹), sie ist nicht *angemessen,* sondern absolut, streng, unversöhnlich.

Und der ihr ergebene Arbeiter, mehr und mehr, wird es auch; – man könnte von beruflicher Deformation reden; – wie es van Gogh auf ergreifende Weise sagt: ». . . Wenn ein Maler, hart an der Staffelei arbeitend, sich den Charakter verdirbt und die Arbeit ihn zu vielen Dingen unfähig macht, für das Familienleben usw. – Daraus geht hervor, man malt nicht allein mit der Farbe, sondern auch mit dem Verzicht und der Selbstverleugnung und dem gebrochenen Herzen.«

– Der Künstler also an jener Stelle, er sieht, daß er sich verbraucht für nichts oder Schlechteres als nichts; daß er, statt seine Nächsten dem Besseren entgegen, nur seine eigenen Lebensbedingungen dem Grausigen entgegen verändert: denn jene, die Nächsten, werden nicht nur das Gebotene nicht annehmen, sondern außerdem noch sich verbittern und einen ganzen Mechanismus der Unbill, der das Leben gefährdet, in Bewegung setzen. Und schließlich ist da, immer wieder, nichts anderes möglich als ein schmerzliches sich Losreißen . . .

Ohne Leser kannst du aber nicht schreiben! Verlaß nicht deine *Arbeit:* Und das Gesetz jeder wirklichen Arbeit ist, daß sie sich einem Außen zuwenden muß mit dem Innern. Alles Schreiben, im letzten Sinne, ist nur ein Reden; um zu reden, brauchst du aber ein Du . . . Ein schmerzliches sich Losreißen hat dort stattgefunden. Aber jetzt und hier: Worum handelt es sich hier immer wieder (immer wieder: denn die Dissonanz ist nie endgültig überwunden; sie tritt stets von neuem ein,

---

1 Die Kluft zwischen diesen beiden Wirkungsarten: der erzieherischen und politischen einerseits und der künstlerischen oder integralen andrerseits, wird immer wieder übersehen oder doch in ihrer Tiefe unterschätzt; manchem Künstler ist das verhängnisvoll geworden: sein Künstlertum verpfuschte er, ohne indessen im andern Bereich etwas Taugliches hervorzubringen; es prüfe sich doch jeder, wozu er berufen ist! Äußerst selten ist ein Fall wie derjenige von Thomas Mann (und wohl auch Gide), dem es gelingt, die beiden Zonen auf musterhafte Weise auseinanderzuhalten, in jeder Bedeutendes zu leisten, ohne daß die eine Tätigkeit je die andere im mindesten gefährdete. – Es handelt sich zwischen den zwei Bereichen nicht um Unterschiede in Nuancen, sondern eben eigentlich um eine Kluft.

solange das Leben währt), worauf kommt immer wieder alles an? Darauf, daß es sich zu sammeln gelinge dem Einen, Einzigen gegenüber, mit dem der *Künstler* ein wahres, ein sittlich vollkommenes Verhältnis haben kann: seinem gesehenen und nicht gesehenen, seinem zukünftigen, seinem existierenden und nicht existierenden, seinem unerhörten Leser gegenüber.

Ich meine, daß *darin* die größte und die schwerste, und vor allem: die entscheidende Arbeit eines Schriftstellers besteht – wenn man nur genau untersuchen würde! – nicht im Schreiben! Sondern darin: diesen Leser, den wahren, immer wieder vor sich hin zu zaubern; vor sich hin zu *zaubern*. Mit diesem Teil seines Arbeitens verglichen ist alles übrige, was der Künstler zu tun hat, leicht, sehr viele andere könnten es auch ...

21

Was tut der Schriftsteller nicht alles um der Leser willen! (Auch so mancher, von dem man es nicht annimmt.) Hier ist die ganze Frage. Der Größte ist, der sich am wenigsten um die Leser kümmert, – bei der höchsten Sicherheit, doch einen Leser zu haben. Montaigne, Hölderlin, der späte (größte) Goethe waren so.

Nachträglich finde ich bei Goethe diese Bestätigung:

»Die größte Achtung, die ein Autor für sein Publikum haben kann, ist, daß er niemals bringt, was man erwartet, sondern was er selbst, auf der jedesmaligen Stufe eigner und fremder Bildung, für recht und nützlich hält.«[1], variiert in den Zahmen Xenien:

---
1 »Maximen und Reflexionen« II.

> »Warum willst du dich von uns allen
> Und unsrer Meinung entfernen?«
> Ich schreibe nicht euch zu gefallen,
> Ihr sollt was lernen![1]

und nochmals:

> Wer in der Weltgeschichte lebt,
> Dem Augenblick sollt' er sich richten?
> Wer in die Zeiten schaut und strebt,
> Nur der ist wert zu sprechen und zu dichten.[1]

Nein! wie laut und stark auch einige es versichern: der Wert eines Schriftstellers mißt sich nicht an seinem Mitgehenkönnen mit der Zeit – das ist nur Opportunismus, nicht Literatur –; sondern, wenn schon an der Beziehung mit der Zeit gemessen werden soll oder kann, an seinem Widerstand gegen die Zeit.

Mehr und mehr habe ich mich überzeugen müssen, daß die Bedeutung eines Schriftstellers proportional ist seiner Fähigkeit, sich über die Leser hinwegzusetzen; – *bei einer löwenmäßigen Sicherheit – denn ohne das Soziale geht es nicht –, doch einen Leser zu haben, und einen wunderbaren.*

---

1 »Zahme Xenien« I.

V. Kunst

Nihil rerum mortalium tam instabile ac fluxum est quam potentia non sua vi nixa.

                                      Übermittelt durch Goethe

Der begrenzte Kreis ist rein.

                                                        Kafka

1

Kunst und Leben. Auf immer andern Wegen zeigt sich: Kunst ist dasjenige, bei dem man sich nicht kümmern darf, ob das Entstehende alt oder neu sei, sondern allein, ob richtig. (Und: »Die Schönheit kann nie über sich selbst deutlich werden.«[1]) Es ist immer neu – und alt.

Aber gilt denn für das Leben etwas anderes?

(Um zu präzisieren: neu ist das Entstandene im Sichtbaren, zuerst in die Augen Springenden und auch für die Entwicklung Entscheidenden; alt im zuerst von fast allen Übersehenen, Tieferen, Dauernden.)

Von da aus läßt sich auch eine Antwort bilden auf den stets zu erwartenden Einwand, warum es denn gelte, so viel vom Künstler, vom Arbeiter des Geistes zu reden.

(Man müsse Fleisch, Blut haben, rufen die schwachen und dünnen Schulmeisterlein. Sie mögen doch in eine Metzgerei gehen.)

Selbst wenn uns die Kunst, die Arbeit des Geistes nicht an sich als überaus wichtig vorkommen würde: das Entscheidende, das für den Künstler gilt, gilt für jeden. (Für jeden Zählenden: zum Leben, dieser unbekannten Sache, hin sich Mühenden – und somit doch schon Lebendigen.) Der Künstler ist nicht ein von den andern *wesentlich* verschiedener Mensch; er ist nur verschieden, soweit er eine höhere Potenz darstellt derselben Elemente, desselben Geschehens;

---

[1] Goethe, »Maximen und Reflexionen«.

dadurch, daß er ein *typischer* Fall ist des menschlichen Falles – ein besonders gut sichtbarer.

Und so konnte ein Künstler antworten, als man ihm vorhielt, es sei nur die Frage, ob schließlich die andern zu ihm gingen oder er zu den andern:

Seid ihr ganz sicher, daß dies die Frage ist –? Wo ich hingehe, dahin werdet ihr auch einmal gehen.

Es war ein Feuer, etwas abseits in der Welt. Aber als es kälter wurde, gruppierten sich alle um das Feuer, da war es mitten in der Welt.

2

Kunst und Natur. Der Künstler soll zwar nach der Nachahmung der Natur streben (streben, sage ich); wenn ihm aber diese Nachahmung wirklich gelänge, wäre das Erreichte keine Kunst.

Ich sah einmal eine Kanallandschaft, eine nicht eben schöne, die ich seit Jahren kannte und die immer ziemlich trüb und langweilig gewirkt hatte: an jenem Morgen aber war sie auf einmal bedeutend, Kunst, nicht mehr Natur, breitete sich vor mir nicht anders als ein Bild, das Werk eines Meisters. Wie war die Änderung zustandegekommen? Es gelang mir, festzustellen: Infolge einer ungewöhnlichen Atmosphäre, einer besonderen Beleuchtung der Stunde paßten die obern und die untern Schichten irgendwie nicht mehr zusammen, ein Riß ging durch das Stück Welt, die Hügel schienen auf ihrem Sockel zu beben; in einem Wort: die Natur war gesprengt.

Und wäre denn die Kunst also nicht Natur? Das Geheimnis ist: sie ist wohl Natur, aber eine neue.

3

Kunst liegt eben nicht da, wo die Leute meinen, sondern immer wo anders. *Immer wo anders,* als die Leute meinen.

4

Da streiten sie immer über das Verhältnis von Kunst und Leben und behaupten entweder, daß Kunst und Leben nichts miteinander zu tun hätten, oder, daß sie viel miteinander zu tun hätten; aber Kunst und Leben sind ein und dasselbe.

5

Was ist Kunst? Flamme. Was tut der Künstler, gibt er Flammen? Keineswegs. Denn das kann man nicht und übrigens, wenn man es könnte, was diente es? Die Flamme würde doch allsogleich erlöschen. – Sondern er stellt diejenigen Elemente hin, die notwendigerweise die Flamme erzeugen, sobald noch ein weiteres hinzutritt, ein Leser (Hörer, Betrachter).

– die sie immer erzeugen, ohne sich zu verbrauchen also. Daher würde vielleicht besser noch von Kanalisierungen geredet werden, von einem Kanal*system,* durch das jederzeit die ewigen Elemente in richtiger Dosierung – das heißt hier: so, daß höchstes Leben erreicht wird – heranfließen können. (Immer dann nämlich, wenn einer diese rohen Urelemente, die ewig kreisenden Ströme, *das* Leben hineinleitet, indem er seine eigene Vitalität zu verbinden vermag.)

6

Es gibt in der Kunst kein Inneres oder Äußeres. Wo Kunst ist, ist lauter Inneres außen.

Ja, man kann vielleicht die Kunst geradezu definieren als den Ort, wo Dinge so sind, daß man sie weder als innere noch als äußere zu bezeichnen vermag.

7

Form. Jede Form ist immer veraltet. Denn wenn man sie zeigen kann, ist sie schon geschaffen worden, ist sie vergangen. (Man kann sie noch bewundern, aber für den Tätigen ist sie veraltet. »Die Schönheit kann nie über sich selbst deutlich werden.«)

Unsinnig ist daher immer der Versuch, eine Form *ausfüllen* zu wollen. Eine Form darf, muß, *kann* immer nur immanent sein. Das vollkommen falsche Bild: ein Gefäß, in das man einen »Inhalt« gießt. Das richtige Bild: die Form des Baumes.

... Nirgends sind die Gefahren des Mißverstandenwerdens größer, als wenn man über Form redet; so viele verwenden den Ausdruck in voller Ahnungslosigkeit!

Was ist Form?

– Goethe eröffnet eines seiner wichtigsten Werke, die »Maximen und Reflexionen«, mit dem Satz: »Alles Gescheite ist schon gedacht worden, man muß nur versuchen, es noch einmal zu denken.«

Und dieser Satz ist vielleicht Goethes zentralster Satz! Er findet sich viele Male in seinem Gesamtwerk variiert, zum Beispiel an anderer Stelle der Sprüche: »Die originalsten Autoren der neuesten Zeit sind es nicht deswegen, weil sie etwas Neues hervorbringen, sondern allein weil sie fähig sind, dergleichen Dinge zu sagen als wenn sie vorher niemals wären gesagt gewesen«; oder im Divan im gewaltigen Gedicht von der Sonne: »Und nun sei ein heiliges Vermächtnis / Brüderlichem Wollen und Gedächtnis: / Schwerer Dienste tägliche Bewahrung, / Sonst bedarf es keiner Offenbarung«; am Anfang des Faust: »Was du ererbt von deinen Vätern hast, / Erwirb es, um es zu besitzen«; im Monolog zu Beginn des zweiten Teils und in der letzten, ekstatischen Rede, die der schon erblindete Faust hielt: »Nur der verdient sich Freiheit wie das Leben, / Der täglich sie erobern muß«; – und auf was anderem ruht überhaupt die ganze im Pakt besiegelte Auseinandersetzung mit dem Teufel?

Nun soll hervorgehoben werden: es noch einmal zu *denken*. Man kann es nämlich auch *übernehmen*. Der Unterschied zwischen Übernehmen und Finden (= Denken) scheint vielleicht gering zu sein; es gibt überhaupt keinen größeren Gegensatz.

Und darum, genau darum, dieses Gegensatzes wegen zwischen Übernehmen und Finden, hat Lichtenberg geschrieben:

»Man muß den Menschen nicht nach seinen Meinungen beurteilen, sondern nach dem, was diese Meinungen aus ihm machen.«

und hat, ein Jahrhundert später, Karl Kraus geschrieben:

»Gute Ansichten sind wertlos. Es kommt darauf an, wer sie hat.«

und hat Gide geschrieben:

»Ich kann mich nicht für die Meinungen interessieren, bevor ich mich für die Person interessiere.«

Was ist Form? fragten wir. *Form ist nichts anderes als der Beweis, daß man* (wieder) *gefunden hat.*

Denn es ist unmöglich, daß einer, der etwas wirklich findet und sagt, es nicht auf eine andere Art sage, als es je gesagt worden ist.

8

Ein unmittelbarer Ausdruck: das sind die großen Kunstwerke[1].

Unmittelbar kann nur ein Ausdruck sein, in dem kein fester Teil aus der Vergangenheit mehr sich findet. Sicher hat der Ausdrückende Vergangenes aufgenommen: aber er hat es völlig durchglüht, flüssig gemacht (das Vergangene ist *liquidiert*), so daß er dann nur genau das fließen lassen konnte, was seine Notwendigkeit ausfüllt: alles dient.

Ich vergleiche die Angelegenheit der Handschrift: Da gibt es die affektierten Leute, von denen man den Eindruck hat, daß sie sich erst in Positur werfen, um zu schreiben; und das tun sie auch. Sie schwingen erst ein paarmal leer durch die Luft mit der Hand, um das, was sie nennen »den richtigen Schwung«, zu erlangen; sie treten einen Schritt zurück, sie nehmen einen Anlauf. Und wenn du dann die Schrift prüfst, so zeigt sie sich als *konstruiert!* Die Wörter haben falschen Abstand, die Zeichen, die Linien stellen etwas vor, stellen etwas dar, etwas Fremdes, Bedeutendes wohl stellen sie dar – weil es aber etwas Fremdes ist in dieser Handschrift, kommt ihm nicht die mindeste Bedeutung zu, es gehört dahin, wo es gewachsen ist. Sind es nur die Postangestellten, an die man denken muß? Keineswegs; selbst die meisten Gelehrten, wenn auch auf eine weniger augenscheinliche Weise, schreiben ebenfalls so; kurz, fast alle Leute. (Nur die Gebildeten? Die Bauern in noch höherem Maße! Denn nicht die *untere* Natürlichkeit kann hier helfen; es gehört die höchste Stufe der Bildung dazu, um in Dingen, die einmal Bereich der Bildung sind, *wieder* Natur zu erlangen.) Was ist denn eine bedeutende Handschrift im Gegensatz zu der genannten, die Handschrift Goethes? Das Seinige gebend und nur das Seinige; ohne Anlauf ersteht sie, seelenruhig (seelenruhig: sie

---

[1] Vgl. 16.

muß ja doch nichts *anderes* erreichen, geben, als was doch da ist; muß nicht irgendwohin *springen*). – So nun, wie die erste Art Handschrift, ist sicherlich das Geschriebene, das »Gedichtete« fast aller Schriftsteller (auch der bessern – von den schlechtern sei gar nicht die Rede). Denn allein schon die Tatsache, daß sie irgendwie schreiben können, irgendetwas vorbringen, »darstellen«, gibt ihnen eine gewisse Bedeutung (wenn oben von der Handschrift Goethes gesagt wurde »das Seinige gebend und nur das Seinige«, so liegt die Betonung auf dem »nur«; denn auch des Postangestellten Handschrift gibt Seiniges – neben anderem) – eine Bedeutung vor der Welt, der Gegenwart. Und die Allergrößten nur sind es, die eine eigene Handschrift haben, wie ein Montaigne, ein Spinoza oder ein Proust.

9

Wenn es sich für den Künstler immer darum handelt, integraler zu werden –; wenn die größte der Forderungen immer lautet, daß er nur seinem Leben, seinen Mitteln, dem, was kommt, gemäß produzieren soll (daß er nichts am gestreckten Arm halten, nichts suchen, nie konstruieren darf) –: Soll er sich nicht anstrengen?

Es gilt da eine scharfe, die deutlichste Unterscheidung:

Höchste Anstrengung sei von ihm gefordert in der Kontrolle seiner Mittel; er soll nie aufhören, jeden kleinsten Teil seiner Formen zu prüfen und dem Gewollten entsprechender zu machen. Jede Anstrengung zur Erweiterung seines Bereiches, zum Ausfüllen anderer und größerer (»größerer«) Formen, als durch seine Natur und seine Zeit bedingt sind, sei ihm verboten.

Denn in dem Maße, wie er sich in der letztgenannten Art

anstrengt, verderbt er die Kunst, genau in dem Maße, immer.

Die Formen sind nie geblieben; neue werden geboren mit jedem neuen Geiste; und zwar sind der Möglichkeiten unendliche. Woran könnte die Meinung sich halten, daß die eine Form größer als die andere sei? – Der Größte unter den Schriftstellern dieses Jahrhunderts, in was für einer Form schrieb er? Genau in der zerfallenen Romanform (endlose Auseinandersetzungen, fast keine Handlung und »immer redet er nur von sich selbst«) – morgen indessen, wenn man Proust wirklich sehen gelernt hat, wird sie eine neue klassische Form sein.

(Und die schlechten Werke sind nur darum schlecht, weil deren Urheber ein schlechter Geist war, nie, weil er nicht mehr die frühere Form erreicht.)

Es bleibt, daß die mächtigen Geister immer ihre Formen finden, Formen, die vollständig *genügen*. Denn immer die *Geister* sind es gewesen, welche die Formen schufen, und *nachher* hat die faule Kunstkritik ihre Systeme aufgestellt, immer überholt, die neue Form bekämpfend, immer überholt. (– und immer versichernd, daß es früher so gewesen, heute aber nicht mehr so sei. Daran erkennt man sie.)

———

10

Mythos und Formen

Die Kunst muß immer auf den Mythen ruhn, das heißt auf demjenigen Greifbaren, Nennbaren, in dem der Sinn mehr als in anderem, in dem er verdichtet vorhanden ist. Aber dieses Greifbare, Nennbare, ist immer ein anderes. (Den Sinn selber kann niemand nennen. »Das Beste wird nicht durch Worte klar.« Goethe.) Der Sinn wandert durch das Nennbare hindurch, in immer anderes Nennbares. Einmal, in der ältesten menschlichen Zeit, die man allerdings Mühe hat, schon menschlich zu nennen, saß er in Blitz, Donner und andern Naturerscheinungen; in jener Zeit mag man die Trommel erfunden haben; zu ihrem furchtbaren Schall stießen die Wesen grausige Schreie aus, hüpften und sprangen, gekleidet auf tierartige Weise, und bei diesem Treiben war es ihnen *ernst*. Viel später ist das vorhanden, was man gemeinhin allein als Mythos zu bezeichnen pflegt: die Erzählungen von den Taten sagenhafter Helden, die dann in endlosen, wortereichen Gedichten niedergelegt wurden. Und dann ging auch das vorüber, wieder ein anderes Nennbares begann mit verdichtetem Sinn geladen zu sein; es geschah »der Bruch mit dem Mythos«, wie Burckhardt schreibt; aber inzwischen war schon ein anderer Mythos da ...

Wesentlich ist, daß stets die Allgemeinheit den bestehenden Mythos nicht zu erkennen vermag, sondern bei einem früheren verweilt. – Einen Berg hinan seien viele Terrassen, die jede einen Halteplatz, eine Aussichtsmöglichkeit darstellen. Was würde man von jemand sagen, der immer nur von *der* Terrasse redet, als ob es nur eine gebe, – und dabei eine viel frühere nennt als die, auf der er steht, die er überhaupt nicht als Terrasse zu sehen vermag, ebenso wenig, wie er vermag, die folgenden zu ahnen?

Als ich Kind war, lauschte ich mit starkem, mit wirklich innerem Interesse einer Erzählung wie derjenigen vom Unglück eines gewissen Künstlers, dem das Haus niederbrannte, der, nur das Leben rettend, mit seiner Frau fliehen mußte, die in derselben Nacht ein Kind gebar. Warum vermögen mich heute solche Geschichten nicht mehr zu interessieren? Die Frage besser gestellt: warum vermochten mich damals solche doch ganz leeren Dinge (innerlich) zu interessieren? Klar erinnere ich mich heute daran: Ich sah damals eine (etwa durch Gott geschaffene) Verbindung zwischen den ungewöhnlichen Ausmaßen dieses äußeren Geschicks und der künstlerischen Größe jenes Mannes, an die ich damals glaubte. Es interessierte mich also schon damals genau dasselbe, was mich heute interessiert und was allein interessieren kann: ein innerer Spannungswinkel, ein geistiges Ding. Und die Frage ist nur, ob man eine derartige Beziehung in bestimmten äußeren Geschehnissen noch sehen kann oder nicht; denn das ändert sich durchaus mit der Entwicklung, der des einzelnen Menschen wie der gesamten. Im selben Hausbrand, der mir als Kind bedeutsam erschien, sehe ich heute nichts weiteres als einen ärgerlichen, einen unglücklichen Zufall. Frühere Menschen sagten, wenn der Donner krachte: »Gott redet«, und bebten, weniger der körperlichen Gefahr als der hohen Kundgebung wegen, an die sie im Ernste glaubten. Wenn man diesen Glauben an Gott – oder irgend einen andern Glauben – nicht mehr hat, die Kunst aber dennoch so ausüben will, wie man sie zu jener Zeit ausübte, da man den Glauben an Gott – oder den bestimmten andern Glauben – noch hatte, *wird* unter allen Umständen *die Kunst falsch*.

Und darum ist ja auch fast alle Kunst falsch, fast alles keine Kunst, was sich als solche ausgibt. Der für das Leben geprägte Satz: »Nur das, woran du Glauben hast, rettet dich; das, woran du nicht vollen Glauben, sondern manchmal Zweifel hast, rettet dich nicht.« ist mühelos und vollständig auf die Kunst anwendbar.

»Und das Wort ward Fleisch«: eine schlechte Übersetzung. Wort und Fleisch unterscheiden sich wenig; es ist mit jenem berühmten »logos« nicht das Wort gemeint. Wort und Fleisch sind beide ungefähr gleichermaßen *körperlich* dem Unkörperlichen gegenüber. Das *Unkörperliche* ist bezeichnet mit dem logos. Es ist der Sinn gemeint, aber »Sinn« mit dem Attribut, daß er nicht an sich zu nennen, nicht zu erblicken sei. (Der Sinn, in dessen Nähe uns Goethe mit den Sätzen führt: »Das Beste wird nicht durch Worte klar. – Der Geist, aus dem wir handeln, ist das Höchste.«)

Wie ein feuriges Rad rennt es durch die Welt, ES, das Ding der Dinge, der Sinn alles Sinns – nenne es die Wahrheit –; ein feuriges Rad aber, *das man selber nie sehen kann*. Nur den Widerschein sieht man, den Schein, der aufgefangen wurde durch ein Stück Welt. Dieses Ding aus zwei Dingen, aus dem Licht des rennenden Rades und einem immer andern Stück Welt, dem jeweiligen Stück Welt, welches das Licht am stärksten widerstrahlt, ist der Mythos.

Burckhardt sah einen Mythos zerfallen (dieser Ausdruck ist übrigens zu grob, ja unrichtig; ein Mythos zerfällt nicht, sondern er wird unmerklich schwächer, bis man eines Tages sieht, daß man schon weit von ihm entfernt, gar nicht mehr an ihn gebunden ist) und sah nicht den neuen Mythos, der schon da war. Hätte nicht *er* konsequenterweise Faust als dekadente Kunst bezeichnen müssen? Siehe, es kommt darauf an, wohin man schaut!

Jede Kunstform ist dekadent der früheren gegenüber. (Wenn man mit solchen früheren vergleicht, die eine geringere oder keine geistige Bedeutung haben, so ist klarerweise ein Aufstieg sichtbar, von dem man nicht zu reden braucht. Aber wir müssen Proust mit Balzac, Balzac mit Shakespeare vergleichen, das heißt, immer die Tragendsten einer Zeit miteinander.) Blickt man dagegen nach der folgenden, so ist jede vorhergehende eine Vorstufe. Die Bedeutung eines Kunstwerkes aber hängt nicht vom Ort in der Reihe, sondern von der Macht des gestaltenden Geistes ab; daher sind einige (späte) Gedichte Rilkes nicht weniger stark als diejenigen Goethes, oder Hölderlins, oder die besten, wiederum so ganz anderen, von Günther.

Hebbel redet davon, daß einmal »der nationale Gehalt erschöpft« sei. Nein, aber eine Form ist erschöpft – jede Form ist erschöpft, die einmal existiert hat, einmal von einem Mann wirklich besessen wurde. Daher schrieb Proust einen andern Roman als Dostojewski oder Balzac, – wenn man schon Prousts Werk, diesen in ewiger Dichtheit dahinfließenden Strom, den man vielleicht allein der Musik J. S. Bachs vergleichen könnte, noch Roman nennen will[1].

Warum sind die Menschen für das Wesen der Kunst so blind wie für kaum etwas anderes: jedenfalls gegenüber der Wortkunst – denn gegenüber der bildenden Kunst und der Musik ist man etwas weniger ahnungslos –? Der Irrtum kommt vor allem daher – oder zeigt sich vor allem darin –, daß die Leute nicht wissen, was ein *Wort* ist; nicht wissen um des Wortes Körperlichkeit und eigenes Leben; und, daß immer und ewig noch genug Äußeres bleibt, wenn man nur etwas ausdrücken, nur etwas nennen kann. – Freilich geht die Entwicklung der Kunst vom sogenannten Äußeren zum Inneren; einst, und noch bei Balzac, befaßte sie sich mit großen Taten in der Welt, seither ist sie mehr und mehr zum Monolog, zum Kampf zwischen Fraktionen einer Person, zwischen Geistern, übergegangen[2]. »Wo bleibt bald die Kunst, Kunst muß doch Außen, Welt haben!« klagen die Professoren, die nicht wissen, daß immer und immer noch genug Außen da sein wird ...

---

1 Ich bin überzeugt, daß Mauriac recht hat (Journal II, p. 107): »Si, comme je le crois, on peut établir les chances de durée d'une œuvre en tenant compte à la fois de sa véracité et de la puissance de suggestion poétique qu'elle renferme, *A la recherche du Temps Perdu* est sans doute le seul ouvrage contemporain dont la survie ne saurait être mise en doute.«

2 Was ist es, das erschütternd wirkt am Zauberberg? Es sind Entwicklungsmomente, *viel mehr als die Figuren*. (Und von einer äußeren Handlung gar kann ja kaum mehr die Rede sein.) – In einer Mappe von Masereel fand ich viele matte Blätter: diese Menschen aus dem Alltag hatten in nichts einen Ausdruck, der ergreifen konnte, es blieb bei der Leere. Intensiv wirkte ein Holzschnitt, betitelt »Auf den Dächern«, bei dem der Künstler sich nicht mehr gezwungen hatte, Gewöhnliches, Äußeres, *Figuren* darzustellen, sondern sich volle Freiheit gewährt hatte dem Neuen – dem Seinigen – gegenüber. Er stellte ein Moment aus einem Traum dar – oder des Ausbrechens von Wahnsinn, kurz, ein inneres Geschehen: und dieses *gab* ihm die Mittel zu künstlerischem Ausdruck.

»Proust divise – et nous donne la sensation de pouvoir diviser indéfiniment – ce que les autres écrivains ont accoutumé de franchir«, bemerkt Valéry. – Was sind die »Taten« in Prousts Werk, verglichen mit denjenigen im Werk Balzacs, Dostojewskis? Hat er aber deswegen das Geringste an dichterischer Gewalt eingebüßt?

Freilich ist das *Wort* das letzte Außen, so weit wir sehen können, ist dem »Innen« (dem Unaussprechlichen) näher als die Taten des Herakles, ist weniger körperlich; aber diese *kleine* Distanz zwischen den Taten des Herakles und einem Wort wird verschwindend klein gegenüber jener Distanz, die beides, Wort und Tat, vom nie Aussprechlichen, Ewigen scheidet.

11

Worte sind nicht Gefäße des Unaussprechlichen, sondern *Körper*. Sie halten nicht etwas, sie bringen es nicht her. Dem unaussprechlichen Sinn gegenüber sind sie wie stumme Mimen (und der trojanische Krieg oder die Fahrt der Argonauten sind gleicherweise wie stumme Mimen); sie neigen und verbeugen sich, in sich geschlossene Körper; wie Marionetten sind sie –: aus dem Tanz aber, den die stummen Mimen aufführen, wird dir allenfalls der Blick zum Unaussprechlichen momentweise ahnend aufdämmern, und du hast das Leben. »Alles Vergängliche / Ist nur ein Gleichnis.« Worte sind ein Vergängliches.

12

Bald ist es in der Tat, bald ist es im Geist, bald ist es im Wort – und ist immer ebenso viel.

13

Der Stoff

Alles Kunstwerk ist nichts als im weiteren Sinne nur ein Brief. (Man schreibt dem Partner, mit dem man sich zu verbinden vermag. Bei Spinoza, bei Rilke gibt es Briefe im gewöhnlichen Sinne, die, mit dem Decknamen eines Empfängers im Vordergrund, für die äußerste Ferne bestimmt, schon an die halbe Ewigkeit gerichtet sind. Bei Frau Meyers Briefen ist die Empfängerin nur Frau Müller und vielleicht nicht einmal die.) Van Goghs Briefe, die besten von ihnen, sind nicht eine Ergänzung, eine »Erklärung« seiner »Werke«, sondern sie stehen ebenbürtig neben seinen Bildern. Hebbels Tagebuch ist an Wert jedenfalls nicht geringer als seine Dramen; und dasselbe gilt vielleicht von Gides »offenen« Formen gegenüber seinen »geschlossenen«. Lichtenbergs Bemerkungen, in denen er so häufig »nur von sich selbst« redet, haben ganz gewiß einen viel größeren Wert als Klopstocks Messias. Man kann in allem dieselbe Höhe erreichen, die Höhe erreichen ist schwer.

Ob aber mehr Decke der Sixtinischen Kapelle oder gewöhnlicher »Brief«, das hängt von persönlichen jeweiligen Umständen ab, und zwar anderen als denen der Bedeutung. Man kann sogar die Kritik der Kritik und den Brief des Briefes schreiben, und ebenso viel damit. Wenn das, was das Wort bezeichnet, nicht genügend ist, so wird das Genügende, das, worauf es ankommt, in der Deklination liegen, es flieht und flieht; wenn nicht in diesen Klötzen, dann in der Reibung, – dann in der Wärme, dann in den erzeugten Farben der Wärme, dann in den Tönen der Farbe, und aus diesen Tönen entspringt wieder alles, wird wieder eine Welt (mit Klötzen!). Der Geist hat *immer* Stoff genug.

14

Die Kunst hat keinen Gegenstand. Sie ist selbst.

15

Dieser Mann hätte eigentlich sehr schön schreiben (oder malen) können; nur fehlte es ihm leider jedesmal, wenn er so recht in Schwung war, an einer Idee. Zu andern Zeiten aber hatte er die schönsten Ideen, nur fehlte wieder der Schwung, sie zum Ausdruck zu bringen. Schweres Leid dieser Menschen, die einem so oft begegnen, klagend über die Größe ihres Geistes, dem aber irgendwelche Mittel fehlten, um – –

Montaigne freilich war nicht so mitleidig. Er scheint diese Leute auch schon gekannt zu haben, sie sind also nicht erst von heute. »J'en oui qui s'excusent de ne se pouvoir exprimer, et font contenance d'avoir la tête pleine de plusieurs belles choses, mais à faute d'éloquence, ne les pouvoir mettre en évidence: c'est une baie« – deutsch: Schwindel.

Er kann schreiben; ihm fehlt nur *der Stoff!* – Das Wetter war endlich schön; ihm fehlten nur noch Bäume, Felder, eine Landschaft, – der Himmel und die Erde.

Ein Strom von großer Kraft und herrlichem Leben hatte nur leider kein Wasser und kein Bett.

16

Wenn ich die wesentlichste Eigenschaft der Kunst nennen müßte, um diese gegen etwa noch bestehende andere schöpferische Tätigkeiten abzugrenzen, würde ich sagen: *daß sie keine Vorbereitungen erlaubt.*

Es gibt bei ihr kein »Es wird . . .«, »Warte, es wird schon gut«, »Dieses ist eben da, weil jenes es fordert; selber widerlich, muß es um jenes willen getan werden«, und ähnliches, wodurch alles Politische gekennzeichnet ist. – Daß im persönlichen Leben des Künstlers auch das Politische, die politische Gesetzlichkeit, eine Rolle spielt, versteht sich von selbst. Daß er morgens um sechs Uhr aufsteht trotz schlechter Disposition, daß er mechanisch abschreibt um irgendeines Sinnes – eines späteren Sinnes: Zweckes – willen, daß er sich zwingt zur Arbeit – von gesellschaftlichen und ökonomischen Angelegenheiten nicht zu reden –, sind alles politische Handlungen.

Kunst ist wesentlicherweise definitiv; alles an ihr muß *schon da* sein.

―――――

17

Konstruktion

Nichts der Kunst Feindlicheres gibt es als die *Kompositionsidee* (genauer: die vorgefaßte Kompositionsidee, im Gegensatz zur immanenten) oder: das *Konstruieren*. Unerbittlich vernichtet dieses, sobald ihm in der künstlerischen Tätigkeit Raum gewährt wird, jedes reale Geschehen.

Das berührt sich irgendwie mit dem großen Satz Goethes:
»*In der wahren Kunst gibt es keine Vorschule.*«[1]

(Wohl fährt er fort: ». . . aber Vorbereitungen«, was zu leugnen uns nicht einfallen wird; es handelt sich da um zwei vollständig getrennte Pläne; das erste Wort aber sagt etwas Spezifisches, überaus Eigentümliches von der Kunst aus. Nämlich, daß Kunst wesentlicherweise definitiv ist; daß alles an ihr *schon da* sein muß. »Der Meister stellt sein Werk mit wenigen Strichen als fertig dar: ausgeführt oder nicht, schon ist es vollendet.«[1]

―――――

[1] »Sprüche in Prosa. – Verschiedenes Einzelne über Kunst.«

In der Kunst gibt es kein Konstruieren: Mit dem Konstruieren befaßt sich die Zeit.

In der Kunst (soweit sie wahre Kunst ist) hat es ein Konstruieren nie gegeben: Auch nicht bei den Griechen, bei Shakespeare. Auch nicht in der Architektur!

Konstruktion gibt es nicht beim Kunst*schaffen*. Was denn? Nur Reinheit, Richtigkeit! Wohl aber kann beim *Fernanblick* von Konstruktion die Rede sein.

»Auch nicht in der Architektur«: die Teile fallen ein. Und die Verbindungen? Sie (wenn sie schon etwas anderes sind als Teile) fallen auch ein; wo sie konstruiert sind, sind sie schlecht.

Kunst ist ein organisches Leben; genau wie das übrige organische Leben breitet sich die Kunst aus. Sind zuerst Konturen eines ausgewachsenen Körpers, große Gebäude, Staatsverfassungen dagewesen, die dann, im Laufe der Jahre oder der Jahrhunderttausende, mit Lebendigem auszufüllen waren? Sondern alles Lebendige entwickelt sich *von einer Zelle aus,* durch Teilung und Erweiterungen, fort und fort, bis zu allem, und zwar immer von neuem. Keine Eisenbrücke, wie kühn und riesenhaft sie sei, kann Leben zu Leben bringen. In das Leben tritt immer wieder, überall, das winzig Kleine ein und *es* überbrückt, hält die ganze Kette.

18

Konstruktion ist ein außerkünstlerischer Begriff. In der Kunst *sagt* man. Von Konstruktion können jene reden, die nicht im Kunstzustand sind, die die Kunst aus Distanz, von außen sehen. Van Gogh hat es genau gewußt wie kaum einer: *Die Natur sagt mir etwas und ich werfe es nieder in Stenographie.*

Den Wortlaut habe ich nur noch englisch zur Verfügung; ich versuche hier die Stelle, die zitiert ist in den Briefen der Katherine Mansfield, zurückzuübersetzen: »... Gleichwohl finde ich in meinem Werk einen gewissen Widerschein dessen, was mich faszinierte. *Ich weiß, die Natur sagte mir etwas, sie sprach zu mir, und ich warf ihren Auftrag nieder in Stenographie.* Vielleicht enthält meine Niederschrift Wörter, die nicht zu entziffern sind; wahrscheinlich gibt es auch Fehler und Lücken in ihr – und doch habe ich wohl etwas von dem ergriffen, was der Wald, das Meeresufer oder die Gesichter sagen.«

Katherine Mansfield bemerkt dazu (November 1920):

»Was Sie von van Gogh zitieren, ist ausgezeichnet. Ich könnte ihnen das Parallelstück geben, wenn ich Tschechows Briefe hier hätte. Tschechow empfindet genau *gleich*. Auch ich habe Mißtrauen und ein ungemütliches Gefühl gegenüber diesem »Kunsttreiben«. Ich will sagen: wenn C. mir jeweilen endlose Briefe schrieb über gute und schlechte Kunst, war ich immer versucht, den Kopf hängen zu lassen, weil ich fühlte, daß sie – verstehen Sie mich recht! – nicht wirklich, demütig, *einging zu den Dingen*.

Ich glaube nicht, daß es irgendwelche Abkürzungen gibt auf dem Wege zu der Kunst. Der Sieg ist auch da, ganz genau wie im Leben, Lohn eines Kampfs.«

Dahin gehört ein lateinisches Wort, das Goethe, ohne den Verfasser zu nennen, in den Maximen und Reflexionen anführt: *Nihil rerum mortalium tam instabile ac fluxum est quam potentia non sua vi nixa.* (»Kein irdisch Ding ist so unbeständig und veränderlich wie eine Macht [ein Können], die nicht auf unserer eigenen Kraft ruht.«)

19

Es gibt in der Kunst kein Konstruieren; und doch kann die Kritik mit Sinn sagen: »Es ist schlecht komponiert«. Das schlecht Komponierte ist soweit fehlerhaft: kein Kunstwerk; wie der Baum, der schlecht komponiert ist, kein Baum ist. Dagegen »Es ist gut komponiert« soll die Kritik nicht sagen; was gut komponiert ist, ist schlecht komponiert.

Gide schreibt indessen (Journal, S. 716):
»Der Komposition eines Buches kommt, wie ich meine, die größte

Bedeutung zu und ich meine, daß der Fehler der meisten heutigen Werke ihr Mangel an Komposition ist.«

So wäre er also völlig entgegengesetzter Meinung? Man muß sich über das Vokabular klar werden; wie sehr Gide mit dem oben Ausgesprochenen übereinstimmt, wird uns mit nicht zu bezweifelnder Deutlichkeit klar, wenn wir weiterlesen:

»Ich will erklären, wie ich im Grunde die Sache ansehe: das beste ist, ein Werk sich selber gestalten und ordnen zu lassen, und vor allen Dingen es nicht zu *forcieren*.« – Weiter unten: »Ich glaube, der größte Fehler der heutigen Schriftsteller und Künstler ist die Ungeduld: wenn sie warten könnten, würde ihr Gegenstand langsam selber in ihrem Geiste Gestalt annehmen; selber würde er sich des Unnützen und des verwirrenden Rankenwerks entledigen, er würde wachsen wie ein Baum, dessen Hauptäste sich entfalten auf Kosten von . . .« – Weiter unten:

»Es ist notwendig und es genügt. – Kunstwerk: wo alles nicht Dienende schadet.«

. . . daß man nichts *hinzufügen* darf! (– nichts hinzufügen eines »Kunstgebotes« wegen; »es müssen mehrere handelnde Personen da sein«; – oder aus weltlichem Ehrgeiz: damit »ein richtiger Roman« entstehe; oder gar ein Zeitungsroman! ein Werk, das der und der Art von Lesern gefalle!![1]): Wie hat doch Cézanne das begriffen und diese höchste aller Kunstforderungen durch sein ganzes späteres Werk hindurch unermüdlich erfüllt! »Es kam ihm«, schreibt Jedlicka, »immer und überall nur auf die Verwirklichung, auf die ›réalisation‹ seiner Vision, seiner ›sensation‹ an. Wenn sie in ihm nicht lebendig war, so vermochte er keinen einzigen Strich zu zeichnen oder zu malen. Darum saß er oft eine halbe Stunde lang vor dem Motiv, die Augen suchend auf die Landschaft oder den besonderen Gegenstand gerichtet, ohne einen einzigen farbigen Flecken, ohne nur einen Pinselstrich auf die Leinwand zu setzen. Viele seiner Bilder sind hunderte von Malen überarbeitet«[2]. Und aus den lichtvollen, unvergeßlichen Seiten, die Rilke über Cézanne geschrieben hat[3], die eigentlich ganz wiedergegeben werden sollten, müssen wenigstens diese Stellen hier stehen:

». . . J'avais demandé . . . à M. V. de venir avec moi au Salon, afin de comparer mes impressions aux siennes, que je tiens pour solides et sans

---

1 Man denke etwa an die Bedingungen der ganz absurden und lächerlichen sogenannt literarischen Wettbewerbe, die jedes Jahr in der Schweiz ausgeschrieben werden und bei denen kein Schriftsteller mitmachen kann. (1943)
2 Gotthard Jedlicka, Einleitung zu Cézannes Briefen.
3 Briefe aus dem Jahr 1907.

déformation littéraire. . . . elle ajouta d'excellentes choses sur sa façon de travailler (qu'une toile inachevée laisse deviner). ›Ceci‹, elle montra un endroit précis, ›il l'a su et il l'a dit (certain détail d'une pomme): mais, à côté, la toile est encore nue, parce qu'il n'était pas parvenu sur ce point à une connaissance. Il ne faisait que ce qu'il savait, rien d'autre. – Quelle conscience tranquille il devait avoir! Oui: il était heureux, quelque part, tout au fond de lui-même‹ . . .«

». . . je puis déjà comprendre le vieillard qui m'a précédé de très loin, tout seul, avec des enfants à ses trousses qui lui jettent des pierres . . . Je suis revenu aujourd'hui près de ses tableaux: quelle ambiance étonnante ils répandent! Sans s'attacher á l'un d'eux en particulier, en restant entre les deux salles, on sent naître de leur présence une réalité immense. Comme si ces couleurs nous arrachaient une fois pour toutes à l'incertitude. . . .«

». . . S'il avait dû concevoir un tel amour pour un être humain, il aurait été désormais incapable de l'exprimer; or, avec cette disposition, poussée à l'extrême par ses bizarreries d'isolé, quand il se tournait maintenant vers les choses, il savait ravaler l'amour qu'il portait à toutes les pommes, et lui trouver un refuge éternel sous leur figure peinte. . . .«

Ja: Il ne faisait que ce qu'il savait, rien d'autre. – *Quelle conscience tranquille il devait avoir!*

20

Wenn es für das Kunstgeschehen nichts Tödlicheres gibt als das Konstruieren oder die (vorgefaßte) Kompositionsidee –: wie verhält sich denn dazu etwa Balzacs Rauschzustand, die ungemeine Begeisterung, die ihn – der doch gewiß ein Schöpfer war – erfaßte, als er die Comédie Humaine zum erstenmal (im Geist) vor sich erblickte? – Die Comédie Humaine konstruieren hätten hundert andere auch gekonnt: nicht aber mit Balzacs Einzelnem. Balzacs wahre Höhe liegt im Einzelnen ganz allein – wie jede künstlerische Höhe. (Es gibt Personen, die, ohne die geringste technische Musikkenntnis zu besitzen und ohne imstande zu sein, eine Melodie aus wenigen Tönen im Gedächtnis zurückzuhalten, dennoch Bachs Musik in fast allen Fällen sofort erkennen, d. h. nach dem Hören weniger Sätze: Muß daraus nicht mit Gewißheit hervorgehen, daß das Besondere und Wesentliche an Bach seine Sprache, sein Einzelnes ist? Konstruieren wie er können andere auch.) – Wie sollte es uns im Ernste Mühe machen, zu verstehen, daß Balzac in einen Rausch geriet, als er sah, daß er *sein* Einzelnes so weit ausbreiten konnte? Eines Bildhauers Größe liegt nicht im Marmor: wenn man ihm aber nach langem Warten endlich große Blöcke Marmor liefert und wenn er spürt, daß überhaupt kein Hindernis mehr besteht, seine inneren Konzeptionen auf einen, auf mehrere dieser großen Blöcke zu übertragen – –. Katherine Mansfield war auch glücklich, als sie ein fertiges Buch vor sich liegen sah: ganz einfach und gewöhnlich menschlicherweise froh darüber, dieses Äußere, eine äußere Ausdehnung von innerlich Errungenem zu erblicken. (Zehntausend Bücher waren ebenso fertig, hatten das Äußere ebenso vollendet im selben Jahr.) Wäre denn der Künstler nicht auch ein *Mensch*? Leben, Sterben und Kranksein, Geldverdienen und Armut trifft und erregt alle, auch Goethe und Michelangelo.

Und wenn Gide über Bach bemerkt (Journal, S. 893):
». . . Was für eine Kraft, welche Gleichmäßigkeit der Meisterschaft bis in die dem Anschein nach leichtesten Seiten, und wie wenig schadet diese Art musikalischer Logik (zu der ihn die kontrapunktische Methode nötigt) dem Ausdruck seiner Idee . . .!«

so liegt auch darin nicht der geringste Widerspruch mit dem, was ich gegen das Konstruieren vorbringe.

– im Gegenteil! Gide hebt gerade hervor, wie *frei* Bach von Konstruieren, wie groß seine künstlerische Potenz – das Vermögen im Einzelnen – war.

21

Was ist denn das Elementare an der Wortkunst? Daß man erzähle? Dargestellte Menschen? Daß man dramatisch sei –

fünf Akte lang? (– Und in der Malerei Kreuzigungen Christi? Gemälde von 65 und 55 cm Seite? Nein, sondern Farben. Und in der Wortkunst?)

(Denn um neu zu bauen, wird man zum Elementaren zurückkehren.)

Zur Zeit Homers wußte man nichts von Dramen und Romanen. Das alte Testament hat keine Ahnung von der Darstellungsform eines Balzac. Wenn wir Montaigne mit Shakespeare vergleichen, Lichtenberg mit Homer, und so fort und fort, gut wählend, das heißt immer nur unter den Größten, so werden wir allmählich, indem wir fortwährend die Frage stellen: »was hat *jeder*?« und all das fallen lassen, was nur Einzelnen dieser Großen gehört, – so werden wir allmählich all das hinausdividieren, was gewisse Leute, oder vielmehr fast alle Leute, als das Wesentliche der Wortkunst bezeichnet haben: es kann ja das Wesentliche nicht sein.

»Braun und am Hang stehend, – mit moosbekleideten Steinen durchsät, – schluchtdurchzogen, – von Bären bewohnt«: das nennst du das Wesentliche des Waldes. Da aber die Beobachtung lehrt, daß es Wälder gibt, die nicht braun sind, sondern grün, nicht am Hang, sondern in der Ebene stehend, ohne Schluchten, ohne Steine, ohne Bären, – können diese Eigenschaften das Merkmal – das Elementare – von »Wald« nicht sein (wir erkennen nur, daß du an Erinnerungen haftest an einen Wald – unter allen Wäldern –, der gerade *dir* zum Erlebnis wurde). Du tust gut, weiter zu suchen, bis du findest: – – (etwa: viele Bäume, der Erde entwachsend und zusammenstehend –; aber das kann uns hier nicht interessieren). – Nun gibt es Wortkunst, höchste, in der keine Menschen dargestellt werden (Hölderlins Gedichte, Lichtenberg, sogenannte Aphorismen von Goethe, von Karl Kraus, von Montaigne, von Pascal, Valéry, Rimbaud), in der kein Schicksal dargestellt wird (Beispiele ebenso leicht zu finden), keine fünf Akte sind, keine Akte, keine Handlung, keine Reime, keine Nation, usf., – ja sogar die »Schönheit« ... schwierig wird es hier, *weil kein Mensch weiß, was man unter »Schönheit« versteht* ... – also kann keine einzige dieser Eigenschaften zum Wesen jener Kunst gehören.

Daß das Elementare der Wortkunst nur das Wort ist –: wie tönt dieser Satz einfach und doch: wie viele verstehen ihn?

Denn es ist nicht anders, als daß man, sobald man etwas von Kunst zu verstehen beginnt, in eine ungeheure Einsamkeit eintritt. Und diese Lage ist keineswegs angenehm, noch hat sie wünschenswerte Seiten, man wünscht im Gegenteil dringend, daß es anders wäre, man leidet (einsame Stelle, Auserwähltheit ist nur schön, solange sie mit anderem vermischt ist – in Beziehung bleibt –; einsame Gipfel, die du erreichst, sind, solange du wieder heruntersteigen kannst, eine schöne Würze des Lebens: wenn aber der Aufenthalt da oben immer dauert, wenn auch keine andern Gipfel zu dem deinigen herüberschauen, – dann wird endlich ein einziges ödes Plateau sich dehnen, dann bist du in einer Zone des Leidens, in der Wüste, die wie irgend eine Wüste ist, du vergissest die Höhe).

Und man wird immer andere Formen von Wortkombinationen, andere Beziehungen von Worten erzeugen – die Möglichkeiten sind *unendlich* – da ist der Fortschritt.

Das Feindliche aber ist die Wirkung der alten Struktur. Daß die alte Struktur sich auflöse! Dann wird man endlich wieder denjenigen erkennen, der etwas zu sagen hat. Heute geschieht eine große Verdunkelung durch die Frage: »Kann er Romane schreiben?« (oder wenig verschiedene Fragen). Es lernen so viele Leute Romane schreiben und verdecken damit die Schriftsteller, die immer selten sind; denn Romane schreiben kann man *lernen*. – Und dieses Gelernte ... – im Zirkus gibt es interessantere Dinge zu sehen.

Was ist denn Kunst? (Kunst in der andern Ausdehnung[1]. Die vorherige Frage betraf die Bausteine; – sie waren: das *Wort* für die Schriftstellerei – *Farbe* für die Malerei, und nicht noch dramatische Episoden, interessante Gesichter, Pflanzen

---

1 Vgl. I, 20, Fußnote.

und schöne Weiber; nun bezieht sich die Frage auf den Wert des Gebauten.)

Kunst, das ist – –

etwas bringen, was vorher nicht in der Welt war (nicht in der Welt der menschlichen Konzeptionen; dies sei hinzugefügt, da ja niemand weiß, was »Welt« ist; und die einzige Definition, die sich halten kann, ist: »die Summe aller Möglichkeiten«). Und das kann man nicht, indem man Originalität sucht, sondern nur, indem man mutig ist.

– etwas an sich – in den Dingen – *ertappen, greifen, packen, nicht loslassen, bringen* (nicht nach anderem fragend). Das ist alle Male Kunst.

22

Ich habe, wenn ich Schriftsteller beurteilte, doch immer den Geist der Form vorgezogen, soweit überhaupt zwischen diesen beiden Dingen eine Unterscheidung zu machen möglich war (und das ist eigentlich nicht möglich . . .); habe die geistige Bedeutung vorgezogen der bloßen »künstlerischen« Eignung. Und ich tat gut daran! Denn der Geist wird immer der Meister sein – am Tage sehen wir die Proportionen nicht gut –. Die Formen – wenn der Tag vorbei sein wird –, sie werden nicht an anderen Formen gemessen werden, wie am Tag! sondern alles, was der Geist hinterläßt, wird Form genannt werden. (Und was am Tag »Form« genannt wird, wird sekundäres Produkt – wenn nicht vergessen sein.)

23

In Notlagen erheben sich die Geringern zu des Wortes Stärke; dann können sie hören, können sie reden. Die großen Künstler sind immer in solchen Notlagen.

24

Die Geduld. Künstlerische Äußerung ist nicht eine Summe von vielen Dingen, die mühsam zusammengehalten werden, sondern die unmittelbare Auswirkung eines gesteigerten Daseins, das man erreicht hat – erreicht durch Entwicklung seiner Gaben auf einem langen Weg der Gewissenhaftigkeit –; die einfache Äußerung von einer Stufe, einer Ebene aus, auf der man *lebt*.

Und *dies* – nicht, daß man erst Genuß nehmen, Reisen machen, ein Vermögen erwerben müsse – ist der wirkliche Sinn der dunklen Verse von Goethe: »Eh er singt und eh er aufhört, / Muß der Dichter leben.«

Darum, genau darum meinte Bach, daß seine Schüler dasselbe leisten könnten wie er, man müsse ihnen nur die Technik zeigen. Denn er gab sich Rechenschaft über die Schwierigkeit des Technischen, nicht aber über die Stufe, auf der er lebte, auf der er in Selbstverständlichkeit alle Tage sich befand. Die Ethik zu schreiben war für Spinoza leicht; für Spinoza, da, wo er war. Wenn Schwierigkeiten sich einstellten, so waren sie nur sekundärer Art, das heißt sie hingen nicht an dem, was gerade des Werkes Höhe, einzigartige Bedeutung ausmacht. Gide bestätigt das: Wenn das Gehirn, das sie hervorbringe, Reife erlangt habe, seien alle Früchte gut zum Pflücken[1]. – Es gibt da keine »Zufälle« zu fürchten wie bei einem Schulexamen.

Die Welt ist kein Schulkomitee! Sie prüft uns durch lange Zeit hin, Punkt um Punkt; man kann sie nicht verblüffen (sie, die Welt im hohen Sinne – nicht von der Umwelt sei die Rede!). Darum meinte Goethe auch, daß das Höchste, oder eines der höchsten Dinge, die *Geduld* sei. Die Anwendung des Besten von uns in einer ganz langen Linie: durch solche

---
[1] Journal, S. 848.

Anwendung nimmt man es mit der Welt auf! Und bei Gide – gewiß erstaunlich für einige und imstande, dem Bild, das sie sich von Gide machten, etwas beizufügen (von welchem lebenden Autor gibt es mehr falsche Bilder als von Gide?), – bei Gide findet man sie abermals, diese Hochschätzung, ja Höchstschätzung der Geduld; es wäre mir leicht, zum Beweise ein Dutzend Stellen, durch sein fünfzig Jahre umfassendes Tagebuch hin verstreut, anzuführen. (1922: »Ich weiß nicht, ob ich nicht noch mehr als die schönsten Gaben eine hartnäckige Geduld bewundere.« 1915: »Keiner hat mehr nachgedacht über das Wort Buffons von der ›langen Geduld‹ und es besser verstanden.«)

Was solche »Geduld« ist, hätte ich freilich mit zwanzig Jahren nicht begriffen und kaum geahnt; ich meine auch, daß die wenigsten Jünglinge es zu begreifen vermögen (schon darum nicht, weil man ihnen als »Geduld« ein Verhalten zu lehren pflegte, das zumeist darin bestand, eine Vogelscheuche für ein Lebendiges einzutauschen). Goethe beschreibt sie uns in diesem schönen Bild: »Glaube, Liebe, Hoffnung fühlten einst in ruhiger, geselliger Stunde einen plastischen Trieb in ihrer Natur: sie befleißigten sich zusammen und schufen ein liebliches Gebilde, eine Pandora im höheren Sinne, die Geduld.«

25

Dimension. Würde man doch die Kunst nicht an Dimensionen messen! Manche meinen, daß das vieltausendversige Epos, der lange Roman usw. die »große Form« seien, daß dagegen Lichtenberg, Pascal, Valéry die große Form nicht erreicht hätten. Ein blinder, in eine Bibliothek gedrungener und an den Regalen tastender analphabetischer Ziegenhirt hat über die Größe der Form ein ähnliches Urteil wie manche Literaten – und aus dem gleichen Grund.

Aber die Dimension der Kunst ist nicht die Dimension, *sondern der Mut.*

26

Nachahmung und neue Aufgabe. Die Größe des Geistes besteht nie darin, daß man das leicht zu sehende Äußere früherer Geistesgrößen nachahmt, sondern im Mut. Du zeigst nicht Verwandtschaft mit jenen großen Alpinisten dadurch, daß du dir einen Pickel anschaffst, wenn längst keine Berge mehr sind. (X und Y zeigten nicht Verwandtschaft mit Balzac, indem sie sich anstrengten, solche Romane, wie Balzac geschaffen hatte, zu schreiben.) Die großen Helden der Vergangenheit kannst du immer nachahmen, es kommt nur darauf an, nicht auf jene zu schauen, sondern auf dich; nicht auf das, was jene besiegt haben, sondern auf das dir Gegebene, Unbesiegte.

Als der Löwe tot war, kamen eine Unzahl Helden hervor, die alle klagten, daß sie nichts mehr zu tun hätten. – Und keiner war da, zu kämpfen gegen die *neue* Gefahr ...

27

Die vergoldende Ferne[1]. Endlich sahen einige die neue Gefahr (die nicht mehr im Löwen bestand, sondern in einer Seuche vielleicht, in einer Vergiftung). »Aber«, sagten sie, »der Kampf mit dem Löwen war *schön*; dieser Kampf ist nicht schön.«

---
1 Vgl. II, 281.

Und sie haben recht! Kein Kampf *ist* schön. Jeder ist nur schön *gewesen*, das heißt, wenn er nicht mehr ist, dann *wird* er schön. Wenn er vorüber ist, Bild geworden ist, wenn du den Sieg erblickst. So ist jetzt Pasteurs Ringen schön; aber einmal war es unsägliche Mühsal, begleitet oft von tödlicher Angst. Erhaben scheint dir der Kampf jenes Balzac, der, die Bedrängnisse ringsum, in so sieghafter Weise die menschliche Komödie schrieb ... Im Glanze der Hoheit siehst du das Dasein des van Gogh; aber damals, als er noch atmete, schwer atmete, von den Stürmen der Todesangst behindert ... Selten scheint die Sonne in den erhabensten Zwinger, den des hohen Kämpfenden; den erhabensten nicht an Schönheit, sondern an entsetzlicher Kerkerhaftigkeit (denn die andern Kerker sind bekannt; der des geistig Kämpfenden ist immer wieder der unbekannte). Jeden Kämpfenden rettet nur die Phantasie: – daß er sich bisweilen gleichzeitig von außen sehen kann.

Wer hörte nicht gerne die schöne Geschichte von jenem Manne, der unbesieglichen Glaubens fuhr und fuhr, über das Weltmeer fuhr, wo noch keiner gefahren war, bis er auf Land stieß, Amerika. Aber als man ihn stündlich zu ermorden drohte – wo blieb da das Schöne? Hast du schon daran gedacht, daß jenen Menschen *die Geschichte nicht zuschaute?*, sondern daß da die einen Messer in den Händen hatten, ganz gewöhnliche des Tages? Und wer sagte dem andern, *daß er das Land noch erreichte?*

28

Handwerk. Nicht leicht zu verstehen ist dies: daß man alle Kunstmittel beherrschen muß und daß kein Kunstmittel etwas hilft; daß man das Handwerk lernen muß, so vollständig wie möglich, um zu sehen, daß das Handwerk nichts ist (– sonst jedoch stört es immer).

Das ganze Lernen in der Kunst – wie wichtig es auch sei, dieses zugleich an sich Wertlose – ist weniger ein Lernen als ein *Verlernen*, ein sich Befreien.

Wer auf der dritten Stufe wieder so integral wird wie das Kind (das heißt, wie auf der ersten), der ist ein wirklicher Künstler, Schöpfer, – einer nur von ganz wenigen.

Denn beinahe alle gehen unter auf der zweiten: der des Erringens der Mittel (der gegenwärtigen Weltkenntnisse des speziellen Bezirks); sie kommen nimmer aus dem Gewimmel lebendig heraus.

29

Das Modell belehrt den Maler nicht. Was denn? Einer redete von einer Feuerwand, vor die seine Erlebnisse treten. (Nicht die früheren, vollendeten Erlebnisse, sozusagen in zweiter Auflage, sondern die eben geschehenden.) Nicht Beobachten des Modelles ist es, aber vielleicht Beobachten seines Beobachtens des Modelles; jedenfalls liegt das der Sache schon viel näher.

30

Es gibt vielleicht in der Kunst nur zwei Grundelemente: Die Zartheit (nicht Zärtlichkeit! diese ist feucht), die Goethe besessen hat, Katherine Mansfield besessen hat; das Gewaltige, das Hölderlin, Michelangelo, Dostojewski, Goethe besessen haben.

(Wer nicht das eine oder das andere erreicht – ist nichts.)

31

Denen, die behaupten, Katherine Mansfield sei eine Nachahmung von Tschechow (wäre ohne Tschechow nichts gewesen usw.), muß man antworten: Ihr habt recht. Und Tschechow seinerseits (der zu seinem eigentlichen Leben erwachte durch die Novelle »Der Tod des Iwan Iliitsch«) wäre ohne Tolstoi nichts gewesen. Tolstoi selbst aber ist von ein paar Früheren mit geringer Mühe herzuleiten, und diese wiederum haben nichts ausgeführt, als was schon in Adam vorgebildet war. – Wenn wir von keinem Vater abstammten, wären wir freilich nichts – wären wir nicht gewesen.

Bliebe noch der Blick auf diejenigen, die von einem Vater abstammen und doch nichts sind.

32

Prätentiöse Künstler nenne ich nicht den Verfasser von Faust II, Valéry, Proust, Thomas Mann oder Karl Kraus, sondern Beethoven, Schiller und Victor Hugo. Denn während jene mit jedem Detail, dem man sich zuwendet, bezahlen, verlangen diese einen sehr hohen Kredit. Oder, sie verlangen, daß man sich erst betrunken mache, um somit über ihre Fehler, ihre Machtlosigkeiten hinwegsehen zu können; daß man längste Wege zurücklege, um endlich zu der Aussichtshöhe zu gelangen, wo man auch in *ihre* Geistigkeit blickt, auch ihr reines Wollen sieht und ihre wirkliche Berührung mit dem Unaussprechlichen, welche so lange hinter dem Schwall der Rhetorik verborgen blieb; wo man erkennt, daß man sich ja doch *für* diese Geister, im Grunde doch bejahende, mächtige Geister, erklären muß. – Sind denn nicht *das* Prätentionen?

– Aber, wenden einige ein, eben bei *Valéry* müßten sie so

lange Wege zurücklegen, ungemeine Mühe aufwenden, bis sie zum Leben kämen.

Wenn du nicht sehen kannst, weil du blind bist, liegt es an dir; wenn der Künstler das, was er gibt, hinter der Sahara aufstellt, so daß du, um es zu erreichen, jedesmal erst die Sahara durchwandern mußt, liegt es an ihm.

33

»Seht – – wartet – – ich werde nun gleich ein *bedeutendes Gesicht* machen. Gebt acht!«

Darüber lacht man; weiß man doch, daß ein bedeutender Ausdruck nicht auf Bestellung, nicht gratis hergestellt, sondern auf etwas anderem *ruhen* muß: Aber die meisten, die da lachen, geben sich nicht Rechenschaft darüber, daß sie in der Sache der Kunst genau das Geschehen erwarten, bei dessen Erwägung sie soeben gelacht haben; – während der wirkliche Künstler vor allem eben dieses weiß und darin die wesentliche Schwierigkeit erkennt: daß das genannte Geschehen unmöglich ist, daß es nicht so zugehen kann. »Eh er singt und eh er aufhört, / Muß der Dichter leben.« Sehr klar wird hier der Sinn dieses großen Wortes von Goethe, das meistens dunkel bleibt oder ärger als dunkel, nämlich mißverstanden (so: der Dichter müsse erst ein Vermögen erwerben, dreimal um die Erde reisen). Das Leben ist einen Schritt von dir entfernt, nur einen Schritt, aber immer einen Schritt, den Schritt muß man immer wieder tun. »Ne jamais profiter de *l'élan acquis!*« ruft Gide (bei dem das schöpferische Geschehen sichtbarer ist, als es meistens war) sich selber zu.

Den Schritt muß man immer wieder tun: Hier siegt die Zahl; je mehr Male du den Schritt tatest, um so mehr bist du.

(Hier geht es nicht um die *höhern Eigenschaften*, sondern

es kommt auf die Zahl an. Besseres als diesen Schritt kann keiner tun; wer aber öfter den Schritt tat, hat die höhern Eigenschaften.)

34

Auseinandersetzung

(Kritik und Kunst. Die »Intention«.
Kunst und sozial Wirkendes. Sockel des Wertes.
Vermittler.)

Alle (wertvolle) literarische Kritik ist nicht eine Anweisung, wie man's machen solle, sondern eine eigene schöpferische Tätigkeit. Und diese wirkt nur soweit befruchtend auf die andere, auf das »eigentliche« Dichten, wie jede wirkliche Tätigkeit auf die andere befruchtend wirkt. Die eine fördert die andere – aber nur so, wie für einen Sportsmann, der abwechselnd zwei völlig verschiedene Sportarten – wie Alpinismus und Schwimmen – treibt, die eine Tätigkeit die andere fördert: ohne daß also von einem sichtbaren Hinübergreifen die Rede sein könnte; nur im allertiefsten Grunde müssen beide Ausübungen auf etwas Gemeinsamem ruhen, das, gleichmäßig wachsend durch jede von ihnen, auch in jeder von ihnen die vermehrte Potenz zur Erscheinung bringen kann. So ist die Kluft und so die Verbindung. Von den meisten wird indessen gerade der umgekehrte Sachverhalt angenommen; sie meinen, daß man das Ding lernen könne, da, wo man nicht lernen kann, und daß man nicht lernen könne, da, wo man lernen kann; daß die Kunst und die Kritik zwar im Äußeren, im Sichtbaren viel miteinander zu tun hätten – indem die eine sozusagen eine Anleitung sei zur andern (wie der Zeichenunterricht) –, während sie geistig, dem Innern und dem Rang nach, mächtig getrennt seien. – Es *gibt keine Anweisung* für die Ausübung der Kunst! – Das Gemeinsame wäre auch so vorzustellen: wie das zweier Seiten eines Körpers mit immer unbekannt bleibendem Innern; oder, zwischen zwei Dimensionen eines Lebens.

Es scheint mir schwer, genau herauszufinden, wie darüber Goethe dachte. Und vielleicht würde das auch jenen, die sein Werk und sein Denken am gründlichsten durchforscht haben, nicht ganz gelingen: weil Goethe sich über die Sache nicht völlig klar geworden ist. Denn mir kommt es vor, als ob er sich auf dem Weg befunden habe zu eben der umschriebenen Auffassung – dann aber zögerte, nicht weitergehen konnte oder wollte. – Soviel ist sicher: er hat die Kluft erkannt, die zwischen der Kunst und der Kritik (der bedeutenden, von der andern sei hier gar nicht die Rede) besteht:

»Die wahre Vermittlerin ist die Kunst. Über Kunst sprechen heißt die Vermittlerin vermitteln wollen ...«[1]. –

»Die Kunst ist eine Vermittlerin des Unaussprechlichen; darum ist es eine Torheit, sie wieder durch Worte vermitteln zu wollen.«[2]

Er hat die Kluft erkannt ... aber die Verbindung, das Gemeinsame? Die erste der zitierten Stellen setzt sich so fort:

»... und doch ist uns daher viel Köstliches erfolgt.« Die andere:

»Doch indem wir uns darin bemühen, findet sich für den Verstand so mancher Gewinn, der dem ausübenden Vermögen auch wieder zugute kommt.«

Ist da nicht ein Zögern wahrzunehmen? Ein Verschwim-

---

[1] »Sprüche in Prosa. – Nachträgliches«.
[2] »Sprüche in Prosa. – Verschiedenes Einzelne über Kunst«.

mendes im Klaren? »Über Kunst sprechen heißt die Vermittlerin vermitteln wollen«: also Unfug! – »und doch ist uns daher viel Köstliches erfolgt.« Dieses »und doch« bezeichnet die Stelle des Dunkels; darauf folgt eine klare Affirmation, aber wie fügt sie sich mit dem Vorausgehenden zusammen?

(Im andern Wort freilich ist eine deutliche, einfache Verbindung gezeigt – eine *zu* einfache vielleicht; eine Verbindung ganz nur in der untern Zone. Für den Verstand findet sich so mancher Gewinn, »der dann dem ausübenden Vermögen auch wieder zugute kommt«. Also doch, und *nur*, eine »Anweisung«?)

Nun soll indessen angeblich Goethe die Gesamtheit seiner Sprüche und Maximen als einen Abdruck seiner Gesamterscheinung betrachtet haben. Kann Abdruck einer Erscheinung durch anderes zustandekommen als durch Kunst? – Und sind in der Tat Goethes Sprüche (und zwar um die Sprüche in Prosa soll es sich hier der Deutlichkeit wegen nur handeln) Kunst, oder nicht Kunst? Und sind sie (wie die Prosa eines Lichtenberg, Pascal, Karl Kraus) nicht ganz ebenso VERMITTLER DES UNAUSSPRECHLICHEN? nicht ebenso *hermetisch, mißverständlich, schwer erreichbar, den Blick ins Unendliche eröffnend*?

Die Kunst (im engern Sinne) stellt Gebilde in die Welt. Und der Geist der hohen Kritik, stellt er nicht *auch* Gebilde in die Welt? Wo ist der Unterschied: sind die Gebilde der »Kunst« konkreter? Ist eine Statue konkret (der Marmor ist ein Gestein, aber das Kunstwerk Statue)? (»Was ist's zuletzt mit diesen Stolzen? / Die Götterbilder standen groß, – / Zerstörte sie ein Erdestoß; / Längst sind sie wieder eingeschmolzen.«) Die großen Künstler sind nicht Architekten des Universums, sondern sie stellen vergängliche Gebilde in die Welt. Die Einsamkeit, die Seltenheit, die Willkürlichkeit, die Sterblichkeit des Geistes – wie eines winzigen Schiffleins auf ungeheurem Ozean – sind uns Heutigen wohl etwas deutlicher als Goethe, dem die Welt doch eher ein mächtiges Land war, das es zu organisieren galt.

Oder würde vielleicht Goethe ohne weiteres zugegeben haben, daß Schriften wie seine Sprüche in Prosa, der »Lehrbrief« des Wilhelm Meister – oder die meiste Prosa Valérys – nicht »Kritik«, nicht »Theorie«[1], sondern Kunst sind? –: Wo aber wäre dann die Grenze?

Um wieder auf jenes, »und doch ...« zurückzukommen, das keine Brücke darstellt von der einen zu der entgegengesetzten Aussage hin, sondern das auf einmal auf eine Bejahung zu hören zwingt, die von einem durch Kluft getrennten Orte, einem andern Kontinente tönt, ohne daß wir wissen, wie sie herüberklingen kann oder wie wir hinübergekommen sind: Eine Brücke gibt es doch:

> »... Glücklich schätzen wir die, welche das Bild, das gegenwärtig in Berlin sein soll, beschauen und sich daran erfreuen können. Wir begnügen uns an dieser Skizze, welche die Intention vollkommen überliefert; und was macht denn am Ende den Wert eines Kunstwerkes aus? Es ist und bleibt die Intention, die vor dem Bilde vorausgeht und zuletzt, durch die sorgfältigste Ausführung, vollkommen ins Leben tritt.« (»Ferneres über Kunst.«)

»Was macht denn am Ende den Wert eines Kunstwerkes aus? *Es ist und bleibt die Intention* ...« Da ist auf einmal intimste Nähe mit uns erreicht. (Denn manches bei Goethe ist fremd und fern – dem Anscheine nach; – bei ihm, diesem Gipfel des Statischen; jedenfalls: diesem Kulminationspunkt vieler, großer, größter Kulturen – denn alles Statische ist nur scheinbar, da, wo Wert ist –.)

---

1 Denn der Begriff »Theorie« selber ... Ein berühmtes, wohl zweifellos mehr zitiertes als ernst genommenes Wort von Goethe: »... Man suche nur nichts hinter den Phänomenen: sie selbst sind die Lehre.« wird man vielleicht eines Tages auch in seiner Umkehrung hinzustellen wagen: »Das Höchste wäre: zu begreifen, daß alle bedeutende Theorie schon faktisch ist. (...) Man suche nur nicht »das Leben« zu der Theorie: sie selbst ist das Leben.« – So konnte Valéry die Erfindung der Geometrie als die größte Tat der Griechen bezeichnen. – Natürlich kann die Theorie eine *Fortsetzung* haben, wie alles Lebendige; sie braucht keine *Ergänzung*.

Erstaunlich Ähnliches findet sich bei Cézanne. In einem Brief von 1906 steht:

».. . Vous m'excuserez de revenir sans cesse au même point; mais je crois au développement logique de ce que nous voyons et ressentons par l'étude sur nature, quitte à me préoccuper des procédés ensuite; *les procédés n'étant pour nous que de simples moyens pour arriver à faire sentir au public ce que nous ressentons nous-même* et nous faire agréer. *Les Grands que nous admirons ne doivent avoir fait que cela.*«

Was kann das viele *Füllmaterial* in dem oder jenem sehr berühmten, endlosen klassischen Roman, der im übrigen des Hochbedeutenden genug enthält, für eine Berechtigung haben?

Man verstehe das nicht falsch: Nicht im Leben – in dem, was man gemeinhin »Leben« nennt – entgeht mir der Sinn des unbedeutenden Füllmaterials. Warum muß ich aber, wenn ich Wilhelm Meister lese, mich langweilen? – Soll die Kunst nicht über uns und das »Leben« hinausragen, wie Leuchter, sehr weit sichtbar, selber schmal; letzte Resultate gebend, Bergesgipfel, selber schmal, aber die Weite beherrschend? Ich kann ja dieselbe Seite, dasselbe Gedicht tausendmal lesen. Rilkes »Ausgesetzt auf den Bergen . . .« ist mir lieber und scheint mir mit seinen fünfzehn Versen mehr Bedeutung zu haben als das ganze Stunden-Buch (vom abscheulichen Cornet nicht zu reden). »Scheint«? Nein; es besteht für mich kein Zweifel, daß es viel mehr Bedeutung *hat* für die Weltentwicklung – genau wie eine gewisse halbe Seite, auf der eine wissenschaftliche Entdeckung zum erstenmal mitgeteilt ist, sich an Bedeutung nicht vergleichen läßt mit dicken, kommunen Lehrbüchern des schon Vorhandenen (der *Moment*, da Archimedes das spezifische Gewicht entdeckte, – mit all den Zeiten seines Studiums des schon Vorhandenen).

Man wird mir da von einer Leserfrage reden, einer Frage der Leser*masse*. Entgeht mir etwas? Worauf es ankommt, das ist das richtige Einrückung jener Leserfrage. Gewiß besteht auch im Kunstleben (Kunstleben im sozialen Sinne) eine solche Notwendigkeit des unbedeutenden Füllmaterials wie im »Leben«; wer wollte das leugnen; wer wollte dem Kinde oder dem einfachsten Mann aus dem Volk »Ausgesetzt auf den Bergen ...« in die Hände geben? Ist aber dieser Notwendigkeit zu genügen, also das an sich bedeutungslose, verbindende, »lebens-gnädige«, zum Gipfel Sockel bildende Füllmaterial zu beschaffen, Aufgabe des eigentlichen, des vollen Künstlers? Darf er seine Zeit und seine Kraft dazu verwenden?

Zwischenbauten, vermittelnde, zu diesen Höhen gehende, von jeder Stufe aus hinaufführende, sockelartig also nach unten sich verbreiternde: warum sie nicht von andern Leuten ausführen lassen, die in geringerem Maße Künstler sind – gibt es nicht genug Leute, die in Frage kommen –, von Schulmeistern, Schulmeistern jeden Ranges? Da fällt mir immer wieder Pythagoras ein, der die um seine Schüler zu werden zu ihm Kommenden erst für ein paar Jahre andern, fortgeschrittenen Schülern zur Belehrung zuwies, ehe er selber zu ihnen redete.

Warum? Weil er notwendigerweise sonst seine besten Sätze hätte auflösen, korrupt machen müssen, zerstören, um sie irgendwie zugänglich zu machen, – wobei die Sache doch nicht zugänglich wurde, weil sie ja zerstört war; denn sie hing mit jener Gestalt der vollendeten Sätze zusammen, die hermetisch ist für jeden uneingeweihten Zeitgenossen. »Ist das Höchste denn nicht ungeheuer einfach, vorbildlich klar?« Ja, es ist einfach bis zum Ungeheuren; und dieses Einfache und Ungeheure versteht kein Mensch.

... Zwischenbauten in allen Graden der Bedeutung, für alle Stufen der Mühseligkeit, sockelartig sich verbreiternd; der Berg, nicht der Gipfel. Wer fliegen kann, geht zum Gipfel; wer schon weit oben ist, braucht sich nicht mit den untern Stufen zu mühen (dem Füllmaterial zu belasten).

Diese zwei Dinge sind einander gegenüberzustellen: Der verunreinigende Sockel; und die höchsten Resultate.

Ist es vielleicht die berühmte epische Breite, was ich nicht verstehe? – Die habe ich, meine ich, nie begriffen, sie ist wohl das, was ich nenne die Langeweile.

In Balzacs Romanen habe ich sie entweder nicht gefunden oder dann nur nebensächlicherweise, in Stücken, die ihm offenbar nicht ganz geglückt waren (von den sinnlosen Contes drolatiques, einem Mißgriff ganz und gar, rede ich nicht); sondern fast alles mußte ich notwendig finden. (Dagegen gestehe ich, daß ich den zweiten Balzac, den unseres Jahrhunderts, den höchsten Direktor der Epik, den Schöpfer der Hommes de Bonne Volonté, überhaupt nicht lesen kann.)

Wie viel lichtvoller erscheint uns in dieser Beziehung die Welt des Sportes! Die sich um Rekorde, um Weltrekorde bemühen, müssen doch auch nicht zugleich Sportlehrer sein, dafür sorgen, daß eine größtmögliche Zuschauermenge etwas von Stil, von den Details und Schwierigkeiten, von dem Wert der Bewegungen würdige, für die Vorbereitungen des Sportfestes sorgen, für Organisation, Propaganda, etc.?

35

Wichtig wäre, das Feuerwerk – mehr noch, die Sensation, das Erleben der Leute bei diesen primitiven Erbaulichkeiten – ausführlich zu beschreiben: denn es entspricht genau der falschen Vorstellung von der Kunst.

(»Er läßt einen steigen.« – »Kommt, gehen wir nach Hause, es ist fertig.«)

– während für den Verstehenden die Kunst Gänge und Gänge ist, immer weiter sich dehnende, mehr sich verzweigende.

36

Das Rätsel des Schönen

»Er nähert sich der richtigen Form, der Schönheit – er hat die Schönheit«, sagen sie, wenn etwa der Künstler beim Porträtieren einem Gesicht das oder jenes Detail anfügt, welches in der äußeren Wirklichkeit, bei seinem Modell sich nicht finden läßt. »Er nähert sich der Form jenes *Vorbildes,* das er – wenn auch wohl nur als ein durchschimmerndes, geahntes – in *sich* trägt. – Ihn beherrscht und ihm diktiert eben das Schöne.«

Das Schöne? ... Hier werden die Wege dunkel.

Wir müssen feststellen: das, was der Maler eben anfügte – und wodurch das Bild seine künstlerische Wirklichkeit erhält – ist *nicht* schön; eben so wenig, wie es dem äußeren Modell entspricht, entspricht es einer allgemeinen menschlichen Norm! Nun wurde zwar durch Anfügen des genannten Zuges diejenige Wirkung erreicht, die man, wenn nicht jetzt schon, so doch in kurzem als Schönheit bezeichnen wird; aber aus was für Gründen kam sie zustande? Wenn nicht durch Ähnlichkeit mit der äußern Erscheinung und nicht dadurch, daß das Angefügte dem entspricht, was allein bisher als schön bezeichnet werden konnte, so vielleicht dadurch, daß das Bild dem Betrachter entspricht? Nein. Hier ist im Denken seit langem eine Umstellung eingetreten, eine radikale Verwechslung. Allein *dadurch, daß das Bild dem Ausführenden entspricht,* ist die Schönheit erreicht. Würde das Bild der äußeren Umwelt, oder dem Geträumten und Gewünschten des Anschauenden, oder einer allgemeinen menschlichen Norm entsprechen, so würde es in allen diesen drei Fällen ein draußen, anderswo schon Vorhandenes zum Ausdruck bringen: das Bild aber gibt überhaupt noch nicht Vorhandenes. Wo jemals ein Mensch ein Bild in die Welt stellt, das ihm entspricht, das ihm vollkommen dient, – und wer immer dieser Mensch sei, möge er ein Übeltäter oder ein Dummkopf, ein Herrscher oder ein Mathematiker sein –, da wurde mit diesem Bild die Schönheit erreicht.

... »Es ist nichts Materielles...« lautete die Antwort, die mir einmal in einem dunkelhellen Traum geschah[1]; die endlich erlösende Antwort auf ein langes Ringen, die mühevollsten, notbeladensten Untersuchungen. Das Wort aber, das dort im Traum oder halben Traum blendend und wichtig war, schien mir kurz darauf im gewöhnlichen Taglicht schon etwas matter, die Linien seiner Beziehungen gebrochen, der unendliche Ausblick, den es eröffnet hatte, getrübt: All das, meinte ich, könne wohl nur in der Vorstellung dessen, der träumt oder eben geträumt hat, ganz groß sein, sei mit den Mitteln des grauen Tages nicht zu geben; – dort freilich, im Traum, war die Antwort wundervoll gewesen, daran erinnerte ich mich noch stark: sie war erschienen wie ein zackiges, duftig-leichtes Stück Bernstein in der Dämmerung steht, goldklar und milde, mit ungetrübten und nirgends gezwungenen Konturen. – Später indessen kam ich auf andern Wegen wieder in dieselben Gegenden und das hermetische Traumwort eröffnete seinen Sinn, belebte sich von neuem: Es hätte, verstand ich jetzt, ebensogut lauten können: »Es ist nichts Ideelles«; die Betonung lag auf dem *nichts:* Daß gar nichts *hinzukam* bei der erlösenden Anordnung der Dinge, bei dem seligen Ausgang, sollte hervorgehoben werden.

Volle Lebenserscheinung ist alle Male schön.

---

[1] Vgl. XII, 32.

37

Die Lebendigsten haben keine Wirkungszonen. Darum ist die Kunst erfunden.

Variante:
Die am leidenschaftlichsten nach Tätigkeit Verlangenden, die nach der umfassendsten und intimsten Tätigkeit Verlangenden, sind ohne Wirkungskreis ...
– darum ist die Kunst erfunden[1].

38

Nein, Kunst ist nicht eine Summe von Dingen, die mühsam zusammengehalten werden. Eigenen Ausdruck geben, an irgend einer Stelle, wo du bist (– wozu es freilich eine vielgestaltige Herkunft braucht ...) – das genügt.

Sich reinigen bis zu dem Maße, daß man *nur* noch Notwendiges gibt; – Notwendiges: das heißt, Gesehenes (Erlebtes), besser, jetzt eben Existierendes –, ohne *irgend* eine Beifügung, das heißt, ohne den geringsten Teil einer Form, wie sie durch früher Gesehenes (Erlebtes), Existierendes geschaffen wurde –: und volle Kunst ist da.

(Auf die Gedichte Goethes angewandt, stellt das hie und da Kritik dar, für Hölderlin von allen deutschen Dichtern am wenigsten.)

Was, wie man meint, am meisten trennt, das bindet.
Und was du, Verbindungen zu schaffen, beifügst, macht wesenlos, kraftlos, – trennt.

---

1 Vgl. II, 321.

39

Leben Worte allein? Sie bekommen ihre Bedeutung erst durch die Stärke der Kommunikation. Die scheinbare *Leere* jedoch (an der Stelle des Lesers) ist nicht schlimm: sie ist oft nur eine Verkleidung des Alles. Wehe aber, wenn du einem einzigen schlechten Hörer redest: das *verschlägt* die Worte.

Eine volle Erscheinung auf einem andern Plan ist der vollen Lebenserscheinung auf diesem Plan ebenbürtiger, als eine geringe Erscheinung auf diesem Plan; das Tier ist Goethe ebenbürtiger als der Stümper.

Ein klarer (voller, wahrer) Tod kann den Dingen ebenbürtig sein; (nicht nur das, was heute als Stimme erscheint, ist Stimme). Baue in der Wüste eine Pyramide! (Die Völker werden kommen. Ob sie im Augenblicke kommen, ist nicht die Frage.) Aber setze keine Marmorstatue auf eine alte Nähmaschine, versorge die Grammophonnadeln nicht im Heu – vermische dein Mikroskop nicht mit einem Vogelnest – bewahre keine Chemikalien in Sümpfen auf.

Entwickle deine Photographien nicht am faden Tag, und nicht einmal in Großmütterchens Dämmerlicht. Sondern im Dunkel; sei geduldig.

»Ist es nicht besser, sich etwas beeilen, wenn auch das Resultat etwas schlechter wird?« *Es kommt auf den Raum an, nicht die Zeit.*

40

Jemand sagte, aus Freude sei die Kunst entstanden, als Luxus sei sie da; ihr gegenüber, als vollständig Entgegengesetztes, stellte er das furchtbar Ernste des Geistes, »das Prophetische« oder wie er es sonst noch nannte. Shakespeare, der größte Künstler, sei in Wirklichkeit nur ein Spitzbube, ein ganz leichtfertiger Mensch gewesen usw. Ich sei mir nicht klar über das Wesen der Kunst.

In der Tat widerstrebte mir seine Art, zu sehen. – Viele Jahre sind seither vergangen. Endlich fand ich wieder einmal Zuflucht bei Goethe, welcher schrieb:

»Die Kunst beschäftigt sich mit dem Schweren und Guten.« und anderswo:

»Die Kunst ruht ... auf einem tiefen unerschütterlichen Ernst.«

Ich dachte auch, es sei nicht schwer, Shakespeare leichtfertig zu nennen, über dessen Person wir doch so wenig wissen, daß man auch heute noch über ihre Identität streiten kann; bei andern Künstlern dann, die wir etwas besser kennen (Molière vielleicht oder Mozart), tritt freilich bisweilen das Sorglose hervor: doch dürfen wir nicht vergessen, daß sie weit von uns sind: die Ferne vergoldet so schön. Auffallen muß, daß diejenigen großen Künstler, von denen wir genaue Kunde haben, ein so ganz anderes Bild ihres Naturells und ihres Daseins bieten, mögen sie Gide, Rilke, Katherine Mansfield heißen, Rodin oder Cézanne oder Balzac.

Auch habe ich nie vergessen können, was ich einmal bei Burckhardt las: daß in der ältesten griechischen Zeit Sänger und Seher eines sind.

41

Die Heiterkeit ist das am schwersten Verständliche an der Kunst. Das Ernste, das nicht ernst genommen werden kann ...; der Ernst, der ganz innen sein muß, der innen so stark sein muß, daß er auf jedes äußere Abzeichen, auf alle Befestigung durch äußere Abzeichen zu verzichten imstande ist ... Und doch ist eben dies überall da, wo Kunst ist; der völlige Ernst tötet den Stil.

Und für den Jüngling ist das wohl immer ein langdauerndes Rätsel. Er sieht zwei Dinge einander gegenüber, den Spaß und den Ernst, und keinem kann er ganz vertrauen.

Man wird ihm etwa diese Frage stellen, und er wird keine Antwort darauf wissen: Gut, man verstehe, daß er, um in den produktiven Zustand zu gelangen, da- und dorthin sich wenden müsse, etwas trinken, einen Schritt hinaus tun –; aber am Abend, an gewissen überschwenglichen Abenden – wie könne denn diese Überschwenglichkeit verstanden werden? Der Arbeit diene sie doch nicht, da er ja am Abend nicht mehr arbeite, sondern sich schließlich nur schlafen lege; man könne daher jedenfalls nicht sagen, daß er sich die Überschwenglichkeiten erlaube, um dadurch in die produktive Stimmung zu gelangen? Und seien übrigens diese Späße nicht zu stark, zu anspruchslos – einfach Späße? Darauf wird der Jüngling keine Antwort wissen. Und das Wort von Goethe wird ihm nicht einfallen: »*nur kein düster Streben!*« Und selbst wenn er die Fortsetzung davon wüßte[1]:

> Eh er singt und eh er aufhört,
> Muß der Dichter leben,

würde er sie nicht zu seiner Verteidigung zu verwenden wagen, aus der richtigen Ahnung, daß etwas an der gewöhnlichen Auslegung dieses Wortes nicht stimmt (denn dieses nicht einfache Wort wird meistens auf eine viel zu leichte Weise verstanden). Und auch wenn er diese Anekdote von Mozart wüßte, würde sie ihn nicht aus der Schwierigkeit des Antwortens ziehen: Mozart soll einmal die ganze Nacht ein Fest gegeben haben, trotzdem bis zum folgenden Tag ein Stück von beträchtlichem Umfang fertig sein sollte, von dem

---

[1] »West-östlicher Divan«.

noch keine Note auf dem Papier stand; Stunde um Stunde
verging, und er schien ganz aufgegangen in die Festlichkeit.
Manchmal erinnerte ihn ein Freund, ängstlich, an seine
Aufgabe – er winkte mit Unwillen ab, er wollte nichts davon
»wissen«. (*Wußte* er doch Genaueres als alle andern davon.)
Und in einer späten Stunde, als die Gäste gegangen waren, in
einer ersten Stunde des Vormittags, schrieb er das Stück, und
es war vollendet. Bedingte nun das eine das andere, die
Ausgelassenheit der Nacht die künstlerische Potenz des
Vormittags? (So würde man den Jüngling fragen.) Man kann
nicht bejahend antworten. Es ist unmöglich *in der Nähe* mit
einfachem Ja zu antworten... Man kann aber auch nicht mit
nein antworten, mit einem solchen Nein, das den Zusammenhang einfach leugnete. Überall, auch in den Festlichkeiten der
Nacht, war Mozart. Der Jüngling versteht die Anekdote, aber
sie ermächtigt ihn zu keiner klaren Antwort. (Was ist Kunst?
Woraus nährt sich die Kunst?)

Balzac jedoch hat eine Antwort gegeben: da, wo er (im
»Haus der ballspielenden Katze«) sagt und zeigt, daß der
Künstler, der wirkliche, *immer* viel mehr Künstler ist, als
irgend ein anderer denkt; daß es nicht so sehr auf den Stoff,
die Region seiner Betätigung ankommt wie auf die Art und
Weise.

(Und eine Produktivität nährt die andere.)

Sie sagen, des Künstlers Kennzeichen sei seine wesentliche
Gemeinsamkeit in allen Lagen. Ja; aber das Gegenteil ist nicht
minder wahr: er ist auch wesentlich von allen andern
geschieden. Die ungeheuren Worte von Goethe:

> Und so mag des Lebens Erzklang
> Durch die Seele dröhnen!
> Fühlt der Dichter sich das Herz bang,
> Wird sich selbst versöhnen

füllen ihn zugleich mit Bangheit und wundersamem Froh-
locken, sind für ihn tröstlich und tragisch.

VI. Vom Schreiben

Der Dichter soll mehr erleben? Er erlebt mehr.
Karl Kraus

1

Die Malerei hat sich ungehinderter und reiner entwickeln können als die Wortkunst. Und dies, weil ein großer Unterschied besteht, was die äußeren Bedingungen, die Wege in die Welt betrifft. (Diese Umstände des in die Welt Tretens wirken auf die Tätigkeit des Schaffenden rückwärts, da Kunst dennoch nicht in *jedem* Sinne asozial entstehen kann – es sei denn scheinbar oder eine ganz kurze Zeit und einmalig.)

Denn die eine ist auf die Menge, die Zahl der Empfangenden angewiesen (ein Buch braucht tausend Leser, sonst wird es nicht gedruckt), die andere nur auf ein paar »Kenner« (ein halbes Dutzend genügen vielleicht schon).

Und es ist nicht einmal nötig, daß diese »Kenner« (Kritiker, Kunsthändler, Sammler) wahrhaft Verstehende seien; daß sie sich für ein Werk interessieren aus *irgend*welchen Gründen, genügt. Sie lassen die Preise steigen, sie »lancieren« einen Maler, sie führen ihn zu einer weltlichen Existenz, festigen den Boden unter seinen Füßen, so daß er weiterschreiten kann, sie allein – oder wo wäre die Menge, die einen Cézanne, einen Picasso hält? die mit ihrem Urteil entscheidend sich einmischt, vor allem: sich eingemischt hat? (Daß die Menge schließlich nachfolgt, hat hier nichts zu bedeuten; es kommt darauf an, wie der Weg in die Welt beginnen kann.)

Daher ist es in einem gewissen Sinne leichter, zu malen, als zu schreiben. Wenn auch mancher, der als Maler begonnen hat, als konventioneller Dekorateur endigt, so ist doch diese Gefahr, das Reale zu verlassen und in irgendeine Art des

Gefälligen abzugleiten, für den Schreibenden der genannten Umstände wegen eine viel größere.

2

Zu einem Bericht über einen Kongreß der Sowietschriftsteller: Daß Leute aus dem Volk sich über die Eindrücke, die Kunstwerke ihnen gemacht haben, äußern, daß sie aussprechen, was ihnen zu fehlen schien, was sie anders verlangt hätten, was sie wünschen, – sicherlich ist das vortrefflich. Es kann die Kunst fördern: wie jede natürliche, aufrichtige Reaktion.

Denn Kunst ist nicht unabhängig von ihrem Leser (Hörer, Betrachter); es ist nicht zu leugnen: wir brauchen einen Leser ... Das Kunstwerk braucht einen Leser: jedoch – das muß nicht weniger deutlich hervorgehoben werden – es ist nur abhängig von *seinem* Leser: und dieser Leser ist keineswegs identisch mit dem, was sich da greifbar zur Zeit herumtummelt. Teile von ihm mögen auch in diesen, den da sich Jagenden und Drehenden, repräsentiert sein: sein Zentrum ist anderswo.

Daher wäre es unsinnig, dem genannten Bericht etwa entnehmen zu wollen, daß das Volk bewußte Direktiven für die neuen Kunstformen geben könnte! Volle Unmöglichkeit. Hier herrscht streng ein Gesetz der Priorität. Die Kunst ist voraus (soweit sie Kunst ist –), nicht das Volk! Die Kunst wird zwar in einer Zukunft mit dem Besten, das in dem jetzigen Volk sich regt und aus ihm sich entwickelt, zusammenkommen, aber erst in einem sehr viel *größeren Bogen*, als manch einer annehmen möchte, – so wie Montaigne, einmal ein Abseitsstehender, im Laufe der Zeit mit der allgemeinen Entwicklung zusammengekommen ist.

Vom Schreiben

Nachträglich habe ich das auf das schönste von François Mauriac ausgesprochen gefunden[1]: »Die Wahrheit ist, daß die Wirkung eines Montaigne nicht in die Augen springt. Auf der Ebene des Politischen und Sozialen kann man leicht eines Mannes Spur verfolgen: die von Karl Marx geöffnete Furche ist mit bloßem Auge sichtbar. Aber die Pfade von Montaigne, von Pascal oder von Proust, und die ganz geheimen Veränderungen, die durch Mozart und durch Cézanne in die menschliche Elite gebracht worden sind, gehören einer andern Ordnung an und lassen sich von uns nicht fassen.«

Genaueres, Weitergehendes darüber könnte ich, wenn die Stelle nicht zu lang wäre[2], von Proust zitieren, welcher geradezu behauptet, daß das Werk selber seine Nachkommenschaft schaffen müsse; wenn daher ein Werk zurückgehalten, nur von den Nachkommen gekannt würde, so würden diese Nachkommen für dieses Werk nicht Nachkommen sein, sondern eine Versammlung von Zeitgenossen, die einfach fünfzig Jahre später gelebt hätten. *Aussi faut-il que l'artiste – et c'est ce qu'avait fait Vinteuil –, s'il veut que son œuvre puisse suivre sa route, la lance, là où il y a assez de profondeur, en plein et lointain avenir.* Und die Zukunft nennt er *vraie perspective des chefs-d'œuvre*.

Die neue Kunstform wird nie und nimmer von der Masse geschaffen – ebensowenig wie die wissenschaftlichen Entdeckungen von der Masse geschaffen werden –, sondern von Gide, Proust, Karl Kraus, jedem wirklich Experimentierenden, Substanz Tragenden (was dasselbe ist).

3

Wie ist es zu erklären, daß die Lyrik im Gegensatz zu der Prosa (jedenfalls der deutschen) in hohem Maße sich hat befreien können, neue Räume sich gewonnen hat, daß man ihr das Recht zu allen möglichen Experimenten zugesteht, während die Prosa immerfort der äußern Form nach auf der Stufe von Balzac und Flaubert bleiben soll, das heißt, nur wirklich ernst genommen wird als *Roman*?

---

1 Le Temps, 9 avril 1937.
2 »A l'ombre des Jeunes Filles en Fleurs« I, p. 97.

Der Grund ist (in dieser engern Gegenüberstellung wie in der weitern) abermals derselbe, einfachste: Die Prosa legt man der Menge vor, das Gedicht Kennern.

Daher sind die Zustände (jedenfalls der deutschsprachigen Literatur), was Prosa betrifft, so unvergleichlich schlechte; treibt man die Jungen geradezu an, Romane zu fabrizieren; kann jeder Dreck, sobald er nur Romanform angenommen hat, sich breit machen; werden all diese Schreiber – von Natur vielleicht zum Tischlermeister bestimmt –, die nichts zu sagen haben und nicht schreiben können, berühmt, sobald sie nur ein wenig das Romangewerbe gelernt haben; wird jeder eingeladen, sich mit seinem Wenigen in die Romandimension hinein zu *blähen*; und wird der wertvollste Prosaist, der aber nur die ihm angemessene Form schreibt (wem aber ist der Roman heute angemessen?), im allgemeinen einfach übersehen: wie viele lesen Lichtenberg, Kaßner?

(Ich wiederhole, daß ich die Zustände der deutschsprachigen Literatur im Auge habe; den größten Gegensatz dazu bilden diejenigen der französischen. Ein La Rochefoucauld und sogar ein Vauvenargues, heute Valéry, sind weltberühmt – und Lichtenberg? Einen Rudolf Kaßner, einen Karl Kraus – Valéry ebenbürtig und zur selben Zeit schreibend –: wer kennt sie?)

Wo immer eine Kunstgattung abhängig ist von der Menge statt von einem Kreis von Kennern, da tritt diese Kunstgattung in ihr problematisches Stadium ein – ist der Wert in ihr in Frage gestellt[1].

– Diesen »Kreis von Kennern« werden wir uns nicht in unwirklichen Farben vorstellen. Über die Beschaffenheit der einzelnen, aus denen er sich zusammensetzt, sind keine Illusionen nötig: es kommt hier gar nicht darauf an, daß jeder

---

[1] Dürfte vielleicht dies der Grund sein, daß der Film, trotz einigen hoffnungsvollen Anfängen, es nie zu etwas gebracht hat? (Oder liegt dieser Grund schon in der Art des Verfahrens, den Elementen der Gattung selbst – d. h. kann da von Kunstgattung überhaupt nicht die Rede sein?)

einzelne einen hohen Wert, ein wirkliches Verhältnis zur Kunst habe! Allein daß ein solcher Kreis nach Wert Ausschau hält – und geschehe es in beträchtlichem Maße aus Snobbismus –, daß er andere Prätentionen hat, *als unterhalten zu werden*, genügt. Dadurch schon – ich erinnere nochmals an die Bedingungen der bildenden Künste – wird einer Kunstgattung Dasein und Fortdauer ermöglicht. Besseres hat überhaupt die Kunst nie erhoffen können; die wirklich Verstehenden sind zu jeder Zeit ganz Einsame, Seltene; wenn die Kunst etwa während der Renaissance oder unter Ludwig XIV. machtvoll gefördert wurde, so geschah das nicht, oder nur zu geringem Teil, aus einer wirklichen Beziehung der Fördernden zu ihr: weder Ludwig XIV. noch François I., noch (wenn ich nicht irre) der dicke Herzog von Mailand, der Leonardo kommen ließ, noch die meisten andern gewaltigen Fürsten und Päpste der Renaissance – wenn man von einzelnen wunderbaren Ausnahmen, wie Lorenzo Magnifico, absieht – haben viel von Kunst verstanden: aber diese Mächtigen der Erde setzten ihren Ehrgeiz darein, Wertvolles zu fördern, Wertvolles zu besitzen. Solches ist aber der eine Umstand, der notwendig ist, um eine Kultur zu ermöglichen, zu tragen, und hat somit dennoch eine ungemeine Bedeutung.

4

Neben Presse, Kino, Radio, Wallace ist jeder Versuch, bedeutende Prosa zu geben, solange sie mit diesen Dingen wetteifern soll (das heißt: in der Weise von Balzac verfahren will), ein Wahn; ein Wahn der Versuch, Prosa zu schaffen, die sich im Stofflichen gefällt und zugleich Wert haben soll (was bei Balzac noch gelungen war). Prosa muß, wenn sie Wert haben will, vor allen Dingen ihr eigenes Gebiet erkennen, wo ihr weder von Kino noch Radio noch Wallace noch Presse, noch von irgend Schreiern und Industrien, Konkurrenz gemacht werden kann (eine Konkurrenz, bei der sie selbstverständlich *immer* verliert). Mit gleichmütigem Lächeln muß sie alles jenes fahren lassen können, um sich in den Bahnen zu bewegen, die ein Rilke[1], ein Valéry, ein Mallarmé gewiesen haben.

5

Dann und wann hört man dieses als Einwand: der *Stoff* sei nötig; wenn auch der Geist das Höchste sei, er wirke durch den Stoff, man könne das Höchste nicht vom Materiellen entkleidet hinstellen (und das verwenden sie dann vielleicht als Argument zur Verteidigung des Romans etc.). – Sollte ich jemals das Richtige davon – daß man das Höchste nicht nackt hinstellen kann – geleugnet haben? Ich bin genötigt, mich selbst zu zitieren: »Alle bedeutenden Weltsysteme, auch die großartigsten, sind in ungefähr *einem* Satze zu sagen. Und dieser Satz ist fast nichts. Das eben ist die Bedeutung ihrer Schöpfer, daß sie diesen Satz, den jeder Apothekerlehrling nachher – ja oft auch vorher – so glatt herredet, *nicht* über die Lippen brachten, oder beinahe nicht, sondern den größten Teil ihres Lebens brauchten, um ihn zu sagen.«[2] Ich könnte andere Stellen anführen, aber diese eine mag zum Beweise genügen, wie deutlich es mir schon damals war, daß die einzige Idee oder die wenigen Ideen, die einer bringt, nicht blank hingestellt werden dürfen, können, sondern wirken müssen durch hundert und aberhundert Dinge der jeweiligen Gegenwart hindurch: Dies aber hätten jene, die den Einwand erhoben haben, auch begreifen sollen: *daß diese aberhundert*

---

[1] Ausschließlich an den späten Rilke ist dabei gedacht. Und auch dieser wurde wohl zur Zeit der Entstehung dieses Werkes von mir überschätzt.
[2] Nuancen und Details II, 27.

Dinge der Gegenwart heute vorwiegend nicht mehr äußere Begebenheiten sein können (wie zu jenen Zeiten, da das Pressewesen nicht entfaltet war), sondern nur innere Begebenheiten – Gedanken. Die richtige Bauidee haben schließt nicht aus, daß man auch wisse um die richtigen Bau*steine*. Wie früher einer durch vielfältiges äußeres Geschehen hindurch seine Idee erzählte (so kann es heute der Beste nicht mehr), so erzählt sie heute einer durch vielfältige Gedanken, Gedankenstufen, Denkgeschehnisse hindurch. Jedenfalls vorwiegend; plötzlich und total geht natürlich eine solche Änderung nicht vor sich, wie sie ja auch schon früher (und auf das deutlichste mit Faust) begonnen hat (und wie ja heute auch noch ein Julien Green möglich war, ich will sagen, ein Werk wie »Adrienne Mesurat«). Péguy, Proust, Karl Kraus, Valéry, Gide, Rilke: eine Reihe, die nicht nach Vollständigkeit trachtet, wohl aber darnach, die Richtung zu zeigen, in der die hauptsächlichsten geistigen Taten unserer Zeit geschehen sind. (Auch Nietzsche wäre schon zu nennen. Und vor allem Hebbel, der seine größte Stärke im Tagebuch entwickelte. – Ja ich würde nicht zögern, auch Thomas Mann, dem Anschein zum Trotz, in diese Linie einzureihen.)

Wir können sicher sein: wenn einmal alle Wälder verbraucht sein sollten, würden viele Leute erst recht nur Holzkonstruktionen für möglich halten und nimmer zugeben, daß man mit dem neuen Material, das man inzwischen gefunden (oder *geschaffen*) hat, ebenso schön bauen kann.

6

Es kommt eben gar nichts darauf an, daß ein Autor ein »gutes Thema« (ein Thema, das man objektiv gut nennen kann), einen »tüchtigen, gedrängten Stoff« habe (wie Balzac und Hebbel sicher hatten; wie Zola, Bourget, Jules Romains und viele andere haben mögen), sondern darauf kommt alles an, ob für einen Autor ein Thema, irgendein Thema, *geladen* sein könne, im Innersten, wo keine Kontrolle hinreicht, geladen mit Sinn. Was für nennbare Themen, oder gar was für einen Stoff, hatte denn Katherine Mansfield in manchen ihrer Erzählungen, die indessen dichterisch in eine einsame Höhe reichen? Und wenn einer heute dieselben Themen hat, wie Balzac hatte, so bedeutet das nichts; würde auch dann nichts bedeuten, wenn Balzac nicht existiert hätte; und wenn er dieselben Themen in allem Sichtbaren besser behandeln würde als Balzac – es nützte nichts. Ein Unaussprechliches bleibt dazwischen; ein in nicht nennbaren und darum auch nicht lernbaren Nuancen sich Ausdrückendes, das man vielleicht – um es irgendwie zu bezeichnen – mit Curtius nennen könnte »Gestaltung« (durch einen Abgrund getrennt vom Begriff der »Konstruktion«!, diese ist erklärbar, nennbar, lernbar). Und an Stelle von »Gestaltung« könnte wohl ebensogut das oder jenes andere Wort verwendet werden, da die Bezeichnung sehr undeutlich bleibt, keineswegs zu sehen zwingt, worum es sich hier handelt. Dieses ist aber sehr schwer zu sehen. Nur an Beispielen wird es sich klären. Curtius redet von der Sache, wo er Balzac und Zola einander gegenüberstellt: Zola habe doch auch die Formel, riesige Stoffe, wichtigste Themen: aber die »Gestaltung« (wie viele »Gestalten« er auch geschaffen habe –), einen Grad der Belebung, wie wir ihn bei Balzac fast immer antreffen, erreiche er im allgemeinen nicht (wobei wir übrigens jedenfalls Germinal ausnehmen müssen).

7

Wenn sie rufen »Stoff!«, »Neuen Stoff!«, so sagt das mit Sicherheit nur eines: daß sie nichts zu sagen haben und nicht schreiben können. (Da nannte ich nun, ohne es zu merken, zwei Tatbestände statt eines: das rührt daher, daß ich seit langem dazu gelangt war und es mir zur Gewohnheit geworden war, die zwei Tatbestände, wenn nicht gar als die zwei Seiten *eines* Dings, jedenfalls so innig verbunden zu sehen, daß sie mir unwillkürlich als eine einzige Sache vorschwebten.)

Wo gab es jemals einen Schriftsteller, dem der Stoff fehlte! – Wo gab es einen Fröhlichen, dem nur das *Ding*, an das er seine Fröhlichkeit hängen konnte, fehlte?

Was macht der gut Gelaunte, wenn seine gute Laune keinen Grund ihres Bestehens hat? (»Vater, was macht eigentlich der Wind, wenn er nicht weht?«) Da kann dann jemand über seine gute Laune klagen: es sei so schade, daß sie nicht zutage treten könne.

Dieser Dichter ist so dichterisch, er hat nur keinen Stoff; jener Komponist ist so musikalisch, ihm fallen nur keine Töne ein.

8

Ein Mann schrieb einen Roman. Ein anderer schrieb eine Kritik dieses Romanes, so lang wie der Roman. Aber ein dritter schrieb eine Kritik dieser Kritik, welche wieder so lang war. – Durch gewisse Reaktionen, welche auf die Erzählung dieser Anekdote erfolgen, wird ein Mensch verraten, ob er etwas vom Schreiben versteht.

Die meisten werden laut lachen in der Annahme, es bei diesem Dritten mit einem Narren zu tun zu haben, – da sehe man wieder einmal, was für Leute die Literaten seien, wie sie nichts zu schreiben hätten etc. –; sie werden sicher sein, sie hätten die Sache abgetan:

Und in der Tat verstehen die meisten Leute vom Schreiben ja nichts.

Das dritte Buch war das beste. Hauptsache aber ist: auch wenn es das zwanzigste in der auf gleiche Art fortgesetzten Reihe gewesen wäre, konnte es noch immer das beste sein, besser als alle neunzehn zusammen, und die neunzehn konnten überhaupt nichts wert sein, dieses aber sogar ein großes Buch.

Es ist, wenn ich nicht irre, einer der Hauptgedanken von Karl Kraus gewesen, daß man nicht *über* etwas schreibt (das heißt, immer nur *etwas* schreibt – oder aber auch nichts); und das müßte man zuerst wissen in dieser ganzen Angelegenheit.

»Stoff und Thema« (dieses zwanzigsten Buches)? Die Wortkunst braucht keinen Stoff – weil sie immer genug hat.

Oder dann . . .: Jener arme Mann (nachts in der Umgebung einer Großstadt war es), der, als einer der Begleiter einen Stein stemmte, es auch versuchen wollte, aber bald erkennen mußte, daß es nicht in seinen Möglichkeiten lag, und das Gewicht wieder fallen ließ –, was äußerte er doch in der darauf folgenden stillen Minute, treuherzig und nachdenklich, langsam den Kopf schüttelnd und ungläubig auf den Stein niederblickend? »Die Kraft, das spüre ich, hätte ich wohl; mir fehlen nur die Muskeln.«

9

Die »Handlung« in den meisten modernen Romanen – das heißt dasjenige Element, durch das diese Werke eben zu Romanen werden, nicht einfach Bücher, Aufzeichnungen, Essays, schlechthin Prosa sind –:

Attrappe für den Leser!

Und zwar für die schlechten Leser, die freilich insofern Bedeutung haben, als sie, erstens, für Verbreitung des Werkes sorgen, das somit auch eher einem guten Leser einmal in die Hände gelangen kann; zweitens, als sie in sich versteckt ein Viertelchen eines guten Lesers vielleicht haben, das aber zu schwach, selber nicht imstande gewesen wäre, ein Lesen anzuordnen. (Freilich kann man immer noch lange darüber streiten, ob es einen Sinn hat, ihnen Erleichterung zu schaffen.)

10

Um Leser zu fangen, muß man Romane schreiben. Um sie zu verlieren, muß man gut schreiben.

Dazu[1]:
»Mehr und mehr habe ich mich überzeugen müssen, daß die Bedeutung eines Schriftstellers proportional ist seiner Fähigkeit, sich über die Leser hinwegzusetzen; – bei einer löwenmäßigen Sicherheit – denn ohne das Soziale geht es nicht –, *doch* einen Leser zu haben, und einen wunderbaren.«

11

Die Form des Romanes bietet noch einen weiteren Vorteil: Die Romane sind treffliche Hilfsmittel, fremde Sprachen (summarisch) zu lernen.

12

In einer Zeitung las ich, daß François Mauriac in einem Interview Folgendes gesagt haben soll:
»Dans tous mes livres il existe une part secrète à laquelle je

---
1 Vgl. IV, 21.

tiens. Dans aucun, cependant, je ne trouve exactement ce que j'aurais voulu y mettre et je crois qu'il en est de même pour tous les romanciers. Quand Valéry relit la Jeune Parque, il a certainement le sentiment de quelque chose de fait, de réalisé tel qu'il l'a voulu.«[1].

»Und ich glaube, daß es so ist für alle Romanschreiber.« Das glaube ich auch! Aber es *war* nicht immer so.

Es war nicht so zu der Zeit, da man noch Romane schreiben konnte, weil man Romane schreiben mußte: legitimerweise schrieb. (Noch bei Madame Bovary.)

13

Was indessen einer Gutes erreicht, gleichviel wie und wodurch, wollen wir nur loben! Schrecklich ist es, eine große Zahl von geistigen Kräften sich für ein halbes oder viertels Resultat verbrauchen zu sehn, einfach weil sie *nicht befreit* sind. Ein großer Irrtum, das Talent mache sich selber ohne weiteres die Wege frei! Die Wege freimachen ist selbst wieder ein großes Stück Arbeit, bisweilen zu groß und jedenfalls einen Teil des Vermögens verbrauchend. Man lese die Jugendgeschichte Goethes, um zu erstaunen vor der Bedeutung des Zusammentreffens mit Herder. (Gewiß hat nie mehr ein Mann für Goethe, wie wichtige Beziehungen dieser auch unterhielt, eine – jedenfalls für die Entwicklung – ebensogroße Rolle gespielt.) – Lessing und die zu seiner Zeit ähnlich wirkten, haben die Bahnen nicht für alle Zeiten freigemacht; kein Mensch konnte das. Sie (eben auch Herder) bereiteten die Wege für die schöpferische Epoche, die man die deutsche Klassik nennt: in Hebbel tritt uns schon wieder eine hochgesteigerte Kalamität entgegen, indem er wieder durch die

---

[1] Nouvelles Littéraires, 23.2.35.

von der Klassik geschaffenen Formen gebunden war. Und so fort und fort.

Vieles ist in dem Jahrhundert seit Hebbel anders geworden, die Kalamität ist geblieben; und zwar handelt es sich heute vorwiegend, wie es sich bei Hebbel um das Drama – oder eine gewisse Art des Dramas – handelte, um den *Roman:*

Der größte Teil der heutigen Romane, von denen sich noch zu reden lohnt, gehört in eine dieser zwei Gruppen: Entweder sind sie tragende, schöpferische Werke, Werke, die leben werden – und sind keine wirklichen, eigentlichen Romane (das Werk Prousts, der Zauberberg, der Steppenwolf); oder aber sie sind wirkliche, richtige Romane (in allem Äußeren, leicht Nennbaren, den Werken jener Schöpfer ähnlich, bei denen die Romanform noch *notwendig* war) – und sind keine tragenden Werke (Jules Romains, ja öfters auch Wassermann).

»Keine tragenden Werke«: Von der Masse, heute, vielleicht noch verehrt, aber der stillen, kleinen Elite jener Leser, die in die Zukunft weisen, schon nichts mehr sagend.

14

Alles vermeiden, was nicht erlaubt ist, – so meinte ich früher – heißt noch keineswegs Kunst machen. Man hat oft verwechselt – wozu durch die deutsche Sprache die Möglichkeit besonders nahe liegt: ist es doch so schwer, ungewöhnlich, daß einer in dieser Sprache das Falsche, das Flache vermeidet! Gelang es dann dem und jenem einigermaßen, so meinte man schon, daß sie weiß Gott was seien, – und doch waren sie meistens keine Schriftsteller.

Später wurde mir klar: Doch, alles vermeiden, was verboten ist, heißt Kunst machen. Das stelle ich nun auf das entschiedenste fest. Und es steht übrigens zu dem vorher Gesagten nur in scheinbarem Widerspruch, denn jenes ist unpräzis: »Alles, was nicht erlaubt ist« bedeutet dort: alles Unerlaubte, das man *nennen,* das man leicht kontrollieren kann. Jedesmal aber, wenn einer schreibt und dabei auch dasjenige Unerlaubte vermeidet, das man nicht oder schwer nennen kann, auch das unnennbare Unreine, ist Kunst erreicht.

15

Was ist schriftstellerische Dichtheit? Wo nimmt man die vielen Stoffmassen her – daß auf jeder Seite viele Tatsachen gehäuft, gedrängt sind, statt Einleitungen und Drumherumreden?

Das sind keine Massen, es sind Verhaltungsweisen.

Das Geheimnis der Gestaltungsfähigkeit – jahrelang habe ich es nicht gewußt – ist die richtige *Distanzierung* (die Frage des Brennpunktes) ganz allein! Der Brennort, der genau für Gegenstand und Redenden passende, ist winzig. (Das Glas, das Auge, ist beweglich, den Dingen gegenüber; Brennkraft hat es nur von einem Punkt aus.)

16

Ich hatte plötzlich erkannt, daß ich die Kunst des Erzählens immer nur als eine Beziehung zur *Quantität,* zur Quantität des Materiellen, des schon vorhandenen Materiellen, das nun zu »bewältigen« sei, betrachtet hatte. (– etwa wie ein Bauer, wenn das Gras seines Feldes hoch steht, dieses sämtliche Gras *bewältigen* muß: Mittel haben, es in seiner ganzen Menge niederzulegen und nach Hause zu bringen!) – während die Kunst des Erzählens mit einer solchen materiel-

Vom Schreiben

len Quantität beinahe gar nichts zu tun hat! kaum mehr als der Stil des Schwimmers, der den See quert, mit der Quantität des Wassers im Seebecken! (Gibt es ein stofflich reicheres, episch-fetteres Buch als »Krieg und Frieden«? Und doch hat sogar *sein* Verfasser feststellen müssen, daß er nur den millionsten Teil aufnehmen konnte von dem, was an Stoff vor ihm wogte.) So wenig wie beim Schwimmer kann von irgendeinem Umfassen die Rede sein, sondern alles ist ein Hindurchziehen, eine *Linie*. Und es wären unzählbare andere Linien ebenso denkbar durch dieselbe Masse des Stofflichen hindurch; jede von ihnen würde ebenso »bewältigend« wirken, wenn der Geist des Verfassers – –. Kunst ist nicht Umfassen, sondern Gebärde, beschwörende Gebärde, magische Gebärde – oder ist Linie, Linie der Evokation.

17

Daher ist es auch ganz unmöglich, daß einer gut schreibe und zuviel von sich schreibe[1], zugleich.

Denn die Schwierigkeit, zu einer Sache den Brennpunkt, den flammenden Ort zu finden, der eben Kunst ins Leben ruft, – oder: durch seine Gebärde die Beschwörung zu erreichen – oder: eine Linie der Evokation hindurchzuziehen –, diese Schwierigkeit ist so groß, daß davor die Frage des stofflichen Groß oder Klein nicht mehr existiert.

18

»Erkläre mir das.« Das gut Geschriebene kann man nicht erklären; es ist geradezu definiert als das, was man nicht erklären kann. Das gut Geschriebene kann man nicht erklären

---

1 Ein Vorwurf, der immer wieder gegenüber Schriftstellern ersten Ranges, wie Lichtenberg, Proust, Karl Kraus, erhoben wurde von Leuten, die – dadurch nichts weiteres darlegten als ihre vollständige Ahnungslosigkeit in Dingen der Kunst.

aus dem einfachen Grund, daß es schon ein höherer Grad des Erklärenden ist. Die einzige Möglichkeit wäre also, ähnlich, ja noch besser zu reden. Soviel verlangen doch wohl jene Fragenden nicht? Nein, sie zielen darnach, daß man ein paar billige Banalitäten zu jenem Geschriebenen abgebe: in Wirklichkeit also, daß man den guten Text schände.

19

Es gibt schwer verständliche und leicht verständliche Schriftsteller: leicht verständlich ist zum Beispiel Karl Kraus: schwer zu lesen ist Maupassant. Daher würden wir dem Unkundigen niemals raten, Maupassant zu lesen, sondern Karl Kraus.

Denn das, was man leicht sehen kann bei Maupassant, ist wertlos: es stellt also eine Fallgrube dar. Bei Karl Kraus gibt es so etwas Leichtes (wenn man vom Sensationellen seiner Polemik, das jetzt vorüber ist, absieht) nicht. Sein Zugang ist schwer und daher ist er einer der leichtverständlichen Schriftsteller.

20

Alle Formen wandern ... Wohl dem, der seine Erlösung finden kann von der Kunsttheorie der Schulen! – Das Geheimnis ist einfach dies, daß die Schriftsteller Forscher sind und reden (und die Formen ihrer Rede dem Resultate ihrer Forschung immer adäquater machen).

So sind Katherine Mansfield und Heraklit, Gryphius und Balzac und Hölderlin und Thomas Mann und alle dazwischen.

– Dann werden sie auch nicht sagen »Morgenstunde hat

Gold im Munde« und (die Wasserhühner) »maskieren ihren angeborenen Wildvogelstolz mit einem Bettlergesicht«![1]

21

Über einen Schriftsteller (der viele Brüder hat):
Viel Stoff hat er?
– Viel Speichel, ja.

22

Es gibt Leute, die über ihr Geschriebenes Titel setzen können wie: »Versuch einer geistigen Zusammenfassung.« Möchten doch *jene andern* Bücher den Vermerk tragen: »Geistlos und auseinanderfallend.« – Und möchten wir doch statt »Versuch einer geistigen Neuordnung« bei jenen Autoren, die andere Bücher schreiben, lesen: »In diesem Buch wird endgültig die alte, faulig gewordene Ordnung auf eine geistlose Weise bestätigt.«

23

Der Geist *schafft* nicht, er verdeutlicht. – Alles, was der Geist sich vorstellen kann, existiert. – Um ein Muster eines Geschwätzes zu geben, nenne ich das großartige Wort »der letzte Rastplatz«. Gemeint ist das Grab; das muß man hinzufügen; der richtig Denkende würde auch in tausend Jahren nicht auf die Vermutung kommen (heute weiß er ja,

---

[1] Der Satz (von Adolf Koelsch – Neue Zürcher Zeitung) ist ein typisches Beispiel für ein Gebilde, das den meisten Leuten recht »poetisch« erscheinen wird, in Wirklichkeit aber, indem es weder einen inneren Spannungswinkel ausdrückt noch in irgend einem Teil eine äußere Anschauung enthält, nur ein gedunsenes Nichts ist. Von den drei Elementen, aus denen der Satz besteht, ist kein einziges *wahr*: Weder von Maskieren, noch von Wildvogelstolz, noch einem Bettlergesicht kann bei diesen Wasserhühnern die Rede sein.

was die Leute mit dem Plagiatorenwörtchen bezeichnen). Nun: ist es der Geist, der dort rastet? *Ruht der Geist auf dem Friedhof?* Oder ist es der Körper? (Sogleich setzen eilige Veränderungen ein, die Fäulnis beginnt, es kommen die Würmer.)

Das Wort war indessen einmal lebendig: als *ironisches* Wort! Darüber haben sich die Plagiatoren, die es übernahmen, nicht Rechenschaft gegeben und heute verwenden sie das Wort feierlich.

24

– Behaupte ich denn, es seien ganz Gedankenlose, solche, die überhaupt nie etwas denken? Aber was sie denken, das haben sie nicht geschrieben; und was sie geschrieben haben, das kann man nicht denken.

25

Ja, wenn du Lust hast, baden zu gehn, mußt du darin noch lange nicht die Gewähr sehen, daß du schreiben kannst.

Das Geschriebene erzeugt Lust; die Kuh gibt Milch; wenn du Milch im Hause hast – mußt du daraus schließen, daß du eine Kuh bist?

Wenn du den Himmel über dir erblickst und über Bachs Musik auch der Himmel ist, – mußt du dann annehmen, daß du Bach, sozusagen Bach bist?

26

Die Dichter sinnen nichts anderes als andere Leute, nur mehr.

Sie ergreifen.

Die Dinge sind da, nicht anders, als Wasser um den Fisch da ist, die Dichter aber ergreifen.

(»Es liegt schon da, doch um es zu erlangen, / Das ist die Kunst, wer weiß es anzufangen?«)

27

Das wirklich Gedichtete ist eben das Gegenteil vom Erdichteten.

Nietzsche sagte »die Dichter lügen zu viel«. Hölderlin »was bleibet, aber stiften die Dichter«. Widersprechen sich da vielleicht zwei ernste Meinungen?

28

In der Bildhauerei kommt es darauf an, daß das Material alles sei, wenn man so sagen darf: der Marmor muß *wieder* Marmor werden nach allen Veränderungen; was in der neuen Form hervortritt, muß wieder Marmor sein, Marmor, als ob er noch ruhig im Berg, noch Berg wäre; er darf keine Stelle steinlos lassen: man betrachte den Balzac von Rodin und dann vergleiche man ihn mit den Denkmälern auf den sogenannten Friedhöfen. Aber in der Schriftstellerei darf man nicht von Tinte ausgehn, das ist sehr fehlerhaft. Es mögens noch so viele Leute noch so oft tun, es ist doch fehlerhaft.

Du mußt mit jener ätzenden Flüssigkeit schreiben, die Stein, Metall ätzt, die Leben nimmt, Leben verwandelt.

Der Stoff des Geschriebenen ist das Wort, nicht die Tinte. Und nicht der Schall.

29

Worte, die nicht Gewalt antun, sind nur in dem Fall Worte, daß du stumpfsinnig bist. (Im andern Fall sind sie Plagiat.)

30

Vom Plagiat

Wenn ein Mann den Faust silbengenau abschreiben würde, aber seinen Namen auf das Titelblatt setzen statt den Goethes: wäre das so arg? Man könnte sich ja vorstellen, daß der Mann sich manches dabei gedacht hat.

Jene andern aber, wie viel übler ist ihre Lage. Sie haben nur Teile übernommen und mit sehr viel von ... »dem Ihrigen« vermischt: aus diesem Ihrigen aber geht klar hervor, daß sie sich nichts gedacht haben.

Ja, wenn ich doch einmal so einem großen Plagiator begegnen würde, wie schon Lichtenberg ihn gezeichnet hat, einem Plagiator von Rasse und Stärke! Nun scheint es aber, daß die großen Plagiatoren nicht weniger selten sind als die großen Schriftsteller. Lichtenberg mußte feststellen:

»Daß die Plagiarii so verächtlich sind, kommt daher, daß sie es nur im kleinen und heimlich tun. Sie sollten es machen wie die Eroberer, die man nunmehr unter die honetten Leute rechnet. Sie sollten platterdings ganze Werke fremder Leute unter ihrem Namen drucken lassen und, wenn sich jemand dagegen regt, ihm hinter die Ohren schlagen, daß ihm das Blut zu Maul und Nase herausspritzte.«

Aber Lichtenberg muß ein großer Optimist gewesen sein. »Daß sie so verächtlich sind ...«: doch wieviele von ihnen sind denn in Verachtung gefallen? Gibt man ihnen heute nicht im Gegenteil Preise und nennt sie Schriftsteller, Dichter? – Oder würde man vielleicht auch heute sie nicht ehren, wenn es nur gelingen würde, ihnen Plagiat nachzuweisen, – und ist der Unterschied der, daß zur Zeit Lichtenbergs die feineren Methoden noch nicht gefunden waren, Plagiat zu begehen? – Denn heute, wie machen sie's? Sie übernehmen die Dinge von andern Plagiatoren, geben dreimal, viermal, zehnmal Reflektiertes; sie mischen durcheinander Dinge jeder Herkunft – da soll man ihnen Plagiat nachweisen! Und so meinen sie mit einem gewissen Recht, sie entgingen jeder Überführung – sogar vor sich selber.

Aber nun steht uns auch eine neue Art des Beweisens zu Gebote; wir nahen von der andern Seite. »Nicht wo du den Ring gestohlen hast, werden wir beweisen: wenn du uns nicht beweisen kannst, daß *du ihn erworben hast,* genügt es schon«.

Denn worum geht es hier? – Ist das Wort nicht jedermanns Sache, wie die Luft, so daß von keinem Stehlen die Rede sein kann? – Das Wort ist eine Sache, die selber redet; redet durch ihre immer besondere Struktur; ist ein Organisches, ein Lebendiges. Und wenn wir's nicht heute erkennen, ob der Baum auf deinem Boden wächst oder ob du irgendwo geholzt hast, so doch morgen; wenn uns der erste Satz, den du bringst, im Unklaren läßt, werden uns die folgenden zur Klarheit führen.

Und es gibt da nichts, das weder Eigenes noch Gestohlenes wäre. *Alles, was nicht Eigenes ist, ist gestohlen.*

Was ist Eigenes? Das voll, das in jedem Teil Verantwortete.

Denn die Worte, und sogar die Wörter, sind eben keineswegs jedermanns Sache wie die Luft; sie sind von jemand geschaffen worden und dem gehören sie, gehören sie allein, so lange bis ein anderer sie erkauft. Das Lösegeld ist: volle Notwendigkeit. Wenn du, ohne diesen Preis gezahlt zu haben, Worte gebrauchst, hast du sie gestohlen.

Wer etwas sieht und sagt, kann nur Richtiges sagen: *Wirkliches.* Weil aber die meisten Plagiatoren zu ihrem Unglück nicht eine Aussage von *einem* Sehenden abschreiben, sondern Teile von Aussagen mehrerer, entsteht eine Aussage, die von mehreren Orten aus geredet ist und keiner Wirklichkeit entspricht. Was geschieht, ist, um ein sehr grobes und sehr deutliches Beispiel zu geben, dies: Vom Berge aus beschrieb einer, der ins Tal blickte: »Langsam wie eine Raupe kroch ein Zug –«; im Bahnhof ein anderer: »Der Schnellzug brauste heran.«; der dritte aber, der nicht *sah*, verfaßte diesen Satz: »Der raupenartige Zug brauste dahin.« Dieses Beispiel ist nur ein Schema (wie das geometrische Gesetz vor dem Landvermessen, das physikalische Gesetz vor dem Naturgeschehen): dieselbe Arbeit des Herführens an einem Gedicht zu leisten, würde viel komplizierter sein, weil man einem Gebilde mit einer Vielschichtigkeit gegenübersteht: nicht nur um äußeres Sehen handelt es sich da, sondern auch ein inneres; nicht nur die logische, grammatikalische Verbindung wäre zu betrachten, sondern auch die Verbindung *des* Tones mit *dem* Sehen, *der* Empfindung oder *dem* Gedanken; es wäre zu zeigen, daß der Verfasser, wenn er *den* Gedanken wirklich besessen (errungen, durch sein Leben erreicht) hätte – statt ihn auf der Straße aufgelesen –, ihn nie und nimmer in dem Ton hätte vortragen können, usw.

Einer schreit im Garten; ein schwerer Stein ist ihm auf den Fuß gefallen: er verantwortet seinen Schrei. Einer fleht: »Bleibe. Ich sterbe.« Du siehst ihn an und aus seiner Bleichheit, aus dem Ton seiner Rede und aus hundert winzigen Dingen, die du nicht nennen kannst, geht dir zwingend auf – wie jedem aufgehen müßte –: daß es *seine* Worte sind. So aber soll es, wenn ihr schreibt, unter euch Schriftstellern auch sein.

Wie es an anderer Stelle steht: »In Notlagen erheben sich die Geringern zu des Wortes Stärke; dann können sie hören, können sie reden. Die großen Künstler sind immer in solchen Notlagen.«

In einer Zeit freilich wie der heutigen, dieser Zeit mit der *Romanindustrie* –; da man die Jungen Romane zu schreiben geradezu auffordert . . . – Was dem Roman heute zu wünschen wäre, sind zwei Dinge: erstens sollte es verboten sein, einen zu schreiben, der es doch tut, sollte gerichtlichen Verfolgungen sich aussetzen; zweitens sollte zugleich durch ein Wundermittel jede Möglichkeit des Erfolges vom Roman genommen sein. Dann wären Werke wie A la recherche du Temps Perdu oder wie diejenigen Gides oder Kafkas zweifellos doch in die Welt gekommen. Aber schon der überwiegende Teil der Bücher von Wassermann? Und gar erst das Werk von Jules Romains? Und die meisten berühmten amerikanischen Romane, diese Überschwemmung von Geschwätz? – Und was hätte die Welt verloren?

»Ja, kann man denn gleich vollendet sprechen?« *Es kommt auf das Überwiegende an.* (Einigen ist es vielleicht dennoch – trotz dem Spott, den Montaigne und andere über sie ergossen haben – nur möglich, zu stammeln. Jedoch: ». . . was nur am Lob des Höchsten stammelt, / Ist in Kreis um Kreise dort versammelt.«) Dieser Maßstab, der des Überwiegenden, gilt im »Leben«; je mehr wir zur Kunst übergehen – denn der Übergang ist niemals völlig klar –, um so mehr werden wir ihn gegen einen genaueren vertauschen; das heißt, wir werden denselben Maßstab auf kleinere Einheiten der Äußerungen anwenden.

In der Kunst gibt es entweder Plagiat oder Nicht-Plagiat (was man nennt »das Schöpferische«) und nichts anderes. Was kein Plagiat ist, hat Bedeutung; was keine Bedeutung hat, ist Plagiat.

Die ganze Kunst des Schreibens besteht darin, daß man kein Wort verwendet ohne volle Verantwortung.

31

Vom Zitieren

Herr X entschuldigte sich jedesmal, wenn er zitierte, daß er nichts Eigenes gebe. Das ist allerdings sehr verdächtig ...

Wäre denn Schreiben so unermeßlich verschieden vom Zitieren? Die Wörter sind ja auch schon da!

Da dem Vorgang des Schaffens derjenige des ernsten und gewachsenen Beurteilens so ähnlich ist, daß man nicht nur dem zu Beurteilenden gegenüber dieselben Unsicherheiten spüren kann wie selber Geschaffenem gegenüber, sondern bisweilen fast verwechseln, – da nur Dichtigkeitsunterschiede bestehen zwischen den beiden Tätigkeiten –, ist Zitieren, aus einer größeren Distanz gesehen, so schwierig wie Schreiben. Schon die Verbindung zweier Zitate stellt ein eigentliches Gebilde in den Raum.
Ein glänzendes Zitat kann jedem unterlaufen. (Er wähle es etwa aus den Sprüchen von Goethe, die doch fast alle gut sind.) Vom zweiten an beginnt die Schwierigkeit. – Bücher, die vom Flohmarkt kamen, waren von meinen Vorgängern mit vielen Bleistiftstrichen versehen worden: Ein Bleistiftstrich sagte mir in der Regel nichts über des Vorgängers Person, da es sich um gute Bücher handelte; aber schon bei der zweiten oder dritten Anstreichung ging mir meistens ein fataler Verdacht auf, auf welche Weise der gute Mann die Dinge aufgefaßt haben könnte, was für eine Art Gebilde in *seinem* Geist entstanden sein mochte ...; ein Verdacht, der sich dann in Gewißheit zu wandeln pflegte, noch ehe ich irgendwo ein »Wieso?«, anderswo ein »Bravo!« fand.

Wer nichts Eigenes hat, muß sich wohl immer bemühen,

etwas Eigenes zu geben. Wer kein Vermögen hat, tut wohl daran, nicht von andern zu entlehnen.

Aber die Zitate, die im Werk Montaignes enthalten sind, mögen ein dickes Buch bilden; und er dachte nicht daran, sich zu entschuldigen.

Er liest mit solcher Kraft (etwa Lichtenberg tat es), daß er nicht mehr weiß, ob der Text von ihm ist oder von jenem andern.
– Zu früh gelacht. Er steigt. »Doch nur mit dem Berg«, sagst du. Aber wo der Berg aufhört, steigt er weiter, in gleicher Linie, über ihn hinaus. Er hat zu schreiben angefangen und merkt es nicht.

Wer, vom Zitieren zum Schreiben übergehend, einen Unterschied spürt, wie einer, der vom Schweren ins Leichte gerät, von der Anstrengung ins Empfangen, vom (mühsamen) Steigen ins leichte Rollen, – der kann ganz bestimmt weder zitieren noch schreiben.

»Der Artikel«, rief fröhlich der Redaktor, »ist fertig. Ich habe noch mit dem Rotstift etwa zehn Stellen angezeichnet, an welche passende Zitate gesetzt werden sollen. Der Sekretär soll vorzugsweise solche von Goethe wählen.«
»Passend aber!« rief er ihm noch hinterher.
Dann noch:
»Wählen Sie vielleicht vorwiegend im zweiten Faust, in jenen Teilen, die noch nicht sehr *abgegrast* sind.«

Schon allein Akzentverschiebungen, bei sonst gleichen Kenntnissen, geben verschiedene Wirkungen, Bedeutungen, Werte. Ja sogar nur die Intensitätsänderung im Betonen kann große Bedeutung haben.

Wir wissen alles . . . – »wissen« hier im weitesten, dunkelsten Sinn verstanden –; was einer bewußt betont, bringt schon eine andere Art Wissen, nicht mehr jenes dunkle, universale, sondern das eigentliche, das menschliche Wissen; denn jenes dunkle, universale ist kein eigentliches menschliches Wissen. – Etwas im menschlichen Kulturraum, in den Literaturen schon Vorhandenes in einen andern Rang stellen kann schon eine *Leistung* sein, eine schöpferische vielleicht sogar (das begreift kein Jüngling), wenn es mit Sinn geschieht.

Die Ideen sind vorhanden. Eine *hervorheben können* ist kein leichtes Ding.

Wenn man die Wichtigkeit der Tatsache sieht, daß es *Grade,* Intensitätsgrade des Erkennens gibt, daß man, wo es sich um höhere Dinge handelt, nicht »weiß« oder »nicht weiß«, dann versteht man auch die Gefahr, die eine Art von Wissen, ein Nominal-Wissen, ein Nenn-Wissen oder wie man will, für die Menschen darstellt, für die Menschheit von jeher dargestellt hat. (Das Prinzip der Impfung, des Immunmachens. – Der Apotheker. Die entsetzliche Wirkung der Schulen. – Warum wird ein Arbeiter den Faust noch eher verstehn als ein Apotheker?)

»Das Wasser ist warm.« Und jenes Wasser ist wärmer. Dieses Eisen ist sehr viel heißer. Dieses glühende Eisen –. Und erst bei ein paar tausend Grad ist eine Wärme erreicht, mit der man die Himmelskörper schmelzen machen kann.

32
Die Polemik

Auch Größte haben Fehler – und unsere eigenen vergessen wir nicht einmal im Traum –: nun greifen wir bei kleinen Fehlern die Kleinen an; ist das gerecht? Da doch jedem Fehler passieren können?

Wurde ein Titel wie »Versuch einer geistigen Neuordnung« als Quatsch bezeichnet: wenn auch Nietzsche einen

Vom Schreiben

ähnlichen Titel hätte – den Fehler würde es nicht geringer machen. Was tut es aber dem Meer, wenn man ihm einen Liter Wasser entzieht?

Nun greifen wir bei kleinen Fehlern die Kleinen an. – Wir müssen die Kleinen in der Literatur, und darunter verstehen wir hier die Elenden, *irgendwie* angreifen; wir gehen auf einen der einzelnen Fehler ein, nicht weil ihnen einmal ein einzelner Fehler passiert ist (und als ob es nur einmal wäre!), sondern weil sie im ganzen elend sind. Es wäre wohl besser, wenn wir kurzerhand zeigen könnten, daß ihnen jegliches Positive fehlt: aber *wie* –?

Man muß den Stier bei den Hörnern packen, nicht weil man etwas gegen die Hörner hätte – der Beweis ist, daß man gleiche Hörner ruhig an der Wand hängen hat –, sondern weil man ihn irgendwo packen muß an seinem *Äußern*, weil man nicht mit mysteriöser Hand in sein vitales Zentrum selber greifen kann (um ihn herumzulenken). Stier – eine schlechte Vergleichung, zu ehrend; aber ob Wurm oder Lurch, immer bleibt: wir haben es mit dem Äußeren zu tun.

– Herr Meyer würde sich übrigens kolossal entsetzen, wenn ich mich geradewegs seinem schriftstellerischen vitalen Zentrum zuwendete und sagen würde, daß es dort modrig aussieht, in diesem »vitalen« Zentrum; solche Gesamtkonklusionen sind so schwer zu beweisen, so leicht zu leugnen! Weit besser, wir beweisen das Einzelne und lassen Herrn Meyer die Konklusionen selber ziehen; wir deuten sie gar nicht an.

Jene sind nicht zu überzeugen. »Aber« sagen sie, »man müßte doch das Ganze zusammenfassen und nennen können, um . . .«

– Wir nennen auch die größten Dinge mit Einzelnem, mit Details.

»So müßte denn aber durch das Einzelne hindurch etwas aufgehen, was das Ganze bezeichnet, damit wir denn ...«
Eben das.

... »Hieß das dem gemeinen Kerlchen nicht zuviel Ehre antun?« Aber wer redet denn von Ehre antun? Keiner, der etwas von Produktion versteht, hat je den Wert jener Produktion, die mehr oder weniger zu der polemischen Form gehört – einer Form wie jede andere –, am Wert des Partners, Objektes, gemessen oder nur damit in Beziehung gebracht.

So ist das Bild der reinen Polemik: auf einer Bühne führt ein Mann mit dem Schwert unerhörte Hiebe aus, verbunden mit Sprüngen, mit allen Künsten, gegen ein geringes Kerlchen. Und die Narren sagen: Kann sich das lohnen? so viel Mühe, Zeit, Kraft, Kunst, Hitze, Schwitzen gegen solch ein Männchen?
Aber dahinter an der Wand, durch eine besondere Lichtprojektion, riesenhoch, zehnfach hoch, entsteht ein Bild ...
Von einem Klaviervirtuosen sagte einer: Was schlägt er denn immer so sehr auf diese geringen Tasten los? verzieht sein Gesicht und ereifert sich? was haben ihm diese Tasten getan? und wenn sie ihm was taten, können sie dafür? lohnt sich die Mühe? Der war eben taub.
Wer nicht weiß, daß Polemik *eine literarische Gattung* ist, ebenbürtig jeder andern, der weiß in dieser Sache nichts; er klebt wie jener Taube an den Tasten. Aber selbst im »Querschnitt« (dem frühen, guten) konnten so ahnungslose Leute ihr Geschriebenes veröffentlichen; Vorwürfe finden sich da gegen Karl Kraus[1], daß er sein großartiges Metzgerhandwerk (ich übermittle die Geschmacklosigkeit) an so wenig fetten Tierchen übe, die dessen gar nicht wert seien, zu

---

[1] Ich habe bei all diesen Ausführungen an die große Polemik von Karl Kraus gedacht.

wenig Fleisch hätten. – Eine literarische Gattung, ebenbürtig jeder andern. Auch der Liebeslyrik: und wer würde heute noch – kein Zweifel, daß es früher geschehen ist – diesen Vorwurf erheben: diese Liebesbeteuerungen seien zwar heftig und glanzvoll; aber er habe das Mädchen gekannt, an das die Gedichte gerichtet seien, – ein mageres, geringes Ding, nicht schön, nicht bedeutend, es lohne sich wirklich nicht ...

Nun ist es heute jedem klar, daß der Wert der Gedichte nicht davon abhängt, an wen sie »gerichtet« sind; sie können gerichtet sein an einen faulenden Strohhalm.

Lebt aber nicht alles durch Liebe? – So studiere, der du so fragst, erst die Liebe ...

33

Politische, soziale Schriftsteller: Diese haben fast niemals Kunst geschaffen. Denn ihre Werke sind nicht aus Primär-, sondern aus Sekundärmaterialien gebaut; das primäre Erleben war anderswo; Kunst entsteht aber nur unmittelbar aus primärem Erleben, genauer noch, *als* primäres Erleben. Weil der Ort der wirklichen Teilnahme, das eigentliche Erleben jener Schreibenden, bei der sozialen Verwandlung, der politischen Entwicklung liegt, ist, was sie schrieben, künstlerisch gesehen, blaß, ohne wirkliche eigene Existenz (was erzieherischen Wert nicht ausschließt – ganz im Gegenteil; Kunst ist ein sehr ungeeignetes Instrument der Erziehung; sie setzt vielmehr voraus, daß die Menschen hoch erzogen sind). – Kunst ist Gipfel eines Erlebens selbst, nicht Beziehung zu einem anderswo stattfindenden Hauptgeschehen, nicht Überlieferung, nicht Duftaufbewahrung, nicht Weg zu einer anderswo hängenden und reifenden, sondern selbst die wirkliche Frucht.

34

Sprichwörtliche Wendungen – wie »Haus und Hof« – dürfen nur in seltenen Fällen verwendet werden. Wann? Wann die Umgebung erlaubt, zu sehen, daß es mit vollem Bewußtsein geschehen ist, was sie fast nie erlaubt – es sei denn, daß man wenigstens in den Worten eine leichte Änderung, etwa Umstellung der Wörter, eintreten läßt, die das Hermetische sprengt, die Worte wieder zum Leben erweckt, wieder atmen läßt.

35

Da sei nichts träumerisch! Auch das nicht, was du aus Traum und Nacht erfassen und herüberziehen kannst. Auch das Gesteigertste und Schwierigste muß klar sein wie das Gewöhnlichste – auch die Halluzinationen, auch die Übergänge der seltsamsten Tönungen fast nie gesehener Landschaften.

36

Schreibregeln

Wenn der Plan einmal bis zur Klarheit gediehen ist, dann ist *diese* Periode zu Ende. Und es gilt nur noch: entweder auszuführen, oder (sich anderem zuwendend) liegen zu lassen: *nicht* aber, den Plan nochmals vorzunehmen, um zu »überprüfen«!

Es gibt nichts Schwächenderes als das Letztgenannte. – Vorgänge bei gewissen sportlichen Übungen zeigen genau dasselbe. – Kraft sammeln wollen, ruhen *wollen*, lähmt. Jede Produktion stärkt, genauer, jedes Produzieren. Einen Plan bauen ist Produzieren; ihn begaffen lähmt.

Nie zu vergessen: Es gibt keine an sich höheren, zum

Werte prädestinierten Kunstformen. Es gibt keine Beschränkung der Möglichkeiten neuer Kunstformen.

Vorher hieß es: »Verbinden! Einleiten! Erklären!« etc. (»Konstruieren« am Ende gar!): All dies ist verderblicher Unsinn.

Jetzt heißt es: Hauptsache voraus!

(»Ausarbeiten«? – Aber nur so, daß immer neue Hauptsachen hinzukommen, nie eine Zier des Früheren.)

Alle füllenden, verbindenden, *erklärenden,* nur der andern wegen vorhandenen Teile werden eines Tages als vollständig wertlos erkannt werden.

(Gegenteil ist das Immanente, das sich selbst als Gedanke Präsentierende.)

Also hüte dich! Nicht nach irgendeiner modernen Bewegung, nicht nach irgendeinem Lehrbuch schauen.

Das Deinige sage, wiederhole nicht das der andern.
Ich will nur sagen, was mich brennt.

37

Wir werden alles in seiner Härte lassen. Wir werden uns zehntausendmal nötigen, einfach abzubrechen, wenn die Hinüberführungen, die Milderungs-Glanz-Stückchen beginnen. Das Geschwänzte – o Verächtlichkeit! dein Geschriebenes habe nur brauchbare Glieder. – Wir werden tausendmal sengen und tilgen, wenn es uns in ermüdetem, in umnebeltem, in forciertem, jedenfalls der Natur abgewendetem Zustand doch vorgekommen ist, etwas mehlig-Verbindendes, mild-auslaufen-Lassendes, den Leser Umschmeichelndes zu dem Richtigen hinzuzusetzen. – Und immer werden wir tausendmal vorziehen, etwas Unverständliches zu schreiben, statt dem Leser zuliebe ein Unverstandenes. (– alles Schmeichelhafte, verbindlich Grüßende, Konventionelle ist unverstanden: undurchsichtig, undurchklärt.)

– Daran anknüpfend wären Einwände gegen manchen vorzubringen ...; auch gegen gewisse Einzelheiten bei Thomas Mann, die freilich dort, vor der Fülle und überragenden Größe des Allgemeinen, verschwindend gering sind. Und »Zarathustra« mag eines der tiefsten Bücher vielleicht wirklich sein – wird der gute Leser es Nietzsche je danken, oder vielmehr, je vergessen können, daß er dem schlechten Leser zuliebe soviel daran verpfuscht, vermindert, der Lesermasse solche Opfer gebracht hat? (– so daß zum Beispiel ein Gide, der doch Nietzsche wahrlich nicht gering schätzte, gestehen muß, er habe das Buch mehrere Male vorgenommen, aber es nie lesen können.) Hier ist ja auch einer der Gründe, daß wir den zweiten Faust so über alles schätzen! Da ist nichts dem Leser zuliebegetan. (Um menschlich gerecht zu sein, dürften wir freilich nie vergessen, daß Nietzsche – obwohl wie kaum je einer von der Begierde besessen, eine Welt zu heben, – der einsamste Unbekannte war, wogegen Goethe ...)

38

Wenn man wenig zu schreiben hat, schreibt man leicht.

Variante.

Je weniger man zu schreiben hat, um so leichter schreibt man. Die große Schwierigkeit großer Schriftsteller, zu schreiben, – man denke an das bekannte Wort Thomas Manns –, mag eben in der Fülle des Herandrängenden ihren Grund haben. Ja man könnte beinahe sagen: Je weniger man zu schreiben hat, um so mehr kann man schreiben. Die Menge des Vorzubringenden, die Unzahl der Möglichkeiten, die bei einem wirklich bedeutenden Schriftsteller bestehen, hindern das Fließen, blockieren den Ausgang (man denke an die Vorgänge bei einem Theaterbrand, wenn alles zur Türe drängt ...). Und es gibt nur eine Hoffnung: die Kondensation.

39

Sprachliche Begabung. – Nur von der höheren soll hier die Rede sein, das heißt, nicht der Fähigkeit, mit großer Schnelligkeit fremde Sprachen oberflächlich zu lernen. Diese Fähigkeit und die höhere sprachliche Begabung haben merkwürdigerweise heute nichts mehr miteinander zu tun: nicht selten sind die Personen, die mit großer Leichtigkeit fremde Sprachen summarisch lernen, zugleich aber gegenüber den sprachlichen Potenzen, gegenüber dem Feineren und Mächtigeren *der* Sprache, ihrer eigenen oder irgendeiner Sprache, durchaus immun sind. – Um also nur von der höheren oder der künstlerischen sprachlichen Begabung zu reden:

Es lassen sich leicht zwei deutlich getrennte Arten wahrnehmen. Die erste triumphiert im Unterscheiden der Synonyme. (Die Synonyme, lehren die meisten Grammatiken, seien Wörter, welche verschieden lauteten und dasselbe bezeichneten, oder, die bei verschiedenem Äußeren gleiches Innere hätten. Was indessen eine solche Grammatik uns wirklich lehrt, ist nur, daß ihr Verfasser von dem wahren Wissen um das *Wort* Meilen entfernt war. – Je ausgesprochenere Geschiedenheit aber für jemand zwischen zwei Synonymen besteht, je unmöglicher es ihm ist, in einem bestimmten Satz das eine durch das andere zu ersetzen, um so größer ist seine sprachliche Begabung der ersten Art.) – Die zweite im Unterscheiden der Wortformen.

Die eine hat es mit den Wortstämmen zu tun, die andere mit den Beziehungen zwischen den Wörtern und somit den Veränderungen des Wortes, deren gröbste die Konjugation und die Deklination sind, deren feinere solche wie von »die Arbeit« zu »das Arbeiten«. Wo die erste allein in nennenswertem Maße besteht, wird man eine Rede finden, die bisweilen in (mehr oder weniger passenden) Kraftausdrücken excellieren mag, im übrigen aber rüpelhaft ist (was in der

Schweiz besonders häufig vorkommt[1]). Es versteht sich von selbst, daß zum Höchsten, oder nur zum Guten, beide nötig sind. Die zweite indessen ohne ein gutes Teil der ersten – kommt nie vor. Wer den Unterschied zwischen »die Arbeit« und »das Arbeiten«, zwischen »Bruch« und »Brechung« wahrnimmt, wer den Abgrund zwischen »Zartheit« und »Zärtlichkeit« (beide natürlich als menschliche Eigenschaft!) klaffen sieht, der wird auch die Differenz zwischen »rauschen« und »brausen« als eine sehr große empfinden.

40

Ist es nicht seltsam, daß im Lande der solidesten Leute – in der deutschsprachigen Schweiz – die unsolideste Prosa geschrieben wird?[2]

41

Auf einer Redaktion. Zum Sekretär:
»Setze noch zweiundzwanzig Rufzeichen, um saftiger zu machen!«
»Mach saftig mit Ausrufungszeichen, spicke mit Zitaten, würze mit Dialekt!«
Zum Verfasser:
»Ihr Artikel ist gut . . ., substantiell, es sind gesunde Dinge drin; aber er ist noch nicht *gewürzt*. Geben Sie doch noch eine Anzahl Dialektausdrücke hinein!«

---

1 Es gibt hier berühmte und in Literaturkreisen ernst genommene Schriftsteller, die nicht einmal die Deklination kennen.
2 Hermann Hesse kann in einer bemerkenswerten Besprechung eines Buches von Robert Walser feststellen: ». . . er fiel gerade durch das Gegenteil von dem auf, was üblicherweise zu den charakteristischen Eigenschaften des Deutschschweizers zu gehören schien, vor allem zeigte er von allem Anfang an eine magische Verliebtheit in die Sprache . . .« (National-Zeitung, Basel, 7.11.37.)

»Ihrer Arbeit fehlt noch der *Schliff. Schleifen* Sie dem Stück doch noch die Kanten und Ecken ab; – geben Sie's in eine dieser Maschinen, hier, sehen Sie, die wir hier aufgestellt haben.«

Auf einer andern Redaktion (in der Schweiz): Als der Artikel fertig war, erhielt der Sekretär den Auftrag, vierundzwanzig Präfixe hineinzustreichen, um die literarische Qualität zu erhöhen.

»Seine eigenen Worte ... wir sprechen ihm wirkliche Fähigkeiten nicht ab ... was sagt das? ... wir hörten fröhliche Stimmen.«

stand da, aber dieser verständliche Text hatte zu wenig Qualität; jetzt lesen wir:

»Seine ureigenen Worte... wir sprechen ihm eigenwirkliche Fähigkeiten nicht ab ... was besagt das? ... wir hörten frisch-fröhliche Stimmen.«

42

Die Witze

Es kommt sogar auch hie und da unter den sogenannten Witzen vor, daß etwas witzig ist. (Es kam wohl meistens zustande durch Zufall; Witz kann entstehen durch Zufall.)

Lieber lese ich einen Witz von Lichtenberg zum zwanzigsten Mal als zweihundert Witze aus Zofingen; und lache bei dem einen Witz von Lichtenberg zwanzigmal, beim Lesen der zweihundert aus Zofingen dagegen – –

»Es ist mit dem Witz wie mit der Musik, je mehr man hört, desto feinere Verhältnisse verlangt man.« sagt Lichtenberg. Das Witzige ist gekennzeichnet durch Subtilität. Wie die Schärfe eines Messers: je breiter die Schneide ... Irgendwo las ich, daß ein Buchhändler so zum Kunden redete: »Nehmen Sie dieses Buch, es ist herrlich: die Geschichte wird Ihnen die Haare auf dem Kopf sich sträußen machen.« Und ich freue mich. *Dann erst* bemerkte ich die dem Text beigegebene Zeichnung und gewahrte, daß der Kunde keine Haare mehr hatte ... und weg war der Witz.

Wir sind, wenn wir so viele Witze durchlesen, trockenen, unveränderten Gesichts, dem Jäger gleich, wir jagen; oder dem Mann, der, Perlen zu suchen, tausende von Muscheln öffnet, sie alle wieder achtlos fallen lassend.

Will ich vielleicht die in Zofingen beleidigen, ihnen Verständnislosigkeit vorwerfen? Im Gegenteil, ich muß annehmen, daß sie scharfe Kenner von Witzen sind. Wie könnten sie denn sonst – da ja der Zufall sogar Witze macht – mit solcher Präzision immer das Witzige vermeiden?

Ich kann mir überhaupt keinen wirklich guten Witz denken, der nicht zugleich von großem Ernst wäre; nicht augenblicklang Pforten aufrisse, durch die man sehr weit schaut ... Man muß an das bekannte Wort Goethes über Lichtenberg denken (der doch mehr ausgezeichnete Witze hinterlassen hat als irgendeiner in der deutschen Literatur): »Wo er einen Spaß macht, liegt ein Problem verborgen.« Und an die Narren muß man denken – nicht die heutigen, wie sie die Welt zum Ersticken erfüllen, sondern die Narren im frühern, andern Sinne, wie die Fürsten an ihren Höfen sie gehalten haben sollen; die Narren bei Shakespeare. Es ist oft aus mehr als einem Grunde nötig, die Wahrheit nicht hart, nicht direkt zu sagen. In der zierlichen Form mißfällt sie nicht – sie bedroht weder das Leben derer, an die sie gerichtet ist, noch dessen, von dem sie kommt. Die Großzahl der Menschen übersieht sie und einige andere, unkundig, welche Macht jede Wahrheit einmal gewinnen kann, dulden sie. Man tilgt sie nicht durch Feuer; sie kann in der Welt bleiben, bis – –. Die Narrheit verschafft der Wahrheit Dauer.

Und die Dichtung aller Zeiten ist vielleicht so ganz und gar etwas anderes auch nicht ...

43

Das Flugzeug

»... Wer es aber fertigbrächte[1], den uralten Mond über dem »U« der Untergrundbahnen dieses Jahrhunderts leuchten zu lassen, derart, daß eine städtische Landschaft sich bilde, ja, der und nur der dürfe sich einen Schreiber nennen.« (Aus einem Nachruf für Rudolf Geck.) Da begann ich mich zu besinnen, wo und wie Untergrundbahn, Flugzeug und Ähnliches in der Dichtung auftreten. Ich erinnerte mich, daß einige kurzhin behaupten, solche Dinge könnten nichts mit Dichtung zu tun haben; über diese muß man weiter nicht reden. (Als ob es je die *Gegenstände* wären, die mit Dichtung zu tun haben, statt der Mensch!)

Einige bekommen Mut und beginnen Auto und Flugzeug[2] zu besingen. Aber anstatt von diesen Objekten selber zu reden, reden sie von anderen, nämlich früheren, die einmal eine irgendwie ähnliche Stelle einnahmen; tragen sie die Attribute dieser früher bekannten, besungenen Dinge den neuen Dingen zu. »O herrliche Pflanze du« sagen sie zum Flugzeug (oder beinahe), »grünschillernd Käferchen«, statt zu sehen, daß es den höchsten Ausdruck menschlicher Sehnsucht darstellt, wie einst bei Hölderlin das Schiff (das *damals* am weitesten führende Fahrzeug):

... o wer dort an jene
Goldnen Küsten das wandernde Schiff zu treiben vermöchte!

---

[1] Ich übernehme die falsche Form.
[2] Ich muß in Erinnerung rufen, daß diese Seiten zu einer Zeit geschrieben wurden, da es noch möglich war, das Flugzeug, eine der herrlichsten Realisationen des menschlichen Geistes, den Gegenstand von Leonardos großer Sehnsucht, objektiver anzusehen, die Augen nicht getrübt von seiner in diesen Jahren fast ausschließlichen Bestimmung.

Du Maschinenvogel, Vogelmaschine, Benzinvogel. Aber ein Vogel ist weich, zart und beweglich, nicht lenkbar (von uns aus), mit sanften Augen (es ist dem Vogel überhaupt nichts vorzuwerfen), und hier ist ein Ding hart, starr, glatt und vor allen Dingen lenkbar. Dann sagen sie Stahlvogel. Aber warum (denn ihm, dem Flugzeug ist auch nichts vorzuwerfen), warum muß das Flugzeug seine Attribute vom Vogel entlehnen, als ob es ein gefälschter Vogel wäre (wer gewinnt bei der Sache, das Flugzeug oder der Vogel? Am Ende verlieren beide), hat es denn keine eigenen? (»Aus Stahl« ist das geringste; du sagst dem Vogel auch nicht vorzugsweise, daß er aus Fleisch ist.)

Ich glaube auch nicht, daß *Dampfroß* die herrlichste Poesie ist oder nur jemals Poesie gewesen ist. Wenn das Wort doch bisweilen Gefallen erweckte, geschah es einer Poesie wegen, die erst nach längerem Gebrauch des Wortes da war; sie bestand in der Komik.

Ist aber »Dampfroß« doch Poesie, dann ist es die der Idioten. »Er hob den *Stock*« erzählte der Wolf vom Jäger, »und blies hinein; da entstand ein fürchterlicher Ton und der Bruder fiel tot um.« Ein Gewehr ist für den, der kein Idiot ist, nun einmal etwas ganz anderes als ein Stock, was vielleicht sogar der Wolf an den Wirkungen nach und nach lernte.

– Gibt es denn keine Erlaubnis für Vergleichungen? Herrgott im Himmel ... *nein*. Die Vergleichungen müssen kühn von oben wie die Sonnenstrahlen ohne Erlaubnis von selber kommen dahin, wo sie hingehören. Vergleichungen aber von hinten und unten her, Vergleichungen, weil man nicht *heraus* kann, sich nicht anders zu helfen weiß, sollten streng verboten sein. Verboten die Verkleidungen, notdürftigen Zusammenheftungen, Verschmierungen mit anderem. Die Dinge mögen nackt gehen, solange sie nicht *ihr* Kleid haben. Hülle nicht in den Königsmantel das Idiotenkind, hinzufügend »aber besser!«, um den König zu malen. Singe

Vom Schreiben

nicht von der Orange: »Du feurige, südliche, edle Kartoffel.« Nimm nicht, um das Genie zu zeichnen, die Attribute der Vogelscheuche mit der Aufforderung, man möge die Vorstellung steigern.

Valéry und Rilke reden so von den Säulen:

> Mägde wir, ohne Knie
> Lächeln ohne Gesichter

und

> Auf den Augen die Frone
> des Tempels für alle Zeit
> gehn wir im Schwarzen ohne
> Götter zur Göttlichkeit.

Das sind auch Vergleichungen. Aber es sind Vergleichungen, die von oben her kamen, ohne einer Erlaubnis zu bedürfen, wie der Sonnenschein, wie das Licht, – und sie kamen nicht von einem, der gefangen saß, sich nicht herauszuheben vermochte aus den Attributen früher bekannter Gegenstände, seine Augen wohl auf das Neue richtend, aber ohne daß sie es sahen: die Richtung der Augen genügt nicht.

So weit ich mich zurückerinnere, schreien die Menschen immer nach Wundern. Und wenn das Wunder da ist, wollen sie es niemals sehen, sondern behängen es, nennen es mit ihrem Alltäglichen! Für neugeborene Katzen dagegen, welche alle gleich sind, suchen sie seltene Namen und »selbst seinen beiden Pantoffeln hatte er Namen gegeben« (Lichtenberg). Das Flugzeug nennen sie nur Tragstuhl, Vogeltragstuhl. Hebe deine Augen auf zum Flugzeug – –

Und bilde dir nicht ein, daß du, ehe du es erkennst, davon singen sollst!

(Auf diese Weise werde ich am Ende noch – wird man mir vorwerfen – einer großen Zahl von Leuten das Schreiben schwierig machen und sie am Ende gar vom Schreiben wegtreiben. Das wäre allerdings – – mehr als man erhoffen kann.)

Laß dich in einem weiß dampfenden Lande fünf Jahre in eine Erdhütte sperren; du sollst während der ganzen fünf Jahre das weiß dampfende, leere Land nie verlassen, nie ein intelligentes Gesicht sehen, ein Gesicht, das Nähe und Ferne in *einer* Zeit vereinen würde; aus äußerster Ferne nur soll durch das geschriebene Wort Geist zu dir kommen, aus Paris oder von Goethe; alles um dich soll dick wie Mist sein und niemals zu verändern –: Und dann, wenn dann es oben, erdnah und mächtig rauschend noch oder in ungeheurer Höhe schon, beinahe ein bißchen im Unendlichen, losgelöster von der Erde als der Gedanke, vorüberzieht –, wirst du spüren, was das Verbindende und Rettende, was reine Macht und menschlicher Geist ist, wirst du das Flugzeug sehen lernen.

Oder anderswie, wir fragen nicht wie. Und wenn du es nicht siehst, fragen wir auch nicht darnach und nicht einmal nach dir. Nur wäre es in diesem Fall angenehmer, wenn du nicht die Attribute deines abgetragenen Korbsessels aufschmieren würdest und mit deiner Nagelfeile polieren.

Das neue Leben – zwar wird es dich nicht hassen, aber du wirst es nicht haben. Du rutschest, eines der gebrechlichsten unter den Geschöpfen, auf deinem Korbsessel hinter dem her, was schneller ist als Pferd und Adler.

44

Sicheres Rezept
ein großer Schriftsteller zu werden, oder: Von der förderlichen Vorbereitung

Besteigt man den Montblanc oder nur einen mäßig hohen Berg bei ungenügenden Vorbereitungen? Wie viel weniger wirst du aufbrechen zur Eroberung einer schriftstellerischen Größe, wenn du dir nicht das zurechtgezimmert hast, was ein sicheres Befolgen des Weges verbürgt.

1. Kauf gute Bleistifte – nicht einen: wie, wenn er dir mitten in einem göttlichen Gedicht zerbräche? Wähle die Federn mit Einsicht und in großer Zahl: könntest du es verantworten, daß dich, wie es doch leicht geschehen kann, die Feder stört und vielleicht dadurch in deinem Geschriebenen der letzte Glanz, das, was just die Kunst ausmacht, nicht erreichbar wäre? Wirf die gewöhnlichen Federn weg und verschaffe dir lauter goldene; beachte die Komposition der Tinte: denn wäre es erlaubt, sich durch solche Kleinigkeit, wie Unvollkommenheit der Tinte beeinträchtigen zu lassen, dort, in der Kunst, wo es um das Erreichen der höchsten Resultate der Menschheit sich handelt? Verschaff schwere Gefäße für Tinte, Federhalter und so, aus Halbedelsteinen vielleicht (diese wirken am besten auf den Geist), je nach deinem Geschmack – so, daß es am wenigsten stört, – all das ist nötig beim Dichten. Nun die Welt der Papiere! – Dann die Riesenfrage des *Mobiliars* in deinen Arbeitsräumen ... – Doch werden wir da unsicher, wir können uns nicht verhehlen, daß wir ins Abseitige, ins Illusorische geraten sind, daß wir viel zu allgemein reden, denn:

2. Wie willst du dir das Genannte verschaffen, wenn es dir an der *Basis* fehlt? Die genannten Vorbereitungen beruhen wieder auf anderen und bei denen mußt du beginnen. Und

selbst wenn der Zufall dich zum Besitz all des Genannten führen würde, was nützte es dir, wie könntest du in Ruhe und mit Gründlichkeit dichten, wenn du fortwährend einen Verlust befürchten müßtest, durch in Aussicht stehende materielle Sorgen bedroht würdest? Kurz, erwirb dir in erster Linie ein ganz großes und sicheres Vermögen, reserviere zwanzig Jahre deines Lebens dafür, nur nicht kleinlich sein, wo es sich um Großes handelt!

3. *Große Reisen, große Erlebnisse.* – Wenn auch ein Zufall dir zum Besitz eines genügend reichen Schreibmaterials, einer wahrhaft vollkommenen Ausstattung deiner Arbeitsräume verholfen hätte und wenn derselbe Zufall außerdem die materiellen Sorgen zeitlebens von dir fernhielte, was wärest du, wenn du dir nicht durch ansehnliche Reisen, Weltreisen, diejenigen *großen Eindrücke* und die *hochbedeutenden Stoffe* verschafft hättest, die vielleicht andere Schreibende haben, die also dadurch dir gegenüber schon im Vorteil wären? Gib ruhig zwanzig weitere Jahre deines Lebens dafür hin, ist das Ziel nicht groß? Es ist da, bei den großen Eindrücken, großen Erlebnissen, an Verschiedenartiges zu denken – lauter Unerreichbares für den, der nicht ein beträchtliches Vermögen auszugeben hat, – nicht zuletzt an gewisse Frauenbekanntschaften, wie man sie nur an ganz wenigen Stellen der Welt und unter ganz auserlesenen Umständen machen kann (wie viele Frauen gibt es denn, die nie ein Kleid zweimal tragen und nicht weniger als tausend Paar Strümpfe im Jahr benötigen?); vielleicht tust du gut daran, damit auch dieses Erlebnis gründlich bestanden werde, dich ein- oder zweimal mit so einer Frau zu verheiraten. – Doch all dies ist noch nicht die Hauptarbeit. Jetzt kommt es vor allen Dingen auf

4. *die Vorbereitung der Welt* an. (Und gehen auch nochmals ein oder zwei Jahrzehntchen drauf, wir nähern uns doch dem Ziel.) Gemeint ist, daß du dir Freunde, Wohlgesinnte, ein Milieu schaffest, das dann fähig sei, deine Werke zu

empfangen; damit du dann in der Zukunft, wenn du dein Werk schaffen wirst, nicht mangels an Verständnis und Empfänglichkeit der Welt verdorren mußt. Sind doch beträchtliche Talente auf diese Weise zugrundegegangen! (Man denke etwa an Hölderlin.) Und überdies kann ein Schriftsteller nur Bedeutung haben, wenn die Mitwelt ihm welche zuspricht. (Sollte da etwas nicht ganz klar sein, so kann ich dich auf einen großen Literaturprofessor verweisen, der wird es dir dann schon beibringen.) Also verschaffe dir eine mächtige, einflußreiche Stellung in der Welt (das Vermögen wird dir Zugänge eröffnen). Du mußt mindestens einmal Minister gewesen sein. Oder Ölmagnat. *Zum Schein natürlich* und eine Zeitlang nur, dein eigentliches Leben besteht ja in der Kunst. Von solcher Stellung aus wirst du Freunde und Wohlgesinnte in so großer Zahl dir bereiten – die Redaktionen der ganzen Welt dir gefügig machen –, daß eine Hinderung oder Nichtförderung deines zukünftigen künstlerischen Schaffens vollständig ausgeschlossen sein wird. (Und eigenes Dampfschiff hast du dann auch schon, wie auch Villen in den verschiedensten Gegenden der Erde, in den Bergen, an der See, in südlichem und nordischem Klima, sowie in den Tropen, und alle mit eigenartig eingeübter Dienerschaft.)

Dann umgib dich mit einer großen Zahl von schönen jungen Frauen, denen im Anreizen deiner Lebensgeister bei deinem immerhin schon vorgeschrittenen Alter eine besonders wichtige Funktion obliegen wird.

Und dann – o Zittergreis! eilig und mit frischer Kraft: *ans Werk!*

45

Rechtfertigung oder *an den Leser:*
Warum ich »so dick auftrage«:
Man hat mich – nicht oft gefragt, ich will aber sagen, man würde mich oft gefragt haben, wenn es Leute gäbe, die sich mit meinen Schriften befassen (all das sind also meine Vorstellungen) – und übrigens würde man mich in diesem Fall eben wieder nicht oft gefragt haben, weil kein Grund bestanden hätte (die Erklärungen werden gleich folgen), dieses: eben, warum ich so dick auftrage; warum ich denn so stark rede, so unstill, mit so viel Donner. – Wenn ich Leser hätte, würde es mir auch erlaubt sein, still zu bleiben; ausschließlich nach Genauigkeit zu streben, statt, nach Luft schnappend, mit Quantitäten und immer wieder mit denselben Quantitäten zu ringen; was gesagt wäre, wäre gesagt; nun aber weiß ich nie, was gesagt ist und was nicht; wer stets im Nebel, im Dunkel vorwärtsschreitet, weiß nie, wie weit er schon ist; hat er großen Drang, sein Ziel zu erreichen, so geht er leicht über das Ziel hinaus, um nur ja sicher zu sein, daß er nicht zu wenig weit ging.

Posaune und Trommel, nein, es sind nicht Instrumente, die ich sonderlich liebe. Der und jener Mann, besonders etwa in Frankreich, er hat nicht nur Leser, sondern auch ausgezeichnete – –

Wenn es mit Diskretion nicht geht, werde ich dir einen Schlag geben. Ich werde dir jedenfalls etwas geben. Indem ich dir gebe, werde ich nehmen, dich nehmen, dem Sumpf nehmen, in dem du bist. Und wenn du nicht willst, so wird es dich in der Nacht fassen.

Bedenkt man also meine Einsamkeit –; so bitte ich um Entschuldigung, wenn ich das brutto sage, was die andern netto sagen, und das netto sage, was die andern brutto sagen.

46

Das Melodische. – Als endlich einmal einer des Weges kam und etwas von dem, was ich geschrieben hatte, las, stieß er dieses Urteil hervor: »Was mir an Ihrer Schreibweise gefällt, ist das Musikalische.« So etwas mußte gerade mir passieren, der ich mich seit Jahren vor allen Dingen bemüht hatte, in meiner Prosa das Musikalische zu vermeiden!

Melodische Prosa – denn »melodisch« ist der genaue Ausdruck für das hier Gemeinte: »musikalisch« könnte zu Verwechslungen Anlaß sein: man könnte verstehen, daß die bezeichnete Prosa mit der Musik soweit ähnlich sei, als sie auf einen äußeren, leicht nennbaren Stoff verzichten könne, was freilich ein hohes Lob wäre, – melodische Prosa kann man, wenn nicht von allen, doch von ungezählten Kanzeln hören. Im Leser Melodie erwecken durch Klangloses ist schwerer.

47

Der Schriftsteller, der mir als Bild vorschwebt, hat keinen saftigen Braten geliefert und seine Prosa ist nicht melodisch aufrauschend. Aber manche Sätze in seinen durch endlose Anstrengungen gewonnenen Schriften haben schwarzen glashellen Eisens Funkeln.

48

Deine Sätze sollen wie Metall sein, nicht wie Papier. Hast du sie schön geschnitzt? (Nein? Ich lache darüber:) Papier sind sie doch.

Nicht *tönen* wie Metall nur. – Von der Straße hergewehte Laute sind es, die du da feilbietest, man macht jetzt allerlei

Zungen. Auch tausenderlei Apparate gibt es, die Töne vervielfältigen, die ganze Luft ist davon durchweht. Brauchst du davon zu servieren?

Das Bessere an einer Glocke ist immerhin das Metall, nicht der Klang. Lichtenberg sagt:

»Was das Glockenläuten zur Ruhe der Verstorbenen beitragen mag, will ich nicht entscheiden, den Lebenden ist es abscheulich.« Und im Faust liest man:

> Wer leugnets? Jedem edlen Ohr
> Kommt das Geklingel widrig vor.
> Und das verfluchte Bim-Baum-Bimmel,
> Umnebelnd heitern Abendhimmel,
> Mischt sich in jegliches Begebnis,
> Vom ersten Bad bis zum Begräbnis,
> Als wäre, zwischen Bim und Baum,
> Das Leben ein verschollner Traum.

»Wie Metall sollen deine Sätze sein«:

Und zwar nicht Silber, milchig-schwärzliches Weichzeug, sondern Gold soll es sein, oder eines der herrlichsten Metalle, wenngleich eine Legierung, Messing; oder Erz. Und wenn nicht Metall, so Stein. Das Göttlichste sind Gesteine.

Hast du die wunderbare Rede schon gehört grünlicher verschwiegener Felsen? Sie stehen am Bergsee, ganz für sich, meinst du. Du kannst ihr Leben nicht hören, ihre Bewegungen nicht sehen; du kommst vorbei mit deinem Zeitungswisch, der nur gut ist zu dem geringsten Geschäft deines kurzen Tages; du müßtest Jahrtausende-Augen haben, dann sähest du, wie die Felsen leben, reden, mit allem verbunden sind.

49

Die Alteration ist zu beobachten, die, wenn man zu einem Ende beim Schreiben kommt, meistens einem äußeren Ende –

vielleicht kann es überhaupt nur ein äußeres sein –, Ende eines zu broschierenden Teils eines Werkes oder ähnlichem, eintritt. Sie kann gut wirken, kann schlecht wirken. (Die gute Wirkung dürfte sich beschränken auf das rein äußerlich, sozusagen körperlich, Belebende.) Meistens wirkt sie wohl schlecht. Und das Glücklichste ist, wenn man, wie Pascal die Pensées, ohne ein Ende schreibt.

VII. Varia

... Mancher schreibt nur zu oft, was alle schreiben könnten, und läßt das zurück, was nur er sagen konnte, und wodurch er verewigt werden würde.

Lichtenberg

1

Bei der und jener seiner Unterlassungen sagte er, man möge sie buchen auf Kosten der Liebe. Aber die Liebe sagte (man schöpfte Verdacht und fragte an), sie wisse von der Sache nichts.

2

In jenem Lande gibt es eine kleine Stadt, in der kein anderer Beruf existiert als der des Nachtwächters. Alle Männer sind dort Nachtwächter.

3

Man gab einem Mann eine Fläche von hier bis ... (eine Strecke, die kein Mensch übersehen kann): da soll er nun darauf ein Bild malen –.

4

Ich habe dem Kind die Sterne gezeigt; und es sah sie in der Nacht. Aber am Tage kam es wieder hervor und sah sie nicht mehr. Da warf es mir vor, daß ich ihm etwas gezeigt hätte, das es nicht gibt. »Und ich sehe doch deutlicher als vorher, und bis zu jenem fernen Rand von Bäumen!«

5

Ein Mann hatte in einer Nacht vor allem von zwei Dingen geträumt: Von einem sehr schönen und sehr jungen Mädchen, das sich ihm anschmiegte, und von einer finsteren Polizeisache, Verhaftung wegen Verwechslung mit einem Verbrecher, drohendem Gefängnis. Die beiden Träume waren von jener brennenden Deutlichkeit, die die Träume noch oft am Tag wieder hervortauchen läßt. Der Mann kam an diesem Tage weit herum und überall war er gefaßt, das Mädchen wirklich zu finden. Der Tag ging vorbei und die Kälte der Enttäuschung sank auf den Mann; das Mädchen war nicht gekommen. Das andere, das Unglück, freilich auch nicht. Aber das hatte er auch gar nicht erwartet.

6

Er brauchte sehr lange, um ins Wasser zu gehen, aber kaum drin, wurde er saugrob gegen diejenigen, die noch nicht drin waren.

7

Die Änderung des Prüfungsobjektes durch die Person, durch das Erscheinen des Prüfenden ist auch sehr wichtig beim Untersuchen des Zustandes von *Menschen;* man gehe Unglückliche, Traurige, Einsame besuchen: der Besuch ändert. – Die Tiefseetaucher erschienen 900 Meter unter dem Meeresspiegel mit einer Lampe von entsetzlicher Lichtstärke, um das Leben zu *überraschen.* Aber das eine, das dagewesen wäre, floh vor dem Licht; das andere, das nicht dagewesen wäre, nahte. (Trotz alledem haben hier äußere Augen gesehen, was kaum von dem, was innere Augen sahen, überboten wurde, von Träumen oder Dichtungen.)

8

Wenn von einem wirksamen Ding (es kann sein Essen, Trinken, Rauchen; aber auch Nachmittagsschlaf, spätes Aufstehn, Baden in kaltem oder heißem Wasser; Meerluft, kaltes Klima, irgendein Aufenthalt; geschlechtliche Betätigung; Enthaltsamkeit von dieser; usf.) jedermann sagt »es demoralisiert«, so demoralisiert es. Denn der durchschnittliche Mensch spürt eine Wirkung (deren Natur noch unentschieden ist) und lenkt sie nun selbst nach der demoralisierenden Seite. So ist zu erklären, daß in Ländern, wo das Alkoholtrinken als schädlich und schimpflich gilt, diejenigen, die Alkohol trinken, rasch wertlos werden; nur geistig Starke widerstehen. Während in andern Ländern, z. B. in Frankreich, die Leute bei ebensoviel oder mehr Trinken sich in voller Leistungsfähigkeit erhalten. Wieder in einem Lande gilt das Rauchen als demoralisierend und demoralisiert; während in Holland die Leute rauchen wie Schlote und nichts dabei einbüßen (die Meinung sagt nicht, es sei demoralisierend, denn sie haben im Übermaße eigenen Tabak). Schon Hebbel stellte fest, daß viele Leute gewiß nur gut geworden sind, weil sie immer als gut galten; und daß andere, denen man immer sagt, sie seien schlechte Menschen, es werden. – Nur geistig Starke widerstehen.

9

Er hatte gemeint, das Fenster sei offen, und deshalb war er wieder eingeschlafen (die frische Luft machte ihn sehr müde).
Das Fenster stand aber gar nicht offen.

10

Erzählung

Drei Männer hatten einen fürchterlichen Streit; und zwar stritt jeder gegen jeden. Der Streit wütete darüber, in was für Teile ein Haus eingeteilt werde.

Der erste sagte: »Ein Haus zerfällt in: Keller, Erdgeschoß, erstes Stockwerk, zweites . . .« usf.

Der zweite schrie: »Aus Holz, Stein, Mörtel, Metallen (etc.) besteht ein Haus!«

Der dritte, gegen die ersten beiden wütend und sie als Lügner, als Schufte bezeichnend, wie sie es unter sich und gegen ihn taten, behauptete, daß ein Haus in Linien zerfalle, und wies einen Grundriß und einen Aufriß vor, worauf Länge und Dicke jeder Wand, Breite, Länge und Höhe der Zimmer angegeben waren; alles andere sei Unsinn, nur solche Projektionen zeigten die genauen Teile.

Ist es nötig, beizufügen, daß die drei Männer kämpften bis zum Tod, weil keiner nachgab, da ja jeder recht hatte? Einer starb nach dem andern, als Idiot und Held.

11

Kurzgeschichte

Erst fragten sie, warum der Erfrorene sich so schlecht befinde. »Ihm fehlt's an Wärme«, sagte der Weise (ist es nicht erstaunlich, daß es zu dieser Feststellung eines Weisen bedurfte?), »ihm hat es zu lange Zeit an Wärme gefehlt.« Dann ließen sie etwas Heißes kommen, gaben ihm eine Wärme-Einspritzung und, als er sich noch immer nicht viel besser zeigte, riefen sie: »Seht: springt er, hüpft er, ist er wie wir? Ihm hat's doch nicht an Wärme gefehlt!«

12

Historiette

Feine Dämchen, Herrchen: mit schmalen, spitzen, funkelnden schwarzen Schuhen die Herrchen, in Seide, Schmuck und Dekolletierung glänzend die Weiber, Tanz und Unterhaltung frönend im von Leuchtern durchschimmerten Saal droben in den Fels- und Eiswänden des Himalaja, im unterirdisch ausgebauten Hotel nämlich, in welchem sie ein verwöhntes Dasein führten, – sie *lachten*, als auf einmal ein paar rauhe, mit Pickeln und eisenbeschlagenen Schuhen ausgerüstete, in dicke Wolle und Leder gehüllte, mit Eisschuppen bekleidete Urgestalten eintraten. – Sie tanzten und spielten im glänzenden Saal. Sie dachten nicht an die Gefahren und Schwierigkeiten des Weges. Sie waren mit der Bahn heraufgekommen (einer höheren Art von Jungfrau-Bahn) und lebten im Hotel. *Die Bahn ist nicht mehr,* sagten die Angekommenen.

13

Königsgeschichtchen

Das Geschichtchen stammt aus einer Zeit, da es noch Könige gab – das heißt, da man die Könige noch von den Portiers unterscheiden konnte, indem sie eine andere Funktion hatten: unterscheiden inwendig und also auch äußerlich; wenn ich nicht übersetze, so nur, weil das Wort von eben jener Zeit her, da die Könige Könige waren, noch immer einen schönen Klang hat. (Man mag sich ein beliebiges *Reales* dafür denken.)

Der Gewaltige sollte – ich weiß nicht mehr, bei welcher

großen Gelegenheit, – er sollte persönlich durch die Gegend kommen, und um ihn würdig zu empfangen, wurde an keiner Ausgabe gespart, man traf die allerweitesten Vorbereitungen, durch ein leeres Feld hin wurde eine breite Straße gebaut.

»Ich bereite dem König den Weg. Geh mir aus dem Wege!« sagte der Straßenarbeiter zu einem, der da kam.

Der da aber gekommen war, war kein anderer als der König selber; er hatte sich gelöst von seinem Troß und war allein vorausgegangen.

Und er erschien nicht in Verkleidung! *Er war nicht in Bettlergestalt* – weg mit den Lügenmärchen! –, sondern durchaus in seiner eigenen Gestalt; er sah ganz genau aus, wie ein König aussieht, und sah nicht anders aus; und sie erkannten ihn nicht.

»Selbst wenn, in Silber und Tressen, ein Tiefstehender von seinem Gefolge käme, er dürfte uns vielleicht auch nicht stören. – Wir treffen hier Vorbereitungen, die andern Vorbereitungen dienen, welche endlich zum größten, zum letzten Ziele führen. – Der Abgesandte der hohen Kommission, der hier befehlen kommt, ist schon sehr streng und trägt sieben Orden. Aber einmal erschien ein Mitglied der Kommission selber – wir hatten alle Angst. Und erst gar ein Minister ... Der muß wohl tausend Orden tragen!«

Der König ging, geht, über das Feld, zu Fuß, da geht er schon hin –.

Hinterher gesprengt kommen die Lakaien und vor ihnen, sofort, fällt der Wegarbeiter aufs Gesicht. Die Fortsetzung der Geschichte interessiert keinen von denen, die mich interessieren.

14

Attraktionen im Tiergarten

Lob den Zirkusakrobaten (soweit sie tüchtig sind) gegenüber den lallenden Nullen, diesen nichts Riskierenden und nichts Leistenden, die – wenige ausgenommen – die Schauspieler sind! – Den Motorradfahrer, der mir schon früher so großen Eindruck gemacht hatte, wieder gesehn; er fährt in einem mäßig großen, aus dünnen Brettern aufgerichteten Zylinder, nicht im Kreise nur an den senkrechten Wänden, sondern schließlich zugleich auch auf und nieder, in schärfsten Kurven hart am obern Rand des engen, leicht gebauten, bebenden Zylinders seinen Lauf brechend. Die Wirkung der erstaunlich kühnen und gefährlichen Fahrt – auf welcher ihn diesmal noch ein sehr hübsches Mädchen begleitet – ist abermals gleich groß: Wie beim Hören gewisser Musik wandelt es mich momentweise heftig an, ich muß gegen das Heulen kämpfen. (Denn es erscheint mir: was hier einer mit dem Motor macht, das macht ein anderer im Geiste: dieselbe Gefahr, dieselbe Einsamkeit; inmitten des Unverstands der Gaffer.)

Im übrigen auf diesem Jahrmarkt oder was es ist, zwischen den im Tiergarten aufgerichteten Buden nichts anderes gesehn als sonst in der Stadt: dieselbe Attraktions*losigkeit*, dieselben Leute: Sie lieben es, sich im Kreise zu drehn, mit Ketten angebunden, sie gehen gerne die Frau ohne Kopf anschauen.

15

Zwei Kurzgeschichten

I. Von den Menschen, die den andern das geben wollen, was sie, die Gebenden, wollen, nicht, was die andern wollen. So schenkte man Hungernden einmal ein teures Zigarettenröhrchen. – Eine Patrizierin stellt der armen Frau seit langem ein Geschenk für Weihnachten in Aussicht. Die arme Frau erwartet etwa einen Geldbetrag (es soll ein beträchtliches Geschenk sein) – oder werden es Lebensmittel sein, Schinken, Käse, Gans? – Ein Kleideraufbewahrungsapparat ist es, neuesten Modells, wunderbarer Erfindung, er dreht sich gegen den Schatten automatisch, sein Preis war hoch (freilich kann man ihn nicht verkaufen).

II. In diesem Hause ist etwas nicht in Ordnung, genauer, es ist eine *schreckliche* Unordnung, Schreie, Geschrei, ein Räuchlein bisweilen. – Titel: *Erziehung*. Ende: . . . jetzt hört man laut donnern: »Feuer!«

Und sie beschossen das Haus.

16

Am Arbeitstisch. Und wieder – –: die magischen Silhouetten vor mir, die nächste davon ist der Holzschauer; dann geht es weiter, die sonnenbeglänzten Häuser sind die zweite; in großer Entfernung davon die Pappeln mit dem blauen Himmel sind die dritte. Und nun gilt es, diese Silhouetten auseinanderzuhalten (Plastik muß sein!). Dort, ganz hinten, bei den dünnen Pappeln, ferner noch, aber unten auf der Erde (wohin also der Blick nicht dringen kann), spielt sich das ab, womit ich arbeite: Plötzlich entdecke ich, wie ich unaufhörlich mit dem Holzschauer und den andern Silhouetten winkende, lockende Bewegungen mache: es muß so gearbeitet werden, in unaufhörlicher Arbeit, daß Magien entstehen, daß der Holzschauer, mit dem ich winke, und die andern Silhouetten in meiner Hand, immer unwesentlicher und verschwindender werden, in dem Maße, wie es mir gelingt, jenes ferne Geschehen zu mir heran durch all die Silhouetten, zuletzt durch den Holzschauer, hindurchzuziehen.

17

Wirtschaft an der Kasernenstraße. Andere sagen, diese Wirtschaft sei arg, ich finde sie nicht so arg und sogar über dem Durchschnitt stehend der hiesigen. Ich sitze gerne am Fenster; die lange Kasernenmauer ist das einzige Gegenüber, schrecklich zwar, aber ich finde sie sehr symbolisch.
Dazwischen – durch die Straße – geht der Strom der Menschen doch immerfort hindurch (und oben ist auch etwas Himmel).
Den Wirt finden die Leute arg, weil er eine so niedere Stirn hat; ich weiß, daß er etwas geisteskrank ist, aber es könnte ärger sein, und welcher Wirt ist nicht geisteskrank?

18

Apparitionen
oder: Wie ich den Verstand verlor

Nach dem plötzlichen Aufstehen mich in den Wald begeben (Stadtwald), da mache ich Notizen, aber eine halb irrsinnige ältere Frau, welcher ich schon mit Mühe hatte ausweichen können, kommt mir rätselhafterweise wieder entgegen auf einem verschlungenen, im werdenden Grün schon etwas verdunkelten Waldweg (Wald in den Dünen).

Mit einem Schlag war ich erwacht. Wer hat doch gesagt, daß ich ein Panzerkreuzer bin, der Klippen überrennen will? Jetzt gilt es aber, mich auf etwas anderes zu besinnen: Wo war ich gestern nacht? Wann ging ich zu Bett? (Usw.) – Das von den Klippen verrät Klugheit bei dem Mann. Ich darf nicht auf sie zusteuern, auch wenn ich ein Panzerkreuzer bin. Sie sind doch stärker, die Klippen, denn sie hängen mit dem Erdmittelpunkt zusammen, – ja, wenn sie allein wären! – Das Wichtigste sind jetzt nicht die Klippen, um welche ich sicher herumsteuern will, da gibt es eine ganz andere Frage; das ist mein Kopf. Ich muß meinen Verstand zusammenhalten, ich muß ihn sozusagen in beide Hände nehmen, ich muß das Steuer ergreifen, das Gefährt *lenken*... Und so komme ich, mit hohen Plänen, welche mir schon auf der Straße aufgestiegen sind, in diesen Wald in den Dünen, aber es geht nicht gut hier; die Begegnung sagt es mir deutlich; langsam komme ich im Bogen von dieser Wanderung zurück und gelange (wo ich ordnen, mich klären, Notizen machen will) in die erste Wirtschaft; da...

flitzen mir wie eine Wolke (tief zu meinen Füßen, als wäre ich ein Bergriese) eine Anzahl kleiner Hunde entgegen – sind schon zur Türe hinausgewirbelt. Nun sind kleine Hunde das, was ich vor allem nicht ausstehen kann.

Nun sind Billards das, was ich vor allem, außer kleinen Hunden, nicht ausstehen kann. Jetzt hebt man die kleinen Hunde (sie sind schon wieder da) aufs Billard. Es sind nur zwei, sehe ich jetzt, aber dafür winzig kleine, das erhöht die Anzahl.

Ich kann übrigens in dem Lokal jedenfalls nicht bleiben, denn – – alles, einfach alles, jeder Tisch, jeder Stuhl, ist auf dem Billard aufgetürmt, es ist ein Wunder, wie man überhaupt so türmen kann. Sogar die Teppiche sind weg, der

Raum sieht wie ausgewaschen aus, nur in der Mitte ragt das Ungetüm, als wäre es eine Arche, während der Raum sich für die Sündflut vorbereite.

Ich gelange in die zweite Wirtschaft, wo man mir die Vor-Frage stellt, ob ich Geld habe, was mich natürlich veranlaßt, das Lokal zu verlassen, nach Vorzeigen eines Guldens. In der dritten Wirtschaft aber redet der Wirt unaufhörlich, allein. Er ist gedreht gegen Wand und Gläser (Kunden sind keine da), hat hinter sich eine schwarze, Ei fressende Katze; erst erweckt er mir die Meinung, daß in der Wand ein kleines Fenster sich befinde, durch das er zu einer dahinter existierenden Person spreche; denn er neigt sich manchmal weit, fast in die Wand hinein vor; aber von Fenster und Person kann gar nicht die Rede sein. Manchmal ißt er auch ein wenig von dem Ei – sehr wenig nur, sparsamst; und doch ist er schwer; dick, aber vor allem lang; und jetzt, während er sich wieder, belebter, in die Gläser hinein neigt, um zu reden, geht mir auch einiges über seine Kopfform auf . . . (die Holländer sind sonst ein stummes Volk). Und ich denke: da *muß* ich weg. Ich habe kein Glück diesen Morgen. Wo sind bald meine hohen Pläne? Und wie geht es mit dem Verstand? Ich frage mich, wer da noch retten kann. – Die Sache ist, daß zwei Dinge sich nicht die Waage halten, *ein* Erlebniskreis hält den andern nicht aus.

Draußen finde ich die Petrolfrau: Lächelnd und schmerzlich und rosenhaft; mit der Hand griff sie sich an die Stirn, das Gesicht weißlich wie eine verblühte rötliche Dotterrose. Sie nahm kein Aspirin an.

Viele Menschen gehen unaufhörlich, das ist die Stadt: Wie sind sie denn? Ich suche immer ein positiveres Bild – das Außen ist Innen –, mir zu helfen, eine Stärkung, einen stärkenden Empfang. Ich will nicht »ein Panzerkreuzer sein, der Klippen überrennen will«, ich versuche es wo anders. Mich zu neuem Orte wendend begegne ich auf der Straße –

sonnig ist sie schon, die Poststraße – dem Mann, dem ein Arm fehlt.

Ich begegne ihm endlich, diesem Mann, dessen Gesicht mir – endlich – als freundschaftlich, koordiniert und bekannt erscheint, und will ihm die Hand reichen ... da fehlt der Arm. Und ein freundlich überlegenes Lächeln sendet er mir zu, in dem Sinne: »Ja wußtest du denn nicht...?« – Überfluten, das ich zu spüren meine! Es ist genug!

19

Beobachtungen

Die Goldadern – ungezwungenen Geschichten –, die in jedem Hause sich hinziehen, nicht nur bei der Mère M., der strengen, bissig gerechten Wirtin, die nach einem untadelhaften Leben in hohem Alter den Forellenbach der Gegend vergiften ließ, just zwei Tage bevor sie ein Bankett gab, dann, als die Polizei erschienen war, mit unbeirrbarer Sicherheit die verwunderlichsten Erklärungen vorbrachte, wie, *sie* brate eben Fische nicht wie die andern Leute stets im selben Fett, sondern jedesmal in *frischem* Öl, wodurch es ihr denn möglich sei, den billigsten Seefisch in eine Forelle zu verwandeln, ohne daß selbst der beste Kenner etwas merke (und die dabei keineswegs etwa verrückter war, als sie immer gewesen war und als die andern alle sind), – diese Goldadern unerzwungener Geschichten wird man überall finden, wo man nur durch stille (geduldige!) Beobachtung zum Sehen gelangt; – durch Beobachten etwa nach dieser Anweisung:

I) Was ist das Hauptinteresse dieser Leute? II) Was ist ihr Tageslauf? III) Abwarten, bis der unglaubliche Haken sich findet.

Als Beispiele meine nächsten Nachbarn; – in diesem

»Hof«, d. h. einer (freilich nicht befahrbaren) Straße hinter der Straße, der richtigen Straße parallel verlaufend und von ihr aus durch einen Tunnel, der die richtigen Häuser durchbricht, erreichbar, und aus einer Reihe kleiner Serienbauten, uralter Baracken, gebildet (es gibt nämlich noch ganz andere Höfe in Den Haag als den bekannten, und solche, die nicht minder bekannt zu werden verdienen) –:

Der Alte mit dem Hund. – Lange Zeit hörte man fast beständig Geschrei, fortdauerndes Prügeln. Dann entstand ein Streit mit Nachbarn, die für den Hund eintraten. Der Alte birst fast vor Wut. *So* ein Tier! Er wird es umbringen! Jeden Tropfen Blut will dieses Tier ihm einzeln vergiften. Ein stinkender Fußteppich ist sein Fell; eine faule Leber drin eingewickelt! – Die Augen treten ihm aus dem Kopf vor Wut.

Da – sie sollen schauen kommen, er werde es ihnen zeigen (er ließ aber nie jemanden in seine Baracke eintreten): zwölf nagelneue Hemden habe er ihm diese Nacht wieder aufgefressen, absichtlich aus dem Schrank hervorgezerrt, nur um ihn zu ärgern. (Sein Aussehen ließ nicht darauf schließen, daß er seit vierzig Jahren auch nur *ein* neues Hemd besessen hatte.)

Die Leute, die Meinung ändernd, schlagen Abschaffung des Hundes vor. Plötzliche Stille tritt ein.

Bald ist alles wie vorher. – Dann stirbt der Hund. Man sieht den Alten tagelang weinen, während er ein Grab schaufelt. – Die Nachbarn helfen durch eine kleine Kollekte, eine Gelegenheit wird gefunden und endlich bringt man ihm einen andern, einen *guten* Hund. – »Es war keiner wie der frühere.«

(Die Geschichte ist hier verkürzt und steiler wiedergegeben, als sie in der langwierigeren, aber nicht geringeren Wirklichkeit war. Im ganzen hat der Mann schon mehrere Hunde umgebracht.)

Das hohe Militär. – Als das wurde er bezeichnet, bevor er einzog. Es schien zwar etwas sonderbar, daß ein hohes Militär hier wohnen sollte, aber schließlich, was war nicht alles möglich in der Welt, gab es nicht den Oberst Chabert? – »Nein, er war nur in den Kolonien«, berichtigte man später.

Jedenfalls war er nicht von einem »Hof«; er hatte große Manieren: Am Morgen und zu Fremden sagte er nie einen andern Gruß als »good evening«. Er war ein vollständig vertrocknetes, ein klingeldürres Männchen – dem Anscheinn nach nicht schwerer als ein welkes Blatt – mit einem roten Gesicht und bösem, meistens erdwärts gerichtetem Blick. Er sagte selten etwas außer dem erwähnten Gruß. Lange Zeit bestand Rätsel um ihn. Wenn er ankam, pflegte er sich sogleich in sein Haus einzuschließen. Nur Kinder hatten Zutritt, gingen öfters ein und aus. Er stand sehr früh auf.

Es wurde endlich festgestellt, daß er ein paar Streichholzschachteln in sein Köfferchen, ohne das man ihn nie sah, legte, drei alte Knöpfe, jeden in ein Papier gewickelt, und – in einem andern Viertel – weinte vor den Haustüren. Das jeden Tag.

Er war unglaublich eingeschrumpft und konnte kaum gehen. – Ich habe schon erwähnt, daß er sich von Anfang an sehr kinderliebend zeigte; aber nach einiger Zeit erst wurde klar, daß diese Liebe ausschließlich kleine Mädchen – im Alter zwischen 5 und 10 Jahren – betraf; oft blieben einzelne in seinem Haus bei verschlossenen Türen; es entstanden Rivalitäten unter den kleinen Dingern; wenn sie sich stritten – über Zuckerwaren, die sie erhalten, und darüber, was die und jene getan oder nicht getan habe –, kamen seltsame Dinge zutage; immer häufiger wurden die Gerüchte ... Endlich erschien dann einmal die Polizei zu einer Untersuchung, welche offenbar nicht mit großer Heftigkeit betrieben und bald aus irgendeinem Grund wieder aufgegeben wurde.

Die Derbe. – Eine kräftige Familie, Kinder mit klaren Gesichtern. Derbe Frau, derb in jeder Hinsicht: »lieber etwas dick«, sagte sie beim Einkaufen von Bananen mit plumpem Lachen; in keiner Grünwarenhandlung konnte sie Gurken, Rüben und dergl. einkaufen oder sehen ohne derartige Anspielungen, welche sich wiederholten in größter Monotonie. Nun hatte diese Frau Rheumatismus in der Kreuzgegend; jemand riet ihr, der Mann möge ihren Rücken massieren mit ich weiß nicht mehr welchem Mittel: Da blickte sie, nicht zu verstehen sich trauend, mit eigentlichem Entsetzen drein und brachte stockend hervor: da müßte sie ja, vor ihrem Mann ... nackt ...?

Der furchtbare Säufer. – Daß er dies sei, sagte man immer von ihm. Ich beobachtete ihn in einer Wirtschaft: und habe nie jemanden stiller, peinlicher, sparsamer trinken sehn.

Die Schwangere. – Eine ganz junge Frau, sehr groß und von schauerlicher Magerkeit, und genau so aussehend, wie man sich eine Irrsinnige vorstellt. Sie war mit einem riesenstarken Kerl der ungemütlichsten Art eingezogen, mit welchem etwas zu tun zu haben sich jeder hütete. Hie und da hörte man furchtbare Schläge fallen. Dann – in einer Nacht war es geschehen und am nächsten Tag vernahm man Einzelheiten: Sie war niedergekommen; zwei Frauen der Umgebung waren zu Hilfe geeilt; da erwies es sich aber, daß in dem Hause nichts, rein gar nichts sich fand: keine Tücher, keine Gefäße, kein Stuhl und vor allen Dingen kein, nicht das geringste Licht.

Die Pflanzenesser. – Schneeweiß und rein war ihr Aussehen und ihr Leben. Die Frau glich etwas einem Engerling, der Mann mit dem hagern Hals einem Pfadfinder und dem Vogel Strauß. Sie hatten den Ruf der gelinden Verrücktheit, aber ihr wirklich Sonderbares war, ohne vom Äußeren zu reden, daß sie innerlich tatsächlich weniger sonderbar waren als irgendeiner der ganzen Umgebung. Freilich abgesehen von dem hie und da schon Sektiererhaften, in das ihre vorbildlich hygienischen modernen Lebenstheorien auszuarten drohten. In diesem Geiste hatten sie sich gefunden. Mit der Anwendung von viel kaltem Wasser, der Vermeidung aller irgendwie schädlichen Stoffe, die ein Mensch zu sich nehmen kann, wie Fleisch, Kaffee – von Alkohol und Tabak nicht zu reden –, begegneten sie den Übeln des Daseins. Doch fehlte auch da nicht der Haken. Mit großem Ernst hatten sie ein Kind erzeugt, welchem sie einen hochtönenden Namen der italienischen Renaissance verliehen, und es nach den Vorschriften der üblichen vorbildlichen Hygiene aufzuziehen begonnen. Aber abgesehen davon, daß dieses Kind nur furchtbare Tierlaute von sich gab, was für seine Altersstufe noch nicht so schwer gewogen hätte –: es wollte nur nicht aufrecht stehen. Noch im Alter von mehreren Jahren ging es auf allen Vieren.

Das sind Spuren nur von endlosen Stoffen.

20

Mondwald und Igelwald

Ich ging aus, durch den Wald, weil ich über einer Arbeit, die ich unbedingt an diesem Tage zu Ende bringen wollte, ermattet war, weil ich nicht mehr weiterkam: um mich zu erholen also, um die Möglichkeit des Fortsetzens der Arbeit zu gewinnen. Zwar trug ich die leise Befürchtung mit mir – ich wollte sie nicht deutlich werden lassen –, daß ich das Gewünschte auf diesem Wege nicht erreichen, sondern mich eher noch weiter entfernen werde davon: denn wie war es mir früher in ähnlichen Fällen, so viele Male, ergangen? – immer ergangen, wenn ich, stumpf geworden nach zu lange fortgesetzten Anstrengungen, mich, um die Dinge zu zwingen, für eine halbe Stunde hinausgetrieben hatte (irgendwann am Tag und meistens in der Nacht, ohne daß irgendeine Begegnung eintreten, etwas von außen ankommen konnte, in derselben fortgesetzten Einsamkeit), – um so, auf diesem kurzen Gang durch den Stadtwald, neue Schärfe des Wesens zu gewinnen, indem ich mich bemühte, *auszuruhen, an nichts zu denken* – um dann in einer plötzlichen Wendung mich zurückzuwerfen und die Dinge an der totgelaufenen, schal gewordenen Stelle wieder zu ergreifen? Wie war es mir all jene Male ergangen? Die Stelle war noch starrer geworden, das Ergreifen unmöglicher, die Impotenz größer. – Das war immer in dem Stadtwald so geschehen, den ich den Igelwald nannte (weil ich einmal einem Igel hier begegnet war). Heute aber lenkte ich mich nicht in diesen, sondern in den andern der zwei erreichbaren Stadtwälder, welchen ich den Mondwald nannte (weil bei meiner ersten Wanderung durch ihn ein mächtiger Mond geschienen hatte).

Auf diesem Gang geschah wenig – nichts Äußeres – und doch war es das entscheidende Erlebnis, das eine Art Wurzelstock, oder ersten Grund, bildete, aus dem sich das Wesentlichste der folgenden Jahre herausentwickelte. – Inneres Erlebnis von unabsehbaren Folgen; eine längst vorbereitete Erkenntnis kristallisierte sich zur vollen Klarheit.

– Ich gelangte also in den Mondwald, mit der dunklen Befürchtung, welche aus Erinnerung genährt war, daß auch diese Bemühung ihr Ziel nicht erreichen werde. Aber es kam alles anders.

Aus irgendeinem Grunde bemühte ich mich nämlich diesmal nicht, auszuruhen, »an nichts zu denken«. Sondern im Gegenteil, ich untersuchte meine Befürchtung (die dunkle, welche ich mit mir trug), ich untersuchte das in all den ähnlichen Fällen Geschehene, ich *dachte nach* (ruhte nicht aus), wobei aber zu bemerken ist: das war eine Zuwendung des Geistes zu einem ganz andern Gegenstand als dem zu Hause liegen gelassenen, war *eine andere Tätigkeit*. Ich dachte nach, brachte auch einiges davon zu Papier, und – – – hatte mit einem Mal zwei Dinge erreicht. Erstens die gesuchte Erfrischung, eine neue Fähigkeit, mich der zu Hause liegenden Arbeit wieder zuzuwenden; zweitens das Resultat der eben jetzt geschehenen Untersuchung, das teilweise schon schriftlich niedergelegt war.

Da aber außerdem die zwei Dinge eine Spirale bildeten oder in der Bauart einer Fuge, sich gegenseitig verstärkend, ineinander lagen – indem das erste der Beweis des zweiten war, das zweite eine kleinere Wiederholung des Ganzen, das Ganze eine großartige Illustration des zweiten –, schoß es vor mir auf wie eine Stichflamme. (Oder: konnte ich in genauestem Sinne von Kristallisation reden.)

Diese Erkenntnis aber war: *daß wir durch Produzieren wachsen, nicht durch Ruhe.*

(Oder: *Produktion, nicht Ruhe, stärkt.*)

Und sogleich schon trat mir aus der mit einem Schlage erhellten Welt der Beweis des Gesetzes von allen Seiten her entgegen. – Ruhe tötet. Was ist Schlaf? Ruhe des Geistes etwa, durch welche sich dann dieser erfrischt? Nein, sondern sich einer andern, einer sogar mächtigen Produktion zuwenden: durch diese neue Tätigkeit eröffnen sich dem Geist neue Quellen, so daß er dann (beim Erwachen) »ausgeruht«, wie man sagt, und das ist also in Wirklichkeit gerade *nicht* durch Ruhe, sondern durch eine andere, heftige Tätigkeit erfrischt, zu der früheren wiederkehren kann. Aus ungeahnten Richtungen holt er sich neue Kräfte. Ruhe gibt es gar nicht. Ruhe ist nur Tod.

Es mögen einige von »traumloser« Nacht reden; der Geist war so weit weg, betätigte sich so hoch, daß man sich nicht mehr zu erinnern, nicht mehr zu jener Höhe aufzublicken vermag.

– »Aber das Gegenteil – daß Ruhe stärkt – gilt doch für das Körperliche?« Ebenso wenig, wie eine gründlichere Betrachtung lehrt. »Aber für die äußere, die pflanzliche Natur? Redet man nicht von der Winterruhe?«

Die sogenannte Winterruhe! – Ich schaute auf die glatten, scheinbar leblosen Stämme der teilweise schon entblätterten Bäume. Nein, es kann auch da nicht gelten! wußte ich mit Macht. (Biologen werden es im einzelnen darlegen können und wohl auch schon getan haben.) Die Natur wendet sich nur einer andern Art von Produktion zu während dieser »Ruhe«, welche nur von einer Seite Ruhe ist, nur als Ruhe *erscheint* also infolge der Schwäche unserer Augen. Weder Baum, noch Tier, noch Mensch, noch Geist können in der Ruhe leben: das Leben kann nie auf einer Höhe aushalten und bleiben, unbewegt, es ist immer *nur* Produktion und Aufstieg, – und dann kommt einmal der Tod.

Ich begriff also dies: daß, was ich da entdeckt hatte, nicht etwa spezielle Angelegenheit des Künstlers war, sondern ein allgemeines Gesetz sein mußte. Und ich konnte auch so formulieren:

Die Natur ist nicht in Ruhe und Bewegung begriffen, wie die Alten lehrten, sondern nur in Bewegung.

21

Wenn der Schlaf Selbstzweck ist, ist er gut – gut für sich und für das andere –; soweit er nur Weg zum andern bilden soll, taugt er nichts, nichts für sich, nichts für das andere.

Und das ist nun, zweifellos, so fort auf alles zu beziehen, all unsere Zuwendungen, Beschäftigungen, vorher Produktion genannt; und nocheinmal ist mir ein wenig fraglich: darf man all das Produktion nennen? Also auch das Nehmen jedes Genusses, das legitim ist? – Doch wohl. Es muß wohl so sein; und ist alles eines: die spezifische unsrige Wirkung. *Arbeiten ist eben etwas ganz anderes, als man gewöhnlich meint, hier* liegt der Denkfehler und der Anlaß zur weiteren Denkschwierigkeit.[1]

22

Verwahrung. – Das alles heißt nun aber gar nicht, daß man, um auszuruhen, sich einer *beliebigen* Tätigkeit zuwenden könne (wie gewisse Leute einem zumuten möchten, besonders jene, die aus der von ihnen empfohlenen Tätigkeit Gewinn ziehen). Nein, keineswegs!

Jede Tätigkeit muß legitim sein, das ist strenges Gesetz; und darin, daß sie es nicht ist, besteht das größte und das einzige echte Unglück, – und der Kampf dagegen ist der einzige große und ehrenwerte Kampf der Menschheit.

23

Auf die Frage, in welchem Maße denn zwangsweise eine legitime Tätigkeit verunmöglicht werden könne, durch äußere Umstände also verunmöglicht, was soll man da antworten?

(Es handelt sich also um jene Verhinderung der legitimen Tätigkeit, die, neben der Verhinderung durch die Faulheit, bei einer wahrhaft ungeheuren Zahl von Menschen da ist:)

Man kann darüber schwer nur reden, beinahe nicht mehr –

---

[1] Vgl., außer dem ganzen Teil I, die Stücke von der tötenden Vorbereitung: II, 118, 216–223.

es müßte denn immer ein Ort, ein bestimmter Fall gegeben sein. In dieser allgemein-anekdotischen Form vielleicht: Die Verhinderung ist da, du *bist* verhindert. Gut. Es wird dir bewußt, dein Zorn erwacht, du kämpfst dagegen (gegen die Verhinderung): Du bist es nicht mehr. Dein Kampf gegen die die legitime Tätigkeit verhindernden Umstände *ist* schon eine legitime Tätigkeit.

– Denn was ist Geist als dies – – immer etwas anderes: einmal Staatengründung, einmal diese und einmal jene Entdeckung, dauerndes Verwandeln seiner Tätigkeitsrichtung, zu dem Zweck, das Leben zu erhöhen, dem Unaussprechlichen gemäß? Ein Gleichnis von Döblin ist da zwingend, jedenfalls kommt es mir immer wieder in den Sinn, wenn ich vom Geist, vom Kampf und der wahren Tätigkeit (des Einzelnen wie der Menschheit) zu reden suche: Döblin vergleicht mit dem Wälzen jenes Steins, denselben Berg hinauf immer wieder, den der Stein immer wieder hinunterrollte: der Mann mußte ihn immer wieder hinaufwälzen, das war sein Leben, und das ist das Leben. Man könnte auch von im Strom – gegen den Strom – Schwimmen reden. – Das Gleichnis ist aber gesehn aus größter Höhe: Der Stein ist das Leben, das geistige Leben – das »ewige Leben« –, das es zu erhalten gilt –: *nicht* etwa bedeutet er die äußeren Resultate! Äußeres wird erreicht. Alles Äußere wandelt sich: Heute fliegen wir und fahren mit Leichtigkeit über den Ozean; morgen werden wir Wasser in die Sahara leiten und die Kraft des Mondes nutzbar machen – was wir wollen, das Undenkbarste vermag der Mensch mit der Zeit; des Menschen Natur und Plan und Denken wird man auch sehr ändern, ungeheuer ändern wird man sein Wissen und Vermögen –

nur eines wird man nie ändern können, glaube ich, nie wird man erreichen, daß der Mensch würde ausruhen können.

Die Ermöglichung zum Geist, der legitimen Tätigkeit, ist immer da; aber die äußeren (sichtbaren) Resultate werden in hohem Maße schwankend sein:

äußerst verschieden deren *Dimensionen:* vom Werk Shakespeares und Napoleons bis zum Ringen jenes von allen ungekannten, vom Materiellen erdrückten, jenes ungekanntesten Gefangenen.[1]

24

Was sagt das *Märchen von den drei Aufgaben* in seiner Gesamtlinie anderes als diesen Hauptsatz, den in meiner Erfahrung vom Mondwald und Igelwald niedergelegten: daß die eine Produktion die andere fördert?

Die Vögel – die Elefanten: Teile der Natur oder Sinnbilder der Naturmacht. Die Titanen jedoch – vielleicht Menschen? Aber die Menschen sind auch eine Naturmacht, es kommt nur darauf an, sie als Ganzes zu schauen, nicht mit einzelnen seine Rechnung zu machen.

25

Das Märchen von den drei Aufgaben

Dieses Stück aufzunehmen, zögerte ich einmal: was für einen Sinn konnte es haben, ein bekanntes Märchen wieder zu erzählen, zudem – da ich es in früher Kindheit gelesen habe und seither nicht wieder (ich kenne nicht einmal seinen Autor) – zweifellos ungenau, mit Änderungen, wie sie sich im Laufe der Zeiten eingeschlichen hatten und im besonderen bedingt durch ein persönliches geistiges Erlebnis; außerdem mit einem beträchtlichen interpretierenden Zubehör? – Darf jedoch, was in einer Form geschrieben wurde, nicht in einer andern wieder gegeben werden? Und wenn es gerade auf jene Änderungen und jenen Zubehör ankäme?

Es war einmal der Sohn eines Königs und sehr weit weg in einem Lande war die Tochter eines Königs, welche die schönste in der Gesamtheit aller Länder (Länder: das heißt Möglichkeiten) war. Die schönste Königstochter, das heißt

---
1 Vgl. Nuancen und Details III, 14.

die höchste Bedeutung, das Ding von der höchsten Bedeutung.

»Der Königssohn entbrannte in Liebe«: das heißt, er fühlte einen beinahe alles erfüllenden Drang in sich, die Kraft in sich, sie zu erreichen und sich mit ihr zu vereinigen; das Ding von der höchsten Bedeutung zu erreichen: zu vollbringen.

Zu solchem Zwecke muß man aber aufbrechen.

Er wollte richtigerweise auch aufbrechen. Nun aber rieten ihm die Weisen des Landes ab; und besonders natürlich alle Alten. Die Weisen aber, auf welche er hörte – hatten sie doch schon in manchen Dingen ihr klares Sehen durch das Eingetretene bewiesen –, sagten, es seien schon viele hingegangen, von denen keinem es gelungen sei, die Königstochter zu erlangen; keiner sei wiedergekehrt; er werde auch zugrundegehen ... Wenn er auf diese hörte, geriet er ins Zögern, denn, wie gesagt, es waren Weise. Wenn er auf die Stimme alles dessen, was in ihm war und das zum großen Teile nur er kannte, hörte, fühlte er seinen Entschluß, hinzureisen, wieder als unumgänglich und vergaß er jene Weisen. Und endlich brach er, allen Widerständen trotzend, auf. Das den Widerständen Trotzen war nicht schwer, er mußte sie eigentlich nur ignorieren; jeder andere hätte das auch gekonnt; er hätte nur dieselben Gewißheiten sehen oder spüren, dieselben Dinge in sich spüren müssen.

Erst handelt es sich nun um eine sehr weite und öde Reise. Öde, wenn man das auf dieser Reise Begegnende, welches wohl allerlei Unterhaltung war, mit dem zu Erreichenden verglich: denn es wandelte das Thema dieses Ziels nicht ab, änderte es in nichts, brachte ihm scheinbar nicht einmal näher, und so war die Reise öde (trotz allerlei äußerer Unterhaltungen); öde und sogar bangemachend, denn sie ließ immer allein im ernsten, schweren Denken an das zu Erreichende, das immer gleich Ferne (scheinbar), das Bedrohende, nur ihm allein bekannte durch nichts Nähergebrachte.

Aber so war nur ein Teil der Reise; der folgende führte durch die Wüste und war nicht mehr öde.

Da waren erstens einmal Vögel in Netzen, große Scharen, kläglich, ohnmächtig in ihren Verstrickungen, dem Tode entgegengehend. Die ewige Wüste nur und die Netze, die Vögel darin des Todes wartend; die Vögel des Himmels allein, verstrickt in Netzen (die Profitmacher waren noch nicht in der Nähe). Diese Vögel befreite er und sie rauschten davon, große Scharen. Sie dankten nicht einmal, aber auf Dank hatte er auch nicht gewartet. Ihr Rauschen war ihm Danks genug, ihr Rauschen in die Ewigkeit.

Dann, zweitens, traf er Elefanten, welche ebenfalls von einem schrecklichen Unglück betroffen waren (zwei oder drei waren etwa in eine Falle geraten, hatten sich verwundet). Er befreite die Elefanten, was ihm ein Leichtes war. Aber auch unumgänglich: eine notwendige Erledigung, er hätte nicht gut weitergehen können und das unerledigt lassen, auf *seinem* Wege: es hätte ihm sein inneres Sinnen, seine Gehaltenheit, seine richtige Konzeption gestört.

(Und hier ist eine kleine Bemerkung einzuschieben, die Vorgänger betreffend. Die hatten nämlich in ähnlichen Lagen keine solche Notwendigkeit empfunden. Zielstrebig waren sie weitergegangen. *Des Zieles Macht, die Liebe in ihnen, war nicht groß genug.* Sie genügte eben, auf sich zu lenken, verstandesmäßig; nicht aber, den Mann selber besessen zu machen, durch alle Dinge zu dringen, seine Welt zu ändern. Wie Schafböcke gingen sie zum Ziel. – Die noch Geringern freilich hätten sich auf dem Wege ablenken lassen. –)

Drittens hörte er ein Dröhnen, von dem die Erde zitterte, und sah einen Feuerschein am Himmel die ganze Nacht. Als er näherkam, sah er die Titanen, welche da Monumentalwerke schmiedeten, Männer der Wüste, denen er nicht zum Knie reichte; in höchstentwickelten Handwerken schufen sie Riesenwerke aller Art. Aber jetzt hörte er ein Heulen: Einer war verwundet, wußte sich nicht zu helfen, und keiner wußte ihm zu helfen; denn sie waren allein für jene monumentalen Arbeiten begabt und geeignet, großartig geeignet ... aber die Fähigkeit, andern Handwerken zu genügen, wie dem zarten des Pflegens von Wunden, hatten sie bei ihrer besonderen Hochentwicklung verloren. Dem Gekommenen jedoch war es ein Unschweres, zu helfen; er reinigte und verband die Wunde, tat es im selben Sinne, aus den selben Zusammenhängen heraus, wie er die beiden vorhergehenden Handlungen ausgeführt hatte. Er blieb, bis die Wunde geheilt oder doch auf sicherem Wege der Heilung war, und ging, beschenkt und von Dank begleitet diesmal, denn die Titanen waren beinahe Menschen, wenn auch nicht ganz.

Endlich erblickte er den Palast des Königs und um ihn herum auf Stangen die gespießten Köpfe derjenigen, die vor ihm die Tochter des Königs zu erlangen gesucht hatten. Denen die Aufgaben, deren Ausführung Bedingung war, nicht zu vollbringen gelungen war.
  Man empfing ihn mit Pracht und freundlich. Man teilte ihm die Bedingungen mit: Würde ihm die Aufgaben – drei – auszuführen gelingen, sollte er das Mädchen erhalten. (Und er *sah* es jetzt ... da war es noch herrlicher als in seinen Vorstellungen – nein, Herrlicheres gibt es nicht. Sie war so herrlich wie die geträumteste seiner Vorstellungen: *wieder* da! In der vollsten Herrlichkeit – nachdem das Bild manchmal während der langen Reise etwas blasser geworden war.) – Gelänge ihm aber auch nur eine der Aufgaben nicht, so würden sie sein Leben nehmen müssen und sein Kopf würde dann dort, in der Fortsetzung der (schon langen) Reihe aufgepflanzt. – Es war der alte König, der so redete, ein grauer, eisiger Monarch, eisig hinter aller Pracht und Freundlichkeit; und mit einem Hohnlachen hinter seinem Vordergrunde, das man erraten konnte; die Tochter, die er einmal,

und nur unter strenger Bewachung, gezeigt hatte, hielt er in Gefangenschaft.

Am ersten Abend sperrte man ihn in ein Zimmer ein, in dem Tonnen, Millionen und Millionen Körner der verschiedenen Getreidearten in einem einzigen riesigen Haufen lagen: Er sollte die Arten bis zum Morgen genau gesondert haben; und wenn es nicht bis Tagesgrauen zu Ende geführt war, hatte er verloren.

Da saß er gegen Mitternacht und weinte. Er gab sich verloren. Die Arbeit hatte er nicht angefangen; es hatte, sie zu versuchen, auch für ein Dutzend Menschen keinen Sinn.

Horch! Was rauscht herein in seiner tiefsten Niedergeschlagenheit, fast einer Jenseitigkeit schon, denn er hatte sich so ganz aufgegeben, er war beinahe abgeschieden; er verstand zuerst, was geschah, noch nicht recht! Es waren Dutzende und Hunderte von kleinen Vögeln da – durchs Gitter hereingeschwirrt – und pickten. Und es gestalteten sich die verschiedenen Haufen genau.

Der König konnte sein Erbleichen nicht verbergen, als er am Morgen die Aufgabe vollendet sah. »Aber jetzt«, rief er mit grauem Gesicht, »hier ist die zweite. Komm und sieh!« Und führte ihn zu einem Teich, einem kleinen See, der im Park hinter dem Schloß lag. »Diesen See mußt du in der folgenden Nacht ausschöpfen. Beim Morgengrauen muß er trocken liegen –.«

(Ob er nun diesmal auch wieder verzweifelt war vor der Unmöglichkeit des Werks, weiß ich nicht.)

Die Elefanten kamen, geisterhaft in langem Zug, durch die Nacht. Welche den See auspumpten und das letzte Wasser beim Morgengrauen gegen die Fenster des Palastes spritzten; dann verschwanden. Und es jauchzte etwa *eine* Stimme im Palast: »Komm und sieh!«

»Aber jetzt«, sagte der König und sein Gesicht war ein offenes Hohngegrinse (wie es bei Leuten vorkommt, die ihrer

Sache schon nicht mehr ganz sicher sind), »jetzt wirst du an die Stelle des trockengelegten Sees einen Palast bauen, welcher schöner, vielgestaltiger, größer sein muß als der alte Palast. Ich gebe dir Zeit eine Nacht.«

In der Dunkelheit schritten aus der Wüste her die Titanen, hatten Schaufeln, Hebel, Hämmer auf den Schultern, andere aber auch Marmorblöcke, die wieder Holz, Säcke Zement und Sand; ein endloser Zug. Und es begann zu dröhnen und die Erde begann zu beben in der Nacht; dazwischen auch schlichen wieder halbe Stunden schweigend in kleiner Arbeit. Am Morgen stand der Palast; höher, schimmernder, vielgestaltiger als der alte und die Sonne funkelte in seinen Scheiben und es funkelten seine Spitzen aus weißem Gold und sie funkelten dem König entgegen, der herauskam, grau und erloschen.

Und jetzt lag es außer aller Möglichkeit, daß *irgendeiner, irgendwie*, noch widerstünde. Es war alles erreicht und der Königssohn erhielt die Tochter des Königs und zog mit ihr zurück in die Ferne.

―――

26

Nein, es ist nicht wahr, daß wir nicht Bedeutung, Wichtigkeit haben mit unserm Geistigen! Das Geistige ist nichts wert, muß verkümmern und ersticken, wenn es sich nicht wichtig nimmt.

(Es gibt Leute, die eine üble Demut lehren – das Produkt eines falsch verstandenen Sozialismus. Die Heuchelei, das das Leben Reduzierende! Ich will die andere Seite des Sozialismus betonen: den das Leben lösenden Sozialismus.)

27

Trinklied. – die richtige Mischung von Nacht und Tag zu erreichen, ist nicht einfach. (– der volle Tag läßt nicht Gestaltung zu, die volle Nacht hebt alles hinweg.)

28

Der Alkohol ist nur ein Mittel zur Geselligkeit. Man soll nie meinen, daß er *an sich* etwas darstelle (sonst wird er Gift). Es braucht zwei Dinge: Alkohol und etwas anderes. (In Holland zu erfahren! Hier, wo die menschliche Umgebung fehlt, ist der Alkohol nichts als Gift.)

29

Erzählung vom Knecht

Er gleicht jenem rauhen und starken Burschen, den ich einmal in einem Bergdorf kannte, dem einzigen Gemsjäger der Gegend, der allein in jene Hochregionen des Gebirges stieg, wohin es keinem der andern Bewohner des Dorfes im Traum je einfiel zu steigen, im Alltag ein großer, der beste Arbeiter, aber in untergeordneter Stellung, der Ärmste, von allen übervorteilt. Seine Liebe zu dem zarten und wie unirdischen Kinde, welches einer Seerose gleicht, kann er niemals zeigen; immer drängen die andern, Gewandteren sich vor (er ist nicht frech, so wenig frech, daß jeder sich vordrängt vor ihm). Allein, stumm sitzt er zum Beispiel auf dem Dach des Schuppens an diesen Sonntagnachmittagen, allenfalls mit Lachen gezeigt von jenen andern, Flinkeren, er, dem man allein die *niedrigsten* Motive unterschieben würde, sich in dieses Seerosenreich hineinzuwagen ... Sie umgeben das Kind, ihr großes Wesen mit ihm treibend, schmeichelnd und verwöhnend, während der rauhe Bursche – den jeder nur für rauh hält, weil er stumm ist, und dessen merkwürdigen Blick niemand beachtet – draußen auf dem Dach des Schuppens sitzt in Bitterkeit, oder auf einem Holzstrunk, selbst nicht viel anders betrachtet als ein Holzstrunk. Hat er denn das Recht zur Liebe? Er weiß es selbst schon nicht mehr. Jene haben die Rechte der Liebe, jene triumphieren.

Alles bleibt unverändert bis zu dem Tage, an dem das verheerende Unglück ausbricht, die Feuersbrunst. Da fliehen vor der tödlichen Bedrohung alle: wo bleibt das leichte, schmeichelnde Spiel? wo die reichen Bezeugungen der Liebe? Nun aber verwandelt sich auch der Bursche; er wird wie ein Pfeil und wird wie ein Löwe; er rettet das Kind, da, wo niemand mehr an Retten dachte, wo es unmöglich schien. Und es ist gar keine Frage für ihn, ob er handeln soll oder nicht, als alle zögern. Und er tut es nicht *aus Pflicht;* sondern darauf hat er immer *gewartet.* Die Glut in ihm erstrahlt wie ein Mond; strebte nicht alles in ihm immer *dahin?* Ja eine Sonne ist er geworden: wie er so klar durchs Ziel rennt – keiner hatte je *solchen* Liebesdienst gemeint –; hier, ohne frech zu sein, kann er voraus, allein gehen. Man hätte sein Leben verlieren können – und nun triumphiert *seine* Liebe.

30

Eines der Dilemmata, die einfach bestehen bleiben, ist das der Kleidung:

Wenn wir schlecht gekleidet sind, wie es die Umstände, innere und äußere, des geistig Tätigen leicht mit sich bringen: so werden wir oftmals übel behandelt von der Polizei, der

Saubande (auch von Wirten, Kellnern und drgl.), und das stört das Denken.

Sind wir gut gekleidet, so haben wir sozusagen einen Ausweis, einen Paß der Bande gegenüber, sie wird uns nicht behelligen auf unserer Wanderung; zugleich distanziert uns aber diese Tracht von den untern Klassen, von den positiv Geladenen – seien es Arbeiter oder einfach Arme –, in welchen doch viel mehr von der Welthoffnung ist als in denjenigen, mit denen unsere Kleidung uns äußerlich gleich macht; und das stört das Denken.

31

Es kann einer für abergläubisch gehalten werden, weil er mehr Wahrnehmungsfähigkeit hat für manche Dinge, die nicht so sehr ins täglich Wahrnehmbare der Allgemeinheit hereinragen – obgleich ins Wirkende –.

Es ist nicht zu leugnen, zu viele Male geschehen, daß bestimmte Orte immer die eine und andere bestimmte andere Wirkungen haben (und zwar ohne irgendeine sichtbare Kausalität). Wie kommt es, daß ich im Mondwald so oft zusammenhängende und gute Ideen empfing, in so ausdrücklichem Gegensatz zum Igelwald, der in ein paar hundert Meter Entfernung jenseits des Kanals liegt? Und in diesem Café so oft seltsame Erhellungen, plötzliche Einfälle, in jenem andern dagegen nie etwas, in einem dritten aber zu Traurigkeit neigte? Sollte nicht mehr auf diese Dinge geachtet werden? Es gibt negative, ja gefährliche Häuser und Orte. Es gibt ein *ganz Dunkles* (über welches einige lachen mögen, die Zukunft aber wohl nicht lachen wird), an das wir nicht aus Angst, aus Schwäche oder irgendwelchen Affekten glauben, sondern dessen Kenntnis uns durch die Beobachtung übermittelt wird; – an das ein Balzac, ein Sokrates geglaubt haben, welche beide keine Schwärmer waren.

32

In einem Café meinte ich einen Fischer wiederzusehen, den ich seit Monaten nicht mehr gesehen hatte. Ich trat näher, er war es nicht.

Eine Viertelstunde später trat ich anderswo ein. Dort befand sich ein einziger Gast: dieser Fischer.

Ich kann keine Schlüsse daraus ziehen. – Doch meine ich, daß ich dasselbe schon zehnmal erlebt habe.

33

Er sagte, daß er so stark sei, daß er – – mit dem einen Arm den andern zerbrechen könne.

34

Gast: »Hier habe ich auch nicht mein Messer vergessen, mein Taschenmesser?«
(Lebhafte Erwiderung:)
»Nein, nein! Wir haben selber nicht Messer genug.«

35

Warum sind die meisten Korrespondenzen von unsereinem so armselig? (Mit unsereinem meine ich nicht Leute, die ein Besonderes, Persönliches mit mir gemeinsam haben, sondern nur allgemein die Bildungsstufe im gröbsten Sinn.) Weil nichts von den *kleinen* Dingen darin steht (des Alltags).

Und die Briefe dieser ganz schlichten, naiven oder

beschränkten Leute sind auch nicht – wie man rasch bereit wäre, nun anzunehmen – oder sind viel weniger darum unbedeutend, weil nichts von den großen (allgemeinen, geistigen) Dingen darin steht, als darum, weil die kleinen Dinge nur in korrupter Darstellung vorhanden sind.[1]

36

Das unpraktische Wesen des Schriftstellers. – Er untersucht die Umstände, die ihn hindern, schärfer als ein anderer, findet rasch die Gründe der Hinderung heraus, verallgemeinert den Fall, führt alle Linien weiter und beginnt, da die Resultate der Untersuchung immer ausgebreiteter und wichtiger werden, die Sache aufzuzeichnen: dabei hat er aber die Gründe der Hinderung, die leicht aufzuheben gewesen wären, noch nicht aufgehoben: er hat die Klappe des Ofens, der eine zu große Hitze erzeugt hatte, nicht geschlossen, das Fenster nicht geöffnet, man könnte ihn schwitzend, halb erstickt über seiner Arbeit finden, welche ihm wichtiger als alles übrige geworden ist: wichtiger war es ihm, die Frage im *Wesentlichen* zu lösen (nach weiterer, nach gesamter Verbesserung zielend), auf den Wegen der Untersuchungen fortzuschreiten und, als die Resultate deutlich geworden waren, diese, ohne sich durch irgendetwas abbringen zu lassen, aufzuzeichnen, und zwar, um nur nichts zu vergessen, in großer Eile.

37

Die Menschen mit hervorragender praktischer Veranlagung sind meistens diejenigen, die den Ruf haben, sehr unpraktisch zu sein.

---
[1] Vgl. 102.

(Sie können eben mit den andern nicht zusammenarbeiten.)

38

Variante:
Nicht alle, die den Ruf haben, sehr unpraktisch zu sein, sind praktisch. Aber sicher ist, daß sich die außergewöhnlich Praktischen unter ihnen befinden.

Wie können sie mit den andern zusammenarbeiten? Sie unterziehen alle Arbeitsmethoden einer Kritik, sträuben sich gegen die zahllosen Tot-Bewegungen der andern. Inzwischen geht das Werk nicht weiter (für die, die nur eine Viertelstunden-Sicht haben).
Meistens flüchteten diese Menschen in die Kunst (um zeichenmäßig zu wirken). Nur selten ist es ihnen gelungen, in die Geschichte durchzubrechen (ein Napoleon, ein Lenin).

39

Die mathematische Begabung. Vielfache Beobachtungen lehren mich, daß mathematische Begabung mehr auf einem Mangel der geistigen Anlagen beruht, als eine Begabung ist. Füge den Leuten Anlagen bei, so werden sie schlechtere Mathematiker. Nimm andern Anlagen weg, so werden sie auch gute Mathematiker (im Schulsinne; nicht *große* Mathematiker – das wäre etwas anderes.[1] Solche, die Schulmathematik spielend lernen). Denn Mathematik ist leicht. Sehr leicht, sie stellt keine geistigen Aufgaben: weil sie so gar keine geistigen Aufgaben stellt, stellen wir uns selber welche, und oft hohe, die nicht dazugehören, und verwirren uns und sie.

---

1 Vgl. II, 27.

Darum ist jener, dem nichts dämmerte vom geistigen Raum, und jener, der es natürlich findet, daß die Mathematik keine geistigen Aufgaben stellt, guter Mathematiker.

40

Der Unterricht an der Mittelschule. Der alte Plan – der in den mir bekannten Schulen geltende – ist gerade das Gegenteil des Erforderlichen. *Physik*[1] ist leicht, *Geschichte* ist das Schwerste. Auf der untersten Stufe (Schüler von etwa 12 Jahren) sollten vorherrschen: Physik, Mathematik. Auf der Mittelstufe (Schüler von 14, 15 Jahren): Biologie und Verwandtes. Oberstufe (Schüler von 17 und mehr Jahren): Geschichte, philosophische und literarische Wissenschaften.

41

Es gibt praktische Handlungen, die unsereiner nicht lernen kann, ganz einfach weil sie zu leicht sind.

Der Geist (die Aufmerksamkeit) richtet sich immer wieder *nebenhinaus* (gewöhnt, vielen Widerständen, Schwierigkeiten zu begegnen), nach dem zu suchen, was es *zu tun* gibt, und wie spielend leicht der Weg der Mitte auch zu begehen wäre, unsere Aufmerksamkeit verfehlt ihn doch. – Oder: So leicht zu begehende Wege kann man nicht begehen; unser mächtiges Vermögen, schwierigere Wege zu finden, zwingt uns immer, jene zu verlassen.

Zu großes praktisches Vermögen ist nicht praktisch.

---
[1] Wobei ich aber ausschließlich an die klassische Physik dachte, nicht an die moderne, die des Atoms, welche damals noch nicht oder kaum in meinen Gesichtskreis getreten war.

42

Abenddämmerung. In einem tunnelartigen Durchgang eine Frau stehen sehen: man nahm nur ihre Silhouette deutlich wahr infolge der halben Dunkelheit, die im Durchgang schon herrschte. Diese Frau starrte unbeweglich geradeaus, in die Ferne, man merkte es an ihrer ganzen Haltung.

Ich war stillgestanden, mich bemühend, das ebenfalls zu erkennen (Richtung über ihre Schultern hin), was sie so fesselte.

Ich vermochte aber nichts zu sehn, das Ding war wohl zu weit entfernt, oder die Gestalt der Frau verbarg es, oder sie schaute doch nicht ganz genau in der Richtung unserer Verbindungslinie und sah von ihrem Standort aus an eine Stelle, die meinen Blicken nicht erreichbar war.

So standen wir lange, vielleicht eine Minute. Dann bewegte sich die Frau und kam auf mich zu *ohne sich umzudrehen,* so daß mir mit Schrecken klar werden mußte, worauf jeder von uns gestarrt hatte.

43

Detail. – Da sitzt sie nun, diese prunkvolle, ungeschlachtmächtige Wirtschaftsdirne, die Schwester des Wirtes, eine bürgerliche Königin, und aus dem gewaltigen Körper schaut ein unsicherer, krauser Blick.

Traurig und prächtig ist sie – aber nicht wie Hölderlins Nacht! Sie ist eine bürgerlich-demonstrative Königin an der Straße.

44

Die Seele meines Wirtes. – Er hatte heftig für einen Weltkrieg gesprochen[1]. Kunden, Kunden! Englische, französiche und deutsche Offiziere, daß Geld fließe! Es gebe zu viele Menschen auf der Welt, zu wenig Geld, Herr Straußmann habe auch nicht mehr bezahlt, nicht mehr wie vorher, – er sehe wirklich keinen andern Ausweg. Die Toten? Aber die jungen Leute hätten ja doch keine Arbeit; die meisten müßten stempeln gehn; sehe man junge Leute in seinem Lokal? Man solle mal mit früher vergleichen! Denen erweise man nur einen Gefallen, wenn man ihnen eine Beschäftigung gebe. – Kein Argument verfing. Erst als man von den Flugzeugen redete, die nachts die Stadt angreifen könnten, von der Dunkelheit, in die man die Stadt hüllen müßte, wurde er stutzig. »Aber doch nicht vor zwölf Uhr?« fragte er. »Doch, natürlich, von der Dämmerung an, im Winter fünf Uhr!« Da wurde er kleinlaut und wagte doch nicht mehr für den Krieg zu reden; denn er fürchtete, daß er sein Lokal früher schließen müßte oder daß man darin etwas stehlen könnte.

45

Oft bin ich an dieser Kaserne vorbeigekommen, wo Kanonen stehn; daneben befindet sich zufällig ein Lager von Röhren für Kanalisationen. Ich habe die beiden Arten Rohre mit Absicht verwechselt: was macht es aus, wenn man die Röhren zum Schießen verwendet und sie, explodierend, den Tod in die eigenen Reihen tragen, statt in die andern? Da es sich doch einfach darum handelt, eine große Menge nutzlosen Mordes zu begehen, bis die Besinnung kommt, warum sich

---
[1] Holland, 1936.

gegenseitig und auf so große Distanz und auf so schwierige Weise tun, was man viel einfacher haben kann?[1]

46

Die zwei zählenden Länder Europas:
Frankreich: Kristallisation, das Harte, das Gedankliche.
Rußland: der stürmische Lauf, bedingungslose Hingabe an das Vorwärtsstrebende, Voraussetzungslosigkeit, volle Aufmerksamkeit im Zuhören.[2]

Hier ein großer Wille, zu lernen und zu verändern, dort der Wille, nichts zu verändern: und doch nur bei beiden beides aus demselben Grund: um des Geistes teilhaftig zu werden. (– soweit ein solches Bestreben überhaupt einem *Lande* zugesprochen werden, Merkmal eines Landes sein kann.)

47

Unterbrich den Ermüdeten nicht! Schenk ihm nicht eine kleine Ruhe: Er würde zusammenbrechen kurz daraufhin.

48

Größe der Römer: den Geist zu ehren, den sie selber nicht hatten.

---

[1] Wobei freilich nicht zu vergessen ist, daß ich einen Krieg wie den von 1914–18 vor Augen hatte.
[2] Es ist bisweilen nötig, das Datum der Entstehung dieses Werkes in Erinnerung zu rufen: 1934 bis 1936.

49

Nicht das Schwierige hat er Mühe zu begreifen, aber das Einfache.[1]

50

Große Distanzen führen manchmal zu demselben Eindruck wie Wesensverschiedenheiten.

Wird der Tor, der an der Donau steht, welche wie ein ziehender heller See sich vor ihm weitet, es glauben, daß man sie als ein schwaches blaues Band in der Ferne sieht? – Die Erde und ein Planet, der da als leuchtender Stern droben steht. – Mensch und Tier.

Unendlich reich sind die Einsichten, die uns noch werden können durch Beobachtung der Verdichtungsvorgänge und Dichtigkeitsverhältnisse (schon der Aggregatzustände).

Eine sehr große Distanz scheidet uns von dem Tiere, aber keine Kluft (Wesensverschiedenheit).

Wenn einer der Herren von der unnützen Fakultät (unnütz, solange sie sich nicht auf das Historische beschränkt hat) nur jemals eine Katze angeschaut hätte, schauend angeschaut..., es hätte auch ihm aufgehen müssen, daß sie ein gleiches Wesen ist wie wir. (– was die Dichter, die eben Schauende sind, immer gewußt haben. Man denke an die Märchen von der Verwandlung in Tiere. An die Märchen und Träume von *redenden* Tieren. Auch in Spittelers Olympischem Frühling findet sich eine sehr intensive Stelle über Tiere: wie sie in einer Verzweiflung die Hände ausstrecken wollten... da waren es Krallen, Tatzen, Pfoten[2]). Aber so

---
1 Vgl. II, 282.
2 Auch Goethe hat die Frage kühn antitheologisch gelöst: »Ja, das Hündlein gar, das treue, darf die Herren hinbegleiten«: ins Paradies nämlich.

eine Mühe braucht sich ja ein Theologe nicht zu machen, da er alles im Innern nachsehen kann und sich die Augen von Anfang an zugeklebt hat, da es doch nichts nützen würde, zu sehen, usw.

Als ob es, in diesem ernsten Sinne, ein Innen und Außen gäbe!

»Umso mehr, – wenn doch alles dasselbe ist, warum müßte ich denn nach außen schauen?«

Vielen Dingen werden wir eben nur außen, jedenfalls nur außen *klar*, begegnen.

51

Das betende Kind und das helle Fenster an einem dieser Abende: Wir gingen durch eine nächtliche Straße und sahen durch es die Silhouette eines betenden Kindes. Welch merkwürdiges Gefühl! »Löwe!« schrie es in mir, »wenn ich über die *halbe* Energie zu verfügen hätte, wie sie da vergeudet wird.« (Da: in all den ähnlichen Fällen, verstreut über die Stadt und die Welt.) Schrecklich ist es – und man klagt immer über den Alkohol, welcher das Volk verdumme, ihm die Kräfte wegnehme!

Wie wäre es, wenn die Menschen, statt täglich eine Viertelstunde zu beten, nur fünf Minuten verwenden würden, sich *über sich selbst zu besinnen*? Ja, nur eine Minute! – sich langsam, mehr und mehr, üben würden, sich selbst, und andere, zu *sehen*?

52

»Wer helfen kann und tut es nicht . . .«[1]

Es kommt aber beinahe nie, äußerst selten vor, daß man

---
[1] Vgl. II, 161.

nichts, auch nicht das Allerwenigste, helfen kann (vorausgesetzt, daß der andere sich helfen lassen *will*), – ebenso selten, wie einer *viel* tun kann.

53

Er dachte immer nur an die Mängel des Verstandes jener gewissen Naturen, nicht aber an die Gegenseite: daß sie, wenn sie gescheiter wären, auch nicht so anschmiegsam wären.

54

Gesehen, daß die Leute (in Wirtschaft usw.) sich häufiger schlagen, um ihre Kraft zu zeigen, als weil sie Unrecht spüren. (Ich beobachtete einmal, wie von zweien, zwischen denen schon eine Weile Streit auszubrechen drohte, der eine zufällig auf seinen Vorderarm schaute, welcher sehr entwickelt war, und in diesem Augenblick faßte ihn ein mächtiger Zorn.)

55

Wenn jemand zu einem andern sagt: »Der da kommt, hat eine gewisse Haltung (oder die Art des Lächelns oder irgend einen andern Einzelzug) mit dir gemeinsam – sonst nichts, jetzt aber kann man eben diese Haltung nicht sehen«, so wird der Angeredete – besonders wenn es eine Frau ist – doch nicht aufhören, alle möglichen andern Züge, die nicht zu vergleichen sind und die niemand vergleichen wollte, mit den seinigen zu vergleichen; zu räsonieren, abzustreiten, usw.

56

Geschichten von Wirten

I. Er hatte, weil es ihn zu sehr ermüdete, mit all den Leuten zu sprechen, unaufhörlich Hände zu drücken – da sich zu erkundigen nach dem Hühnerauge der Großmutter eines Kunden, dort nach dem zerbrochenen Brunnentrog eines andern, dann nach der Gesundheit der Schwägerin eines dritten –, weil aber andrerseits persönliches Überwachen für den guten Geschäftsgang doch nötig war –, er hatte in einem der großen Fässer, die im Wirtschaftslokal sich befanden, sich eingerichtet; auf einem kleinen Stühlchen, ein Töpfchen neben sich, auf der andern Seite eine Flasche Wein, in den Händen ein Buch, oben elektrisches Licht, vor sich eine winzige Öffnung in der Faßwand, darin einen optischen Apparat, der erlaubte, das ganze Lokal zu überblicken. Die Kellner kannten seinen Aufenthalt, doch war es ihnen strengstens untersagt, etwas davon zu verraten. – Da saß er den ganzen Tag.

II. In einer schlecht besuchten, hie und da unbeaufsichtigten Wirtschaft war der eine der Bierhahnen eine Pistole: Wollte ein Kunde während der Abwesenheit des Wirtes Bier stehlen und drehte an diesem Hahnen, ging ein Schuß los.

III. Dieser Wirt im Städtchen G. an der Donau hatte ein Hotel und nie einen Kunden. Er saß den ganzen Tag in seiner Wirtschaft allein und las die Zeitung. Er war ein alter, aber noch kräftiger und ungeheuer jähzorniger Mann; das Haus gehörte ihm und ein bescheidenes weiteres Vermögen erlaubte ihm, zu leben. Einmal kam ein armer Wandersmann des Weges und geriet, der besonderen Verhältnisse nicht kundig, in diese Wirtschaft. Als nun der Wirt hinter seiner Zeitung versteckt blieb, seinen Gruß unerwidert gelassen hatte und sich nicht rührte, bestellte er mit dünner Stimme ein Viertel

Wein. Da der Wirt aber offenbar nichts gehört hatte, wiederholte er nach einigen Minuten seine Bestellung etwas lauter; als auch daraufhin keine Änderung eintrat, wartete er, da er ein schüchterner und schwächlicher Mann war, abermals längere Zeit, bis er sein Begehren zum dritten Mal vorbrachte: Diesmal aber war die Wirkung schrecklich. Mit geschwungenen Fäusten und brüllend stürzte der Wirt – ein Riese – dem armen Manne entgegen: ob er denn meine, daß er sich seinetwegen stören wolle, eines elenden Viertels wegen in den Keller gehn, usw. Wie ein von Hunden gejagter Hase stob der Kunde davon.

57

Lokomotionen

Das Pferd (stehend wohl ein bedeutender Anblick) kommt – wenn man die Größe, die Muskelkraft, den ganzen Aufwand in Betracht zieht – kaum von der Stelle. (Ein zittrichter Greis sogar auf seinem Fahrrad sieht weit dynamischer aus.) (Die Kuh ist nicht zu betrachten als Mittel zur Fortbewegung; ist übrigens auf gebirgigem Gelände weit gewandter als das Pferd, das ja verloren ist, sobald es die Ebene verläßt.)

Das Motorrad ist auf der Erde das dynamischste und somit das wunderbarste Fahrzeug: alles dient. (Autos sind fahrende Särge.)

Das Fahrrad ist für einige praktisch; doch kann man auf ihm nicht denken, keine Notizen machen.

Das Flugzeug ist das königliche Fahrzeug. Nur bewegt es sich, wenn man richtig prüft, noch sehr langsam[1]. Noch kann

---

[1] Die gewaltigen Änderungen, die in dieser Hinsicht seit Verfassen dieses Textes (1935) eintreten konnten, bestätigen die Richtigkeit der Feststellung.

man es erst mit den Schnecken unter den fliegenden Tieren – Enten, feisten Hühnern – vergleichen. (Bei allem Vergleichen von Geschwindigkeiten muß man die Größe des sich deplacierenden Objektes in Betracht ziehen: die Erde z. B. bewegt sich langsam.) Ein besserer Flieger ist schon der Adler – es braucht ja nicht einmal eine Möwe zu sein. Was sind aber alle Vögel gegenüber den fliegenden Insekten? Die Stubenfliege, die Mücke...; endlich die Libelle: betrachtet man deren Leistung richtig, so muß einem fast schaudern.

Auf der Erde sind die Tiere im allgemeinen langsam. Maus, Eichhorn, Murmeltier bewegen sich auf flachem Gelände so langsam, daß ein Mensch ohne Apparat sie bequem einholen kann. Erstaunlich freilich ist der Hase. In höherem Maße im Gebirge die Gemse. Aber beinahe ins Phantastische reicht die Leistung eines Flohs – welcher ja nicht *fliegt,* im Unterschied zum Eichhorn, von dem man meistens vergißt, daß es, in den Baumkronen, (mittels des Schwanzes) zum Teil fliegt.

58

Pferde, das sind Tiere von gewaltiger Muskelstärke, die sie aber zu nichts verwenden können,

an einen schwer beladenen Wagen gespannt (wenn sie nicht auf Feldern unerwartete lächerliche Apparitionen bilden), selber sehr schwer; hauen mit den Beinen fürchterlich auf die Erde und kommen nicht von der Stelle,

den Kopf unsicher in die Luft haltend (weil ihre Glieder sich nur in *einer* Ebene bewegen, dem Anschein nach ohne Kugelgelenke; dazu haben sie noch Scheuklappen),

so unsicher auf den Beinen stehend, daß man jeden Augenblick fürchten muß, daß sie stürzen, – und sie stehen so leicht nicht wieder auf!

59

Von Haustieren

Das göttliche unter den Haustieren ist die Katze, das greulichste ist der Hund.

Die Kuh ist ein erhabenes Geschöpf.

Die Ziege ist ein sehr gutes, angenehmes Tier, manchmal fast schon wunderbar und von ferne an die Katze erinnernd. Sie ist stark individuell; im Gegensatz: Eine Schafherde ist schön, ein einzelnes Schaf dagegen entsetzlich.

Das Schwein ist wie es sein soll und hat nichts besonders Abstoßendes.

Die Taube ist so, daß, wenn der heilige Geist mir in dieser Gestalt erscheinen soll, ich vorziehe, daß er mir nicht erscheine. Jede Taube ist dazu da, so schnell wie möglich gebraten zu werden.

Die Kaninchen sind hübsch, doch kann man nichts damit beginnen.

Die Hühner sind nicht uninteressant.

Enten, Schwäne sollten nur in kleiner Anzahl und in felsiger schöner Wasserlandschaft vorkommen, sonst wirken sie lethargisierend.

Das Pferd ist das tragische Tier. (Tragisch sind auch noch die Vögel.)

Mißtrauet dem Esel! Er ist gefährlich und nichtsnutzig. Dagegen das Maultier (freilich kann man es nur in Gebirgsgegenden kennen lernen) ist heute schon weit mehr als das Pferd. Es ist die Seele des Pferdes, nachdem sie das Pferd verlassen hat, dessen ungeschlachter Leib heute allein noch weiterlebt, zu nichts mehr nütze.

Nein, nicht die Seele; nur die praktische Eignung. Die Seele des Pferdes hat sich ins Geistige gewendet. Schau die Pferde nur an, wie sie dastehen; noch eine kleine Zeit und sie können überhaupt nicht mehr gehen.

60

Der Sperling aber – wie soll ich dich anreden, du wunderbarster unter den Vögeln des Himmels, grau und in den tiefsten Regionen lebend, des Gedankens sichtbarer Bruder, unbeschwert . . .! – überall da, alles sehend, verfolgt und mißachtet von allen schlechten, satten Seelen, immer beobachtend, auf keinen Trug eingehend, du des Gedankens sichtbarer Bruder! Diese allein sind die wahren Seligen – nicht der Adler: er steigt zu wenig hoch.

Lessing hat dich nicht begriffen, du paßtest nicht in seine festgesetzten Einheiten hinein. Aber du warest gewiß das Tier von *Lichtenberg*.

Ihr Geliebten! ihr Unscheinbaren, ihr immer Schauenden. Denn wer schaut überall zu? – Der Sperling. Nur in der Finsternis nicht.

An die Amseln und Dromseln oder Drosseln – ich kenne ihre Namen nicht genau; es sind jene Vögel, die mit nadeldünnen Schnäbeln auf eine gar abstoßende Weise Würmer unter dem Laub hervor ziehen, um sie zu verspeisen – an sie habe ich vor langem schon eine Ode gerichtet:

> Schuftvogel nennt man sie
> oder auch
> den pelzichten Fettwanst oder
> Butterkugel in Federn.

61

Die meisten hervorragenden körperlichen Leistungen, deren die Leute sich rühmen und die nicht sportlich, d. h. hier: nicht kontrolliert oder kontrollierbar, sind, nimmt man am besten nicht ernst. – Wie oft hat man gehört von

Menschen, die einen andern am waagrecht gestreckten Arm zum Fenster hinausgehalten hätten (eine Leistung, die alle Weltrekorde überträfe); eine Frau war so stark, daß sie ihren Mann, wenn er nicht gehorchen wollte, von oben packte (am Kragen wahrscheinlich), auf eine ähnliche Weise weit von sich streckte und davontrug. Der zittrichte Zahnarzt behauptete, daß er der Länge nach über das Billard springen könnte (man müßte es aber auf die Straße stellen).

Ein Metzgerbursche erfüllte eine ganze Gegend mit seinem Ruhme unbesieglicher Stärke. Vor dem, sagten die Leute zu Sandow, der vorbeireiste, würde sein Ruhm bald zuschanden werden! Sandow hatte eine hohe Belohnung ausgesetzt für den, der das Gewicht, das er mit einem Arm stemmte (dévissé), mit beiden Armen irgendwie über den Kopf hinausbrächte. Die Freunde drängten den fürchterlichen Metzgerburschen, es zu tun. Er weigerte sich lange. Endlich gab er nach und schritt heran, imposant und furchtbar; die Freunde triumphierten schon; aber er konnte das Gewicht überhaupt nicht von der Erde bringen.

Die einzige schöne Geschichte, die ich von Boxern einmal gehört oder gelesen habe: Ein berühmter Boxer war unerwarteterweise und gründlich geschlagen worden. Die Leute rumorten, einer, der wahrscheinlich auf ihn gewettet hatte, ging wütend auf ihn los, eine mächtige Figur, machte die rohesten Vorwürfe. »Kein Boxer bist du, sondern eine Tänzerin!« Der Ermüdete machte als Antwort eine leichte Bewegung – und der Riese lag ohnmächtig auf der Erde.

62

Von der Kraft und den Muskeln

Was jener Mann sagte: »Die Kraft habe ich, mir fehlen nur die Muskeln«, ist ein noch größerer Unsinn, als ich damals dachte. Denn die Muskeln können tatsächlich die Kraft übertreffen (tun es sogar meistens), niemals aber die Kraft die Muskeln.

Das Betriebskapital kann nicht das Vermögen übertreffen, wohl aber das Vermögen das Betriebskapital.

Ich hörte einmal, daß eine schwache Frau in der Hypnose die Leistung eines berühmten Athleten vollbrachte: die Kraft der Frau übertraf nicht ihre Muskeln, sie hat das Eisen nämlich mit ihren Muskeln gebogen; aber die Muskeln des Athleten übertrafen seine Kraft.

Es gibt keine Kraft ohne Muskeln – so wenig, wie es einen Gedanken gibt, ohne daß man ihn denkt. – Natürlich ist alles *irgendwo* da; aber wenn du schon von *dir* redest; »die Kraft hätte ich ...«

> »Es liegt schon da, doch um es zu erlangen,
> Das ist die Kunst, wer weiß es anzufangen?«

Hier haben wir es deutlicher als vorher: Du kannst nicht mehr erlangen, als schon da liegt, wohl aber weniger.

Auf einmal sticht sie dann wieder, vor gewissen Kraftleistungen (Leistungen schlechthin), der Stachel der Intelligenz und sie sagen: »Das ist nicht Kraft, das ist Übung.« Und bilden sich ein, etwas gesagt zu haben.

»Wenn ich, bei denselben Voraussetzungen, mich ebenso geübt hätte wie dieser Athlet, würde ich auch dasselbe wie er vollbringen«, belehren sie ihr Kind (oder ihren Affen); und dieses blickt zum Vater auf, hochachtungsvoll staunend.

(»Bewundrung von Kindern und Affen ...«)

»Erworbene Kraft«, sagen sie – ob sie sich das Gegenteil wohl vorstellen, das ist gestohlene Kraft? Ich sah einmal einen Mann im Zirkus, der mit einem Arm ein Gewicht hob – »200 Kilo« stand darauf – bis zum Kopf und – immer mit einem Arm – über den Kopf hinaus, wenn auch mit offenbar ungeheurer Anstrengung; und als das Gewicht das Ende des gestreckten Armes erreicht hatte, siehe, da stieg es allein noch höher – o unvergeßlicher Eindruck – und stieg bis zur Decke des Zirkus, gezogen an einem Faden; es war nämlich aus Karton.

63

Das schönste Wetter (endlich weiß ich's): Das Gewitter.

64

Ein wunderbarer Ausdruck: »Ich bin bei mir.« (»être chez soi«.)

65

Markt. – Ein dicker Fischhändler schrie mit Donnerstimme: »Der Häring ist seltsam! Seltsam ist der Häring!«
(Im Dialekt, ich meine holländisch; ich verstand es aber deutsch.)

66

Detail: *Vermummte Kaffeehäuser.* (Neben einem, das schon ein dunkler Schlauch war, aber man konnte noch in es hineinschauen, stand ein anderes, in dem fast nie ein Kunde ist, hermetisch geschlossen mit dicken Vorhängen hinter Fenstern und Türen.)

67

Frau Gutkopf erzählte mir, eben habe sie einen deutschen Brief abgeschickt, daß ich doch nicht früher gekommen sei, ihr zu helfen! Er habe ihr so viel Mühe gemacht, wohl eine halbe Stunde habe sie sich besonnen und versucht, wie man »ich quäle mich« schreibt, dieses »quäle«. Schließlich hat sie es so geschrieben: *gwelle*.

68

»*Ein* Blick genügt« –: Aber das war ein langer Blick, noch immer kommt er nicht von ihr (dem Gegenstande) los.

69

Trisexuell. Außer Mann und Frau noch die höhern Wesen lieben. Und die vor allem.

70

Phantasie: Er hatte Gewalt über das Ferne. Folglich aber auch, wenn das Nahe ungünstig war, konnte er sich retten durch das ferne *Gute*. (Er hatte Gewalt über das Ferne: das heißt auch, daß in Friedenszeiten ihm der Krieg gefährlich war.)

71

Beim Schreiben: ... und der Stein, den die Bauleute hoch gelobt und zum Eckstein erkoren haben, ist am Ende gar nichts geworden.

72

Die Roman- und Novellenschreiber: Sie denken: »man muß das Uninteressante so schnell wie möglich überwinden« und beeilen sich, beeilen sich ... Das ist die große Gefahr. Ist ganz falsch. Man muß am Anfang *schon* mit dem Interessanten kommen.

73

Er hat den schrecklichen Vorteil, *immer* unrecht zu haben. Wie kann man mit ihm kämpfen?!

74

Vom Wachwerden und Aufstehen und dem großen Licht. – Über das Wachwerden und Aufstehen wären wichtige Beobachtungen niederzulegen, besonders über das Wachwerden, wo tiefe Vorgänge klar sichtbar werden. Als Kind hatte ich es so schwer, wach zu werden, wenn ich noch müde, schläfrig war; jetzt hebt sich, wenn es in meinem Willen (meinem Sinn) liegt, der Schlaf mühelos weg, nicht vor einer Kraft, sondern vor einem Wissen. Ich mache nicht Streit mit dem Schlaf; die Kraft müßte sehr groß sein, es mit ihm aufzunehmen. (Und wie weit wäre ich dann erst? nichts wäre noch getan und ich wäre schon verbraucht.) Das wissende Verhalten stellt dem Schlaf die ganzen Naturkräfte gegenüber ohne sich zu verbrauchen. Es handelt sich um eine *Umschaltung*. Es soll hier nur eine Andeutung stehen. Aber dies ist es ziemlich genau, nein, genau: »*Die Glückseligkeit ist nicht der Lohn der Tugend, sondern die Tugend selbst;* und wir erfreuen uns ihrer nicht darum, weil wir das Begehren hemmen, sondern umgekehrt, weil wir uns ihrer erfreuen, sind wir auch imstande das Begehren zu hemmen.«[1]

75

... die Vorstellung von der *großen Form* und andere Wahnideen. Als ob es große und kleine Formen gäbe, künstlerisch gesprochen!

Der Zuckerbäcker, ja, er nimmt von der Wand herunter die große Form oder die kleine Form (je nach dem Preis, den die herzustellende Torte haben soll).

Der Unterschied ist quantitativ: »Groß« als Attribut von Form hat immer nur quantitative Bedeutung.

76

»... Gedicht, das mir im Mondwald einfiel«: die Dinge fallen uns nämlich ein; wir bilden, bauen sie nicht. Valéry sagt es und alle müssen es zugeben, die scharf beobachten; wir sind, wenn wir viel sind, nichts als ein wohlkontrollierter Fangapparat.

Mehr und mehr beginnt mich der Ausdruck »Gestaltung« überhaupt anzuwidern, wenngleich es schwierig ist, ihn durch einen andern, richtigeren zu ersetzen.

77

Ich muß dann fischen, wann die Fische da sind – nicht, wann *du* mir Zeit gibst, wann ich mir Zeit gebe, usw.

---

[1] Spinoza.

78

»Aber das ist ja nur so zusammengesetzt, einfach zusammengestellt«, sagen sie von jenem Prosastück Goethes, das ich zum Höchsten zähle (»Lehrbrief« im Wilhelm Meister). Ja: Da, wo alle Kunst aufhört (und doch integraler Ausdruck ist), da ist Kunst.

79

Der Schriftsteller. – Da liegt er nun auf der Lauer – wie der Fischer an felsiger Küste auf der Lauer nach Fischen liegt – wie der Jäger in verrotteter Schlucht neben einem Baumstrunk, Gewehr in Anschlag, wartet: denn es kommt etwas vorüber, manchmal, bald, kommt etwas vorüber: dann kracht der Schuß, matt, er sammelt, findet es – so liegt er auf der Lauer, an diesem müden Tag nach dem Rausche, morsch, ohne Kraft ist sein Zustand, und da kommt, plastisch, einmalig, einfach das Glänzende heran: Er sammelt, nimmt, findet es.

Ist es von ihm? Nein, es ist nicht von ihm, wer könnte sich rühmen, so etwas zu besitzen?! Er hat es gestohlen, hergebracht. Er ist ein Dichter.

80

Vieles, das man wohl lächerlich nennen kann, ist mir dennoch lieber als manches wohlgelungene Gezischel.

81

Der Diamant hat den Ruf, sehr schön zu sein; daß er sehr hart ist, technisch wertvoll, stark lichtbrechend usw., will ich nicht leugnen.

82

Sie lachen, wenn ich jene farbigen Glaskugeln, mit denen die Kinder spielen, von unerhörter Schönheit finde. Grund: weil sie nicht viel kosten! Als ob ich gefunden hätte, daß sie viel kosten.

83

Schon eine längere Zeit gefiel mir das Wort »halb blind« so gut und hatte eine entgegengesetzte Wirkung von der, die man erwarten würde, und ich wußte nicht, warum. Dann ging mir auf: weil ich an die Seher dachte! Die Seher sind immer halb blind gewesen. Fernrohre, dunkle ...
In der Gesellschaft der Fenster und Brillen gelten Fernrohr und Mikroskop als halb blind.

84

Sie gingen und fanden nichts und dann nahm der Größere ein Stück auf – Stein oder Dreck – und hob es hoch in interessierten Händen. Man sah, daß es sich in seinen Bau fügen werde, – ein Blinder hätte es sehen müssen; aber der mit ihm ging, war weder blind noch sehend. »Was ist es«, fragte er gehässig (beleidigt, daß jener sich von ihm ab- und dem Ding zuwende), »daß du, während doch ich, der ich gewiß geringer bin, nichts damit beginnen könnte, . . .« – Dazu, daß dieses Wert hat, brauchts eben mich, antwortete der andere.

85

Ein Original. Jedesmal, wenn er im Wald gewesen war, oder in den Straßen oder im Schlaf oder sonstwo gewesen war, wußte er eine Geschichte, Geschichten zu erzählen. »Was der alles sah!« sagten sie. Aber ihn verwundert's mehr, was die andern alles *nicht* sahen.

86

Pascal – Fasching, Ewigkeit – Lethe und Grotte

Erst wurden die Pferde scheu und gingen durch und fielen ins Wasser, und dann wurde Pascal scheu und wurde zum großen Schriftsteller und ging in die Ewigkeit ein.

Daß er so schön geredet hat, ist doch wohl wichtiger, als daß er scheu geworden ist?

Ewig sind die Zeiten – warum mußt du denn gar so traurig sein, daß du bald nicht mehr bist?

Er suchte durch den leeren Raum immer weiter, fand immer nichts, immer nichts, bis er irgendwo den Herrn fand. An einer beliebigen Stelle kam ihm entgegengelaufen der Herr.

Fasching, Fasching! – den Zug der Masken habe ich im

Geiste gesehn, gesehn bei geschlossenen Augen. Alle in prachtvollen SCHALEN gesehn. Schalen wie die von Kürbissen oder Schildkröten, aber farbig und verschieden.

... LETHE und GROTTE: Wer übermittelte die innere Farbe dieses Namenspieles, das mir im Traum heute kam ... (Spiel durch leichte Vertauschung von Konsonanten der Namen zweier Schwestern – eine gewisse Anziehung ging von ihnen, oder einer von ihnen, aus –: »Grethe und Lotte«)?

Fasching: das einzige der religiösen Feste, das ich anerkenne.
(Wie ja auch hier, bezeichnenderweise in dieser unernsten Stadt, Fasching verboten ist, das einzige ernste Fest.)

87

Aus einem Reisebericht

Nebliger Tag. Man muß sich an den Kirchtürmen orientieren, die aus allen Fernen ragen. Gott steht noch immer über der Landschaft. Auch noch Fabrikkamine – Gott und die Industrie.

8 Uhr 30 Meer. – Meer leer.

Nocheinmal (Giono): Die Frage ist nicht »gibt es die Freude?« sondern, ob du die Freude willst oder nicht.

Fahrt quer durch die Stadt, am *Valkenbusch* vorbei; – die Sprache der Orte ... Einige Notizen. Gedanken an Pasiphae. (Eine ungeheure Einsamkeit.)
Ach, wenn die Leute nicht so *unermeßlich nüchtern* wären ... (Interpunktion unsicher, mein Seufzer erstirbt.)

Ca. 9 Uhr Südpark. Weit, leer. Fahles Windchen.

Park: Bad nicht gefunden. Elender Wind. Als einziges Gutes etwas Granit (von einem Bauplatz stammend) und ein Stückchen mitgenommen.
Ein Pestpark. Einen ärgeren nie gesehen. Keine Bäume. Totale Flachheit. Leere Wiesen mit diesen verdammten Kanälen und ein paar Zäunen.

– Diese Kalamität des Parks in Städten und bei Städten überhaupt! Wo trifft man einen anständigen Park. (Der beste ist noch der Mondwald.) Um einen Park zu schaffen, muß man erst etwas *haben*. Ein paar Zäune genügen nicht.
(Etwas haben: Erdmassen, Gefelse, riesige Bäume, beispielsweise; – nur nicht Kunststein! Nur nicht Tuffstein! [Buttes Chaumont.] Nur nicht Männchen aus Porzellan und nur nicht Stacheldraht.)
Summe: beinahe nichts als Stacheldraht.
Männchen aus Porzellan? Aus jener Masse, aus der das billige Geschirr ist! Und farbig angestrichen, mit Vorliebe dunkelblau und schmutzigbraun. (Zwerge, die da stehen: nicht imstande, neugeborene Kinder zu ergötzen, wenn diese sie zu betrachten vermöchten.)
Fast nichts als Stacheldraht. – Die traurigen Dingerchen von Pflanzen werden doch nicht Bäume sein wollen? Bilden sie sich ein, über ihre Kläglichkeit wegzutäuschen durch ein Schildchen, das darauf hinweist, daß sie aus China seien? Das niedrige Gestrüpp sollte niedergetreten oder ausgewalzt werden; oder verbrannt.
Im Jardin du Luxembourg stehen wenigstens Statuen. (Wenn auch wohl Schlechtes genug darunter.)
Gute Bildwerke sollen im Park stehen (sie bleiben in den

Ateliers der Künstler, die Künstler verhungern). Riesige Bäume, getürmte Erdmassen, wilde, schattige Wälder. Und die Statue eines Wahren darunter, ebenso riesig. Wucht der Kunst und Wucht der Natur.

Macht eines Geistes soll da sein – oder Wucht der Natur.

Nicht dieses Geplänkel mit Stacheldraht und elenden Pflänzchen, die angeblich aus China sind, – nicht der Mühe wert, sich damit zu befassen, wenn man kein Mikroskop hat.

Sandige Wege mit ein bißchen Teer oder anderem Dreck. Warum denn überhaupt etwas hinstellen, wenn man nur Dreck hinzustellen hat? Solcher war doch mindestens vorher auch schon da?

Dann irgendwo ein Wasser mit dem verfluchten Schwanzeug drin. Schwäne, Enten und ähnliches sind schön in einer felsigen Gegend, einer Gegend, die eine Struktur hat. (In Zürich, in Annecy, ein, zwei Stück. In Bergseen.) Hier sind sie unausstehlich.

Dann kam auch eine Schar Kinder, mit einem von den Jugendverderbern, dem Herrn *Lehrer*. Wie ein magerer Dornbusch ragte er aus der Mitte der Kinder. Von den zackigen Schultern schob er bald die eine, bald die andere in die Höhe, das eine Auge hatte er offenbar mitten auf der Stirn und ließ es vorwärts und rückwärts schnellen. Beim Vorwärtsschnellen kam es ganz dicht ans Brillenglas. (War es zurückgetreten, verschwand es im Schatten der gottähnlichen Braue.)

Von all dem wurde mir so übel, daß meine Eingeweide sich in Krämpfen zu würgen und zu verschlingen begannen; ich sollte den Darm entleeren und hatte keine Gelegenheit dazu. Nicht einmal das ist hier zu finden. Wenn die Menschen doch etwas hinstellen, warum nicht wenigstens etwas Nützliches?

Aus dem Park zurück, sehe ich die Ascheimer stehen und höre einen Papagei schreien: die erste menschliche Stimme wieder.

88

Von zwölf Personen, denen er im Laufe des Tages ein Gläschen bezahlt hatte, kam nach und nach ungefähr jeder zu ihm und sagte, daß er ein guter Mensch sei – nicht etwa wegen des Gläschens, das er ihm bezahlt habe, sondern er habe es ohnehin gedacht.
Von den andern kam keiner zu ihm und es hatte es offenbar keiner gedacht; da sieht man, wie man den Leuten die Augen öffnet.

89

»Jetzt«, schrie der Denker, nachdem er stundenlang in seinem Zimmer schweigend hin- und hergegangen war, »will ich einmal auf die Uhr schauen!« Und er schaute auf das Thermometer. Und nachher wußte er auch die Temperatur wieder nicht.

90

Lösung eines scheinbaren Widerspruchs:
Von einem gewissen Umtriebmacher und Verfasser von Dramen behauptet die Person A: er habe »gut geschrieben«, sei aber im Weltlichen untüchtig gewesen; die Person B: er habe Geist gehabt, auf weltliche Wirkung gerichtet, und

einiges realisiert, anderes nicht; die Person C: geschrieben habe er schlecht und von Geist dürfe man nicht reden, bewundernswürdig jedoch sei seine praktische Anlage und Tätigkeit gewesen.

Die erste Antwort ist die der Menge, die sich ganz im weltlichen Raum befindet; obgleich die umstrittene Person sich auch in diesem Raum betätigte, hatte sie, stofflich wenigstens, etwas von der Welt des Geistes, einen geistigen Anstrich, und unterschied sich dadurch von der Menge. Wenn man in einer graphischen Darstellung die Dispositionen in einem Rechteck ausdrückt, dessen linke Hälfte die des Weltlichen sei, dessen rechte Hälfte die des Geistes, so befand sich die umstrittene Person ganz rechts im linken Quadrat und auch ein wenig ganz links im rechten Quadrat, an der Grenze der beiden Gebiete also, bald ins eine, bald ins andere hineinreichend: die Menge, sich weiter links befindend, projizierte seine Erscheinung vollständig in das rechte Quadrat hinüber, sagte, er sei geistig, ein Idealist gewesen, habe sehr gut geschrieben, doch habe ihm die Tüchtigkeit für das Weltliche gefehlt. – Das Urteil von B ist von einem Punkt aus gefaßt, der ungefähr mit dem Standort der beurteilten Person übereinstimmt. – C dagegen befindet sich vollständig im rechten Quadrat; *er* ist der Geistige; da die zu beurteilende Person sich links von ihm befindet, projiziert er sie vollständig in das Weltliche hinüber.

Man erkennt also: Weil die drei Personen selber an verschiedenen Orten stehen, sehen sie, trotzdem sie auf denselben Punkt hinschauen, diesen die einen da, die andern dort. Sie brauchen also keineswegs eine falsche Beobachtung gemacht zu haben, es ist vielmehr möglich, daß alle drei völlig scharf dieselbe Sache sehen und dennoch verschiedene, ja A und C sogar entgegengesetzte Urteile abgeben. So steht die Sonne heute im Sternbild des Wassermanns; aber von der Erde aus gesehen; wären wir auf dem Mars, so würden wir –

vorausgesetzt, daß Mars nicht gerade die Oppositionsstellung zur Sonne habe, – feststellen, daß die Sonne in einem andern, vielleicht sogar dem dem Wassermann gegenüberliegenden Zodiakalzeichen steht. (Ähnliche Verhältnisse gibt es noch viele. – Hierhin gehört vor allem auch die Frage der *Einteilung* eines Dings[1].)

91

Die Tiere[2]

Sie hatte so eine Einstellung zu den Tieren, daß sie folgende Geschichte:

Ein Mann warf einem Raben ein Stück Apfel hin, das er aus seinem Tabak gezogen hatte; der Rabe pickte es gierig; als er aber den beizenden Geschmack des Tabakes merkte, flog er den Mann an und pickte ihn, er, der noch nie einem Menschen etwas zuleide getan hatte.

– daß sie diese Geschichte ohne Zögern glauben würde.

Sie würde nur vielleicht bewundernd staunen: »Sind sie so gescheit?«

Sie schaute die Tiere in der Art menschlich an, wie es beschränkt ist. Sie meinte, das Verbindende (Gemeinsame) sei die *kleine* Intelligenz des Menschen, nicht die große Intelligenz (das Übereinstimmen mit den Notwendigkeiten, das Hineinklingen in die großen Zusammenhänge); – seien die gestern durch seine besondere Entwicklung gewordenen Spezialkenntnisse, nicht die seit hunderttausend oder Millionen Jahren in ihm ruhenden Fundamentalkenntnisse, die immer wieder in höchsten Exemplaren (Goethe, Spinoza) aufdämmern, *bewußt* aufdämmern: das heißt nichts anderes, als vermehrt um das neueste Gewordene erscheinen, *durch das neueste Gewordene, Spezielle, hindurch* erscheinen.

---
1 Vgl. 10.   2 Vgl. 50.

Denn Goethe verbindet uns mehr mit den Tieren als der geringe Mensch.

– es fehlte wenig und sie verlangte von ihnen Literaturkenntnisse.

Die Wellenlänge der Größe der Dichtung ist den Tieren verbindend, nicht die Kenntnis des Genitivs.

Der Apotheker schaut mitleidig auf die Tiere hinunter, Goethe bewundert sie.

Interessant ist auch die Einstellung des Christen zu den Tieren. – Dem Erkennenden, der nichts von den Christen wüßte, machte man mit der Darlegung dieses Verhältnisses am ehesten den bedenklichen Zustand dieser Leute klar.

Mit unsäglicher Verachtung blickt der Christ auf dieses Geschöpf, das keine Seele hat. (Sei diese Verachtung nun mehr oder weniger verborgen hinter ebenso dünkelhafter Frömmigkeits-, Mitleids-, Wohltätigkeitsgebärde.)

Und dann Franziskus von Assisi?

Aber der war ja vielleicht gar kein Christ...

92

Ich sehe keinen *wesentlichen* Unterschied zwischen Mensch und Tier – nur einen quantitativen, den man freilich enorm nennen mag: etwa so, wie den zwischen Mensch und Genie.[1]

93

Eichhörnchen[2]. In dem Stadtwald, durch den ich täglich gehe, in dem ich bisher nur hie und da ein, selten zwei

---
1 Vgl. 50, 91.
2 Vgl. II, 265.

Eichhörnchen gesehen hatte, erblickte ich heute auf einer Bank zwei Weiber, die eine ganze Anzahl kleiner Eichhörnchen um sich versammelt hatten und sie fütterten. Ich blickte interessiert auf die Weiber, irgend etwas Besonderes an ihnen erwartend, – sie sahen aber kommun aus. Derb, breit, dumm grinsend. Die Verwunderung darüber war nicht geringer als die Bewunderung der zarten Tierchen, welche ganz in die Nähe kamen.
Endlich stand die eine auf. Sie hinkte. Da begriff ich.

94

»Wer sich selbst erhöhet, der wird erniedrigt werden; und wer sich selbst erniedrigt . . .«: Aber wenn man das so genau weiß, damit zählen kann und damit zählt, erniedrigt man sich selbst, indem man sich erhöht: wird also erhöht werden. Und es kommt nun darauf an, bis zum wievielten Glied der Kette man zählt, um wirklich erhöht oder erniedrigt zu werden.
Auf Grund dieses Bibelwortes, welches freilich nicht zu den interessantesten gehört, entsteht so ein Sport, dem viele verfallen sind und bei dem manches schlaue Seelchen meinte schön profitieren zu können. Lichtenberg bemerkte dazu: »Mir ist ein Kleintuer weit unausstehlicher als ein Großtuer . . .«[1] – Es ist überhaupt besser, daß man die Menschen nach ihrem Positiven beurteilt, als nach ihren übrigen Eigenschaften, – nicht darnach, ob sie sich selbst erniedrigen oder erhöhen: daß man dies ganz außer acht läßt.

---
1 Bei Spinoza tönt es gewaltiger: »Demut ist keine Tugend.«

95

Er bürstete und pflegte seine Bescheidenheit alle Tage und hat sie so glänzend fett gefüttert, daß von ihr ein Strahlen ausging, das ...

(– den Glanz des Selbstgefühls jener andern um das Vielfache übertraf.)

Im Literaten-Café. Sie zeigten einander fortwährend ihre Bescheidenheit – die Fortschritte, die sie gemacht hatte. Einer übertraf den andern an Bescheidenheit, heißer Wettkampf! Die Unscheinbarkeiten erhoben sich wider einander wie Titanen, schlugen wider einander wie Schwerter, Schilde, Speere, waren hinterlistig wie Dornen, – türmten sich bis zum Zenit.

96

Einen Turnverein gesehen, dessen Mitglieder fast ausnahmslos häßlich waren, außerdem scheußlich gekleidet und nichts konnten. Ich habe mich verwundert, dann aber erfahren, daß der Turnverein christlich war: denn Gott ist ja gegen die Entwicklung des Fleisches.

97

Namen. – Welcher große Geist war es doch, war es nicht Hebbel? Wenn ich mich recht erinnere, sagte dieser, daß er Elise immer bewundern muß, weil sie etwas kann, das ihm unerreichbar bleibt: einer Katze einen Namen geben.

Wer eine Katze allen Ernstes mit Menschennamen taufen kann, zeigt damit, daß er keinen Namen begriffen hat.

(»Selbst seinen beiden Pantoffeln hatte er Namen gegeben.«
Lichtenberg.)
Uns wird klar, daß Katherine Mansfield diese Schwierigkeit (Unmöglichkeit) auch begriffen hat, wenn wir vernehmen, wie sie ihre zwei jungen Katzen nannte: die erste »April«, die andere »Athenäum«.

98

Plötzlich entdecke ich: Ich hasse den Kreis. – Die Spirale ist kein Kreis. – Ich glaube, der Kreis ist eine Lüge.

99

»Eine schwere Last fällt mir vom Magen!« Und schon, erst unbemerkt, schiebt sich eine andere darauf.

100

Wie sollten denn die Ärzte mehr Verfügungsrecht über deinen Körper haben als du?

101

Medizin[1]. – Ein Verteidiger der heutigen Medizin brachte als Hauptargument vor: daß sie eine Reaktion darstelle gegen frühere, entgegengesetzte Fehler: Vagheit und Unkontrollierbarkeit. – Das mag für die Universität, den Wert der

---
1 Vgl. VIII, 102.

Professoren genügen. Ein Arzt ist etwas ganz anderes; er darf nicht nur Reaktion sein; er darf nicht *nur* von der Universität gebildet werden, so wenig wie der Maler nur von der Akademie: denn wie dieser muß der Arzt eine schöpferische Leistung aufweisen, dem Leben als Gesamtem gegenübertreten, oder, *es aufnehmen mit dem Leben.*

Nun nehmen sie es auf mit einer Lunge, einer Leber, sehen nur ein Magenleiden, statt ein Nervenleiden – nur ein Nervenleiden statt ein Geistesleiden ... Aber es *gibt* keine Lungen, Lebern, für sich allein bestehende.

Der andere gab zu, daß in der *Psychiatrie* seit langem keine Fortschritte gemacht worden seien. – Wenn man aber einmal feststellen würde: »Es gibt *nur* Geisteskrankheiten« ...?

Große Schriftsteller haben immer wieder *wirkliche* Ärzte dargestellt (z. B. Balzac den Doktor Benassis – nebst anderen –; dieser anerkannte die Zusammenhänge und trat dem Leben als Gesamtem gegenüber). Solange die Ärzte nicht bei diesen Schriftstellern ebensosehr wie auf die Universität in die Schule gehen ...

(Aber auch das wäre nur eine Schule und würde doch nicht genügen. Der Beruf des Arztes ist einer von den wenigen, bei denen diese eine Sache unersetzlich ist –: Talent.)

Später habe ich mehr als einen Arzt angetroffen, für den diese Vorwürfe nicht gelten. Sie erkannten, was in so vielen Fällen in den untern Ständen der wahre Krankheitsgrund ist: der Geldmangel (wie in den obern Ständen bei so manchen Personen der Mangel an Tätigkeit). Mehr zu tun als diese richtige Diagnose zu stellen, war der Arzt freilich schon machtlos (und darum sprach er in der Regel die Diagnose nicht einmal aus).

102

Von den Briefen

Die meisten Briefe sind daran krank (und in mancher Hinsicht wirkungslos, immer viel wirkungsloser, als sie sein müßten), daß das *Allgemeine* gegeben wird statt das Detail. (»Mein Leben ist . . .« – »Der gegenwärtige Weltzustand . . .« statt »Heute habe ich . . .« – »Ich habe in [Zweig des Arbeitens] erreicht . . .«)

Und dann, weiter, daran krank, daß, *wenn* Details gegeben werden, das *besondere* gesucht wird, statt das gewöhnliche. (»Wir haben eine wunderschöne Angorakatze gesehn.« – »Sonnenblumen wuchsen bis 3 m 50 Höhe.«)

Du sollst nicht das Allgemeine schreiben, sondern das Detail, und nicht das besondere Detail, sondern das gewöhnliche. – *Das* hat Kraft, *das* beleuchtet, hier entrinnst du nicht den Ausdrücken des *wirklichen* Besonderen, hier wird uns Blickkraft verliehen aufs Ganze.

Nicht besondere Katzen und Sonnenblumen, sondern: wie du deinen Tag eingerichtet hast, die Stimmung von 6 Uhr an in der Dämmerung beim Aufstehn (jeden Morgen), der Ton des Nebelhorns (Jahr um Jahr).

Wenn ich die Briefe meiner Bekannten (der meisten) beobachte, so finde ich, daß jeder ein oder zwei ewig wiederkehrende, total tote Sätze enthält; von dieser in jedem Brief wiederkehrenden total toten Stelle, die niemand etwas sagt, meint der Schreiber, daß sie das Wichtigste sei.

M. hat »eigentlich ein sehr schlechtes Gewissen«. Y. würde »sehr gerne helfen, wenn ich nur einen Weg wüßte«. (Dabei wird all das, worum ich bitte – und wieder bitte und das auszuführen keineswegs schwer ist –, nicht getan; ich bitte um eine Auskunft, bekomme sie aber nicht, dafür im nächsten Brief wieder jenen Satz.) X. hat »so lange nicht geschrieben, weil man doch nur Schlechtes zu schreiben hat«.

Um diese tote Achse herum hängt das übrige Wenige, das in den Briefen steht, – wie soll der Brief lebendig werden, wenn der Kopfsatz so schal, so ohne jede Substanz, so seit Jahren jeder Begründung entbehrend ist?

> »Jeder Begründung entbehrend« ist zu viel gesagt. Wenn ich genauer beobachte, finde ich, daß dieser Satz – total tot, ja, aber – keineswegs ohne einen Sinn zu sein pflegt, vielmehr stets für das eingesetzt wird, womit der Autor nicht fertig ist, für einen Komplex von Dingen, die er nicht sagen will oder nicht sagen kann.

Man gebe den Menschen die richtigen Anweisungen: daß sie entweder *totale Überzeugungen* aussprechen sollten (das Schwierige, selten zu Erreichende!) oder ganz nackte, mit keiner Überzeugung bekleidete Details berichten, – es nützt nichts. Sie sprechen in jedem Brief wieder ihre *halben* Überzeugungen, ihre Verallgemeinerungen, ihre »Meinungen« aus, diese Schalheiten, mit denen kein Mensch etwas beginnen kann. Jedes Kind, jeder Bauer würde einen lesbaren Brief schreiben (die der Bauern sind übrigens in der Regel die literarischsten Briefe, die Untersuchung dieser Tatsache ist interessant), wenn es oder er lediglich die Details des Tages, der Woche berichten würde, ohne etwas dazuzutun, – Sauce ist vom Übel.

... aber ist es denn diesen Menschen nicht erlaubt, auch ihre Meinungen ...? Nein. Meinungen müssen bis zu dem Grade der Not angewachsen sein, daß sie nicht mehr nach Erlaubnis fragen.

Hätten denn nur Lichtenberg und Multatuli und Karl Kraus das Recht, ihre Meinungen auszusprechen? Ja. Nur diese und diejenigen, die ihnen ähnlich sind. Meinungen müssen WIRKLICHKEIT haben, und ihre Wirklichkeit besteht in der vollen Notwendigkeit.

103

Vom Kreis

Hinführendes:
Eine ruhende – nicht schlafende, aber still sinnend sitzende – Katze gesehn: die lebendige Illustration jenes wunderbaren Ausdrucks »ich bin bei mir«. Den Schwanz hatte sie in leichtem, angeschmiegtem Bogen um ihre Basis gelegt: *nicht in einem Halbkreise*. Es wurde mir klar, daß dieser (Kreis oder Halbkreis) hier undenkbar wäre: er würde das ganze Bild sprengen.

Kreis – die Figur des Mittelalters. (Bei Dante sicher das durchaus Mittelalterliche.) Kreise, Reifen (eines Fasses z. B.) – Reifen um die Stirne.

»Und so zog ich Kreis um Kreise, / stellte wunderliche Flammen . . .« Teufelsbeschwörung. – Ferner: Das Zeichen der Null geht wahrscheinlich auch von dieser richtigen Vorstellung aus. – Weiter möchte ich gerne von Gelehrten erfahren, ob und wie weit die Form des Kreises bei Pflanzen, Tieren vorkommt.

Der Kreis mag die Vollendung darstellen; aber diese eben bedeutet den Tod, sobald sie statisch wird. (Sie sei zu erreichen, nicht zu behalten!)

Du kommst, auf der Bahn des Kreises wandernd, immer am selben Ort vorbei; du erlebst nichts. Der Kreis hat *keinen Raum*. Dagegen gibt es Kurven, die wunderschön sind, durch immer neue Räume führende Kurven – die alten wieder streifende, aber nie auf dieselbe Art –, welche ich leider nicht genügend kenne. (Alle diese Kurven »leben vom Kreise« könnte man vielleicht sagen. Wir leben auch von den Punkten der Vollendung, denen wir entgegenstreben.)

104

Höchste, erstaunliche Farbigkeiten sah ich (außerhalb der Kunst) mindestens viermal:

1. Farbe einer dünnen Schicht auf die Straße gegossenen

Petrols (in der Kunst nur von Renoir erreicht und vielleicht bisweilen von Greco).

2. Vorbereitung einer gewissen Art von Sauerbraten (civet): in eine Mischung von Rotwein, Essig, Öl, Gewürzen und Kräutern gelegte rohe Fleischstücke. (Richtung von Delacroix und gewissen Cézannes.)

3. Tropische Fische in einem Aquarium im Tiergarten; bald sah man sie und bald nicht mehr und bald fast nicht mehr; von einer Jenseitigkeit in der Zartheit, die alles andere in dieser Richtung übertraf. (Am ehesten wohl japanischer Malerei verwandt.)

4. Die Augen der dicken Katze bei Petrolbeleuchtung einmal: riesige Kugeln (immer sehr große Augen) von zugleich hellem und dunklem Grün ohne die geringste Tönung; durchscheinend; hell und dunkel nicht etwa nebeneinander, sondern *zugleich;* man konnte die Augen ebenso gut hell wie dunkel nennen, nein, man mußte sie als beides bezeichnen. Bestimmt von einem sehr hellen Grün waren diese dunklen, fast schwärzlichen, immensen, durchscheinenden, enormes (aber nirgends schillerndes) Licht haltenden Kugeln. (In der Kunst nichts Entsprechendes; wohl reine Unmöglichkeit für immer.)

Aber den vieren wären doch noch zwei oder drei weitere anzureihen. Bei »ohne die geringste Tönung« fiel mir jener Bergsee ein, den ich einmal – fast als Kind noch und zum erstenmal erstaunend vor *nur* einer Farbe – von einem hohen Grat aus, welchen man eben erreicht hatte, auf der andern Seite in einer gewissen Tiefe unter unserm Standort erblickt hatte; da war es eine Farbe zwischen Blau und Grün, aber von einer solchen *Tönungslosigkeit* (kälter und härter als der kälteste Edelstein), einer Stärke und Einmaligkeit, daß man keine Vorstellung davon geben kann. Fels- und Steingelände darum herum völlig erloschen; der See darin, als ob er *das Auge der Welt* gewesen wäre. – Dann vielleicht noch andere Farben von Mittelmeer und Alpen (das innen Schimmernde, das wie versunken Schimmernde rötlichen Granites); das unnennbare Dunkelgrün gewisser Gebirgsflanken bei Regenwetter, Unendlichkeit und unendliche Melancholie darstellend.

105

Prüfung der Intelligenz. – Zu betonen und zu verdeutlichen, woran allein man die Stärke der Intelligenz ganz messen kann, oder was wenigstens der beste Maßstab ist[1]: Wenn der Mensch in eine extreme (unmittelbar bedrohende) Notlage versetzt ist: nicht etwa daran, wieviel Kenntnisse er hat davon, was zu tun sei – denn solche Kenntnisse könnte er durch vorhergegangene Erfahrung gewonnen haben –, sondern daran, in welchem Maße er *jetzt* auf den Verstand sich verläßt, statt nach andern Auswegen zu drängen (instinktiv, nach Hilfe schreiend, sich anklammernd, kurz, nach Wegen irgendwelcher Affekte).

106

Holland: Sandboden und Lehmluft.

107

Von der Hilfe einer Landschaft... – Wie könnte ein Dasein ideal sein, mit Getränken und in Gesprächen, ohne eine menschliche Landschaft – Landschaft mit *gerahmtem* Wasser, einem Fels, einer Wiese... oder ähnlich; das eine oder andere ist zu ersetzen. Ein Tal mit Bach und Bäumen. Ferner Schneegrat, freier See. Oder das Leben der Felsen am Mittelmeer. – Jedenfalls nicht solcher Strand wie hier, Sandstrand, wo alles strandet, mit solcher See. Jedenfalls auch nicht wie das innere Holland: sumpfhaft ohne etwas anderes, lauter Wasserziehendes; Fettsucht, krankhaft fruchtbar.

---

[1] Vgl. II, 17.

Sand ist das Unmenschlichste.

In einer Sandlandschaft ist der Mensch genötigt, ein Lump zu werden oder ein Held.

(Es ist unmöglich, daß es in einer Sandlandschaft eine menschliche Kultur gebe.)

Wien ist das Gegenteil: Das Übersüße, vor Süße leer.

108

Milieu. – »Wenn du Baumeister bist, so baue doch Paläste!« – Er hatte aber keine Arbeiter. Er sollte nicht nur erfinden, entwerfen, anleiten, sondern auch alles körperlich selber tun, die Steine tragen, den Mörtel rühren. Schließlich ergab er sich, da er erkannte, daß kein anderer Weg bestand.

– Gut, ich will alles selber ausführen, aber *womit?* (Denn es war auch kein Material zur Stelle.)

Da gaben die Herren den Befehl, eine Handvoll Sand zu liefern.

109

Schlaffest

In jenem Lande ist eine Stadt, deren Namen ich nicht nennen darf aus Gründen, die aus dem Folgenden klar werden, in der alljährlich ein Schlaffest abgehalten wird.

An dem bestimmten Tage tritt kein Fremder in einen um die Stadt abgesteckten Kreis hinein, in der Stadt selber sorgt eine kleine Polizeitruppe, welche noch wacht, dafür, daß alle Geräusche ruhen. Der Tag beginnt damit, daß keine Glocke vom Turme tönt. Dann wird ein Morgenessen gereicht, als letzte Mahlzeit, und zwar schon um sechs Uhr morgens (so früh zum Zwecke des bessern Einschlafens), dann wird durch einen Umzug durch die Straßen, Umzug schweigender Preis- und Oberschläfer, das stumme Signal gegeben zum allgemeinen Hinübergleiten.

Von diesem Moment an darf, bei einer Strafe bis zu 1000 Gulden und zehn Tagen Arrest, kein Bäcker mehr etwas verkaufen oder den Teig anrühren, kein Schuster mehr den Hammer ergreifen, kein Apotheker mehr eine Pille drehn. (Nur die drei Oberstadtapotheker sind ausgenommen, davon später.)

Die (nicht die Bewachungs-, sondern) Beschlafungstruppe macht ihre Runde und sorgt dafür, daß alles befolgt werde. (Sollte zum Beispiel einer singen, würde er abgeführt.)

Nun schläft man aber nicht in Betten, oder doch am wenigsten in Betten und vielmehr überall: besonders auf Teppichen bei offenen Fenstern, in Gärten, im Hausflur, auf Dächern. Um die Bürgermeisterei herum lagert sich die Oberschlaf-Festtruppe, sehr geschmückt und in Schlafkleidern, auf die mannigfaltigste Art auf schon vorhandenen Polstern oder Decken, auf mitgebrachten prächtigen Fellen, verzierten Federbetten.

Um 8 Uhr wird das Signal gegeben in Gestalt eines extremen, schnell sich verbreitenden Duftes vom Kirchturm aus, daß das absoluteste Schlafen beginnt. (Säuglinge sind mit ihren Müttern oder Pflegerinnen aus der Stadt entfernt worden; über ein Jahr alte Kinder sind im Spital versammelt und durch starke Medikamente zum Schlafen gebracht.)

Die Oberstadtapotheker, in der Kirche versammelt, liefern der diensttuenden Truppe verschieden schwere Schlafmittel für die verschiedenen – aber stets seltenen – Fälle von Schlafrebellion.

Selten sind die Fälle des Nichteinschlafens: Denn der Schlaf übt eine ansteckende Wirkung aus, so groß, wie du, lieber Leser, dir kaum vorstellen wirst. Dazu kommen die schweren, betäubenden, in Wolken sich niederschlagenden Düfte vom Kirchturm.

Die Diensttruppe trägt Gummischuhe und redet nicht.

Bald schlafen alle, außer einem Viertel der Diensttruppe (und den drei Oberstadtapothekern), acht Mann, dem Elite-Schlaf-Viertel, das sich den Magen ganz mit starkem Kaffee gefüllt hat, um den schweren Kampf gegen das allgemeine festliche Dahinwallen zu bestehen. Von diesen 8 Mann steigen 4 auf den Kirchturm, um die Blütendüfte werfenden Festapparate zu überwachen, die andern vier schleichen in der Stadt herum.

Es ist klar, daß man keine Fremden empfängt, – und die Mehrzahl am besten allein dadurch abhält, daß man Namen der Stadt sowie Datum des Festes verschweigt. Kommen welche zufällig an die genannte Umzäunung (es werden stets nur wenige sein, denn die Stadt ist klein und nicht berühmt), werden sie von mit Hellebarden bewaffneten Wächtern zurückgewiesen unter verschiedenen Begründungen: bald, es werde Viehmarkt abgehalten, bald, hier herrsche die Cholera.

Es wären noch mancherlei Details zu erwähnen.

Das Fest dauert bis acht Uhr abends.

110

Reiseberichte. – Damit ein fremdes Land, der Unterschied zwischen französischen Sitten und schweizerischen u. ä., beobachtet werde, braucht es zwei Dinge, von denen man das zweite meistens vergißt: das Objekt (Land) und daß du Beobachtungsgabe habest.

Weil diese bei fast niemandem vorhanden ist, hört man so seltsamen Unsinn und erzählt jeder, der ein fremdes Land besucht hat, etwas anderes.

Der Beobachtung gibt es drei Kategorien, je nachdem, ob sie gerichtet ist auf:
I) Hauptgeschehnisse und -verhältnisse
II) Einzelzüge
III) Wesenszüge, Resultat aus II.

Die Kategorie I ist bedeutungslos (in einem Reisebericht), kein Reisender braucht diese Dinge heute noch zu übermitteln (früher war das anders). Von II liefern die Leute einzeln da einen, dort einen; so gut wie nichts wert und eben zu dem Widersprechenden führend. III allein ist wertvoll und ist ein Resultat aus II, wenn II dicht besetzt ist.

Hier ist es nicht die Abstraktion, die schwer ist. Die Einzelbeobachtungen sind schwer!

111

Helvetisches

Man muß schon haben, um mehr zu haben; man muß schon ausgegeben haben, um mehr auszugeben.

Willst du mehr ausgeben? Du kannst es ja nicht, du hältst immer etwas zurück. Du müßtest das Frühere schon ausgegeben haben; da du etwas davon zurückhieltest, hat dieses eine Kruste gebildet, leistet gegen jedes weitere Ausgeben Widerstand; gelingt dieses endlich doch, so nur, indem ein *noch* größerer Restbestand, Krusten- und Widerstandsstoff zurückbleibt. Es ist ein Säurepilz, jede neue Quantität wird in größerem Maße angesteckt; Essig bleibt immer.

Wie wirst du etwas erwerben können, wenn du den Kaufpreis zurückhältst? Dreißig? sagst du und »dreißig!« sagt der Händler. Du wägst in der Hand die dreißig – – aber im letzten Moment behältst du zehn zurück und gibst nur zwanzig.

Der Händler nimmt das Geld und gibt dir die Ware nicht.

112

Zu »Panthalis«[1]. – *Planloses Schweifen,* entdecke ich nun, war mir von jeher widerwärtig. Handle es sich nun im Künstlerischen um jene Art von Experimentieren, von der ich früher geschrieben habe[2], oder um jene Lebens-»Gestaltung«, die keine ist, wie bei – so Unzähligen.

Das Gegenteil kann aber auf mehr als eine Art bestehen: die Einheit kann gegeben werden allein durch die Bedeutung der *Person,* die alles ihr Begegnende auf ihre Art durchleuchtet, belebt; andernfalls sei im Außen (im Nennbaren) konstruierter Plan da. (Ein Studium; das und das erreichen wollen; einem Bestimmten dienen.)

113

Der Spiegel.[3] Lebende Bäume direkt messen ist schwierig; man mißt sie an ihrem Schatten mit Leichtigkeit. Berge direkt messen ist schwierig oder wohl unmöglich; man mißt sie wieder durch andere Verhältnisse, Projektionen ihrer Dimension. Aber viele äußerst wichtige Dinge erkennen wir erst im Spiegel, zum Beispiel uns selbst. Viele Stoffe kannst du nicht erkennen: an ihren chemischen Reaktionen aber sofort eindeutig. Oder den Menschen erkennen an seinen Taten. »An ihren Früchten sollt ihr sie erkennen.« Worauf ich aber

---
1 Vgl. II, 133.
2 Vgl. Nuancen und Details I, 10.
3 Vgl. II, 40, 110.

besonders hinweisen möchte, ist dies: Sehr schwer ist es, Wert, Art einer gegenwärtigen Gemeinschaftsbewegung zu erkennen: *ihr* Spiegel ist die Epoche der Vergangenheit, mit der sie Beziehung hat; und sie hat Beziehung mit der, die sie (ganz unlistig) *nennt*. Man wählt, schafft sich den Mythos selbst; die vergangene Epoche, die man als Vorbild wählt, ist der Mythos, *den man hat*.

Die Herren und die Götter stehen da; wir wählen sie; und sie stehen auf; sie *stehen langsam auf*...

114

Im Fortschreiten. – Regen. Dach über mir. Einst in Höhlen. Wenn der Mensch erkennend wäre, würde er auch dankbar sein. Er ist mit Blindheit geschlagen; durch Ausschauen nach Weiterem mit Blindheit geschlagen für den Fortschritt, der wirklich groß und real ist.

115

Die drei Stufen der Entscheidungen:
I) Der Apotheker (Parteilichkeit).
II) Der geistige Mensch (weiß, daß auch die andern, daß alle, irgendwie, recht haben, sieht die Vielheit vor sich ausgebreitet. Nur Prinzipien können – niemals Dinge, Menschen, kurz, Erscheinungen – ganz schlecht sein).
III) Der Höchste (ergreift doch Partei).[1]

---

[1] Vgl. II, 10, 200.

116

Das Beweisen[1] halte ich für sehr wichtig, aber ich glaube nicht, daß man etwas beweisen kann.
(Wichtig wie alles Reden: weil es mit mehr Dingen in Verbindung bringt. – Irgendwie muß man reden.)
(Spinoza wieder gelesen und bemerkt, daß ich nie auf sein Beweisen geachtet habe.)

117

Er meint, durch vieles Koitieren könne er seinem Leben Bedeutung geben. Kannst ebenso gut lange deine Feder reiben, um deinem Geschriebenen Bedeutung zu geben.

Man muß im Gegenteil erkennen: Wie die Bedeutung zunimmt, nimmt die äußere Ausführung all solcher Dinge ab.[2] Was man nirgends deutlicher als bei Marcel Proust sehen kann.

118

Die die Grenze zwischen Kunst und Philosophie genau zu ziehen vermögen, sie müssen entweder mir ganz unvorstellbare Geister sein oder überhaupt keine Geister.[3]

119

Ich habe Jahre gebraucht, herauszufinden, warum ich die Blinden so hoch schätzte. Weil ich das Sehen so hoch schätzte: Blindheit steigert das Sehen.

---
1 Vgl. II, 179.
2 Vgl. XII, 29, 70, 71, 78, 101.
3 Vgl. XII, 39.

Wer je einen Blinden *gesehen* hat, wird mich verstehen. Denn so ein Gesicht ist nicht blind.

120

Körpergebrechen. Wäre ich bucklig, hinkend, Zwerg usw., es würde mir wohl nicht allzuviel ausmachen; wenig oder nichts im Wesentlichen: es hieße eben einen Besitz weniger haben, man würde sich auf dieser Basis einrichten. Sogar blind sein – ein sehr großer Verlust natürlich zuerst, dann wächst ein anderes Sehen; andere Sinne würden sich, den verlorenen zu ersetzen, entwickeln. (Wenn einmal ein Blinder ein Schriftsteller ist – statt daß nur immer so viele Schriftsteller blind werden –, wird er uns die Gesichter auseinandersetzen, die Dinge im Dunkel[1] haben; oder kaum geahnte Klangräume.) Aber *eines* möchte ich nicht oder sehr schwer ertragen haben (ich kann es jetzt, da es mir doch nicht mehr zustoßen kann, sagen ohne Herausforderung): daß ich über 1 m 80 (oder 1 m 85, aber das ist das Äußerste) lang gewesen wäre: – oder macht das dem, der länger ist, schon nichts mehr aus?

Man stelle einmal eine Liste auf dessen, was sehr lange Männer geleistet haben; und ihr gegenüber vielleicht eine dessen, was die Kleinen geleistet haben.

121

Es gibt eine Macht, vor der die Intelligenz ganz klein wird: Das ist die Dummheit, besonders wenn sie mit Mastigkeit,

---

[1] Nicht im vorübergehenden Dunkel, aus welchem heraus man nur übersetzt, sondern im immerwährenden.

hoher Gestalt, Gebietendem (Besitz) vermischt ist; – kurz, das Element »König«.

Der richtige, der eigentliche König (Pfefferkorn bei Thomas Mann, Zeus bei Spitteler) hat immer etwas vom (prämiierten) Schlachtochsen und ist sehr hoch; die politische oder militärische *Kapazität* dagegen ist von Gestalt eher klein.

122

Sie beginnen den Stöpsel zu richten, der, wie das Wasser hundert Grad erreicht, herausspringt. Vorher, bei 60, 70 Grad, waren sie zufrieden; der Stöpsel saß. Nun beginnen sie das Wasser, das Gefäß, den Stöpsel zu richten.

123

(Er hätte sehr schön schreiben können; nur fehlte es ihm jedes Mal, wenn er Schwung hatte, an einer Idee und wenn er eine Idee hatte, an Schwung.[1]) – Schließlich half er sich so, daß er darauf schaute, wie es die andern machten; er machte es jedesmal noch etwas schlechter als die andern; aber ähnlich.

124

Die eine trug das Diadem der Jugend; die andere war geschmückt mit Lastern und Edelsteinen.

---

1 Vgl. V, 15; VI, 7.

125

Berufe. – Seit ich Kellner kenne, kam, wenn sie vertraulich wurden, immer der Moment, da sie versicherten, sie seien nämlich gute Psychologen – oder: gute Beobachter –, sie hätten nämlich so viel gesehen –! Daß sie viel gesehen haben, will ich nicht bezweifeln, aber wenn es darauf ankäme, wie gute Psychologen müßten erst die Kinooperateure oder die Flieger, welche eine ganze Stadt von oben sehen, sein!
– in ihrem Betrieb sei so viel Gelegenheit. – Es kommt auch noch darauf an, was sie beobachten. »Der Herr dort blinzelte schon zum dritten Mal nach der Dame.« – »Herr Meyer liest die Zeitung heute kürzer als sonst: muß aufgeregt sein.« – »Dieser Unbekannte ist schlecht gekleidet und benimmt sich unsicher: muß nicht genug Geld haben.«
Es ist klar, daß sie, wenn sie nichts zu tun haben, nach dem gaffen, was sich bewegt im Raum, nämlich den Kunden. Beobachter! Es gibt verschiedene Arten Beobachter, wie Leser.
– in ihrem Betrieb sei so viel Gelegenheit! Schade, daß Lichtenberg kein Kellner war.

126

»Das ist nur eine Laune.« Eine Laune, gut. Warum soll es nicht eine Laune sein? Auch Bergstürze gehen aus Launen hervor.

127

Destillation oder: Über dem Trinken. – Da sitzt der Destillateur bei seinem Korn oder seinen Traubenresten, um einen Geist darauszuziehen. Ich aber destilliere den Alkohol nocheinmal, um einen feineren Geist darauszuziehen.

128

... so steigt einer im Gebirge über eine Stufe, die hinter ihm abbricht, aber ihm doch alle folgenden zu erreichen erlaubte.

129

Ein bedeutender Titel wäre: *Neue Zugänge*.

»Ich stelle vielleicht keine neuen Ideen hin; aber ich eröffne neue Zugänge zu den bekannten.«

130

Beim Schreiben. – Ich schreibe an Definitivem – wenn ich überhaupt dazu komme – eine bis vier Seiten im Tag, in vier, sechs oder acht Stunden; meistens nicht über zwei Seiten, selten über drei. Das kann niemanden interessieren. Aber das Auffallende ist dabei dies: fast immer habe ich durchaus das Gefühl, daß das Geschriebene zehn oder zwanzig Seiten lang sei (und muß mich dann verwundert, wenn ich nachschaue, von der Täuschung überzeugen); doch ist dies leicht erklärlich: so ausgedehnt sind die Räume, die ich während des Schreibens durchlaufen habe.

Was hier steht, das Sichtbare, das sind ja nur die Gipfel oder die Gräte – ich aber ging durch das Gebirge, erstieg die ganzen Berge, war in den Bergen, schaue durch die ganzen Berge hindurch.

131

»Ich schreibe jetzt meinem Freund, dem Menschen, einen Brief; und er wird ihn lesen.« Das ist alles.

Sie fragen mich, was ich tue. Ich soll Aufschluß geben über meinen Lebenslauf. Etc.
Oder sie fragen mich, *worüber* ich schreibe ...

132

Der Stoff. – Wenn mich wieder jemand fragt, *worüber* ich schreibe (es kommt gegenwärtig nur deshalb nicht vor, weil ich mit niemand verkehre), so werde ich antworten: »Über das Verhältnis zwischen der Wirklichkeit und dem Realen.«
Ich bin froh, endlich eine Antwort gefunden zu haben. (Vorher mußte ich abwechselnd antworten: »Landwirtschaftliches« und »Über das Gelbgrün alter Kirchturmspitzen«, oder ein mehrfach zusammengesetztes Fremdwort.) – Eine Antwort, die er nicht versteht, die ich wohl verstehe, die dunkel ist und die hell ist, die in jeder Beziehung stimmt.

133

Die Variationen vom Gewitter

Und noch und noch einmal: wenn wir vom Wetter reden: ... Aber das schönste Wetter ist das Gewitter.

Und – wenn er schon nicht im Gespräch mit Freunden kommen soll, wie bei Römern – gibt es einen schönern Tod als in ihm?
– als zu sterben, durch den Blitz erschlagen? Das Feuer von

oben: Feuer und Himmel, die beiden geistigsten Dinge, vereinigt.

> Wir sprachen von sanften und großen
> Wettern, von nassen und langen,
> von eisigen, tötenden,
> von eisigen klaren metallnen,
> von sengenden;
> von heißen dürren azurnen;
> von den zartesten des Morgens;
> von häßlichsten, nebligsten –:
> Aber das schönste von allen Wettern
> ist das Gewitter.

> So wechselnd, so
> geschehnisvoll!

> Wenn ich schon nicht
> so, wie ichs immer träumte, sterben soll –
> sprechend, von Freunden umgeben, sachte;
> in Philosophie, in voller
> Übereinstimmung mit dem Tode
> (wie einzelne Römer starben) –
> sondern durch Unglücksschlag,
> fremd, allein –:
> Kann es schöner geschehen
> als durch den Blitz?

> Variante:
>
> Gibt es einen schönern Tod als
> sterben, erreicht vom Strahl?

> Feuer von oben!
> Die beiden
> geistigsten Dinge, Feuer und Himmel,
> vereint.

> Wasser ist gut und selig oft,
> das über die Erde wandelnde, verbindende,
> glänzende;
> besonders wenn es klar ist bis auf den Grund,
> oder wenn in ihm ein Wehn ist,
> kein Gewelle –:
> langsam dennoch und nicht so groß.

Variante:

Wasser ist gut und selig oft,
das über die Erde wandelnde, verbindende,
im flachen Bett rieselnde, im weiten Tal glänzende;
oder das tiefe, besonders wenn es klar ist bis auf den Grund
und in ihm ein Wehn ist, kein Gewelle,
in schattigen Grotten
– während draußen in den versengten Wiesen die Sonne glüht
zu der Grillen entsetzlichem Getön –
in herrlichem Becken aus weißem Stein
– dort, wo die Dichter von jeher angenommen haben, daß die
nackten Mädchen spielen, obgleich sie keiner noch
gesehen hat –
... langsam dennoch und nicht so groß.

> Aber der Blitz
> kommt aus,
> weist nach
> ungeheuren Fernen.

134

Zu Mondwald und Igelwald. (Später mußte ich denken, daß auch der Mondwald und der Igelwald auf seltsame Weise zu einander lagen und auf geheimnisvolle Weise ein Ganzes bildeten. – Der Igelwald ist sandig und nicht groß, im Mondwald wachsen viel mehr und gewaltigere Pflanzen.)

Mit dreißig Jahren zog ich aus dem Igelwald hinüber in den Mondwald, aber ich ging auch nachher noch manchmal zurück in den Igelwald und wie hätte ich zum Mondwald gelangen können ohne den Igelwald?

(Der Igel aber ist stachlig, schließt sich in eine Kugel ein und kommt nicht weiter.)

135

Die Hypothese heute plötzlich und zum ersten Mal, ob nicht der Geist vielleicht dann seine höchste Kraft gewinnt, wenn er vom Wahnsinn herkommt; seine glühendste Klarheit, – Instrumente, aus der höchsten Glut das Klarste zu ziehn, – herkommend von der Wahnsinnsgrenze. Ob er sich nicht durch den Wahnsinn – die Wahnsinnsnähe genau genommen natürlich nur – erfrischt wie in einem Bad; zu Instrumenten gehärtet wird durch das dort Glühende, die zu werden er sonst nicht vermocht hätte. Der gewöhnliche Mann oder ein Gelehrter kann darüber keinen Aufschluß geben, ich hätte Pascal fragen müssen.

Valéry vielleicht auch. Interessieren würde mich auch, was Proust darüber dachte. *Vielleicht* wußte Nietzsche darum. Van Gogh hätte darum wissen *müssen,* aber ich habe kein rechtes Vertrauen, daß er's wußte.

Katherine Mansfield nicht, das war wieder eine andere Art; es ist klar, daß sie ihre höchsten Kräfte von der körperlichen Krankheit (Lungentuberkulose) bezog. – Während von der Wahnsinnsnähe Instrumente, Äußerstes zu ergreifen, *geglüht* werden, rieselt hier ätherische Klarheit, von oben, beseligt, gewichtlos, hernieder; am Ende, in der Klarheit, sind freilich beide Orte gleich.

Variante:

... ob er nicht seine höchste Kraft, seine für die höchste Glut der Klarheit widerstandsfähigsten Instrumente mitbringt, wenn er vom Wahnsinn kommt, ich will sagen von den Grenzen des Wahnsinns, wo er kämpfte, wo er etwas besiegte, im Gestein ...; wenn er wiederkommt, eine Scheulosigkeit vor der Helle, metallische Apparatur besitzt, welche ihm erlaubt, das zu greifen und zu drehn, was man sonst nicht greifen oder drehen konnte.

2. Variante:

... eine Scheulosigkeit vor glühender Helle, eine eiserne Ruhe vor jenen aus der Nacht brechenden Flammen besitzt, »*vor denen jeder gern vorüberschleicht*« (denn jeder *könnte* sie sehn – wenn er den Willen aufbrächte).

136

Wer nie in die Möglichkeit des Wahnsinns geschaut hat, ist kein großer Geist.

137

Für gewisse geistige Werke braucht es auch physische Kraft, besonders in gewissen Umständen. Das begreift kein Kind.
Daß es sich nicht sofern um physische Kraft handelt, als man sie braucht beim Bildhauen einen schweren Hammer zu handhaben, braucht kaum gesagt zu werden; es lenkt den Blick vom Wichtigen nur ab.

138

Von dem Mann zu erzählen, der im Traum in größte Fernen entführt wurde, – und genauer war es nur eine Art von Halbtraum, er bewegte sich, wandelte tatsächlich dabei.

Es waren kolossale Distanzen, Dinge, Werke. Er pflügte die Ewigkeit, uferlose Meere; mit Armeen, mit allen Geistes- und Körperkräften.

Als er erwachte, sah er doch nur am alten Ufer sich: er war in seinem Acker. Trocken und gering war es der alte, langher bekannte Acker;

aber er war gepflügt.

Anhang zu VII.:
Autobiographisches

Wenn ich trotz meiner Abneigung gegen alles, was sich dem Charakter eines journal intime nähert, ja gegen Tagebuch überhaupt (das so betitelte Werk von Gide ist kein eigentliches Tagebuch, sondern viel mehr), die hier folgenden Stücke in die endgültige Fassung meines Werkes meinte aufnehmen zu müssen, so geschah dies keineswegs um dieser Stücke selber willen, sondern ganz allein um eines bestimmten Dienstes willen, den sie dem übrigen Werk leisten müssen. Welcher Dienst das ist, geht aus folgendem Satz des geheimen Philosophen Andreas Ronai hervor: »Die meisten Autoren meinen die Allgemeingültigkeit ihrer Sätze und ihres Werks dadurch sichern zu können, daß sie das Geschaffene von allen Fäden befreien, die es mit einem persönlich Erlebten verbinden; Sätze und Werke werden aber dadurch nur abstrakt, nicht allgemeingültig; denn wie sich das Leben in Erkenntnis wandelt, *macht das Allgemeingültige aus.«*

– Du sollst nicht nur die Höhe der Gräte, sondern auch den Wald und die Schluchten sehen, denen sie entsteigen; nicht nur die Melodie hören, sondern auch die trüben Stimmen des Hintergrundes, aus denen sie sich löste . . .

Gleichwohl habe ich das meiste dieser Gattung, das im Grundmanuskript sich fand, weggelassen; alle Stücke nämlich, deren unmittelbare Beziehung zum Werk nicht stark hervortrat. – Gibt es aber nicht da und dort, über das ganze Werk verstreut, auch schon Stücke autobiographischen Charakters? Dem Anschein nach. Wenn ein Fragment persönlichen Erlebens in eine solche Distanz gestellt, so gehandhabt wird, daß aus ihm ein Blitz – ein Bild, ein Gedanke – brechen kann, und wenn dieses Hervorbrechende wichtiger geworden ist als das, was sich zugetragen hat (so daß man das Letztgenannte auch unbedenklich änderte, indem das Gesehene wichtiger als das Geschehene, das Reale *wichtiger als das* Wirkliche *war), dann ist das Dargestellte objektiviert und kann nicht mehr als autobiographisch betrachtet werden. Und Stücke solcher Art konnte ich daher gemäß ihrer thematischen Zugehörigkeit an den verschiedensten Stellen des Werkes anbringen, ohne die Einheit zu sprengen. – Aber eben aus diesem Grunde: der Absicht, die Einheitlichkeit des Werkes nicht zu gefährden, sah ich mich genötigt, die hier folgenden wirklich autobiographischen Stücke zusammenzufassen und als Anhang zu isolieren.*

139

Der Tagesklang

Lange Zeiten pflegte mir fast jeden Tag, oder alle paar Tage, ein bestimmtes Wort, meistens in Versen, gegeben zu sein – wie es gegeben wurde, auf was für Wegen es ankam, entzieht sich jeder Kontrolle –, das dann während des ganzen Wachseins in mir tönend blieb, das heißt leiser und lauter (manchmal so leise, daß ich es stundenlang kaum bemerkte) sich immer wiederholte; ja, bisweilen überdauerte es sogar den Schlaf und tönte am nächsten Tage noch unverändert weiter, ausnahmsweise dasselbe Wort sogar mehrere Tage lang, – um dann endlich, genau so unerklärlicherweise, wie es gekommen war, wieder verschwunden zu sein; manchmal herrschte es auch nur einige Stunden und war dann auf einmal durch ein anderes abgelöst. Dieses Wort aber, welches doch ausgesprochen spielerischen Charakter hatte (spielerisch und »gedankenlos« tönte es, spielerisch und *manisch* auch – wie eine tibetanische Gebetsmühle) –: dieses Wort stand – wie ich allmählich herausfand – jedesmal in einer dunklen, aber mächtigen Beziehung zu dem Hauptsächlichen meines jeweiligen Zustandes. Nicht zu dem, womit ich mich bewußt beschäftigte: sondern zu dem verborgenen Untergrund, zu dem tieferen Problem. Man merkte auch nicht sogleich, was es meinte; um das zu merken, war erst nötig, den Zustand aus einem Abstand, einer größeren Distanz zu sehen; denn dort stand das Wort, von dort aus schaute es. Dieses Wort *wußte immer mehr als ich*. (Es bestand für mich auch nie der geringste Zweifel, daß ich das völlig klar herausgefunden hätte ohne Freud, d. h. auch wenn ich nie etwas von seiner oder einer von der seinigen abgeleiteten Lehre erfahren hätte.) – Solche Worte – ich nannte sie den *Tagesklang* –, welche also eine Art Schlüssel zu meinem jeweiligen Zustand bilden können, habe ich während der paar einerseits so unheimlich dunklen und in anderer Hinsicht so hellen Jahre, in denen diese Schriften entstanden sind, viele aufgezeichnet; ich werde mich hier aber darauf beschränken, einige der wesentlichsten widerzugeben.

Froh mußte ich eine Zeitlang sein, wenn diese Verse, welche doch ohne meine Kontrolle ankamen, an sich, ihrem Gehalt und ihrer Form nach, irgendwelches Niveau hatten. Es war mir aber bald gelungen – die Worte herbeizurufen hatte ich ja nicht Macht –, die häßlichen und unerträglichen zu eliminieren, d. h. jedesmal, wenn etwa ein Wort dieser Art angeflogen kam, es rasch abzutun[1].

Aus dem ersten Jahr:

Gott, weil Er groß ist, gibt am liebsten große Gaben:
Ach, daß wir Arme nur so kleine Herzen haben!
(Angelus Silesius)

---

[1] Am meisten wurde ich wohl von schlechten Versen Rilkes – aus dem Stunden-Buch – verfolgt.

und

> Mensch, werde wesentlich: denn wenn die Welt vergeht,
> So fällt der Zufall weg; das Wesen, das besteht.
>
> (Derselbe)

»Der giftige Dampf dieses Klimas (Klimas in jedem Sinn)«, schrieb ich zu dem folgenden Wort, »verdichtet seine Wirkung bis zur Erzeugung körperlicher Leiden; wirkt andrerseits wieder lähmend in allem Denken, allem Tun«:

> ... Fittiche gib uns, treuesten Sinns
> Hinüberzugehn und wiederzukehren.
>
> (Hölderlin)

Es kamen aber auch Prosa-Worte vor:

> ... et consiste l'honneur de la vertu à combattre, non à battre.
>
> (Montaigne)

Bisweilen war es ein Wort von mir selber:

> ... (öfters schon haben wir beobachten können,) wie die Ankündigungen von Propheten wohl stimmten – nur die Angaben der Zeit stimmten nicht.

und das verwandte

> ... (wo sie gleichsam) aufgelöst in viele andere Dinge sind.
>
> (Nuancen und Details II, 20)

und

> ... (Erst wenn man es [das Unglück] schlecht besteht, wird es ein ganzes Unglück.) Das Glück allein ist noch nicht das ganze Glück.

Aus dem folgenden Jahr, erst aus dem düstern Winter:

> ... daß ich nicht
> mir selber zur Verdammnis leuchte.
>
> (Günther)

> ... und die Liebsten
> Nah wohnen, ermattend auf
> Getrenntesten Bergen ...
>
>> (Hölderlin)
>
> Nah ist
> Und schwer zu fassen der Gott.
> Wo aber Gefahr ist, wächst
> Das Rettende auch.
>
>> (Hölderlin)

Im Frühling:

> ... doch mir, vornübergeneigt,
> an diesem Morgen
> wollen die Schläfen nicht mehr von der Erde ...
>
>> (Eduard Zak)

Im Sommer:

Wer keinen Namen sich erwarb, noch Edles will,
Gehört den Elementen an, so fahret hin!
. . . .
Nicht nur Verdienst, auch Treue wahrt uns die Person.

> (Goethe)

> Auch ich halte das für's beste,
> Was dem wackern Mann gefällt,
> Wenn im stillen, warmen Neste
> Sich ein Heiliges lebend hält.
>
>> (Goethe)

Gott ist frei von allen Leiden und wird von keinem Affekt der Freude oder der Traurigkeit bewegt.

> (Spinoza)

Aus dem letzten Jahr (1936):

> Und nun sei ein heiliges Vermächtnis
> Brüderlichem Willen und Gedächtnis:
> *Schwerer Dienste tägliche Bewahrung,*
> Sonst bedarf es keiner Offenbarung.
>
>> (Goethe)

> Wandrer! gegen solche Not
> Wolltest du dich sträuben?
> Wirbelwind und trocknen Kot,
> Laß sie drehn und stäuben.
>
> (Goethe)

Dann war es die und jene Stelle aus jener Szene von Faust II, die ich vor allen andern als *meine* Szene auffaßte, als das eigentliche Vorwort zu den »Notizen« und als die wirkliche, die tiefste Gesamtdarstellung dieser paar Jahre; es ist die »Finstere Galerie« überschriebene Szene, die des Niedersteigens zu den Müttern (»Hast du Begriff von Öd' und Einsamkeit?«):

> ... Entfliehe dem Entstandenen
> In der Gebilde losgebundne Reiche!
> . . . .
> Bist du beschränkt, daß neues Wort dich stört?
> Willst du nur hören, was du schon gehört?

Mehrmals, ja oft wiederkehrend:

> Wer jetzt nicht zaubern kann, der ist verloren.
>
> (L. H.)

Dann war es aus dem letzten Lied des Divans dieses tröstliche

> Hüte Gabriel die Glieder
> Des Ermüdeten gefällig ...

Ausnahmsweise konnte es ein Wort sein, das in deutlicher Beziehung zu einem äußeren Ereignis stand:

> Si mes lettres sont condamnées à Rome, ce que j'y condamne est condamné dans le ciel.
>
> (Pascal)

(Ich hatte einen langen an eine literarische Institution der Schweiz gerichteten Brief, der meine Lage ändern sollte, nach ungemeinen Anstrengungen endlich abgeschlossen und abgehen lassen.)

Ein anderer Tagesklang aus demselben Monat stand in noch engerer Verbindung mit bestimmten äußern Umständen: Nach elfundeinhalb Monate dauernder halber Finsternis in meinem Zimmer (Beleuchtung durch eine trübe Petrollampe) hatte meine Frau es zustandegebracht, daß endlich die elektrische Reparatur ausgeführt wurde; – ich komme mit Zahnschmerzen im Regen nach Hause und sehe oben *Licht* –; da wurde mir wahrhaft dichterisch zumute:

> Die Welt durchaus ist lieblich anzuschauen,
> Vorzüglich aber schön die Welt der Dichter;
> Auf bunten, hellen oder silbergrauen
> Gefilden, Tag und Nacht, erglänzen Lichter ...
> (Goethe)

Wiederum dagegen erklang zwei oder mehr Tage ein Wort, ebenfalls aus Goethes Divan, ohne daß ich, auch als Zeit, als nahezu ein halbes Dutzend Jahre vergangen waren, eine äußere Beziehung hätte feststellen können. »– ohne daß ich von dem Du irgendeine Vorstellung hätte«, schrieb ich dazu; »aber mir scheint, es ließe sich seine Realität doch ergründen; dieses Du ist wahrscheinlich durchaus nicht eine Person.« (Aber es war wohl dies: »Feurig und rein ruht *im Bild* eine Einheit.«):

> Und wenn ich Allahs Namenhundert nenne,
> Mit jedem klingt ein Name nach für dich.

Etwas Besonderes ist hier noch hinzuzufügen: Manches von dem zahlreichen Zitierten im IX. Teil (»Literatur«) ist entweder auch ein Tagesklang oder fast ein Tagesklang oder doch dem Tagesklang verwandt. Das beleuchtet von einer andern Seite, was ich dort in einer Vorbemerkung deutlich zu machen gesucht habe: wie nämlich jenes Zitieren aufgefaßt werden muß (vor allen Dingen *nicht als ein Kompendium zur Weltliteratur*, nicht als dem Willen entsprungen, eine blumige Vielfältigkeit zu geben!). – Ganz besonders gilt dies von den vielen Sätzen Spinozas, von denen ich hier nur einen einzigen angeführt habe; man möge sie dort, im IX. Teil, nachlesen: Fast jeder einzelne von ihnen war mir einmal ein Tagesklang.

140

Ich setzte mir als Regel ein:
Am Morgen nicht zu sprechen. Darum:
Die Welt ist flau. Die Welt, in der ich arbeite, das Gegenteil. – Bergender Schleier.

Ich stellte fest, daß es sich dabei um Scham handelt, ganz genau. Denn die *wirkliche* Scham ist eine Vorrichtung zum Schutze des Lebens, dessen Entwicklung unterbrochen oder zerstört würde durch Berührung mit gewisser Umgebung, z. B. dem Tageslicht: Dunkelkammer zum Entwickeln der Photographien.

141

Zwei Maximen, die ich für mich festlegte:
1) Das frühe Aufstehen auch dann beizubehalten, wenn *durchwegs* kein Resultat mehr an den Vormittagen zu erreichen wäre.
2) Körperübungen beizubehalten mit starker Betonung.
Beides ist gerichtet gegen die Hauptgefahr, die einem Menschen droht, der in meiner Lage ist: die Erschlaffung (*Jetzt* würde mir die Erschlaffung nicht viel schaden können; das Verhängnis ist, daß der Erschlaffte dann, wenn die Umstände wieder eine Konkurrenzfähigkeit *bieten*, unfähig ist und von unten auf alle Kräfte neu trainieren muß).[1]

---
1 Vgl. I, 12.

»Certainement le cerveau n'obéit qu'à ses propres lois . . .; néanmoins il n'existe pas de grands talents sans une grande volonté . . . Les hommes d'élite maintiennent leur cerveau dans les conditions de la production comme jadis un preux avait ses armes toujours en état.«
(Balzac, »La Muse du Département«.)
(Soll das etwa heißen, daß ich das andere Ding der Zweiheit, die ich in langem Suchen und als Wahrheit gefunden habe[1], vergessen soll? Keineswegs, nur das eine stärken. Balzac selber spricht auf derselben Seite auch ausdrücklich von der Zweiheit: »Ces deux forces jumelles . . .«)

142

Schwer ist, sich immerfort vom Schweren abzuwenden und dem Leichten zu – dem Lebendigen.

143

Es gibt nur *ein* Leben, und wenn etwas es nicht ist – warum an ihm hängen?

»Ein Leben« ist vielleicht etwas dunkel geredet; ich sah das, was ich meine, als ich im Begriffe war, mich der Arbeit zuzuwenden: sah, wie leicht es ist, wie einfach, – wie ich nur immer *nicht* dabei bin.

– weil ich nur immer weiter *stoße,* da, wo schon nichts mehr ist, an dem vorbei, was ist oder war oder sein könnte. Warum? Zu gewissen äußern Zwecken; aus angenommenen äußern Verpflichtungen; Lösung wäre also in größerem Unabhängigwerden.

Unabhängigwerden: ganz und gar nichts nachfragen Staat und Familie (sozialem Ausweis, Stellung) und, was mehr noch ist, überhaupt der Meinung der Menschen; und, was am schwersten ist, manchmal auch der der Nächsten.

---
1 Vgl. Nuancen und Details III, 13.

ICH BIN lautet die Rede des Lebens. Es gibt kein Leben, das spricht »ich werde«.

»– immer *nicht* dabei bin – nur immer weiter *stoße* – an dem vorbei, was ist, – zu gewissen äußern Zwecken«: Praktischer, »konkreter« zu reden: die Welt (Staat, Familie, Meinung der andern) fragt nicht danach, ob ich einen guten Gedanken gut aufschreibe oder spreche oder gar nur denke: wohl aber darnach, daß ich ein großes Schriftstück konsekrierter Form (Roman, Novelle), dick vorweisbar, gemacht habe, auch wenn ich nichts produziert habe durch die Herstellung und während der Herstellung dieses Schriftstücks, und obgleich ein einziger aufgeschriebener Gedanke, ja nur ein gesprochener Gedanke, ja sogar ein Gedanke, der nur klar gedacht worden ist, natürlich mehr wert ist als das ganze dicke Manuskript, das nur konventionelle und Vorweis-Arbeit ist.

»Vorweisen!« sagen sie. Das Höchste kann man nicht vorweisen.

Möchte ich doch, wie die andern, um es jenen vorzuweisen, etwas ganz Billiges haben! – Da ich aber all dies nun weiß, wäre die Sünde groß, wenn ich gegen dieses Wissen handelte. (Vorher, als ich anders handelte – zu handeln suchte –, hatte ich dieses Wissen noch nicht; und ich handelte aus der Absicht, mir einen Damm zu schaffen nach außen hin, um mich zu sichern in meinem innern, wahren Geschehen [das kann man aber nicht, sondern man muß zaubern können]; ich fühlte mich zu sehr bedroht durch die ökonomische Lage, ich wollte Vorweisbares machen, äußere Effekte erzwingen.)

144

Eine Art Glück: gesehen, daß alles kommt; die Entdeckung der Arbeitsmethode; – daß man nicht zu stoßen braucht; nur anzuknüpfen braucht ans Leben, und schon ist's Geist.

Es handelt sich also um stetiges Verändern, darum, nirgends Druck auszuüben ... Die einstige Entdeckung (vom Vorjahre: nämlich das Annehmen der Notwendigkeit, durch künstliche Anordnungen Belebung zu schaffen) beweist ihre Richtigkeit und ihre Bedeutung von Monat zu

Monat mehr. Und wenn die ersten Versuche Schwierigkeiten, Gefährdung in der *nächsten* Zone brachten, so ist dies ja das Los aller neuen Dinge.

145

(Vorspiel zum Erlebnis von Mondwald und Igelwald.)
Das Geheimnis der Anstrengung. Meine Kraft geht immer nebenhinaus, ich habe meine Kraft immer außerhalb des Planmäßigen. (Wie sie einst in der Schule nicht sein konnte, in dem durch die Schule Vorgezeichneten.) Außerhalb: *immer an andern Orten;* was keineswegs heißt, daß sie nicht beträchtlich und nicht produktiv sei. Schwer ist nur, die Formen, die Basis, die Umstände zu haben, die erlauben, sie möglichst produktiv abzufangen. Doch große Arbeit, Anstrengung, überwindet alles. Das eben ist das Geheimnis der Anstrengung, daß sie das bewirkt, was sich gar nicht berechnen läßt; – daß niemand vorausweiß, wohin sie führt, daß sie Früchte entstehen läßt an den Orten, an die niemand denkt.
Also mußte ich im dreißigsten Jahr (in welchem immer die entscheidenden geistigen Ereignisse eintreten) erkennen:
All diese letzten Jahre voller Anstrengungen können auch betrachtet werden als die Stufe des *Erschreckens vor dem Technischen.* – Aber das versinkt jetzt hinter mir. Täglich geht mir mehr auf, in welchem Maße das Seelische alles ist. – Und das Technische: kann man nicht gerade an ihm die Bedeutung jeder Kunst erkennen? Das wohl. Aber auch hier gibt es ein Geheimnis: daß keiner je das Technische (das wahre, das jeder Prüfung widerstehende) hat machen können; wir wissen nicht darum; wenn wir darum wissen, ist es nichts.

146

Curtius bemerkt über Balzac: »Auch in Seraphita wird als ein Wesensmerkmal der künstlerischen Intuition die Schnelligkeit angeführt ... Das Wesentliche dieser fragmentarischen Andeutungen[1] liegt doch wohl darin, daß ein innerer Zusammenhang zwischen Tempo und Intensität des schöpferischen Prozesses behauptet wird; ... wie etwa beim Kinematographen die Illusion des Lebens erst durch das Tempo zustandekommt.«

Wie bekannt mir das ist! – Und besser als mit Kinematographen würde man mit Benzinmotor vergleichen: er kann nicht langsam laufen; wenn er nicht eine bestimmte Umdrehungszahl erreicht, steht er still.

Und was soll man dann die Schuld geben, den Zylindern, dem Schwungrad, der Funkenmaschine? – Man hat zu geringe Anforderungen an den Motor gestellt – ihm nicht zu genügenden Leistungen die Möglichkeit gegeben – zu wenig von ihm verlangt, ihm zu wenig Kredit gegeben.

Oder man vergleiche mit der autogenen Schweißung! Die Glut nährt, macht Welt, ein Stück tote Welt flüssig, und ich lebe. Produziere ich wenig, komme ich nicht weiter: die Ernährung fehlt, und das *Außen* nährt nie; im entgegengesetzten Fall aber entlädt sich aus dem Produzierten selber eine Nahrungsmenge für mich, ich brauche nicht mehr eine zubereitete Nahrung von außen, sondern die durch das Produzieren selber erzeugte Glut schmelzt zur wirkenden Form die totesten Gegenstände, Ziegel, die Wände meines Zimmers ein.

---

[1] Dieser Ausdruck »fragmentarische Andeutungen« ist mir heute fast unerträglich geworden. Immer Fragment und fragmentarisch! Aber »Literatur ist das Fragment der Fragmente«, konnte Goethe sagen, und wenn durch die Fragmente der Strom geht, sind sie eben nicht mehr Fragmente, sondern dann ist das Gesetz wieder da, worauf alles ankommt: und die Andeutung ist dann auch nicht mehr Andeutung, sondern *deutlich* (worauf gerade alles ankommt). – Schließlich aber gar: Wenn schon als Andeutungen das bezeichnet wird, was doch deutlich ist, warum denn *dazu noch* als *fragmentarische* Andeutungen?!

147

Die beim Schreiben hindernden Dinge (ohne von äußeren Umständen zu reden) sind immer diese zwei: irgendeine Wortfrage und zu große Fülle. (Wie sich auch im Großen, im Gesamten, etwas Ähnliches wiederholte, indem meine schriftstellerische Entwicklung zweimal bedroht wurde: durch Karl Kraus und durch den Sozialismus.)
Die erste kann ins Endlose gehn; unterbricht inzwischen vollständig die Ideenfolge (jedenfalls: die ursprüngliche Ideenfolge); der Guß ist erschreckend erstarrt und kalt geworden, wenn ich wiederkehre. Aber eben bei sehr großer Fülle des Heranströmenden wirkt diese Schwierigkeit katastrophaler; bei einem mäßigen, ruhigen Fluß der Einfälle vermindert sich diese Gefahr. (Es überschlage sich ein Auto auf einer außerordentlich belebten Straße! Genaues Bild.)

148

Die Entscheidung vor dem Fisch

Es handelte sich um eine Erfahrung, die ich vor einem Jahr etwa (in meinem dreißigsten Jahr) machte und die genau entgegengesetzt war derjenigen Lenins gegenüber einer Sonate von Beethoven. – Es war ein kleiner tropischer Fisch in einem Aquarium des Tiergartens, von unerhörtesten, unnennbaren Farben – Farben, vor denen ich hätte heulen können, ich meinte, mein Leben geben, – und die mich jedenfalls verstehen machten, daß ich immer alles andere vergessen würde vor solcher Herrlichkeit. – Lenin, damals, sagte: Diese Sonate ist herrlich – und ist nicht für uns; die Existenz jenes Schönen will ich nicht leugnen – es handelt sich für uns aber jetzt darum, Köpfe abzuschlagen (d. h., einen

Weg zu bereiten, auf dem mehr Menschen einmal zu jenem Schönen Zugang finden können). Hier aber, vor dem Fisch stehend (Ähnliches wie vor dem Fisch hatte ich manchmal vor gewissen Visionen Balzacs empfunden: Grenadière, Colonel Chabert, Médecin de Campagne), meinte ich bis in die innersten Gründe zu erkennen, daß ich mein Leben lang nie werde politisch sein können (in überwiegendem Maße). – Nicht etwa, daß ich einen höheren Standpunkt damit einzunehmen wähnte! Es handelte sich nur um Zugehörigkeit, bedingt durch die Person.[1] Man kann nicht *mehr* sein und wollen als Lenin, nur anderes und anders.

149

Da überlegte ich eben, daß ich seit einiger Zeit zwei Dinge herausgearbeitet, das heißt ins Klare gebracht habe, die untereinander nicht in einem geklärten Verhältnis stehen, sondern sich scheinbar widersprechen. (Da beide Dinge richtig gearbeitet sind, kann das Widersprechen nur scheinbar sein.)

Aber der Widerspruch (und das heißt, da beide Dinge real sein müssen, nur: die Verbindungslosigkeit) wird auf einmal aufgehoben, das richtige Verhältnis der beiden Dinge herausgebracht werden. Das wird wieder eine Arbeit sein. Und wenn es nicht geschieht (solange es noch nicht geschehen ist):

»Da ist eine Lücke.« Aber es gibt auch Zahnlücken: und die Zähne, die links und rechts stehen, mahlen doch.

---

[1] Ein paar Jahre später fand ich dasselbe behandelt in einer außerordentlich schönen Skizze von Edwin Arnet: »Der Garten meines Vaters«. (Lesebuch schweizerischer Dichtung, von Siegfried Lang, 1939.)

150

Ich will nie mehr sagen, daß ich ein Werk fertig habe: *alles ist Werk.*

»Alles«: ob ich eine Stelle eines Schriftstellers unterstreiche oder herausschreibe, einen Brief sende, etwas notiere, etwas denke, eine Stellung nehme.

Nach dem gewaltsamen Abschließen des III. Teils von Nuancen und Details, letzthin, hatte ich wieder dasselbe unangenehme Gefühl, Unbehagen – obgleich doch dieses zwangsmäßige Abschließen und Broschieren gewollt, vorher beschlossen war und einen Sinn hatte –, wie nach dem zwangsmäßigen – und folglich doch nicht die Dinge lösenden – Abschließen von Briefen – und wie schon oft in ähnlichen Fällen. Dieses Abschließen ist etwas *Tötendes.*[1]

151

Korrespondenz. In meinem Griffel sitzt Blei. Äußerste Genauigkeit, Vollgültigkeit soll erreicht werden. (Ob ich sie erreiche oder nicht, ist eine andere Frage.) Daher die Kalamität mit der Korrespondenz. Darf ich sie mir noch erlauben? lohnt es sich? Mit derselben Mühe schreibe ich Werke – ich meine was die Leute Werke nennen: als ob die Briefe nicht auch Werke wären! – Bei der Korrespondenz geht es dann so, daß ich, um zu Ende oder weiter zu kommen, einen äußeren Sturm errege, den Griffel weiterzureißen (statt daß er mit ruhiger Präzision wie vorher sich aufs Papier senke); und das auf diese Art Geschriebene absenden ist ein Abreißen und tut mir in der Seele weh, ich meine vielmehr beinahe am Körper –; es ist jämmerlich und läßt mich mit unangenehmsten Gefühlen zurück. Oder aber ich muß umarbeiten und gerate ins Endlose hinein.

---
1 Vgl. VI, 49.

152

Wunderliches. – Leute von gewissen Sekten sagen, wenn sie etwas von mir lesen: »Das ist ja dialektische Philosophie!«

Andere wieder sagen dabei – welcher Sekte mögen wohl die angehören? – nur das eine Wort:

»Streng.«

153

Dieses Erkennen ist brennend geworden: ich habe *immer,* wenn ich aus Zwang schrieb – d. h. zu einem äußeren Ziel –, ganz Schlechtes geliefert.

Und wenn die ganzen Schiller- und ähnlichen Stiftungen Massen Geldes versprächen[1], wenn bis zum xten eines Monats das und das geschrieben wäre, was ich nicht schreiben kann, so würde ich es doch nicht versuchen.

Andere – welche, die selber leicht sind – mögen gefördert werden durch die äußere Not; wer selbst schwer ist, kommt durch Überschwere zum Nichts.

154

Die Stille der Nacht fördert die Ideen, aber bei mir wenigstens sind es nicht so sichere Ideen wie die des Morgens oder Vormittages; sind verdachterweckende und man muß viel vorsichtiger sein ihnen gegenüber.

Verschiedenheit zu untersuchen überhaupt zwischen denjenigen Ideen, die vorwiegend am Morgen, und denen, die in der Nacht entstanden sind;

---

[1] Befürchtungen brauchte ich in dieser Hinsicht nicht zu haben.

vielleicht ergeben sich da zwei Gruppen der gesamten Literatur. (Nacht: Dostojewski; Morgen: Goethe.)

155

Ob das nun uneingeschränkt gilt, weiß ich nicht, in gewissem Maße gilt es sicher: ich kann meine Mittel nur im Widerstand entwickeln. (Soweit wäre Anerkennung zu fürchten.) Wenn ich aber mit Z. rede, ist das freilich wieder anders: da entwickle ich auch die Mittel, Widerstand würde im Gegenteil stören. Daß also der Widerstand meine Produktion fördert, gilt – wenn es überhaupt gilt – jedenfalls nicht uneingeschränkt. Es kommt auf die besondere Art des Widerstandes an ...

Der latente Widerstand der Welt, der Zustand, der erlaubt, sie zu fördern ... Vielleicht ist gar nicht der Widerstand das Primäre, sondern gibt es eben, wenn der Widerstand, dieses *Zeichen* nicht mehr da ist, nichts mehr zu tun ... Das sind Versuche in einer subtilen Sache.

Noch ein Versuch: Warum ist es aber, wenn ich mit Z. oder R. rede (welche beide seit langem fort sind; der Fall ist nur gedacht), doch Produktion, trotzdem sie ja sagen? Vielleicht ist eben das Jasagen der Welt ein ganz anderes, nämlich kein *wirkliches* Bejahen, sondern der glatte Apotheker-nicht-Widerstand, die Bahn, auf der man am hoffnungslosesten abgleitet.

156

... *daß die und die tot seien* (von Nächststehenden).
Ist es nicht geschehen? Aber das macht nichts aus, es hätte geschehen können, – und ich will bekennen (möge ein geistig Armer es auch falsch verstehen), diese Tatsache hat in mir schärfste Fruchtbarkeit erweckt.

(Es hat die Substanz in mir verstärkt. – Es hat den Blick auf die Welt gewaltiger, dringender gemacht. Auf die furchtbare Welt und auf das, was es in ihr zu tun gilt.)

157

... wenn einem aufgeht, daß man durch sein Wissen schon *zu leben vermöchte* (so, wie Spinoza z. B. durch sein Denken zu leben vermocht hat); – wie es in den Erscheinungen seinen Beweis findet, immer mehr finden wird (und das heißt zugleich lange Nachwirkung bei anderen); – wie es die Welt überflutet ... – allen Erscheinungen immer adäquater wird, zu immer zahlreicheren Erscheinungen voller Größe sich aufrichtet (gleich einem Bär, der sich aufrichtet, das Gegenüber voll deckend) ...

158

Tages-Chronik. ... jedenfalls eine so *lang* dauernde Schreckenszeit – ohne einen Punkt des Ausruhens –, sie ist völlig neu. – Die einzelnen Elemente: L. mit grauenhaftem, zerrüttendem Husten – überhaupt krank seit Monaten – von Tag zu Tag kein Gas (Münzenautomat) – kein Licht droben in meinem Raum (genauer, nur die schon erwähnte trübe Petrollampe) (– und wenn ich gewußt hätte, als ich das schrieb, daß derselbe Zustand noch nahezu zehn Monate dauern sollte!) – so gut wie nichts zu essen – keine Getränke – zerstörte Kleidung – Kälte, ersticktendes Haus und Unmöglichkeit, auszugehen – Notwendigkeit, statt an meinem Werk zu arbeiten, mich Tage und Wochen mit schauerlichen Briefen abzuschinden (welche dann nutzlos waren) – dauernde Drohungen der Hauskündigung – mit niemand zu reden möglich – keine Post – *eine* Marke. – Und aus der Ferne war, ganz indirekt, vor zwei Monaten die Nachricht eingetroffen, daß diejenigen zwei Freunde, mit denen ich die nächste Beziehung unterhalten hatte, beide in Deutschland eingesperrt worden waren.

159

Andere Tages-Chronik. (Acht Monate nach der vorhergehenden.) – Ich träume fast nur noch zwei Dinge. Diese zwei Dinge machen neun Zehntel aller meiner Träume aus: Schreiben (schreiben, schreiben) und gotische Kathedralen (einmal nur auf dreimal Schreiben). – Ja, von Kathedralen doch weit weniger, z. B. jetzt schon Tage lang nicht; vom Schreiben *immer* – und nicht jedesmal ist es herrlich, produktiv, geschehnisvoll! meistens im Gegenteil von einer öden, peinigenden Bedeutungslosigkeit, von einer zehrenden Krankhaftigkeit, rasend wiederholte öde Übungen, öde, in Geringem entspringende, zu nichts führende Beängstigungen, welche sich nur immer wiederholen; eine Landplage nagender Heuschrecken, welche einzeln auch nicht schrecklich sind. Blatt um Blatt kommt aus der Maschine hervor: da ist der Rand zu klein; da sind auf einmal zwei verschiedenartige Numerierungen eingetreten, wohin soll das führen! – da geht es nicht vorwärts, ein Blatt, das scheinbar Neues, zu Fixierendes enthalten hatte, ist nicht beschrieben, die Sachen verfliegen, auf all den sich häufenden Blättern ist das, worauf es ankommt, nicht geschrieben und es entgeht mir, bei aller dürstenden, rasenden, ermüdenden Mühe entgeht es mir weiter. Aber wenigstens *diese* paar Blätter: die sind als Festes vorhanden: da werde ich einen Grad mehr und noch einen mehr wach (ohne noch wirklich zu erwachen) und erkenne, daß weniger und weniger (in der Tagwirklichkeit, auf dem Bett also; – auch schon in solchem Moment mich gefragt: Wo ist denn die Maschine? kann denn diese Platz finden und gebraucht werden, wenn ich so vollständig *liege* im Bett?) da ist, endlich ist es gar nichts und ich bin ganz wach – mit gehöhltem Magen, in der fürchterlichsten Laune.

Die Lösung ist: ich mühe mich, arbeite mich dauernd *bankrott*, nach dem Satz von Goethe: »Unbedingte Tätigkeit, von welcher Art sie sei, macht zuletzt bankerott.« Jede Tätigkeit, der die Komplemente, die Wurzeln, die Nebengewichte, die *Ernährung* fehlen, jede Tätigkeit, die *allein* alles sein muß, alles Leben bestreiten soll, – sie macht zuletzt bankrott.

Das sagt nichts gegen meinen Hauptsatz, daß es keine Ruhe gebe, daß man nur lebt, sich nur rettet durch Arbeit (Produktion); denn nie habe ich behauptet, daß man ausschließlich in einer einzigen Art Produktivität leben könne! Es kommt auf sinnvollen Wechsel an (der Schlaf allein würde genügen, es zu beweisen: er ist eine andere Art Produktivität, die von Zeit zu Zeit eintreten muß). Am deutlichsten wird vielleicht diese Sache beim Anblick der körperlichen Ernährung: der Körper erhält sich nur durch Ernährung; aber er wird nicht lange Zeit, ohne Schaden zu nehmen, sich ernähren von nur einem einzigen Stoff, und wenn es der nahrhafteste wäre:

z. B. nur von Eiern, welche fast nur Eiweiße enthalten. Ich nähre mich aber seit sehr langer Zeit nur von einem, wohl dem nahrhaftesten, Stoff: der eigenen Produktion im engeren Sinne; während all jene andere Produktivität, die man Welt, Gesellschaft, Gespräch, Erfolg, Wirkung, »Erholung« nennt, mir immerfort, und zwar vollständig, fehlt. – Das muß mit vollster Deutlichkeit gesagt werden, da sonst Verwirrung in einer Hauptsache daraus hervorgehen könnte; mir scheint, daß es aber nun deutlich hier steht.

Ich sage also, vollständig entfernt von der immer etwas sentimentalen üblichen Ausdrucksweise, welche lauten würde: »Er arbeitet nur; es fehlt ihm jegliche *Erholung* durch Wirkung, durch Kommunikation, durch Erfolg, durch *Lust*.« – ich sage also: »Die Ernährung ist einseitig, was, wenn es dauert, und möge diese Ernährung noch so hoch sein was die Kalorienzahl betrifft, zu Erkrankung führen muß.« – und füge erklärend hinzu: Die Ernährung des Menschen besteht in seiner Produktivität; Produktivität, um voll zu sein, kann nicht immer nur von *einer* Art sein, sondern muß sich in mehreren Arten ausspielen, die sich möglichst der vollständigen, auch mehrfachen, Natur des Menschen annähern; es kann sich hier nicht handeln um ein Einheitsmaß, das eine bestimmte Höhe erreichen muß (die einfältige Kalorientheorie in der körperlichen Ernährung!), sondern um ein vollständiges, annähernd vollständiges Entsprechen der verschiedenen Arten handelt es sich.

Detaillierender: Früher gab es noch die Abende in den Wirtschaften – wie elend sie auch waren und mochten sie auch hie und da körperlich vergiftend sein. Seit ein paar Monaten ist mir auch das genommen. Nie führe ich ein Gespräch. Alles Leben ist eins und immer dasselbe. (Auch das Lesen ist dasselbe, da es nicht entfernt, sondern ein voll arbeitendes Lesen ist und fast immer Goethe – ich habe keine Bücher.) Mein Dasein ist wirklich viel näher dem Zellenleben, im vollen äußern Sinn, als irgend einer andern menschlichen Daseinsform. – Außer den Wirtschaften (und waren sie noch so schlecht! – sie waren hier immer sehr schlecht) und außer dem Wichtigsten, den Gesprächen mit Z., waren früher einige Mädchen hier, die, ohne daß Beziehungen besonderer Art mit ihnen bestanden, dennoch stimulierend wirkten. – Wie wenig man an gewissen Orten braucht, und wovon ein Mensch sich nährt . . ., ein Gesunder sieht es nicht ein, ein Gefangener würde mich sofort verstehen.

(»Mädchen – Stimulans – Produktivität – Wirkung – Kommunikation – Erfolg – Lust«: Ja, ich fasse nun alles, was sinnvoll – mit voller Bejahung seines Wesens – unternommen ist, als Produktivität auf. Die Frage, die ich einst stellte, ob Ernährung, die gewöhnliche, auch als Produktivität zu betrachten sei, habe ich längst beantwortet. Zwischen Wandern, Sprechen, ähnlichen Dingen und »Arbeiten« besteht für mich keinerlei Kluft mehr.)

(Ende einer Tages-Chronik, die für lange gelten kann, die seit langem gilt.)

160

De profundis ...

Zart ist, in der Linie des Zarten, mehr als zärtlich; denn es gibt eine Zärtlichkeit, die keineswegs zart zu sein braucht. Eine gewisse mütterliche, z. B. das »Aufessen«-wollen junger Katzen; jenes Liebhaben, das nicht ohne an sich Ziehen, brünstiges Drücken geschehen kann, was wirklich zarten Gegenständen gegenüber, z. B. Blumen, jungen Katzen, entsprechenden Charakteren oder Zuständen von Menschen, gar nicht zart ist, sondern eben brünstig (mit dem Zarten verglichen durchaus derb). – »Zärtlichkeit« ist weit davon entfernt, das wunderbare Wort tendresse wiederzugeben, wie es etwa in (französisch gelesenen) Aufzeichnungen Katherine Mansfields verwendet ist. Zartheit ist das unendlich viel Höhere – was in jener über alles erhabenen Strophe von Faust II zu sehen – genannt und zu sehen – ist: dieses am meisten Himmelhohe:

Blicket auf zum Retterblick,
Alle reuig Zarten.

161

Die Zartheit

Die Zartheit ist eines der seltensten Dinge. Löwen haben es; Kuh hat es nie; Kuh ist immer großartig.

Eine bestimmte Verbindung des Zarten und Großen habe ich bisher entweder nur bei Goethe gefunden, oder dann nur bei Goethe in hervortretender Deutlichkeit.

Zärtlichkeit ist etwas anderes; hat vielleicht als Zartheit begonnen, es ertrank dann aber die Zartheit in Brünstigkeit, nicht in rein sexueller, aber mütterlicher (irdischer – irdener würde ich lieber sagen, der der Kuh), Brünstigkeit doch.

Am häufigsten ist das Zarte bei Kindern (nicht alle haben es!). Zartheit ist *jene* Demut, die uns nicht vermindert.

Das Zarte – vereinigt mit dem Großen, eben in dieser ihm, Goethe, eigentümlichen Vereinigung – ist nirgends vollkommener genannt und vollkommener da als in den Versen:

> Blicket auf zum Retterblick,
> Alle reuig Zarten,
> Euch zu seligem Geschick
> Dankend umzuarten.

Das Zärtliche ist schmatzend, immer feucht; Zartheit ist immer trocken.

Zartheit ist der Frau schwerer erreichbar als dem Mann; ist durchaus eine kindliche, männliche Eigenschaft. Die Fähigkeit, zu dauern, ist ihr wohl nicht verliehen; durch Dauer wird sie schwach. Es ergeht ihr darin gleich wie dem universalen Blick, mit dem sie vielleicht ein und dasselbe ist.

Das Feuchte widerspricht dem Zarten: Feuchtigkeit trübt die Augen, der Zartheit Augen sind klar. Das Weiche widerspricht der Zartheit, wenngleich sie die Fähigkeit, vieles Harte zu lösen, hat.

162

(Bei den Gipfeln des Mißverständnisses:)
Ich muß die Sätze *meißeln*, da es mir nicht mehr zu vielen reicht.[1]

163

(Tages-Chronik.) Welch ein Wetter! (Droben in meinem Zimmer 13 Grad. Bei Ernst Schmitt zogen sie um mit fürchterlichem Automobil. In Wald gegangen.)
Die Nachtigall fiel erforen senkrecht vom Baum.

164

Ich bin der Mensch, der im höchsten Maße unfähig ist zum Warten; aber was ich in meinem Leben gewartet habe ...

165

Dazu, daß man Erkenntnisse nicht übertragen kann, nicht *geben:* Man kann bestenfalls beschleunigen, den andern fördern, selber in den Zustand zu gelangen. – Ja, Erkenntnisse sind ein Zustand!

---

[1] Vgl. 175.

Mit wem hätte ich lieber sprechen wollen als, wenn sie noch gelebt hätte, mit Katherine Mansfield! Und *ein* wahres Gespräch, schien mir, würde genügt haben, das zu lösen, was ihre Frage war, hinzuzufügen, wonach sie so entsetzlich schrie (»ich will *real* sein!«), zu ergänzen, aufzuzeigen; ihr das zu *geben*, was ihr nicht zu erreichen möglich war, was ich dagegen weiß (während ich wohl anderswo wieder . . .). – So *dachte* ich; – aber weiß ich, ob sie *vermocht* hätte, ob sie in der *Lage war, die erlaubte* . . .?

Denn: »Um die Erkenntnis herum gibt es zwei fundamentale Irrtümer: erstens, man könne sie übermitteln . . .«

166

Denken ist vor allem Mut. – Mit 18 Jahren (ungefähr) habe ich einen starken Anfang gemacht im Denken, dann kamen Jahre der Unterbrechung, und zwar ganz einfach weil ich überlegte, ob vielleicht die andern nicht doch allenfalls recht haben könnten, mit ihren Lehren, ihren Versicherungen; es fehlte mir an der Kühnheit, über die Versicherungen der andern völlig hinwegzusehen; aber nur *das* ist Denken.

– weder mit den Versicherungen noch gegen die Versicherungen der andern schreiten, sondern sie völlig übersehen, auch wenn sie tausendmal unterstrichen wären, – und doch schreiten.

Ich sage nicht: die Aussagen, die *Zeugnisse* der andern übersehen, sondern: die Versicherungen.

Nach den paar Jahren Unterbrechung kam ein vorwiegend mystisches Denken (also auch kein eigentliches Denken), welches vor allem den Zweck hatte (nicht etwa sei die Rede von einem *bewußten* Zweck! aber den Verlauf aus großer Distanz überblickend, erkennt man diese Linie), die Persönlichkeit zu festigen. Es folgte wieder eine Art Intervall, nicht ein ganz richtiger, langsam stieg in ihm das Denken an, das die Garantien der Dauer in sich trug: das 1934 (in meinem dreißigsten Jahr natürlich) zum ersten Mal seine volle Höhe erreichte, das nicht mystische, sondern *Welt* Denken, das allseitige, das eine immer größere Summe von Gegenständen ergreifende (nicht die Summe ergreifend, sondern die Summanden), das immer mehr *verlangende,* das dynamische, mit der Welt fortschreitende, das Lernen verlangende Denken, das Denken ad infinitum, – kurz, das wirkliche, dauernde Denken.

167

Ich brauche Freunde auf Erden, nicht im Himmel; im Himmel habe ich sowieso genug.

168

Daß ich, und im allerernstesten Sinne, Leser haben werde, ist außer aller Frage. Was ich nicht weiß, ist nur, wie viele und, wann.

169

Die Kinder sagten, wie viel doch der Nachbar arbeite! Morgens, mittags höre man ihn ticktick machen, am Abend wieder und noch spät in der Nacht – und er habe doch nicht einmal einen Meister!

Das war, als ich, weil ich gerade nichts Wirkliches mehr arbeiten konnte, das mechanische Abschreiben der auf unzähligen Zetteln niedergelegten Notizen unternommen hatte (sozusagen in untergeordneter Stellung, in Diensten bei mir selber, und ich hatte also einen Meister).

Endlich habe ich also die erste Anerkennung gefunden, freilich nur bei Kindern, und nur, weil ich ticktick mache...

170

Wo aber ist *das Reale?*
(Vorausgegangene Ausführungen über Krieg und Politik, den Tod und die Pest.)
Das Reale besteht in einem Zimmer, das sein muß: geschlossen, beleuchtet, nicht zu klein, mit Morgenessen versehen um 5 oder 6 Uhr, im Winter geheizt, mit Getränken und Wasser versehen, täglich. (Tisch, nicht zu klein, Papier etc., versteht sich von selbst; – aber das vorher Genannte ... etwa nicht?)
Darin ist das Reale.

171

In weiter Öde tröstete mich einmal ein eingeklammertes Sätzchen von Ramuz: »(ce qui est le grand signe)«.[1]
Ein winzig Laternchen.

172

Bedingungen. Seit Jahren habe ich nie *drei* Tage nacheinander erlebt, an denen nicht eine oder mehrere der primitivsten Bedingungen unerfüllt geblieben wären. Nicht von höheren, beschwingenden Dingen rede ich. Sondern von den gewöhnlichsten, nennbaren, nicht sich verändernden, jederzeit auf einem Zettel zusammenstellbaren – wie Beleuchtung, Temperatur, Morgenessen –.

---

[1] Aus einem Porträt von Fernand Chavannes: »... incapable de toute intrigue et de toute démarche utilitaire ... et qu'il est mort enfin, laissant un grand nombre de pièces inédites (outre beaucoup d'autres papiers) parce qu'il avait toujours continué d'écrire (ce qui est le grand signe), »n'ayant pas eu besoin d'espérer pour entreprendre, ni de réussir pour persévérer«.

173

»Unter allen Umständen eine geistige Macht«:
Auch unter *den* Umständen?
Auch unter den Umständen.
Aber man muß die Umstände kennen.

174

Die Gewalt der Meditation ist wie ein Ozean und hält mich stundenlang vom Schreiben ab. (Ich habe dann während dieser Stunden viel mehr geschrieben, als zehn gute Schriftsteller schreiben könnten – von *ihrer* Meditation wiederum rede ich nicht –, nur leider sieht man es nicht. Ich muß dagegen kämpfen und das ist schwieriger als gegen irgend etwas anderes kämpfen, weil allein diese Meditation mehr ist als alles Schreiben.)

175

Soviel ist mir nun klar geworden: daß ich nie die Vollendung meines Werkes erreichen werde; umso mehr muß ich mich um Definitives bemühen.
(Mit Vollendung meine ich hier natürlich nicht die höhere, nicht die menschheitliche, denn es wäre lachhaft, davon zu reden; nur die meiner einzelnen Seiten, nein, nur die der überwiegenden Zahl meiner Seiten; ich meine es in einem ganz gewöhnlichen Sinne: Wie soll ich je damit zustandekommen, wenn ich immer, ehe ich eine der älteren Seiten einigermaßen fertig habe, zehn neue schreibe? – Mit »mich um Definitives bemühen« meine ich dies: Eben liegen lassen alles, soweit ich nur auf Kosten des neu Heraufglänzenden

dazugelangen könnte, und mich um dieses, die letzte, die höchste erreichbare, *gegenwärtigste Formulierung allein* bemühen.)

176

Ich bin nicht dazu da, fleckenlos zu scheinen – wozu hätten wir denn sonst die Geistlichen –, sondern, immer reineres Zeugnis abzulegen.

Für später. – Mir vorgestellt, daß ich das und jenes werde korrigieren müssen, ich will sagen: Meinungen ändern, besser: *mehr, Neues* sehen – wie ich Früheres habe ändern müssen; – wie schließlich, was in anderem Gebiete ganz dasselbe ist, ich unaufhörlich die Form korrigieren muß.

VIII. Apotheker

(Von Narren, Redaktionen, Hund, Sonn- und Feiertagen,
Dummheit, Häßlichkeit, Faulheit.)

> *Daß du nicht Menschen liebst, das tust du
> recht und wohl,
> Die Menschheit ist's, die man im Menschen
> lieben soll.*
>
> Angelus Silesius
>
> *I ›shock‹ them, but if they knew how they
> shock me.*
>
> Katherine Mansfield

1

Faust versteht er nicht. Spinoza auch nicht. Er versteht von Heraklit nichts. Auch nicht Lichtenberg; nicht Gide, nicht Karl Kraus. Wovon versteht er denn etwas?
»Vom Leben.«

Er versteht den Dolmetscher an der Grenze nicht, der noch zu einem Teil in *seiner* Sprache redet; und behauptet, daß er drin im fremden Lande das Reden besser verstehen werde.
Er war so blind, er sah jenen Stern durchs Fernrohr nicht. Da behauptet er voll Wut, ihn – das Zeug da störe ihn! – mit dem bloßen Auge zu erkennen.
Mit einem Schiff gelangte er nie irgendwohin; er starb vor Angst, nur eines zu besteigen. Er behauptete aber, daß er jeweilen schwimmend hinübergehe, und fügte nachlässig hinzu: »nach New York; nach Borneo; nach Madagaskar.«

2

Wie ist das körperliche Kämpfen doch eine so einfache Sache (so gerecht, dankbar, lohnend), und warum? Weil jeder einen Körper hat.

3

Er las Lichtenberg und fand »es nicht so erstaunlich«. Daß Träume ein Teil unseres Lebens sind, »mit unserm Übrigen zusammen das ausmachen, was wir menschliches Leben nennen«: ja natürlich, sagte er; er fand nichts Besonderes daran. (Die Atlantis von Benoît fand er denn doch eine viel höhere Leistung.)

Er hätte, wenn man ihn auf dieses Gebiet geführt hätte, auch die Entdeckung, daß die Erde um die Sonne laufe, nicht erstaunlich gefunden; sondern eben – kauend, schläfrig blickend – das Verhältnis selbstverständlich. Und dachte nie daran, daß noch sehr vieles, das meiste im Dunkel liegt und daß er selber noch nie auch nur die kleinste, die allergeringste astronomische oder sonstige Entdeckung gemacht hat.

4

Aus einem denkenden Menschen läßt sich alles machen, aber aus einem nicht denkenden leider – nicht wenig, sondern nichts.

5

Wenn die Menschen ein Viertelchen so angestrengt *wären*, wie sie immer vorgeben, angestrengt zu sein, – wie wäre die Welt anders!

Dies habe ich gesehen: Die Leute strengen sich nicht an; vielmehr, sie strengen sich sehr an, sich *nicht* anzustrengen; sie ermüden sich irgendwie.

6

Die »wohlmeinenden« Bürger schreiben mir: Ich solle mich anpassen; »wir ändern ja die Welt doch nicht; wohl aber können wir ihr bis zu einem gewissen Grade das zu fressen geben, was sie verlangt.« (Wörtlich aus einem Brief kopiert.)

»Wir ändern ja die Welt doch nicht«: Ich gebe zu, daß auch Weise wie ein Sokrates die Welt ungemein wenig verändert haben (ich sehe es von Jahr zu Jahr mehr; wie viel, bei denen, die zur Zeit seines Glanzes mit ihm hielten, ist nur Vergnügung und Mode gewesen!).

– wenngleich wiederum ein Sokrates die Welt doch viel mehr geändert haben mag, als man, nachdem man *jene* Art Prüfung bis zum Äußersten getrieben hat, annehmen möchte; das Geheimnis ist – es entgeht einem immer bei jener Art Prüfung –: in einem ungeheuer viel größeren Bogen.[1]

– Aber dennoch meine ich, nein, bin ich überzeugt, daß jeder *gerade nur dadurch lebt,* wie er die Welt *doch* verändert, und sollte diese durch ihn geschehende Veränderung noch so gering sein.

7

Jedem ist gestattet, mich zu widerlegen; – aber die erste Bedingung, um mich zu widerlegen, ist, zu wissen, was ich gesagt habe.[2]

---

1 Vgl. VI, 2.
2 Und dies wird, wer nur Einzelnes liest, wer dieses Buch als eine Sammlung von Aphorismen auffaßt, wer nicht in den Sinn des Gesamten des Werkes eindringt, nie erfahren. Die bedeutendste Äußerung über das Werk findet sich in einer Besprechung des ersten Bandes von *Armin Mohler:* »... Ludwig Hohl *schreibt nämlich gar keine Aphorismen . . .* Zu Unrecht hat man ihm ›Unterformung‹ vorgeworfen. Eine solche Kritik verkennt das von Hohl Angestrebte . . . *Man darf keine Einzelheiten für sich nehmen, das Werk ist im Zusammenhang zu lesen.*«

8

Nochmalige Definition. Apotheker sind Leute, die aus der Verschiedenartigkeit der Leitern, die aus den dunklen Schluchten, in denen die Menschen sitzen, zu den Aussichtspunkten ins Universum führen, schließen, daß es kein Universum gebe.

9

Es kam einer des Weges und sagte, ich solle nicht so viel von den Apothekern reden, es lohne sich ja nicht ... (Er bewies dadurch, daß er selber einer war.) – Freilich, antwortete ich ihm, es lohnt sich ganz und gar nicht in Hinsicht auf jene, die es vollständig sind; jenen ist nicht mehr zu helfen. Ich tue es auch nur der andern wegen, die an *Übergangsorten* stehen, aufgeschreckt werden können.

Werden die Menschen, aufgereizt, denn nicht jene steinigen? Seltsam, wann ist je einer gesteinigt worden seiner absoluten Dummheit, seiner Nullheit wegen? Welcher von jenen, die man, Jahrtausende und Jahrtausende her, steinigte, war eine Null? Und wenn es doch einmal vorkam, war es Zufall, man meinte andere damit.

10

»In seinem eigenen Fette braten«: könnte man doch auch in seiner eigenen Dummheit erwürgen.

11

Der häufigste Gedanke, der mir beim Anblick eines Menschen aufsteigt: »Wie das nur leben kann.«

12

Sind diese Leute nicht fürchterlich, denen ich begegne, wenn ich durch die kleinen Stadtwälder gehe? – Sie sind grauenerregend. Ihre Gesichter, ihre Augen, ihre Stimme, die Worte, die sie einander zurufen, ihr watschelnder Gang, die Form ihrer Hände, ihre Lippen, ihre Kleidung! Und doch, nur zwei Vorwürfe habe ich an sie zu richten; oder vielmehr nur einen: daß sie nämlich weder das eine noch das andere dieser zwei Dinge tun:

Daß sie das Eichhörnchen nicht sehen, das über ihnen turnt, die kleine Maus nicht bemerken, die rasch ins Gras hinein flieht vor ihren feisten Schritten, wenn sie mit ihren plärrenden, öligen Stimmen, mastige Kugeln, herantrollen –;

daß sie nicht – was vollauf ihre Blindheit ins Äußere entschuldigen würde – *Inneres* sehen, inneren Dingen sinnend, bauend nachgehen.

Denn der Mensch ist ein Sehender, in einer der zwei Richtungen soll er sehen; wenn er nicht in einer der zwei Richtungen sieht, ist er kein Mensch.[1]

---

[1] Es drängt mich, obgleich ich Hesse im ganzen nicht sonderlich liebe, hier eine nachträglich gefundene Stelle aus »Narziß und Goldmund« zu zitieren, weil nämlich diese Zeilen mit der größten Deutlichkeit den Sinn einer Linie meines Werks, etwas von meiner *Intention* ausdrücken und sehr wohl als weiteres Motto vor diesem, dem VIII., Teil hätten stehen können: (Hervorhebungen von mir.)

». . . und sah den Fischhändlern und ihren derben Weibern zu, wie sie ihre Ware feilboten und anpriesen, wie sie die kühlen silbernen Fische aus ihren Bottichen rissen und darboten, wie die Fische mit schmerzlich geöffneten Mäulern und angstvoll starren Goldaugen sich still dem Tode ergaben oder sich wütend und verzweifelt gegen ihn wehrten. Wie schon manches Mal ergriff ihn ein Mitleid mit diesen Tieren und ein trauriger Unmut gegen die Menschen; warum waren sie so stumpf und roh und unausdenklich dumm und blöde, warum *sahen sie alle nichts*, weder die Fischer und Fischweiber noch die feilschenden Käufer, warum sahen sie diese Mäuler, diese zum Tod erschreckten Augen und wild um sich schlagenden Schwänze nicht, nicht diesen grausigen nutzlosen Verzweiflungskampf, nicht diese unerträgliche Verwandlung der geheimnisvollen, wunderbar schönen Tiere (. . .) *Nichts sahen sie*, diese Menschen, *nichts wußten und merkten sie, nichts sprach zu ihnen!* Einerlei, ob da ein armes holdes Tier vor ihren Augen verreckte oder ob ein Meister in einem Heiligengesicht alle Hoffnung, allen Adel, alles Leid und alle dunkle schnürende Angst des Menschenlebens zum Erschauern sichtbar machte – *nichts sahen sie, nichts ergriff sie!* . . .«

13

Über Polemik

Man kann meine Urteile zu persönlich, falsch, unzugänglich finden ...
Ich behalte mir das Recht vor, auf Polemik nur dann einzugehen, wenn sie mir fruchtbar erscheint (und das ist vielleicht nicht der Augenblick, da sie den andern als fruchtbar erscheint). Nur Narren meinen, daß man jedem Rede und Antwort stehen müsse. Man kann nicht mit einem Ochsen über Literatur reden. Damit ein Kampf Sinn habe, muß bei den Partnern eine gewisse Gleichartigkeit der Voraussetzungen doch bestehen. Mit den Apothekern, die jeden Augenblick »Schiller und Goethe« im Mund haben, kann man weder über Schiller noch über Goethe sprechen. Ein Zahn-Apotheker fiel mich einmal mit wütendem Geschimpfe an, Schillerundgoethe hätten gut dichten gehabt, da sie *schön reich* gewesen seien! So gut hätte er es auch gekonnt – das sei doch alles ein großer Quatsch mit den Schwierigkeiten – wenn nur seine Praxis besser ginge! Was sollte ich antworten? Ich sagte: Ja ja. Es war in einer Wirtschaft. Da sagte aber der Doktor nachher, wir hätten »über Literatur« geredet und seien einer Meinung gewesen: Er sagte es nicht, denn diesen Fall hatte ich vorausgesehen und darum hatte ich meinem »Ja ja« nachträglich gelassen beigefügt, der Doktor sei ein Schwätzer und von Literatur habe er keine Ahnung. So konnte wenigstens jenes Ärgste nicht eintreten, der Apotheker beschimpfte mich fortan und das war das beste, was ich noch erreichen konnte.

Ist dies ein grober Fall? Ich habe absichtlich den gröbsten gewählt. Diesem groben Fall gleichen unzählige »Auseinandersetzungen«. (Daß man nicht jedem Rede und Antwort stehen muß: für allerlei Professoren und dergl. würde es selbstverständlich sein, da sie nur mit Fachgenossen reden.) Der Kampf ist fruchtbar, aber nicht zwischen einem Schriftsteller und einem Bergsturz.

Sprecht zu jedem; aber wo man euch nicht hören will, »schüttelt den Staub von euren Schuhen ...«

14

Willst du die Speiche aus dem Rad drücken? Nein, du willst nur den Wagen stoßen; die Sache ist: du mußt ihn irgendwie berühren.

15

Polemik, sagen sie, sei nicht lohnend, sei unfruchtbar!

Was aber wirklich unfruchtbar, wirklich unlohnend ist, ist nicht die Polemik, sondern jene mittlere Auseinandersetzung mit jemand (einem Apotheker), der ganz andere »Ideen« hat und den man belehren möchte.

Damit eine Auseinandersetzung fruchtbar sei, muß eine dieser zwei Bedingungen erfüllt sein: *Entweder muß sehr große Nähe bestehen oder unbedingte Ferne.*

Die Auseinandersetzungen der zweiten Art (bei denen man also allein ist) nennen wir Polemik.

Nur diese zwei Fälle erlauben Bauen: entweder baut man zusammen oder allein, indem man rücksichtslos zugrunderichtet.[1] In den Fällen dazwischen verliert man Mühe, Kraft, Zeit, kurz, ist genau das, was die Narren sich als bei der Polemik vorhanden vorstellen.

---

1 Vgl. VI, 32.

16

Das Unglück der Feuersbrunst

Ein Tag der Wasserfreuden! – Ich war im Walde gewesen und kam naß zurück. Der Regen war so gewaltig, daß das Wasser in den Straßen 10 und 20 cm hoch floß und folglich in manche Häuser hineingedrungen war, es stand im Erdgeschoß des unsrigen einige cm hoch. Während sie alle rennen und retten – zu Ende sind die Freuden –, rette ich mich nach oben und meditiere einen Aufsatz, der den Titel führen würde:

»Das Unglück der Feuersbrunst«.

Schon stellen die Fragmente sich ein:

»Feuer, Feuer!« schrien sie und sogleich begann das Unglück. Sie schrien »retten, retten!« und begannen alles kaputt zu schlagen, Kinder zu zertreten, Kranke und Greise hinunterzuwerfen, Treppen zu brechen, die Bibliothek eines Weisen zu zerstören, kurz, es war eine gewaltige Entfesselung.

Die Feuerwehr hatte inzwischen das kleine Feuer, das in einem unbewohnten Lagerraum brannte, völlig gelöscht und ein großes Bedauern senkte sich aufs Gemüt der Leute, eine Öde wurde aus ihm.

Eine Öde wurde aus ihm *wieder*. Das beigefügte Wörtchen ist wichtig. Sie haben die wirkliche Notlage der Welt noch nicht gesehen und gelangen zu den jugendlichen Freuden des Daseins, wenn einmal ein Rohr platzt, ein Auto gegen ein Haus rennt, von einem starken Gewitter das Wasser ins Haus läuft. – Es soll einer das Treiben sehen, das jetzt noch, während ich dies schreibe, da unten sich wutvoll entfaltet! Aus allen Häusern sind sie hervorgebrochen, Junge und Alte (der Platzregen hat aufgehört); sie peitschen vor den Türen das Wasser mit dem Besen und verraten in ihren Gesichtern ein durchaus gesteigertes Dasein, sie sind vielleicht sogar gefährlich, es wäre nicht ratsam, in ihre Nähe zu kommen; das Wasser lächelt und zieht ruhig wieder ab, was es übrigens zwei Minuten später ohnehin getan hätte (und Keller haben diese Häuser ja nicht).

Sieh die alte Katze an, man dachte, es sei nichts mehr mit ihr, aber heute zeigt sie das Talent der Weisheit. Da sitzt sie droben, im Trockenen, und ist still. Sie wartet; inzwischen nimmt Gott die Wasser wieder hinweg, Land erscheint, und dann steigt die Katze hinunter. Die Leute aber sind fieberhaft dabei, eine Arche zu bauen, wenn gar keine nötig ist. (Wenn einer gestürzt ist, das erste ist, ihn hochzureißen.) Vor der wahren Sündflut dagegen, die Arche, die nötig wäre, . . .

Zusätze zum Unglück der Feuersbrunst: Einer schrie immer »Feuer – Hilfe! Feuer – Hilfe!« mit einer mörderischen Stimme, und so schreit er noch immer, heute, nach drei Jahren, hinter Schloß und Riegel. Einer, obgleich Nichtschwimmer, wollte in den tiefen Kanal springen, rannte sich aber schon an der steinernen Brüstung den Schädel ein. Der Schaden des Feuers beläuft sich auf dreihundert Gulden.

Möchte ich doch, wenn einmal in einer von mir besuchten Kinovorstellung ein Brand ausbricht, möglichst nahe beim Feuer sein, der Sicherheit wegen!

»Wenn aber jemand gestürzt ist, was würdest denn du zuerst tun?« Mich vergewissern würde ich erst einmal, ob er gut liegt; er stand vorher offenbar nicht gut: ob er wenigstens gut liegt jetzt.

Weiteres kann dann später folgen. Warum denn *in diesem Augenblick* um jeden Preis stehen? Sollte der Moment angezeigt sein, das akrobatische Stück zu versuchen, ob jemand, der zum Beispiel ein Bein gebrochen hat, auf dem andern noch gut stehen kann?

Oder fürchtest du, daß er, wenn du ihn nicht sofort hochreißest, noch tiefer falle?

Ein Denker stand am Fenster, da geschah auf der Straße ein Unglück. Der Denker sah es, schrie »entsetzlich!« und ließ sich aus dem Fenster fallen.

Eine alte Bäuerin erzählte mir, sie habe an einem Tag ein so großes doppeltes Unglück gehabt, es schmerze sie noch heute. Sie besaß zwei sehr wertvolle Tiere, einen seltenen Vogel und eine dressierte Katze. An jenem Tage erwischte und fraß die Katze den Vogel. Als die Frau dazukam, fiel sie in eine solche Wut, daß sie die Katze totschlug, deren Dressur sie doch so viel Arbeit gekostet hatte, und so verlor sie an einem Tage beide Tiere und weinte über die Katze noch mehr als über den Vogel.

17

Über den Besen

Mit erhobenem Besen stand er und schlug nach dem Regen.

(Das gefiel mir noch ziemlich gut. Wenigstens *einer* – eine Art Weiser –, dachte ich, der etwas ausrichtet mit dem Ding.)

Sage mir doch, erkläre mir doch einmal, wozu der Besen eigentlich dient? In Frankreich weiß ich's, dort ist er zum notwendigen Reinigen der Fußböden da. Aber in den nordischen Ländern, in Holland, was machen die Leute damit von 8 Uhr morgens bis 12 Uhr, am Nachmittag und am späten Abend, sage mir doch einmal? Ich bin um jene Zeit beschäftigt und habe es nicht ergründen können. Und jedesmal, wenn ich vorbeigehe, verwenden sie ihn geschwind zum Kehren, aber was machen sie in der Zwischenzeit? Die Geschwindigkeit gerade, mit der sie sich jedesmal, wenn ich vorbeigehe, zum Kehren wenden, zeigt deutlich, daß sie etwas zu verbergen haben.

Der Besen ist sicher eine bedeutende Erfindung der Menschheit; man sollte ein Hirn aufs unbesetzte Ende pflanzen, als Opfer, wie es sich gehört. – Einmal sah ich einen Besen gut verwendet: als Vogelscheuche. Höheres noch zu verscheuchen als die Vögel des Himmels, das ist seine eigentliche Natur.

Ist es denn im Norden so unermeßlich viel schmutziger als im Süden, gibt es so unermeßlich viel mehr Staub, daß so unablässig der Besen gehen muß? Ich meinte immer, daß es im Süden staubiger sei. Kehren sie vielleicht *den Nebel* weg?

Begegnung mit einem Franzosen (einem mir vorher nicht bekannten und ganz durchschnittlichen Mann) im Café dieser Stadt. Wir stellten eine Frage, dann eine andere und noch eine, und sprachen die Antwort jedesmal, als ob wir eingeübt gewesen wären, im Chor.
Morgens 8 Uhr: alles im Café getürmt (sagte der eine von uns). Reinigen, Putzen, ungeheuer. Man muß auch reinlich sein und hier ist man's sehr. Um 11 Uhr kehrt man wieder, da (im Chor:) *putzen sie noch*.
Und das (im Chor:) *jeden Tag*.
Es ist (im Chor:) eine Krankheit. Und wir fielen fast von den Stühlen vor Lachen. In diesem schmerzlichen Lachen löste sich unser Schmerz.

Einmal ging ich zu Besuch; als ich eintrat, kam mir der Holländer zu meinem Schrecken ohne Schuhe (in Socken) entgegen. (Ich fürchtete, ihn beim sich Niederlegen gestört zu haben.) Später lernte ich, daß man's hier in vielen Häusern (von den guten Häusern) so macht. Der Boden glänzte auch wie ... wie nichts anderes hier.

18

Der automatische Gruß. Jene Leute, denen man sonntags auf den Straßen begegnet, erregen solches Entsetzen, daß die Haare sich sträuben und der Hut sich hebt: Er grüßt von selbst.

19

Sonn- und Feiertage

Die andern trinken, weil sie Fest haben, und ich, um ihr Fest zu überstehen.

Eines nur ihrer Feste nehme ich an: Fasching. Denn dieses ist echt. Echt heißt, daß das Innere mit dem Außen übereinstimmt.

Nun sieht es, wenn sie sonntags schwarz, gravitätisch und mit schwarzen Büchern nach der Kirche schreiten, oder wenn halbwahnsinnige Weiber, verhängt mit Hauben und Tuchresten, Kinder, von denen Schleier herunterhängen, über eine Schale halten, wohl wie Fasching aus, – aber versuche, einen einzigen Schrei abzugeben oder einen mit Pulver geladenen Papierfrosch springen zu lassen, so wirst du ihre Heuchelei sehen.

Nun wollte mich so ein Stümper, der zweifellos im Hauptberuf eine Apotheke besitzt und nur am Sonntag Philosophie treibt (oder in dem Augenblick, da für einen Sterbenden lindernde Medizin oder für einen Verunglückten Verbandsstoff geliefert werden sollte) und der zweifellos in seinem Vorleben, und in einem recht wenig zurückliegenden Vorleben, ein Frosch gewesen war und vor allem lange eine Kaulquappe: davon zeugt noch heute seine Schädelform, seine runde, um und um gewölbte Stirn ohne Ausdruck und Hilfe –, so ein Phänomen von einem Kerl, der nicht eines einzigen Philosophen *Antrieb* zum Denken je in seinem Leben geahnt hatte, wollte mich belehren, daß man *die Menschen lieben müsse* – –!

Nicht ihm antworte ich, sondern dir:

Wenn du einen Menschen liebst, wirst du da mit ihm nicht mehr dramatische Spannung haben als mit jedem andern? So auch mit *den* Menschen.

Doch müßte man auch wissen, erst, wer die Menschen sind, wer, wo und wie.

Lieben muß ich sie? Zweifellos – aber jedenfalls nicht die, die einem meistens, und besonders am Sonntag, auf der Straße begegnen.

Lieben, die, mit ihren wackelnden Nasen, ihren Pudding-Gesichtern und Blechschachtel-Augen und ihren beinahe herausfallenden Zungen? (Wozu sind diese lallenden Zungen wohl gut? – Zur Verdauung. Aber diese hämischen spitznasigen Weiber mit ihren metallenen Stecknadel-Augen fahren sich mit der spitzen Zunge immer wieder schnell ein bißchen über die Lippen, als ob da etwas sehr verlockend sei.) Lieben, die? Das wäre, mein Freund, eine schöne, lohnende Aufgabe nur für einen Asketen. Der trüge seine Vollendung in *sich*. Ich will doch etwas *dienen;* und also in meiner Liebe auch etwas dienen.

Wer redete schon genügend von des Menschen Nähe und Ferne?

In den Augen eines sterbenden Pferdes sah man vielleicht – den Menschen. In Toten sogar. In gewissen Versammlungen auch. (Nimm das Geschrei weg : – es ist Staunen, Wissen, Willen, was bleibt: das ist vom Menschen.) In den sozial untern Schichten durchwegs mehr als in den andern. Aber auch – ganz anderer Anblick – bei mächtigen Einzelnen. Der Mensch muß ein Strahlen sein; das Verfügende: Ein Staunender, Wissender, Wollender.

Es ist ein schlechtes Zeichen, wenn man die dicken Nasen, Pudding-Augen und faulende Hirne liebt.

Dein Verhältnis sei Liebe. Aber der Mensch ist etwas, das erst geschaffen werden muß, jedenfalls als Vielheit. (Darum wird deine Liebe im Schaffen sein müssen.)

20

Weiteres von Sonn- und Feiertagen

... In diesem Augenblick rannte ein weinendes Kind vorbei – sein Gesicht (»sein Kind« hätte ich mich beinahe verschrieben; o seliges Wunder eines Irrtums!) war schmerzvoll verzogen, weil die andern voraus waren, weil man es verlassen hat (es meinte, es könne sie nicht erreichen, aber es strebte schmerzvoll hin). – »Hier!« rief er, wie vom Blitze gerührt, sein Reden – sein Suchen nach dem Menschen, seine Ausführungen – unterbrechend: »Hier rennt ein Mensch.« Und: – »daß ich daran nicht dachte! Die Kinder überhaupt: eine unübersehbare Zahl: immer neu wird euch da der Mensch geboren.

Ihr sollt immer eine neue Chance haben, und es ist nie zu spät.

Wie es für den einzelnen nie zu spät ist, zu arbeiten zu beginnen und also das Bessere zu tun, so ist es für die Menschheit nie zu spät, durch die Kinder.«

Auf das heulende Kind folgte ein riesiger Mann, welcher eine Mappe trug; er war ganz in schwarzem Staat, und seine Erscheinung atmete eine ungemeine Würde: ohne Zweifel ein

Ratsherr. »Dieser ist kein Mensch«, sagte er, »seht seines Gesichtes riesige Platte – zu einer Kartoffel gewordene Gerechtigkeit – ersoffene, überschwemmte Platte: ich sah einmal die Arbeit eines Metzgergesellen in Unschlitt: sie war weit besser als dieses Gesicht. Sollte Gott der Herr wirklich so schlecht arbeiten?

– dieser Ratsherr war einmal ein Kind . . .«

– »Und nachher kommen sie und wollen es alles erklären: ›Die das Leben zerbricht‹ dichten sie dann.

Weißt du, was ein Pessimist ist? – Ein schlechter Mensch.

Natürlich, solange man dem Herrn und Vater droben in der Höhe – dem ich nichts vorzuwerfen habe; ich hoffe, er mir auch nicht – die Entscheidungen zuschiebt, kann man lange ein schlechter Mensch sein und sich vom Leben zerbrechen lassen.«

Geist: sich nicht zufriedengeben mit seinen (falschen – immer falschen) Bedingungen.

(Für jene, die nicht wissen, was sie tun sollen, die sagen, sie möchten das Gute tun, aber sie wüßten nicht, wie:)

Aufgabe? Wo es tot ist, wer sich entgegenstellt: Da wird es sofort Licht.

(Der Strom, das Elektrische. Das Automatische. Das Geistige. Das *Sichere.*)

Durchschnittlich findet sich unter den Arbeitern mehr Intelligenz als im Bürgerstand: obgleich sie weniger gelernt haben. Was ist aber Intelligenz, diese produktive Strahlung aus einem Gesichte – das Menschliche, die Bereitschaft, das Aussprechende –? Etwas, das, wie die Elektrizität, in seinem Zustandekommen nicht von Masse, Quantität abhängt, sondern von bestimmter *Art* des Zusammentreffens, bestimmten Spannungswinkeln.

– von der Arbeit. Wie vom Feuer das Licht erzeugt wird, ist die Intelligenz das Produkt der Arbeit; oder mysteriös verbunden mit ihr; oder eins.

21

(Man sagte mir, daß ich sogar an *Pfingsten* nicht rasiert gewesen sei.)
– Was ist Pfingsten? Ausgießung des Geistes? Ich habe alle Tage Pfingsten!

22

»Beide also haben das Problem falsch gestellt ...«
Aber die das Problem falsch gestellt haben, sind mir meistens interessanter, als die es richtig gestellt haben; denn die es richtig gestellt haben, haben es meistens überhaupt nicht gestellt. Sie leben dann weiter: aber ihr Leben ist der Tod. Die Zwei in jener Novelle sterben: aber aus ihrem Tod kommt das Leben. Denn durch ihre falsche Problemstellung, die dazu führte, daß sie zerschellten, als sie konsequent wurden, gewinnt das Auge zur Betrachtung der Dinge eine neue Schärfe.

23

Die *ungeheure* Veränderung in meiner Denkweise soll nie vergessen werden: Einst hatte ich – erst in meinem dreißigsten Jahr wurde es mir klar – ohne es zu wissen dem Bürgertrug geglaubt, die Philosophen seien – – für die Philosophie, und das Leben regiere sich selber, sei für das Leben, und ganz ...; und stehe der Philosophie, die als unabhängiger Luxus irgendwo installiert sei, *gegenüber!* (Da konnte ich freilich noch nichts verstehen von Spinoza, und nichts von Goethe.)[1]

---

[1] Vgl. I, 8.

24

»Quintessenzenmeier« schlage ich vor, den Apotheker von nun an zu nennen.

Um vom Ganzen eine fixe Vorstellung zu haben, eine unveränderliche Idee zu behalten, muß man ein rechter Trottel sein.

25

Ihr richtiger Beruf wäre eigentlich – –. Und sie bringen das als Entschuldigung vor dafür, daß sie nichts tun – nichts sind.

Die Bedingungen, die *nicht zu ändern* sind, sind Fundament, auf *diesem* nur kannst und mußt du das Höchste leisten.

26

Die größte Sünde ist die Faulheit. Die zweitgrößte der Mangel an Phantasie.

Viele aber, die sagen, sie seien faul, sind es nicht. (Es sei denn, daß sie es aus einer reinen Koketterie sagen – daß sie gestehen.) Wenn die Feststellung aus Selbstanschauung, aus Kritik entspringt, zeigt sie eben das Gegenteil. (Es handelt sich da immer um ein Mehr oder Weniger. Vollkommen unfaul – d. i. schlechthin vollkommen – ist niemand.) Nicht ohne weiteres versteht man, was faul *ist*. Faul sind die Apotheker. Denn sie machen nie eine ungewohnte Bewegung. Es gibt aber keine produktive Bewegung (geistig ist das eine Bewegung schlechthin), die nicht ungewohnt wäre.

27

Ich bin auch für die Bewegung; aber dieses Eilen ist nicht Bewegung, es ist Erstarrung.

28

Sie reden immer vom »Realen«.

... Und wenn man nachforscht ihrem »Realen«, so ist es etwas, das längst nicht mehr existiert, oder etwas, das nie existiert hat. Oder etwas nur soweit Reales – nur soweit mit dem Realen in Beziehung Stehendes –, als es das wirkliche Reale verdecken muß, vor ihm Flucht ermöglichen.

Was ist denn das Kriterium des Realen? Das Maß des Bejahenkönnens.

Du siehst ein Kind oder eine Idee, Professor Huhn, und sagst: Schützt uns vor diesem (dem Kind oder der Idee), daß es nicht aufgehe. Hindert, modifiziert es dem Alten gemäß (der »wahren Realität«, dem »Ewigen« gemäß), *rettet die Form!*

Dieses »Retten« ist Verneinen.

29

Fragmente über die Geistlichkeit

»Ich bin geborgen.«

Da fiel mir aber sogleich ein: »Man mißtraue nur den seit langer Zeit Geretteten ...«[1]

---

[1] Vgl. Nuancen und Details II, 54.

In seine Kutte fest eingehüllt. – Dieser gemauerte Schädel! Bewunderungswürdig.

Das ist kein menschlicher Kopf, ein Schrank ist das, und in ihm sind die sieben Instrumente der Gerettetheit.
(– nicht des Rettens, sonst wäre er ja ein menschlicher Kopf.)

... und dann die unermüdlichen, die riesigen Füße, mit den die Straßen, die gemachten Straßen, wie Zungen leckenden Sohlen! Die Füße, die nicht denkend, nicht neue Wege gingen, sondern immer denselben Weg, und zwar eigentlich genau so, als ob sie auf derselben Stelle treten würden.
O um die unermüdlichen Knie der Pfaffen!
Sie sind da. Sie sind überall da, schwarz gekleidet, unermüdlich mit den Knien tretend, als ob sie die Erde in ihren Mittelpunkt hineintreten würden![1]

30

Christlich:
> Deine Gnad' und Jesu Blut
> Machen alle Dummheit gut.

31

Theologen. »Man weiß nicht, was er redet!« Damit kam ein scheuer junger Mann gelaufen, erschreckt, was er zu verbergen suchte.
– Sei ruhig; er weiß es selber nicht.

---
1 Vgl. II, 70.

32

Was er redet, ist zwar nichts, aber dafür lang.

33

Wie bin ich Goethe dankbar für das »leider« in der dritten Zeile der ersten Szene des ersten Aktes des ersten Teiles von Faust!

34

Und einer fragte, wann man fischen müsse, die Netze auslegen, ob vor oder nach dem Essen. »Wann die Fische da sind, liebes Kind.«

. . . Ihr keuschen Aasgeier!

35

Den, der dauernd lernt, wird kaum einer mehr belehren; wenn der andere das Maul auftut, um ihn zu belehren, hat dieser schon mehr gelernt, als der andere ihm sagen kann.

36

Zu einem Porträt. – Er ist ein sehr mutiger Mann. Er würde auch Amerika entdeckt haben – nicht zu jeder Zeit natürlich, aber Kolumbus konnte es auch nicht zu jeder Zeit; nur würde er es zu etwas anderer Zeit entdeckt haben[1].

---

1 Vgl. IX, 41.

37

Unkundige, aber gutmeinende Reisende seien darauf aufmerksam gemacht, daß es den *tour* du Mont-Blanc gibt und die *ascension* du Mont-Blanc, und daß, während der tour du Mont-Blanc darin besteht, über einige niedrige Pässe fahrend oder schreitend an silbrigen Schafen und grünen Weiden vorbei und einige Talstrecken verbindend einen Kreis zu beschreiben von vielleicht 30 km Durchmesser, in dessen Zentrum der Montblancgipfel steht, einen Kreis, den auch Prousts Großmutter im zweitletzten Stadium ihrer Krankheit noch hätte schließen können, die Ascension des Montblanc dagegen darin besteht, den Montblancgipfel zu erreichen (ob man wieder zurückkommt oder nicht, ist ganz gleichgültig). Man sieht also, beide haben immerhin zu tun mit dem Montblanc.

38

»Das ist schon wahr«, sagte der geistige Arbeiter, »was ihr behauptet: Zwischen jenem ›Kaiser aller Russen‹, der heute noch in Frankreich, soviel ich weiß, leben soll – mit zwei Anhängern –, und mir bestehen gewisse Ähnlichkeiten: Beide stehen wir so allein da, lächerlich vor den Menschen, weil wir ein Reich in unserm Sinnen tragen, das man nicht sieht. Der Unterschied ist aber der (abgesehen von der verschiedenen Art des ›Reiches‹, das aber jedenfalls eine Realisierung im äußeren Wirkungskreis sein muß): Bei ihm handelt es sich um ein Reich, das war, bei mir um eines, das kommt.«

39

Konklusionismus

»Die Konklusion, meine Herren, was ist die Konklusion? bemühen wir uns, die Konklusion daraus zu ziehen«, ist eine richtige Apothekerrede.[1]

Was ist Intelligenz? Die Fähigkeit, rasch von einer Lage Bewußtsein zu nehmen. Die Konklusion ist nichts.

»Er verbrachte seine Zeit damit, Konklusionen zu ziehen«: reines Idiotendasein. Denn entweder hat er von der Lage – von den Teilen der Lage – Kenntnis genommen; dann braucht er zur Konklusion keine Zeit. Oder er hat nicht Kenntnis genommen, dann kann er die Konklusion nicht ziehen.

»Der Installateur der elektrischen Anlage verbrachte seine Zeit damit, den Strom hindurchziehen zu lassen.« Man würde den faulen Hund am besten wegschicken. Er hat nicht alles installiert; nun steht er und lockt mit dem Zeigefinger.

Ein Baum steht da, zu zwei Dritteln durchgesägt; vom andern Drittel haben sie die Hälfte durchgehackt; der Baum ist etwas geneigt in der Richtung zu dir; du bist vier Meter vom Stamm entfernt, der Baum ist zehn Meter hoch; die Axt arbeitet weiter. – Der Blinde (der an deiner Stelle stünde) sieht nicht den Baum. Der Taube hört nicht die Axtschläge und schaut darum nicht hin. Der Idiot sieht und hört, aber er kennt das Gesetz der Schwerkraft nicht. Eine Konklusion zieht, wenn er alle die genannten Teile der Lage wahrgenommen hat, jeder.

---

[1] Man kann einen Beschluß fassen, das ist etwas anderes.

40

Bei einer Straße, welche noch den schönen Namen trug: *Beet*straße, dieses gelesen:
»Totale Enthaltung ist ein guter Kompaß.«
Was antworte ich darauf? Im Nichts braucht es keinen Kompaß.

41

»Das wissen wir ja schon lange.«
Was du weißt, hat keine Bedeutung. Ich möchte erst einmal sehen, was du tust.

42

Eine Grabinschrift:
Er hatte keine Feinde.
– und überhaupt nichts.

43

Ein Spezialist:
Nacht-Augen hatte er: am Tag sah er nichts. Und Nachts? Nachts auch nichts, denn es war zu dunkel.

44

Redaktionelles

Inserat: Das Hirn eines Literaten ist zu vermieten, da dieser eine Redaktionsstelle angenommen hat.

Wie heißt es auf den Redaktionen nach unsern Einreichungen?
Gewogen, gewogen, und zu schwer befunden.

Man könnte ja annehmen, die Redaktionen seien *Lichtjahre* weit entfernt, da das Licht so lange braucht, hinzukommen. Aber Mistkarren kommen ja doch viel schneller hin.

Da sind in dieser Dreckzeitung – statt daß sie mir eine Rubrik eröffnet – so Fragen- und Antwortspiele über allerlei »Wissenswertes«, z. B. »Woher leitet sich die Bezeichnung ›Pöbel‹ ab?« Antwort: »Vom lateinischen Wort populus (Volk).«
»Welche Stadt hat die meisten Brücken?«
»Was ist die mittlere Geschwindigkeit beim Dichten?«

Der *Raummangel* – das Leiden der Redaktion. Aber warum will man nie meinen Rat befolgen? Gedruckt müssen all diese Stücke werden, das ist klar; und die Not des Redaktors ist groß. – Er soll die Texte *über*einander drucken, statt nebeneinander (die Walzen mehrere Male über dieselbe Stelle laufen lassend)! So wird Raum frei, und dem Leser ist's Gewinn.

45

Inserat

REDAKTIONEN!
Achtung!
GERUCHSAPPARATE
Neue Erfindung.

Der Apparat erspart dem Redaktor vollständig alle Mühe, indem er den Namen des Autors vollständig und allseitig beschnüffelt; und, wenn dieser Name keinen bekannten, schmeichelnden (süßzürcherischen oder so; nach Belieben einzustellen) Duft ausströmt, das Manuskript in den Korb der nicht verwendbaren Arbeiten schleudert; strömt dagegen der Name süßbekannten Cliquenduft, Schmeichel-Atem, gegenseitigen Diensterweisungs- und Vorteils-Duft aus, so wirbelt der Apparat ebenso automatisch das Manuskript in den Korb der geprüften, wertvollen, angenommenen Arbeiten. – Schreiben unter »Hundenase«.

46

Mehlhaufen

Unerklärlich bleibt mir, daß der Autor nicht an seinen eigenen Artikeln schon erstickt ist.
(Diese ungeheuren Mehlhaufen, um fast nichts zu sagen! Oder gar nichts.)

47

Ein Block Granit:
Du kannst ihn vielleicht zu Fall bringen (die Redaktionen haben Stangen); aber er wird dir vielleicht den Fuß zerschmettern dabei; und jedenfalls bleibt er ganz.

48

Gibt es in der Schweiz keine wirklichen Witze? Man muß sie nur finden.

Hier zwei aus der Witz-Ecke der Neuen Zürcher Zeitung (aus das beste Witz-Blatt am Kontinent – mit sofortiger Wirkung am Leser – für den niedrigsten Preis beim Portemonnaie – mit ultragegenwärtiger Wirkung neben dir):

> Abonnement auf die
> N Z Z
> Lieferung mit sofortiger
> Wirkung bis Ende Mai.

> Esplanade / Ab heute nachmittags und abends
> DAS NEUE PROGRAMM DER ATTRAKTIONEN
> mit
> LUPO & BRETTY das schnellste Tanzpaar am Kontinent
> EMILIO NOE der Mann mit den 100 Stimmen[1]
> OLGA IRENE FROEHLICH die beste Vortragskünstlerin der Zeit
> 3 VARADYS Ultra-moderne Akrobatik ...

Die sofortige Wirkung ist eingetreten mit die einzige Nummer.

49

Über den Hund

Seine dauernde Beschäftigung: Entweder Bedürfnisse verrichten oder nach Uringeruch jagen oder kläffen.

Ein Großes hat doch Wien vor Holland, ja auch besseren Regionen voraus: diese namenlosen Kreaturen sind dort nicht

---

[1] Dieser Dativ stört; es sollte dastehen »mit die 100 Stimmen«.

so geachtet, müssen mit Maulkörben herumlaufen. Das ist doch ein Anfang. Ich träume freilich von einem Zukunftsstaat, in dem die Hunde ausgerottet werden. (Wie heute die Wildschweine – diese verhältnismäßig guten, unschuldigen. – Prämien für Erledigung. Strafen für Verheimlichung.)

Ob es wohl einen Mann von Geist geben kann, der Hunde *achtet*?

Sie behaupten, daß sie Hunde brauchen, um das Haus zu bewachen. – Warum nicht Bären, Schlangen, Tiger! Diese töten nur den Körper, Hunde den Geist.

Überhaupt, was gibt es schon immer zu bewachen. Diebe sind bei weitem nicht so gefährlich wie Hunde. Man lege sich einen Besitz an, der nicht gestohlen werden kann! Der Mensch hat die Pflicht, reich zu sein. Reichtum ist Produktivität, ist Ausgebenkönnen; wenn der Besitz in Geld besteht, möge man es ausgeben.

Allein die *Töne*, die die Hunde abgeben –: gibt es denn einen denkenden Mann, in dem nicht *das* schon die Gedanken tötet? – Bei meiner Seele! wenn es nachts wieder beginnt, da einer kläffend hervorstürzt aus dem Dunkel, dort einer schweigend von hinten beschnüffelt in einer stillen Straße ... – sollte nicht *da* jeder einen geladenen Revolver zur Hand haben dürfen?

Schau doch die Bewegungen an dieses Geschöpfes, das seinen »Herrn« begleitet, bist du blind?

Schau sie an, die plattfüßigen und die hochbeinigen, die kurzhaarigen und die langhaarigen! schau das Spiel ihrer Schwänze, ihre Gangart: tänzelnd und schief! ihre geile Schnauze, heraushängende Zunge, ihre Süßheit triefenden oder wie Tollkirschen abstehenden Augen, ihr Flohfell! Gibt es etwas Stupideres als eine Hundepfote? Schau die kleinen Weißen an und die Schäferhunde mit dem Schullehrergesicht! Und was sie alle eint, ist das Beschnuppern des Urins mit frenetischer Unaufhörlichkeit. – Einige Exemplare gewisser großer Rassen (ich kenne mich in den »Rassen« des Gesindels nicht aus) nur ein klein wenig ausgenommen, weil sie einen Hauch haben – nicht von etwas Menschlichem, nicht von etwas Tierhaftem, einen Hauch von einer Kröte, ja, ein weniges vom Gehalt einer Kröte.

Mit dem Hund verglichen wird die Wanze selbst wunderbar. Die Wanze auf ihren ungeheuren Unternehmungen: einen endlosen Weg voller Kompliziertheit und Gefahren legt sie mühsam zurück, ähnlich einem Tank. Und endlich angekommen, arbeitet sie, in seine Gewalt gegeben, am Körper eines Menschen, von dessen Ausmaßen, im Verhältnis zu denen des kleinen Tiers, wir uns schwer eine Vorstellung machen: einen Berg müßten wir uns denken – Berg aber, der sich rühren, gegen uns aufstehen könnte.

Namen, die ich vorschlage für diese Kreaturen, welche bisher Flora, Fauna, Viktoria genannt wurden: Hurenauge, Flohfell, Namenlos.[1]

---

1 Wenn es nötig ist – wenn man nicht begreift, daß es sich um Prinzipien und nicht um Haß gegen einzelne arme Geschöpfe handelt, am allermeisten aber im Grunde um Zorn über menschliche Eigenschaften und einen menschlichen Typus –, wenn es nötig ist, einige auszunehmen, so sollen an erster Stelle genannt sein: Das Hündlein, von dem Konrad Bänninger in »Geist des Werdens« berichtet; das Hündlein des West-östlichen Divans, das »den Siebenschlaf so treulich mitgeschlafen« (und welches nachher ins Paradies eingelassen wurde).

Dann wohl – ja, ohne Zögern auch jenes Hündchen, das ins einstige Café de la Brosse kam, klein und von einer teuren Rasse (teuer besonders, weil der übergroße Kopf die Geburt sehr schwer macht), das nie bellte und so von Zärtlichkeit erfüllt war, daß es das Dreifache seiner eigenen Höhe hoch sprang, wenn die Freude es überkam, und so delikat, daß es krank wurde, wenn man ihm einen schiefen Blick zuwarf. Dann noch Ponette, die seltsame kastrierte Hündin jener ländlichen Pension, dickleibig und schmalköpfig, von überhaupt keiner Rasse, eigensinnig und unberechenbar, zu nichts, wozu ein Hund sich sonst gebrauchen läßt, zu gebrauchen; die aber zu mir eine unerklärliche Zuneigung gefaßt hatte, mir unabhaltbar überallhin, ins Dorf hinauf, in jede Wirtschaft und sogar auf Berge folgte, wobei sie einmal, vor dem Anblick einiger Kühe von ungeheurem Schreck ergriffen, sich unter großen Blättern verbarg, bis die Kühe vorüber waren, – und die, als ich wegfuhr, in der Sonnenhitze auf staubiger Straße, fast verendend, dem Autobus viele Kilometer weit nachrannte.

Dann noch das, noch jenes. Ich will es bei diesem einen bewenden lassen: dem unbekannten Hündlein, das ich einmal, als ich vom Schreiben herunterkam, an der Straßenecke stehen und mich so vorwurfsvoll anblicken sah, daß mir sogleich klar wurde: »Das hat meinen Text gelesen.« Es bellte nicht, der Vorwurf auch war still, er war mehr Trauer. Es möge hier meine Versicherung entgegennehmen, daß nicht es gemeint war.

– Ferner vgl.: XII, 136.

50

»Zu der bereits in der Ersten Sonntagsausgabe kurz gemeldeten Verhaftung des Hundevergifters erfahren wir durch die Bezirksanwaltschaft, daß es sich bei dem Verhafteten um einen in Oberstraß wohnenden Sekundarlehrer handelt, der schon seit längerer Zeit schwer nervenleidend ist und sich daher auch in ärztlicher Behandlung befand. Der nun verhaftete Hundevergifter glaubte in seinem krankhaften Zustand, durch das Gebell der Hunde in seiner Arbeit behindert zu werden, weshalb er zur ›Selbsthilfe‹ griff ... Mit diesem pathologisch veranlagten Manne wird sich in erster Linie der Psychiater zu befassen haben.« N. Z. Z., 1934

Er war schon lange nervenleidend; woher aber das Nervenleiden kam, wird auch nicht vermutungsweise angedeutet. Er »glaubte in seinem krankhaften Zustand, durch das Gebell ... behindert zu werden«: soll dieser Satz etwa den *Beweis* seines »krankhaften Zustandes« bringen? Wer als er sollte denn wissen, wodurch er gehindert wurde?

Ein anderer offenbar auch pathologisch veranlagter Mann meinte in seinem krankhaften Zustand: »Manche Töne sind mir Verdruß, doch bleibet am meisten Hundegebell mir verhaßt; kläffend zerreißt es mein Ohr«, nämlich Goethe[1].

Das Gekläff ist gestattet, es ist ja auch gestattet, daß seine Urheber überall ihre Bedürfnisse erledigen – und mit welcher Reichlichkeit –, offen auf allen Straßen das verrichten, was ein Mensch, der in Not geriet, nicht darf, er muß krank werden oder es in seine Hose tun; und dabei noch froh sein, wenn er sich über dem Unrat des Hundes nicht das Genick bricht oder wenigstens hineinfällt; – wie es gestattet ist, daß sie frei herumgehn, ohne daß man auf sie schießen darf: Flöhe und Wanzen, die zudem nicht so scheußlich anzusehen sind, darf man töten, sobald man sie *erblickt:* von den Kötern muß man sich erst beißen lassen.

---

1 »Römische Elegien«. Allgemeines über den Hund gibt ein Venezianisches Epigramm: »Wundern kann es mich nicht, daß Menschen die Hunde so lieben: Denn ein erbärmlicher Schuft ist, wie der Mensch, so der Hund.«

Wenn sie einen ankläffen, während man in tiefsten Gedanken und aufs stillste vorbeigeht – auf der öffentlichen Straße –, aufs wütendste, im Kreise sich bewegend, um einen, wie es ihr Brauch ist, von hinten zu packen, darf man ihnen auch noch nicht den Schädel einschlagen (obwohl auch das schon eine Mühe wäre, für die man eine beträchtliche Vergütung bekommen sollte); man muß erst abwarten, daß Blut aus einem Bein fließt und die kurzhaarigen dünnbeinigen Wänste mit den gelben Augen einen mit ihrer Pestilenz vergiften.[1] Dann, wenn man gewandt genug ist um den Prozeß zu gewinnen, hat man allerdings das Glück, Bezahlung der Hose und kostenlose ärztliche Behandlung zu erlangen.

Wenn aber eine armselige kleine Maus, die nie einem Menschen was getan hat, ängstlich und winzig unten an einer Mauer entlang eilte, da waren gleich alle bereit – und gleich ein Dutzend Menschen da –, daß man sich auf sie stürze, sie zertrete, und schrien nach Steinen, nach Knüppeln.

51

Über Sprichwörtlein

»Leute, die sich in Sprichwörtern auszudrücken pflegen, sind Narren«: Ist das zu einfach geredet? Aber ich hebe hervor: die sich so auszudrücken *pflegen*. Denn man mag wohl einmal eines von jenen Sprichwörtern verwenden, die Sinn *haben* (es sind ihrer nicht viele, sie sind wohl an den Fingern einer Hand zu zählen); und man mag auch einmal eines von den albernen mit Sinn sagen, einem Sinn, den es in einer bestimmten Lage und nur von ihr bekommt.

---

[1] Das Sprichwort sagt zwar, daß die bellenden Hunde nicht beißen. Wäre das Wort wahr, müßte man also *nur* entweder angebellt oder gebissen werden. Das Wort ist aber wie alle Sprichwörter eine Lüge und man kann vom selben Hund angebellt *und* gebissen werden.

»Aller Anfang ist schwer.«

Das trifft wohl zu für den, der kaufmännische Begabung hat und kein Kapital. Aber ich habe doch eben den Sohn eines Automobilfabrikanten gesehn, der sein väterliches Erbe durchgebracht hat, denn jedes Unternehmen, das er begann, endete mit Verlusten. Da war der Anfang leicht.

Und dann auch noch den Maler X habe ich gesehn, welcher Tausende von Brüdern hat im Montparnasse, die alle, wie er, einmal angefangen haben zu malen ...

Und dann eben an die Millionen und Milliarden Menschen muß ich immer denken, wenn ich höre, daß aller Anfang leicht – nein: schwer sei, die alle angefangen haben zu leben – mit Leichtigkeit. Es war ganz fraglos leicht; sie mußten gar nichts dazu tun. Aber dann wurde es immer schwerer und schwerer. Von der frühesten Zeit an, Jahr um Jahr, nahm ihr Leben nur immer ab.

Wir wissen wohl, daß es menschliche Unternehmungen gibt, zu deren erstem Schritte man Jahrhunderte oder Jahrtausende braucht; und dann geschehen in zehn Jahren fast alle folgenden. Das Sprichwort sagt aber: »*Aller* Anfang...*«*. Es sagt nicht: »*Bisweilen* ein Anfang und bisweilen ein Ende; bisweilen die erste Fortsetzung oder sonst ein Stück; irgendein Stück bisweilen und bisweilen ein Ganzes – ist schwer«, wie es kurzgefaßt eigentlich lauten sollte.

»Kurzgefaßt«: denn um ihm seine eigentliche Ausdehnung zu geben, müßten wir auch noch das Gegenteil von jedem einzelnen Fall hinzufügen: »Das gleiche Stück ist manchmal schwer und manchmal nicht; das Ganze ist ...« usf.; dann noch die mittlere Möglichkeit: »Manchmal ist ein Stück – das Ganze – der Anfang – das Ende – so ... mittelschwer – es geht gerade noch!« und so kämen wir denn allmählich zu des Wortes präzisem Sinn ...

Morgenstunde hat Gold im Munde.
Hat die Stund' einen Mund? Dann sicher aus demselben Grunde, wie jenes kluge Tier, das von Christian Morgenstern beobachtet wurde, nämlich ein *Wiesel*, auf einem *Kiesel* saß, inmitten Bach*geriesel*.
– und Gold in diesem Mund? (Darüber später.)

Stille Wasser gründen tief.
Zum Beispiel die Pfützen. Denn eine Pfütze wird ein Haus, das auf sie gebaut wird, tiefer gründen als das in sie fließende Rinnsal (unruhiges Wasser), welches doch, da es in die Pfütze fließt, höher sich befindet und daher höher gründen würde.
Setze in eine Reihe die stillen Wasser, die dir einfallen, – voraus das Wasser im Trinkglas, dann das in einem Waschbecken, das Regenwasser in einem alten Faß –, und daneben alle bewegten Wasser, voraus also etwa das der großen Ozeane, dann das der kleineren Meere; vergleiche die Reihen, wenn sie sehr lang geworden sind, dann wirst du vielleicht zu einem Verständnis kommen. Denn die Sprichwörter werden dir ihren Sinn nicht so leicht offenbaren (vielleicht haben sie überhaupt keinen Sinn, sondern jeden beliebigen), die – *gründen tief*, nämlich in dir das Nachdenken, du rennst lange hinterher.

Hier noch einiges an solchem Wortgut, zu Übungszwekken:
»Abendstunde hat Gold im Magen.« Da die Morgenstunde einen Mund hat, wird die Abendstunde wohl auch einen Magen haben. (Daß der Reim fehlt, was kann es ausmachen, der ist ja heute nicht mehr modern.) Freilich hätte ich lieber gehört: »Abendstunde hat goldenes Haar.« Denn Haar ist außen, in den Magen hinein kann man nicht sehen; ich hätte

an die Wolken gedacht, abendliche Wolkenstreifen – oder dann goldfarbene Himmelsstreifen zwischen Wolkenstreifen. Ein anderer freilich, einst, war der Meinung, daß die Mittagsstunde am meisten mit Gold zu tun habe, wahrscheinlich, weil da die Sonne dominiert, welche doch im allgemeinen und astrologisch ein Inbegriff des Goldes ist. In seiner bildlichen Redensweise fand der Spruchschöpfer für seine Erkenntnis diese Form:

»Mittagsstunde hat Gold an den Zähnen.« Wahrhaftig: da die Stunde einen Mund hat, sollte sie etwa zahnlos sein? Erstaunlich bleibt indessen das intuitive Element in diesem Wort (welches ich einem uralten Weisheitsbuch entnommen habe); das Sprichwort von der Morgenstunde (welches wir jetzt auf einmal auch besser verstehen) ist ja zweifellos viel neueren Ursprungs, so daß da jene Kenntnis vorauszusetzen war. Oder wann kam das Plombieren mit Gold auf? Vielleicht wurde auch das moderne Sprichwort schon vorher gedichtet, so daß dann also beiden Schöpfungen zu allem Übrigen hinzu noch das Verdienst der Prophezeiung zukäme.

52

Einen Mann kennengelernt, der im September fror, weil er die wärmern Kleider erst im Oktober anziehn wollte; der im Oktober wieder fror, weil er noch wärmere Kleider nicht vor November anziehn wollte, um sich später nicht zu erkälten (er war aber schon zwei Monate erkältet); der im November sich noch mehr erkältete und fast zu Tode fror, weil er die wärmste Bekleidung für den Dezember sparte und weil er, wie jeder Erkältete, schon übermäßig empfindlich, doppelt der Wärme bedürftig war. Und so ging es das ganze Jahr, er fror immer und siechte dahin, weil er immer Mittel der

Erwärmung zurückhielt, daß er sich nur nicht *verwöhne*[1] – im Mai z. B. das trug, was im August warm genug gewesen wäre. Dieser Mann hieß »Unzahl« und war – wie der Leser sich selbst sagen muß – ein Verrückter.

53

Das Unterfangen verschiedener Leute:
Eine Dynamomaschine mit einem Acker vergleichen.

54

Denjenigen unter den Apothekern, die Faust lesen und daraus einiges hervorziehen, z. B. »Wer kann was Dummes, wer was Kluges denken«:

Wenn jemand etwas in einem Satz sagt, mußt du einen Satz verstehen und du hast es verstanden. Wenn jemand etwas in zwei Sätzen sagt (oder in mehreren) und du verstehst davon einen, so verstehst du nichts.

Wenn der Apotheker jene Zeilen liest (»Original, fahr hin in deiner Pracht! – / Wie würde dich die Einsicht kränken: / Wer kann was Dummes, wer was Kluges denken, / Das nicht die Vorwelt schon gedacht?«): »Ja, ja« nickt er und meint

---

[1] Als ob nicht die Wärmezufuhr der Ernährung gleichzusetzen wäre, sondern der Mensch in jeder Temperatur sich befinden könne und es sich also nur darum handle, sich zu *gewöhnen!* Wer würde sagen: Bald werden wir nichts zu essen haben, laßt uns daher jetzt schon wenig essen, oder nichts! Doch kann man immer wieder hören, wie einer Person, die in schlecht geheiztem Zimmer den Mantel anbehalten will, gesagt wird: Ziehen Sie lieber den Mantel aus, sonst werden Sie sich später im Freien erkälten! Die Person zieht den Mantel aus und wird sich zweimal erkälten, im Zimmer und, da sie schon durchfroren hinaustritt, nachher trotz dem Mantel auch im Freien. – Als ob die Erfahrung nicht lehrte, daß man nach einem warmen Sommer den Winter leichter erträgt als nach einem nassen und kalten; – daß man, nachdem man stundenlang durchwärmt wurde, ohne Schaden in die kalte Winterluft treten kann, in welcher die aus einer ungeheizten Baracke Kommenden erfrieren; u.s.w.

gelesen zu haben, daß er, der Apotheker, schon weise genug sei. Und das steht wahrlich nicht dort.

Erstens sollte er hinzulesen, daß über jenen Zeilen steht »Mephistopheles« (wenn auch freilich dieser hier einen der weisen Momente hat). Zweitens muß er, da ich nicht annehmen kann, daß er irgendeine Vorstellung von der Realität dieses Teufels habe (schon darum nicht, weil er in seiner Kindheit den Religionsunterricht besucht hat), muß er am Schluß der Sterbeszene jene Rede lesen, die so viel wie eine Definition oder ein Porträt des teuflischen Wesens ist: »Vorbei! ein dummes Wort . . .« bis »Ich liebte mir dafür das Ewigleere«.

Drittens muß er (und diese Vorbereitungen sind nur die unerläßlichsten) Stellen wie diese lesen: »Was du ererbt von deinen Vätern hast, erwirb es, um es zu besitzen« usw., und in Fausts letztem Monolog: »Das ist der Weisheit letzter Schluß: Nur der verdient sich Freiheit wie das Leben, der täglich sie erobern muß.«

Dann wird ihm aber nur *vielleicht* etwas aufdämmern von dem, was im Faust steht. – Er muß noch viel mehr lesen, den ganzen Faust und mehrere Male: und dann noch ist es sehr unsicher, ob ihm etwas aufdämmert.

Ein Händler in Messerputzmitteln ging, als sie den Petersdom bauten, auf den Bauplatz, nahm einen Stein mit, mahlte ihn zu Staub auf seiner Mühle, mischte mit Speichel und behauptete, daß sein Putzmittel Petersdom sei.

55

Apotheker und die Musik

Man kann nicht sagen, daß die Leute in dieser schlechten Wirtschaft (von den bessern gar nicht erst zu reden) unmusikalisch seien, wenn Musikalität Empfindlichkeit gegenüber der Musik bedeutet; denn die wenigen Male, da im Radio ein gutes Stück gespielt wird, reagieren sie unfehlbar und sogleich: sie stellen dann den Apparat ab.

(Ein Wirt erklärte es mir einmal: Sie seien nicht in einer Kirche.)

Ein Traum, für das äußere Tag-Leben:
Daß es eine Wirtschaft gäbe (und ich drin wäre), die nicht jedesmal das Radio ausschalten muß, wenn gute Musik ertönt, – und doch Kunden hat.

Im Kino wird zu einem der besten Stücke Mozarts leise gepfiffen und Takt geklopft. Exhibition seiner Narrheit sollte mit Gefängnis bestraft werden.

Man hört Musik ungefähr in dem Maße, wie man dem Takt Widerstand leistet. – Takt, für den Zuhörer, ist die Evasion aus der Musik.
Die Musik ist wie ein Eilen der Dinge über die Felder hin: am Widerstand der Felder, durch Grenzsteine, Mäuerchen, merkt man ihr Eilen; auch am Schwinden des Feldes, das nur durch Linien, Zeichnungen wahrnehmbar ist: diese Lineatur des Feldes, regelmäßig in unserm Fall, ist der Takt. Er hat mit Musik so wenig zu tun wie die Lineatur eines Feldes, die immer gleiche, mit den darüber eilenden, immer andern lebendigen *Heeren*.
Ein Eilen von *Dingen* über Felder hin...: wenn einer innerlich das Feld vertritt, bei jedem Widerstand des Feldes, bei jeder überschrittenen Einteilungslinie ein Zeichen macht, zeigt er damit, daß er den Dingen nicht folgt. Gleich wie einer, der beim Hören von Gedichten bei jedem Reim oder

bei markanten Stellen des Versschemas pamm! machen würde.

56

Bad Scheveningen

Am Strand, Eindruck: Die Kleider sind doch eine herrliche Erfindung.

Summe der Erfahrungen am Strand: Aus nichts wird nichts.

Eine merkwürdige Schaukel gesehn, für Erwachsene. O Menschheit! du bist wie ein Kind. Millionen Bewegungen mußt du machen, bis dir das Deinige gelingt: *ein* Griff.

Pferde sind schwerfällige Dinger, zu nichts nütze (in großen Städten und bewohnten flachen Gegenden), als den Müßiggängern das schwere Leben zu erleichtern. Besser würden diese freilich täglich hundertmal in die tiefe Kniebeuge gehen und fünfzigmal die Arme biegen mit einem Gewicht von 5 kg in jeder Hand, u.s.w., daß sie nicht entweder wie Skelette oder wie reife Birnen aussehen.

(Pferde: die fetten, unnützen Tiere, bösartig nicht, aber in welchem Maße traurig und steril! – »Mit der Langsamkeit eines Pferdes« sollte man sagen, heutzutage. Alles andere ist nur Lüge oder Mangel an Beobachtung.)

Das Meer ist entsetzlich anzuschauen, ein gelber, großer Tümpel; es ist eine Schande für das Meer, daß es sich in solchem Zustand zeigt, es sollte Scham empfinden, sich und solche Teile verhüllen: das Meer ist krank.

57

Delft

Aus dem Städtchen Kniefall[1] (Den Haag) – um völlig zu entweichen, einem Zorn und einem dégoût, die nicht mehr erträglich schienen, einem Zustand, der »gefroren vor Zorn« war, – entflohen nach Delft.

(Delft dürfte etwa den zehnten Teil der Einwohnerzahl von Den Haag haben.)

Endlich wieder eine Großstadt!

Wirkung der Bauwerke gewaltig. Und durch sie bekam auch das Städtchen etwas Landschaftliches (während die Landschaft doch in der andern Stadt, dem Städtchen Kniefall, so ganz fehlt). Sind diese Bauwerke – ganz hoher gotischer Turm (Kirche vor seiner Höhe fast gering erscheinend); entsetzenerregend dickes Ungetüm (auch ein Turm) mit geisterhaften gotischen Fragmenten zusammengebaut; und noch einiges – *sind* sie so sehr gewaltig, oder wirkte diese ewigliche Verbannung von aller Struktur, dieser grauenhafte Aufenthalt ohne Form, ohne Außen, so steigernd?

58

Nötig. – »Z. ist auch nur gekommen, weil er dich nötig hatte«, wendet jemand ein. Einmal kam F., »aber er hatte

---

[1] Das höchste Qualifikativ für Menschengröße ist hier: »ein Herr«. Wenn z. B. ein Mann 5 dl Schnaps getrunken hat und sich steinern, verfärbt zwar, aber stumm, erhebt, um, schwer vergiftet zwar, aber strengen Gesichts und so lautlos, wie er den ganzen Abend geblieben ist, nach Hause zu wanken, dann brechen die andern – die Hochachtung übernimmt sie – für einmal ihr Schweigen: »Er ist ein Herr.«

Hört man aber eine Unterhaltung, so wird man niemals zwei Sätze vernehmen, ohne daß das Wort »Gulden« darin vorkommt.

Unter diesen beiden höchsten Zeichen – Gulden und ein Herr – steht hier alles Leben.

etwas nötig.« – Gut; es soll auch gar nicht anders sein; ich gehe auch nur dorthin, wo etwas, das ich nötig habe, ist. Das Traurige aber besteht darin, daß – im Gegensatz zu Z. – die andern hier leben können, ohne mich nötig zu haben.

59

»Pitt (Piet) Pferdefett!« hat F. einem (der früher mit Pferdefett handelte), um ihn zu ärgern, nachgerufen. Aber jeder Pitt sollte Pferdefett heißen. Von Leuten, die einen so scheußlichen Vornamen tragen, ist das der richtige Name.

Und alle, die sich Kaas und ähnlich nennen lassen, heißen in Wirklichkeit Pferdefett.[1]

60

Kandidaten

Jemand hat sich erkundigt, wieviel Zeit Hölderlin gebraucht habe für ein Gedicht. – Er erwog wohl, im Innersten – sein Gesicht sah sehr ernst aus –, ob es sich lohne, die Laufbahn auch einzuschlagen.

Ich antwortete nach wenig Besinnen: »Siebeneinhalb Jahre für ein reimloses, aber achtundeinhalb Jahre für ein gereimtes Gedicht.«

---

[1] Ich betone nochmals, wann diese Texte geschrieben wurden: 1934–1936. Eine Anzahl wenig liebenswürdige Stücke über Holland, besser, über holländische Zustände und Eigenschaften, habe ich weglassen müssen, da vor den Riesendimensionen der inzwischen eingetretenen Ereignisse ein Mißverstehen nicht zu vermeiden wäre. (1944.)

61

Wer mehr als dreimal nacheinander »warum?« sagt, muß entweder Sokrates sein oder ein Idiot.

62

Beim Zuhören. (Der dankbare Zuhörer und so.) – Man wirft mir vor, daß ich nicht zuhören könne. Aber ist es denn etwa eine Freude, tatlos und mit blödem Gesicht zu warten (das Gesicht verblödet durch die Tatlosigkeit notwendigerweise), bis sie ausgeredet haben, wenn man ganz genau vorausweiß, was sie sagen werden? – wenn man jedesmal nur dadurch überrascht werden kann, daß sie es noch schlechter sagen, als man sich vorstellte, daß sie es sagen würden?

Und verlange ich so etwas etwa von den andern? Wenn sie vorauswissen, was ich sagen werde, mögen sie es genau sagen – ich werde totenstill schweigen. Es kam vor, daß welche es versuchten: sie sagten jedesmal etwas ganz anderes. Wenn man sie darauf aufmerksam machte, antworteten sie, ja, sie hätten sich »in den Worten getäuscht« – als ob ich etwas anderes als Worte gesagt haben würde.

63

Auf einer langen Wanderung durch den Stadtwald . . . sah ich endlich irgendwo einen liegen, der mir den Eindruck machte, daß er denke. Ich trat näher; da war es ein Baum.

64

Die Leute, die keinen Geschmack haben, betonen gern, daß es verschiedene Arten Geschmack gebe. Was sie wohl meinen, daß ihnen diese Feststellung nützen kann?

65

Er ist auch ungeheuer witzig, aber die Witze müssen geschehen sein. Frage: Wie wird er sich helfen, wenn einmal nichts geschehen ist?

66

Im Café. – Seine ganze Überlegenheit bestand darin, daß er *In*länder war, nicht darin, daß in seinem Kopf etwas wohnte.

67

Die Schweizer sind stolz darauf, so schöne Berge geschaffen zu haben.

68

Ob, was sie nennen »Nation«, nötig ist, das heißt Gutes bringt und es darum nötig ist, sich darum zu kümmern, weiß ich nicht; sicher ist mir aber, daß, *wenn* es nötig ist, andere sich schon genug darum kümmern.

69

Kompatriotismus

Man sagt, dieser habe nun keine Liebe mehr; daß, da er in dieser Köhlerhütte von zwei Metern Durchmesser nicht ersticken will, die Liebe für ihn verloren sei.
Aber ist denn draußen keine Liebe mehr?

70

Schweiz. Die Starrheit ergreift nach und nach, ohne daß sie es merken, auch die Besten und sie werden wie mit einer Glasur überzogen.[1] Du siehst es mit Entsetzen und fürchtest, daß sie nach und nach ganz und gar zementiert werden.

71

Die charakteristischen Züge der Schweizer: Genauigkeit, Sparsamkeit[2] und Häßlichkeit.

Genauigkeit: zu denken an die besondere Art der Industrien, die in der Schweiz vorherrschen. – Post ist überall; aber in der Schweiz ist sie zuverlässig. – Geiz: der natürlich auch zu größter Unbeweglichkeit des Wesens führt. – Häßlichkeit: nur zu erkennen, wenn man aus dem Ausland kommt! Und zwar nach so langem Aufenthalt, daß das Auge neutralisiert wurde. Lang dauernde Ärmlichkeit wird wohl immer Häßlichkeit erzeugen, wenn sie mit Geiz gepaart ist.

Das Land ist felsig, unfruchtbar, eng, ohne Meer.

---

[1] So daß ein André Gide, gewiß ein vorurteilsloser Beobachter, sagen kann: »Chaque Suisse a un glacier dans son coeur.«

[2] The mountains here are good to live with, but it doesn't do to look lower. The Swiss are a *poor lot*. Honesty and Sparsamkeit – in themselves – don't warm one's heart.

Katherine Mansfield 1921.

72

Die Schweizer haben ein Gehör von der Art eines Balkens. Lawinen, Bergstürze und ähnliche Naturerscheinungen müssen ihnen das angerichtet haben.

Wie wäre es, wenn man einmal, statt immer nur die *Urchigkeiten* zu steigern, sich bemühen würde, Deutsch zu lernen, so daß z. B. die Lehrer sich nicht jedesmal mit Dialektausdrücken behelfen müssen, wenn sie etwas sagen wollen?
Sie brauchten nicht gleich *urchig* zu werden; deutschsprechend wäre auch gut.

Fragst du, was denn die Urchigkeit eigentlich sei? Das, was die Schweizer jedesmal rettet, wenn sie nichts zu sagen haben.
Wie der Frosch, der sich ans Land wagte, wenn du ihn schreckst, sich rettet in sein heimisches Element ... Aber der Mensch ist doch eigentlich nicht zum Leben im Sumpf geboren. Wie viele sind schon in dieser trüben Flut ertrunken.

73

Dialekt

»So reden, wie einem der Schnabel gewachsen ist.«
Erstens habe ich keinen Schnabel. (Ich kann dem Herrn X, wenn er sich dessen erst vergewissern müßte, meine Photographie vorlegen.) Ich gehöre zur Gattung des homo sapiens und die hat ganz verschiedene Lebensbedingungen und Zwecke von denjenigen der Wesen, die mit Schnabel und

Federn versehen sind und die ich übrigens keineswegs verachte. – Ich will damit bedeuten, daß ich die sprichwörtliche Ausdrucksweise meines Herrn Partners albern finde. Und zweitens will ich lieber so reden, wie mir der Geist gewachsen ist, und so, wie er dadurch weiter wachsen wird.

Und ich gestehe, daß ich nicht begreife, wie dies durch eine Sprache geschehen könnte, die – ganz natürlicherweise – keine Präzision erlaubt und sodann von fast niemandem verstanden wird.

74

Gebote für den Schweizer

1) Du sollst den Herrn, deinen Nationaldichter, über alles lieben, und in dem Maße, daß du seine Gedichte gut findest. Du sollst kein anderes Bild neben ihm und keine Gedichte neben den seinigen haben.

2) Du sollst dein Land nicht verlassen; wenn du aber schon im Ausland bist, sollst du möglichst unter Landsleuten leben, nur Schweizerisches essen, reden, sehen, kurz, dich so verhalten, wie Montaigne es genau beschrieben hat.

3) Nimm keine fremden Sitten an. (Denn alles Fremde ist böse, gut sind die Dinge in deinem Heimatland, der Schweiz.)

4) Laß dich nicht gelüsten, nach deines Nachbars Geist.

5) Du sollst dein Heimatland, dein Vaterland, die Schweiz, über alles und wie so innig feurig lieben, schönste Ros ob jede dir verblich.

75

... Aber der wahre Geßler ist heute Wilhelm Tell.

76

Schweiz und Freiheit

In allen schweizerischen Blättern immer wiederkehrend: »Unsere 600jährige Freiheit«. Was ist das?

Hat jemals ein Mensch irgendetwas festgestellt, was sich, diese Freiheit zu bezeichnen – im Gegensatz zu den Zuständen in Holland, Dänemark, Frankreich usf., allen Ländern der Welt, ausgenommen die vorübergehend unter Diktatur stehenden – anführen ließe? Worin besteht denn diese Freiheit, die ein Schweizer z. B. gegenüber einem Engländer hat? Ist er vielleicht freier von falscher Moral? fähiger, das Richtige zu begreifen? freier von Schulden, von Steuern? von Wahn? von Geiz?

(Daß er freier ist von Schönheit wie von Großzügigkeit als irgendein anderer, ist zwar sicher, aber das kann man doch wohl nicht schlechthin »Freiheit« nennen?)

Ich weiß es wohl! Frei von ... *Monarchen*, Herrgott im Himmel! Aber hat denn so ein freier Schweizer nicht bemerkt, daß heute kein Land der Welt mehr in irgendeiner Weise von einem Monarchen bedrückt wird? daß sie Jahrhunderte veraltetes Geschwätz stammeln? daß alle Einschränkung und Bedrückung allein durch veraltete Institutionen geschieht, durch die Dummheit (die hindert, den richtigen, den vorhandenen Kräften, der Mehrheit entsprechende Institutionen zu schaffen), durch den Nationalismus etc. Ist die Schweiz frei davon? freier als Frankreich, als alle Länder der Welt, außer den unter Diktatur stehenden?

Was haben sie getan, ihre Institutionen zu verändern seit ... (dazu ist zu bemerken, daß Institutionen immer verändert werden müssen, wenn man nicht in größere Unfreiheit fallen will)? Fühlt sich der denkende Mensch in der Schweiz weniger beengt als irgendwo sonst auf der Welt?

Stößt er weniger auf Vorurteile? Schon daraus, daß man etwas so Sinnloses immer wiederholen kann wie »600jährige Freiheit«, spricht aufs entschiedenste das Gegenteil.

Daß die Freiheit sechshundert Jahre alt ist, glaube ich wohl: sieht sie doch entsetzlich alt aus, sie ist blind, taub, zahnlos, und wird wie ein Gott verehrt, ärger als alle Götter und Götzen und Monarchen der Welt zusammen.

77

Es gibt nicht nur Künstler. Es gibt auch noch Heimatkünstler.

78

Der Redner endete seine bedeutenden Ausführungen mit . . . – z. B. Hurlefinz, ein Redner der N. Z. Z., oder Theo Theodor, von ebendort, oder Kathedersteiß, welcher einen Aufsatz »Rechenschaft und Schaufelschaft« veröffentlicht hat, während Hurlefinz schrieb »Poesie und Alltag«, Theo Theodor »Wir sind Seine Kinder!« – der Redner endete seine Ausführungen mit dem alten Bilde: Der Pastor *mahnt zur Wahrheit* und der Dichter *schmückt* die Welt.

79

Dialekt

Wenn ich sage, daß ich die Dialekte hasse: Bin ich denn gegen alle Eigenart?

Das nicht. Dies ist der Unterschied: in der Kultursprache

wird die Eigenart produktiv – deine Eigenart, wenn du eine hast, muß, um in der Kultursprache, kurz, Sprache, zum Ausdruck zu kommen, produktive Form geworden sein; im Dialekt ist sie nur der Dialekt selbst, du tust nichts dazu. Tausende täuschten sich darüber, bildeten sich eine Leistung ein, da, wo sie gar nichts getan hatten – nichts geändert: nichts geschaffen.

> Eigenheiten, die werden schon haften;
> Kultiviere deine Eigenschaften![1]

In der Sprache der Vielen reden und doch eigenartig sein, *das* ist schwer.

Dialekt ist nicht die Sprache der Vielen, sondern Weniger; wenige verstehen ihn; die andern nennen ihn originell; *deswegen* bilden sich jene Schriftsteller Leistung ein.

80

Dialekt ist Gebärde.

Es ist klar, daß er nicht für die Bauern im Hochtal Gebärde ist; er ist es in der Literatur.

81

Dialekt in der Literatur verwenden ist entweder Manie (Gotthelf, Multatuli) oder Geste. (Begrenztheit noch? Aber die führt ja eben, sobald sie in anderes Gebiet übertreten will, zur Geste. – Geste, wie Goethe sie verstanden hat: »Wer nur mit Zeichen wirkt, ist ein Dilettant und ein Pfuscher.«)

---

[1] Goethe.

Man muß noch unterscheiden zwischen jenen, die ganz im Dialekt schreiben – Gotthelf, Multatuli (Holländisch!), Hebel – und denen, die nur aus dem Dialekt Wörter oder Sätze in ihr Schriftdeutsch aufnehmen; das zweite ist das Ärgere.

82

Schweizerische Literatur

Er hatte immer Angst, sich »im Artistischen zu verlieren«, und er ging zu Bauern, um Fleisch zu holen.

Frisches Schlachtvieh führte er bedeutend heim. Damit es ihm an Substanz nicht fehle.

Aber so einfach ist es nicht. Nährt er das Vieh, ist es Landwirtschaft; wenn er's schlachtet, stirbt das Vieh; wenn er's kunstvoll tut, ist er ein guter Schlächter; wenn es tot ist, verwest das Fleisch.

So einfach ist es nicht, sondern einfacher: Die Angst und das Vermeiden und das Herholen *fremder* Dinge tuts nicht.

– Aber ist das gar so arg? Wenn ein Alpinist immer Angst hat, sich im Alpinistischen zu verlieren, tut er nicht am besten, wenn er sich an fette Wiesen hält?

83

Ein besonderer Fall

Aus einem Brief, der aus der Schweiz ankam:
». . . brennt es mich, nachdem ich noch der Frau den Garten umgestochen habe, die (. . .) Antwortfrist zu beschließen.«
»All Dein Geschreibe und Fassungschinden ist für die Katze. *Du mußt*

anders dichten. Nicht von Ästheten für Ästheten, nicht von *Entwurzelten für Entwurzelte,* sondern vom *Volk fürs Volk* schreiben.«

»Deiner Dichtung fehlen drei Dinge: Die Fabel, die Liebe, die Politik (. . .) *Erzählung muß wuchern wie Gras.*«

»So lange Du mir berichtetest: Ich kann leben, wenn auch nur knapp, mußte ich annehmen, *daß Du einen Leserkreis gefunden hast, der Dich erhält. Und ich hatte keinen Grund, in Dein Schaffen einzugreifen.*«

»Erzähle von Mägden, Knechten, Dirnen, Tippfräu*leins,* Bankiers, Fabrikarbeitern, Chauffeuren, meinetwegen *sogar* von Lehrern, Arbeitersekretären, Professoren . . «

»Die grundsätzliche Frage zum Erfolg muß geklärt werden.«

Er hat also einen Garten umgestochen und nun erteilt er Schreiblehre. Er wollte wohl auch mich noch umstechen oder niederstechen, was ihm aber nicht gelang, weil ich fester dastand als sein Garten (Gärten sollten auch nicht aufrecht dastehen), oder weil seine Spitze nicht scharf genug war. Hätte ich freilich Erfolg gehabt, so hätte er keinen Grund gehabt, in mein Schaffen einzugreifen. Aber er hat sich getäuscht: ich hatte keinen Leserkreis, *der mich erhält* – wie seine Lieblingsschriftsteller Schaffner, Wassermann, Fallada –, und nun ruft er mit dringender Stimme: Kehre um! Er erkennt deutlich, daß ich in Gefahr bin, *mich im Artistischen zu verlieren.* »Du vergissest«, schreibt er in noch einem Briefe vor dem Abbruch der Beziehungen, »daß auch *untermittlere* Talente, die es *zu Schlagern brachten,* der Allgemeinheit einen Gegenwert boten . . .« Die ganze Literaturwelt zu bewerten hat er einen sehr sicheren Maßstab: Erfolg, Leserkreis, der erhält, Gegenwert der Allgemeinheit. Das sind auch Schlager. Sicher wird er auch die Zeitungen für herrlich, alle Redaktoren nicht nur für anständige, sondern sehr ernste Leute halten, welche im Dienst des allgemeinen menschlichen Geistes leben (wie für die biedersten Landleute der Pfarrer ein besonders weiser, edler, gerechter Herr ist). Das ist doch etwas verwunderlich bei einem Mann, der auch dieses Jahr wieder einmal – wie alle paar Jahre seit etwa einem Vierteljahrhundert – ein Werk (immer dasselbe Werk) »ins Reine bringen« will; einmal war es schon fast »im Reinen«, da erkannte er im vorletzten Augenblick, daß Schopenhauer alles schon geschrieben hatte, und (während Gide und Goethe und viele andere, wo es sich um geistige Erkenntnisse handelte, sich nie dadurch stören ließen, sondern sich nur darüber freuen konnten, daß sie dieselben Erkenntnisse bei einem Älteren wiederfanden –) da mußte er das Werk wieder ... *umbauen, umgraben,* oder – nein, doch wohl nicht *umstechen,* wie jenen Garten, dem er solche Stiche versetzt hat, daß er umgefallen ist, mit einem Dativ versehen: der Frau.

84

Da hat ein Professor mir vorgeworfen, daß ich nur in Fragmenten schreibe. Er selbst ist doch Mitglied der Universität, ist doch universal.

Daß doch bald einmal die Natur sich umgestalten würde, um seiner, des Professors Universalität gleichzukommen!

Er ist nicht imstande, einen Satz von mir dreimal zu lesen; denn beim zweiten Mal, wenn er zu verstehen beginnt, läuft er davon.

85

Die literarischen Artikel in dieser hochstehenden Geisteszeitung:

Das Unglaubliche: Wie kann man nur mit diesen mehligen Sätzen ... (Seiten lang schreiben z. B.).

Nirgends eine harte Stelle, die auch nur *in Frage* käme, irgendwann einmal einen Glanz zu spenden.

86

Schweizerische Literaturkritik

Mit Dialektausdrücken gepolsterte Sprache – Federer, der Heimatduft durch alle Bände blies – Fischteich der schweizerischen Literatur – es geht ein Rauschen durch den schweizerischen Dichterwald
Schweizerische Presse.

Polstert euern Dichterwald mit Dialektgewürz,
Blast, dem Frosche gleich, der Teiche bläht,
Heimatduft durch alle Bände, –
Müßt mir mein Weniges doch lassen stehn
Und meine lange Arbeit, die ihr nicht versteht,
Und meine
Notwendigkeit, um die ihr mich beneidet.

87

Raum und Zeit. – Hast recht! schreibe nur noch mehr. – Er hat recht, seine Werke – der Stapel seiner Werke gleicht schon dem Bug eines Schiffes – möglichst weit in den Raum hineinzubauen: denn in der Zeit wird er nichts ausrichten.

88

Ein echter schweizerischer Schriftsteller . . . das heißt, ein Mann, der immer auf der Hut ist, ob die andern echten schweizerischen Schriftsteller nicht zu viel von sich selber reden.

89

Gutes Deutsch genügt mir schon, deutsches Deutsch ist zu viel.

Denjenigen, die den Titel »Nuancen und Details« beanstanden. Wenn sie mir eine »deutsche« Übersetzung vorschlagen können, die dasselbe sagend, gleich prägnant, ebenso rhythmisch ist – was sollte ich dagegen haben, sie einzutauschen? – Sie sollen mir nur nicht mit »Schattierungen« kommen! Ich möchte mich vor ihren Schatten verwahren.[1]

90

Warum

Ich habe die Beobachtung gemacht, daß die Leute, die am meisten »warum?« fragen – deren ganzer Beitrag zum Gespräch vorwiegend darin besteht – meistens begleitet von

---

[1] Dieser Text wurde geschrieben im September 1935, zu einer Zeit also, da von einer wirklichen Beanstandung jenes Titels noch jahrelang nicht die Rede sein konnte, weil niemand sich mit dem genannten Werk auf irgendeine Weise befaßte. Die Nuancen und Details (nur die Teile I/II) sind erschienen im Frühling 1939. Im Mai 1939 fand sich in einer Notiz der N. Z. Z. folgender Satz:
»Zwei Fremdworte im Titel eines deutsch geschriebenen Buches sind etwas viel.«
Dreieinhalb Jahre später, im November 42, nimmt *R. J. Humm* in der Weltwoche die Sache wieder auf:
»Es wurde schon boshaft bemerkt, Hohl pflege das gute Schriftdeutsch so bemühsamlich, daß er es schon hätte vermeiden können, seinen Titel mit zwei Fremdwörtern zu verunzieren.«
Daß aber der Titel deutsch *ist* (ebensosehr, wie »ein rundes Dutzend epischer Werke schweizerischer Provenienz« nicht deutsch ist, sondern lächerlich), hat weder Humm – obgleich er sicher *bemühsamlich* darauf schaute – noch sein Vorgänger – dem Humm indessen doch soweit überlegen ist, als er den Plural von »Fremdwort« kennt, – bemerkt. Jeder kann aber bemerken, daß der Satz der Neuen Zürcher Zeitung verunziert, sogar *etwas viel* verunziert ist: Der Verfasser sagt »zwei Fremdworte« – und seine Worte tönen fremd. Dann erst die logische Bemühsamlichkeit: Meint er: zwei Fremdwörter im Titel eines *deutsch* geschriebenen Buches? (– während z. B. in einem französisch geschriebenen Buch zwei Fremdwörter nicht etwas viel wären.) Oder meint er: ... im *Titel*? (– während sie an anderer Stelle des Buches ihn nicht gestört hätten.) Oder: ... im Titel eines (deutsch) *geschriebenen* Buches? (– im Gegensatz zu einem deutsch gesprochenen Buch.) Hätte der Verfasser es nicht *schon* vermeiden können, diese Spezifizierungen in seinem ohnehin geistig überlasteten (deutsch geschriebenen) Satz anzubringen? Welch bemühsamliche Verunzierung! Und mir ist, als ob ich noch in der Schule sei: keiner meiner Deutschlehrer konnte Deutsch.

ernstem Stirnrunzeln, scharfem, strengem Blicken –, sich am wenigsten um die Zusammenhänge kümmern, am wenigsten nachgedacht haben; daß all diese vielen Warum nur Deckelchen sind über ihrer Leere. Beginne nur nicht etwa, darauf einzugehen und dich zu bemühen, irgendetwas zu erklären! Diese Leute werden gleich nachher wieder »warum« fragen. Ihnen ist nicht zu helfen und sie brauchen keine Hilfe. Sie meinen eine Münze gefunden zu haben, die überall in Kurs und immer ersetzbar ist (darum geben sie sie so sorglos aus): unendlichen Reichtum!

91

Der Mann von Geist sagt ein Wort, die Apotheker hören es, es frappiert sie und sie sagen etwas Ähnliches, das ganz etwas anderes ist.

Variante:
Da sitzt er . . . aber aufeinmal, während du immer noch redest, geht durch sein Antlitz die Bewegung desjenigen, der verstanden hat, und du frohlockst (so bekommt man, wenn auch spät, den Lohn, es erscheinen die Wirkungen). Wenn er dann den Mund öffnet, während du in freudiger Gespanntheit wartest, sagt er etwas, das ganz ähnlich tönt und weltenfern ist.

92

Vieles, ganz nahe der Wahrheit, ist ungeheuer fern von der Wahrheit.

93

Beim Sprechen. Ekel, Schamgefühl kann einen überkommen, wenn der andere *erduldet.* – Das Entsetzen der andern beim Zuhören schafft *noch* eine Kommunikation. (Die letzte, schwächste wohl, aber doch noch eine.)

94

Gesellschaft. Er spannte über den Teig Saiten und wollte spielen – Geige.

95

Von den heiligen Festen ist heilig heute nur noch Fasching.

96

Warum der Fasching mein liebstes Fest ist, das einzige, das ich dulde, anerkenne unter den religiösen Festen? Warum?
Nur Apotheker können das fragen.

> . . . verworren, scheckig, wild
> Umgibt dich hier ein fratzenhaft Gebild . . .[1]

– weil ich die Wahrheit mag, darum. (Nur durch Anerkennung dessen, was ist, wird man zu Weiterem, Besserem gelangen.)

---

1 Faust II.

97

Sie hatten sich zuliebe ein Kind und nachher behaupteten sie, sie hätten alles den Kindern (es waren inzwischen noch einige dazugekommen) zuliebe getan.

98

Schmiedearbeit

Hink und seine Frau hatten Streit.
Am Fenster, auf seinen Hammer gestützt, stand ein Schmied und schaute hinein. Dieser Schmied war nicht sehr intelligent.
Jetzt bildeten sich Runzeln auf des Schmiedes Stirne, Zeichen, daß er heftig zu denken begann, und kurz darauf brach ein schwaches Leuchten aus seinem Gesicht, wie bei jemand, der gefunden hat...
Erst muß ich erzählen, was drinnen vorging.
»Du willst immer recht haben. Jedenfalls, wenn *ich* es in Erziehung nehme, ist es still.« – »Gestern hat es doch wieder die ganze Nacht geschrien«, erwiderte die Frau.
Jetzt erst sah ich das Kind, ein winziges Geschöpf, dessen Kopf abgeplattet war und dessen Ohren seitwärts standen wie Henkel. Ich sagte ein Wort; es schaute sich mit halb bedeckten Augen furchtsam nach mir um, als der Mann schrie: »Kannst du nicht freundlicher gucken?« und ihm einen Schlag versetzte; da schloß es die Augen ganz.
Nun aber zog der Mann das Kind an einem Ohr, daß der Kopf, als ob er ein Apfel an einem dünnen Zweig wäre, mit der Hand mitging.
Das Kind schwieg; Mann und Frau arbeiteten.
Das Kind schrie und der Mann rief in klagendem Ton:

»Du erreichst ewig nichts, Maria, du mit deinem Kneifen und Zwicken.«

»*Du* machst es dafür gut still – so, daß es nach einer halben Stunde drei Stunden länger schreit.«

»Du kannst nicht für eine Stunde Stille im Hause sorgen«, versetzte er bissiger.

»Stille!« schrie er mit dreifacher Stärke das Kind an, indem er sich wieder anschickte, es zu schlagen.

»– ich besser machen!« sagte der eintretende Schmied, auf den Hink und seine Frau mit verblüfften Mäulern starrten, teils weil er so unerwartet dastand, teils wegen seines Ausdrucks großen Eifers und seiner Worte.

Der Schmied deutete auf seinen mächtigen Hammer.

99

Die Professoren: »Ein Drama zerfällt in drei Teile: in Idee, in Stoff, in Handlung; und dann noch in die Verse.«

(Man könnte ihnen nur Ungründlichkeit vorwerfen: die Verse zerfallen in Silben, diese in Laute, diese in . . .)

Davon zu sprechen, was das Drama ist, bevor es zerfällt, haben sie keine Befähigung.

100

Berufsberatung

Welche Möglichkeiten gibt es denn für ganz talentlose Leute? (Man mag noch so viel über die Journalisten schimpfen – und hoffentlich wird man es noch mehr tun –, zum Journalisten braucht es Talent; – freilich nicht etwa Schreibtalent!) Nur zwei (zum Rinderhirten können sie's nicht bringen, sie würden die Tiere verwechseln oder ließen sie über die Felswand fallen): Apotheker und Lehrer. Die ersten helfen dem Körper des Menschen nicht, vergiften ihn wenigstens nur selten; die zweiten richten das Leben des Menschen zugrunde.

Die Mittelschullehrer. (Eine Anregung). – Könnte man ihnen nicht irgendwo auf einer Bibliothek ein unschädliches, bescheidenes Plätzchen zuweisen? (Zur Gärtnerei werden sie nicht taugen, sonst würde ich vorschlagen, sie als Gärtner zu beschäftigen und für die Unterweisung der Jugend den Gärtner und den Wärter kommen zu lassen.)

101

Ein *Handwerker* hat das gelernt, was ich in einer halben Stunde[1] auch lerne: und davon will er ein Leben lang zehren.

102

Die Ärzte[2]

Sie behandeln die Krankheit – statt den Menschen.

Der beste Arzt ist heute der, der in den meisten Fällen weiß, daß er nichts tun kann; und der in den meisten von den übrigen Fällen weiß, daß das, was er tun kann, durch Suggestion geschieht, durch den Glauben des Patienten an des Arztes Kunst. In diesen Fällen ist es also genau dieselbe

---
[1] Oder meinetwegen in zwei Wochen, das ändert nichts an dem, was ich sage.
[2] Vgl. VII, 100, 101.

Wirkung, wie die Kurpfuscher ausüben; nur daß diesen es häufiger gelingt.

Der Arzt spähte immer nach einer Krankheit und begriff nicht, daß es sich um einen Menschen handelte, der kein Geld hatte, oder: der nichts arbeitete. Das hätte er freilich wahrscheinlich nicht ändern können, aber daß er es erkannt hätte, wäre auch schon etwas gewesen.

Und gibt es denn gar keine *großen Ärzte?*
Kannte ich keine? Ärzte also, die nicht nur von der Fakultät gebildet sind, sondern in weiteren Welten, beobachtende, *arbeitende* ...
Ich würde schwindeln, wenn ich keine zu kennen vorgäbe, ich wäre ungerecht. Da ist einmal dieser Dr. Benassis, es gibt noch einige. Die sind aber nicht von der Medizin, sondern von Balzac.

Mein Freund W., arm, allein, weise, hatte eine Quetschung am Arm erlitten, weil im Café neben ihm ein Tisch umgestoßen worden war. Er geriet in ein Spital. Die Ärzte sagten das und sagten jenes, aber eigentlich nicht viel. Wie Ärzte zu tun pflegen, behielten sie das, was sie wußten – wir nehmen doch an, daß sie etwas wußten –, für sich. Schließlich einigten sie sich und brachten gemeinsam vor, daß sie den Arm unbedingt abschneiden müßten. Aber mein Freund W., wie aus einem Schlaf erwachend, sagte: »Jetzt ists genug.«
Er stand auf, unterschrieb eine Verantwortlichkeitserklärung – denn man hatte ihm den baldigen Tod als ziemlich sicher in Aussicht gestellt – und verließ das Spital. Sein Arm war stark geschwollen, er pflegte ihn mit Umschlägen, bewegte ihn übungsweise, als die Geschwulst zurückging, bis Muskeln und Sehnen wieder normal funktionierten, und erklärte (die präzise Formel ist von ihm): »Wenn ich den

Ärzten gefolgt wäre, hätte ich *zwei* Verluste erlitten: erstens den meines Armes; zweitens den der Erkenntnis, daß das Abschneiden nicht nötig war.«

103

Von Frauen

Sie leidet sehr unter dem schlechten Wetter: langdauernde dumpfe Hitze oder plötzlich einsetzende Hitze setzen ihr fürchterlich zu. Bei kaltem Wetter ist sie immer krank, im Frühling und Herbst aber, bei den raschen Witterungs*veränderungen*, ist ihre Gesundheit besonders gefährdet. Sie leidet unter den verschiedenen Winden: die einen setzen ihr körperlich zu, die andern aber seelisch und somit auch wieder körperlich; außerdem unter der Windstille.

104

Über Reinlichkeit. Lieber will ich denn doch schmutzige Wäsche tragen, als viel von Wäsche reden.

105

Von alten Weibern

In der Wirtschaft gesehen, wie, einen Kunden zu holen, der schon fast zu den »Herren«[1] zählte, die Frau erschien, steinerne Gerechtigkeit, stumm, Strafgöttin, drohendes Standbild, behängt mit allen Finsternissen der Scheinheilig-

---
1 Vgl. 57, Fußnote.

keit; jedes Getränk verweigernd – *sie* habe nicht zuviel getrunken und keinen Kaffee nötig (das einzige, was sie abgab) –, das Gesicht voll Furchen, Falten, Spitzen und Zuckungen der Gerechtigkeit. Es war entsetzlich. – Und wie sah »der Herr« aus! So ein fatales, sich zum Lächeln anstrengendes klägliches Gesicht, das ich nie vergesse. Vorüber war wieder die einzige frohe Stunde, und noch: *wie* vorüber! Sein etwas gerötetes Gesicht (er war leicht angeheitert), zu bitten sich bemühend, zu normalisieren, zu verbinden, seltsam komisch, so dumm süßlich-kläglich, milde, verlegen, machtlos – zart! Das der Frau daneben – grau, eine breite, jedes Reizes entbehrende Burg. Ein steinerner Topf ist ebenso belebt, so schön; nur die Augen hätten gefehlt darin, die kleinen, verkniffenen, boshaft stechenden. – O alte Weiber! Jedenfalls *solche* alten Weiber. Man sollte sie wegtun, entfernen dürfen von einem gewissen Alter an, sie könnten sich ja in einer besonderen Korporation sammeln. Ausgenommen die wenigen, die bejahend, edel, menschlich geblieben sind (wenn sie's überhaupt je waren): die liebenden oder geliebten.

106

Zu den unausstehlichen Dingen zählen: Stecknadeln, besonders kleine. – Gasthäuser, in die nie ein Gast kommt, in denen gebügelt wird und eine Nähmaschine steht. – Leute, die Lasten schlecht tragen. – Äußerst enge Bedürfnisanstalten. – Hunde. – Die holländische Nationaltracht und wohl alle Trachten überhaupt. – Fischer aus Scheveningen, kohlschwarz angezogen, Becken anderthalb mal so breit wie Brust, und mit malerisch-wiegendem, unnachahmlichem Gang.

107

Narren

Wer ein Narr ist?
Ein Mann, der glaubt, daß Prosa schreiben leichter sei als Verse schreiben.
Ein Mann, der sehr häufig Sprichwörter sagt.
Ein Mann, der nie etwas sagt.
Einer, der alles, was die Ärzte sagen, glaubt und überhaupt annimmt, daß die Ärzte mehr Verfügungsrecht über seinen Körper haben als er.

Leute, die Dinge sagen, die wirklich lustig sind, sind keine Narren.

Narren sind jene, die mir antworten, wenn ich ihnen erkläre, daß die Kunst aus den Schmerzen hervorgeht, nicht aus der Freude:
»Man soll den Schmerz nicht anbeten.«
Qualvolle Narren; – welche ich nicht anbete.

Denn die Narren quälen einen. Jene Narren, die unterhalten, sind keine Narren. Manche wahren Narren werden aber durch meine eigene Produktion auf das Niveau der falschen, der produktiven Narren gehoben.

108

Aus einem Reisebericht

Die Reise war gewaltig: sie führte aus meinem Arbeitsraum in die entgegengesetzten Teile der Welt. Und beinahe dazu, daß ich nie mehr etwas schrieb. Die Fahrt dauerte, indem man freilich die im Autobus mitzählt, fast eine Stunde. Bezahlt wurde sie mit dem kleinen Betrag, den mir jemand für die Begleichung der Lichtrechnung – da das Licht abgestellt werden sollte – vorgeschossen hatte. Ich wollte diese Summe riskieren – um mehr zu gewinnen; da ja noch andere Bedürfnisse bestehen als das nach elektrischem Licht. So kam ich in die Stadt des Konsulates. Schon im Autobus wurde ich von Schwindel ergriffen – so groß war die Reise.

Ein sehr kleines Männchen, fett, eher feist, mit Manieren, die mir irgendwie typisch für Unteroffiziere zu sein schienen; *schmalzig* und *scharf*. Scharf und schmalzig – abwechselnd und manchmal zugleich – das Gesicht wie die Stimme, wie die Diktion seiner Rede, seines Geschwätzes, um genauer zu sein. Es mußte sich um den Kanzler des Konsulates handeln.

Ich war so vorbereitet gewesen! Was nützte es mir; kein Gespräch wurde möglich. Obwohl ich mindestens eine Stunde vor dem Schalter, hinter dem sich das Kerlchen behutsam hielt, stand. Kein zusammenhängendes Reden meinerseits konnte zustandekommen; das Kerlchen löste mich immer zu früh mit einer Flut von (vollständig beziehungslosen) Einzelheiten ab. Er sei ein Waisenknabe gewesen, habe sich ganz von unten heraufarbeiten müssen (bis in diese Höhe, in der er jetzt vor mir stand: das fand er unnötig zu sagen, er meinte, der Augenschein sei gewaltig genug). Eine Frau sei eben da gewesen, da, wo ich stehe, genau da sei sie gestanden, die habe durch die Inflation ihr Vermögen verloren – ein ganz beträchtliches Vermögen! (Das sprach er mit größter Schärfe, in dem Sinne: ich möge es mir einprägen!) – und die sei jetzt eben erst hier gewesen, ihr ganzes Vermögen habe sie verloren, sie sei von ihren Verwandten bis jetzt unterstützt worden. Die Arbeitslosen lebten hier mit . . . (bestimmte Summe) pro Woche, damit müßten sie leben; und seine Wohnung koste gewiß mehr als die meine, er zahle, um es gleich zu sagen . . . im Monat (wieder eine bestimmte

Summe, genau das Vierfache der vorher genannten) dafür; es sei vielleicht freilich auch eine bessere Wohnung – – –

Er drohte mir: Er werde »sich mit den Behörden in Verbindung setzen« (denjenigen dieses Landes); ein einfacher Brief von ihm genüge. (Das sagte er kalt, mit ungeheurem Wohlgefallen, und er wirkte besonders häßlich dabei.) »Wenn Sie schon mehrmals gekommen wären, wären Sie schon lange nicht mehr da«, antwortete er auf meine Bemerkung, daß ich doch seit vier Jahren ihn nie um eine Hilfe angesprochen habe. – Ich hätte mich nicht verheiraten sollen. Ja, ja, er wisse, daß ich *schriftstellere* (das war sein genauer Ausdruck; denn ein Sprachgewaltiger war er auch noch); wenn es mit meiner Schriftstellerei etwas wäre, hätten die *Herren vom Schriftstellerverein* es wohl festzustellen gewußt. Und: Ja, ich *schriftstellere* (ich erfindere nichts!), aber (hier änderte er die Stimme ins Bedeutsame, genau so wie einer, der sicher ist, eine Tatsache vorzubringen, die den andern *überführt;* wie ein Untersuchungsrichter, der eine Schlinge wirft, der der Angeklagte nicht entrinnen wird) – aber, so viel *er* wisse, habe ich noch nicht eben viel *Erfolg damit gehabt . . . ?*

Einen Chinesen, welcher ängstlich hinzugetreten war, wies er derweilen sehr barsch ab: hier gebe oder kaufe man nichts! Es tönte wie das Aufbellen eines Wachhundes. Der arme Chinese machte sich davon so schnell er konnte. – Da ging mir ein Verdacht auf und sank Kälte auf mich: »Wo bist du denn hingeraten?«

Denn lange hatte ich angenommen, während er die Unverschämtheiten präsentierte, er folge jenem schweizerischen Brauch, der nicht gestattet, ohne vorhergegangenes saures und bitteres Reden eine Gabe zu reichen. Aber er gab schließlich wirklich nichts.

109

Neufassung einer bekannten Erzählung:
»Wie kommt es doch«, fragte giftig der Apotheker, »daß ich euch Dichter immer zu den Königen laufen sehe, niemals aber die Könige zu den Dichtern?«
– Das kommt davon, erwiderte der Dichter, daß wir das, was die Könige haben, den irdischen Besitz, wohl zu würdigen wissen; was aber *wir* haben, das vermögen die Könige nicht zu verstehen.

110

Imaginär

(Zukünftige, nur gedachte Leser von »Nuancen und Details«:)
Sie sagen mir, ich sei überspitzt, aber soviel davon ist wahrscheinlich richtig, daß Spitzen da sind, und das haben jene gemerkt, weil sie gestochen worden sind.
Die Apotheker spüren, wenn sie das lesen, entweder nichts oder Stiche.

Spät blüht . . . (immer im Imaginären). – Endlich hatte ich den ersten Erfolg. Ich fürchtete immer, daß ich nur eitles Lob ernten werde, keine wahre Anerkennung. Daß ich Herrn Meyer in Wut gebracht habe, das ist für mich die wahre Anerkennung.

111

Die Dummheit

»Das Menschenpack fürchtet sich vor nichts mehr als vor dem Verstande; vor der Dummheit sollten sie sich fürchten, wenn sie begriffen, was fürchterlich ist: aber jener ist unbequem, und man muß ihn beiseite schaffen; diese ist nur verderblich, und das kann man abwarten.«[1]

Diesen Mann wirst du wohl nie antreffen, denn seltener ist er als ein Genie: den Mann, der am dümmsten redete. Denn kolossal schwierig ist es, noch dümmer als die meisten Menschen zu reden.

In welchem Wettbewerb wäre Siegen so schwer wie in diesem: Den Preis des dümmsten Menschen des Jahrhunderts zu erringen?

Wenn einer zeichnet oder malt, sagen sie: »Laßt sehen, *ob es getroffen ist!*« Es getroffen! Was meinen sie, sei getroffen oder betroffen?

(Einer, dem der Zeichner sein Porträt zeigte, erbleichte; der Künstler hatte getroffen.)

Meyern gelauscht:
»Herr Müller ist doch ein dummer Kopf. Da begreift der Kerl nicht, daß jemand den Kaffee nicht mag! Ja, wenn jemand den Tee nicht möchte, das wäre wirklich erstaunlich.«

Schönheiten:
». . . um damit zu beginnen, letzten Endes, muß man doch auch bedenken, daß schließlich und endlich – – ich meine, daß letzten Endes auch die Schönheit, wie alle Dinge, und

---

[1] Goethe, »Wilhelm Meisters Lehrjahre«.

schließlich und endlich will ich ja nur bemerken – – Jeder kann ja doch nicht gut beginnen damit, letzten Endes.«

112

Schreibe ich wutvolle Dinge? Die nur aus dem Haß kommenden Übertreibungen würden kein Leben mehr spenden; doch übertreibe man und greife an, wo es produktiv ist: ich verfolge die Leute nicht um ihretwillen. – Einigen Erscheinungen – wie Redaktionen und Hund (als Prinzip) – gegenüber ist Wut *objektiv*.

113

Badesaison

Seine höchste Qualität war das Braun seines Körpers, aber die konnte er leider nicht zeigen, da sein Körper zu häßlich war.

In Tuben gekaufte Qualität, dünn aufgetragen, macht *schön braun*. O wie liebe ich jene braunen Mädchen der Südsee, weil sie *schön* sind!

Er läßt sich bräunen – es ändert aber nicht, daß die Arme wie Kerzen von den Schultern hangen. Nur muß man jetzt noch befürchten, daß die Kerzen schmelzen.

Wann endlich wird man die griechischen Statuen bräunen lassen, damit sie etwas Figur annehmen?

Spät erst begriff ich: Sie ändern die Farbe, damit sie nicht wie Gebeine aussehen.

Wer redet wider die Sonne? Ein warmer Ofen im Winter ist auch gut: heißt das, daß du die Haut daran ausdörren mußt?

Hast du den Ofen der Asche wegen oder die Asche wegen des Ofens? Wenn sie der guten Sonnenwirkung wegen braun würden und nicht wegen Braun und Grün (Dickbraun und Grünbraun) sich der Sonne aussetzten –. Warum denn gleich zehn Stunden? Da kommen sie vom Strand wieder wie Lampions; den Kopf glühend und doch nicht gefördert; wenn man auch nicht genau von einem Hitzschlag reden kann, Fieber bekommen doch viele (daß gedörrtes Hirn schlecht denkt, macht freilich schon nichts mehr aus), halb irrsinnig sind die meisten und eine Gefahr für die Umgebung alle. Sie schlafen in den folgenden Nächten kaum. Außerdem sind sie halb blind. Aber bald werden sie schön braun.

Mädchen sieht man mit einem Dreieck, durch das man allenfalls ein vorbeiziehendes Segel (schön braun eingefaßt) erkennen kann, zwischen den (geschlossenen) Schenkeln; Weiber von fünfundneunzig Kilo Gewicht, welche sich wahrscheinlich in der Hoffnung herbemüht haben, die Sonne werde das Fett schmelzen. – Möchte doch der Schöpfer bei einer allfälligen Revision diesen einfachen Vorschlag berücksichtigen: die jungen Weiber nicht so mager, die alten nicht so fett zu gestalten.

Gekrümmte sind in großer Zahl vorhanden. Möchten es doch wirkliche Bucklige sein! Weil ich dann nämlich an Lichtenberg denken müßte. Wenn ich aber an Lichtenberg denke, sehe ich niemals vor mir die Buckligen; alle Dinge werden gerade und glänzen.

Sand ist die schlechteste Materie. Am weitesten, vorwärts und rückwärts, vom Leben entfernt.

Aber vielleicht habe ich mich getäuscht und ist dieser ganze Kult mit Versengen und Sand gar nicht einer Bedeutung, eines Zieles wegen da und üben sie ihn nur, um Indianer zu spielen.

Wenn ich schon spielen soll, dann lieber Götter.

114

Bei der Musik – um Musik zu verstehen – kommt alles darauf an, daß man *nicht tanze* (kein tanzendes Verhalten irgendeiner Art annehme), sondern die Musik *allein* ihre Bewegungen ausführen lasse. Sonst kann man sie nicht *sehen*, nicht voll ermessen.

Das Ärgste aber – neben dem Mitsummen, welches überhaupt keinen Namen mehr hat – ist, wie schon einmal erwähnt[1], das Taktklopfen.

115

Warum jene, die gar keinen Geschmack haben, immer so gern versichern, daß es verschiedene Arten Geschmack gebe? Was für einen Vorteil sie wohl für sich von dieser Feststellung erhoffen?[2]

»Aber es gibt doch verschiedene Arten Geschmack.«
Erstens gibt es zwei Hauptabteilungen: den guten und den schlechten. Unter dem guten lassen sich dann wieder zahlreiche Arten unterscheiden, aber das wird dich ja nicht interessieren, da hier dein Gebiet nicht ist. Des schlechten Geschmackes dagegen gibt es nur *eine* Art und die nennt man Geschmacklosigkeit.

116

Wenn einer so arm ist, daß er schon seinen Geburtstag feiern muß, dann ist er allerdings sehr arm.

Im Physischen: daß einer schon seine Füße braten muß, um sich zu ernähren.

---
1 Vgl. 55.
2 Variante von 64.

117

Schande und Kultur

Wenn ein armer Mann, ohne irgendjemandem etwas zu leide zu tun oder auch nur darnach zu trachten, allfälligen Passanten ein geringes Stückchen Fleisch zeigt, welches man sonst nicht öffentlich zu zeigen pflegt und welches vielleicht, nach Lichtenbergs Worten, das einzige Männliche ist, das er besitzt, wird er eingesperrt. Wenn einer vor einer eigens einberufenen Versammlung, unter dem Vorwand, die Größe eines Dichters zu feiern, die Leere seines Hirns exhibiert, erntet er Ehre.

118

In all diesen Witzblättern – von denen aus Zofingen bis zu ... – sind die Hälfte aller Witze Dialekt. Das Witzige erkenne ich wohl.
Aber warum *immer denselben Witz?*

119

Gesellschaft. – Als alle mit einem Geschenk ankamen: »Ich arbeite in Worten, nicht in Gegenständen.«

120

Geschenkemachen

Wenn doch die Menschen einmal aufhören wollten, mir irgendwelche – *irgendwelche* – Gegenstände zu schenken, um die ich nicht gebeten habe!

Ganz gleichgültig, ob es sich um Maggis Suppenwürfel, Schokolade oder Schlittschuhe handle. Ich kann all das nicht brauchen. Ich kann auch eine Pfeife nicht brauchen, da ich seit Jahren nicht mehr Pfeife rauche. Ich kann keine Pulswärmer brauchen, keine Bettvorlagen, keinen Frisierapparat, keine Würste – ich brauche immer etwas anderes, als man mir anbietet. Ja, was um Gotteswillen braucht er denn? Das ist offenbar ungeheuer schwierig zu sagen –: just das, von dem ich immer wiederhole, daß ich's brauche.

Wenn es die Leute irgendetwas kostet – z. B. eine kleine Mühe – wollen sie denn schenken, ohne daß es sie etwas kosten darf?

Wenn sie Markenscheine zu senden nicht so ästhetisch finden wie z. B. ein Büchlein senden (das ich nicht lesen werde) oder eine Krawatte (die ich nie tragen werde) – wollen sie denn schenken des Ästhetischen wegen oder meinetwegen?

»Man muß sich die Menschen nach *ihrer* Art verbindlich machen, nicht nach der unsrigen.« Lichtenberg.

»Ich werde ... ohne Umstände erklären, daß, wer mir helfen will, mir auf dem einmal von mir eingeschlagenen Weg helfen muß.« Hebbel.

»Kein tolleres Versehn kann sein, / Gibst einem ein Fest, und lädst ihn nicht ein.« Goethe.

121

Ich glaube, daß die entsetzliche Sitte des Geschenkemachens aus der Urzeit stammt, da die Menschen weder Wort noch Geld hatten.

Wie konnten sie einander verständlich machen, daß sie nicht feindlich gesinnt seien? Der eine gab dem andern sein Einhorn – oder was des Zeugs war –, das er geschnitzt hatte. Heute laß doch lieber das mich selber besorgen, dieses Wählen und Zurichten der Gegenstände. Ich habe selber häßliche genug, leider. Steche er die Frage nicht nocheinmal an.

Einem Holländer kann jeder andere, auch wenn er ihn nicht kennt, ein Scheibchen Wurst oder einen Fisch ins Maul werfen, wenn er ihm ein Zeichen der freundlichen Gesinnung geben will; Holland ist ein stummes Land. Und der Schlukkende nickt gerührt – beschließt, daß er dem andern bei Gelegenheit einen Gegendienst erweisen will. Daß ein Franzose, dem etwas Derartiges vorkäme, ihm mit einer Ohrfeige antworten würde, können sich die guten Leute gar nicht vorstellen.

Wenn du in Holland in einer Drogerie, in einer Spezereihandlung etwas kaufst, ob der Händler dich nun kenne oder nicht kenne (und angenommen, daß du erwachsen seiest), so wird er dir meistens – besonders wenn du etwas Teures gekauft hast – ein Klümpchen steinharten rotgefärbten Zuckers zustecken, und nicht selten direkt in den Mund.

122

Weihnachten. Die Kinder wurden sehr reich beschenkt. Sie erhielten unter anderm: ein silbernes Köfferchen zur Aufbewahrung von Elfenbeinhutnadeln; ein Wildlederputzmittel; ein Amalgam aus dem Genitiv; Spitzen für die Unterwäsche alter Weiber.

(Wenn du nicht wissen solltest, was ein Amalgam aus dem Genitiv ist, frage mich nur nicht; ich weiß es auch nicht.)

»Pardon – wundert mich nur, was die Kinder damit sollten?« Mich auch. – »Hatten sie denn keinen Wunschzettel geschrieben?« Den hatte man unbeachtet gelassen.

123

Besonders perfid ist es, Gegenstände denjenigen zu schenken, die arm sind, weil diese sie am Ende gar noch in Gebrauch nehmen werden. Den Reichen ists nicht so schlimm, weil diese die geschenkten Stücke sofort in die Rumpelkammer tragen lassen können, allwo die Gäste sich jederzeit wählen mögen, was sie wollen.

124

In der patriarchalischen Zeit hatte es wohl Sinn, dem andern ein Schaf oder zehn zu senden, weil die Schafe das Lebenskapital selber waren. So kannst du auch heute noch Geld schenken und dieses ist dann sehr sinnvoll, wenn der andere nicht genug hat.

Das Schenken von Gegenständen, die der andere nicht verlangt hat, pflegt proportional zu sein der Abwesenheit von Geist.

Ein Reicher schenkte dem Armen eine Giraffe. Als sich nach ein paar Jahren, wie es heute leicht geschehen kann, die Vermögensverhältnisse umgekehrt hatten, schenkte der jetzige Reiche (der wohl Gedächtnis hatte) dem neuen Armen einen Luftballon.

... 11 Monate lang habe ich in der Finsternis nach Licht gelechzt, ohne daß einer meiner Bekannten kam (mit einer Glühbirne oder dem Zweck einer Reparatur oder beidem), aber nun, es sind schon Anzeichen in der Luft, spüre ich, wird man mir bald ein Buch schenken, von Ida Friedhof.

125

Ein wunderbares Wort von Goethe in einem Schaufenster einer Buchhandlung gelesen:

Die Menschen sollte keiner belachen, als einer, der sie wirklich liebt.

Das ist es, was ich damals an einem Sonntag auf der Straße[1] – die Leute betrachtend – über die Menschen, über den Haß, über die Liebe schrieb.

126

»Er hat viel von . . .«
Die Eiche wird verglichen mit dem Kohl, weil beide grün sind.

127

Zum Unglück der Feuersbrunst.
Das wahre Mittel gegen dieses Unglück dürfte Brom, Veronal oder Chloroform sein.

128

Strand

Die Badegäste. Sie müssen ausruhen. Wovon? Vom andern Ausruhen.
Denn es gibt wirklich nichts Anstrengenderes als dieses Ausruhen, es verzehrt den Menschen.

---
[1] Vgl. 19, 20.

Ein Haus gesehen, dem man den Namen aufgeschmiert hatte: »Sibylla«! Ich meine, die nächsten hießen Zibellin und Omega – oder habe ich das nur dazugeträumt?

Eine Villa bauen ist nicht schwer; sonst könnten es nicht so viele. Aber ungeheuer schwer scheint es zu sein, wenn das Haus fertig ist, zu unterlassen ein Wort daran zu heften, z. B. Olga, Zeppelin oder Petrus.

129

Hochwürden gewidmet. – Was ist ein Würdenträger? Einer, der sie positiv trägt, wie man eine Last trägt? Oder dagegen nur ein Ständer, an den man diejenigen Würden, die man eben nicht oder überhaupt nicht mehr braucht, hängt, wie alte Kleider?

130

Im Walde

Und wenn der Stadtwald einmal anständig ist: Sonne, Blätterrauschen, ferne Kinderstimmen, – so kann es nicht fehlen, daß eine dieser horriblen Figuren des Weges kommt, die mit unaufhörlichem infernalischem Pfeifen den verlorenen Hund lockt, – statt zu danken, daß es dem Ewigen gefallen hat, das scheußliche Biest hinwegzunehmen.

131

Feuerwerk. – Ich ging, während das die Stadt faszinierende Geschehen sich abspielte, was man in der Ferne bisweilen am

Himmel sah, irgendwo spazieren, wo mir ein Wagen der Straßenbahn von dorther entgegenkam, natürlich fast leer – verwunderlicherweise nicht ganz. Aber die wenigen Personen, die von dort weggefahren waren vor dem Ende der Schießpulverwunder, wohin mochten sie fahren, wer mochten sie sein? Vielleicht mußten sie um diese Stunde noch oder schon zur Arbeit fahren? Die Unglücklichen! Oder aber . . . – Der Wagen entschwand und man wird nie herausfinden, ob in ihm Unglückliche oder Weise gewesen sind.

132

Von Schriften, die irgendeinen Wert haben, hatte er fast nichts gelesen. Aber dafür hatte er dieses Wenige, damit ihm doch eine gewisse Harmonie nicht fehle, auch nicht verstanden.

133

Bei den Apothekern sind die meisten Dinge »bis zu einem gewissen Grade« richtig oder falsch. Aber wer bis zu positiven Begriffen vordringt, dem sind die Dinge richtig oder falsch.

IX. Literatur

(Lese-Erlebnisse – Hervorhebungen und Assoziationen –
über Stil, Sprache)

> *Laß dich deine Lektüre nicht beherrschen,
> sondern herrsche über sie.*
>
> Lichtenberg

Das Wort faßt nicht jeden.

Öfters habe ich deutlich ausgesprochen, daß ich sehr wenig gelesen habe. Hätte ich mehr gelesen, würde ich das Urteil über den oder jenen Autor vielleicht modifiziert haben. Aber dieses Unzulängliche des Dokumentarischen bleibt nur solange ein Unzulängliches, wie man an einer ganz falschen Vorstellung von Sinn und Zweck dieser Seiten haftet. Weder ein Kompendium zur Literatur noch zu Teilen der Literatur wurde im mindesten angestrebt; sondern mir war allein wichtig, unter dem mir von Außen Begegnenden das hervorzuheben, was mit meinem Geist in einer starken Beziehung stand. So kam es mir auch nicht auf reiches Zitieren an; jeder, auch ich mit meiner verhältnismäßig geringen Belesenheit, hätte reicher zitieren können; aber das von mir Zitierte ist, in höherem oder geringerem Maß, viel mehr dem Tagesklang *verwandt (vgl. VII, 139), als dazu bestimmt, eine reiche und vielseitige Idee des in den Literaturen Vorhandenen oder doch des von mir Gelesenen zu geben.*

Für die polemischen Stücke gilt im Wesentlichen dasselbe wie für das in positivem Sinne Zitierte. In manchen Fällen – besonders denen des »Schatzkästleins« – hatten weder die Stücke noch die Autoren, die ich angriff, für mich die geringste Bedeutung, sondern allein der Fall als typischer Fall. *Alles kam mir nur auf dieses Eine an: auch mit diesen Mitteln den Ausdruck meiner Sehweise zu verstärken, eine Richtung deutlicher zu machen.*

1

Die Neuheit der geistigen Entdeckungen

Valéry:

– Ceci n'est pas positivement neuf, mon ami!
– Mais je me moque du neuf ou vieux en fait d'idées!...
(»L'Idée fixe«.)

Dazu lassen sich die Verse aus einem berühmten Buch fügen:

Was du ererbt von deinen Vätern hast,
Erwirb es, um es zu besitzen.
Was man nicht nützt, ist eine schwere Last;
Nur was der Augenblick erschafft, das kann er nützen,

deren Inhalt Goethe in gebundener oder ungebundener Rede sehr viele Male variiert hat, z. B. in den Maximen und Reflexionen:

Alles Gescheite ist schon gedacht worden, man muß nur versuchen, es noch einmal zu denken.

Der törigste von allen Irrtümern ist, wenn junge gute Köpfe glauben ihre Originalität zu verlieren, indem sie das Wahre anerkennen, was von andern schon anerkannt worden.

Die originalsten Autoren der neuesten Zeit sind es nicht deswegen, weil sie etwas Neues hervorbringen, sondern allein weil sie fähig sind, dergleichen Dinge zu sagen als wenn sie vorher niemals wären gesagt gewesen.

Ein anders beleuchtendes, weiter ausführendes Wort finden wir im 15. Buch von Wahrheit und Dichtung:

Man behauptete, die Bahn sei gebrochen, da doch in allen irdischen Dingen selten von Bahn die Rede sein kann; denn wie das Wasser, das durch ein Schiff verdrängt wird, gleich hinter ihm wieder zusammenstürzt, so schließt sich auch der Irrtum, wenn vorzügliche Geister ihn bei Seite gedrängt und sich Platz gemacht haben, hinter ihnen sehr geschwind wieder naturgemäß zusammen.

Als ich schrieb: »Man mißtraue nur den seit langer Zeit Geretteten!... Eine Rettung muß immer eben erst geschehen sein«, wollte ich nichts anderes sagen.

Aber von allen mir bekannten Fassungen, die dieser Erkenntnis gegeben worden sind (ich könnte ihrer noch manche anführen), tönte mir eine Zeitlang keine so aus tiefer Nähe und zugleich so herrlich und aus solcher Höhe wie dieses Stück von Pascal:

> Il y a des gens qui voudraient qu'un auteur ne parlât jamais des choses dont les autres ont parlé; autrement on l'accuse de ne rien dire de nouveau. Mais si les matières qu'il traite ne sont pas nouvelles, la disposition en est nouvelle. Quand on joue à la paume, c'est une même balle dont jouent l'un et l'autre; mais l'un la place mieux. J'aimerais autant qu'on l'accusât de se servir des mots anciens: comme si les mêmes pensées ne formaient pas un autre corps de discours par une disposition différente; aussi bien que les mêmes mots forment d'autres pensées par les différentes dispositions.

2

Schiller: Jeder kann ihn korrigieren; aber keiner ihn schreiben.

3

Balzac über reine Liebe:

> Elles veulent des émotions, et le bonheur sans orages n'est plus le bonheur pour elles. Les âmes féminines assez puissantes pour mettre l'infini dans l'amour constituent d'angéliques exceptions, et sont parmi les femmes ce que sont les beaux génies parmi les hommes. Les grandes passions sont rares comme les chefs-d'œuvre. Hors cet amour, il n'y a que des arrangements, des irritations passagères, méprisables, comme tout ce qui est petit.
> (»Histoire des Treize – Ferragus.«)

4

Zwei besonders lichtvolle Stellen aus Stendhals »Armance«:

> Was zartbesaiteten Seelen das Unglück so grausam macht, ist ein kleiner Hoffnungsschimmer, der bisweilen noch aufflackert.
> Oktav hatte keinen. Sein Entschluß war unabänderlich und für die starken Seelen mag der einmal gefaßte Entschluß noch so hart sein, er entbindet sie des Grübelns über das Schicksal und verlangt nur noch den Mut zur unbeirrbaren Ausführung, und das ist wenig.

Und über den *Ruhm* (berührt sich genau mit dem, was ich über diesen Gegenstand dargelegt habe: das Vorschieben, da der wahre Wert nicht angenommen wird, eines falschen, um dem wahren zu dienen[1]):

> ... er verhehlte sich allmählich nicht mehr, daß sein besonderer Wert zu außergewöhnlicher Art war und von den Trägern verbriefter Verdienste zu wenig Nachahmung fand, als daß er nicht der Unterstützung durch den allmächtigen Einfluß der Mode bedurft hätte. Dieser Hilfe beraubt, wäre er unbeachtet geblieben.

5

> Il n'y a pas de dignité possible, pas de vie réelle pour un homme qui travaille douze heures par jour sans savoir pour quoi il travaille. Il fallait que ce travail prît un sens, devînt une patrie.
> (Malraux, »La Condition Humaine«.)

Wie sehr gefiel mir besonders dieses letzte Wort: une patrie[2]!

> Tout homme est fou, pensa-t-il encore, mais qu'est une destinée humaine sinon une vie d'efforts pour unir ce fou et l'univers ...
> (Ebendort.)

---

[1] Vgl. II, 256, 273.
[2] Vgl. II, 199.

6

Le doute absolu que demande Descartes ne peut pas plus s'obtenir dans le cerveau de l'homme que le vide dans la nature.
(Balzac, »Une Ténébreuse Affaire«.)

Ich möchte die Behauptung nicht wagen, daß Namen keinen Einfluß auf das Schicksal ausüben.
(Balzac, »Z. Marcas«.)

7

E. R. Curtius, »Balzac«:

Die Vielen sehen in der Kunst nur den Stoff; die Wenigen die Gestaltung; die Wenigsten den Weltsinn.[1]

Ein Menu von Balzac auf einem seiner Ausgänge. Angeblich soll er all das allein gegessen haben. (Die Getränke sind leider nicht angeführt.)

100 Austern
12 Koteletten
1 Ente
ein paar Rebhühner
1 Seezunge.

Ausweitung zu tiefstem Verstehen und Aufstieg zu geläutertstem Sein – Intelligenz und Heiligkeit – sind vielleicht wirklich zwei Gegenbewegungen, die in der Enge eines menschlichen Bewußtseins nicht zusammenbestehen können.

Darin steht vielleicht doch nichts Definitives.

---
[1] Dieses Wort würde ich heute nicht mehr hervorheben, da es mir dazu weder gut genug noch schlecht genug erscheint, vor allem, weil ich es in der Tiefe nicht richtig finde. (Was ist »Weltsinn«? und dazu noch gegenübergestellt der »Gestaltung«?) Ein dem Anschein nach ähnlicher Satz, der aber in Wirklichkeit himmelweit verschieden ist, kristallklar und nach Jahren noch ebenso zeugend wie am ersten Tag, findet sich bei Goethe: »Den Stoff sieht jedermann vor sich, den Gehalt findet nur der, der etwas dazu zu tun hat, und die Form ist ein Geheimnis den meisten.«

Über die Einstellung zur Politik, summierend:

Balzac hat jede Erscheinungsform echter Größe und Kraft bewundert.

8

Edgar Poe:

Erstaunlich die Einleitung zur »Rue Morgue«! Aus »Der Brief Ihrer Majestät«:

»Wenn es eine Sache ist, über die man nachdenken muß«, bemerkte Dupin, indem er die Lampe ohne sie anzuzünden an ihren alten Platz zurückstellte, »so ist es besser, wir prüfen sie im Dunkel.«

... wäre er lediglich Mathematiker gewesen, so hätte er überhaupt nicht zu rechnen verstanden ...[1]

Von Chamfort zitiert er:

Il y a à parier que toute idée publique, toute convention reçue, est une sottise, car elle a convenu au plus grand nombre.

9

Hamsun

Die Nachwelt wird ihn wohl einen großen Schriftsteller, aber doch einen Vielschreiber nennen.
(Man darf eben Kunst nicht mit Landwirtschaft verwechseln.)

An *Stimme* freilich kann man ihn nicht übertreffen.

---

[1] Vgl. II, 27; VII, 39.

10

Die Schweiz leidet an vorzeitigen Versöhnungen, was, genau gesehen, nichts anderes ist als Oberflächlichkeit.

1) Man muß überrascht sein, wie schnell dort Personen, die selber keineswegs ohne Problematik sind, Harmonielösungen vorschlagen können, wenn eine geistige Dissonanz ihnen unterbreitet wird, – wie schnell und *mühelos,* und ohne indessen die in Frage stehende Dissonanz selber erlebt zu haben: woraus hervorgeht, daß sie geradezu eingeübt für Harmonielösungen sind; und das ist man dort. (»Ja, aber meinen Sie nicht, daß eine Zeit komme, da man das eine *ohne* das andere sein könnte ... da man die beiden Dinge zusammenfassen könnte und doch nicht von dem einen das Üble ... etc.«)

2) Die schweizerische Literaturkritik sitzt mit unerschütterlicher Sicherheit auf dem breiten Sockel einer Überzeugung, die sie wie ein Axiom angenommen hat: daß ein geschriebenes Werk, um gut zu sein, immer die Verbindung dieser zwei Elemente sein müsse: einer gewissen geistigen Bedeutung (welche übrigens vorwiegend darin besteht, daß man die heimatlichen Zustände lobt) und einer einfachen, kräftigen, ausholenden und jedermann verständlichen äußeren Handlung (wie bei Gottfried Keller) –: woran denn Spitteler, was die Linie des äußeren Erfolges betraf, zerschellt ist (wie auch Robert Walser, dieser in noch höherem Maße; aber wie würde es um die Anerkennung Spittelers stehen ohne den Nobelpreis?); und wodurch alle Seichtheit Anerkennung findet. Nirgends ist man *weiter entfernt von der Beobachtung und Messung des LEBENS* in einem literarischen Erzeugnis; man meint, Literatur sei ein bestimmtes *Gemachtes:* Tisch, oder Schrank, aus echtem Tannen- oder Eichenholz, genau wie man ihn sich vorgestellt hat.

11

Natürlich ist es wahr, daß das Höchste irgendwo und irgendwie das eine *und* das andere hat, wo aber? – im Himmel! Den Himmel aber muß man auf der Erde verdienen und mit dem Verdienen sollen wir uns allein befassen. Auf die Erde den Himmel applizieren ist sehr billig – eben oberflächlich. (Hier erkennt man auch, warum die Theologie in der Schweiz eine so große Rolle spielen kann.) – Die größten Erscheinungen sind heute oft sehr einseitig, müssen es sein.

Harmonie ist Bach, aber nicht die Schweiz.

12

Dialekt

Die schweizerischen Dialekte zeichnen sich aus durch eine große Bildlichkeit, aber – eine falsche Bildlichkeit. Die Bilder sind: unfreiwillig; sprichwortartig; daneben schlagend; bei oberflächlicher Betrachtung als schöpferischer Akt erscheinend, in Wirklichkeit tote Routine. (In den verlassenen Hintergründen des reinen Dialektes, der alten Zeit, mochten viele von den entsprechenden Bildern real sein; es handelt sich jetzt aber um eine Mischung von Dialekt und deutscher Sprache.)

Wenn die Diktion in Dialekt und Sprache gleich wäre, und nur die einzelnen *Wörter* übersetzt werden müßten, wären die Differenz und die Schwierigkeit nicht groß; aber die Diktion ist verschieden.

Man kann nicht Deutsch lernen – man müßte denn weiß Gott was für eine übermäßige Begabung sein – in ein paar Stunden pro Woche, während man die ganze übrige Zeit

Dialekt spricht. (Abgesehen davon, daß ja die Lehrer nicht Deutsch können.)

Ich erinnere mich noch: Wenn man als ein üblicherweise Dialekt Sprechender zum Schriftdeutsch übergeht: Der Eindruck ist der des Abgleitens aus dem Wirklichen in etwas Künstliches, Papierenes – *Gipsartiges* (im Gegensatz zu Holz, Erde, Stein). Wie kann nun aber jemand Kunst – das intimste Leben – erreichen durch eine Materie, *mit der er keine intimere Beziehung hat?*

13

Als ich den Artikel eines unserer am meisten in Mode stehenden Theologen gelesen hatte, sagte ich mir: Was sich so ein Mensch, während er all diese Dinge schreibt, wohl denkt?

(– vielleicht aber auch nicht interessant zu wissen.)

14

Anatole France:

Les fous seuls placent leur félicité hors de leur pouvoir.

(»Thaïs«.)

15

D. H. Lawrence

Er glaubte (zu betonen ist, daß er aufrichtig war, was ja bei den meisten andern, die einer ähnlich fanatischen Geistesrichtung zufielen wie er gegen Ende seines Lebens, nicht der Fall ist; der alte Tolstoi etwa ist wohl freilich auch nicht kurzerhand als unaufrichtig zu bezeichnen; es bestand da vielleicht eine Mischung ungefähr von Verrücktheit, Ernst und Koketterie) – er glaubte, daß man sich durch kräftiges und bestimmte Bedingungen erfüllendes Koitieren allein rette, allein retten könne (daß alles andere kein wahres Leben sei).

Eine einzige Frage soll gestellt werden: was sollen denn die Kranken tun, die Kinder und die Alten? (Ich habe keine genaue Kenntnis der physischen Beschaffenheit Spinozas; man kann sich aber immerhin vorstellen, daß er körperlich völlig gebrechlich und impotent war: und konnte er sich nicht retten?)

Lawrence war typischerweise ein *Vorläufer* (von einer Frau wurde er auffallend richtig mit Johannes dem Täufer verglichen). Die Frage hat er richtig gestellt. Die Trostlosigkeit der Welt, die *Nicht*verbesserlichkeit durch äußerliche Methoden, die Einsamkeit des Menschen, die Unzulänglichkeit der Kirchen und Religionen hat er gesehen; die Lösung hat er *geahnt* und *bildweise* ausgedrückt. Als *Bild* muß, was er in fanatischer Weise gegen Ende seines Lebens vortrug, verstanden werden.

(... die legitime Arbeit, unaufhörliche Produktion, so und so dunkel verkettet mit Kommunikation oder dasselbe wie sie. Ja, dasselbe wie sie, nur meistens nicht sichtbarerweise, weil deren höhere Stufe.)

16

Lawrence, »Der Geliebte von Lady Chatterley«: Ein Buch, das man erst später wirklich zu würdigen verstehen wird, wenn der Rauch und der Flitterglanz des stofflich Anziehenden vergangen sein werden: denn es hat einen der höchsten Gegenstände behandelt, jedoch in merkwürdiger Eingeschränktheit, wie blind.

... und ist doch dabei nicht unwahr und ist stark *fordernd:* Das ist viel.

Der kommunikationslose Mensch »lebt nicht«: von welcher Richtigkeit! Daß die Kommunikation, die er dargestellt hat, eine wirkliche sei (sinnliche mit der sinnlichen Frau) – wer könnte es bezweifeln? In die Nähe des Lächerlichen aber rückt die Behauptung, daß diese Art, für die Weite der Welt, die einzige sei.

Mit einem Kind als schützender *Helfer* Kommunikation haben; mit einem Freund in *Freundschaft;* mit den Fernsten durch *geistige Leistung* (aller wirkliche Sozialismus ist darin inbegriffen): all das kann je nach dem Fall ebenso wahr, ebenso rettend sein.

Denn es kommt auf den *Wahrheitsgrad* der Kommunikation an (die Art wird man wählen gemäß seinen Bedingungen), das ist die Hauptsache. Und weil Lawrence das so tief begriffen, durch Kritik abgegrenzt, so intensiv ausgedrückt[1] hat, ist sein Buch doch ein großes Buch.

17

Das Gemeinsame von Hamsun und Lawrence ist, daß beide meinten Denker zu sein, aber Unsinn zutage förderten, sobald sie einen eng begrenzten Raum, den ihrer besonderen Ausdrucksstärke, verließen. Dort ist Hamsun reiner, Lawrence wichtiger.

---

1 Die so ganz anders geartete Katherine Mansfield konnte über ihn sagen: »Was Lawrence zu einem *wirklichen* Schriftsteller macht, ist seine Leidenschaftlichkeit.« Und: »Ich gehe nicht überall zusammen mit Lawrence. Seine Ideen über das Geschlechtliche sagen mir nichts. Aber ich fühle mich L. näher als irgendeinem andern.« (Tagebuch.)

18

Als Tagesklang waren mir die ungefähren »Verse Hebbels« aufgetaucht:

> ... mir geschieht
> als ob ein jedes Lied
> tief in mir ihn erreichte.

Wie mir aber später einfiel, stammen sie aus Rilkes Stunden-Buch (und überdies lauten sie dort anders, besser freilich nicht, nämlich: »Und dennoch: mir geschieht, / als ob ich ein jedes Lied / tief in mir ihm ersparte[1]«). Wie kam ich aber zu Hebbel – und war dabei so sicher, daß ich nicht einmal ein Fragezeichen dazuzufügen nötig fand? Die Beantwortung dieser Frage zeigt etwas überaus Interessantes, nämlich, was der *eigentliche Körper* eines Gedichtes ist, das Wesentliche: Ich hatte an Hebbel gedacht, weil mir die unklare Erinnerung vorschwebte an eines seiner Gedichte, das *innerlich* ähnlich tönt, so ähnlich, daß ich es identifizierte, solange mein Bewußtsein noch nicht auf das Nennbare, auf die Wörter, den Inhalt, die Gedanken gerichtet war; schaut man die Stelle des Gedichtes nun aber an, so muß man erkennen, daß alles Nennbare, bis auf die *Gedanken*, verschieden ist; sie lautet:

> ... begleitet
> Ein heimliches Gefühl,
> Daß alles nichts bedeutet ...

---

[1] Mußte doch mit dem darauffolgenden »Barte« gereimt werden!

19

Wenn Rilke doch weniger über »Ihn« und mehr über *Wege* geredet hätte!

> Du bist, der niemals Sonntag hat,
> der in die Arbeit Eingekehrte,
> der sterben könnte überm Schwerte,
> das noch nicht glänzend wird und glatt.

Das kann hingenommen werden, es enthält Richtiges und ist keineswegs an das mysteriöse Du, sondern viel mehr an einen Menschen, den wahren Künstler gerichtet. Kurz darauf aber

> ... hört man deine Hammerschläge
> an allen Glocken in der Stadt.

Rilke schrickt also im Stunden-Buch auch vor dem Abgeschmackten nicht zurück. (Immer das Stunden-Buch! Das ist nicht ganz gerecht, da Rilke dieses Werk später kaum mehr anerkannt hat[1] – und weniger natürlich noch den entsetzlichen Cornet.) – Um die Gewissenhaftigkeit des Sehens und eine wahre Empfindung diesem konventionellen Gedudel gegenüberzustellen, zitiere ich einen Satz von Lichtenberg: »Kirchtürme sind umgekehrte Trichter, das Gebet in den Himmel zu leiten.« Und über das Gebimmel sagt derselbe (und trifft sich dabei mit Goethe, man lese nach im V. Akt von Faust II):

> Was das Glockenläuten zur Ruhe der Verstorbenen beitragen mag, will ich nicht entscheiden, den Lebendigen ist es abscheulich.

---

[1] Den späteren Rilke hielt ich damals noch für wirklich groß und unanfechtbar. Später habe ich erkennen müssen, daß er unter den Schriftstellern, über die sich überhaupt noch in positivem Sinne reden läßt, der ist, der den leichtesten Zugang bietet; aber auch der, den man am frühesten wieder verläßt. (1944)

20

Montaigne, Lichtenberg, Spinoza

Drei große Lese-Ereignisse, ja die drei in meinem Lesen größten Ereignisse für (wenn man noch Proust dazuzählt, welcher mir etwas später erschien) ein Jahrzehnt oder mehr, fielen auf dieses selbe Jahr, genau genommen sogar auf einen Zeitabschnitt von nur wenigen Monaten, kaum mehr als ein Vierteljahr. Das erste war Montaigne. Eine ewige Stimme vernahm ich da auf einmal, die mir in ihrer Zwanglosigkeit und immerwährenden Bedeutung, in ihrer Ruhe und Distanzierung und Sicherheit allein derjenigen von J. S. Bach vergleichbar schien. Wie Montaigne selber darlegt:

> Il faut avoir femmes, enfants, biens, et surtout de la santé, qui peut; mais non pas s'y attacher en manière que notre heur en dépende. Il se faut réserver une arrière-boutique, toute nôtre, toute franche, en laquelle nous établissions notre vraie liberté et principale retraite et solitude.

Zitiert habe ich ihn wenig, aus dem gleichen Grunde, wie ich Proust fast nie zitiert habe: *was* herausgreifen? wo ich aufschlage, könnten es halbe und ganze Seiten sein. Das Wesentliche, das Entscheidende ist weniger in einzelne Spitzen zusammengefaßt, als gleichmäßig auf den ganzen Fluß der Darlegungen verteilt; das Wunderbare ist die Rede.

Lichtenberg dagegen – er ist das zweite der großen Lese-Ereignisse – habe ich durch dieses ganze Werk hin häufig zitiert. Spinoza – den dritten – am wenigsten. Und doch sind Sätze von ihm inniger, innerlicher mit diesem Werk verbunden als irgend etwas anderes; freilich nicht so sehr durch ihren Wortlaut, ich sage ja: innerlich; eher so wie der Atemzug; oder wie das erlösend Umschwebende und Darüberschwebende; oder das Schneegebirge des Hintergrundes.

Ich hatte ein Auswahl-Bändchen von Lichtenberg, von so kleinem Format, daß man es mit einer Hand fast völlig umschließen konnte (das kleinste Buch, das ich je besaß, und zugleich eines der größten überhaupt), auf dem Flohmarkt für wenige Cent erstanden (da ja in Holland die Bücher nach Gewicht und Aussehen taxiert werden; – doch hatte mir somit eine tiefe Kulturstufe ermöglicht, die meinige zu erhöhen, das heißt, trotzdem mir weder Bibliotheken noch Geld zur Verfügung standen, meine, was die Erreichbarkeit von literarischen Werken betraf, mittelalterlichen Zustände zu durchbrechen). Ich war eben in Reaktion gegen Lichtenbergs hochberühmten Zeitgenossen Jean Paul begriffen, welchem ich vor allem zwei Dinge vorwarf, die begonnen hatten, ihn mir unausstehlich zu machen: Einmal das romantische Erbe, etwa das häufige Weinen, die beständig rinnenden Tränen, so daß man den Mond nie sehen konnte als just durch eine fallende Träne (er hatte dann einen doppelten Hof); sodann eine ausgesprochene Feigheit, die ich in seinem *Denken* meinte wahrgenommen zu haben: Sicher fehlte es ihm nicht an subtilsten Instrumenten, auf verschiedensten Wegen sehr weit vorzudringen; sobald aber eine Konsequenz in Sicht kam, zu der er notwendigerweise gelangen mußte, die ihn jedoch mit dem Konventionellen in offenen Widerspruch gebracht hätte, schrak er zurück, ließ alles fahren, beendete seine Untersuchung mit Sentimentalitäten. Nach diesem Hochberühmten und sicher Hochbegabten, dem ich aber Weibischheit und Memmenhaftigkeit vorwarf[1], fand ich nun den wahrhaft Großen, der nie Mode geworden ist: Er legte nicht die Hand aufs Herz, er sagte im Gegenteil:

---

[1] Jean Paul seither nicht wiedergelesen; aber ein gar wunderbarer Satz von ihm, rein durch das Gedächtnis übermittelt, klang nach mehr als zehn Jahren wieder herauf: »Es ruht alles im *rechten Lande*, sagt ich, aber die Liebe träumt«; so leicht ist er sicher nicht abzutun: Sonst wäre es nicht möglich gewesen, daß der größte, der strengste und unfehlbarste literarische Richter, den die Welt gesehen hat, ihn schätzte.

Man muß keinem Menschen trauen, der bei seinen Versicherungen die Hand auf das Herz legt.

Es war der erste Satz, den ich las, als ich das winzige Büchlein aufschlug, und – wie es mir mehr als einmal mit einem Autor geschehen ist – er blieb mir fortan immer der zentrale; er schien mir den Schlüssel zu geben zu einem Werk, er war für mich die Farbe, in der alle andern Sätze Lichtenbergs standen, als Grundton tönte er immer mit.

Die Ethik von Spinoza habe ich erhalten am 27. Mai 1935, welcher dadurch für mich der ereignisreichste Tag des Jahres wurde.

21

Spinozas Ethik

Als ich (an einem Frühlingstag, sieben Monate nach meinem Erlebnis von Mondwald und Igelwald[1]) dieses Buch erstmalig in die Hand bekam, geschah in wenigen Minuten, ja in den ersten Augenblicken etwas Außerordentliches. Ich schlug irgendwo auf und – –; – wie in einem System dunkler, noch nicht überblickbarer Gemächer, wenn man einen einzigen, alle Glühbirnen bedienenden Schalter dreht, plötzlich Licht wird, so daß man, ohne schrittweise, mühselig verbindend gehen zu müssen, das Nächste genau sieht, Weiteres überblickt, das Ganze ahnungsweise erfaßt –; so geschah es mir, als ich etwa diesen Satz unter den ersten las:

Die Tätigkeiten des Geistes entspringen lediglich aus vollentsprechenden Ideen; die leidenden Zustände dagegen hängen bloß von nicht entsprechenden Ideen ab.

---

1 Vgl. VII, 20-23.

Oder diesen:

> Je mehr Vollkommenheit ein Ding hat, desto mehr handelt es und desto weniger leidet es; und umgekehrt, je mehr es handelt, desto vollkommener ist es.

– Das Buch dürfe dem Leser nicht eine Lektüre, ein Studium müsse es sein (nur durch genaues Hintereinandersetzen der einzelnen Schrittchen gelange er zum Verstehen), las ich dann im Vorwort des Herausgebers. Siehe. *Mir* aber war es nicht einmal eine Lektüre. Alles tönte mir wie ein längst Bekanntes; bei keiner Einzelheit, auf die meine Augen fielen, mußte ich nachdenken; von jeder sprang der Blick auf das Ganze ohne irgendeine Mühe; der *Strom* war hindurchgeleitet worden: alles war elektrisch erleuchtet: elektrisch, es gibt nur dieses eine Wort, das genügen kann. Nicht mit Wißbegierde las ich, nicht mit der Gespanntheit, etwas Neues zu erfahren; nur mit Neugierde – »wie hat er das gemacht?« –, mit Gespanntheit nach der Form, mit Freude über das Zusammentreffen, mit Bewunderung vor der Fülle.

Wie ein längst Bekanntes... als ob es – nicht mein Bruder, als ob ich es geschrieben hätte; – und zugleich schaute ich es wie ein himmelhohes Gebirge über mir. Dieses Gebirge war *mein* Gebirge: das, in dem ich mich immer gemüht hatte, drunten in den Schluchten, in der Finsternis, steigend in den endlosen Hängen, in den Falten dieser Urwälder ohne Aussicht: Und plötzlich standen in ihrer Herrlichkeit die Gipfel da, vor meinen Augen, in Eis und Blau, in den Himmel hinein – man sah sie alle klar.

Der IV. und der V. Teil sind im engsten Sinne die Ethik, in den vorausgehenden, mir im gesamten weniger nahestehenden Teilen ist manches metaphysischer Unterbau. Ein kleines Bangen ergriff mich da bisweilen vor der Ungeheuerlichkeit gewisser abstrakter Begriffe, besser: der abstrakten Ungeheuerlichkeit; – wenngleich wiederum zu keinem andern Mann, der sich in solchen Gebieten erging, ich ein ebenso großes Vertrauen hatte – Vertrauen, daß er sich so wenig wie immer möglich vergriffen habe.

Als letzter Lehrsatz steht im V. Teil das erhabene Wort: *Die Glückseligkeit ist nicht der Lohn der Tugend, sondern die Tugend selbst; und nicht darum erfreuen wir uns ihrer, weil wir das Begehren hemmen, sondern umgekehrt, weil wir uns ihrer erfreuen, sind wir auch imstande das Begehren zu hemmen.*

Ich sah nun auch, daß ich früher intuitionsweise die richtige Vermutung gehegt hatte, wie es um seinen Begriff »Gott« steht: Dieses Wort ist überall, wo Spinoza es verwendet, durch seine Definition zu ersetzen, ohne daß etwas übrigbliebe. Mit einer religiösen Gottesvorstellung hat dieser »Gott« rein gar nichts zu tun: mit jenem persönlichen Gott, der »zürnt«, »vergilt«, »die Welt geschaffen hat« usw. Sätze wie diese scheiden das klar: »Niemand kann Gott hassen.« – »Wer Gott liebt, kann nicht darnach streben, daß Gott ihn wieder liebe.« – »Je mehr wir die Einzeldinge erkennen, umso mehr erkennen wir Gott.« Spinoza ist durchaus Atheist.[1] – Er ist der sicherste und großartigste aller Atheisten.

Das Wort »Gott« hat er verwenden können, weil es ihn nicht störte, weil es viele gebundene Kräfte der Menschen ihm zuführte und weil es ihm Schwierigkeiten ersparte.

Eine Abhandlung wäre darüber zu schreiben, warum man das *heute nicht mehr darf*.

Ich füge noch einige von den Sätzen an, die mir den stärksten Eindruck machten[2]:

---

[1] Später fand diese Meinung die genaueste Bestätigung, als ich Einblick in seine Briefe erlangte, in welchen er, da sie an Privatpersonen gerichtet sind, offen alles Christliche und Religiöse zurückweist.

[2] Vgl. VII, 139, letzten Abschnitt.

Kein Ding kann anders als durch eine äußere Ursache zerstört werden. (III, 4. – Da ist schon genau die große Entdeckung von Pasteur!)

In den Ideen ist nichts Positives, um dessentwillen sie falsch genannt werden können. (II, 33.)

Alle Ideen sind wahr, sofern sie auf Gott bezogen werden. (II, 32. – Wichtig ist, sich seine Definition von »Gott« beim Lesen stets gegenwärtig zu halten: »Unter Gott verstehe ich das absolute unendliche Sein, das heißt die Substanz, die aus unendlich vielen Attributen besteht, deren jedes ewige und unendliche Wesenheit ausdrückt.« Dazu gehören auch der 14. und 15. Lehrsatz des I. Teils.)

Keine Tugend kann früher als diese – nämlich das Streben nach Selbsterhaltung – gedacht werden. (IV, 22.)

Über die Güte – die Unterscheidung der zwei Arten von »Güte«[1]:

Sofern der Mensch zu irgend einer Handlung dadurch bestimmt wird, daß er nichtentsprechende Ideen hat, kann nicht unbedingt gesagt werden, daß er aus Tugend handle; sondern dies kann lediglich gesagt werden, sofern er dadurch, daß er Erkenntnis hat, bestimmt wird. (IV, 23.) – Unbedingt aus Tugend handeln ist nichts anderes in uns, als nach Anleitung der Vernunft handeln, leben, sein Sein erhalten – diese drei Ausdrücke bedeuten dasselbe –, und zwar aus dem Grunde des Suchens nach dem eigenen Nutzen. (IV, 24.)

Von der üblen Demut und dem Schwierigen und allein Wertvollen: sich selbst *richtig* einzuschätzen:

Die Affekte der Überschätzung und der Unterschätzung sind immer schlecht. (IV, 48.) – Selbstzufriedenheit kann aus der Vernunft entspringen ... (IV, 52.) – Demut ist keine Tugend, d. h. sie entspringt nicht aus der Vernunft. (IV, 53.) – Der größte Hochmut und der größte Kleinmut kommen gleich der größten Selbst-Unkenntnis. (IV, 55.) – Der größte Hochmut und der größte Kleinmut bekunden die größte Seelenschwäche. (IV, 56.)

Vom Tod:

Der freie Mensch denkt über nichts weniger nach als über den Tod: seine Weisheit ist nicht ein Nachsinnen über den Tod, sondern über das Leben. (IV, 67.)

---

1 Vgl. II, 77, 269, 287, 323; XII, 57, 81, 98, 139 etc.

Von der Freude:

Freude ist an und für sich nicht schlecht, sondern gut; Traurigkeit hingegen ist an und für sich schlecht. (IV, 41.)

Was ich in dem Satze sagen wollte: »Dummheit ist ein Urbegriff; das Böse ist ein abgeleiteter Begriff«:

Wenn die Menschen als Freie geboren würden, so würden sie die Begriffe: gut und schlecht (böse) nicht bilden, und zwar so lang nicht, als sie frei blieben. (IV, 68.)

Wer eine wahre Idee hat, der weiß zugleich, daß er eine wahre Idee hat, und kann an der Wahrheit der Sache nicht zweifeln. (II, 43.)

Wer sich und seine Affekte klar und deutlich erkennt, liebt Gott, und um so mehr, je mehr er sich und seine Affekte erkennt. (V, 15.)

Je fähiger der Geist ist, die Dinge nach der dritten Erkenntnisgattung zu erkennen, desto mehr begehrt er auch die Dinge nach eben dieser Gattung der Erkenntnis zu erkennen. (V, 26.)

Über die drei Gattungen des Erkennens, die er unterscheidet, finden wir Aufschluß in Teil II, Erläuterung 2 zu Satz 40; diese Dinge sind über alle Maßen interessant und von unabsehbarer Bedeutung (auch was er, in der vorhergehenden »Erläuterung«, über »Gemeinbegriffe« sagt). Was Spinoza die dritte Gattung der Erkenntnis nennt, ist nichts anderes als das *reine Sehen* und ist – ob er das wohl zugegeben hätte? – *schöpferisch*[1]. (Es folgt daraus die von mir immer wieder betonte Identität von Kunst und wahrem Leben, oder von wahrem Leben und Kunst.)

Ich hätte noch manches wiedergeben können – und immer unter der selbstverständlichen Voraussetzung, daß es sich hier nicht um einen allgemeinen Auszug aus der »Ethik« handeln konnte, sondern nur um eine Zusammenstellung derjenigen Sätze, die auf mich am meisten gewirkt hatten und mit denen sich die stärksten Verbindungen aufzeigen lassen, –

---

1 Es wird hier unmöglich, auf all die Stücke in meinem Werk zu verweisen, die damit in Beziehung stehen, da ich viele Dutzende anführen müßte, vor allem aus den Teilen I und XII, die von »Phantasie« und der wahren Arbeit handeln.

will aber aus einer Serie großartigster Sätze, die gegen Ende des V. Teils sich finden, nur noch diesen einen hinsetzen:

> Alles, was der Geist unter dem Gesichtswinkel der Ewigkeit (unverbrüchlichen Notwendigkeit) erkennt, das erkennt er nicht daraus, daß er das gegenwärtige wirkliche Dasein des Körpers begreift, sondern daraus, daß er das Wesen des Körpers unter dem Gesichtswinkel der Ewigkeit begreift. (V, 29.)

Endlich – wie einst der Baumeister in schwindelnder Höhe seinen Dom in der Kuppel zusammenfaßte – und doch wieder so breit und sicher und durch mächtigste Mauern mit der Erde verbunden –, stellt er jenen letzten Lehrsatz hin, der so tönt, daß fast alles, was Menschen je geredet haben, davor zu einem Stammeln wird (»Die Glückseligkeit ist nicht der Lohn der Tugend, sondern ...«):

BEATITUDO NON EST VIRTUTIS PRAEMIUM, SED IPSA VIRTUS; NEC EADEM GAUDEMUS, QUIA LIBIDINES COERCEMUS, SED CONTRA, QUIA EADEM GAUDEMUS, IDEO LIBIDINES COERCERE POSSUMUS.

22

Wenn in seinen Romanen der Knoten gelöst ist, streicht Balzac nicht noch die Schnüre glatt, um den Sieg vollständiger zu machen; er weiß: jeder kann sie glattstreichen. Kaum schaut Luft durch und ist die Lösung eindeutig, wendet er sich ab und anderem zu: er läßt uns mitten in der Materie stehen, wie Bach; er macht keinen Eingang und Ausgang als Überleitung zum menschlichen Leerheitszustand: er steht wie Granit in schroffer Plastik da. Er erweist dem Leser keine Ehrerbietigkeiten in Form von Geschwätzigkeiten[1], von Streichelungen ...

---

[1] Bei Balzac ist nie zu vergessen, *wie* man ihn betrachten muß, d. h., aus welchem Abstand oder: mit welcher Geschwindigkeit lesen. Vgl. 82.

Daß er das nicht immer unterläßt, ist das einzige, was an Thomas Mann bisweilen stören kann. Die vorletzte Seite von »Höllenfahrt« ist wunderbar – es gibt nichts Gedrängteres, Geistvolleres; warum diese zwei oder drei flauen, jedenfalls *hier* flauen, letzten Zeilen? Warum läßt er uns nicht in voller Sache stehen, abbrechend, sobald alles gesagt ist? – Das weiß zweifellos Thomas Mann selber. Es sind Unterschiede der Naturen. Er tut's aus Verbindlichkeit und die haben und verstehen Montaigne und einige nicht.

23

Ehrenburg: eine kluge Opposition, nicht jene *tiefe* eines André Gide; eine kluge, kurzweilige Opposition.[1]

24

... Nach dem langen, ergebnislosen Ringen der Zweie, der Patrouillen in der Wüste, der winzigen Truppen in der Wüste:
Auf einmal wurden die Höhen um sie dunkel: die Kämme ringsum besetzten sich, wie wenn Blattläuse auf einer Pflanzenrippe sitzen:
»Das sind meine Armeen«, sagte er, »meine Armeen sind im Anzug.«
(Das war, der die *Zeit* für sich hatte ...)

---

1 Geschrieben im März 1935.

25

»Demokrit, der immer lachte, und Heraklit, der immer weinte«, las ich und mußte sehr lachen, erstens. Aber man hat schon oft dümmere Anekdoten geglaubt als diese, welche doch etwas sagt: daß beide sehr gleichartig waren.

26

So manchmal hört man über einen: »Ja; aber der ist jetzt veraltet.« Dann untersucht man und findet: Der war ja gar nie jung!
(Ist Klopstock veraltet? Aber warum veralten denn Gryphius, Günther nicht?)

27

Sage nicht »die Poesie davon«, sondern »... von einer andern Seite gesehen«.

28

Man darf nicht dichten beim Dichten, das ist das Geheimnis.

29

Das Deinige zahlen ist nicht leicht; sorge dich nicht darum, ob die andern, soviel sie können, zusammenfassen.

30

Irgendwo muß man die Philosophie verlassen.

Jede reine bis ans Ende durchgeführte Spekulation führt notwendig zum Nichts. – Es muß ein Anfang da sein (der nicht Spekulation ist, sondern ein als Axiom, also blind, Angenommenes: weshalb man eben nicht von einer vollständigen, vom Anfang bis zum Ende durchgeführten reinen Spekulation reden kann): ein Stück, dem wir dienen wollen, dem das, was wir ausbilden, dienen wird: wir können nicht mit dem Nichts aufbrechen, ohne wieder auch nur zum Nichts zu gelangen[1]. Eine Zugehörigkeit muß da sein, ähnlich derjenigen, die einige im Nationalismus suchen oder finden wollen: das heißt, hier reden wir von der wirklich notwendigen »Nationalität«. Diese Nationalität ist das menschliche Leben: wir haben ihr, dem in ihrer Entwicklung zu Erreichenden, a priori einen *Wert* gegeben und ich finde es richtig so. Mir ist nicht verborgen, daß hier die (reine) Philosophie aufhört (denn es ist nicht zu beweisen, wird nie zu beweisen sein, daß Nichtsein nicht ebenso gut wie Sein – und somit das Böse ebensowohl wie das Gute – angenommen werden kann), und ich finde es richtig so.

31

Das Wort Nietzsches »Der alte Gott ist tot« ist eine schlechte Bildlichkeit oder eine sehr ungückliche Wendung. (Denn einige werden ihm nachtrauern und ihn noch stärker verehren, andere es nicht glauben.)

---

[1] Übrigens schützt uns die Natur: »Le doute absolu que demande Descartes ne peut pas plus s'obtenir dans le cerveau de l'homme que le vide dans la nature.« (Balzac.)

Denn wirklich Atheist zu sein, ist keine leichte Sache. Nietzsche ist es jedenfalls nicht gelungen. Ich wiederhole, was ich über Spinoza sagte: »Er war der sicherste und großartigste aller Atheisten.«

32

Nietzsche. Hauptsatz:
Er war ein viel tieferer Geist – *viel näher bei der Sache* – und ein viel edlerer Mensch (besser, gütiger, vielleicht auch: einfacher) und ein viel weniger großer, glänzender Schriftsteller, als man gemeinhin anzunehmen pflegt.

»Viel näher bei der Sache«: die Zeiten werden es herausstellen. – Er war verstiegen, das ist sicher; aber am richtigen Berg; und nicht weit; und war hoch am Berg.

33

Nochmals zum Stunden-Buch. »O wo ist der, der aus Besitz und Zeit / zu seiner *großen Armut* so erstarkte, / daß er die Kleider abtat auf dem Markte . . .« Hätte er geschrieben »zu seiner wahren Würde so erstarkte«, so wäre es schön zwar nicht, aber wenigstens kein Unsinn.

Ich werde auch noch etwas dichten unter dem Titel »Das Buch von der Armut und vom Tode«, mit der Armut werde ich aber die Armut meinen, wie mit dem Tod den Tod, was ja, das zweite, auch Rilke tut.

Auch noch dichten – d. h. zusammenstellen, was schon da ist – »Vom *mensch*lichen Leben« (». . . mönchischen . . .«).

Hat Goethe Rilke schon vorausgesehen? »Alle *Travers,* die veralten, sind unnützes, ranziges Zeug.« Als ich diesen Satz in den »Maximen und Reflexionen« las, mußte ich sofort an Rilke denken.[1]

---

[1] Und zwar gilt dies keineswegs nur für den Rilke, der das Stunden-Buch geschrieben hat, sondern, leider, für den späteren auch. »*Denk:* Es erhält sich der Held, selbst der Untergang war ihm / nur ein Vorwand, zu sein: Seine letzte Geburt.« (»Duineser Elegien«.) Was muß das »Denk« hier (in den im übrigen freilich starken Versen)? Den Vers hehrer machen. – Und dann erst der *Engel!* – Und man prüfe seine Übersetzungen der Sonette von Louïze Labé genau nach! (1944.)

34

Der Mann, der es am weitesten brachte an besten Worten, sagte: »Das Beste wird nicht deutlich durch Worte.«

Das heißt aber nicht, daß es nicht für *uns* das beste sei, zu reden (wenn es in unserm Wesen liegt, durch Worte zu wirken), da es nämlich nicht in unserer Möglichkeit liegt, das Beste unter allen Umständen klar zu machen, – sondern nur, *unser Bestes zu tun.*

35

Schiller

»Tochter aus Elysium.« *Wessen* Tochter, steht nicht da. Tochter also im absoluten Sinne, die dortige »Haustochter«, wie in der Schweiz die »Saaltochter«, über die Thomas Mann (im Zauberberg) sich so belustigt hat.

»Freude, schöner Götterfunken.« Das sind Anrufungen – und nichts antwortet; grauenhaft *machtlose* Anrufungen. Der Dichter muß aber Macht haben.

Der Vers gar »wo dein sanfter Flügel weilt«: kann er eine andere als eine läppisch-komische Vorstellung erwecken?

Dagegen wiederum ist ein Gedicht wie »Die Teilung der Erde« (womit er freilich nicht die Teilung der Erde meinte – sie ist noch heute ganz und ungeteilt –, sondern die Verteilung der Erde oder der irdischen Güter) sehr wahr. Als Ganzes jedenfalls. – Seine *Ideen* sind oft wahr, bedeutend; er ist ein starker Geist. (Man meinte darüber wegsehen, lachen zu können – er sei ein Dichter; das gerade ist er freilich weniger.) Sein Wort ist zu häufig gewissenlos. Man kann seine Worte leicht parodieren (aber nicht als Ganzes kann man ihn parodieren). Man versuche dagegen Goethe, Montaigne, die guten Worte zu parodieren: man fällt herunter mit dem Versuch, macht sich selber kläglich; es prallt ab wie ein Stein, den man gegen eine feste Mauer wirft.

»Freude, schöner Götterfunken, Tochter aus Elysium!« Wie kann ein gescheiter Mensch so reden (und offenbar in ernster Absicht), solchen Schwall abgeben? – Wenn Schiller sich nicht hätte sozial von unten heraufschwingen müssen und somit nach den Lesern der verbotenen Art fragen; oder wenn er mehr *Mut* gehabt hätte, wie ein Günther, und *weniger weltlichen Ehrgeiz,* dann wäre es auch nicht so weit gekommen.

Den totalen Verächtern Schillers aber, die zugleich große Verehrer Goethes sind, muß man dieses zu bedenken geben: Wie hätte Goethe eine so armselige Figur – wie die, als die sie Schiller zeichnen, – so ernst nehmen können?

– Viel schaurig leeres Schallen, ja. Aber dann auf einmal ein so großes Lied der Liebe – im Gegensatz zu seinen Laura-Liedern – wie »Ritter Toggenburg«. Und ein andermal wieder wird einer, der keine Stätte mehr hat, der sich selber wie ein gehetztes Wild fühlt, an jenes Gedicht von der Gemse denken müssen, die vom Jäger verfolgt wird bis an die ausweglose Stelle vor dem Abgrund und bis da, in der größten Todesnot, plötzlich aus der Felsenspalte der Geist, der Bergesalte, tritt:

> Und mit seinen Götterhänden
> Schützt er das gequälte Tier ...

Wie wahr! Und wird seine Wahrheit noch mehr und mehr zeigen, diese: Ja, die Kreatur hat einen GEIST (der ihr hilft, der an einem Tag plötzlich hervortritt), sie läßt sich nicht endlos vergewaltigen.

36

Tochter

Ob dieses Wort in absolutem, d. h. nicht abhängigem, nicht in irgendeiner Weise Beziehung zu Eltern ausdrückendem Sinne gebraucht werden darf (wie es in den schweizerischen Zeitungen täglich hundert Male geschieht, besonders auf jener Seite, deren geringster Teil mehr Witze enthält als sämtliche Witzigen Ecken zusammen – »Stattliche Tochter sucht passenden Anschluß« – ». . . sucht Einheirat«: da doch Zweiheirat oder Dreiheirat verboten sind . . .), diese Frage ist für mich seit langem entschieden und würde auch dann entschieden bleiben, wenn Schiller noch viele Gedichte von der Tochter (aus Elysium) geschrieben hätte.

Kann man fragen: »Wer ist diese Tochter, die da vorbeigeht«? Nein, das kann man nicht; – es sei denn, daß man verrückt sei oder gedankenlos. Möglich ist wohl der Satz: »Wer ist dieses Mütterlein . . .?«; der andere jedoch nur in dieser Abänderung: »*Wessen* Tochter ist dieses Kind – dieses Mädchen – diese Frau – diese Dame – etc.«.

Rufst du, wenn du im Café bezahlen willst, den *Saalsohn*? Oder den *Serviersohn*? Ist es ein *Ladensohn*, der passenden Anschluß sucht? – Warum sind dagegen »Vater«, »Väterchen«, »Mütterchen«, absolut verwendet, nicht unmöglich? Weil es Merkmale gibt . . . (Ein Mann, eine Frau haben ein bestimmtes Aussehen oder Benehmen, das jedenfalls annehmen läßt, daß sie Kinder hätten haben können.) An was für Merkmalen willst du aber erkennen, ob ein Mädchen eine Tochter sei oder nicht?

37

Schweizerische Literatur-Zustände

Berühmte Professoren oder Redaktoren haben noch rund ein Vierteljahrhundert nach Erscheinen des Olympischen Frühlings die Frage aufwerfen können, ob Spitteler als Dichter zu betrachten sei oder nicht. Der Ruhm dagegen der Gedichte Gottfried Kellers steht unerschütterlich.

In dieser Meyerei wird viel zu viel gekellert statt hervorgebracht. Auch rufen sie vergeblich Gott helf! – er hilft auch nicht.

(Und heute wird noch korrodiert statt korrigiert.)

»Das Verlangen, daß ein Satz zweimal gelesen werde, weil erst dann Sinn und Schönheit aufgehen, gilt für anmaßend oder hirnverbrannt.« Karl Kraus.

Ich habe mir das sehr zu Herzen genommen und habe bei mir viele Fehler gefunden und bei den Mitarbeitern der Neuen Zürcher Zeitung selten etwas Richtiges.

Die höchste Eigenschaft der schweizerischen Schriftsteller ist, daß sie nicht zu viel von sich selber reden.

Weil es ihnen an Eigenem fehlt, darum verwenden diese Dichter so häufig die Ausdrücke *ur*eigen und eigen*kräftig*.

Einige behaupten, die schweizerische Prosa zeichne sich aus durch Bilderreichtum. Ich sage: durch falsche Bildlichkeit. Man kann wohl selten so viele *unverantwortete* Bilder antreffen wie in dem, was heute durchschnittlich in der Schweiz geschrieben wird. »Der Fischteich der schweizerischen Literatur.« Was denkt sich der Mann?

Und immer wieder geht »ein Rauschen durch den schweizerischen Blätterwald«!

»X., der Heimatduft durch alle Bücher blies.« Schöne Vorstellung. War er wohl auf den Knien, die Wangen mächtig gebläht? » Mit Dialektausdrücken *gepolsterte Sprache.*« (»Mit Dialektausdrücken gewürzt« ist immerhin schon zehnmal weniger schlecht. Doch möchte ich hier gerne ein anderes Gewürz haben.)

Dialekt hindert den geistigen Fortschritt.

Sie verfahren, wenn sie schreiben, nach einfachen *Methoden,* der Schriftsteller dagegen arbeitet nach einfachen *Maximen.*

Eine *Methode* ist: »Wenn dir ein Artikel, den du geschrieben hast, zu bäuerisch, derb erscheint, streue noch eine Handvoll ver, zer, ur und eigen hinein, das hebt das Niveau.« Oder: »Wenn dir ein Stück als zu gehaltvoll erscheint, nämlich als zu monoton (seltsam, daß das dasselbe ist!), so mische unter jede Seite zwei bis fünf Dialektausdrücke.« Oder: »Sollte in einem Satz dasselbe Wort zweimal vorkommen, so ist es das zweite Mal, auch wenn genau dieselbe Sache gemeint ist, durch ein anderes zu ersetzen (Synonyme finden sich immer).« (Und es ist ganz gleich, daß der Sinn, vorausgesetzt daß einer da war, gestört wird. Denn Synonyme gibt es in Wirklichkeit nicht.)

Eine *Maxime* ist: »Das Deinige sage, wiederhole nicht das der andern. – Ich will nur sagen, was mich brennt.« Oder (von Lichtenberg): »Ein guter Ausdruck ist so viel wert als ein guter Gedanke, weil es fast unmöglich ist, sich gut auszudrücken, ohne das Ausgedrückte von einer guten Seite zu zeigen.« Oder (vom selben: »Mit wenigen Worten viel sagen heißt nicht, erst einen Aufsatz machen und dann die Perioden abkürzen; sondern vielmehr, die Sache erst überdenken und aus dem Überdachten das Beste so sagen, daß der vernünftige Leser wohl merkt, was man weggelassen hat.« Oder (von Goethe): »Bei jedem Kunstwerk, groß oder klein, bis ins Kleinste kommt alles auf die *Konzeption* an.« Oder (vom selben): »Das ist die wahre Symbolik, wo das Besondere das Allgemeinere repräsentiert, nicht als Traum und Schatten, sondern als lebendig augenblickliche Offenbarung des Unerforschlichen.« Oder (nochmals von Goethe): ». . . denn leider sind dem Menschen die Worte gewöhnlich Surrogate . . . – Verharren wir aber in dem Bestreben: das Falsche, Ungehörige, Unzulängliche, was sich in uns und andern entwickeln oder einschleichen könnte, durch Klarheit und Redlichkeit auf das möglichste zu beseitigen!« Oder (von Gide): »Il faut et il suffit. L'œuvre d'art . . . où tout ce qui ne sert pas, nuit.« Oder (vom selben): »Comment ne parlerais-je pas difficilement? J'ai des choses nouvelles à dire.« Auch in der »Walpurgisnacht« findet sich eine solche Maxime oder Schreibregel:

> Du mußt des Felsens alte Rippen packen,
> Sonst stürzt sie[1] dich hinab in dieser Schlünde Gruft.

38

Eigentlich, im Grunde

Ist es deutsch, »Hornung« zu sagen statt »Februar« (und »Schattierung« statt »Nuance«)?

Nein; sondern es soll kein überflüssiger Ausdruck dastehen; und die besten Ausdrücke.

Leute wollen Deutsch lehren (besonders in schweizeri-

---

[1] Die Windsbraut.

schen Mittelschulen), die in jedem dritten Satz »eigentlich« und »im Grunde« verwenden.

Sind denn diese Wörter oder Ausdrücke nicht deutsch? Wer will das bezweifeln? Sie sind auch durchaus imstande, etwas zu bezeichnen (genauer: einen Sinn zu haben), und darum soll man sie nicht verwenden, wenn sie nichts bezeichnen: keinen Sinn haben.

»Was ist eigentlich in dieser Büchse?« – Zucker.

»Wo bist du gestern eigentlich gewesen?« – In der Stadt.

(*Dagegen* konnte ein Mädchen einen jungen Mann, auf einem Spaziergang plötzlich stehen bleibend und ihn fremdartig anschauend, sinnvollerweise fragen: »Was bist du eigentlich für ein Mensch?«)

All diese üblichen vielen Eigentlich, was sind sie *eigentlich* anderes als Zeichen der Leere?

Nicht minder scheußlich ist die Verwendung des Präfixes »eigen«. Wenn man sagen will »sein Stil hat Kraft«, pflegt man in der Schweiz zu sagen: ». . . Eigenkraft.« (– damit jedermann merkt, daß es nicht etwa die Kraft eines andern ist.) Da sehe ich nur eine Hoffnung: daß man allmählich dazugelange, allen Wörtern ohne Ausnahme anzuhängen »eigen«: damit man schließlich, genau wie in der Algebra den gemeinsamen Faktor vieler Summanden, das »eigen« ausklammern kann – und irgendwo in der Welt deponieren.

(Wenn dann einmal einer, der reden kann, das Wort wirklich nötig hat, – er wird, wo immer man es auch hingelegt habe, es wieder zu finden wissen.)

– Oder wäre das üble Spiel eine jener Fehlleistungen, über die Freud uns aufgeklärt hat, d. h. ist es vielleicht ein bestimmtes Sehnen, das jene Leute unaufhörlich dazu treibt, dem Anschein nach sinnloserweise »eigentlich« und »im Grunde« zu verwenden? Das Sehnen nach dem Eigentlichen: dem Wesen, der Person; und nach dem Grunde: dem einfachen Ausdruck. Aber das Sehnen ist dunkel wie ein nächtlicher Sumpf; es gelangt zu keiner Produktion. Wüsten Geschreies klagt nur immer der Frosch daraus hervor, mit »eigentlich« und »im Grunde«.

39

Gottfried Keller

»Der Ruhm dagegen der Gedichte Gottfried Kellers steht unerschütterlich.«

Trinkt, o Augen, was die Wimper hält ...

Stoffliche Einschränkungen gibt es für die Kunst nicht, da der Stoff an sich keine Bedeutung hat, das Eigentliche der Kunst etwas ganz anderes ist und der Stoff nie eine Verbindung damit eingeht; das stofflich Grausigste kann sogar höchste Möglichkeiten bieten, indem gerade durch den Gegensatz, bei vollem Ausbreiten und Aushaltenkönnen des Furchtbaren, die Größe des Sehens mächtiger hervortreten, ihre Souveränität reiner beweisen kann als in Verbindung mit einem Stoff, der des Gefälligen nicht entbehrt: Proust, Rilke mit seinen »Aufzeichnungen des Malte Laurids Brigge«, Ringelnatz, schon Baudelaire mit »Une Charogne« sind größte Beispiele dafür. Aber unumgänglich notwendig ist dabei immer dieses eine: daß volles Bewußtsein von der Furchtbarkeit des Gegenstandes besteht, oder, anders gesagt: die grausige Vorstellung darf nicht unfreiwillig im Leser entstehen, sondern der Autor muß sie beabsichtigt haben und beherrschen. Hat nun Gottfried Keller wohl das grausige Bild, das der genannte Vers im Leser wachruft – in jedem, *der wirklich lesen kann,* wachrufen muß – beabsichtigt oder überhaupt sich darüber nur Rechenschaft gegeben? Leider nicht im geringsten – aus der Umgebung des Verses wird das ohne weiteres klar. Gab sich doch Gottfried Keller (wie ich gleich noch an einigen Beispielen zeigen werde), sobald er Wörter zu Versen zusammenfügte, keine Rechenschaft mehr, was dabei durch das eigene Leben des Wortes für Dinge herauskamen, – und erging es ihm doch fast durchwegs, wenn er »dichtete«, wie allen dilettantischen Schreibern: die, sobald sie die Feder ergreifen, den Kopf verlieren.

Was die Wimper hält, sollen die Augen trinken. Da die Wimper es ist, die zurückhalten muß, wird das Geschehen dieses Trinkens mit Eindeutigkeit auf den äußeren, materiellen Plan verlegt. Und so sehen wir die Augen sich immer mehr füllen, die Kugeln vergrößern sich, treten aus dem Kopf hervor, die umgebenden Häute dehnen sich, werden durchsichtiger und dünner, – aber nur zu! immer zu! noch ist nicht genug Flüssigkeit hineingeströmt, immer weiter sollen sie sich füllen, mögen auch die Gewebe bis zum Äußersten gespannt sein; erst wenn *die Wimpern sie nicht mehr halten können,* soll das Trinken aufhören, kurz vor dem Platzen also, oder bevor die schmerzhaft gefüllten Kugeln aus dem Kopf herausfallen.

Auch daß das Ende des folgenden, des letzten Verses auf jedes entwickelte innere Gehör wirkt wie ein giftiger Peitschenknall, war nicht beabsichtigt; der äußere Sinn läßt uns vielmehr sofort erkennen, daß Keller im Gegenteil ein weit und reich Flutendes, ja sogar etwas Feierliches und Verklärendes als Ende vorschwebte. Aber wenn man den Vers zu lesen versucht:

Von dem goldnen Überfluß der Welt

sieht man, daß der Vokal von »der« eigentlich kaum mehr existiert, man kann das e fast nicht mehr aussprechen: alle

Tonkraft (die überwiegende Tonkraft sogar schon von Anfang des Verses an) fällt auf das »Welt«, und dieses – *gellt* denn auch: »gellt« – mehr noch als »zerschellt«, »bellt« – ist nichts anderes als der eigentliche, innere Reim dazu! *Ihn* hört man unbewußt nachklingen, wenn man lesen kann. – Das nun ist an Gestalt, an realisiertem Sinn herausgekommen an der Stelle, wo dem äußern »Sinn«, der Absicht nach etwas breit Strömendes hätte sein sollen, – weil eben Gottfried Keller, wenn er Verse machte, jeder Sinn für die Bedeutung, das eigene Leben des Wortes abging.

Dann sagen sie wieder, Gottfried Keller sei eben ein »Augenmensch«. Das soll wohl heißen, daß seine *Vorstellungen* richtig zusammengefügt und scharf seien? (Mit »was die Wimper hält« hat er ja in der Tat eine mächtige Vorstellung ins Leben gerufen.) – *Wortgenauigkeit und richtige Vorstellung sind aber in der Dichtung identisch*. Es ist eben das *Wesen* der Dichtung, daß sie identisch sind! Es ist zu allen Zeiten so gewesen und wird immer so sein. In keiner von allen Literaturen hat es jemals ein wirklich gutes Gedicht gegeben – von surrealistischen Gedichten bis zurück zum ältesten und einfachsten »Volkslied« –, in dem, soweit es gut war, zwischen der Genauigkeit der Vorstellung und der Genauigkeit des Ausdrucks die geringste Differenz bestanden hätte. – Doch schauen wir noch etwas weiter die Vorstellungsgenauigkeit beim Dichter und »Augenmenschen« Gottfried Keller an. Immer dasselbe Gedicht, sein berühmtestes, soll dazu dienen:

Abendlied

Augen, meine lieben Fensterlein,
Gebt mir schon so lange holden *Schein,*
Lasset freundlich *Bild um Bild herein:*
Einmal werdet ihr verdunkelt sein!

> Fallen einst die müden Lider zu,
> *Löscht ihr aus,* dann hat die Seele Ruh;
> Tastend streift sie ab *die Wanderschuh,*
> Legt sich *auch* in ihre finstre Truh.
>
> Noch zwei *Fünklein* sieht sie glimmend stehn
> *Wie zwei Sternlein, innerlich zu sehn,*
> Bis sie schwanken und dann auch vergehn,
> Wie von eines Falters Flügelwehn.
>
> Doch noch wandl' ich auf dem Abendfeld,
> Nur dem sinkenden Gestirn gesellt;
> Trinkt, o Augen, was die Wimper hält,
> Von dem goldnen Überfluß der Welt!

Es sind im ganzen Gedicht überhaupt nur wenige Verse nicht unmöglich[1]: der erste, »Augen, meine lieben Fensterlein« – welcher übrigens sentimental ist (aber eben diese Sentimentalität mag den Ruhm des Gedichtes verschuldet haben) –, dann noch der erste der zweiten Strophe, ein konditionaler Nebensatz, der für sich nicht bestehen kann: »Fallen einst die müden Lider zu«, und vor allem natürlich der halbe Vers: »dann hat die Seele Ruh«. Das ist ihm wirklich eingefallen. Das meiste weitere ist hinzugezwungen. Größtenteils schon – den vierfachen Reim durchzuhalten – »die Wanderschuh«, in welchem Maße aber erst die unglückselig-überraschende *Truh,* in die – eine Schuhkiste[2] also – die Seele

---

[1] Daß mein am Anfang stehender Satz »Der Ruhm aber der Gedichte Gottfried Kellers steht unerschütterlich«, noch immer berechtigt ist, beweist mir ein Ausschnitt aus der »Neuen Zürcher Zeitung«, der soeben zufällig in meine Hände geraten ist. Dieser mit C. H. gezeichnete Bericht beginnt so: »Der Basler Literarhistoriker Wilhelm Altwegg wählte für seinen Vortrag am Herbstbott (was dieser oder dieses Bott wohl ist?) der Gottfried Keller-Gesellschaft *ein subtiles Thema,* das er *mit feiner Akribie* behandelte. Klar und eindringlich wußte er *Gottfried Kellers Verskunst* zu beleuchten.« – Was für eine feine Akribie das ist, geht aus folgenden zwei Stellen hervor: »Im ›Abendlied‹ aber ist *in einer Eingebung Gedanke, Bild und Klang geworden,* was ... den Heimgekehrten überkam ...« und: »Im ›Abendlied‹ *gestaltet das überlegene Alter* frei aus sich die Gedanken und die sie tragenden Bilder.«

[2] Weiß ich vielleicht nicht, daß Keller nicht an eine Schuhkiste gedacht hat? Aber was hat er *geschrieben?*

sich dann *auch* legt! (Valéry sagt irgendwo, daß es nicht schwierig ist, *einen* guten Vers zu machen; wohl aber, einen zweiten hinzuzufügen.) Vielleicht noch ein weniges an Inspiration dämmert durch in »Nur dem sinkenden Gestirn gesellt.« – »Noch zwei Fünklein . . .« usw. wäre an sich nicht schlecht, in was für einer Beziehung aber steht diese Vorstellung zu dem Vorangegangenen? Die Augen sind *Fenster,* sagte er, die Lider sind zugefallen; – und nun auf einmal eine Geschichte von Fünklein und Sternlein! – Die eigentlich katastrophale Zeile, über die man zuerst hinfällt, ist die zweite; und man wird nicht wieder aufstehen; genauer, das »Gedicht« wird nie wieder aufstehen, wenn man die Unmöglichkeit dieses Verses erkannt hat, der dann unerträglich, perfid, Gift wird für jedes Vorstellungsvermögen, für jeden Geist, der sich redlich bemüht, zu folgen und zu sehen (gemäß dem Wort von Goethe: »Wir haben das unabweichliche, täglich zu erneuernde, grundernstliche Bestreben: das Wort mit dem Empfundenen, Geschauten, Gedachten, Erfahrungen, Imaginierten, Vernünftigen, möglichst unmittelbar zusammentreffend zu erfassen.«).

Gebt mir schon so lange holden Schein

(Von dem zu seiner Zeit schon – abgesehen von ganz besonderen Fällen – unmöglichen Wort »hold« will ich nicht einmal reden.) Er hat die Augen verglichen mit Fenstern; sie sind die Fenster des Menschen, des Körpers, oder der Seele; dagegen ist nichts einzuwenden. Was er nun sagen will, ist klar: sie gestatten ihm, gestatteten ihm schon lange, hinauszuschauen, das Licht zu empfangen. Ohne sie wäre das Haus ohne Fenster: es wäre in ihm dunkel. – Was aber sagt er? Nun geben die Fenster ihm – *Schein* . . .

Das Wort »Schein« (isoliert, also nicht in der Verbindung

Sonnenschein) hat heute zwei Bedeutungen: 1. ist es (nahestehend »Anschein«, »scheinbar« usw.) gleich dem französischen Wort apparence, wie in »das Leben ist ein Schein«, »der Schein dieses Gedichtes trügt«. Wollte Gottfried Keller sagen, er habe dieses sein Leben lang durch die Augen – die er besingt und verklären will – empfangen? Ohne Zweifel nicht. 2. hat das Wort die Bedeutung einer ausgesprochen schwachen Lichtemanation: »Im dunklen Feld gewahrt man einen Schein.« – »Trotz der Fensterlosigkeit drang noch ein Schein in den Keller.« Meinte Gottfried Keller dies? Zweifellos noch weniger.

Daß – während das Verb »scheinen« in absolutem Sinne gebraucht werden kann, die Kraft hat, auszudrücken »eine Masse von Licht spenden«: die Sonne schien gewaltig über dem Meer, – daß das Substantiv »Schein« diesen absoluten Sinn nicht oder nicht mehr hat (man kann nicht sagen »der gewaltige Schein der Sonne über dem Meer«, man müßte dafür einsetzen »Lichtflut«, »Licht« oder dgl.; und nicht »der Schein dieses Julitages an der Riviera war fast zu mächtig für uns«), – daß das Wort in die zwei genannten Bedeutungen zurückgedrängt ist, das wußte Keller ganz genau: Aber was gab er sich Rechenschaft darüber beim Dichten, was kümmerte es ihn beim Versemachen? Wenn nur Reim und Vers fertig wurden, man braucht das Einzelne nicht anzuschauen, es braucht nicht zu stimmen; holpricht über alles hinweg und dem Ende zu! »Seine Finger griffen in die Leier ...«

Es soll mir aber keiner mehr etwa mit *poetischen Lizenzen* kommen! Das Wort ist eine der größten Lügen, die je existiert haben. *Es gibt keine poetischen Lizenzen.* (Höchstens pathetische Lizenzen.) (Nur für den Apotheker gibt es »poetische« Lizenzen. Für den Poeten ist im Gegenteil alles viel *strenger* als für irgend einen Schreibenden und für irgendwen.)

Auch da zeigt sich wieder, daß das Ohr sich nicht täuscht: denn lange bevor man nachgedacht, diese Dinge sich klargelegt hat, sofort beim Lesen ist an der Stelle »gebt mir . . . Schein« ein äußerst unangenehmes Gefühl entstanden (. . . etwas *Fadenscheiniges,* ein dünner Schneevorhang, oder etwas von der Bleichheit des Kerzenschmalzes schwebt sekundenlang vor), ein unangenehmes Gefühl, über das dann die mittelmäßigen Leser freilich rasch hinweggehn, sie müssen ja beim Lesen immer vorwärtshasten. (Und für sie hat ja eben Keller »gedichtet«.)

Wie weit, sobald er »dichtete«, seine Gewissenlosigkeit dem Wort, und nicht nur dem Wort in seiner feineren Beziehung, sondern dem ganz äußeren, leicht nennbaren Gedanken gegenüber gehen konnte, dafür will ich noch ein Beispiel geben, das, meine ich, auch einem groben Gehirn sogleich Entsetzen einjagen müßte. Nicht davon will ich reden, was Gehalt und allgemeine Linie des Sonetts »Von Kindern I« ist – beiläufig kann ich bemerken, daß ich es einer sentimentalen und nicht besonders begabten Gymnasiastin zugeschrieben hätte, wenn ich nicht gewußt hätte, daß es von dem berühmten National-Dichter stammt –, sondern nur von den ersten drei Zeilen, denn hier zeigt sich etwas bedeutend Schlimmeres:

> Man merkte, daß der Wein geraten war:
> Der alte Bettler wankte aus dem Tor,
> Die Wangen glühend . . . usw.

Er war total betrunken. Und zwar darum war er betrunken, weil die diesjährige Weinernte von besonders guter Qualität war. Oder umgekehrt: Man merkte, daß der Wein geraten war (Doppelpunkt, d. h., jetzt kommt der Beweis): Ein alter Bettler war total betrunken. Solche Argumentation erlaubt sich der Dichter Keller in seinen Versen, der in seiner Prosa auch etwas zehnmal weniger Idiotisches für unmöglich gehalten hätte. (Weiß doch jedes Kind, daß man aus der Besoffenheit des alten Bettlers vielleicht hätte schließen können, daß er eingeladen worden war oder ausnahmsweise viele Almosen zusammengebracht oder in einer besonders finsteren Laune Wein gestohlen hatte – oder irgend etwas Ähnliches, nur nie und nimmer, daß die Qualität des Weines in diesem Jahr ein besonderes Niveau hatte.) Was geht daraus hervor? Dies: daß Keller, wenn er Gedichte machte, Verstand und höhere Ansprüche ausschaltete; seine Finger in die Leier greifen ließ und sich zufrieden gab, wenn es nur irgendwie dudelte, – wenn nur Reime und Verse fertig wurden und eben wie ein Gedicht aussahen; das heißt, daß Gottfried Kellers Versdichten der reinste Dilettantismus war.

Von Kellers Prosawerk, das, möge man es lieben oder nicht, jedenfalls von seiner Versmacherei weltenweit verschieden ist[1], habe ich hier nicht geredet und zwar nicht zuletzt darum nicht, weil es mir überhaupt weniger auf Gottfried Keller ankam, als darauf, die Zustände einer Literatur, eines literarischen Lebens (oder Todes) zu zeigen, in dem der Ruhm solcher Gedichte bis heute unerschütterlich steht, wogegen man noch fünfundzwanzig Jahre nach Erscheinen des Olympischen Frühlings darüber streiten konnte, ob man seinen Verfasser als Dichter zu betrachten habe oder nicht (es gibt ja in der Schweiz so viele wahre und wirkliche Dichter!). – eines literarischen Lebens (oder Todes), in dem ein Robert Walser nie recht angenommen wurde (die Redaktion einer führenden Zeitung soll sich seinerzeit gerühmt haben, sie schicke ihm nun immer seine Arbeiten zurück), wiewohl er in seinen besten Prosastücken bisweilen das erreicht hat, was bisher nur in Melodien Mozarts vorhanden war, jenes Leise, Selige und Traurige, und

---

1 Diese Scheidung vorzunehmen, das wäre die wirkliche Aufgabe einer »Gottfried Keller-Gesellschaft«, eher als Vorträge halten zu lassen – möge es auch mit feiner Akribie geschehen – über eine Verskunst, die nie existiert hat.

so unendlich Einfache, daß man meinte, jeder könne es machen, und das doch nie einer nachgeahmt hat; – in dem man einen Jakob Schaffner, solange er die Höhe seiner einsichtsreichen Intelligenz nicht durch Nationalsozialismus ausdrückte, für einen großen Geist hielt; – in dem man die *Essays* von Ramuz weder übersetzen läßt noch französisch liest (den Olympischen Frühling liest man ja übrigens auch nicht, man muß ihn nur allenfalls besitzen des Nobelpreises wegen); – in dem man Hermann Hesse als den größten deutschsprachigen Dichter der Gegenwart betrachtet, und zwar selbstverständlich den Hesse von Demian etc., der Sommer- und Herbst-Skizzen von den Dahlien und Astern, und vor allem den der *Gedichte!* – in dem man Proust nicht liest; – Kafka als krankhaft bezeichnet und Karl Kraus nicht kennt oder dann für einen jener Literaten hält, von denen ihn die ganze Ewigkeit scheidet.[1]

– eines literarischen Lebens (oder Todes) schließlich, das es möglich macht, auch heute noch »die schönsten Gedichte von Gottfried Keller« in vollem Ernste herauszugeben, von der maßgebenden Kritik mit hohen Würden empfangen (um Albin Zollinger, von dem noch nicht alle Gedichte erschienen sind, ist es still geworden, von Konrad Bänninger redet nie jemand). Und siehe, da bilden sie einen ganzen Band! Lauter schönste! – während man in Wirklichkeit doch zufrieden sein muß, wenn insgesamt zwei oder drei halbwegs ein Gedicht sind.

---

1 Wenn von *Albin Zollinger* hier nie die Rede ist, so, weil ich zur Zeit der Entstehung dieses Werkes ihn nicht einmal dem Namen nach kannte.

Zum Olympischen Frühling muß ich noch bemerken, daß ich ihn wohl für das *repräsentativste* Werk der neueren schweizerischen Literatur – seit dem Grünen Heinrich und Huttens letzten Tagen – halte, nicht das höchste. »Repräsentativ« ist hier etwa zu definieren als die Summe von Form *und* Substanz und wohl auch noch einer gewissen Art von Dimension. Durch seine gewaltige geistige Energie, seinen Ernst, den durchgehaltenen schöpferischen Willen muß Spitteler – sehr ähnlich wie Hodler – immer wieder in seinen Bann zwingen, während bei einem Zollinger die reine schöpferische *Potenz* viel größer war.

Ich kenne ihrer zwei: »Die kleine Passion« (die übrigens trotz Reim und Versen eher Prosa ist) und »Der Taugenichts«, dessen erste Strophen man freilich auch nicht lesen kann.

»Ein Bettelpack stellt' seinen Thron / Ins Feld zum ersten Mal«: soll wohl komisch wirken? ist aber viel eher albern. Und der kleine Betteljung' (schöner Ausdruck! Er muß eben auf Begeisterung reimen. Darf man nicht apostrophieren? Man darf alles, was man kann; wichtig ist nur, was dabei herauskommt), der kleine *Betteljung'* redet abstrakt wie ein Philosophieprofessor: »*Bedacht* nur, aus dem *Wunderflor* / Zu stehlen mir dies *Glück!*«

Dann aber aufeinmal, am Anfang der vorletzten Strophe, findet sich – was in Gottfried Kellers Gedichten so selten ist wie eine Perle in einem Haufen Muscheln – eine scharfe und gründliche Beobachtung, ein wirklich glücklicher Einzelzug, ein Einfall, der Freude machen muß:

> Im Zorn fraß er den Hecht, noch eh
> Der gar gesotten war

(Wie hätte die undichterische Wendung dafür gelautet, das, was jeder Apotheker gesagt hätte? Entweder: Vor Zorn habe er den Hecht nicht essen können. Oder . . . habe er ihn verkochen lassen.) Und nun, von »Die Mutter schmält mit sanftem Wort« an, wird das Gedicht einfach – schön und bleibt es bis ans Ende; es sind die zwölf Verse Kellers, die aufbewahrt werden müssen, weil trotz kleiner Gebrechen (wie, daß Fluß auf Fuß, rief auf pfiff reimen soll) das Positive, das Dichterische – die Reinheit des Worts – darin dominiert.

40

Daß Spitteler so viel mit Worten geknattert und trompetet hat, ist schweizerisch. Denn den Schweizern geht wie niemand anderm ab der Sinn für Sprache (deren Wesen ja nicht das Tonale ist, sondern das Begriffliche).

»*Harms Kater,* Couture« las ich an einem Hause und das brachte mich auf solche Überlegungen. Wie viele in der Schweiz, dachte ich, würden die Komik dieser Aufschrift empfinden?

41

Der bewährte Kritiker

Es verhält sich mit ihm wie mit den Schönheitsköniginnen: sie sind nicht zu groß, nicht zu klein; nicht zu fett, nicht zu mager; nicht zu breit, nicht zu schmal; haben weder zu starke noch zu schwache Brüste; weder zu viel noch zu wenig Wölbungen. Nur Schönheit haben sie nicht.

Er schreibt weder zu gewagt, noch zu konservativ; weder zu kurz noch zu lang; weder zu persönlich noch zu unpersönlich; weder zu leicht noch zu schwer; nicht ab und nicht Eigenes.

Er ist weder zu geistvoll noch zu bilderreich; weder zu ornamental in der Sprache noch zu natürlich; weder zu schwer lesbar noch zu leicht. Er ist so, daß er's allen recht macht. Er ist nicht anzugreifen.

– nicht offen und nicht verschlossen; nicht hilfsbereit und nicht abweisend. Fragst du, wie er schreibt? Man kann nur mit Gegenteilen antworten.

Er ist immer bereit, die neuen Dinge zu verteidigen: wenn er vorher nach den Chancen (durch die Stimmung der andern) sich erkundigt hat – er nennt das Wissenschaftlichkeit –; sonst aber hält er sich an das solide Alte.

Er ist sogar kühn – wenn er durch einen seiner Diener sich des Mitkommens der Mehrheit hat versichern lassen; dann geht er kühn ganz allein voraus.

42

Der Kunstkritiker

Ein junger Künstler ging dem berühmten Experten, dem großen Kritiker der städtischen Geisteszeitung einen Besuch abstatten und zwar an einem Winterabend um 6 Uhr. Der berühmte Kritiker war allein zu Hause und forderte den mit Bildern beladenen jungen Mann auf, einzutreten. »Ein sparsamer Mensch«, dachte dieser, denn das Licht war noch nicht angezündet. Sie redeten. Der große Kritiker erkundigte sich nach sehr vielen Dingen, Herkunft, Geldverhältnissen, Beziehungen; wie der sich verhalten, was jener gesagt habe. Endlich verlangte er die Bilder zu sehen. Der scheue Jüngling wagte keine Bemerkung über die Beleuchtung, das heißt Nichtbeleuchtung, und reichte in dem nun schon völligen Dunkel ein Bild, in der Annahme, der Herr des Hauses werde dann Licht machen; statt dessen begann dieser aber sogleich zu sprechen. »Sie malen noch etwas linkisch, unsicher, der Stil tritt noch nicht entschieden hervor. Es sind aber Ansätze vorhanden, entschieden Eigenes deutet sich an. Koloristisch ist hier schon manche Nuance bemerkenswert; feinere Töne drücken Atmosphäre, ja Atmosphäre aus! Nur immer arbeiten, arbeiten! Atmosphäre, Gefühl und weich-schwungvoll Gemaltes – reich und saftig farbig Hingelegtes, schmelzende Form, kompositionell immer sicher und ruhig! Manches ist schon angedeutet, der Weg der Kunst ist lang, aber Anlaß können Sie nehmen, junger Mann, hoffnungsreichst ihn zu beschreiten. Nun kommt freilich auf die Intention, wie Goethe gewußt hat, welcher viel von unserm schwierigen und undankbaren Fach verstand, auf die Intention – conditio sine qua non – alles an; jedoch nur, wenn diese Intention schließlich hervortritt im sicheren Stil des Meisters.« Der erschrockene junge Mann brachte keine Silbe hervor. – »Was stellt das dar?« – »Einen Garten, Mühle dahinter, Garten mit gelben Rosen, Morgenbeleuchtung . . .« – »Nicht das will ich hören«, unterbrach ihn der Kritiker, freilich *erst jetzt,* »ich meine, die Idee? In welcher Region der bekannten Kunst haben Sie irgendwelche – ich will ja nicht sagen Einflüsse – Anregungen, Beziehungen gespürt?« Nach seinen Erklärungen mußte der junge Mann weiter Bilder reichen, welche jedoch der Kritiker nur noch kurz in den Händen behielt. Die Audienz ging zu Ende. »Also«, sagte der Große mit frischerer Stimme, »eine genaue Würdigung Ihrer Bilder wird nächstens in der Geisteszeitung erscheinen.« Er reichte die Hand, welche der Jüngling nicht ergriff, da er sie nicht sah. »Pardon«, stammelte er, »ich kann die Bilder . . . nicht wiederfinden.«

»Bitte?«

»Die Bilder . . . ich weiß nicht, wo alle liegen, ich kann sie . . . im Dunkeln . . .«

»Herrgott!« brüllte der andere auf, »brannte das Licht nicht, die Haushälterin . . .«

»Es war ein Scherz«, stieß er dann mit rauher, ächzender Stimme hervor, welche das Gesagte nicht bekräftigte.

Es hatte bisher von ihm geheißen, daß er schwer gichtleidend sei; selten einmal war er von einer andern Person vorsichtig durch eine Ausstellung geführt worden, die Augen immer hinter großen dunklen Gläsern verborgen.

43

Warum ist es nötig, die Fehler gewisser großer Männer – wie Nietzsches – aufs klarste herauszustellen? Um die Wirkung ihres bedeutenden Guten nicht zu behindern. Bleiben die Fehler eng verbunden mit dem Positiven, so sind sie oftmals die Gewichte, die das Ganze versinken machen.

Nietzsche hatte wenigstens zwei Fehler: 1. dem Leser Zugeständnisse zu machen. (Jedenfalls in Zarathustra. Einer machte den Witz, er habe aus Rivalität mit Wagner auch eine Oper schreiben wollen.) 2. Begriffsübersteigerung, die Manie, über die zu erzielende Wirkung hinaus zu schlagen (was stets nur dazu führt, daß der Schlagende selber stürzt oder doch seinen Stand gefährdet). – Beide Fehler sind übrigens demselben Grunde entsprungen: der übergroßen, für ihn nicht ertragbaren Einsamkeit.

Einige stoßen auf diese Fehler und geben das Lesen auf: hat man ihnen doch *nur* Gutes von diesem Mann gesagt. Sind sie dagegen auf die Fehler vorbereitet, dringen sie weiter.

44

Unterschiede. Der Journalist geht an *besondere* Orte, um etwas zu erspähen, der Schriftsteller späht an jedem Ort. Der Journalist tut es, um zu »arbeiten«, der Schriftsteller immer, er kann nicht anders. – Zwar ist der Journalist mehr wert als im Durchschnitt der Gelehrte (er kann nicht bestehen ohne Talent), aber dieser ist doch der Diener, der letzte Angehörige einer großen Sache: der Wissenschaft; während der Journalist der verworfenen und übeltäterischen Sache dient, die das Zeitungswesen ist.

In der *Kunst* besteht das Primäre im persönlichen Wert; es kann nicht der persönlichen Wertlosigkeit gegenüber eine Kunst geben, die Wert hätte. Die elenden Diener taugen unter Umständen noch etwas in der Wissenschaft, in der Kunst nie, sondern hier können das immer nur die guten (die vollen) Diener.

. . . Was aber das Gemeinsame ist – die volle Hinwendung, das Glühen, das in die Welt Schauen (das *reine Sehen*), das auch in einem Pasteur, bei seiner wissenschaftlichen Ausübung, vielleicht momentweise war –: *Ist ja eben Kunst.*

45

Jakob Burckhardt, wohl der größte Mann der Wissenschaft, dessen Werk ich näher kenne, war eigentlich kein Mann der Wissenschaft, sondern ein wirklicher Schriftsteller (viel mehr Schriftsteller, das heißt Künstler, als Hunderte dieser Romanschreiber und Lyriker der Schweiz); ein Geist von Goethe. Ein Schriftsteller, dem die Wissenschaft Stil war, und Materie war, der seine Substanz durch das Geröhre der Wissenschaft getrieben hat.

46

Deutsch lernen kann man nur in Frankreich und, besser noch, durch das Lateinische.

47

Auf die Aussprache kommt im Deutschen bei weitem nicht so viel an wie etwa im Französischen. Wer einer von den wenigen ist, die mehr oder weniger reines Deutsch sprechen (welches ja im deutschen Sprachgebiet nirgends, d. h. in keiner Gegend als ganzer, gesprochen wird), darf sich ruhig einen leichten Akzent erlauben, eine Färbung nach irgendeinem Dialekte hin, – doch spreche ich nur von der Aussprache! Und auch da mit dieser Einschränkung: daß es sich um die Färbung der Vokale handle; wenn dagegen die *Konsonanten* schlecht oder gar falsch gesprochen werden, steht die Sache weit schlimmer.

Der beste Einfluß, auch für die Aussprache des Deutschen, kommt nicht aus irgendeinem deutschen Sprachgebiet, sondern vom Italienischen oder Lateinischen her. (Interessant und wichtig sind die Ausführungen Thomas Manns, im »Zauberberg«, über die Sprechweise Settembrinis: dieser, nicht von deutscher Abstammung, und von lateinischen Sprachen herkommend, sprach am besten und richtigsten deutsch.)

Verbreitet ist in der Schweiz der wahrhaft groteske Irrtum, man müsse nach Berlin gehen, um richtig Deutsch zu lernen! (*Was* die Leute dann dort lernen – Schnippischheiten und Schnoddrigkeiten der Aussprache, aufgeklebt als Firnis auf eine Sprache, die sich im wesentlichen nicht weiter gestaltet, nicht über das Niveau des Dialekts erhoben hat, – ist etwas vom Bedenklichsten.)

Das Deutsche, Sprache wie Aussprache, muß und kann fast nur durch Studium, durch Denken, *vom Abstrakten her* gefördert werden.

48

Der verlorene Sohn

Während die meisten Gleichnisse des Neuen Testamentes die Gewalt eines kurzen, blanken, scharfgeschliffenen Schwertes haben, das in unaufhaltsamem Stoß geführt wird, ist das vom verlorenen Sohn mißraten. Ja, eine schöne Geschichte ist es nicht – vielmehr eine recht häßliche. Genauer, die Geschichte eines häßlichen, banalen, in banaler Weise unglücklichen und somit nicht befreienden, sondern den Geist kränkenden Falles. – Das Alte, der Alte, war stärker als das Neue, als der Sohn; nach dem Lesen geht man davon mit dem unangenehmen Eindruck, den eine ungenügende Begabung erweckt, die Unfähigkeit, etwas Neues zu schaffen – überhaupt etwas zu schaffen, Geschaffenes ist immer neu.

Und gar nicht das sollte ausgedrückt werden! Die umgebenden Gleichnisse machen es deutlich. Die Geschichte ist vor allem *technisch* mißglückt. Was gesagt werden sollte, ist:

daß die schöpferische Macht die erwählt, die ausgestoßen sind. (– daß das Schöpferische aus dem Problematischen entsteht; die Befruchtung durch das Chaotische: schon der Inhalt also jener großartigen Szene des Niedersteigens zu den Müttern; oder auch schon die Lehre *von den hereinbrechenden Rändern:* daß die Mitte von morgen nicht aus der Mitte von heute wird, sondern aus etwas weit außen Liegendem, Kleinem.) Nun hat die Fabel zu viel Ballast aufgenommen (oder: sie hat jene Form, die Goethe Allegorie nennt und welche die andern, kurzen Gleichnisse so ausdrücklich haben, verlassen, ohne der Form, die Goethe Symbolik nennt, genügen zu können) und ist *entgleist.*

Die vorhergehende Geschichte vom Schaf ist gut und schön, nichts ist darin fehlgegriffen, ausgedrückt ist genau das, was beabsichtigt war. Woher die Differenz (da doch beide Male das Gleiche gesagt zu sein scheint)? Daraus, daß die Schafe zu dem Hirten sich nicht wie die kommende Generation zur früheren verhalten. (Wer das nicht begreift, dem ist nicht zu helfen.)

Weil die Geschichte unbefriedigend, ja unfertig ist, hat André Gide sie wieder aufgenommen. Und dabei hat er, wie man weiß, ganz anders geendet. Da er die einmal gegebene Familie beibehalten mußte, war er genötigt, etwas Weiteres dazu zu erfinden: den jüngeren Bruder; aber nicht etwa als schmückende Beigabe, dieser jüngere Bruder trägt am Ende das ganze Gewicht – und zu unserm Glück, zum Glück der Welt; die Hoffnung wird nicht begraben.

Nachträglich:
»Mir war der verlorene Sohn immer verächtlich, aber nicht deswegen weil er ein Schweinehirt war, sondern weil er wieder nach Haus gekommen ist.«
Nestroy

Denn dieser jüngere Bruder wird vielleicht nicht verloren gehn. Verloren ist ja der Verlorene Sohn gewesen, geblieben.

Und wäre er wenigstens nicht wiedergekehrt – in *solchem* Zustande. Es war überflüssig und sinnlos, wiederzukehren in solchem Zustande.[1]

Die Geschichte des Neuen Testaments aber bleibt ohne Beziehung zum Weltgeschehen im großen Sinne, sie ist ohne Tragik. – Denn die *Dinge,* die einzelnen Teile, die man in einer Erzählung verwendet, haben ihr eigenes Leben (wie die Wörter in einem Satz), sie reden auch (mehr als nur dasteht): Man kann nicht beliebige Dinge (wie hier versucht wurde) *zwingen,* daß sie reden, wie der Gleichnissager es will; sondern sie reden, wie *sie* wollen. Das Schaf konnte nun eben nichts anderes sagen und darum ist jenes Gleichnis gut: die in ihm verwendeten Teile stellen ihre ganze Dynamik in den Dienst des Gleichnissagers und sind somit in seinem Sinne endlos fortzeugend.

49

Sand und Strand

Immer habe ich nach Sympathie gesucht in meiner über alle Maßen heftigen Abneigung gegen den Sand – diesen Strand der Nordsee. – Wieder einmal habe ich mich in guter Gesellschaft gefunden, endlich. Niemand noch hatte vorher meinen Eindruck von diesem entsetzlichen Strand der Nordsee geteilt; selbst Z., der Dichter, den sie dann seiner Armut wegen von hier ausgewiesen haben, wollte nie richtig loslegen; die Holländer haben's ihm doch nicht gedankt, denn, wenn man sie auch nicht eben schönheitsliebend nennen kann, daß sie den greulichen Anblick extremen Geldmangels ertragen, soll man denn doch nicht von ihnen verlangen. Die

---

1 Vgl. Nuancen und Details II, 9.

andern alle, wenn ich fortan meinen Eindruck aussprach, schauten mich süßlich-stumm an (Holländer reden ja nicht – was einige zu der irrtümlichen Annahme führte, daß sie denken), als ob ich sie gelinde habe belustigen wollen. Endlich fand ich was ich suchte, im IV. Akt von Faust II:

> Nun schwillt's und wächst und rollt und überzieht
> Der *wüsten Strecke widerlich Gebiet.*
> Da herrschet Well' auf Welle kraftbegeistet,
> Zieht sich zurück, und es ist nichts geleistet,
> *Was zur Verzweiflung mich beängstigen könnte!*

Und mir war, als ob ich einen seufzenden Schrei – der weichenden Qual und des Danks – abgeben müsse.

50

Über eine Wahnsinnsgefahr

Bei Widerstand des Milieus, genauer, bei totaler Wirkungslosigkeit (*das* ist der größte Widerstand), wird gleicherweise die Tätigkeit eines Schwachen geschwächt oder ausgelöscht, die des Starken gesteigert. Diese *Steigerung* aber (bei Nietzsche, bei Multatuli) verschärft noch das Mißverhältnis (bei niemand wohl so klar zu beobachten wie bei Nietzsche), was wieder eine Steigerung verursacht, und so geht es weiter.

Es handelt sich um das Verhältnis des Innen- und Außendrucks; die Wand aber, die bei zu großer Differenz zerstört wird, kann leicht das Gehirn sein.

Detaillierter: Wenn nun dieser Mann, der eine über alle »Natur« hinaus gesteigerte geistige Tätigkeit entfaltet, einen Augenblick *ausruhen* will, wird er wahnsinnig (oder ist in Gefahr, es zu werden, dieser quantitative Unterschied interessiert uns hier nicht). Ich betone: in diesem Momente, wann er ausruhen will. (Nicht im Momente der gesteigerten

Tätigkeit also; diese schützt; – wäre das übrigens nicht ein Beweis, daß es sich *doch* um Natur handelt? Müßte nicht, wenn diese gesteigerte Tätigkeit wider die Natur wäre, vielmehr eben im Moment der größten Steigerung der Ruin eintreten? – Dieser kommt aber eben erst zustande durch das Verhältnis mit der *umgebenden* Natur.)

– wann er ausruhen will. Denn ihm ist keine Möglichkeit zum Ruhen gegeben.

Ihm ist keine Ermöglichung des Ausruhens mehr gegeben! Er hat sich so weit von allem Umgebenden entfernt – es ist so gar nichts mitgekommen davon –; so lange er in der Erhitzung seiner Tätigkeit lebte, war er geschützt: nun will er sich auf die Rasenbänke niederlegen – sie sind nicht mehr da.

(Jedem Schmied ist die Möglichkeit zum Ruhen gegeben, jedem Flieger, Boxer, Metallarbeiter; nicht dem extremen geistigen Arbeiter; er macht zu gefährlichen, fremden Flug. »Des Menschen Sohn hat nicht, wo er sein Haupt hinlege.«)

Es gibt vielleicht Fahrzeuge, solche der Luft, die ihre Geschwindigkeit nur noch steigern dürfen; erlahmen sie, fallen sie herunter; sie können nie mehr landen. – Wo es sich aber um eine *geistige* Tätigkeit handelt, hängt das Geschehen – die Verhinderung des Geschehens – vorwiegend vom Willen ab (von dem, was wir einmal nennen »Willen«).

Der Wahnsinn kommt also hier nicht im engeren Sinne physiologischerweise.[1]

Daß alles physiologisch bedingt ist, mit unserem Körper zusammenhängt – wie mit allem andern –, soll nicht geleugnet werden; ich sagte darum »nicht im engeren Sinn –«. Eine

---

[1] Die Wissenschaft legt freilich dar, daß es sich im Fall von Nietzsche (wie bei Maupassant) um eine Geisteskrankheit handelte, die rein physiologisch bedingt, die objektiv unwiderstehlich war. – Gleichviel.

Lungenentzündung hätte einen dieser Männer über Nacht befallen können, rücklings, *trotz* seinem Denken; oder genauer vielleicht: ein fahrender Wagen, ein Blitz, ein Erdbeben. Für diesen Wahnsinn mußte es in seinem Denken erst dazu gekommen sein, daß er sagen konnte: »Ich bin müde.«

51

»Du sprichst nur immer über Kunst.« Und eben in diesen Tagen habe ich bei Karl Kraus gelesen, daß es gar nicht darauf ankommt, *worüber* wir reden; und das ist auch ganz gewiß wahr.

Hebe dich selbst auf eine höhere Stufe, dann ist, was du auch sagest, ein Höheres. »Je mehr wir die Dinge erkennen, umso mehr erkennen wir Gott.«

– alles, was du sagst, wird ein Höheres sein: du magst vom Schlafe, von deiner Morgentoilette, von einem Baumblatt, von einem andern Menschen, vom Akkusativ reden; ja, von einem andern Menschen auch, sogar von Wirtschaft, sogar von Politik.

– Sie möchten, sagen sie, jetzt einmal etwas vom *Leben* hören. Ich verstehe nicht. Was wollen sie? LEBEN? (Kann ich denn etwas dafür, daß es ihnen nicht gelingt? Sie müssen mich besser lesen.)

52

... Sie nennen das *»Lesefrüchte«*. So mild-lustig. Ich werde von nun an unterscheiden in meinem Denken: Waldfrüchte (besonders im Mondwald habe ich viel gedacht); Straßenfrüchte; Caféfrüchte; Meerfrüchte und noch ganz viel andere. *Baumfrüchte*, wenn ich beim Anblick eines Baumes auf einen Gedanken komme.

53

... Ja, verlangt ihr denn, daß Goethe unendlich sei, daß er Spuk treibe?

(Denen, die an den Grenzen Goethes – welche sich zeigen z. B. Pestalozzi gegenüber – sich zu entsetzen beginnen: als ob *ein* Mann, der schon viel mehr als alle andern war, überhaupt keine Grenzen mehr hätte haben sollen. – Und wenn nun einer schon siebenmal so viel wie ihr arbeitet, verlangt ihr dann, daß er überhaupt nicht mehr ausruhe?[1])

54

Zu Faust II. – Das ganze Lied von Lynceus, besonders aber

> Ein großer Kahn ist im Begriffe
> Auf dem Kanale hier zu sein

ist eine Einfallspforte, *kann eine* sein.[2] Wer einmal dieses den Apotheker – und nicht nur ihn – Schockierende zu verstehen beginnt, der findet Zugang zu Goethes höchstem, spätem Stil. Bald wird ihm mehr und mehr aufgehen, wie vollkommen richtig in den Mitteln da alles ist, in welchem Maße es aber Gesicht ist zugleich.

> Wie türmt sich sein behender Lauf
> In Kisten, Kasten, Säcken auf!

---

1 Vgl. II, 305.

2 Jetzt erst, 1944, fast zehn Jahre nach Niederschreiben dieser Zeilen, stoße ich auf folgende Stelle in einem Aufsatz, betitelt »Ein Faust-Zitat«, von Karl Kraus – und ich gestehe: *das* war mir nun einmal wirklich eine Genugtuung, war und ist mir wohl die einzige wirkliche Genugtuung, die ich in meinem Arbeiten bisher erfahren habe –: »Die ›Faust‹-Bildung hat festgestellt, daß die Zeile ›Ein großer Kahn ist im Begriffe auf dem Kanale hier zu sein‹ lächerlich sei und nicht, wie man ihr vergebens dartun würde, erhaben ...«. Dabei muß ich betonen: Nicht nur war mir die Reaktion der »Faust«-Bildung unbekannt gewesen; sondern niemals hatte ich jemands Meinung über diese Stelle, sei es mündlich oder schriftlich, erfahren, niemals die zwei Verse auch nur erwähnen gehört. (Der Ausdruck »dieses den Apotheker – und nicht nur ihn – Schockierende« ruhte ausschließlich auf meiner Mutmaßung.)

Die bekannten vier Verse dagegen »Und hat an ihm die Liebe gar von oben teilgenommen, begegnet ihm die selige Schar mit herzlichem Willkommen« verstehe ich nicht und sie widern mich an. Ich meine, im Vorhergehenden: »Wer immer strebend sich bemüht, den können wir erlösen«, steht genug? Was gibt es denn *außer* diesem noch als »Liebe von oben«??

55

Welches sind die Männer aller Zeiten, denen ich am dankbarsten sein muß? Muß ich mich einen Moment besinnen? Goethe und Spinoza.

Dann kommen noch andere, Heraklit[1], nur weiß ich von ihm wenig, es ist in meinem Denken mehr ein *Hin*führen zu ihm, als daß ich von ihm viel erführe.

Dann die fast anbetende Achtung vor jenen, die das Höchste erreichen in dem, was man in engstem Sinne Kunst nennt: Hölderlin, Bach[2]; und die große Liebe: Montaigne. Und so fort und so fort.

Und da hätte ich beinahe Lichtenberg zu nennen vergessen, der Wunderbarsten einen unter allen.

56

Als der Roman ausgelebt hatte, gab es eine Form wie die von Proust: die wirklichen Romane waren unwirklich geworden und in einer Form, die kein wirklicher Roman war, erschien die Wirklichkeit. *Wer die wahren Gestalter sind,*

---

1 Heraklit, sicher der größte Geist des Altertums (womit ich gegen Plato, Aristoteles, und noch einige, Pythagoras, nichts sagen will; diese haben Einzelaufgaben gelöst, die Heraklit nicht löste). Plato, Aristoteles, die Verfasser des Neuen Testamentes (auch Sokrates gehört als Vorläufer schon in diese Linie) haben zwei Jahrtausende »beherrscht« oder: stehen als Wahrzeichen über ihnen. Gleicherweise wird Heraklit über einem Jahrzehntausend stehen.
2 Proust kannte ich noch nicht.

wird im allgemeinen erst die Nachwelt entscheiden. Sicher aber ist dies: diejenigen, die die Mitwelt für große Gestalter hält, sind fast immer gerade die Nachahmer.

57

Von der Kritik

Die heutige Kritik ist, was sie immer war: fünfzig Jahre hinterher.

Und sagt, was sie immer sagte: *früher* sei es so gewesen, jetzt nicht mehr.

Das gilt von der (führenden) Literatur-Kritik; denn, soweit ich das beurteilen kann, ist in der Kritik der sogenannten bildenden Künste eine Besserung eingetreten: die ist jetzt nur noch dreißig Jahre hinterher.

Ein gewöhnlicher Kritiker ist ein Mann, der die einfachsten Substitutionen nicht begreifen kann. Und wenn man ihm tausendmal gesagt hat: dieses Bild ist nicht schön, weil es eine schöne Frau darstellt, und überhaupt nicht durch das, was es darstellt, sondern, weil es gut darstellt –, so fragt er bei einem neuen Maler wieder: Aber stellt es eine schöne Sache dar?

Und das Ärgste: sie geben es nicht zu; darum nicht, weil sie von der Frau glücklich zum Mann oder zu der Landschaft, wie einstmals von der Gottheit zum Krieger, übergegangen sind – immer ein paar Jahrhunderte zu spät und geistig ein paar Jahrtausende, eine Ewigkeit.

Sie sagen »nicht zu schnell, sonst sind wir zu früh am Ende«, als ob es ein Ende der Erscheinungen gäbe!

So behaupten sie noch: Es kommt auf den Roman, 300 Seiten *Handlung,* an; – sie sehen nicht, daß die besten Bücher längst keine Romane mehr sind (nicht mehr wichtig in den

Personen und der *Handlung*, sondern in den Auseinandersetzungen; d. h. ihr Stoff ist der Gedanke, der innere Vorgang, nicht der äußere, den die Journalisten längst übernommen haben).

Sie sehen nicht das Ewige.

Sie fürchten sich vor dem Ende der Möglichkeiten, als ob es je ein Ende der Möglichkeiten gäbe, ein anderes als dieses: daß der Geist nichts mehr ergreifen kann.

Heute verlangen sie wieder »einen neuen Gegenstand«, statt den *Mann* zu kritisieren.

Ein Mann hatte ein Buch geschrieben – einen Roman[1]. Über diesen Roman hatte ein anderer wieder ein Buch geschrieben, eine »kritisch-aufbauende Zusammenfassung«; und wieder über dieses Buch schrieb einer ein Buch; und endlich schrieb einer ein Buch über diese letztgenannte Arbeit und das Arbeiten des Kritikers.

Da lachen einige laut auf.

– Und das vierte Buch war das beste.

Es allein war ein gutes Buch und hatte mehr Wert als die drei in der Reihe vorhergehenden zusammen. Diejenigen, die gelacht haben, haben das Wesen des Schreibens nicht begriffen. Sie verwechseln Schreiben mit dem Journalismus, bei welchem es auf den Stoff ankommt.

»Es wächst der Mensch mit seinen höhern Zwecken«, aber der Schriftsteller nicht mit seinen dickern Themen. Sonst müßten ja die geographischen oder die astronomischen Schriftsteller die größten sein. – Sonst müßte ja Jakob Schaffner, der im »Lachenden Hauptmann« den Kampf zweier Armeen, ja zweier Welten als Thema hatte, ein größerer Schriftsteller sein als Katherine Mansfield, die von einem Puppenhaus geschrieben hat. – Daß man sich aber nicht etwa durch Entweichen in die kleinen Dimensionen retten

---
[1] Variante von VI, 8.

kann, zeigt derselbe Jakob S. mit seiner Erzählung »Else im Schnee«, die auch nichts ist. (Ja, wohin soll denn so ein armer Schriftsteller sich retten? Es ist schwer zu sagen. Vielleicht in die Schuhmacherei.)

Ein Mann, der die einfachsten Substitutionen nicht begreifen kann: Wenn in einer Gleichung die Unbekannte mit x, in einer andern Gleichung aber mit y bezeichnet wird, so meint er, daß das Wesen der Gleichung geknickt sei. (Die Unbekannte! *Die Unbekannte in einer Gleichung!*)

Er will den Körper fassen, wo es sich um Geist handelt. Und wo er sagt »Geist«, kann man sicher sein, daß es nur ein Körper ist. (Freilich ein dekorierter, von der Akademie oder anderer Stätte der Ehren.)

58

Das lobende Argument der tiefstehenden und das verdammende Argument der höchsten Kritik sind gleich: »Hier ist Handwerk.«

Über die Novellen von Katherine Mansfield bemerkte ein Kritiker: La technique en est insaisissable. Das stimmt; aber ich möchte, daß er mir *ein* Beispiel gäbe von wirklicher Kunst, wo die Technik saisissable ist.

Für die Menge ist es so: wessen Technik sich derjenigen ihres Lieblingsschriftstellers annähert, der »schreibt gut«. Der Lieblingsschriftsteller gehört in eine (manchmal mehr als eine) dieser vier Gruppen:

Landwirtschaft (ohne indessen die materielle zu fördern);

Kriminalität (ohne den mindesten Versuch, sie zu erklären, die Kräfte nutzbar zu machen);

Sache des Lamms und der Geschlechtskrankheit (Freud gehört nicht zu dieser Gruppe, da er ja die Hysterie darstellt, nicht hat);

Reisen (bei denen man aber nicht aufbrechen darf).

59

Stoffliche Bedeutung. . . . Kukukusch, das berühmte Mitglied des Alpinistenverbandes des Negerdörfchens Upsullu, nordwestlich von Purru, dem letzten je von einem weißen Reisenden betretenen Ort.

60

Der Ausdruck »Bewältigung des Stoffs« ist eine völlige Sinnlosigkeit. Es gibt ebenso wenig eine Bewältigung des Stoffs, wie es bei einem Schiff, das durch den Ozean fährt, sich um eine Bewältigung des Wassers des Ozeans handeln kann.[1]

61

Die zentrale Frage der Kunst

Alle, die etwas von Kunst verstehen, sind darin einig, daß in der Kunst die Formfrage alles ist, daß daneben die Frage nach dem Stoff, dem »Inhalt«, der Substanz, nicht etwa auch noch wichtig, oder gering ist, sondern nicht ist.

Aber das wahre Kriterium, daß einer ein Schriftsteller sei, ist trotz alle- und alledem doch nur dies:

daß einer in sich eine unbesiegliche Vehemenz habe, auszudrücken.

Etwas später sah ich dieses und konnte ich sagen:

---
1 Vgl. VI, 16.

Ob einer behauptet, daß die Form alles ist, oder, daß die Sache alles ist, ist ganz dasselbe! (Nur darf der zweite niemals etwa hinzufügen, die Form sei ja unwichtig, auf die Form komme nichts an, oder dgl., – sonst stellt er sich sofort in die Gruppe der Narren.) Und eine Differenz, eine falsche Kunstauffassung ist nur vorhanden, sobald von *zwei Dingen* die Rede ist, *die* so oder so *übereinzustimmen seien*.

Daß die Form alles ist oder daß die Sache alles ist: Man wird von jeder dieser zwei Behauptungen aus genau zum selben Punkt gelangen, so, wie wenn man auf der Linie des Äquators vom selben Punkt aus 20 000 km nach Westen oder ebenso weit nach Osten geht.

Oder: daß die Form alles ist oder daß die Sache alles ist: das ist so, wie wenn man auf dem Äquator von zwei verschiedenen Punkten aus 40 000 km zurücklegt; in beiden Fällen hat man denselben Weg gemacht, umfaßt man dasselbe.

Aber die eine der beiden Sprechweisen hat Vorteile vor der andern; nämlich die erste, die dunklere, hat Vorteile, da sie weniger mißverständlich ist.[1] Aus diesem Grunde haben die guten Künstler *sie* gewählt.

62

Die schwerste Prüfung für einen Schriftsteller ist zweifellos der Erfolg. – Bei mehr als einem jungen Schriftsteller, dem ein plötzlicher Erfolg zuteil wurde, hatte ich das deutliche Gefühl: der wird's nicht überstehen. (Er hatte gewisse Qualitäten erreicht in einem inneren Anstieg, nun aber wird er weltliche Expansion daraus machen und alles wird zu Staub. – Fern, verlassen steht noch die Leiter von einst.)

---

[1] »Die äußere Verständigung ist das Hindernis, das die Sprache zu überwinden hat.« Karl Kraus.

Es müßte jeder einmal in entscheidender Weise die Erfahrung gemacht haben (wie das Kind mit dem Ofen), wie bedrohlich für die reale Entwicklung eine Anerkennung wirken muß, – und es überstehen; daß ihn fortan kein Erfolg mehr irremache. (Die meisten überstehen ja freilich nicht einmal die unendlich viel leichtere Prüfung des Mißerfolgs.) – Wer weiß, ob nicht auch ein Schaffner sein in bescheidenem Maße begonnenes Schreibarbeiten fortgesetzt hätte, ohne den frühen Erfolg. Freilich fanden auch ein Multatuli, ein Gide frühen Erfolg und haben sich doch nicht ins eitle Reich der Widerscheine treiben lassen. Aber eben ... Gide und Multatuli.

63

»Aufsätze mehr betrachtender und deutender als analytischer Art« kann Hermann Hesse schreiben (Neue Rundschau, 1935). Wie wollte er denn deuten, wenn nicht analysierend? Analysieren aber, wie kann er es ohne zu deuten? Mir vollkommen unerklärliche Ausdrucksweise, wenn es überhaupt eine ist.

Was man bei Hesse als störend empfinden kann, ist, neben dem Bäurischen, dieses bewußt Seelenvolle, die ewigen Hinweise – das *Deutende* eben; analysierend würde mir genügen. Manches in der ganzen Hesse-Angelegenheit erinnert an ein hochragendes Christusbild aus Gips, mit der segnenden Hand, wie man's überall sieht.

64

Allgemeinstes vom Schreiben

»... Aber ich wollte reden, was die Binsen zu sagen wissen«, schrieb mir der junge Dichter. Was aber wissen die Binsen und sagen die Binsen? Wenn sie das sagen, was sie wirklich wissen, oder wirklich wissen, was sie sagen, ist es

immer ein Bedeutendes. – Diese Dinge sind höchst aufregend und sind aufregend zum Höchsten, zu den Klarheiten. Diese sind da: das heißt, ich muß da etwas weniger oder etwas mehr wissen als jener. Ich kann nie die »Binsen« und Gestaltung als Gegensätze sehn.
Es gibt keine Gestaltung!
Die Gefahr aller Gefahren sehe ich für den Schreibenden in dem Willen zur Gestaltung, genauer, in der Achtung, die er hat vor der sogenannten Gestaltung der Vergangenheit, denn »Gestaltung« ist eben etwas, das nur in der Vergangenheit ist, nur durch Distanz existiert, wie die Wolken (in der Nähe sind sie freilich auch etwas, aber nicht Wolken): wehe, wenn man nun diese Täuschung, die Änderung durch Distanzierung, nicht in Betracht zieht! »Wie die Binsen reden«, so, wie dieses Reden *wirklich* wäre, genügt vollkommen; fast alles aber, was sich dafür ausgibt, ist nicht das, sondern Plagiat. Etwas sehen und sagen. Etwas sehen und sagen ist alles, ist selten, ist schwer.

»Eine gewöhnliche Wahrheit aussprechen«: ist das »wie die Binsen«? Es hat nie einer mehr getan. Von Millionen und Millionen Fällen, die dafür gelten, sind alle Plagiat. Die geänderte Form – das, was sich, sobald Distanz eintritt, als »Gestaltung« erweist, – ist immer von selber da.

»Gestalten«, das wäre Summieren; Kunst entsteht aber durch Zerteilen.

65

»*Gestaltung*«. (»Man nehme das nicht übel. Eben dasjenige, was niemand zugibt, niemand hören will, muß desto öfter wiederholt werden.« Goethe.) Etwas rein sagen (ohne störende Fremdkörper) ist nicht nur ungemein viel, es ist alles.

Da wäre denn Schreiben so leicht? – Wie schwierig dieses Leichte ist, kann nur die Beobachtung des Praktischen lehren (ich verweise etwa auf die Fälle, die im bald folgenden »Schatzkästlein« dargelegt sind).

Es scheint einfach, es scheint leicht. Es ist einfach und überaus schwer. – Vielleicht weil die Schreiber das doch gemerkt haben, geben sie sich komplizierte *Methoden;* durch schwierige Methoden wollen sie das Los sich erleichtern. Keine Methode genügt!

66

Die Polemik

Wir erkennen, wenn wir nach dem Zwecke fragen, drei Arten von Polemik:

1. Eine Polemik, die (unmittelbar) Resultate schafft, beide Teilnehmer – und die Welt – bereichert. Das ist die Polemik, die nicht nur die Mutter irgendeines Dings, sondern (unmittelbar: dies im Gegensatz zur dritten Art) eines guten Dings ist. Bedingung dafür ist, daß in beiden Teilnehmern etwas Gleichartiges und Positives sei – sie müssen sich auf demselben Boden treffen, nicht, wie der Dichter und der Bergsturz; – und wenn dieses Gleichartige auch nur der gute Wille (zu derselben Sache) wäre. – So eine Polemik ist z. B. nicht möglich mit einem durchschnittlichen Geistlichen, weil diesem der gute Wille fehlt.

2. Mit ganz Ungleichartigen (z. B. eben der heute Strebende mit heutigen Durchschnittsgeistlichen); soll vermieden werden, da sie nur Verlust bedeutet.

Polemik mit Pfaffen: der Wanderer vor der Mühle.

Die Mühle kann den Wanderer zu etwas »bewegen«: stehen zu bleiben. Aber der Wanderer kann die Mühle niemals dazu bringen, daß sie mit ihm wandere.

3. Eine Polemik der zweiten Art (genau genommen also eine Unterabteilung), aber mit besonderen Voraussetzungen; eine Polemik, die *anderer* wegen doch nicht vermieden werden darf; damit diesen andern, Dritten, nichts Falsches bewiesen scheint durch das Schweigen des einen; es handelt sich also um ein Resultat, das nicht in der Polemik selber liegt, sondern außen, bei den andern, welche die *Haltung* sehen.[1] (So gibt man in gewissen Fällen gewisse Erklärungen ab bei sicherstem Wissen, daß sie nicht verstanden werden.)

67

Vom Plagiat[2]

Plagiat ist freilich fast alles, was geschrieben wird – 99 Hundertstel wäre sicher viel zu wenig gesagt –, aber, und das ist das Arge, *schwer nachweisbar* als solches; denn es ist von sehr vielen Orten hergenommen und zwar meistens von Orten, die ihrerseits wieder Plagiat sind, und sehr kompliziert gemischt.

Da ist es doch schon angenehmer, wenn etwas sauber und klar von Goethe, Rilke und noch einigen Bekannten übernommen ist.

Ein glücklicher Unterschied ist schon der, daß in solchem Fall der Mann selber es weiß, während er im ersten Fall – dem aller Welt, die schreibt – es meistens nicht weiß. – Oder wüßte er es im Innersten doch? Aber er will es nicht einmal sich selbst zugeben, daß er nicht gearbeitet hat. Denn das ist das Gegenteil von Plagiat schreiben: arbeiten. Arbeiten in der Kunst heißt sich den Blick befreien, etwas ertappen, greifen,

---
[1] Weiter ausgeführt in VI, 32.
[2] Vgl. VI, 30.

herbringen: dann ist es niemals Plagiat, selbst wenn es den Wortlaut mit einer Stelle eines andern gemeinsam haben sollte (was freilich nur für ganz kurze Sätze möglich ist).

Der schlimme Mann, der »seine Meinungen« übernommen, zusammengestohlen, mit Geschicklichkeit, mit äußerlicher Methode ein Gebilde daraus zusammengeschustert hat, erschrickt, wenn er ein ähnliches Gebilde anderswo antrifft; wogegen ein Gide sich freuen konnte, wenn er seine *erarbeiteten* (verantworteten) Meinungen bei einem Älteren wiederfand.

Warum bin ich sicher, daß dieses Werk Plagiat ist, – obgleich mir die Mittel, die Kenntnisse, vollständig fehlen, es, und wäre es auch nur teilweise, auf frühere Produktionen zurückzuführen? Die Gewißheit ersteht mir aus dieser Tatsache: daß es unrichtig ist.

Nicht alle Plagiate indessen sind unrichtig. Es kommt ja eben vor, daß ein Mann ehrlich genug ist, wortgetreu von einem wirklichen Schriftsteller längere Stellen abzuschreiben. – Will ich denn behaupten, daß alles Unrichtige Plagiat sei? Ja.

68

Literarisches Schatzkästlein

von mir angelegt, um den in den schweizerischen Zeitungen und Zeitschriften herrschenden Raummangel zu erklären, in den Jahren, in denen ich bis zu fünfhundert Sendungen jährlich an eben diese Presse ausführte, womit ich, infolge des Raummangels, 0 bis 3 Abdrucke erzielte. Ich gebe hier nur einen Teil des Schatzkästleins wieder; die drei Stücke, drei Fälle, die, jeder in einer besonderen Art, exemplarisch sind, mögen genügen. Nämlich genügen, um – worauf es mir ankommt – einen entscheidenden Blick auf einen Literaturzustand, in einen literarischen Betrieb zu eröffnen. Nicht die Verfasser der drei Stücke sind also, worauf es ankommt; ich hätte die Stücke wie die Verfasser durch andere ersetzen können und damit dasselbe ausdrücken. (Und wenn ich gar erst gelesen hätte! Ich las fast nichts; aber jedesmal, wenn mir eine Zeitung, eine Zeitschrift in die Hand geriet, fand ich darin Kostbarkeiten, mein Schatzkästlein zu bereichern.) Und ausdrücklich verweise ich auf das, was ich anderswo über Sinn und Wesen der Polemik niedergelegt habe, vor allem in Stück 32 des VI. Teils, welches beginnt: »Auch Größte haben Fehler – und unsere eigenen vergessen wir nicht einmal im Traum –: nun greifen wir bei kleinen Fehlern die Kleinen an; ist das gerecht?« und welches endet: »Lebt aber nicht alles durch Liebe? – So studiere, der du so fragst, erst die Liebe ...«

A

Wie schon gesagt, sind die meisten Plagiate *schwer nachweisbar*, da sie von sehr vielen Orten – die meistens ihrerseits wieder Plagiat sind – hergenommen und kompliziert gemischt sind; und angenehm ist der Fall, daß ein Gedicht auf offene Weise aus Bestandteilen weniger, sehr bekannter Gedichte gebildet ist. Es gelang mir indessen – wie wenig ich auch las –, so einen Fall zu entdecken, den ich seiner Lauterkeit wegen hier unterbreite. In einem Zofinger Blatt erschien im Jahre 1933 folgendes Gedicht:

nacht im walde

kein laut –

nur bäume, sterne,
und dunkel aus unendlich tiefer ferne
ein heil'ger atem, der die seele streift.
und wenn er oben in die wipfel greift,
weit drüberhin ins all verwogend flutet – und ausebbt –
spüren wir:

es reift.

in stillen nächten reift die schöpfung aus;
die fernste ferne steht verschwiegen da –
und was im licht nur hinter namen stand,
liegt alles stille wie in einer hand,

ganz nah.

Jedermann, der einigermaßen lesen kann, wird nicht nur sofort erkennen, daß er einem völlig sinnlosen Machwerk sich gegenüberbefindet, sondern, wenn er auch nur eine minimale Literaturkenntnis besitzt, fallen ihm auch die hauptsächlichen Elemente, aus denen das Gebilde zusammengesetzt ist (und deren Heterogenität eben die vollkommene Sinnlosigkeit verursacht), schlagartig ein. (Bei der Redaktion freilich, die das »Gedicht« angenommen hat, bestand offenbar weder die eine noch die andere der zwei genannten Voraussetzungen.) – Vorerst muß ich das, was hier geschehen ist, abgrenzen, nein, in Gegensatz stellen gegenüber einer Erscheinung, die bei Jungen häufig, vielleicht sogar (besonders bei Malern und Musikern) kaum zu vermeiden ist: daß nämlich der Anfangende unter den Einfluß, ja in den Bann eines Meisters (oder eines, der ihm als Meister erscheint) geraten ist und dessen Manier nun eine Zeitlang mehr oder weniger folgt. (Wie ja sogar der frühe Hölderlin zuerst in der Manier Schillers – wenn auch freilich schon besser als Schiller – dichtete.) Der hier vorliegende Fall aber ist ganz anders: nicht um ein allgemeines Beeinflußtsein, ein der Manier Folgen handelt es sich: sondern aus *bestimmten Gedichten* sind Stücke herausgebrochen und neu zusammengesetzt worden, hie und da sogar übereinander, mit kleinen, ganz äußerlichen, natürlich verschlechternden Änderungen, die die Urform nur umso wuchtiger durchschauen lassen. Das ist ein dem Wesen nach völlig verschiedenes Geschehen, keineswegs etwa nur ein stärkerer Grad des unter den Einfluß Geratens. Und überdies besteht noch dieser äußere Unterschied: Wenn so ein heftiger Einfluß ausgeübt wird, der den Jungen in seinen Bann zwingt, so geht er wohl immer, jedenfalls während einer Periode, nur von *einem* Vorbild aus; hier dagegen stammen die Gedichte, um die es sich handelt, von drei, dazu noch von einander ganz verschiedenen, Dichtern; es sind Rilke, C. F. Meyer, Goethe. Dieses freilich:

in welchem Maße der Verfasser bewußt gehandelt habe, vermag ich nicht zu entscheiden.

Oder wollte er vielleicht nichts weiteres als ein Potpourri machen – so absurd, wie nur irgend ein Potpourri sein kann, ist ja sein Gebilde – und gab die Quellen nicht an, weil er die fünf Gedichte der Weltliteratur, aus denen er Stücke nahm, als genügend bekannt voraussetzte? Ich will mich nicht weiter auf Vermutungen über seine Absichten und Bewußtheitsgrade einlassen, sondern mich der Sache zuwenden, an der sich Genaues feststellen läßt: dem Versgebilde. – Das Gedicht, aus dem er am wenigsten übernommen hat, ist Goethes »Schatzgräber«:

>   ... gleich einem Sterne
> Hinten aus der fernsten Ferne

woraus wurde

>   ... sterne,
> und dunkel aus unendlich tiefer ferne.

Aus *nur* dieser Stelle hätte ich nicht unbedingt sicher schließen können[1], daß sie aus dem »Schatzgräber« stammt; denn der gleiche Reim hätte wiedergefunden werden können und der innere Gang der Worte ist nicht in dem Maße übereinstimmend, daß jeder Zweifel ausgeschlossen bleibt; aber es *war* diese Stelle: die Gewißheit kommt mir aus dem 10. Vers:

> *die fernste ferne* steht verschwiegen da.

Da brach »die fernste Ferne« unverhohlen durch, die, wie man jetzt erst feststellen kann, schon im dritten Vers vorschwebte. Und umgekehrt hätte auch dieser Ausdruck des 10. Verses, wenn nur er allein bestanden hätte, keinen

---

[1] Das scheint mir nachträglich unrichtig; die Übereinstimmung ist übermächtig.

sicheren Schluß erlaubt, daß die Elemente aus dem »Schatzgräber« genommen worden sind, da auch der Ausdruck »die fernste Ferne« einmal von einem andern wiedergefunden werden konnte; erst *die Kombination* der beiden Stellen, des 2.-3. und des 10. Verses, schließt jeden Zweifel aus.

Bevor ich in den Gegenüberstellungen weitergehe, sollen noch die zwei einzigen Stellen eliminiert werden, die unser Autor entweder selbst »gedichtet« hat oder für die mir doch der Nachweis ihrer Herkunft nicht gelingt (da mir bei meiner minimalen Belesenheit die im übrigen zugrundeliegenden Texte sofort einfielen, kann man freilich vermuten, daß bei mehr Umsicht auch für diese zwei Stellen sich noch Originale finden ließen); es sind eine Zeile und noch eine halbe Zeile:

> weit drüberhin ins all verwogend flutet – und ausebbt –

Die halbe Zeile ist das im 10. Vers auf das Wort von Goethe (»die fernste Ferne«) Folgende:

> *steht verschwiegen da –*

Ich nähere mich nun doch eher der Überzeugung, daß dieses Wort »steht verschwiegen da« von unserm Autor selbst gedichtet worden sei; denn es scheint mir schwer, anzunehmen, daß ein so bodenloser Blödsinn schon jemals gedruckt worden sei, oder – weiß man ja doch, was alles gedruckt wird! – auf einen Mann selbst wie unsern Autor noch genügend gewirkt haben könnte, um ihn zum Abschreiben zu bewegen[1]. (Es wird kaum zu entscheiden sein, welcher Teil der Aussage, die er über *die fernste Ferne* zu machen weiß, den andern an Lächerlichkeit übertrifft, ob: *sie steht da* – wie ein

---

[1] Plötzlich geht mir die furchtbare Vermutung auf, ob nicht dem Verfasser, während er diese Monstrosität zu Papier brachte, am Ende gar der Vers aus Claudius' wunderbarem Abendlied »Der Wald steht schwarz und schweiget« vorgeschwebt haben könnte?

Baum, wie eine Telegraphenstange! – oder, daß sie *verschwiegen* da steht.)

Nun die Gegenüberstellungen. Der Anfang folgt in seiner Gesamtführung dem berühmten Gedicht C. F. Meyers, das beginnt: »Waldnacht. Urmächt'ge Eichen . . .« (»kein laut – nur bäume, sterne«, dann tritt gegenüber der Vorlage starke Verkürzung ein), bis zu dem ungeheuren Atemzug des Verses

<blockquote>Ein heilig Dunkel, das dem Gott gehört</blockquote>

welcher bei unserm Autor lautet

<blockquote>ein heil'ger atem, der die seele streift.</blockquote>

Zwischen diesen zwei Versen ist die Übereinstimmung viel größer als selbst bei dem wörtlich übernommenen Ausdruck Goethes »die fernste Ferne«. (Solches kann möglich sein, weil die Kompliziertheit eines Wortgebildes sehr verschieden groß sein kann und weil außerdem ein Wort über sich hinausgreift: »die fernste Ferne« wird durch die Umgebung zu etwas viel Farbloserem reduziert als das ist, was in den zwei Versen trotz der teilweisen äußeren Verschiedenheit gemeinsam bleibt.) Ja, man kann sagen, daß, was das Wesentliche, den *inneren Körper* des Verses betrifft, Identität besteht. Der eine der beiden Körper ist zwar strahlend und gesund, der andere bleich, halb verwest und ausgefranst, aber man kann dennoch sehen: es sind dieselben Leiber. (Wer das nicht sofort begreift, der hat noch nie begriffen, was ein Gedicht ist.)

Hier, mit dem 4. Vers also der »nacht im walde«, endet Meyer und an seine Stelle tritt Rilke, um mit drei Gedichten aus dem Stunden-Buch abwechselnd die Lieferung zu übernehmen, am nachhaltigsten mit dem 6. Gedicht des Stunden-Buchs (»Du, Nachbar Gott . . .«); wobei, mit Ausnahme des schon behandelten 10. Verses, die Zugehörigkeit nur eines einzigen nicht klar nachweisbar ist, des vorletzten, der aber unstreitig auch nach dem Stunden-Buch tönt (»liegt alles stille wie in einer hand«).

Unser Autor	*Das Stunden-Buch*
und wenn er oben in die wipfel greift,	Und wenn einmal das Licht in mir entbrennt,
spüren wir: es reift.	Auch wenn wir nicht wollen: Gott reift.
in stillen nächten reift die Schöpfung aus;	In tiefen Nächten grab ich dich, du Schatz.

Nach der Zeile »die fernste ferne steht verschwiegen da« wird die Führung des Gedichtes »Du, Nachbar Gott ...«, allmächtig, in dem Maße, daß der Begriff »Namen«, mit welchem dort ein so ausdrückliches Spiel getrieben wird (»Und deine Bilder stehn vor dir wie Namen ...« usw.), auch um den Preis der absolutesten Inkohärenz in dem Gedicht unseres Autors angebracht werden muß:

> und was im licht nur hinter namen stand,
> liegt alles stille wie in einer hand ...

Rilke beendet die erste Strophe: »Ich bin ganz nah.« Unser Autor sein Gedicht, nach einer tiefen Atempause: »ganz nah.«

B

Hier handelt es sich nicht um Plagiat, sondern den Versuch einer Nachahmung. – Jeder geschriebene Stil ruht, wie auf einer Urform, auf einer im *Leben* vorkommenden Art der Rede (bisweilen natürlich auch auf einer Kombination aus solchen Arten). »Ruht auf –«: das heißt nicht, daß er dasselbe sei, aber die Urform schimmert durch; der Rang übrigens dieser zugrundeliegenden Lebens-Rede (in Pascals Stil z. B. die Art des Redens eines Mathematikers) hat nicht den geringsten Einfluß auf den Rang des geschriebenen Stils. – Daß nun die dem Stil Thomas Manns zugrundeliegende Urform das gewöhnliche *Gespräch* ist, das unterhaltende, leutselige, leichte, ja, etwas . . . gesprächige Gespräch, hat zu mehr als einem Irrtum geführt (z. B. zu dem in der Schweiz häufig anzutreffenden Irrtum, daß er geziert sei – wo er *zierlich* und äußerst nuanciert ist), und nicht nur zu Irrtümern, sondern auch zu völligen Verirrungen. Da denkt einer, er könne es auch so – und die Verehrung des Vorbildes helfe nach –, er müsse nur *möglichst leicht daherreden*. Aber gerade wenn man Thomas Mann nachahmen will, kommt am raschesten der größte Unsinn heraus. Vieles bei ihm selber nähert sich gefährlichen Grenzen und man wird fast nervös: man kann es aber bei ihm doch noch, und auf einmal wieder sehr gut, ertragen, unermeßlicher Werte wegen, die er mitbringt und die man jetzt erst, *bei genauerem Lesen,* wieder sieht –: wehe aber seinen Nachahmern! »Der schwatzt ja!« war man bei Thomas Mann einen Augenblick geneigt gewesen auszurufen – nun aber erkennt man wieder, mit Beschämung: daß eine Welt dazwischen liegt. In den Nuancen besteht sie, die überall zum Ausdruck gebracht werden, in der Präzision der Wortwahl. (Er schwenkt wie ein Toreador das Tuch hin und her, läßt sich aber nicht erwischen; – er schwingt ein langes Band in vielen parallel verlaufenden Schleifen vor dem Zuhörer: Wortschwall? Aber siehe, jede Schwingung war ein klein wenig anders und genau berechnet.) Wenn aber einer, der ebenso elegant-gesprächig sein will, nicht Deutsch kann? Wenn er z. B. nicht weiß, daß »die Bleibe« ein Argot-Ausdruck ist, der die Wohnung bezeichnet, und dieses Wort, weil es ihm schmissiger, mondäner, origineller erscheint, statt »das Bleiben« verwendet, das er sagen wollte und hätte sagen müssen?

Thomas Mann hat manchem zu hohen Ehren verholfen; es kostete sicher bei keinem annähernd so viel wie bei ihm selbst. Zu seinem sechzigsten Geburtstag hat Carl Helbling einen an bedeutender Stelle veröffentlichten Monumentalaufsatz verfaßt (N. Z. Z., 2. 6. 35); das hoch daherrauschende, »Lebenslinie« überschriebene Stück »trillerte mit verblüffendem Geschick in unsern schweizerischen Atemraum« und gipfelte in dieser königlichen Spitze, die der Verfasser als »ehrerbietig-einfache Formel« bezeichnet: »Gruß und Dank«.

In der Neuen Schweizer Rundschau von Dezember 1934 fand ich eine mit demselben Namen gezeichnete Besprechung, »Neue Schweizer Erzähler«, welche folgendermaßen beginnt:

Eine hohe Flut von erzählenden Werken schweizerischer Dichter rollt in diesen Wochen vor Weihnachten heran. *Ehre solchem Schöpferwillen!*

Das waren die ersten Sätze von Helbling, die mir unter die Augen kamen, und da schon *trillerte er mit so verblüffendem Geschick in meinen Atemraum,* daß ich mit dem Atmen aussetzen mußte. Ich kann es ohne Übertreibung sagen: mir wurde beinahe übel. Die unerwartete Beziehung, die da aufgestellt wurde zwischen materieller *Flut* und *Schöpferwillen,* – es war zu viel für mich, es wirkte wie ein Schlag. Ich sah, daß es mit mir nichts sein mußte. (Und dabei handelte es sich bei dieser heranrollenden hohen Flut nicht einmal um die Menge der geschriebenen, sondern allein der *verlegten* Werke!)

Wenige Zeilen weiter stößt man schon auf diese blumigste unter den altbewährten Redensweisen

das Rauschen im Schweizer Dichterwald

die in keinem eigenechten, urbodenständigen schweizerischen Literaturstück fehlen darf (denn die Wörter nimmt der Verfasser vorwiegend aus der Schweiz, nur die Freiheiten von

Thomas Mann), es sei denn, daß sie durch das »Plätschern im schweizerischen Literaturteich« abgelöst wird.

Er hat so viel Geist, daß er noch in losest angefügten Nebensätzen die kühnsten Anregungen verstreuen kann:

... der Skiroman, *der stofflich ein Novum darstellen könnte* ...

Dieser Geistesblitz wirkte dermaßen befruchtend auf mich, daß ich auf der Stelle den Plan für ein Novum der Einteilung sämtlicher geschriebenen Geistesschöpfungen zu entwerfen begann:

Der Skiroman
der Schlittenroman
der Eislaufroman
der Geräteturnroman
der Rollschuhroman ...

(Vielleicht fällt dem oder jenem Leser auch noch etwa ein Novum ein.)

Küblers Roman wäre gerundeter, wenn nicht *durch den Schluß ein paar Hintertreppengeister kollerten.*

Zaghafte Vermutung, was mit dem reichen und komplizierten Bild gemeint sein könnte: sch . . . . .?

Aus dem Endabschnitt:

Kurzes Nachwort! ...

(Die Technik, einen Abschnitt mit so einem genialfrischen, galvanisierenden Anruf zu beginnen, ist im Aufsatz über Thomas Mann besonders ausgeprägt. Die Anfänge von vier Abschnitten – von insgesamt sechs – sind: »Väter, Ahnen!« – »Geschichten, schöne Geschichten erzählen: wohin führt ...« – »Treue!« – »Treue.«)

Kurzes Nachwort! Was bleibt? Müßige Frage vielleicht, denn *keine dichterische Gattung entrückt so sehr dem Ewigkeitszug wie der Roman,* dem immer *eine kurze Bleibe* beschieden war. Was gilt also? Die Besprechung eines runden Dutzends epischer Werke schweizerischer Provenienz ...

Die »schweizerische Provenienz« ist besonders elegant.

... schweizerischer Provenienz *muß* gezeigt haben, welche *Vögel* allenfalls *ausgestopft* werden und welche ihr Lied weiter *in die Lüfte schmettern*. Soviel ist sicher: sie singen vielfältige Melodien und sie *trillern sie mit verblüffendem Geschick in unsern schweizerischen Atemraum* ...

Unter »Bleibe« des Romans kann unmöglich etwas anderes als Büchergestell, Schublade, Schrank oder dgl. verstanden werden. Der Verfasser behauptet also, daß von jeher ein Roman häufiger hervorgenommen – weil gelesen – wurde, als etwa ein zu gleicher Zeit entstandener Band Gedichte oder Aphorismen. Oder: »Don Quichotte« wurde häufiger von Bibliotheken ausgeliehen als gewisse zur gleichen Zeit entstandene Abhandlungen oder Dramen, welche die meisten von uns schon nicht mehr kennen. Oder: Balzac wird mehr gelesen als Musset und Lamartine, wie man ihn auch nach Jahrhunderten noch häufig lesen wird, wann Musset und Lamartine in der anderen als gelehrten Welt längst vergessen sein werden. Dagegen ist nichts einzuwenden.

Nun aber – mit Schrecken erblicken wir eine plötzlich uns entgegenstarrende Inkohärenz: wie verhält sich denn dieser Inhalt des Nebensatzes zu dem des vorausgehenden Hauptsatzes: »Keine dichterische Gattung entrückt so sehr dem Ewigkeitszug wie der Roman«? – Hier ist erst eine längere Arbeit zu leisten. Entrückt – *wen?* »Entrücken«, ein transitives Verb, hat kein Objekt; es ist daher ohne weiteres zu ergänzen der Akkusativ von »man«, also: »einen«, »uns« oder dgl. (Nach dem Muster: »Nichts belebt so – belustigt so – bereichert so – wie die Lektüre von ...«. »Beleben, belustigen, bereichern«: transitive Verben wie »entrücken«; da ein Objekt äußerlich fehlt, ergänzt man »uns – die Leute – einen Menschen – einen«; »nichts belustigt einen – bereichert einen« etc.) – Nun aber der Ewigkeitszug. Hier wird es schwieriger. Versuchen wir's mit Analogien. (Nichts hilft in diesen Dingen so sehr wie Analogien.) Wir haben Bildungen wie: »Genferzug« – Zug, der nach Genf fährt; »Güterzug« – Zug, der Güter führt; »Wolkenzug« – der aus Wolken gebildet ist; »Wesenszug« – der ein Teil des Ausdrucks des Wesens ist. – Ein Zug, der nach der Ewigkeit fährt, Ewigkeit führt, aus Ewigkeit gebildet ist, ein Teil des Ausdrucks des Wesens der Ewigkeit ist. Der vierte Fall ist sofort ausgeschaltet: man kann nicht einem Teil des Ausdrucks *entrückt* werden. (»Nichts entrückt uns dem Zug des Mutes – wendet uns ab vom Zug des Mutes – wie . . .«) Der dritte Fall ist an sich absurd. Sodann: Ewigkeit führen . . . schwierig. Sofort aber nehmen wir an: nach der Ewigkeit fahren; das nur kann gemeint sein. So weit sind wir nun. – Der Roman entrückt uns diesem Zug, der nach der Ewigkeit fährt? Obgleich er (immer) so viel gelesen wird? Nein, *weil* er so viel gelesen wird natürlich, das wird klar, wenn wir den Satz nochmals betrachten. Das viele Lesen also, meint Herr Helbling, macht dumm, entrückt uns dem Zug, der nach der Ewigkeit fährt. Der kurzgefaßte Sinn des Satzes ist dieser: »Keine dichterische Gattung macht so dumm wie die des Romans, welcher (= weil dieser) jederzeit häufig gelesen wurde.« Daß Romane lesen dumm macht – das ist auch nicht neu, schon Rousseau hat etwas Ähnliches gesagt. Aber diesmal wirkt es freilich überzeugender.

C

Steigen wir tiefer hinab! Wir kommen jetzt zu einem Verfasser, der *kein Erinnerungskünstler* ist, zu Leibern, die *verwachsen sind mit der Luft,* einem Tau, das trotz großer Hitze gefroren ist, so daß man es *herumreißen* kann; bei diesem Schreiber ist die Furcht unbegründet, daß er dumm würde, weil er sich dem gefährlichen Zug der Nachahmung

Thomas Manns nicht hätte entrücken können, sondern hier bleibt im Gegenteil nur zu hoffen, daß die ersten Vorboten von Verstand sich noch eines Tages zeigen werden. Zwar gibt er selber bedauernd zu – und diese Bescheidenheit macht ihn wieder etwas sympathischer – »kein Dichter, Maler oder Erinnerungskünstler« zu sein. Auch kein Erinnerungskünstler! Nun wäre allerdings ein Erinnerungskünstler nichts anderes als ein Dichter – aber daran, daß er den Dichter soeben schon genannt hat, kann man diesem Verfasser nicht zumuten sich zu erinnern. Wenn freilich die Erinnerung, das Gedächtnis und die Kritik des Gedächtnisses in einem Höchstmaße fehlen, ist man nicht nur kein Dichter, sondern dann beginnt Bedenklichstes, dann fährt alles aus den Fugen, oder vielmehr nie hinein: nichts findet sich mehr zusammen, und die Wörter, die so ein Verfasser doch von anderen übernommen hat, starren wie schauerliche leere Fratzen fast jedes in einer andern Richtung. Was sie zusammen bilden, ist so widerstandslos wie ein Boden aus Unschlitt; wenn man da lesend schreiten will, versinkt man; kein fester Pfad, keine Brücke findet sich mehr. Man versinkt überall! Und *da* ist man vielleicht schließlich *verwachsen mit der Luft*.

Die Neue Zürcher Zeitung, die an diesem Tage nicht an *Raummangel* litt (und dies vermutlich, weil sie eben wieder ein paar Arbeiten von Robert Walser zurückgeschickt hatte), hat unserm Verfasser den Raum (der durch die Abweisung Robert Walsers frei geworden war) zur Verfügung gestellt und so erschien denn vor den Augen der Welt (statt eines Stücks von Walser) dieses Geschriebene, unter dem Titel »Poesie und Prosa«. Es hat mich immer fasziniert, wenn Leute sich über den Unterschied und das Wesen von »Poesie« und »Prosa« auszusprechen begannen; es tönte meistens ähnlich des Apothekers ewiger Rede »Schiller und Goethe«, war aber begrifflich reichhaltiger; freilich darf man ruhig wetten, daß man in 99 von 100 Fällen aus so einer Darlegung nicht den geringsten Hauch von Poesie oder von Prosa spüren wird; des Amüsanten jedoch findet sich meistens viel. Und so las ich.

... Dort lassen sie sich nieder auf dem feinen, warmen Sand oder den glühenden Holzplanken, verwachsen mit der Luft, die kühlend über ihre heißen Leiber fächelt, verbinden sich mit dem Wasser, in dem sie sich mit Lust und Eifer bewegen, und werden ein Teil der Erde, an die sie sich lässig schmiegen.

Wenn ich da die bemerkenswerten Stellen hervorheben wollte, würde beinahe alles kursiv gedruckt sein. Immerhin gibt es eine Hierarchie unter den Sinnlosigkeiten. Denn wenn die Vorstellung, daß sie ein Teil der Erde werden, an die sie sich *zugleich* »lässig schmiegen«, groß ist, so wird sie noch übertroffen durch das Bild, daß sie sich *mit dem Wasser verbinden,* wahrscheinlich, weil da eine besondere Kraft aus des Autors allgemeinem Geistesgeschehen in den Ausdruck geflossen ist; nicht weniger bemerkenswert ist die Tatsache, daß sie in diesem Wasser, obgleich sie sich mit ihm *verbinden,* sich mit Lust und Eifer *bewegen* können, – während wieder alles zusammen nicht an die Höhe dieses einzigartigen Wortes heranreicht: *verwachsen* mit der Luft (– die zugleich über ihre heißen Leiber fächelt).

Auf derselben Redaktion, die diese Veröffentlichung betreute, soll über die Arbeiten Robert Walsers – welche bisweilen eine Mozart'sche Höhe erreichen – einmal das Urteil »Schüleraufsätze« gefallen sein ...

... an die sie sich lässig schmiegen. Man sieht sie ihre Lippen bewegen, doch versteht man ihre Worte nicht.

Nun aber, nach Erwähnung einer Bouillon, welche wahrscheinlich »die Prosa« darstellt – während das Vorhergehende offenbar die Poesie war – (»doch die Bouillon kommt nicht, auch wenn er dreimal schnalzt«),

> ... naht ein Segelschiff, das *in senkrechter Richtung* dem Strand zustrebt (...) Die beiden jungen Burschen, die, *frisch jauchzend und jodelnd*, dem Boot die Richtung geben, reißen das Tau herum ...

Eben noch hat er von *glühenden* Holzplanken (freilich vom Feuer und vom Rauch nicht), heißen Leibern und der Sonne gesprochen, die »heiß und strahlend darüberglitzert« (daß sie *heiß glitzert*, ist eines der hundert beachtenswerten Details, die ich übergehe), und nun erlaubt ihm sein mit der Luft verwachsenes Gedächtnis schon (ach, wäre er doch ein bißchen ein Erinnerungskünstler!), anzunehmen, es sei so kalt, daß das (offenbar wirklich mit Wasser verbundene) Tau steinhart gefroren ist, so daß man es – wie einen Hebel oder eine Deichsel *herumreißen* kann.

Jetzo, nachdem des Segels Deichsel herumgerissen ist und das Boot, »majestätisch, wie es gekommen«, sich wieder entfernt, wird er auf einmal dramatisch und erschüttert uns durch diese Gegenüberstellung:

> Immer weiter fort eilt der weiße Punkt, und immer näher kommt

was?

> das Bedauern, kein Dichter, Maler oder Erinnerungskünstler zu sein.

Die Vorstellung dieses Vorganges ist von fast mathematischer Präzision: der weiße Punkt entfernt sich in dem Maße, wie das Bedauern sich nähert; die Geschwindigkeit ist offenbar dieselbe. Aber weiterhin fehlt es auch da wieder an Genauigkeit, was nun wir wirklich bedauern müssen, denn hätten wir erfahren können, *wo* die beiden (wenn es schon geschehen ist) sich gekreuzt haben –: In jenem Kreuzungspunkte – des weißen Punktes und des Bedauerns – wären vielleicht entscheidende Aufschlüsse zu finden gewesen, hätten wir vielleicht etwas über das Wesen der mit der Luft verwachsenen Poesie und der mit dem Wasser verbundenen Prosa erfahren können.

Wir werden aber wohl nie etwas darüber erfahren; – es wird Nacht:

Flüsternde Liebespaare schaukeln vorbei und gute Kameraden, deren Lippen sich unablässig bewegen, deren Worte man aber nicht versteht.

69

Die können gut von aller Welt schreiben, die nichts zu sagen haben. Die etwas zu sagen haben, werden immer mehr oder weniger wieder dasselbe schreiben, zum Beispiel Goethe.

Ja sogar Lichtenberg, dieser mehr als irgendeiner nach allen Seiten Schauende! Freilich dürfte es bei ihm vielleicht am schwersten sein, den Grundton, den man niemals *leicht* nennen kann, zu bezeichnen. Diese Eigenschaft Lichtenbergs zeigt seine große Verschiedenheit von La Rochefoucauld, mit welchem man ihn bisweilen vergleicht.

70

Zu untersuchen ist bei allem Geschriebenen, ob etwas erkauften Glanz hat oder jene *Härte*, die glänzt.

71

Wer, durch die Jahrtausende hin, hat je klar gesehen, wenn nicht Lichtenberg?

72

Das Wesen der Kunst ist gar nicht die Darstellung, wie man immer meint, sondern (um mich vorläufig auszudrücken):
das Hervorbringen (vorhandener; also das ans Licht, ins Bewußtsein Bringen) innerer Spannungswinkel.

73

Was ist das gute Schreiben? *Reden mit eigenen Worten.* Das scheint wenig und ist das schwer zu Erreichende, die Hauptsache. Alles weitere sind nur sekundäre Unterscheidungen.

Ja – kommt es denn nicht vor, daß ein Kind – –?

– daß ein Kind echte Dichtung redet, ja, das kommt vor, das wissen wir (wenn es auch schwer möglich sein wird, daß ein Kind weiter als drei, vier Wörter weit mit eigenen Worten redet). Man muß aber hinzufügen, daß alleinstehende Sätze von ganz wenigen Wörtern fast niemals als Dichtung erkannt werden können. Es ist, um über einen solchen Satz Sicheres zu wissen, nötig, Umgebung zu haben, bestehe nun diese Umgebung in andern Sätzen (die nicht notwendigerweise auch Dichtung sein müssen) oder in irgendwie vermittelter Kenntnis der Person. Karl Kraus redet von »der Luft, die meine Sätze atmen«. Es ist überaus wichtig, daß Sätze atmende Wesen sind, nicht wie Edelsteine (mit denen man sie nur in anderer Hinsicht vergleichen kann). Der erschütterndste Satz, den ich bei Balzac gelesen habe, ist (Ende der »Grenadière«): »Il était devenu père.« – Daraus erklärt sich auch, daß ein Text, den du heute entstanden wähntest, plötzlich ganz anders wird, wenn du erfährst, daß er im 18. Jahrhundert geschrieben worden ist. Wer diese Tatsache leugnet, versteht nichts von Literatur.

74

Von der literarischen Demut

»Kein selbstgefälliges Spiel mit Worten, kein selbstgefälliges Spiel mit der eigenen Person, keine Pose. Man spürt eher etwa *halb unwilliges Unbehagen,* über sich selber zu reden.« Aus einem Bericht über ein Bekenntnis-Buch schweizerischer Dichter.

Da wird der Blick frei über einen großen Teil der schweizerischen Literatur. »Ich spreche von mir und meine die Sache. Sie sprechen von der Sache und meinen sich.« (Karl Kraus.) Ich kannte einen Schriftsteller, von dem man immer wieder Worte hörte wie »Sprechen wir nicht von mir selbst!« und »Das Persönliche zählt nicht«, der aber daraufhin, wenn man von etwas anderem sprach, sich in solchem Maße von sich und seinem engsten Kreis eingenommen zeigte, daß ihm diese Eingenommenheit alle Verhältnisse verkleidete, veränderte, ja völlig verdeckte, so daß er unfähig war, etwas davon zu verstehen, und mit allem, was er vorbrachte, nur immer aufs neue bewies, wie total er von sich und seinem ganz mit ihm identischen Heimatlichen eingenommen war.

Sprach man von einer andern Person, so zeigte er sich, sobald diese Person als anders erschien und über jenes ihm gleiche oder mit ihm identische Heimatliche hinausragte, als von Haß und Neid erfüllt.

Sprach man von der Landschaft seines Wohnortes lobend, so meinte er, man wolle seine Leistung verkleinern, antwortete giftig, man hätte ja auch hier wohnen können. Wie soll man mit so einem Mann reden?

Sagte man von jener Landschaft Negatives, so faßte er es als persönlichen Angriff auf: man würde wohl selber besser haben wählen können, er sei eben nicht so pfiffig, achte auch nicht andauernd auf seine Person usw.

Seine beiseite gelassene Persönlichkeit – wie klein sie sei – rächt sich und überzieht alle Gegenstände, Verhältnisse mit einer Kruste. – Wie soll ein Mann objektiv sein können, der nicht einmal sich selber, den ihm nächsten, bekanntesten Teil der Welt, anerkennen, betrachten, beobachten will? Wie soll er andere Gegenstände betrachten können? Er ist ja immer auf der Flucht. Auf der Flucht vor dem Anfang.

Aber die paar Leute bilden miteinander eine vermummte Gemeinschaft.

Sie kämpfen gemeinsam dagegen, daß etwa einer sich entwickle, sich ablöse von ihrer tonlosen Gesellschaft und ein Einzelner werde, einer, der der Welt gegenübertritt und einen Weg sucht.

»Man spürt eher etwa halb unwilliges Unbehagen, über sich selber zu reden.« Aber: *Demut ist keine Tugend.* (Spinoza.) Die Pose der Bescheidenheit: die ärgste! Oder ist der Verfasser von seiner Nichtigkeit überzeugt? Warum schreibt er denn?

75

Von der literarischen Busenwärme

Irgendwo las ich, »Licht und Wärme« seien die sich kompensierenden Elemente in der Lyrik, und als Beispiele wurden genannt: *Hölderlin*, welcher am meisten Licht habe und keine Wärme; fast nur Wärme aber habe – Mörike.
Hölderlin also keine Wärme. Umso besser! (Am Rande zeichnete ich ein blaurot angelaufenes Herz mit einem Rosabändchen und von einem Pfeil durchbohrt.)
Zu gleicher Zeit stieß ich noch auf den Ausspruch eines Theologen: »... die Gedanken des richtigen Aphoristikers werden wir bewundern, aber *das Herz lassen sie kalt.*« Bei meinem Leben. Sofort fiel mir Lichtenberg ein, dann der späte Goethe, noch einige. Bei meinem Leben – –
Wenn nicht geschmalzt und gebalzt wird – oder wie soll ich mich ausdrücken, adäquat? – läßt es ihnen das Herz kalt.

76

Es ist leichter, theologisch zu dichten, als weltlich. Jene Schreiber können sich an etwas anlehnen, sie haben so dunkle Redewendungen zur Verfügung ... (die totale Leere wird nicht *so* schnell erkannt), während die weltlichen Schreiber fast nur Sprichwörter und Dialektausdrücke haben, um sich aus der Sache zu ziehn (jedesmal, wenn sogar sie selber spüren, daß sie etwas sagen sollten, daß eine Gelegenheit da wäre).

Die theologischen Dichter (Schriftsteller) sind geistige Parasiten. In größerer Naivität als irgendeiner zehren sie vom Geist eines andern, eines längst gestorbenen Arbeiters, und tun, als ob *sie* gedacht hätten.

Sie tun auch, als ob sie den Glauben hätten der ersten Christen . . .

77

Die deutschsprachige Schweiz ist die eigentliche Heimat, der auserwählte Ort noch immer, *des Plagiates.*

Dahin führt uns die Vorstellung dieser zwei Dinge: Voreilige Verklärung und Dialekt.

Voreilige Verklärung: voreilige Harmonie, voreilige Erlösung, leicht gelerntes Vorgeben, daß sie *so* viel Raum hätten, während sie die Teile des Raumes gar nicht besitzen, nicht die Dramen, den Kampf der Teile besitzen: sie haben diese Verklärung, diese Harmonie, dieses Gleichgewicht aus der vergangenen Literatur gestohlen. (Ihr Leben bleibt abseits.)

Daß der Gebrauch des Dialektes (in der Literatur) Geste ist, wissen wir schon lange. (Geste: Wirken mit Zeichen, sich Schmücken mit Übernommenem, sich Brüsten und Profitierenwollen mit, von diesem Übernommenen und nicht Produzierten, das man den Leuten hinwirft: was ist das anderes als Plagiat?)

Drittens könnte ich aber – nach der voreiligen Harmonie und dem Dialekt – noch die Theologie nennen, die ebenfalls diese Region, und besonders die Stadt Zürich, stempelt wie keine andere. Daß aber wirklich die Theologie größtenteils nichts anderes ist als reines Plagiat, habe ich schon an anderer Stelle ausgedrückt: die meisten jetzigen theologischen Schriftsteller, sagte ich dort, sind *geistige Parasiten;* leben und zehren vollständig von irgendeinem vergangenen *Geiste* (wie man es in der übrigen Literatur nicht tun kann, nie in dem Maße; es kann nicht einer in Goethe hineinkriechen und mit Goetheschen Wendungen sich einen literarischen Ruf machen; in der Theologie mag das darum anders sein, weil durch den Heiligen Geist die Blicke abgelenkt sind), d. h. durch einen vergangenen religiösen Schriftsteller, der, ob man ihn nun ausstehen kann oder nicht, ein produktiver Geist gewesen ist (Luther, Thomas, Paulus usf.).

Diese drei Teile also setzen die deutschsprachige Schweiz, im besonderen Zürich, zusammen, Plagiat alle drei:

1) Oberflächliche Harmonie, voreilige Versöhnung. (Was soll man dagegen tun? Etwa dramatisch sich gebärden? Abscheu erweckend! – Nein, die *Mittel prüfen,* sich reinigen: man wird bald sehen, wie unrein alles ist.)

2) Dialekt. (Gebrauch des Dialektes in der Literatur. Auch ist es unmöglich, daß ein durchschnittlich begabter Mensch je deutsch sprechen oder schreiben lernt, der sechs Tage in der Woche Dialekt spricht.)

3) Theologie (die Rolle, die die jetzige evangelische Theologie zu spielen vermag in der dortigen Literatur).

78

Schiller und Pathos

Die *Tochter aus Elysium* ... – und dennoch muß ich Schillers Gedicht (d. h. Versgebilde) viel höher stellen als die »Lieben Fensterlein«, ebensoviel höher, wie das Pathos höher ist als das Schweizerisch-Liebliche, die Rhetorik als die

Sentimentalität. (Schiller entspricht der ersten, der höheren, Keller der zweiten oder kommunen Art von Geschwätzigkeit, wie ich sie unterschieden habe in III, 16 und 17.)
Nun reden sie Schiller gegenüber von falschem Pathos. Was wäre denn an Schiller echt, wenn nicht das Pathos, wo wäre echtes Pathos, wenn bei Schiller nicht.

Diese Leute, Schwätzer ohne Pathos, wissen ja gar nicht, wovon sie reden. Die einen haben, wenn sie sagen »Pathos«, die vage Vorstellung von Rhetorik, die andern wieder die entgegengesetzte Vorstellung von Wortgewalt. Wo doch Pathos Pathos ist – falsch oder echt –, Rhetorik Rhetorik, Wortgewalt Wortgewalt, und alle drei Dinge miteinander nichts zu tun haben.

Beispiele zur Verdeutlichung der Unterscheidung, für diejenigen, deren das Himmelreich ist (Matth. 5,3):

Rhetorik hat jeder gute Advokat (welcher aber nicht das mindeste Pathos zu haben braucht).

Pathos haben die meisten Revolutionsredner, die Revolution selbst, Beethoven, Schiller; falsches Pathos die meisten Kanzelredner.

Wortgewalt ist selten, man findet sie bei Hölderlin, Goethe, Lichtenberg. (Lichtenberg das klarste Beispiel, weil bei ihm sofort deutlich wird, daß er frei ist von jeder Rhetorik sowohl wie von jedem Pathos.)

Man sieht daraus, daß alle drei Dinge, obgleich verschiedenen Werts, zu schätzen sind, wenn sie nur nicht ausarten (die Rhetorik Geschwätzigkeit wird – bei Handelsreisenden, schlechten Advokaten –, das Pathos falsch – wie bei den da von der Kanzel Heulenden von der Liebe Christi und wie das Lamm sein Leben hingegeben hat für dich; bei vielen Volksrednern; bei manchen Schuldnern und Angeklagten).

Ferner sieht man: Pathos und Wortgewalt sind nicht lernbar, die Rhetorik wohl, wenn auch nicht ganz.

Lieber ist mir eine Kunst, die selber Ideen ist, als eine, die von Ideen genährt wird (und stirbt und fällt mit den Ernährerinnen); aber lieber als der Dreck, der heute wie immer das meiste Neuerscheinende ist, ist mir jene Kunst von Schiller, die von Ideen genährt wird, wenn es auch zeitliche, diskutable, nicht durch Totalverkörperung für immer reale Ideen sind – Ideen ja dennoch, nicht Äffereien der Mode.

Sie, die Ideen, kommen immer einmal wieder hoch.

Und jedesmal wird dann das von Schiller Geschaffene (wie auch gewisse »politische« Kunst) wieder lebendig – die Maschinen laufen wieder. Wenn dieselben Ideen wieder durch die Welt stürmen (wiederkehrend wie dieselben Stürme), kommen die Maschinen wieder in Gang – sonst, die meiste Zeit, stehen sie still. Die Gebilde aber der wahren Kunst haben immer Leben, ergänzen immer selber: nicht Körper, nicht Idee sind sie ja, sondern verkörperte Idee.

79

Von einzelnen Wörtern

Die schönsten Wörter oder Worte des deutschen Schrifttums (eine Sammlung, fortzusetzen):

1) Der Kern, oder gar »kernig« und dgl.

2) Die meisten mit »eigen« zusammengesetzten, »eigenkräftig« etc.

3) Das tragische Lebensgefühl. (Ich leugne es ja nicht! Aber solche Worte *darf* man nicht von andern wieder aufnehmen. – Auch der Kern ist irgendwo schon dagewesen, sogar bei einem Pudel. Und die Äpfel haben heute noch ganz gewiß Kerne.)

4) Hold. 5) Wonne. 6) Busen. 7) Busenwonne. 8) Wonnebusen. Die Sammlung ist, wie gesagt, fortzusetzen und sie kann sehr lang werden. Ja, was, um Gotteswillen, bleibt denn dem armen Menschen noch, womit soll er am Ende reden? Du treibst ihn so mehr und mehr ins Enge, nimmst ihm ein Stück ums andere weg – –

Man wird ihn so in die Enge treiben, daß er in eine Not gerät, die ihn zuletzt noch veranlassen wird, mit eigenen Worten zu reden zu beginnen, mit verantworteten.

Vielleicht. – Wenn heutzutage einer dieser Oberschreiber, ein Theologe oder etwas ähnliches, nach allerlei Gestammel am Schluß des Artikels das vorbringt, was allein er sicher weiß oder doch zu wissen wähnt, kurz, das einzige, was er zu sagen hat, pflegt er es einzuleiten mit dem Wörtchen »vielleicht«. Dieses Vielleicht ist, neben dem Letzten Ende natürlich, eines der beliebtesten Schmuckstücke.

Der begründete Gebrauch des Wortes wäre entweder:

1. buchstäblich; der Autor will eine Meinung aussprechen, die für ihn nicht ganz bewiesen oder überhaupt nicht zu beweisen ist; eine Anregung geben. »Vielleicht heißen unsere Zeiten noch einmal die finsteren.« Lichtenberg. Oder

2. ironisch.

Bei den Autoren der genannten Art aber bringt das Schmuckstück zum Ausdruck:

1. falsche Bescheidenheit. Oder
2. Schwachsinn.

Das Äußerste an sprachlicher Unfähigkeit – neben der Tochter der Schweiz, der Tochter, die passenden Anschluß sucht, aber keineswegs etwa Zweiheirat oder Dreiheirat – ist die in Holland übliche Verwendung des Wortes »Brot« für Brot *plus* Käse, Wurst, Butter usw. (Es ist natürlich, daß dergleichen nur in Dialekt-Ländern möglich ist. – Die Holländer betrachten zwar ihren Dialekt als Sprache.) – Über diesen Ausdruck »Brot« entsetze ich mich seit sieben Jahren, seit ich ihn in Paris (wo ich bisweilen wirklich nur Brot aß) von Holländern zum erstenmal hörte. – Eine sprichwörtliche Redeweise von schauderhaftestem Ausmaß der Bewußtseinsabstumpfung (patriarchalisch, aus einem vor zweitausend Jahren geschriebenen Text der Bibel übernommen: »Gib uns heute unser täglich Brot«). – »Abendbrot« kann man zur Not sagen; es tönt zwar fad und sentimental, aber evident ist, was man damit meint. Dagegen: »Wir haben seit vorgestern nur

Brot gegessen«: Ähnliches hörte ich dutzendmal in Holland und jedesmal hätte ich dem so Sprechenden am liebsten einen Eimer Wasser übergegossen; wußte ich doch, was er sagen wollte: nichts anderes nämlich, als daß sie seit vorgestern weder Suppe noch Gemüse noch sonstige gekochte und *warme* Speisen gegessen hätten, sondern nur kalten Schinken, Würste, Käse, Butter usw., auf Brotschnitten. Das erlaubte ihm seine Stupidität so auszudrücken (– ohne die mindeste Absicht, zu lügen!): »Wir haben nur Brot gegessen.«

80

Außerordentlich schwierig ist es, einen gegenwärtigen, d. h. eben erst entstandenen Stil zu beurteilen: weil man die *Distanz* noch nicht kennt, in der man sich aufstellen muß.

81

»Wer nie sagen konnte: ›Tod, wo sind deine Schrecken?‹, hat nicht mitzureden. – Wer aber nie erkannte, daß er sterben wird, auch nicht.« (XI, 13.)

– und ob ein Mann dort war, erkennt man an seinem *Stil*. Das ist sicher. – Sie sagen zwar, Balzac habe keinen Stil gehabt, aber man darf nicht darauf hören, was sie sagen. Man muß den Stil eben erst sehen. Der eine ist im Centimeter, der andere im Kilometer; als Michelangelo die Fresken der Sixtinischen Kapelle vollendet hatte, sagten sie vielleicht auch, er habe keinen Stil: sie waren nämlich mit den Augen ganz nahe gekommen (das Gerüst stand noch) und schauten auf den Millimeter; den hatte er freilich nicht bemalt. Die Dimensionen verschiedener Dinge sind verschieden; Geschriebenes aber kann sehr verschiedene Dinge sein.

82

Man hat die Frage immer oder zu oft übersehen (und das gab zu großen Täuschungen Anlaß):

... man muß erst wissen, *wo* der Stil ist. Die Kuppel des Petersdoms hat gleicherweise Stil, wie ein Fingerring haben kann; man verlangt aber nicht, daß die Steine dort glatt seien.

In der Literatur ist es so: Man muß – wie man dort in verschiedener *Distanz* sich aufstellen muß – mit verschiedener *Geschwindigkeit* lesen. Ist das bisher genug beachtet worden? Auf jedes Buch sollte eine Zahl geschrieben sein, die die Geschwindigkeit angibt, mit der der Autor gelesen sein will. (Wenn 10 die mittlere Geschwindigkeit angeben soll, würde dann etwa 1 diejenige sein, mit der Heraklit, einiges vom späten Goethe, Karl Kraus, Hölderlin gelesen werden sollen; auf Wallace's Büchern sollte die Zahl 1000 stehen – und sie würden, übrigens, doch keinen Stil offenbaren.) Daß man Balzac schneller als andere gute Autoren lesen kann, lesen *soll* (gemäß der Zahl 50 oder 100 – wie Dostojewski gemäß der Zahl 100 oder 200), heißt keineswegs, daß er weniger Stil habe als jener andern einer; nur, daß er auf verschiedene Fläche geschrieben hat. Wer äußerst langsam liest, dem wird vielleicht sein Stil gar nie offenbart: wie der Stil Michelangelos dem auch nicht aufgeht, der immer nur Quadratcentimeter der Sixtinischen Decke anschaut.

83

Ein Goethe-Kritiker

Das aufs Spiel setzen, wofür man im besten Fall nur etwas Geringeres eintauschen kann, ist sinnlos. So, wenn Goethe, ein Gipfel des Geistes aller Zeiten, die Komposition seines Lebens aufs Spiel gesetzt hätte. Man setzt nur dann mit Sinn aufs Spiel, wenn man doch Aussicht hat, Besseres zu gewinnen als das Bestehende, indem diese bestehenden Zustände so und so faul geworden sind. Dieses elementare Gesetz, über das man nicht zu diskutieren braucht, ist von Thierry Maulnier entweder nicht begriffen worden, oder dann war dieser weit davon entfernt, Goethe im mindesten zu *erblicken.*

Sein Aufsatz (Nouvelles Littéraires, 22. 6. 35) führt den schönen Titel: »Goethe, héros bourgeois«, der ja eigentlich schon genügen würde ...

> ... Quand son théâtre brûle, quand son fils meurt, il se met au lit: »Cette façon de rester au lit, dit Eckermann, me fait l'effet chez lui d'une vieille ruse de guerre qu'il emploie à l'occasion de tous les événements exceptionnels.«
>
> ... Gundolf compare sa vie à celle d'un arbre qui s'étend par zones et par ramifications successives, et demande à tout ce qui l'entoure de l'accroître et de l'enrichir. L'image est belle, mais elle est végétale, non humaine. Goethe ne fait que recevoir, par une singulière avarice de lui-même. A l'une des plus surprenantes richesses qui aient été rassemblées en un homme, il n'a rien manqué, hors cela: être mise en jeu.

Wer im Begriffe ist, den Gaurisankargipfel zu erreichen, übt sich nicht im Hochsprung: es kann ihn jetzt nicht interessieren, ob er 1 m 20 oder 1 m 30 hoch springt (ohne zu fallen); der Jüngling in der Ebene mag seine Feierabende mit solchen Übungen erfrischen. Wer im Begriffe ist, ein Resultat zu realisieren, bei dem Jahrhunderte zuschauen, wird nicht seinen Verlust aufs Spiel setzen, um dem Geschmack einer bestimmten Zeit seine Huldigung zu bringen. Wenn Gide immer wieder aufs Spiel gesetzt hat, so war es notwendig; und eben daß Goethe nicht aufs Spiel gesetzt hat, kam aus der gleichen *großen* Notwendigkeit. Der Baum im Juli setzt nicht seine Blätter aufs Spiel, wohl aber der Baum im Oktober: aus der gleichen einen großen Notwendigkeit (nämlich der, das höchste Resultat zu bringen). Doch ist ja dieses Bild auch nur pflanzlich, nicht menschlich.

84

Daß man selbst nicht schreiben kann, ist nicht ein Grund, sich einzubilden, daß man ein großer Kritiker sei. So wenig wie einer, dem's zum Alpinisten nicht reicht und der herunterfällt, durch diese Tatsache zeigt, daß er ein großer Flieger ist.

85

Der einzige annehmbare Kommentar eines Kunstwerks ist die Parallelbewegung; eine künstlerische Produktion von ebenfalls möglichst großer Stärke, die in dieselbe Region reicht . . .

Es möge einer einen Kommentar schreiben zu Hölderlins: »Reif sind, in Feuer getaucht, gekochet die Frücht und auf der Erde geprüft, und ein Gesetz ist, daß alles hineingeht, Schlangen gleich, prophetisch, träumend auf den Hügeln des Himmels . . .«!

86

Es gibt diesen wichtigen (und ebenso schönen wie wichtigen) Satz von Goethe als Beitrag zu der Auseinandersetzung darüber, ob den Menschen eine Kluft vom Tiere trenne oder nicht, kurz, zum Kampfe gegen die Theologen[1]:

---
1 Vgl. VII, 50, 92.

Du führst die Reihe der Lebendigen
Vor mir vorbei und lehrst mich meine Brüder
Im stillen Busch, in Luft und Wasser kennen.

87

Das Melodische in der Sprache und die Sprechweise der Deklamatoren:
Eines der besten Gedichte Rilkes, »Ausgesetzt auf den Bergen des Herzens...«, ist in hohem Maße atonal. Ihm gegenüber sind die Anfänge seines Dichtens zu stellen, das schlechte Stunden-Buch, wo die Melodien alles überfluten. Es ist überhaupt fast alle große Wortkunst atonal (oder nähert sich doch dem Atonalen), besonders in der Prosa. Ausnahme bilden etwa die vollkommenen Lieder Goethes (»Kennst du das Land...«) (das Lied ist übrigens wohl eine wie der Roman vergangene Form). Aber Hölderlin? (Ich spreche hier nicht vom frühen, Schillerschen – der indessen besser als Schiller war.) Beim mittleren Hölderlin schon, dem der komplizierten antiken Odenformen, ist die Tonalität sehr *gehalten* (vom späten, größten nicht zu reden): immer wieder gebremst, zurückgerissen, unterbrochen und zusammengepreßt vom Konsonantischen. »Nur einen Sommer gönnt, ihr Gewaltigen,/Und einen Herbst zu reifem Gesange mir,/Daß williger mein Herz vom süßen / Spiele gesättiget, dann mir sterbe« ist falsch verstanden worden, wenn man »vom süßen Spiele gesättiget« mit Hervorhebung der Vokale rezitiert, also üü und ii sagt; man soll das scharfe s und tt hervorheben und man wird Gewinn haben.

Die Vokale sind Veräußerlichungen, sie schneiden dem wahren Lebendigen den Weg ab. Die Konsonanten sind Wände, sie ermöglichen den Innenraum.

Die menschliche Sprache ist charakterisiert durch die Konsonanten, wenn sie auch freilich nicht auskommen kann ohne die Vokale – welche vorwiegend den Tierlauten beizuordnen sind (man sagt zwar, die Kuh mache »muh«, aber das ist nicht wahr: sie spricht kein m aus, so wenig wie der Hahn ein k: die Tiere geben fast ausschließlich Vokale von sich). In der höchstentwickelten modernen Sprache, dem Französischen, ist es schwer möglich, Mißbrauch zu treiben, das heißt, beim Sprechen das Gewicht auf die Vokale zu legen. Aber im Deutschen! (Besonders wenn Einflüsse der Dialekte bestehen!) – Hauptregel: das Konsonantische hervorheben, nicht die Vokale.

Mehrere, die Goethe zum erstenmal vortragen hörten, sollen sich verwundert haben über das »Monotone« seines Vortrags, das »Eisige« oder das »Dumpfe«; und erst später merkten sie etwas von »innerem Feuer« oder »unterirdischem Feuer«. Sie waren eben an das klangvolle Getöse der deutschen Deklamatoren gewöhnt! Die deutsche Musik ist gewaltig, ist die höchste der Welt, wer würde es nicht zugeben, – aber muß sie deswegen die Sprechweise verderben?

Möchten die Deklamatoren doch entweder ganz zur Musik übertreten – da wird sich's zeigen, ob sie mit Tönen etwas leisten können – oder ganz zu körperlichen Künsten, etwa des Trapezes. Hölderlin könnte man daneben *lesen*. Die das äußere Ausbrechen ihres Feuers nicht zurückhalten können –: wenn sie so zwanzig Meter über den Zuschauern von einem Trapez zum andern springen – ohne Netz –, *da* kann das Äußere wieder Bedeutung haben, wird es wieder Innen. Wenn sie die Gedichte der großartigsten Geister der Welt nicht anständig vortragen wollen, sondern als Gelegenheit betrachten, ihre Mätzchen gefahrlos anzubringen, wie ihre Stimmwunder, das Rollen ihrer Augen, so sollen sie doch ab- und in ein anderes Fach übertreten.

Den Deklamatoren sollte man auch nicht *ein* Mal einen Text von wirklichen Dichtern vorlegen, sondern Sätze aus Zeitungen, aus dem Inseratenteil oder anderem, oder, am besten, lauter Vokale: o, i, u; o, i, u; i, e, e ... Dann können sie zeigen, ob sie Kunst bringen. Sie dürfen dazu auch tanzen.

88

Wichtig ist, daß es Sprachfehler ganz verschiedenen *Grades* gibt.

Der eine kann nicht nur das doppelte, sondern das zehnfache, das hundertfache Delikt des andern darstellen. Wenn der eine der Verfehlung des gewöhnlichen Lebens, aus Unachtsamkeit an jemanden anzustoßen, gleichkommt, so ein anderer dem Delikt, aus Unachtsamkeit einen Radfahrer zu Fall zu bringen (gleiche Delikte, was den Ursprung betrifft, aber das eine hat größere Folgen). Es kann aber auch einer nachts bewaffnet in ein Haus eindringen und die Bewohner umbringen, um daraus Blutwürste zu machen.

89

Petrus, steht in den Evangelien, sollte der Fels sein, auf dem ... irgendetwas gegründet werden sollte. Es ist dann, wie keiner leugnen kann, ein anderer dafür eingesetzt worden (ein kolossaler Schriftsteller und ohne dessen politisches Genie das statische Gebäude gar nicht denkbar wäre, das Papsttum).

An Stelle dieses Kindlichen, Offenen, am integralsten Vorhandenen (Schwert gezogen – verleugnet – geheult) ... dieser schwärzliche Geist, dieser Listigste, der Diplomat und Politiker unter allen Diplomaten und Politikern.

90

Karl Kraus. – »Unter allen, die von einem Weibe geboren sind . . .« Die andern, Größeren (aber wer ist heute größer?) sind nämlich nicht nur von einem Weibe geboren, sondern noch von andern, früheren, tieferstehenden Dingen, von der Erde, den Flüssen, den Elementen näheren; ihr Akt der Geburt war weniger klar und darum reichen sie weiter. – Banaler gesagt: In Karl Kraus war nicht ein weniger Schöpferisches, sondern ein mehr Schöpferisches; was fehlte, waren die Verbindungen.

91

Johannes der Täufer ist deutlich gekennzeichnet durch die *quälende Frage,* wer er sei. Bei Jesus von Nazareth war es sehr deutlich, wer er war, also ist es von Bach, Hölderlin und ähnlichen klar, wer sie sind. Karl Kraus aber und Lawrence[1] gleicherweise – wenn auch an den verschiedensten Orten – sind durch die genannte quälend starke Frage gekennzeichnet.

92

Lawrence. Die Hauptidee, wenn man so sagen will, ist falsch; aber die Nebenideen und das, was durch die Hauptidee durchschimmert, sind unerhört.

---

1 Vgl. 15.

93

Hamsun

Er hat es zweifellos künstlerisch weit gebracht, bis zu einem Stil, bis zu der nicht zu verwechselnden *Stimme*. Aber warum hat er so viele Bücher geschrieben?

Balzac hat auch sehr viele Bücher geschrieben, ja sogar noch mehr. Aber während man bei diesem das Bedürfnis hat, alles zu lesen, hat der bessere Leser dieses Bedürfnis bei Hamsun nicht. Das kommt davon, daß bei Balzac jedes Buch ein Stück ist seines Werks, und man will das Werk zu Ende lesen. Aber Hamsuns Werk haben wir ja schon lange zu Ende gelesen.

Die einzige Person in »Segen der Erde«, die Interesse erwecken kann, Geisler, ist ironisch behandelt, beiseite gestellt. Geisler ist aber in diesem Buche die einzige *reale* Person: alle andern sind nur Projektionen *seines* Fühlens.

Worauf es bei der Kritik ankommt: daß man auseinanderhält. Hamsun hat in der Poesie – in der Lyrik! – freilich Dinge geleistet, die kaum zu übertreffen sind.

»Er war ein Großer, etwa Israel, dem das gelobte Land wohl verheißen war, der jedoch darum betrogen worden war, aber dennoch gläubig blieb.«

Warum sollte er aber überall kompetent sein (wie man so oft angenommen hat)? – Er hat ein sehr geringes Wissen, eine geringe Breite der Substanz, mächtig ist er nur im engsten Raum. (Die Reden Geislers: aber nur keine Philosophie daraus machen! »Der Wald und die Berge stehen da und schauen zu . . .«)

94

... Die Menschen wollen aber nicht bestrickt sein, sondern gefördert. Hamsun bestrickt wie kein anderer, und nachher fördert er wenig oder nicht.

95

Der größte Teil des Werks von Hermann Hesse ist konventionell.

96

Der größte Verlust in der deutschen Literatur, den man sich ausdenken kann (außer dem Fehlen von Hölderlin), wäre gewesen, daß Goethe in der Mitte seines Lebens gestorben wäre.

Denn welcher Goethe ist der aktuelle, mit dem wir so ungeheuer Beziehung haben? Etwa der, der Werther verfaßte, die diversen Beziehungen mit Mädchen hatte, auf dem Eis fuhr, im See badete, mit Lavatern und Stolberg reiste, Merck (zum Glück!) beigegeben hatte, etc.?

Der *junge* Goethe ... ist der alte.

97

Goethe-Lektüre. Gewisse Schriften von Goethe darf man nicht häufig lesen. Aus der Ferne sich mit ihm beschäftigend, denkt man immer den wesentlichen Goethe. Liest man wieder gewisse Schriften (was Nahanblick bedeutet), so wirkt es verwunderlich und enttäuschend, was für *Zufallsgesicht* man da erblickt. Der unsägliche Kram der Zeit!

Man muß sich davon erholen und das kann man auch bei Goethe, man lese Faust, besonders den II. Teil.

Von den meisten andern sind wohl dergleichen Schriften, die so wenig über den Tag hinaus Bedeutung haben, nicht aufbewahrt worden oder unzugänglich geblieben. Dann aber auch hat Goethe so ungeheuerlich viel geschrieben. So viel mit *Tinte!* So Halbgelehrtes, Erzieherisches; eine Tagestätigkeit, die, wenn man sich *einmal,* exemplarisch, damit befaßt, sie erblickt hat, für uns – wie sehr sie für ihn Bedeutung, rettende Funktion haben mochte – wenig Ertrag gibt.

98

Alles übertreffend Goethes »Sprüche in Prosa«. Dieses unsäglich *weite* (weitstrahlende), *milde* Licht!

Raum, Schärfe und Liebe gleicherweise da. – Sonst, bei ähnlichen Arbeiten, muß man froh sein, wenn sie Schärfe haben. Oder Raum haben. Liebe allein können sie nicht haben.

99

Diejenigen Bücher, die man *immer* um sich haben sollte sind (fünf):
1) Ethik von Spinoza
2) Faust von Goethe
3) Sprüche und Divan von Goethe
4) Essays von Montaigne
5) Lichtenberg (kleine Stücke).

100

Benvenuto Cellinis Lebensbeschreibung ist etwas vom Trostlosesten. Das *schreckliche* Gefühl, das uns überkommt beim Anblick dieser fortwährenden Hinderungen der Fortführung seiner Werke! Dieses große Leiden zieht sich als das wesentlichste Motiv durch das ganze Buch hindurch. (Und daß gerade Goethe uns dieses Werk übermittelt hat –!)

101

Das Märchen von den drei Aufgaben ist ein sehr gutes Märchen: zu beachten ist, daß es nicht zu jenen Moralgeschichten gehört, die die Belohnung des Guten und die Bestrafung des Schlechten darstellen, wie man bei oberflächlichem Blick etwa annehmen könnte: daß der Mann sich ja *Naturmächte* verschrieben hat (oder sich ihnen verschrieben), nicht die Belohnung der Menschen, der Gesellschaft, der Institutionen, des Gottes, – keine Belohnung. (Die Vögel. Die Elefanten. Die Giganten der Wüste.) Das Märchen ist also durchaus wahr.[1]

102

Daß Proust eine bestimmte Gesellschaft, die vor dem letzten Krieg in Frankreich existierende, dargestellt habe, ist entweder ein Unsinn oder eine Banalität, je nachdem wie das Wort gemeint ist.

Irgendein Grund ist nötig, wenn man malen will, und für Fresken eine Wand: hätte man Michelangelo nicht *die* Wand

---

1 Vgl. VII, 24, 25.

(oder Decke) gegeben, sondern eine andere, hätte er auf die andere nicht gleicherweise malen können? Die Gesellschaft aber für einen Proust, sie ist nicht die Fresken, sondern nur die Wand; ein Schriftsteller muß freilich von etwas reden; dieses Etwas aber, von dem er redet, ist nur die Wand; *wie* er redet oder was er durch die Art seines Redens zum Ausdruck bringt, das allein ist das künstlerisch Reale.

103

Heine. Als mir ein Band Prosa von ihm in die Hände gekommen war (über seine »Gedichte« – Konfektionsware für Dienstmädchen oder andere Sentimentale und Konventionelle – braucht man ja nicht zu reden), verstand ich den Zorn von Karl Kraus. Aber in dieser schlimmen Prosa finden sich hie und da ausgezeichnete, ja sogar tiefe Bemerkungen, z. B.: »Überhaupt, nur ein großer Dichter vermag die Poesie seiner eigenen Zeit zu erkennen.«

104

Versuch über die Lehre von *Marx.*
Was eigentlich fehlt, ist doch das Praktische, – von hoch gesehen. Also auch wieder ein deutsches System. Früher dachte ich, gerade das Praktische sei dessen Stärke, und es sei gar kein System (darum: »von hoch gesehen«). Das System stellt indessen großartig eine Wahrheit dar (was sein Weiterleben außer Frage stellt). Was fehlt, ist die Kenntnis dieses Satzes: »Der Mensch ist ein manisches Wesen.«

– daß der Mensch ein manisches Wesen ist: Faulheit, Einimpfbarkeit fremder Krankheiten, deren Erscheinen wir ruhig zufällig nennen dürfen und die dann ins Ungeheure wüten. Gifte, besser die Potenz von Giften, ihre

Zeugungsfähigkeit (denn daß der Mensch zufällig eine Tollkirsche findet, auch schluckt, das wird auch dort, wie überall, angenommen, unbekannt aber bleibt, daß der Mensch ein so günstiger Nährboden ist für die *Freuden der Vergiftungen*). – Die Kenntnis von der regelrechten Tüchtigkeit des Menschen für Vergiftungen.

105

Zwei Lenin-Zitate (»Internationale Literatur«, 1935, Nr. 1):

... Man muß die gesamte Wissenschaft, die gesamte Kunst nehmen... Diese Wissenschaft, Technik, Kunst ist in den Händen *der Fachleute* und in ihren Köpfen.

Die proletarische Kultur fällt nicht vom Himmel, sie ist nicht eine Erfindung von Leuten, die sich als Fachleute für proletarische Kultur bezeichnen. Das ist alles Unsinn.

106

Dem Gedächtnis Erich Mühsams (und mancher andern, deren Namen ich nicht kenne).

Dieses Flugzeug legt den größten Teil seines Weges in ungeheurer Höhe verborgen hinter Wolken zurück: kein Ton erreicht dein Ohr, kein Blick deines Auges dringt je hin. Aber du mußt aus den allerspärlichsten Angaben, aus Übermittlung von Apparaten vielleicht nur, die einen Flügel von ihm, oder einen Punkt einen Bruchteil einer Sekunde lang festlegen lassen, aus einem oder wenigen Punkten den ganzen Weg konstruieren, bis er dahin verlaufen ist, woher nie mehr eine Kunde dringen kann: Es ist ein Apparat, mit einem Motor, mit einem lenkenden Menschen drin, das Ganze lebt, lebt noch immer, und geht seines Weges in einer Linie und ist da hinauf in das abgeschiedene Reich gekommen...

107

Rezension

Eine Nummer der Neuen Rundschau gesehn (Sommer 1936), sie ist in einem bedenklichen Zustand. Worauf es nun hier ankommt, das sind feierliche feierlich tönende Reden. Das *feierliche Getön*. Von Shaw behauptet einer, dessen Namen ich vergesse: »Diese *wörtlich zu nehmende* Sprache ist natürlich nicht Dichtung.« Da wird schon mit einem Schlage volle Klarheit. – Der Gegensatz zu »wörtlich zu nehmender Sprache« kann nur Geflunker sein; nun gibt es zahlreiche Arten von Geflunker, aber alle sind Geflunker.

Wir hatten bei uns ein Gegenstück nicht-naturalistischer Art in dem Moralisten Frank Wedekind, dessen Stil darin bestand, eine Sprache zu handhaben, die von der Dichtung her gesehen keine Sprache war, sondern eine Art Manometer für Spannungsverhältnisse zwischen Bühnenfiguren.

»Spannungsverhältnisse« war schon nahe – wenn es nur wörtlich zu nehmen wäre! – nun treten wir noch näher:

Nur daß bei Wedekind die Sprache gleichsam nackt ging, weil er die Seelen bloßlegte, grausam und monomanisch, so daß es dem Menschlichen an Fülle und Plastik gebrach. Denn *eine bloßgelegte Seele ist dichterisch so wenig interessant wie ein bloßgelegter Körper.*

Da will ich die Seele des Autors lieber nicht bloßlegen.

Was er bis dahin sah, war ein Traum, und nicht die Wirklichkeit, mit ihrem *traumlosen, harten, reinen* und *göttlich klaren* Blick.

So endet das Geschreibe, damit man merkt, was Dichtung ist; ein Stil, der darin besteht, eine Sprache zu handhaben, die von der Dichtung her gesehen ... Eine Sprache, die nicht gleichsam nackt geht, denn eine bloßgelegte Seele wäre hier nicht interessant.

Man sieht also, worauf es ankommt: Häufung von Adjektiven. Und zwar selbstverständlich *unnötigen* Adjektiven, da die Sprache ja sonst nackt ginge. Mir scheint, ich hätte das doch noch besser gemacht: Es fehlt noch ein Wörtchen, ein sechstes Adjektiv, nach dem die fünfe geradezu verlangen: *hehr.*

108

»Tragödien, die unnötig sind.« Wenn man es nur Tragödien nennen könnte! Schaurige Zwischenfälle.

109

»Einige glücklich gewählte Zitate.« Eben diese Differenzierung zeigt mir, wie weit er vom richtigen Begriff des Zitierens entfernt ist.

110

»Le philosophe inconnu«: aber welcher Philosoph ist denn bekannt – andern als wieder wirklichen Philosophen?

111

Das gut Geschriebene. (Ergänzung zu Nuancen und Details II, 48.)
Nicht nachgeben vor dem Buchstaben, sondern sich durchsetzen –, bis zum Leben.

Gide schrieb von Wilde, daß er kein großer Schriftsteller war; dagegen unerhört im Reden und in seinem Leben. Wenn er dann das Geredete zu schreiben begann, verdarb er's allmählich, von Fassung zu Fassung, statt daß es umgekehrt erging und er sich allmählich zur Stärke durchgesetzt hätte, zu *diesem* Leben, im Geschriebenen zum Leben (– ganz Leben wie das andere auch, verschieden nur der Ort). – Genauer als »kein großer Schriftsteller« schiene mir daher: »kein wirklicher Schriftsteller«.

Was ist »das Leben«? Das Zubehör-lose; das, was genau das ist, was es will.

An *diesem* Ort das Leben haben – statt wie die andern an andern Orten, in »Beruf«, Geld, Beischlafen usw. –, kein anderes Leben als die Millionen alle Tage haben, nur statt außen im Geschriebenen es haben: das ist das ganze Geheimnis, alles, worauf es ankommt, mehr gibt es nicht.

112

Eben das Gegenteil ist wahr von dem, was die meisten sich vorstellen[1]: alle Schwierigkeiten liegen im »Artistischen«, nicht in Sachen des Stoffs oder des Ganzen, sondern in Sache der Form und des Einzelnsten. Die Frage der Wortgenauigkeit unterbricht das Schreiben, verlangsamt nicht nur, sondern macht eine ganz weit sich hinziehende Arbeit äußerlich stillstehen, und für lange. – eröffnet aber auch wiederum die Tore zu den Weiten und zu den Tiefen, bringt *die wirkliche Lösung*.

113

»Denn genau genommen kann man sagen, es sei nur ein Augenblick, in welchem der schöne Mensch schön sei.« Goethe.

---
1 Vgl. VIII, 82, 83.

114

Aus einer Erwiderung:
»Mit welchem Maß ihr messet ...« Miß mich nur mit dem Maß, mit dem ich messe (maß). Mit keinem strengeren!

115

Die sich bemühen Neues zu schreiben, sind keine Schriftsteller.

116

Er schrieb viel schneller als irgendeiner und hatte die neuesten Informationen und war doch immer veraltet. Daraus zog er den Schluß ... daß er noch schneller schreiben müsse.

117

Ein neuer Beweis, daß die Erkenntnisse nicht neu sind, nur wiedergewonnen werden können: eine der Grundideen Gides:

N'est-ce pas singulier, cependant, se dit-il, que ce soit en voulant m'annuler, que j'aie trouvé ce pouvoir tant désiré depuis si longtemps?

Diese Grundidee Gides – jedermann kennt sie. Die Stelle ist aber aus »L'Envers de l'Histoire Contemporaine«, von Balzac.

118

Der Leser

Paul Valéry au cours d'une conférence ...:

... c'est là dire qu'ils exigent une sorte de collaboration active des esprits, nouveauté bien remarquable et le trait essentiel de notre symbolisme. Peut-être ne serait-il impossible ni faux, de déduire de l'attitude de renoncement et de négation que j'ai dégagée tout à l'heure, d'abord ce changement dont je parle et qui consiste à prendre pour partenaire de l'écrivain, pour lecteur, l'individu choisi par l'effort intellectuel dont il est capable; et ensuite, cette conséquence seconde, que l'on peut désormais offrir à ce lecteur laborieux et raffiné, des textes où ne manquent ni les difficultés, ni ...

(Nouvelle Revue Française, août 1936.)

119

Hundertmal müssen wir auf jenen Spruch von Goethe zurückkommen:

»Nicht jeder, dem man Prägnantes überliefert, wird produktiv; es fällt ihm wohl etwas ganz Bekanntes dabei ein.«

120

Das Schönste, was in unserm Jahrhundert geschrieben wurde:

... Wie in der fernen Zeit, da ihre Eltern ihr einen Gatten gewählt hatten, zeigte sie die zarten Züge der Reinheit und Ergebenheit, die glänzenden Wangen einer keuschen Hoffnung, eines Traums von Glück, sogar einer unschuldigen Fröhlichkeit, – was alles die Jahre nach und nach zerstört hatten. Das Leben, das davongegangen war, hatte die Enttäuschungen des Lebens mitgenommen. Ein Lächeln schien sich auf die Lippen meiner Großmutter gesenkt zu haben. Der Tod hatte, wie der Bildhauer des Mittelalters, sie auf diesem Bahrtuch ausgebreitet mit dem Aussehn eines jungen Mädchens.

Proust, »Guermantes« II.

121

Eine Reihenfolge. – Erst sieht man das Rumoren. – Dann sieht man die geistige Masse. – Dann, nach zwei oder drei Jahrzehnten, sieht man nach und nach die künstlerische Potenz. (Bei Proust etwa, daß er die größte des Jahrhunderts war.)

Bei manchen geht es auch umgekehrt: Erst sieht man eine, wenn möglich große, künstlerische Potenz; die verschwindet dann, man spricht dem Mann noch geistige Bedeutung zu; wenn wieder Zeiten vergangen sind, sagt man: Es hat rumort ...

122

»Man dämpfe nur die Geister und es wächst ihr Ansehen.« Tacitus.

123

Wie manchmal muß wohl jeder wirkliche Schriftsteller an jene Bibelstelle denken: »Das Wort faßt nicht jeden ...«!

(Eine Nachprüfung hat ergeben, daß das Zitat falsch ist. Was dort steht – Matth. 19 – ist etwas bedeutend Einfacheres: Non omnes capiunt verbum istud – das Wort faßt nicht jeder. Ich lasse den Satz doch so stehen, wie er in meiner Erinnerung unter meiner mir nicht bekannten Mitwirkung sich ergeben hat.)

Soll er nun das Wort zertrümmern? Die Frage kann für ihn nicht lange bestehen, sonst ist er kein Schriftsteller, ist er schon auf die eine Seite hinuntergesunken vom schmalen Grat der Entscheidung, hat er schon die breite Straße eingeschlagen, die *überall* sich findet, nicht den schmalen einzigen Weg der Kunst.

Es kann nicht seine Sache sein, das Wort zu zertrümmern, damit die Vielen *scheinbar* etwas damit beginnen: sondern es ist seine Sache, das zu bringen, was denjenigen, die es erreichen, höher zu steigen erlaubt (und man muß keine Angst haben, sie kommen, sie kommen aus den Vielen . . .) – nicht nur an dieser Stelle höher zu steigen, sondern ihre Kräfte so zu entwickeln, daß sie auch anderswo Höheres erreichen können.

Wer nach der Befriedigung der Leser zielt, macht niemals Kunst. Wen muß denn die Kunst befriedigen? Die ganze Breite der Welt und die läßt sich nur in der Zukunft greifen. – Das Wort faßt nicht jeden.

X. Traum und Träume

Der Traum ist ein Leben, das mit unserem übrigen zusammengesetzt das ist, was wir menschliches Leben nennen.

Lichtenberg

1

Traumvollendung gäbe es auch. Somit ist auch das *Werk* (d. h. jedes Werk!) schon in gewissem Maße etwas Soziales (d. h. durch Beziehung zu den andern entstanden, die eigene Erhöhung abbauend).

2

Im Halbschlaf ein Experiment gemacht: ich untersuchte, ob ich an den Traumbildern, die ich sah, zeichnen lernen konnte. Es gelang. (Alles nach der Notion des Halbschlafs, vorwiegend noch des Traums). Ein Experiment von ungeheurer (mir ungeheuer scheinender) Bedeutung.

Etwas keineswegs Leichtes und ich hatte es nie gezeichnet: Ein Weg, der sich durch unebenes Gelände schlang, so daß die Ränder übereinander traten. Daß ich es zeichnete, ist nichts, zeichnen lernte, indem ich es sah, ist nichts: aber daß ich es im Traum sah, so deutlich, daß ich, der ich doch nicht zeichnen konnte, daran zeichnen lernen konnte, wie an der Natur, das ist das Erstaunliche.

3

Gebirge, nämlich Felsgipfel in der Art von Mürtschenstökken oder Dents de Lanfon schmalem Sockel entsteigend, aber hoch. Einzelne Zähne, der erste war bestiegen worden. Den schwierigen zweiten suchte ich, irgendetwas umgehend. Es wurde aber da gebaut, aufeinmal Straße, viele Häuser. Ich wendete mich wieder, den Felszahn zu suchen, meinte ihn mehrmals zu sehen, aber es war jedesmal nur immer wieder eine Fraktion der Kathedrale (welche sich immer vielfältiger, türmereicher, höher zeigte). Ich besichtigte diese: Höfe, kühl, verlassen, schattig. Mein Erstaunen war maßlos über die Anwesenheit: Gotik, Dinge wie die Sainte Chapelle in Paris, dann Jüngeres, Reicheres, reinste, reichste Kunst! Und unerschöpflich Neues, und neue Räume. Dann auch die vielfältigsten (abgeteilten) Gartenanlagen, hellgrün, bald auch mit sinnlichem Einschlag: Badbassin, kleine Mädchen. Und anderes.

4

Traum von der allerletzten fürchterlichen Großartigkeit.

1) Beginnend mit herausdringendem Rauch, der den Gottesdienst unterbrach: bemerkt von einem der Kirchenvorsteher, welcher laut redete und in den Keller (der Kirche) hinabstieg.

2) Langanhaltendes Warten, Verzögerungen (meist vor oder in der Kirche), schlimme, vorerst durch nichts (für uns, direkt; denn welche forschten nach im Keller usw.) unterbaute Gerüchte. Warten, sogar Besorgtheit um (große Seltenheit) den Pfarrer, der den Gottesdienst noch nicht abgeschlossen hatte, aber zwecks Erkundigungen irgendwo verschwunden war. Wir (ich mit einem kindlichen Mädchen) gingen wieder in die Kirche hinein, wo auch eine Dame aus Zürich sich befand; wir waren in Zürich.

3) Plötzlich werden in einem andern Ton und von mehr Seiten her Gerüchte gemeldet, die immer mehr in direkte Mitteilungen schrecklicher Tatsachen übergehen. Da wurde man von unheimlichen Überfällen bedroht (ein Nahestehender hatte noch sein Leben retten können, indem er einen Mann in den Abgrund schleuderte). Es wurde klar, daß weite unterirdische Vorbereitung der Schrecken bestand.

4) Irgendwo, meldet man, sind viele Leichen, ist fürchterlicher Brand: Nun sieht man auch Rauch und Flammen wehen, in einem andern Stadtteil (nicht weit weg). Rennen beginnt. Straßen werden abgesperrt.

5) Irgendwo werde ich zurückgehalten von Polizei, kann rennend noch hindurchkommen, gelange plötzlich in ganz leere Gegend (der Stadt Zürich, circa Limmatquai). Feuerwehr rast in der Ferne. Brände sind nun an mehreren Orten. Auf der Terrasse des Großmünsters – ich schaue hinauf: alles menschenverlassen – könne man nicht mehr gehen, soviel Staub und Schutt (ich stelle mir vor: Blöcke müssen es sein; und schaue unwillkürlich, ob die Kirche nicht schwankt) seien herabgestürzt. Stärker als alle Vorstellungen, melden die Stimmen, seien die unterirdischen Verschwörungen gewesen, weitreichender. Aber das Unheil hat einen Umfang angenommen, dem gegenüber alle Menschenmaßnahmen schon nichtig geworden sind: Feuerwehren zeigen sich als gering und lächerlich, von der Polizei spricht schon niemand mehr, auch die Woge des Sees hat sich an dem Unheil beteiligt, an mehr als einem Ort liegen Hunderte von Leichen, – die hohen Kirchenräte mit ihren Plänen von Abreise und ähnlichem sind schon längst von dem Bestehenden ereilt: nur noch momentane Besinnung kann jetzt retten – und dann Glück, Bestimmung, das vor allem, sonst fast nichts; nichts mehr als blitzschnelle Handlungsfähigkeit und gnädiges Schicksal.

Einige (ich komme in andere Gegend der Stadt) sind panisch erschrocken, andere noch fast sorglos. – Da unten irgendwo (bei Brücke oder dergleichen) baden noch zwei Mädchen in Röcken, das Wasser reicht ihnen bis Körpermitte, eine ist in hockender Stellung, der Rock glockenförmig über dem Wasser, und kein Zweifel besteht, daß sie da unten zu verharren in dem noch ruhigen Wasser, von niemandem beachtet in der fürchterlichen, grausamen und Weltuntergangs-Stimmung, da alles erlaubt ist, *Lust* nimmt; und die andere (es sind eher häßliche Mädchen) ist auch beteiligt, ich sehe jetzt deutlich, wie sie ihren Arm unter dem Wasser unter die Glocke der andern verlängert hat, in nicht mißzuverstehender Art. Das Detail dieser Zwei im Wasser entgeht nur mir nicht, die andern hasten, und sehen nichts. Daß ich noch Details sehe und Beobachtung der Ferne habe, wird mir zum Heil, vorläufig jedenfalls. – Denn ich erwache bald, der Traum erreicht sein Ende nicht. Das

6) Letzte, was ich sehe, ist ein Tier, das durch und über den Zürchersee daherkommt und das Aussehen (glühroteFarbe) eines langgezogenen (glühwürmchenförmigen) Papierlampions hat, aber seine Dimensionen sind *viele hundert Meter*, vielleicht sogar Kilometer, schon ist es da: Das Gesicht fegt, eilt durch den Limmatquai; mir wird klar, daß es wohl ein Wurm sei, der sich vielleicht auf der Suche nach Menschen fortbewegt, die er, wie winzigste Käferchen für ihn, aus den Ritzen hervorleckt und verschluckt. »Jetzt Lautlosigkeit, Flucht!« Ich befinde mich erhöht (ähnlich wie auf Terrasse des Münsters), vielleicht dadurch geschützt vor der Sturzwelle, die sicher gleich hereinbrechen wird; lautlos und schnell wie der Blitz bin ich hinter einer Tür verschwunden, die an der Rückseite eines Hauses sich findet, und habe sie hinter mir fest zugezogen, halte sie zu, denn sie hat keinen Riegel, atemlos horchend, und höre nichts; der Raum ist ein dunkler, ganz winziger Abort (das tut aber jetzt nichts zur Sache). Der Wurm muß doch längst vorüber sein und ich höre nichts; am wenigsten Gefahr droht, daß er mich hier entdecke, aber ich schaue mich immer nach der Gegenwand um, ob das ganze Haus nicht hinter mir abbröckle (gegen den Quai hin).

Als nun der Wurm ungefähr vorüber, aber des weiteren keine Entscheidung gefallen war, Erwachen.

5

»Unbedingte Tätigkeit, von welcher Art sie sei, macht zuletzt bankerott.« – Diesen eminenten Satz von Goethe gelesen, mich einige Tage damit getragen, dann wunderbar und reich davon geträumt.

Ich war in einer andern Stadt. Mannigfaltigkeit der zuströmenden Dinge bot sich auf einmal in der Art des Wohnens, des Umgangs mit Menschen (es waren vorwiegend nur die da von hier, aber besser gruppiert), des Umgangs mit Tieren, des Gartens, der Stadt, des Lebens: Ich fühlte, wie die Dinge richtiger einander ablösen würden (könnten), und wurde mit namenlosem Glück erfüllt (weil dadurch – wovon nicht geredet wurde – zwanglos aufblühen konnte das andere, das Produktive). – Eine Flasche Wein in der Tasche. »Hier«, erklärte ich einem kleinen Mädchen, das mehr oder minder aus Holland, und mit ihrem Geliebten, mitgekommen war, »hier werde ich nun mit wenig, sozusagen ohne Geld immer genügend trinken können, wann ich will!« Sie überlegte, und begriff; ihr war halb fremd der Ort, aber sie war hingewendet. »Weil der Wein hier billig ist«, antwortete sie, mehr bejahend als fragend. »Ja: 30 Cent, höchstens, ein *Liter*, im Laden.« Es war vin rosé, das Land mußte also Frankreich sein.

M. war auch in der Stadt, durch die Atmosphäre wurde angedeutet, daß die Wichtelmännchen sich hervortun würden. Er war nur einmal gekommen (im übrigen noch muffig-satt irgendwo in Zürich, gleichzeitig): er habe just aufeinmal daran gedacht, gewaltig viel zu essen (dazu war er gekommen).

Die alten Katzen wandelten im Garten, neu logiert, erfrischt, sich angewöhnend.

Und im Garten (oder Zimmer) stand ein Kraut und wuchs, in einer Ecke. Das war das Geheimnisvollste und das Zentrum. Es war vor dem Kraut ein anderes, für den Fall, daß hie und da Not wäre. Und wieder zu dessen Schutze wurde anderes verwendet für den Tagesgebrauch – und ohne Sparsamkeit, es war weit ausreichend –, sodaß das erste *immer* da war.

6

Starker Traum von einem Pferd, das, da eine Feuersbrunst ausbrach, irgendwo entronnen war und mich (der ich auf die Straße gerannt war aus der Kellerwirtschaft, in deren Hause es brannte) erst erschreckte, weil es nicht weg-, sondern um mich herumging, an mich stieß; dann aber sich als sehr sanft zeigte, sich besteigen ließ von mir (der ich nicht reiten konnte) und mich davontrug: darnach nämlich hatte es verlangt; es konnte allein nicht weggehn. Lange und komplizierte Wege mit ihm.

7

Mit meiner Großmutter, die noch am selben Nachmittag *sterben* sollte, gesungen, jenes Lied von Schubert (berühmt bei allen, die den Zauberberg gelesen haben), Strophe um Strophe, sie hell und dünn die erste Stimme, ich machtvoll, tief und bald turmhoch ansteigend eine (erfundene natürlich) Begleitung. – Es sollte sie hinübergeleiten ... es handelte sich auch da wieder um einen *guten* Abschied. – Und ich fand ihn gut. – Ich wollte vielleicht noch sagen zu ihr: Du gehst jetzt an einen Ort, an den ich nicht mitgehen kann. Aber ist es nicht ein guter Abschied? Mit deinem Enkel, mit der dritten Generation singst du als Letztes dies Lied zusammen und in Harmonie. – Die Klänge und diese Harmonie waren aber wirklich so wunderbar, daß ich weinen mußte, und nicht nur im Traum, sondern in Tränen erwachte.

Im selben Traum habe ich außerdem aufs deutlichste zu sehen gemeint, was ich jetzt schon nicht mehr verstehe: daß, wie der Traum sich zum Wachen verhält, das Wachen sich zu einem noch wacheren Wachsein verhalten muß, welches daher existieren *muß* und uns, wie ich jetzt den Traum, betrachtet mitsamt unserem Träumen und Wachsein ...

8

Diese Erkenntnis der einzigen »Glücks«-möglichkeit geschah mir nach oder in einem Traum: Eine schwindlichte, ungeheuer hohe, steile und schwer begehbare Leiter hinauf, um endlich zu oberst, auf ein abschüssiges Gesimse, ein Kind zu stellen[1]: alles so sehr, sehr furchterregend, schwierig, dem Äußersten nahe: mit der äußersten Anstrengung nur, mit der kleinsten Chance, konnte es gelingen, – es war aber, als ob es doch noch gelänge, gelingen müßte. Jedenfalls hatte es ganz die Bedeutung des Gesamtlebens, den Sinn davon: es war nämlich doch, vordrängend deutlich, ein SINN da.

9

Halt in Winterthur. – Endlich, endlich kam das Geld! Dafür war es aber auch ein bißchen mehr, als ich erwartet hatte. Woher übrigens das Geld kam, muß ich gleich hinzufügen, war nicht so ganz klar. Eigentlich – um genau zu sein –, ich wußte es überhaupt nicht – keine Ahnung konnte

---

1 Denjenigen, denen hier ein sogenanntes Licht aufgeht und die ein pfiffiges oder sonst ein Gesicht schneiden: das sei ja – –:
Was ihr aber klug seid! – Und schon so schnell? Und was, meint ihr denn, steht in all jenen andern Träumen, von den Schlangen und Gängen und Treppen und Türmen und Kellern und Domen? Als ob nicht, *wie* der Traum *es sagt,* das allein Interessante wäre!

ich haben, woher das Geld gekommen sein konnte. Ich wußte nur, daß es von einer Bank gesandt war und durch die Post, und daß es nun tatsächlich, wenn auch im allerletzten Moment, da war. Und da es nun zudem noch mehr war, fiel mein vorwurfsvoller Groll gegenüber seinem sich verzögernden und unsicheren Eintreffen ein wenig. Es war die doppelte Summe. Die Höchstzahl, die ich hatte erwarten können, war die der Kosten der Reise (um die es sich handelte in der Hauptsache; wenn der Leser darüber nicht im klaren ist, so ergeht es ihm nicht anders als mir): 1.400 und einiges. »Doppelte Summe« ist ja eigentlich zu knapp gemessen, es stimmt nicht ganz. Fassen wir die Sache schärfer ins Auge: Es waren vierundzwanzigtausend Schweizerfranken. Das mußte also eigentlich mehr als das Zehnfache sein, eher gegen das Zwanzigfache hin.

Einzelpunkte:
a) Das eilige Verpacken, auch von Sport-, Berg-Ausrüstung (obgleich es eher in ein Wasserland ging; von Paris aus nach Amsterdam).
b) Die Eile, die Verspätungsnöte, die äußerste Knappheit des Zugerreichens (mit Großmutter).
c) Zugfahrt mit trüber Laterne. Muße. Und warm.
d) Die gewaltigen Uhren: die Zeit gebend proportional der Geschwindigkeit, der Ausdehnung der Reise: ganz langsam das Tal hinab. Im flachen Land, gegen Winterthur, schon eine sehr hohe Geschwindigkeit: man sah 5 und 6 Kilometer auf der Uhr *fliegen*.
e) Einfahrt. Bahnhof still. Alles fast erledigt.
f) Wagen abgehängt. (Das konnte mir aber nichts anhaben.) Weiteres in den Bahnhofsanlagen, welche zugleich in eine Landschaft übergehn.

10

Erstaunlich fand ich diese Beobachtung: daß, jedenfalls bei mir, der Geist der Träume stets mehrere Tage lang derselbe ist; anders gesagt:

Daß das, was bei aller Variation der Formen in meinen Träumen stets mehrere Tage lang bleibt, das Wichtigste ist.

11

(Nach den vielen Notizen wieder schlafend:) Geträumt von einem Raben, der aus sehr großer Höhe in gerader Richtung zu mir herabgeflogen kam, der ich eben im Begriffe war, in ein Haus zu treten. Es war ein sehr großer Rabe (»ist es ein Habicht, ein Adler?« – aber nein, ein Rabe) und ich glaubte Momente lang, in Gefahr zu sein (das Messer ziehen zu sollen); und er war ganz nahe bei mir, war an mich angestoßen; und da blieb er, ging nicht weg; er konnte es also kaum böse meinen. Ins Haus hinein nahm ich ihn, schloß sorgfältig, war erregt, wie immer, wenn mir ein neues Tier ankommt. Er bewegte sich, putzte sich, blieb oder kam ganz nahe, zeigte nicht die geringste Scheu oder Unruhe.

– Vorher auf den Straßen ein Mädchen angesprochen; erst neben ihr gesessen, dann in eine dunkle Ecke getreten (es war Paris, sagte ich mir in diesem Moment deutlich), dann einem schönen See entlang gehend; ich bisweilen nackt, es war zu baden – oder nicht? – und Wind. *Sie* wollte alles sehr. Nicht hübsch, besonders nicht das Gesicht, aber körperlich sehr versprechend. – Nach dem See die Nacht, und Bauernhütte, wo der Rabe kam.

– Während des Stellens jener Fragen (ob vielleicht Gefahr oder was sonst für Absichten bestünden) erinnerte ich mich aufeinmal, daß ich diesem Raben einmal etwas zu fressen gegeben hatte.

12

Wieder in Paris eingezogen, aber ich führte ein – Pferd mit. Ein sehr gutes Tier. Es bewohnte eine Art Nische des Hotelzimmers; eigentlich war dieser kleine Raum der Verbindungsgang mit einem andern Zimmer, doch waren die

Türen abgesperrt worden; vorher hatte die Nische, nur durch Vorhang abgetrennt, als Toiletteraum gedient. Der Wirt des Hotels war derjenige eines andern, mir von früher her bekannten. L. mit mir. Besuch kam viel ins Zimmer. Das Pferd zeigte sich noch nicht. Angenehm war der Besuch nicht – der widerliche Maler und Schuft, der Holländer mit der Schmalzstimme und ähnliche Leute –, aber ich verhielt mich liebenswürdig (wahrscheinlich weil das Pferd, nach dessen Nische ich oft schaute, mich tröstete). Erst als ein mir bekanntes schreckliches Weib, welches auch in das Hotel eingezogen war und zwar eben in das erwähnte zweite Zimmer, die Verbindungstür weit geöffnet hatte, donnerte ich los ohne Nebenumstände (das Pferd erblickte man indessen auch jetzt noch nicht, es befand sich in diesem Augenblick in einem noch tieferen Verschlag, Art großem Wandschrank): Diese Türe bleibt geschlossen und zwar ganz! Und sogleich wird sie geschlossen und gründlich! Und ich suchte nach Nägeln, Hammer, einem Seil. Die Salzige machte keinen Einwand.

L. verhielt sich sehr still und schaute groß nach allen Seiten. Abends (offenbar am zweiten Abend) machten wir einen Gang, den ersten, durch die Stadt (gegen das 13. Arrondissement hin und um 24 Uhr) und ich schimpfte erst über etwas heftig, beruhigte mich, als kein Einwand erhoben wurde. Straße braun-dunkel, großartig: Paris.

13

Abermals diese große Frage:
Ich träumte, wußte aber nicht, daß ich träumte. In diesem Traum ging ich u. a. in Basel spazieren, einer Stadt, die mir vollkommen neu war, stellte beiläufig einige ihrer Eigenschaften fest und obgleich es mir lästig fiel (nachts, im Gehen), wollte ich eine kurze Notiz zu Papier bringen, was

dann doch unterblieb. (Die erste Frage, ob, wenn ich es getan hätte, ich jetzt, da ich wach bin, die Notiz vorgefunden hätte, ist nicht so wichtig und übrigens gelöst – da ich nicht Nachtwandler bin.) Der Vermerk lautete: Jedenfalls sei die Stadt außerordentlich *milde* – somit unschweizerisch –, man treffe nichts Grobes und Aufdringliches; und das ganze Leben gehe auffallend leise vor sich, so leise wie nirgends sonst. – Dies ist nun die sehr große Frage (ich habe sie schon einmal bei Gelegenheit einer Zeichen-Erfahrung gestellt): Hat eine solche »Wahrnehmung« Richtigkeit? – und kann also mein Wissen bereichern? (Ich kannte zur Zeit dieses Traums Basel nicht.) Wissen wir mehr als wir wissen – soviel mehr nämlich von äußeren, genauen (d. h. nicht allgemeinen) Gegenständen, daß wir Erfahrungen daran machen können, – wie ich in jenem andern Traum Perspektive-Studien machte durch genaue Naturbeobachtung?

– durch genaues Studium eines Stückes Landschaft des Traumes: ich beobachtete, wie die Ränder eines durch hügeliges Gelände geschlungenen Weges über-, zueinander lagen, und lernte etwas, das ich nicht wußte, das am Tag bestehen blieb (meine ich). Aber noch gibt es da einen Unterschied: Ein Stück Landschaft ist etwas Allgemeines; wir wissen schon, daß wir eine Landschaft im Traum genau sehen können; und das Resultat, eben daß ich daran zeichnen lernen kann, – – ist zwar doch auffallend. Aber Basel – d. h. irgendeine unbekannte Stadt – so genau sehen, daß man richtige, präzise Beobachtungen (nicht über eine Stadt im allgemeinen, sondern) *über ihre Art* machen kann?! – Wenn ich nun im Traum eine Afrikareise machte und (nachher) ein Buch darüber schriebe, nicht über den Traum, sondern über Afrika –: würde dann dieses Buch genaue Beobachtungen über das wirkliche Afrika enthalten und sich mit andern ernsten Afrika-Büchern, von Leuten, die dort gewesen sind, vergleichen lassen?

14

Ich habe, in der Regel jedenfalls, wenn ich in meinen Träumen meine Denkarbeit mit denselben Themen fortsetzte, nicht verwirrt geträumt (wie ich, der gewöhnlichen Auffassung folgend, früher annahm), sondern dieselbe Arbeit in große Tiefen fortgesetzt, welche am Tag gar nicht mehr greifbar waren (und darum stumpfsinnigerweise verwirrt genannt wurden), die aber nach sehr vieler Tage Mehrarbeit – sei es von mir oder von andern – wieder greifbar sein werden auch am Tage.

Dieser Satz gilt sicher: Jedes Menschen geistiges Vermögen ist im Traum viel größer als im Wachen.

Irgendwo habe ich einmal gelesen, der frühere Mensch habe so, wie Shakespeare dichtete, geträumt, der jetzige träume, wie Dostojewski dichtete.

»Mit der Dunkelheit des Traumes« ist ganz von *einem* Ort aus geredet, das Wort ist hinfällig, sobald wir es integral meinen. Im Traum sind vielmehr die meisten Vorstellungen präziser, reicher, heller als desselben Menschen Vorstellungen im Wachen. Das genannte Wort tönt ungefähr so wie: »Das Ding war winzig, es hatte die Kleinheit des Sirius.«
»Diese Sache (Denkweise, Rede) hatte die Dunkelheit eines Traumes.« Man sollte hinzufügen: ».. ., den man sich im wachen Zustand vorstellt und also falsch vorstellt.«

15

Erstens Riesenschlange sondergleichen, die ich durch die Decke meines Zimmers herunterkommen sah und durch den Fußboden weiter hinab verschwinden; über 10 Meter lang. Große Gefahr im Hause; niemand hatte die Schlange gesehn als ich. Im Zimmerchen darunter arbeitete G., hatte die Schlange es auf sie abgesehen? Große Anstrengungen, zu retten; aber die Menschen waren ungläubig.

Später kleinere Schlange, von welcher Katze überfallen wurde.

Außerdem aber hatte ich ganz wunderbare aber unglaublich kleine Vögel (Größe von Flöhen), verschiedene, auch farbige und papageiartige darunter, in kompliziertem Käfig und sie versprachen zu gedeihen; die Unvernunft der Menschen hatte sie mir beinahe alle vernichtet, indem sie Eimer Wasser hingossen, wo der Käfig stand, den sie für leer hielten; und sie achteten kaum auf mein ungeheuer geängstigtes Protestgeschrei (ich war noch nicht ganz in der Nähe).

16

... der Polizist antwortete einem von den verdächtigen Männern, die da untersucht wurden (Männer, die der Polizei kleine Dienste leisteten), der ängstlich das Gesuch vorbrachte, ob er nicht die *reguläre* Polizeikarriere einschlagen könnte:

»Das geht leider nicht. Denn unsere Bestimmungen setzen voraus, daß einer über *dreifachen Geist* sich ausgewiesen habe. 1. Geist im gewöhnlichen Schulsinne (Literatur, Philosophie usw.); 2. Geist im Alltag, in Politik, Weltlauf; 3. das Schwerste! Geist in jeder besonderen Lage, auch wenn man sie nicht eine Minute voraussehen konnte.«

17

»In diesen Kellern kann ich ruhig arbeiten«, dachte ich. Es gab zwei Keller, einen gewöhnlichen und einen ungeheuer tiefen, unbekannten; in diesem würden auch alle Geräusche ewig ungehört sein.

Aber da war der erste Keller, in den ich getreten war, ein

Saal geworden! Ich sah es erst, nachdem ich eine Weile
dagesessen hatte. Helle Fenster, die auf die Straße gingen,
Parkett, alles glänzend und rein im Saal. (Und der tiefere
Keller war somit zu einem gewöhnlichen Keller geworden.)

Und die Leute zogen schon herein. Elf Meter lang, maß
ich, war der Saal und untergebracht im Hause meiner
Großmutter, dessen Vielzahl der Zimmer, dessen wunderbare
Bauart ich lobend hervorhob.

18

Ein Aufstieg im Hochgebirge. Gewaltiger Schneefall war
eingetreten, ich sollte Führer sein, droben in der Hütte war
schon Tz. mit ein paar anderen Personen. Dieser (wie auch die
Zugehörigen) stieg besser, als ich erwartet hatte; es fand sich
(infolge des Neuschnees) eine schwierige Stelle. – Ich sehe in
diesem Traum selbst deutlich, daß das Steigen im Gebirge (die
Technik des Steigens) nicht anderes als das geistige Denken
bedeutet. – »Ja...« sagte er und nickte schwer mit dem
Kopfe... Er fütterte sie nicht.

Da oben (auf einer Höhe etwa wie Jungfraujoch) besaß Tz.
nämlich eine Zucht (in weitem eingezäuntem Wiesenraum)
von schönen, rötlichen, übergroßen, außergewöhnlichen
Pelzkatzen; sehr zahlreiche, er zog sie offenbar da auf wegen
des Pelzes. – Und womit fütterte er sie? »Ja... ja...« sagte er
und nickte schwer und traurig mit dem Kopfe; er fütterte sie
nicht. – Wie hätte er auch gekonnt, selber fast des Nötigsten
entbehrend? (Ich schämte mich nun ein wenig meines
dummen Fragens.) Sie wurden nur dann und wann – in ihrer
ganzen Schar – in die angrenzenden, noch unkontrollierten
Bergwälder losgelassen. (Buchenwälder, helle, luft- und
lichtdurchwehte, mit Steinblöcken; Bergwälder, durch die

die hellen Stämme schimmerten – kurz, Bergwälder, wie ich sie kenne, aus meiner Kindheit, aus meinen Träumen.)

19

Daß das Schönste nur Träume sind, weiß ich wohl; es handelt sich aber um die Wege, zu diesen Träumen zu gelangen ...

20

... Wir sind auf einer ewigen Wanderung, – und die Leute meinen, sie seien gesund!

Wenn du dich selber beobachten würdest, wenn du dich z. B. beim Einschlafen beobachtet hättest, was du für Sprungversuche machst, um in die Träume der vergangenen Nacht hinüberzugelangen, und es gelingt nicht, gelingt nicht, immer fällst du zurück; aus dem Geäst des einen braundunklen Waldes (der sich weiterdehnen wird zu einer braundunklen Fels- und Tallandschaft, einer Landschaft, wie Breughel sie gemalt hat) fällst du zurück in diesen, den jetzigen andern, – – Gebiete das alles, von denen am Tag du keine Ahnung hast.

»Die größte Entdeckung, die das Menschengeschlecht gemacht hat«, sagt Burckhardt von derjenigen des Pythagoras-Kreises und Kopernikus' (daß die Erde um die Sonne gehe und nicht die Sonne um die Erde); ich würde nur sagen: »die größte *astronomische* Entdeckung«. Die Entdeckung von Lichtenberg-Freud, daß Träume real sind, ein Teil der Welt (nicht Schäume), scheint mir von nicht geringerer Größe.

Das enge Verhältnis – das Durchdrungensein des einen vom andern –: es ist gewiß für die Physik oder ähnliches allgemeines Erkennen nichts Neues, sondern eine einfache

Folgerung aus dem längst bekannten Satz, daß Quantität in Qualität umschlage –: Was aber hier in meinem Raum der Träume für Inhalte aus dem Satze hervorgehen, hier im geistigen Raum, in der Psychologie, – ich weiß es jetzt nicht mehr, aber es macht mich erschauern und treibt mich noch, das Skelett davon niederzulegen – diese Worte –, es, das ich soeben im Halbschlafe oder noch ganz im Traume gesehen...! – und das mir für einmal noch ganz wieder entgangen ist, kaum etwas von den Bedingungen, den Umständen seines Seins zurücklassend, eben dieses hier, eine Art SCHALE.

(Schwierig ist es, von den Schalen zu den Muscheltieren zu dringen, aber in der Naturforschung wird man auch die Schalen nicht verachten. Und was folgerte man nicht aus Versteinerungen! – Solches aber eben, Schalen und Versteinerungen, wird aus dem Geschehen des Traums oft zu uns geworfen – aus dem Meer des Traums an den Strand unseres Tages, in unser Wachen.)

21

In diesem Traum war mit schweren Krankheiten behaftet sein und für das Rasieren eingeseift sein dasselbe. (Das Zweite wurde für das Erste eingesetzt in der unmittelbaren Verlängerung des Traumes ohne Ruck noch Schwierigkeit; ich war schon beim Arzt.)

Die Krankheiten werden also auch im Traum – in einem klugen Traum – betrachtet als Vorschuß, als Gelegenheit, eine Aufgabe zu lösen, so daß man nachher entweder mehr oder weniger hat.

Genauer oder anders: Die Krankheiten werden also nicht als Übel, sondern als Bedingungen zur Leistung betrachtet.

Traum und Träume

– Ich war beim Arzt, um die schwere Krankheit *untersuchen* zu lassen. »Du bist nur eingeseift für das Rasieren«, hätte der Arzt antworten müssen (es kam nicht so weit), »geh hin und rasiere dich gut; erneuere den Schaum nochmals, laß nicht hart werden.« – Ich halte das für sehr wichtig, und wenn die halbe Welt es für Nichts erklärte.

Besser wäre wohl so zu beginnen:
Einen in mehr als einer Weise bedeutenden Traum habe ich geträumt.
Erstens hat er die Analyse selbst besorgt, hat Anleitung gegeben, wie man in ähnlichen Fällen mit dem Analysieren verfahren soll.
Zweitens hat er eine der großartigsten Lehren ausgesprochen.
Dann wäre anzuschließen der Bericht des Traums:
Mit schweren Krankheiten behaftet ging ich zum Arzt. Dort aber waren diese schweren Krankheiten – ohne daß dies einen Stoß, einen Ruck der Verwunderung gab – nichts anderes als Eingeseiftsein für das Rasieren; ich selbst hatte das Einseifen – wie ich jetzt, aus einer andern Spalte meines Wesens zurückschauend, mich erinnerte – lang und gründlich geübt (worauf es doch ankommt für das Rasieren, besonders wenn der Bart hart ist). Ich hatte also – zur Konsultation ist es gar nicht gekommen, ich mußte warten – nichts zu tun als wieder nach Hause zu gehn und – die Seife erneuernd, den Schaum nicht hart werden lassend – mich zu rasieren.

22

Hochgebirge (von Montblanc-Höhe), Gletscher, Talfahrt mit Gepäck, Einrichten im Weinberg.
Erst noch Fahrt nach altem Ort (Stadt), aber der Zug entführte in entlegenste Gegenden, genannt »Zweisimmen« oder ähnlich. Wirtschaft, große Schwierigkeiten, vor allem innere, elendes Gepäck. Tiefste, gespannteste menschliche Verhältnisse; Nackte, in der Ferne.
Alles mächtig, tragisch, definitiv.

23

Kurze Skizzierung:
Kathedrale, vorerst nicht bedeutend aussehend, sondern von gewöhnlichem, gemischtem Stil. Turm in der Mitte aus dem übrigen Gebäude sich erhebend wie beim Pantheon.
Von ungeheurer Höhe: eigentlich 100, eigentlich 300 Meter hoch. (100: der höchste Turm hier; 300: das höchste Bauwerk der Welt.)
Den Turm zu ersteigen (zu Fuß, auf Treppe): Ich stieg und stieg. Eine Stunde hatte ich als erforderlich vorausgeschätzt, aber in der Tat dann ...
Steigen ohne Übersichtlichkeit: immer innen im Treppenhaus, selten Ausblick in die Ferne (in das Gegenüber), nie in die Tiefe. Sehr gewöhnliche Treppe.
Einmal (später noch einmal, dann noch einmal) weitete sich das Treppenhaus zu einer Bahnhofhalle großer Dimension (gleich einem Pariser Bahnhof); das heißt, die Treppe war darin verschwunden, man mußte erst deren Eingang wieder suchen. – Dieses erste Mal ein Saal, so gut wie leer: ich machte aufmerksam auf seine Dimension (im Turm drin, wie ich meinte). Bahnhofhalle, in die Züge gefahren kamen, auf Dämmen (aus des Landes Weite) da hinaufgeführt.
Steigen und Steigen, nicht mühsam für mich, aber schon sehr lange dauernd. Frau mit mir. Oft störend, beinahe gefährdend, durch Schwatzen oder Hasten (qualvoll, Allerhöchstes störend wollte dieses Element nach mir fassen); widerstrebend *meiner* Art des Steigens, dieses mäßigen, aufnehmenden (wie man die größte Musik hört) *von innen geleiteten* Steigens.
Die Höhe wuchs: Sie mußte schon eine ungeheure sein (man sah noch immer meistens nicht hinaus und überhaupt nicht hinunter). Aufeinmal sah ich hinaus, hinunter: *Gewöhnliche Straße* einer Stadt erblickte ich in einer Tiefe

von 2 oder 3 Meter; die Fußgänger, das durchschnittliche Straßenleben (wie wenn man aus einem ersten Stockwerk blickt).

Aber dann erkannte ich, daß ein ganzer Stadtteil auf diese Höhe, den so- und sovielten Teil der Gesamthöhe der Kathedrale, gehoben war; ein Stadtteil, den man sonst nicht sah; oder aber vielleicht auch wußte man es nicht, in ihm sich bewegend (wie wenn es ein durch nichts sich von den übrigen unterscheidender Stadtteil wäre), daß man auf dem Dach einer Kathedrale, durch ungeheuren Abgrund von der übrigen Stadt getrennt, sich bewegte. – Schien nämlich auf dem Dach zu sein, am ehesten.

(Einmal war es auch eine ganze Landschaft: Wiesen, weitgedehnt, Bäume, vielleicht kleine Wälder. Hütet euch vor dem Rande! Denn das unschuldige Gelände mußte einen Rand haben, plötzlich, scharf, den Ahnungslosen fürchterlich treffend. – Bisweilen sah man, oder ahnte fast nur, ihn von hier aus.)

Hier mußte der eigentliche Turm erst beginnen.

Steigen und Steigen im Turm, schon im ganzen wohl mehrere Stunden (in welcher Tiefe lagen schon gar die Bahnhofhallen!). Die Höhe mußte schon eine ungeheure sein. Der Turm verjüngte sich allmählich. Endlich hatte er nur noch den Durchmesser eines kleinen Hauses. Bisweilen sah man ihn (oder teilweise) *von außen;* dann verwunderte man sich meistens über seine Einfachheit, auch relative Ungröße. (Aber die wahre Ungeheuerlichkeit seiner Höhe lag eben in der Längendimension unseres – in seinem Innern steigenden – Weges.)

24

»Träume sondergleichen« – aber Träume scheinen immer wieder sondergleichen.

Ich träumte ein ganzes Buch – mit Bildern auch –, das ich in frühem Alter geschrieben hätte (höchstens 20, eher 18 Jahre), aber nachher, es nicht für gut haltend, sozusagen selbst vergessen. Nun zog ich es also, das so gut wie vergessene, wieder hervor und konnte es lesen wie das Werk eines andern. Die Herrlichkeiten darin – nur Berge (die frühesten meiner Kindheit), lebendiges Glühen der Liebe, und Kunst – waren unsäglich!

25

Eine Statue – Art Wasserspeier –, welche in der Wand redete, wurde von mir während endlosen Niedersteigens auf Treppe (ich hatte vergessener Gegenstände wegen zurückgehn müssen) plötzlich als Mensch erkannt.

26

Traumfrage. – Im Zug fahrend (oder Autobus) schaute ich nach einem kleinen Seehafen, von dem man sich entfernte: Da hielten einer und noch einer, am Hafen stehend, seewärts schauend, beide Arme senkrecht nach oben. Uns überlief es grausig.

Verhaftung? Konnte es nicht sein. Der eine war in Uniform (hoher Polizist oder Kapitän), der andere in Zivil und sehr gut angezogen. Und niemand schritt gegen sie. Niemand bedrohte sie.

Im Hafen lag ein Schiff, Form einer Nußschale, etwa ein kleiner Dampfer des Sees, auf dessen Deck einige Personen sich befanden (einige vielleicht noch unten, im Bauche) und in dessen Mitte riesig und kahl das Steuerrad. Jetzt wurde das Schiff geschüttelt, es schien eine ungeheure Welle aus dem eben noch glatten See hereinzubrechen. (Und dabei blieb eigentlich das Wasser immer noch still.) Begann Sturm? Hatten *das* die senkrechten parallelen Arme gesagt? Und gar nichts spürte man von einem Sturm. Aber das Schiff wurde jetzt in größtem Maße von der einen Seite nach der andern bewegt, drehte sich auch. Es war wie ein Wunder, daß der Mann am Steuerrad sich hielt. Außer ihm war noch einer vom Dienstpersonal da, vor ihm durch ein Fensterchen in die Weite des Sees schauend (die Weite des Sees – den vorherigen Angaben nach unmöglich; aber er schaute in die Weite des Sees), und dieser war etwa der Kapitän; dies waren die zwei einzigen noch auf dem Deck Gebliebenen, denn alle Leute waren ins Innere verschwunden. Die Wellen hatten jetzt das Schiff so gewaltig gegriffen, daß es zweimal vollständig auf der einen Flanke lag und wir dachten, es komme nicht mehr hoch, oder nicht mehr wirklich hoch, das Wasser habe hineingeschlagen (ringsum war der Rand etwas erhöht wie bei einem Ruderboot). Aber noch hielt sich der Steuermann; der andere auch, aber der hatte es leichter, weil er auf einer Schwelle und in einer Art Rahmen stand, gegen den er sich stemmte. Noch kamen riesige Wellen – in den Pausen war alles ruhig, in einer von ihnen tauschten die Männer die Plätze, so daß der ganz Alte nun, sich quer stellend und gewaltig stemmend, das Steuerrad bediente – aber allmählich wurden sie schon geringer und schnell war alles vorüber, der See wieder still. Diese Art Sturzflut hatte von einem Erdbeben oder von einer ungeheuren Sprengung in der Seetiefe herrühren können.

Der Traum hatte noch eine minder wichtige Fortsetzung: da fuhr denn ich, mit dem alten Steuermann – aber eigentlich steuerte ich und dirigierte vielmehr die Kraft selbst vermitelst des Steuerrades – und dann fuhren wir, weil ich nicht durch das blind gewordene Fensterchen sah, auf eine nächtlich-grüne Insel auf (wunderschön! noch jetzt spüre ich den Geruch dieser nächtlich-grünen Insel), es war Nacht geworden. Auf ein auffallend dunkelgrünes Saatfeld mit der ganzen Länge des Schiffes, doch war das gefahrlos und unwichtig, der andere lachte nur.

Dieses ist die schwere Frage, die ich mir nun stellte: Erst muß ich noch betonen, daß ich, als das Heben der Arme geschah – das Zeichen, gegeben von solchen, die aus der Ferne das Unheil kommen sahen, daran war später nicht zu zweifeln –, keine Ahnung von einem Sturm, einem Wellengang hatte, keinen Gedanken daran. Welches ist die Verbindung zwischen den beiden Teilen, dem Zeichen und dem Sturm, die ich, der den Traum Komponierende, hatte? Habe ich zwei Gehirne, eines, in dem ich ganz sicher bei den Zeichen nichts von dem Sturm vorausahnte, sondern durch das ich ein ganz objektiver, mit der Sache verbindungsloser, gespannt schauender und dann vollständig überraschter Zuschauer war; und eines dahinter, von dem ich absolut nichts weiß und das doch den ganzen Traum komponiert (denn ich habe doch alles allein geträumt), das erst die Zeichen einsetzt und dann den Sturm, mich vollständig wie einen Zuschauer behandelnd?

27

Große Masse geschrieben im Traum, von der ich wenigstens noch die Richtung weiß (denn diese ganze Masse bildete einen einzigen fortlaufenden Aufsatz):

Ich zeichne jetzt nach Michelangelo: da lerne ich nacheinander Punkt um Punkt lernen, lerne (nichts anderes!) *sehen,* wo bei dieser Körperhaltung die Hand, die Erhöhung, der Schatten liegt. Denn wir wissen fast nichts. Ich gehe durch die Stadt, um Punkt um Punkt zu erfahren: wo *das* Haus, dieser Ziegel, diese Farbe, diese Ecke ... Denn wir wissen nichts, nicht die nächsten, einfachsten Dinge. Nicht, daß im Spiegelbild die Seiten vertauscht sind (wir meinen, daß das Bild so sei, wie wenn wir hinter dem Glas stünden). Und so fort und fort. Ich begann mit Schiller. Die banalsten Dinge lösten sich in fruchtbare Rätsel auf, nährten, klärten, erregten Wohlgefühl. Und dabei, obgleich in der jetzigen Lage, war das Haus besser, etwas Geld war geblieben, Besuch kam an (nur konnte ich mich im Schreiben des schon sehr langen Stückes nicht stören lassen).

28

Lange Träume im Traum geträumt, alle nur im Lehrsinne. Oberstes Stockwerk eines Warenhauses (unter freiem Himmel) stellte eine *Welt* dar, mit all ihrer Lächerlichkeit, ihrer abgelösten Formen Bizarrerie (die Stelle nannte sich »Grinzing« oder ähnlich; tausende Häuser – alles künstlich –, möbliert, bewohnt, nur vielfältiger, farbiger als dort im Geographie-Land); nur bizarrer, lächerlicher noch, womit man ja eben mehr das Wesen der Welt trifft.

– Was für Mühsal der Menschen, dachte ich, die immer so *lange* Wege von einem Ding zum andern zurücklegen, während die zwei Dinge doch ganz kurz zu verbinden wären.

29

Immer wieder aber während ganzer Wochen die meiste Zeit in meinen Träumen doch *schreibend*.

Dieses Schreiben des Traumes ist ganz verschieden: da ein wildes Hetzen und Jagen, immer überwältigt von noch übertreffendem, schneller jagendem, über meinem Kopf wie Gewelle zusammenschlagendem Stoff-Andrang, so daß ich froh bin, zu erwachen, dennoch aber dann in einer so unangenehmen Laune bin, daß ich mich erst erfrischen muß, pflegen.

Da so prägnant, machtvoll, siegreich, daß ich, erwachend

(und oft auch vorher, vorausschauend!), sicher bin, es geschrieben zu *finden,* auf materiellem Papier, nicht geträumtem; und mich erst – was mir eine Art leichten Schwindels jedesmal erregt, eine einbrechende Öde schafft, die etwas hat vom Brechreiz – überzeugen muß, daß nichts da ist, daß das Papier neben meinem Bett weiß und leer ist.

(Vorher war Tal und Berg, kühl und in richtigem Klima; nun ist ein heißes inneres Gewimmel – daher das Gefühl von Brechreiz.)

Entweder das jagende, von der Flut ersäufte, oder das siegreiche Schreiben; aber das sind die extremen Fälle und es gibt noch allerlei Stufen dazwischen, das mühsame Kämpfen um Formulierungen, das Erreichen eines Satzes, »den ich behalten muß« oder »der wenigstens dasteht, für alle Zeiten wenigstens auf dem Papier stehe, möge auch das andere versinken«, – und den ich nachher nicht einmal mehr begreife, wenn ich mich noch an seinen Wortlaut erinnern sollte! – und andere Zwischenstufen und Mischungsfälle.

30

Ein Apparat wäre zu erfinden, das im Traum Geschriebene aufzuzeichnen.

31

. . . Aufeinmal wurde er sich klar, daß er sich seit langem mühte mit einem Traum, daß er sich wand mit seinem Komponieren, den er gerne weitergeträumt hätte und der in diesen entscheidenden Passagen seit langem stockend ging. – daß man eigentlich jetzt erst sagen konnte »richtig wach« (wie nun allerlei Zeichen erlaubten: offene Augen, Bewußtsein der

Dunkelheit, der ungefähren Stunde). Aber das hieß keineswegs, daß er etwa vorher *geschlafen* hatte, das Vorherige war ein langes *Mühen* gewesen mit dem Fortbauen eines Traums, der zwar noch Traum sein konnte – noch durch nichts anderes aufgehoben, mit nichts Wacherem vermischt –, nur ging eben dieses Mühen mit, *das* war das Wache: man konnte also sagen eine Spur noch von Schlaf, ein ganz loser Schlaf; so, wie ganz helle Dämmerung eine Spur noch von Nacht ist. – Wie aber eben während dieser Überlegungen Zeit verging (eine Minute, zwei Minuten), war nacheinander die jeweilige Feststellung durch eine frisch, durch neueren Zustand gewordene aufgehoben; schon ahnte er, daß man am Ende noch dazu komme, zu sagen, es sei doch Schlaf gewesen, d. h. ganz gewöhnlicher (vielleicht freilich nicht *guter*) Schlaf: was bestanden denn für Kriterien, daß es etwa nicht Schlaf gewesen sei: kein einziges.

Nach Niederschreiben dieses Traumstücks – das Niederschreiben war im allerfrühesten Zustand, in dem man, erwachend, überhaupt schreiben kann, geschehen; die Handschrift war am Anfang fast unleserlich und nahm dann erst allmählich weniger verschwimmende Formen an –, nach diesem Niederschreiben hatte ich das Gefühl, etwas überrascht zu haben. Im Laufe des Notierens wurde ich erst wirklich wach (wobei jede wachere Stufe einer größeren Schwierigkeit des Schreibens entsprach. Größte Klarheit im *ersten* Moment. – Und dennoch Schreibschwierigkeiten? Ja, aber anderer Art, ganz anderer, als die im Wachen bestehenden).

Außerdem – nebenbei – in diesem Traum festgestellt, daß Geschlechtsverkehr, der da brutal in die Mitte alles Geschehens gerückt war, um den herum sehr viel geredet wurde, dessen Zustandekommen dringend gewünscht war usw., *etwas anderes* bedeutete als Geschlechtsverkehr (wie Nacktheit durch Kleider dargestellt werden kann), nämlich das Zustandekommen, die Fortsetzung, die Verstärkung einer *nicht* geschlechtlichen Beziehung.
Und *das Mühen um die Traumkomposition war geschöpft aus diesem selben Fluß des Mühens um Realisierung dieser Beziehung selbst* (die wichtig, im Wachen sehr wohl zu nennen ist).

(Dieser Satz erschien mir als der wichtigste aller erklärenden Sätze über Kunst; zugleich eine totale Verbindung zeigend, folgendermaßen:)

Sollte hier nicht Aufschluß – nocheinmal über Komposition überhaupt und – über alles Dichten der Menschheit gegeben sein?

Ich glaube, daß der Traum nicht »allerlei Analoges hat dem Dichten«, sondern daß das Dichten ganz einfach eine Nachahmung ist des Träumens.

(Wie die Kinder »Vater und Mutter« spielen, so haben die Völker auch gespielt und nachgeahmt – das Träumen.)

Interessant (oder auffallend) ist, daß man das Dichten früher als das Träumen als real anerkannte.

32

In trüber Zeit –: Aber da tat ich doch wieder einen befriedigenden Traum.

Winter, die herbe Weite der Schneewälder (etwa um mein Geburtsdorf herum), sobald ich das Dorf verlassen hatte; da waren aber, droben in der Schlucht, felsigem Couloir, doch Kinder – unzählige, die der Nachbarn.

Von Netstal (meinem Geburtsdorf) nach Chamonix, oder doch in der Richtung, wie etwa nach dem Oberseetal. Großartig-herb (wie hellbrauner Bimsstein) immer schroffer hervortretende höhere Gräte. Aber noch lang nicht die höchsten. Beinahe würde ich zu Fuß nach Chamonix gehen und zurück.

Da, in kleinem Wäldchen, raschelt es. L. behauptet, es sei kein Igel, sondern ein Biber. Nach langem Schauen sah ich es – in nächster Nähe, einer Nähe von 2 oder 3 Meter – in der Höhle sitzen und mich anschauen, glatt, rund, ausgefüllt, etwas größer als ein Igel, ohne Stacheln und nicht spitzköpfig. Brauchte man Angst zu haben? L. verneinte und traute sich, ohne daß es sie Mühe kostete, ihm, der sogleich hervorkam, zu fressen zu geben, roten Kompott, den er mit großem Appetit annahm, von nun an geänderten Verhaltens, nämlich ganz zutraulich. Er kam mit (verließ sein kleines Gehölz). Er hatte etwas so Kräftig-glattes, Ausgefülltes, fast wie Katzennatur, teilweise von einem Panther, ohne das Stachlige und Närrische des Igels, ohne das zu Langgedehnte und Elastische des Panthers. Zuletzt ging ich Arm in Arm mit ihm (der größer geworden war und wahrscheinlich wie Murmeltier oder Fischotter aufgerichtet stehen konnte) wie mit einem Kumpanen.

Nach einigen Wochen, vielleicht Monaten, las ich die Aufzeichnung dieses Traums, welchen ich vergessen hatte. »Großartig-herb (wie hellbrauner Bimsstein) immer schroffer hervortretende höhere Gräte«, las ich und bildete eine Vorstellung (eine solche möglichst deutlich zu bilden trachtete ich umso mehr, als der Satz eine Steigerung ausdrückt) – plötzlich aber *erinnere* ich mich wieder, von der mühsam auf Grund der schriftlichen Übermittlung zusammengesetzten Vorstellung sogleich abspringend, sie wegwerfend. Dann aber suchte ich diese schon weit in die Ferne gestoßene Vorstellung doch noch einmal wieder, zog sie heran und neben die Erinnerung, um zu *vergleichen* (die durch die Reportage des Traums erweckte Vorstellung also zu vergleichen mit der durch die Erinnerung verliehenen Vorstellung, d. h. mit dem Bild, das im Traum wirklich gewesen war, – und durch dessen vorübergehendes Ausgelöschtsein nur es überhaupt möglich geworden war, an derselben Stelle eine andere Vorstellung zu bilden). Keine geringere Frage als diese lag dem Experiment zugrunde: Wie weit werde ich *andern* eine richtige Vorstellung des im Traum Gesehenen geben können? (Vor dem Momente, da plötzlich die Erinnerung eingetreten war, hatte ich dem Traum gegenüber ja wie ein anderer gestanden, d. h. ganz auf die schriftliche Übermittlung angewiesen.) Und siehe, die beiden Farben – die Gräte der Vorstellung und die Gräte der Erinnerung – starrten gegen einander wie zwei vollkommen akkordlose Dinge, Dinge von verschiedenen Kategorien! Ich hatte nicht die mindeste richtige Vorstellung erwecken können!

(Entscheidend ist indessen das Experiment noch lange nicht, erstens seiner Einmaligkeit wegen und zweitens, weil wenig Mühe auf die Beschreibung jener Gräte verwendet worden war.)

33

Im Eindämmern (zum Schlaf) gedacht: »Putzt sie sich denn nicht? – so daß allmählich alle Pastellfarben wieder entfernt werden?« Wobei es sich um eine mit Pastell dargestellte Katze handelte, oder, die darzustellen ich im Begriffe war. Dieses schnell ertappt – denn ich schlief noch nicht ganz – und aufgewacht.

Wir verfahren mit so einfachen Verschiebungen, Veränderungen, weil so manches, das uns am Tag wesentlich erscheint, vor unserm tieferen Sehen nicht wesentlich erscheint.

»Du hast die Orthographie nicht richtig«, sagt der Tag; aber es gab dort gar keine Orthographien.

»Du hast dein Kleid nicht richtig«, sagt der kleine Tag. Aber ob sie überhaupt Kleider anhatten, das wußten die riesigen Realitäten nicht, die sich dort bewegen.

34

Eine »Projektion«. – Ich war mit Besuch in meinem Zimmer. Vom Fenster (ersten Fenster), vor dem ich gestanden hatte, kam ich zurück: »Jetzt gibt's was Schönes zu sehen!« Der Alte vom Nebenhause war nämlich in seinen Garten getreten; doch war er nun nicht *durch* das zweite Fenster zu sehen, nicht hinter dem Fenster, wie normalerweise zu erwarten war, sondern davor, also im Zimmer. Da, hingekauert, hantierte er an meinem Fensterrahmen (anstreichend, den Kitt erneuernd), wie er sonst wohl im Garten hantiert hätte, – wie er in Wirklichkeit auch wohl im Garten hantierte. – Dieses war, im Traum, nur und genau *halb* auffallend. Denn es konnte nicht ganz auffallend sein, da die Erklärung, wenn auch nicht ausgesprochen, zu garantiert, zu ruhig und sicher gegründet, dahinter wartete. (Projektion in umgekehrter Richtung, ganz einfach. Wie sonst eine Fliege, die innen, auf dieser Seite auf dem Glas wandelt, in den Garten des Alten situiert wird, kam eben diesmal der Alte aus dem Garten auf diese Seite des Glases.) Dies als Beispiel, wie der Traum verfährt, was für Dinge er sich erlaubt, so unerhört kühne und doch einfach schlichte. Unabhängig davon das Folgende:

Um diesen Alten zu zeichnen – einen Hockenden von hinten also, eine mir ganz unbekannte Aufgabe, ich hatte mich nie solches zu zeichnen geübt – konnte ich wieder nach dem Modell des Traumes arbeiten. Es handelt sich um eine nochmalige Wiederholung jenes Fragestücks, das zuerst einem zu zeichnenden Weg gegenüber bestanden hatte[1] und welches immer entschiedener beantwortet wird.

Man lernt zeichnen durch die Modelle – durch genaue Beobachtung der Modelle, durch Sehen dessen, was man sonst nicht sieht. (Beobachtung und noch einmal Beobachtung.)

Aber, analog dem bekannten Wort: »Les grandes pensées viennent du cœur«, stelle ich nun fest, daß diese Beobachtung *gar keine Beobachtung ist* (denn wie wäre Beobachtung, d. h. Wahrnehmung eines mir noch nicht bekannten Äußeren, möglich ohne Mann und Weg, ohne ein anderes als ein von mir selbst hingestelltes Äußeres, ohne ein Äußeres draußen?) – *sondern eine Tugend.*

---

1 Vgl. 2, 13, 26.

XI. Vom Tod

Arbeiten ist nichts anderes als aus dem
Sterblichen übersetzen in das, was weitergeht.

I, 51

1

Der Ausgangspunkt:
Wer nicht mit dem Tod abgerechnet hat, dessen Leben ist nicht viel wert.

Wie kann einer leben, der nicht mit dem Tod abgerechnet hat? Wer nicht richtig gelebt hat aber, wie kann der richtig sterben?

Dies ist das Wort, das den Tod voll in sich faßt:

> Wer immer strebend sich bemüht,
> Den können wir erlösen.

Ist es verwunderlich, daß die allgemeinen Menschen, die doch so schlecht gelebt haben, so schlecht sterben? (Schlecht gelebt: immer ohne wahres Arbeiten.) Starb je ein Weiser (der Weiser blieb) schlecht?

Große Achtung erweckte mir das Werk von Ernst Robert Curtius über Balzac, mit Ausnahme jener Stelle, die über den Tod handelt, den Balzac, »nicht begreifen konnte«. Und der »Médecin de Campagne«?

Kann man den Tod anders als durch das Leben begreifen (das aber ist der Médecin de Campagne)? – Wie man das Leben nur durch den Tod begreifen kann. – Wenn man jemand vorwirft, daß er den Tod nicht begreife, so heißt das auch, daß er das Leben nicht begreife.

2

Immer wieder. – Ja, zweifellos ist alles schon dagewesen (oder: ist immer irgendwo da). Aber immer dringender, dringender wird mir die Notwendigkeit, die paar *großen* Wahrheiten, diese allereinfachsten Dinge (wie, daß der

Gedanke des Todes der Anfang unseres Denkens sein muß) immer wieder aus dem Schutt hervorzuarbeiten und »an den Mann zu bringen«.

Es macht die Kunst aus. Das »an den Mann Bringen« ermöglicht sich nur durch eine immer neue *Form:* andere, dem jetzigen Rhythmus entsprechende Wortstellung, jetzige Worte, jetzige Bezugnehmung.

3

Aus dem Elend dieses Daseins (»dieses« – als ob es ein anderes gäbe!) wird sicher immer nur das Denken den Ausgang finden, und zwar ein recht schwieriges Denken.
– bis zum größten Werk: den Tod zu überwinden, durch Denken vieler, fast aller umgebenden Dinge, der Wirkungen . . ., durch volle Übereinstimmung mit den Dingen.

Des Menschen frühere Einstellung manischen Glaubens war eine Vorstufe davon.
Noch früher bestand eine andere Stufe der Lebensermöglichung: soll man sie Blindheit nennen? Die Stufe des Tieres; der Tod wurde unschädlich gemacht durch Ignorieren. – Aus der folgenden Stufe manischen Glaubens (mit Gott, Paradies, Erlösung) war es nicht mehr möglich, in die frühere zurückzuflüchten. Gleicherweise, wie es heute, da auch die zweite Stufe (infolge neuer Erkenntnisse) zerbrochen ist, nicht mehr möglich ist, auf sie zurückzuflüchten; man muß nach der folgenden streben, oder es bleibt die Todesangst. – Fortwährend werden freilich einige noch so geboren, daß ihnen die zweite Stufe möglich ist, ja sogar noch blind geboren; das versteht sich von selbst durch das Wesen der Entwicklung, deren Vorrücken ja nie in *einer* Front (einer geraden Frontlinie) geschieht.

4

Alle Denkenden haben sich von jeher befaßt mit der Frage der Todesüberwindung und immer wieder haben welche, wie

Pascal, die Lösung gefunden, sich zu flüchten in eine Art Trunkenheit.

Doch ist Trunkenheit immerhin etwas Höheres als sich die Augen ausreißen.

Ich sehe wenig neue Probleme, aber die alten betrachte ich als ungeheuer aktuell – als neu.
Was ist die große Angelegenheit André Gides, das Verhältnis des Individuellen zum Sozialen – diese Auseinandersetzung, die wohl das eigentlichste Problem unseres Jahrhunderts ist, – was ist sie anderes als die Frage des Verhältnisses des Subjektiven und des Objektiven, als die alte Frage *der Todesüberwindung*, die schon einmal auf das herrlichste ihre Lösung gefunden hat: in Spinoza.

5

Angst – ein großes Wort, wäre als Titel einer großen Darstellung zu verwenden. – Er ging und ging – es kommt darauf an, zu zeigen, wie er geht und geht – die Angst mit ihm – und doch dem terminalen Verhängnis nicht entgehen könnend, das immer vor ihm schwebt und dem er *entgegen* geht mit all seinem Entgehenwollen zusammen mit der Angst.

6

Es gibt nur *ein* Übel: daß man nicht die Verbindung sieht; denn jeder ist mehr als das, was er wirkt.
Wenn man nun die Verbundenheit nicht sieht, wenn man folglich jenes, das nicht hat Wirkung werden können, als verloren empfindet – und es übertrifft das Wirkung Gewordene um das Vielfache –, dann ist der Tod, und schon die

dauernde Möglichkeit des Todes, eine Kalamität, die keinen Namen hat, so groß ist sie.

7

Das Höchste

Was die größte Herrlichkeit, das höchste Glück ist? Wenn das subjektive Denken plötzlich ins objektive umschlägt. Das ist genau ein Augenblick wie der, in dem man den Tod überwunden hat; es ist derselbe Vorgang; man kann den Tod nur so überwinden.

Die meisten Menschen denken immer subjektiv: die können nicht sterben; sie werden abgerissen unter Qualen. Dann gibt es aber auch noch eine Anzahl, die immer objektiv denken (freilich nicht in allen Zonen ihres Seins, dies ist unmöglich, wäre gleich Auflösung, Tod; aber in den meisten Zonen; und die beiden Abteilungen haben keine Verbindung); diese haben keine Bedeutung.

8

Variante:
Der herrlichste Moment unseres Lebens ist, wenn unser Denken vom Subjektiven ins Objektive umschlägt.
(Ein zu wiederholender Moment, nicht etwa ein Gesamtübergang. – Indessen, meine ich, kann es auch einen gewissen derartigen Gesamtübergang geben. Was wäre denn das Leben eines Spinoza anderes als ein auf die ganze Länge des Lebens ausgedehnter derartiger Gesamtübergang? – Und am Ende, schärfer sehend und von weiter her, ohne von Farben beeinflußt zu werden und ohne irgend konventionellen Blick –: Balzac! Das große, aus allem Schmerz sich lösende, aus tiefsten Schluchten sich erhebende *Weltsehen* Balzacs. – Und schließlich: Alle Schöpfung.)

9

Wer immer genau unterscheiden kann zwischen sich und den andern, ist kein großer Geist.

10

Die Natur bringt Gebilde hervor; aber die Kraft ist größer als das Hervorgebrachte.

Sie ist um das Unendliche größer: sie geht ins Unendliche weiter; das Gebilde ist einmalig und stirbt.

Ein Gebilde ist also deutlich ZWEI (das, was stirbt, und das ist das Nennbare; der Anteil an der unendlich weiterreichenden Potenz, unnennbar): Je nach dem, worauf nun der Blick gerichtet ist, wird die eine oder die andere von den zwei einzig möglichen Philosophien entstehen, der eine oder der andere von den zwei möglichen Menschen, der eine oder der andere von den zwei möglichen Ausgängen. Der eine Ausgang ist das Leben, der andere der Tod.

Vor dieser Blume: Wirst du die Form verehren, ihr zu gleichen suchen, oder wird in deiner Verehrung die *Kraft*, die diese Form hervorbrachte, vor allem das Betroffene sein? Im ersten Fall endet es unrettbar mit dem Tode, im zweiten Fall wirst du selber ähnlich gültige Formen hervorbringen, wie diese Blume eine ist, und du wirst nicht sterben, da du ja die Formen alle verlassen kannst und der Kraft gehörst, die immer neue Formen – nach den durch dich gewordenen – hervorbringt in nie endender Kette.

Form ist das Immer-schon-Vergangene.

Es hat zwar kein Mensch gelebt, der ganz der einen oder der andern der beiden Philosophien angehört hätte, der *nur* der eine der zwei Menschen gewesen wäre; auch ein Heraklit, ein Spinoza mußte manchmal (in gewissem Maße) bei bestehenden Formen verweilen, sie lieben und sie somit bejahen; und andrerseits, auch die starrsten Todes-Männer (wie vielleicht die Schöpfer der Kirchen-Dogmen) mußten zu einem Teil – wider ihre Philosophie zeugend – *leben,* sonst wäre es nicht einmal zu ihrer Philosophie gekommen. (Denn das Leben ist universell.)

Gut, man kann nicht aus dem Leben heraus, – aber warum einer Philosophie anhangen, die wider alles ist, was doch besteht (die wider sich selber ist), warum das Leben *vermindern?* (Die einzig wirklich Gültigen unter diesen Spekulations-, d. h. Todes-Philosophen sind die von der Art Schopenhauers, die bis zum richtigen Schluß Vorgedrungenen, die es offen sagen: Nichtsein wäre besser. Daß die Männer der Kirche genau zum selben Schluß kommen müßten, ist auf eine lichtvolle Weise im »Zauberberg« mit der Figur Naphtas dargestellt.)

11

Wenn man das Einzelne nur immer als Vorstufe des Kommenden betrachtet, des »Gesamten«, ist man verloren. Man muß dem Einzelnen sich *ganz* zuwenden und, sobald es vorüber ist, es ganz lassen: dann schaut man in die Ewigkeit. Die Meisten sündigen doppelt: erstens, indem sie das Einzelne als Vorstufe betrachten; zweitens indem sie, wenn es vorüber ist, doch nicht (welche Inkonsequenz!) von ihm lassen wollen: diese starren dauernd ins Nichts.

Sie verzweifeln nur darum nicht, weil sie die Augen nicht öffnen. – Wie es auch Kinder gibt, die sich vor dem Erdbeben unter dem Tisch verstecken.

12

De arte vivendi

Wann ist man Meister über die Dunkelheit? Wenn man die Dunkelheit *annimmt;* nur dann; dann ganz. Die Lebensfrage ist aber die: daß man nicht in Untätigkeit dabei verfalle.

Denn das würde eine solche *Menge* von Dunkelheiten schaffen, wie man sie am Ende in keinem Falle mehr annehmen könnte; denn was man annehmen kann, ist nicht unbegrenzt, das Leben besteht ganz bestimmt aus zwei Prinzipien.

Das UNVERGÄNGLICHE: Gleich einem ungeheuren, unvergänglichen messingnen Gerät: man putzt daran ein wenig, dann glänzt es wieder für eine kurze Zeit; *das* ist die geistige Tätigkeit (sie ist also nicht ein Produzieren im eigentlichen Sinne; sondern ein in Erinnerung Rufen, ein Auffrischen, ein Zeigen). Ein FRAGMENT; ein Fragment ist immer unser Tun, unser aller Tun war es; ein winzig kleines Stück Tun am Unvergänglichen; ein winzig kleines Stück Dienst am unvergänglich *Seienden.*
– am unvergänglich Seienden, das wie ein Strom an uns vorbeischießt; wir stehen am Ufer (gehen auch ein winziges Stück mit) und sind vergänglich; jenes schießt vorüber und ist ewig.
– nur ein *winziges* Stück gehen wir mit; wir *stehen:* denn wir sind vergänglich.
– denn das eben ist das Wesen der unveränderlichen Ewigkeit, daß sie geht, daß sie sich verändert; und weil wir nicht weit gehen können, weil wir stehen bleiben, *bleiben* wollen, darum gehören wir ihr wenig an, bleiben wir nicht.

Wenn du nie gefühlt hast, daß du nie stirbst, dann hast du freilich nicht mitzureden.

Das ist die äußerste und innerste, die strengste und zugleich allgemeinste Norm für alles Schreiben. Wer nie gesehen hat, daß er ewig ist, hat nicht zu reden.

Wir sind vergänglich. Aus der Vereinigung unser mit jenem, dem totalen Unvergänglichen (dem Strom) entsteht die Bedeutung, die brennende Stelle; wesentlicherweise aus Vereinigung, wesentlicherweise bestehen wir aus, oder neigen wir zu, zwei Dingen; vielmehr: wesentlicherweise handelt es sich um zwei Dinge, da. An einen Schweißapparat ist ganz genau zu denken; aus zwei Röhren werden Dinge zusammengeleitet, die für sich unschädlich, ruhig sind und – –

ergeben eine ungeheure Hitze, die imstande ist, Eisen flüssig zu machen in einem Nu.

– und nachher wird nur ein einziges Ding mehr zugeleitet, reiner Sauerstoff zum Eisen: aber doch zwei Dinge sind es wieder, Eisen und Sauerstoff, die zusammen die Wirkung erzeugen – vorher waren sie still –, die Wirkung ungeheurer Hitze (und die Sonne gar ist das Licht des Lebens) erzeugen, durch ihre Vereinigung.

Sterbe! Aber einmal schaue in die Ewigkeit.

Nicht im Sterben tritt in die Ewigkeit hinüber – welche Vermessenheit diese Vorstellung! hat der Wahn je riesigere Formen getrieben, als eben diese Lehre es ist, daß der Mensch beim Sterben in die Ewigkeit hinübergehe?

– nicht im Sterben tritt in die Ewigkeit hinüber, stirb aber als einer, der einmal hinübergeschaut hat im Leben.

(*So* gehe – dann kannst du ja fröhlich lebwohl sagen; als einer, der einmal hinübergeschaut hat in seinem Leben. Fröhlich sagst du – denn dein Leben war ja nicht nichts – zu den andern: *Lebt wohl.* – Welche Süßigkeit, dieses Gehen.)

13

Wer nie sagen konnte: »Tod, wo sind deine Schrecken?«, hat nicht mitzureden.
Wer aber nie erkannte, daß er sterben wird, auch nicht.

14

Der scharfe Beobachter lernt den Tod vollständig, genau kennen, bevor er definitiv stirbt[1] (vor dem persönlichen Endtod, dem, was allein man gewöhnlich Tod nennt): Das Abgetrenntwerden jeder geleisteten Leistung von ihm – wie es in spitzem Winkel mit ihm auseinandergeht, in die Welt eingeht, fremder und fremder wird, bis es in einem Momente endlich schon *objektiv* dasteht, eines dem andern, der Urheber und das Geleistete, schon objektiv gegenüberstehen –, ist ein genaues Bild davon, ist derselbe Vorgang.

Hier – in diesem Miniaturvorgang, wenn man von Dimensionen reden will, kann, – ist für den scharf Schauenden die Lösung gleich schwer, gleich leicht, ist die Möglichkeit zum gleichen Grauen da und dieselbe Unerbittlichkeit, nur *einen* Weg zu gehn, wenn man aus dem Grauen hinaus will: den Weg, vollkommen objektiv zu sein, den Weg des Eingehens in die Dinge.

Es ist der einzige Weg – da aber ist kein Tod mehr.
Daher sagte ich früher, daß derjenige, der nicht weiß, daß

---

[1] Mehr als zehn Jahre nach Verfassen dieses Textes finde ich bei Valéry (in »Tel Quel« – Hervorhebungen von mir):

J'oublie que je possède, dans ma propre vie, mille *modèles de mort*, de néants quotidiens, une quantité étonnante de lacunes, de suspens, d'intervalles inconnaissants, inconnus.

Je ne puis me concevoir absent, supprimé, ne me réveillant plus un certain jour; *je ne sais comment m'interrompre, et je ne fais que m'interrompre!*

er stirbt, und nicht weiß, daß er nicht stirbt, nichts zu sagen hat – nicht viel –, denn er hat die Hauptsache nie kennengelernt.

15

(Gesicht nach schwersten Stunden der Nacht:)
Wesen des Lebens: das *Passieren* der Dinge durch uns hindurch, oder umgekehrt, von uns durch sie hindurch, was dasselbe ist: jedenfalls geht etwas durch etwas hindurch, und das ist das Gegenteil von Behalten, Besitzen (und genau dasselbe wie die Flamme des Heraklit). Die Schafherde zieht im Herbst durchs Dorf, silbrig, von den Bergen kommend, in die Ebenen gehend. – Dieses Hindurchgehen beseligt mich; das alles *ist so wahr!*

Variante:
Durchgänge das Wesen der Dinge. – Wir selber gehen oder sozusagen ein Inneres von uns geht durch die Dinge hindurch. Dieses Innere lassen wir hindurch*strömen*, hindurchgehen: wir können niemals behalten oder besitzen! (Denn *das* wäre das Gegenteil.)
Und handle es sich um Geschlechtstätigkeit, Geld, Macht, das geistig Erreichte oder auch: Beziehung zu Menschen.
Wohl dem, dem in schönem Fluß immer neue Durchströmungen sich ablösen!

Es sind Durchgänge, wie manchmal herbstlich ein Zug weißer Schafe durchs Dorf ziehen, von den Bergen kommend, und wo ziehen sie hin? Wie die Vogelscharen aus den Lüften brechend durch die Luft in die Ferne ziehen.
Schon erglänzt das Dorf herbstlich. Die silbrigen Scharen ziehen hindurch.

Was ist das Seligste, das der Mensch erleben kann? Das ins Objektive Umschlagen, aus dem subjektiven Denken. Ich kann nicht mehr zweifeln, daß dies über alle Maßen ist, das

Höchste, das, woraus alles höchste Licht trat, das bisher unter den Menschen aufging, oder besser: *als das* alles höchste Licht aufging, in tausend Formen. Auch ist es nichts anderes als Todesüberwindung.

Es gibt eine Zahl von Menschen, die, in einem gewissen Maße wenigstens, von Anfang an objektiv denken; gewöhnlich nennt man das Bedeutungslosigkeit. Die im subjektiven Denken Bleibenden sind die Mörder und alle Art Leidende. (Irgendwelche Bedeutung haben sie meistens, sie können geistige Bedeutung haben, wenn auch nicht die höchste.)

16

Noch eine Skizze einer Skizze der Welt
(Wie das Ewige wird oder: Das Definitive des Fragmentarischen)

Ein Mann schreibt dir: dies ist kein Brief, sondern dies sind einige Notizen und Auszüge, zusammenhanglos aneinandergereiht.

Du aber, der Empfänger, fassest es doch als Brief auf (übersiehst jene Bemerkung, als ob es dem Schreibenden mit ihr nicht ernst gewesen sei). Sobald Distanz da ist, ist es ein Brief.

Und das, was ihn von einem »wirklichen« Brief unterscheidet, sind so minimale Unterschiede geworden! Es ist noch da: aber man muß die Augen des Lesenden erst eigentlich darauf hinlenken, bis er es wahrnimmt; während diese Augen andauernd und in voller Blickbreite auf dem ruhen, was des Geschriebenen Wert ist, Wirkung, Tiefe, Realität.

Der Tod vor allem gibt Distanz gegenüber dem Resultat eines Lebens.

17

Wenn die erste und größte Stufe wahrer Weisheit ist, zu dem Tode jederzeit bereit zu sein, so heißt das nicht etwa, ihn herbeirufen, wie ein Teil der sogenannten Romantiker taten, auch nicht, ihn zu loben oder zu verherrlichen, nur: ihm gegenüber klare Rechnung halten.

In welchem Augenblick aber ist man am meisten bereit? In dem des *höchsten Lebens*. Je mehr das Leben abnimmt, umso schwieriger wird es, zu sterben. Und das praktische Problem des Todes ist dieses, daß die Menschen ihr Leben so sehr haben abnehmen lassen. – Man vergleiche das Ende von Faust wie von Goethe!

18

»*Sich vorbereiten* auf den Tod?«
Nein! Du mußt ihn angenommen, dich vollständig mit ihm abgefunden haben; – nicht ihn *studieren* (es gibt da für uns nichts zu studieren), sondern mit ihm *beginnen* zu denken. Als eine Basis – wie die Tatsache, daß du da bist – sollst du ihn nehmen: Ist er doch eine totale Tatsache.

Während Ärzte und andere Spezialisten einiges am Tod studieren können, wird nur dieses Einfachste von dir verlangt: in allem deinem Tun bewußt zu sein, daß er eine totale Tatsache ist.

Wie deine Kräfte sich erhöhen und Richtung nehmen in die Welt! Wie aufeinmal der Strahl des Sehens aus dir bricht über die Welt!

Du tust Wirkung, du siehst Farben, dein Leben erhält einen *Wert*.

19

> Man kann nur sehen aus der Enge,
> in einem Rahmen.
> Unser Rahmen ist der Tod.

Katherine Mansfield sah erst durch ihre Krankheit die volle Herrlichkeit der Welt[1].

Wir sind die Bevorzugten, eben dadurch ausgezeichnet, daß wir *nicht* das Ganze sehen. – Raum und Zeit sind eben dazu da, daß wir sehen können; denn ohne diese würden wir nichts sehen.

20

(Da war ein Café jetzt wieder einmal so glänzend wie einmal nur früher; und beide Male war ich im Begriffe, die letzten Münzen zu zahlen, saß vor meinem letzten Glase, bald weggehen müssend. Sonst, bei noch vorhandenen Mitteln, war das Café vollständig langweilig gewesen. Denn es ist ein langweiliges Café.)

... daß du bald gehst.
So ist, daß du bald gehst, die Brille, die das GANZE, die das Leben dir – erträglich nicht nur: wunderbar macht.

21

Trauriges

Nicht immer kommt der Tod in einem Mal; es kann auch sein, daß einer sehen und sagen muß:

---

[1] »Il n'est point d'intensité véritable où ne se mêle l'idée de la mort.« Barrès.

Ich habe mir das Lebensende, seit langem, immer großartig vorgestellt, als eine Ermöglichung großer Bejahungen, als ein Siegen, den Tod in seiner Erhabenheit; Stille in der Welt, Zuhörende – die ein Schrecknis erwarten und das Unbeugsame des Geistes sehen – . . . nun muß ich lernen, daß es auch damit nichts ist; muß das *langsame* Sterben lernen, die allmähliche Verminderung aller Mittel, das vorausgenommene halbe, dann dreiviertels Sterben, das Reduziertwerden aller Möglichkeiten, auch der inneren, auch der des Glanzes, der des Siegens.

Es endet einfach, wie es begann, im Verborgenen, und keiner sah es.

22

Die physiologische Grenze

In manchen Überlegungen, bei manchen Festlegungen von Linien, die zu Wert und Leben führen, habe ich die physiologische Grenze nicht berücksichtigt. Die gibt es noch. Ihr deutlichster Exponent ist der Tod.

Es gibt viele kleine Geschehnisse im Leben, die gleich wirken wie der Tod, die wie ein *kleiner* Tod sind.[1] Eine Kette von kleinen Toden nennt man Verminderung, und zwar Verminderung durch die äußern Umstände. Das beste ist, auch das ignorieren (beiseitelassen, negieren), wie den großen, den Terminaltod. (Von den Umständen, die man ändern kann, ist hier nicht die Rede, denn jene fallen ja in das Gebiet der Arbeit, nicht der physiologischen Grenze.)

---

[1] Vgl. Fußnote zu 14 (». . . mille modèles de mort«).

23

Von der Faulheit

Weil unsere Erkenntnis so weit hinterher ist, entsteht alles Leiden. (Nur daraus.)

Faulheit ist das einzige Ur-Übel. Ist der Samen aller unserer Übel.

Viele haben gesagt: Erkenntnis ist die »Wurzel« unseres Übels. Jahrtausende lang. Von den Blinden waren diese doch dem Sehen am nächsten. Sie wußten wenigstens, daß es sich um das Erkennen handelte ... wo der brennende Ort war.

Alle Leiden sind überwindbar. Aber Erkennen – was eben Überwindung des Leidens ist – ist eine Produktion und der Mensch, als ein begrenztes Wesen, kann nicht endlos produzieren. Er kann auch sein Erkennen nicht plötzlich zu Himalajahöhe steigern (was nötig wäre, wenn plötzlich himalajahohes Leiden hereinbricht). Das ist der Grund, daß es auch für den stark Erkennenden doch viele Leiden gibt und doch den Tod.

»Die Brüchigkeit unseres Leibes« habe ich es anderswo genannt[1]. Sokrates war mir das verdeutlichende Beispiel. Dem Tod war er gewachsen (er nahm ihm durch Erkennen alles Leiden), der Verbannung dagegen wäre er (wie Burckhardt darlegt) nicht gewachsen gewesen. – Auf den Tod hatte er Zeit gehabt, sich vorzubereiten: das Erkennen auf seine Höhe zu steigern; Verbanntsein hätte zu plötzlich eine zu große Umstellung, eine Riesensumme von Erkennen von ihm verlangt, eine Riesenproduktion, die über die begrenzten Kräfte eines Menschen hinausgeht. Sokrates wäre zugrunde gegangen in der Verbannung, ehe er gelernt hätte, mit den Steinen zu sprechen, das Wenige, das von ihm in die Ferne

---
[1] Nuancen und Details III, 14.

ging, so auszuarbeiten, daß es doch einmal wirkte (schreiben zu lernen, wie Heraklit, der zeitlebens in der Verbannung war), zu den Schwachsinnigen seiner Umgebung so zu reden, daß etwas, wenn auch mechanisch, davon übrigblieb, ohne daß er sich das Genick brach dabei vor der Menge des Stürzenden.

Das heißt, der Tod hätte ihn überrascht als einen nicht Siegenden, als einen Leidenden.

Der Tod *überrascht* uns, es ist kein Zeichen von Gewaltigkeit, wenn er uns zufällig in einem siegenden Zustand trifft. Die meisten trifft er als Unterliegende und das Zeichen ihrer Geringheit ist, daß er sie so gut wie nie anders treffen könnte.

24

(Der WELT gegenüber ist dasselbe wahr und wäre dieselbe Erfahrung noch einmal zu machen, wie in der – nicht erwiderten – Liebe: daß man *lassen* muß ... dann wird alles wieder groß. Jedoch:)

Wir sind immer auf der Höhe der früheren Situation, aber leider nicht auf der der jetzigen.

25

Rilke sagt:

> Das, was geschieht, hat einen solchen Vorsprung
> vor unserm Meinen, daß wirs niemals einholn ...

Ja.

> ... und nie erfahren, wie es wirklich aussah:

Das ist Übertreibung.

... Er zeigte sich immer auf der Höhe einer Lage – der früheren.

Wirst du die Weisheit halten? – Er sieht in eine zukünftige schwierige Lage hinein, mit banger Furcht: jetzt *weiß* er, wie es weise sein würde, sich darin zu betragen: aber bei Eintreten der Lage, werden die Wellen nicht über ihm zusammenschlagen? Über ihm, nein, über seiner Weisheit: seinem Schwimmen, seiner rettenden Richtung. Was wird er tun? Wird er die Weisheit nicht auch wieder verlieren? Er klammert sich bang an sie, umklammert sie wie einen Regenschirm, den der Sturm doch entreißen wird, starrt in die Zukunft und auf das Rettungsgerät ... Ach! *Hast du denn in deiner jetzigen Lage Weisheit?* Darauf kommt es an. Wenn ja, hast du viel Garantie, auch in der Zukunft, auch in der schweren Lage sie zu halten. Und umgekehrt. – Der Athlet und der Kämpfer sollen ihre Kraft und Geübtheit herausbilden; Schwert polieren, Geräte frottieren, mit bangem Blick in die Zukunft, nützt nichts; sie müssen *sich* bearbeiten, halten, nicht den Gegenstand (das Kampfmittel). Tag und Nacht dein Kampfmittel umklammert halten vergewissert dir nicht den Sieg in der zukünftigen Prüfung; sondern wenn du in der jetzigen Lage siegst, dann wirst du siegen (viel Gewähr haben, zu siegen). Denn es ist nicht die Ruhe, die die Produktivität stärkt, sondern eine Produktivität stärkt die andere.[1]

26

Wie kannst du, Mensch, *Maß* der Dinge halten, du, der du den Tod nicht (immerwährend) denken willst? Deine Waage neigt sich im Krampfe nach einer Seite, das heißt, der Krampf wird in der Waage entstehen, die sich unter einem ungeheuren Gewicht auf die eine Seite neigt, und die Waage bist du.

---

1 Vgl. »Mondwald und Igelwald«, VII, 20-25.

Dem Weisen – dem, der wirkliches Maß kennt – ist der Tod immer gegenwärtig, er verneint ihn nicht, flieht ihn nicht, fürchtet ihn nicht. Er sieht mit ihm, neben ihm all die Dinge des Lebens und die Waage ist im Gleichgewicht.

27

Fernschau

Im Tiefsten begriffen sind unsere Kinder und unsere Vorfahren sehr ähnlich.

»Reif sind, in Feuer . . .«, eines der, wenn der Geist überhaupt meßbar ist, am meisten Geist enthaltenden Gedichte Hölderlins; »die Früchte der Erde«: das sind unsere Werke, unsere Kinder. Alle Dichter haben gerne davon geredet, wie rätselhaft wir ihm, unserem Erzeugnis, der geleisteten Leistung, gegenüberstehen, rasch fast schon fremd. Sie ist

> nicht anders als ein Ahnherr,
> der dir im Rahmen, wenn du manchmal aufsiehst,
> zu gleichen scheint und wieder nicht zu gleichen –

sagt Rilke. Dasselbe denkend sagt Rilke Ahnherr wie hundert andere sagen Kinder.

Wir wissen wirklich nicht, sind wir der Vater oder der Sohn unserer Leistung.

28

Sie sagten ihm: »Du mußt dich jetzt nicht, du sollst dich jetzt nicht anstrengen, gehe hin und nimm Genuß, durch den Genuß wird die Fortsetzung erstehen.«

Da ging er hin . . . während er das tat, was sonst die Leute Genuß nehmend tun, schaute er unaufhörlich dorthin zurück, woher er gekommen war, in den Ernst, und dorthin, wieder in den Ernst, wohin das Genußresultat führen sollte –:

dieses Genußresultat, um das er sich abmühte, vergeblich natürlich, denn wenn man unaufhörlich nach dem Ernst, nach dem Gegenteil also, schaut, gibt es keinen Genuß (der Ernst, das Schauen ist das stärkste Präservativ der Sinne). Also – –
Du Verbannter:
Wo ist dein Land?
Ach, die schwerste Reise Faustens ist nicht die mit dem Satan und nicht die durch die Hölle –: er ist noch immer ein wenig bei sich dabei.
Die schwerste Reise wäre außer Landes – ganz ohne bei sich zu sein.
Durch die Leichtigkeit also, durch das Närrische der Reise. – Aber zugleich der Tod. –
Das Geheimnisvolle geht weiter hier: durch den Tod leben wir, aber wehe dem, der den ganzen Tod nimmt! Das Schwerste ist die Reise außer Landes, außer sich – – aber *erlöst werden wird Faust doch nur durch sich,* durch den Ernst also.
»Werd' ich zum Augenblicke sagen: Verweile doch..., dann...«: ist ja nur dies.
Also konnte auch Goethe nicht Genuß nehmen – mindestens nicht ohne Problematik.
Ich sage euch, wenn ihr würdet wie die Kinder, so würdet ihr *nicht* leben.
Die schwerste Pflicht des Künstlers: die Hinwendung zu der Leichtigkeit, der Tanz (im Leben): Denn hier streicht er an die Grenzen seines Reiches, nahe dem Tod.
Es ist nicht wahr, daß der Tod herrlich ist, er ist nur gut als lebensspendendes Element. – Die ihn gepriesen haben, soll man in zwei Abteilungen trennen und, die es echt meinten, nicht falsch verstehen.

29

Das einzige selige Gefühl, beim Empfangen des Todes, ist die Müdigkeit.

Das einzige legitime Gefühl *positiver* Art (Lustgefühl), das man dem Tode gegenüber haben kann: das Gefühl der sanften Müdigkeit eines Feierabends.

Die Frage im übrigen, die große Frage, ist, den Tod empfangen können, überhaupt empfangen (ertragen) zu können. Hier kommt nun etwas anderes hinzu: Das *Gute,* das mit seinem Eintreten allenfalls noch verbunden sein kann (sodaß er also nicht indifferent ist, sondern sogar noch gut sein kann). *Wenn* es dabei etwas Gutes gibt, so darf es nur jenes Gefühl der Müdigkeit sein, ganz genau wie vor dem Einschlafen nach einem anstrengenden Tage. Ist das etwa Adoration? Das Entfernteste davon!

30

Wer nicht mehr produziert, stirbt rasch, oder vielleicht, genau genommen, sogleich.

31

Das aber ist das ewige Leben:
An ihren Früchten sollt ihr sie erkennen.

32

»Nur in dem Willen zur Verwandlung ist das Leben. – Das Leben will Verwandlung und wird das Beharren der wichtigsten Dinge erreichen. Der Tod will die Beharrung und wird die Verwesung erreichen.«[1]

---

1 Nuancen und Details II, 51.

Si le grain ne meurt ...; es ist eben doch so. Voltaire hat gespottet darüber, er hat es, wie so viele Dinge, nicht begriffen.

Und doch, Voltaire... ich schätze ihn sehr... er hat vor andern oberflächlichen Schriftstellern viel voraus. (Es ist mir im Augenblick nicht klar, was – vielleicht ist es einfach dies: er war nur *stellenweise* oberflächlich.)

Es ist das *Naive* an Voltaire, was mir gefällt. Er hatte etwas Naives und zusammen damit etwas, das weit über das, was man leicht an ihm kennen kann, hinausging.

33

Nocheinmal in anderer Weise:
Am Guten muß man die Dinge messen, nicht am Negativen.
(So im Schreiben wie im Leben.)
»Am Negativen«, das heißt: »Da und da habe ich nichts Übles getan. – Ich habe mich nicht eingemischt. – Es könnte schlechter sein.«: *Solches* Zählen ist der Tod.

34

Müdigkeit ist der Anfang des Endes.

35

Beim Kirchhof

In der Nähe des Kirchhofs sitzend (im Mondwald; denn auch ein Kirchhof findet sich da). Ungeheure Totenfeste habe ich gesehen. (Ich sitze inzwischen in der Nähe und arbeite, rauchend und spuckend.) Wann endlich werde ich einmal sehen das Fest für einen Lebendigen?

Ich Narr! – Wer ist denn da gestorben (von ferne tönt langsam Musik, Tausende haben sich gesammelt)? . . . es naht, es naht ein Zug von gewaltiger Länge. Ist es Victor Hugo? Johann Sebastian Bach ist es nicht.
. . . es ist nicht einmal Victor Hugo. (Ist es einer der berühmten Modeschöpfer – früher Schneider genannt – ein Haarkreator?) Es ist der Bediente des Kochs des Kaisers!
Ich verstehe: die Welt feiert, weil es sich endlich entschieden hat.

Inzwischen kam die Musik näher und näher. Schon eine Weile vernehme ich sie genau. Es ist wirklich traurig.

Jetzt verstummte die Musik, es ertönen eine Zeit schon Trommeln. Nur ein finster bellender Hund hatte die Situation richtig begriffen.

Die Aufbegehrerischen: »Ist es denn nicht ein schöner Gedanke, einem Mann diese letzte Ehre zu erweisen?«
– die *letzte*? Ihm? Ja, hättest du *ihm* doch eine letzte Ehre erwiesen! (Inzwischen starb er ja.) (Beeile dich nun, wie du willst, du holst es nicht mehr nach.)
– denkst du an seine *Nachwirkungen*? Traurig, wenn die erste und letzte Nachwirkung die ist, die vom Akt seines Todes ausgeht. (Wäre sie anderswo, würdest du sie doch anderswo feiern?)
Lasset die Toten ihre Toten begraben.

36

Der Tod und die Tiere

Die Tiere, jedenfalls im allgemeinen, haben den Tod noch nicht wahrgenommen, keinen Begriff von ihm gebildet; darüber besteht kein Zweifel. Eine Vorstellung vom Tode müßte sich in Schrecken äußern jedesmal, wenn er in Evokation gebracht wird, also wenn sie ein totes Tier sehen (daß das Tier tot ist, nehmen sie ohne weiteres wahr). Katzen, die ich beobachten konnte, verhielten sich aber gleichgültig. – Auch jene Tiere (z. B. Affen), die die Leichen wegtragen, beweisen dadurch keinen andern Zustand; das Wegtragen kann ja – *muß* wenn es nicht mit Schreck gepaart ist – aus einem andern Grund geschehen (sie werden etwa durch den leblosen Körper in irgendeiner äußeren Weise gestört; oder, sie setzen die Hilfeleistung, die unter den Lebenden üblich war, mechanisch fort).

Es ist klar, daß stoisch nur ein Weiser, nur ein Mensch den Tod denken kann; und daß ein Tier dagegen als erstes Stadium der Wahrnehmung das des Schreckens erreichen müßte. (Nun gibt es vielleicht doch Tiere, andere, als ich beobachten konnte, die schon dort sind.)

37

Kinder vor dem Tod; auch vor Krieg, Einkerkerungen, Marterungen: Was ist es, daß sie (im allgemeinen) nicht reagieren, sehen sie nicht? Können sie es sich nicht vorstellen (sah ich meinen Großvater nicht tot daliegen)? Schmerzen kennen sie doch, allerlei Arten, in kleinerem Maße? Es ist einfach dies: *sie glauben es nicht.*

38

Farben des Todes

Die Leichenzüge sind kohlschwarz und aufeinmal muß man entdecken: Diese Farbe ist hier lächerlich. Es ist das einzige Wort, das paßt, das volle und einzige. Es kam an wie eine Erlösung.

Die Stellung einer Farbe ändert sich im Laufe der Zeitalter. Und Schwarz gehört heute allein noch auf den Karneval. (Ist sie freilich ein paar Jahrzehnte dort gewesen, wer weiß, gewinnt sie wieder Ernst.)

Welche Farbe sollte man denn dem Tod zuteilen? Rot, ein rohes Rot, das wäre was: das unerbittlich Eingreifende ins Leben.

Oder herbstliches Fahl wäre zu wählen – helles Fahl, wie das gewisser Pferde oder Zelttücher – und dazu Rot; das gäbe eine gewisse Vorstellung von der Wirklichkeit des Todes, von der eingreifenden Schrecklichkeit. – Oder Ähnliches:

Kurz, eine der Farben des Karnevals! Die Farben erfrischen sich, wenn sie eine Zeitlang auf dem Karneval gewesen sind, gewinnen ihre Unschuld wieder, sie nehmen ein Bad: und haben ihre Kraft wiedererlangt, Ausdruckskraft. Und umgekehrt, wenn sie eine Zeitlang Pfaffen und ähnliche Dinge bekleidet haben.

39

»Mich kann niemand besiegen.«

So konnte einer sprechen. Er fügte hinzu: »Man kann mir nur Leiden zufügen.« Was heißt das?

Jede positive Kraft ist nicht zu besiegen.

Was heißt »positive Kraft«, ist nicht Kraft immer positiv?

Jede Kraft ist positiv; wenn du aber aus vielen einzelnen Kräften bestehst, die alle anderswo hingehören, denen du nicht gehörst, so bist (die Kräfte sind ja wohl positiv) du nicht positiv, nicht positive Kraft, du wirst nicht die Treue haben, die Kräfte im Ungemach zu begleiten, da sie ja nicht dein sind; die Kräfte leiden nur; du aber, dich getrennt habend von ihnen, bist ohne alles. Stirbst.

So heißt »positive Kraft« genau gesehen »eigene Kraft«; nicht Dinge (Kräfte), für die du dich vorgibst, sondern, mit denen du identisch bist. Denn man kann sich sehr wohl für Dinge vorgeben und sie sind auch Kraft. Es existieren viele ohne zu existieren, zwanzig Jahre, mehr, ein ganzes Leben. *Aber man kann sie töten.*

40

Ob man nichts sieht, ob es dunkel ist, Latenz, ob nichts vor die Welt tritt (Winterruhe, Tod), ist das Entscheidende noch nicht. Ob du doch weißt: *es geschieht etwas* – gleichviel wo, gleichviel, ob es einer sieht, es möge im Dunkelsten sein! – das ist alles.

41

Es gibt einige, die unter keinen Umständen ein Schuft werden können. Denn es hängt bei ihnen nicht von Äußerem ab; sie mögen sich wenden, wohin es sei . . .; sie werden noch das Letzte spiritualisieren.

Der geistige Wille – der Forschungswille – ist zu groß, zu immanent; er begleitet sie im höchsten Genuß und in allem, was sie unternehmen; er ist mächtiger als sie, außer alle Fragen gestellt, er wandelt wie ein Mond mit (über Schluchten, Täler, durch die Wälder) und ist immer da.

... Und so stieg und stieg er – durch Schlucht und Wald; der Mond erhob sich grausig noch und noch einmal; über Stufe und Stufe stieg er, er zerbrach die Hände am rauhen Mörtel der harten Wand; so stieg und stieg er und endlich sah er.

Er sah die Welt.

– und er sah, daß *nicht alles nur Trug und eitel ist,* daß es ein Ringen und Handeln gibt, die nicht vergeblich sind, ein Tun und Leben, von dem die Schalen plötzlich wie Kleider abfallen; und da steht – – ein SINN, ein Mensch, ein *höherer* Mensch, die Liebe.

42

Ein wunderbares Wort: VERFRÜHTE ANKUNFT, ein Titel, der eine ganze Menge von äußeren Einzelheiten mir vorzaubert: ein ödes Gestade, aus Felsen, ein Gebirge, wo einst eine Stadt sich erheben wird mit aller Pracht und Natürlichkeit ihres Lebens, wo jetzt aber nur die Dohlen krächzen, wo nichts wächst und wo genau der richtige Ort ist, der zum Beweis dient allen Ungläubigen, daß der Mensch große Dinge nicht berühren, nichts ändern, nicht in solche Gegenden sich wenden dürfe (so lachen sie, daß man die Sahara bewässern oder ein Reich des Friedens stiften wolle – wie ihre früheren Brüder über die Flugversuche grinsten und ihren Beweis mittels der Unglücksfälle führen wollten, deren Zuschauer sie waren) – Ort, da nun der erste Mensch, der ihn erreichte, krepieren wird, ohne Verbindung mit dem Troß, mit der Menge hinter ihm – aber er wird noch einen gewaltigen Schrei von oben her ausstoßen, fremd durch die Berge hallend.

43

Angst und Mut

Angst ist meistens Unkenntnis der Dinge, aber der wahre Mut *ist das sichere Wissen, daß man nicht sterbe* (Wissen, das vielleicht sogar die Denkmöglichkeit in sich schließt, daß, falls man *doch* bei der Unternehmung unterliegen sollte, es unwichtig, auch das noch das richtige Leben sei).

44

Der Tod ist eigentlich überhaupt nicht schwer zu begreifen, oder, es gibt an ihm nur sehr wenig zu begreifen. Jeder begreift, wenn man ihm erklärt: daß man ihn annehmen muß ohne zu rätseln, daß keiner je andere Bedingungen hatte, daß *mit* dieser Bedingung wir zum größten Glanze Zugang haben, daß all unser Leben sich darin abspielt, innerhalb dieser Grenzen hinüberzubauen, die beste Arbeit zu leisten, welche über das Persönliche hinausgreifen, mit dem immer Fortdauernden verbinden wird, – oder: einzugehen in die Dinge, wobei wir sogar, im Momente da dies jeweilen geschieht, da unser Denken von einem subjektiven zu einem objektiven Denken wird, das höchste Licht erfahren, das uns erreichbar ist –; und die ganze Fragestellung resümiert sich dann in einer Klarheit, in der uns die so einfache Überlegung Montaignes ebenen Fußes erreichbar ist: daß es ebenso närrisch sei, zu weinen darüber, daß wir in hundert Jahren nicht mehr leben werden, wie darüber, daß wir vor hundert Jahren noch nicht gelebt haben. Das begreift der Mensch, wenn er oder andere ihn zu der Höhe seiner Stärke erheben. Dann geht er hin – und fort ist wieder das Begreifen.

Es ist ein Beispiel von allen andern dafür, daß Erkenntnisse nicht aufbewahrt werden können.

Wir treten in andere Zustände ein und fort ist wieder jenes Begreifen. Der Tod wird hinterlistig, schon faßt er uns wieder am Ärmel ...

Wie da nun helfen? – Erstens dadurch, daß wir feststellen: diese anderen Zustände sind schwächere Zustände; dann dadurch, daß wir dort, wo wir sind, wieder Extremes produzieren, daß wir *dort* begreifen, das Dortige – nicht fliehen –! Wenn wir dort begreifen, werden wir auch wieder den Tod begreifen, wieder Zugang haben. So kann man sagen:

Nur das stärkste Leben hält dem Tode stand.

XII. Bild

(Geist – Welt – Versöhnung – das Reale)

Wir leben, solange wir dem Bild vertrauen.
Konrad Bänninger

Elle est retrouvée! Quoi? L'Éternité.
Rimbaud

1

Der funkelnde Glas-Stein

Einmal obsedierte mich diese deutliche und starke Vorstellung, dringend wie ein heftiger Traum und fast wie ein Gesicht, und mir großes Wohlgefallen bringend:
Ein Glas- oder Kristallstück, richtig geschlagen, unerhört erglänzend. In einer mächtig eindunkelnden Welt, auf von brauner Nacht übergossenem Boden liegt es – als Leben – noch allein. Dunkler und dunkler wird alles, nur *schief* fallen noch Strahlen unter den Wolken durch als eine Unterschicht. Die obern Schichten sind wie Mäntel, unendliche weiche schwarzgrüne, übereinander, die Welt immer mehr verdunkelnd. (Die Farben nicht von Rembrandt, sondern von Tizian wohl und vielleicht auch von Greco.) Und unten am Boden, dem braunen, liegt immer, noch und noch, und nur größern Lebens, der unermeßlich funkelnde Stein.

2

Es wollte sich kein BILD mehr finden in seinem aschigen Innern.
Das war sein Verhängnis.

3

Sie sagen »die Monotonie«. Aber es ist nicht die Monotonie, sondern die Leere.

... es ist nicht die Monotonie, das heißt die Wiederholung derselben Realität, Ernährung mit derselben Speise, sondern die Leere, das heißt das Fehlen der Realität, die Nichternährung.

4

Die scheinbaren Widersprüche in der Philosophie:
Eine Zeit kam (wann, findet man vielleicht bei Burckhardt), da haben sie die Philosophie nicht mehr begriffen: sie sahen nur noch den Widerspruch der Systeme, nicht mehr das Gemeinsame: sie haben eben die Philosophie selber nicht mehr begriffen (und wußten es nicht).

Sie waren nur noch wie Kinder, die sagen: Jetzt glauben sie nicht mehr an die Möglichkeit einer Musik, denn, was der eine in der einen Form begonnen hat, führt der andere – in derselben Form nicht weiter. Da war Bach und . . . da kommt Beethoven . . . »Du siehst, in der Musik ist nichts sicher.«

– als die Musik, antwortete ich.

5

Das Ungeheure ist uns teilweise bekannt. Und wenn wir uns den Gesetzen dieses Lebens (»dieses«: verachtungsvoll, nicht fromm) fügen, so ist es nur, um das Ungeheure noch besser kennenzulernen.

6

Was kann für eine Größe in einem Menschen sein, der dauernd mit dem Schicksal hadert?

Ja, das *Kämpfen* mit ihm ist etwas ganz anderes. Aber Sieger sind nur, die ihm von Anfang an überlegen sind.

7

Zu sehen, daß sich nichts verändert, und nicht erzittern, sich unaufhörlich für das zu Verändernde einzusetzen, im

Angesichte das Unveränderliche, Steile, Große,

am frühesten Morgen aufzubrechen nach dem Gipfel – seines Glanzes wegen –, den du auch am Abend nicht erreichst: denn er wandelt vor dir hin,

das Ende von Malraux' »Condition Humaine« lesen und *dort* beginnen zu können,

das ist es, was ich der Jugend wünschen mag, zu lernen.

8

Das Alter. – »Die 27 haben sich mir schwer aufs Gemüt gelegt.« – Dieser, der 50 war, fand 40 eine schöne Zahl, wie du jetzt 20. Siehst du das Geheimnis? Wo ist die Jugend? War sie bei 40? War sie bei 27? Was wir erleben – wir erleben es nur im *Inbegriff*. *Wir* entscheiden die Frage des Alters, dadurch, wo wir hinsehen. Wer immer in seine eigene zeitliche Jugend zurückblickt, ist immer alt. Wer immer in sein kommendes zeitliches Alter hinaufblickt als nach dem Träger (der Ermöglichung) einer höheren Vollendung, ist immer jung, mit 20, mit 40, mit 80 Jahren.

9

Wir sind nur ein Bewußtsein, ein ferner Teilnehmer, wir haben nicht das *Leben*. – Einer, erschrocken, nimmt wahr – erinnert sich –, daß er draußen was hat liegen lassen: ein großes Stück, eine Puppe, ein Ding, eine Geburt: so aber kann es auch sein, wenn einer Frau ein Kind geboren wird; und in tieferem Sinne kann es nie anders sein: sie wirft ein Kind hin irgendwo, es *fällt* aus ihr, sie weiß es nicht: und die ewige Kette des Lebens setzt sich fort – *wer, was* ist es? Sie ist einen Augenblick lang Teilnehmer daran gewesen.

10

Es hat fast alles einen tiefen Sinn: Gott –, die Kreuzzüge des Mittelalters – (die dem Anschein nach auf falschesten Begriffen ruhenden Unternehmungen finsterer Zeiten).

Dichten heißt, ihm den Sinn wiederverleihen.

Es hat fast alles – –: Ich sage nicht »alles: ein Stein am Weg, jede Mahlzeit, jeder Fetzen dieser verbrennenden Papiere«; wir stürben sonst vor Müdigkeit, wenn wir's wüßten.

Wir suchen uns ja nur einiges aus der Geschichte aus, es wiederzubeleben.

11

Die vergoldende Ferne[1]. – Auf Wanderungen durch Straßen, wozu mich die verschiedenartigen Mängel getrieben hatten, ohne Mittel, ohne menschlichen Umgang; die schweren Hinderungen, die dauernden Verluste der Produktion erwägend, die gestern geschahen wie sie heute geschehen; und dagegen das Idealbild der Alten haltend (welche doch immer in voller Produktion, umgeben, gefördert waren!), erinnere ich mich aufeinmal, daß wie in der prophetischen Vorstellung auch in jedem Gesicht, ja in jedem *Bild* die Dinge sich so zusammenrücken, daß sie das Unwesentliche (das Unterbrechende, das Öde, das Verneinende) weglassen, nur das *Besondere* wiedergeben. Und das ermöglicht mir, auch in meiner Wanderung dieselbe Wanderung zu sehn.

12

Unwandelbar im Wandelbaren, wie der Mond im Irdischen, der Glanz der konkreten Gegenstände dahingeht im Inneren ...

---

[1] Vgl. II, 281; V, 27.

13

Auch ich glaube, daß die Welt eher gut (positiv) ist. – Das sagt einer nach langer Bahn – und es ist nicht nötig zu sagen »des Leidens«, denn das Leben ist wesentlicherweise Leiden. – Aber das Glück ist nicht da, wo man es gewöhnlicherweise vermutet: *Zu sehen, wie,* in allen Verhältnissen, *der Geist von den Dingen sich scheidet,* das ist das Glück.

14

Eine schlechte Natur und ein guter Geist. (Die Natur ist schlecht, aber der Geist ist groß.)

15

Ja, meine Liebe kann nur denen gehören, die die Veränderung wollen.
Wohl ist vom höchsten Orte gesehen die Welt wunderbar – aber es bleibt doch wahr, daß jene, die diese Welt nicht verbessern wollen, sie nicht verdienen.

16

Die ERKENNTNIS rettet uns; alles andere ist ein Wirrwarr, der niemals stimmt.
»Erkenntnis«: der Gedanke; die von Gedanken gezeugte, mit Gedanken gepaarte oder Gedanken gewordene Unternehmung.
(Diese letzte dreifache Wendung soll ein dunkles Ringen sein; vielmehr, sie ist ein starkes Ringen nach einer noch sehr dunklen und wohl immer dunklen Sache hin.)

Diese mit Gedanken gepaarte, vom Gedanken herrührende, mit dem Gedanken sich deckende Handlung im Gegensatz zu jedem sumpfichten, tierblinden Tun. (»Tierblind« dürfen wir von uns wohl sagen; wenn wir wie die Tiere tun, sind wir blind, – obgleich das Tier gar nicht so blind ist.)

17

Sind Tat und Erkennen eins? Nur verschiedene Aggregatzustände? – Jedenfalls geht das Erkennen ungefähr in der Weise in Tat über wie Wasser in Eis (unmerklich und ohne daß man etwas hinzufügt; und nach wie vor ist da H_2O).

Wo Schau und Tat eines werden, dort ist das Höchste.

Durch das Tun wächst das Sehen, durch das Sehen wächst das Tun. Und immer höher wird die in den zwei Dingen sich manifestierende Erkenntnis: ähnlich wie ein Brand, der, je mehr er manifestiert ist, umso mehr Fähigkeit hat, weitere Dinge zu ergreifen. Und zwar wächst das Vermögen nicht in einfacher Proportionalität nur: die *Hitze* auch steigert sich, es brennen endlich die Dinge, die vorher nicht brennen konnten, – der Brand geht ins Endlose.

– Das erste Tun möge sogar (relativ) blind sein. Nachher steigert sich das Licht in ihm; der Funke Licht, der im ersten Tun (welches ja nur relativ blind ist) sich fand, steigert sich durch es zum Licht, das ist Sehen; dieses Sehen zeugt ein größeres Tun . . .

Hat Faust, bzw. Goethe, jenen Monolog vielleicht doch nicht abgebrochen, sondern es ernst gemeint, als er den berühmten Übersetzungsversuch mit »Im Anfang war die Tat« enden ließ?

18

Es gehört eine ungewöhnliche Geistesstärke dazu, sich in die Lage eines andern zu versetzen, der an derselben Kategorie Not leidet, jedoch in einem geringeren Maße (was aber für *ihn* gleich viel sein kann), wie man selber. Weit leichter ist es, eines andern *andere* Art Not zu verstehen (wenn man überhaupt an andere Menschen zu denken fähig ist): Wenn unser Haus brennt, verstehen wir noch die Nöte derjenigen, deren Häuser in Überschwemmung ersaufen oder auch – nur feucht sind. Wer gar kein Geld hat, versteht die Nöte eines an Nervenschmerzen Leidenden: aber beinahe unmöglich wird ihm sein, jenes Mannes Not zu verstehen, der monatlich 100 Gulden einnimmt, wenn auch die Notlage so arg ist, daß er allmählich umkommt daran. Wer starke Zahnschmerzen hat, soll nicht von einem über gemäßigte Magenschmerzen Klagenden behelligt werden – er fragt nicht darnach, daß jener schon zur Verzweiflung gebracht worden ist durch sein lang dauerndes Leiden: Er versteht es nicht, er schlägt ihn noch tot! Vor einem seelisch Leidenden aber kann er noch Achtung haben.

19

Die Bedingungen hat er begriffen; aber das Resultat der Bedingungen begreift er nicht mehr.

Menschen können für einen ekelhaft werden, wenngleich man ihren Herweg begriffen, die Wirkung der Zusammenhänge anerkannt hat.

Vor allem gibt es nicht, meinem Recht gegenüber, *Unrecht*, sondern: einen andern Geist.

Sie haben einen *andern* Geist[1]; sie sind nicht falsch.

---

1 Wenn sie überhaupt einen Geist haben.

20

Gedächtnis. Das Gedächtnis ist die höchste Fähigkeit; reines Gedächtnis gibt es allerdings nicht; aber dieses Pseudogedächtnis, das wir Gedächtnis nennen, das heißt die Fähigkeit, in uns schwach werdende Bezirke, Grenzbezirke unseres Wesens also, wieder stark zu machen, ist das Wichtigste, denn, entwickelt, ermöglicht es unserem Wesen, sich über gewaltige Bezirke zu erstrecken. Hätten wir gar kein Gedächtnis (was nicht vorkommt bei Lebenden), so würde unser Leben und Wesen nur den Augenblick, und zwar den kleinsten, den mathematischen Augenblick, besitzen, das heißt kennen und betreffen. (Also wäre alles Denken, alle Beziehung zu andern, und so fort, vollständig ausgeschlossen.)

21

Jene, die »eine Welt« in sich tragen (schöpferische Menschen): Sie stehen nicht dem *Range* oder der Stufe nach höher, sondern es sind größere *Quantitäten*.

22

Es gibt zwei Beziehungen zum Ding (und drittens noch Indifferenz, aber das ist eben nichts; volle Indifferenz gleich Tod).
I Sein oder Verstehen (Identifizierung)
II Sehen.
Sie kommen nicht zusammen vor. Wichtig ist, daß II nicht bestehen kann, solange I besteht. Beispiel: »Ich sehe den Himmel«: nur dadurch, daß ich sein Wesen aufgebe: die Räume auf Räume, Planeten usw.: nur, wenn ich nicht

identifiziert bin, nicht vom Verständnis erfüllt, kann ich den »Himmel« sehen (blau usw.), sonst trage ich mich mit Druck-, Feuchtigkeits- und andern Unterschieden der Atmosphäre, mit dem ziehenden Mond, den Kräfteverhältnissen, Distanzen usw.

Einen Planeten kann ich nur sehen, sofern ich nicht vom Verständnis (Identifizierung) seiner durchdrungen bin.

Mich selber genau so.

23

Immer und immer wieder kommt mir in den Sinn, was ich einst (vor manchen Jahren) über den Mond hörte; viele Male wollte ich es aufschreiben und endlich muß ich es aufschreiben; und wenn es inzwischen nicht mehr wahr sein sollte, so ist es noch immer wahrer als wahr:

Wir kennen Mondlandschaften genauer als gewisse Gegenden unserer eigenen Erde.

24

Wie sehr ein körperliches Unbehagen auf die Dinge abfärbt:

Schon früher war ich mir bewußt, daß ein durchschnittlicher Mensch die Schönheit, ja die Herrlichkeit der Farben einer Dreckpfütze nicht zu sehen vermag, abgesehen von der Unbegabtheit seines Auges, nur eben schon darum, weil für ihn der Stoff »Dreck« ist, etwas, das seinem Körper Unannehmlichkeit bringen könnte.

Heute sehe ich, wohl zum erstenmal in dieser Stadt, auf der Straße schöne Bilder, Farben und Spiele, welche an Paris erinnern; und hier im Wald, bei scheußlichem Wetter (Nässe, widerlich kalter Wind, wie manchmal an nassen hellen Frühlingstagen, wenn es bald hageln könnte) die Straße durch die entblätterten Bäume hin, blau, glanzvoll, steil –! Eisig und groß wie Zinn und Stein der Himmel –: Und da fällt mir ein, daß sonst immer, auch wenn ich nur auf Bildern diese Art Landschaft sah, sie mir Unbehagen erweckt hatte, und warum? weil ich mich halbbewußt daran erinnerte, wie unangenehm dem Körper in solcher Landschaft, vielmehr bei solchem Wetter, die Luft sei! (Heute überwinde ich zufällig diese körperliche Empfindung.)

Und ich denke weiter, an so und so eine Laboratorium-Luft, eine ganz unaussprechlich infame, – während doch in diesem Laboratorium vielleicht soeben eine Entdeckung gemacht wird, die die ganze Menschheit verändert! – Wir müssen kalt, hart sein gegenüber unsern körperlichen Empfindungen an den exponierten Orten der Menschheit; an den Orten, die weit in die Menschheit hineinschauen, auf dem hohen Firngrat jenes nahe dem bewohnten Tal stehenden Gebirges zum Beispiel, bei scharfem, eisigem Wind, bei müdem, bebendem, widerlichst sich befindendem Körper –:

Der Glaube wärmt uns.

25

Gewaltig ist, was wir alles *nicht* sehen.

Eine Versammlung von Flaschen erblickt – sie waren wie immer –; Rauch zog durch sie, genauer, zwischen ihren Hälsen durch; ich betrachtete dieses Ziehen des dünnen Rauches mit großer Hinwendung, denn es schien mir außerordentlich, reich, wunderbar. Und plötzlich (immer »plötzlich«, das kann nicht zufällig sein) fand ich, daß diesen Rauch die meisten nicht gesehen hätten – daß ich selber ihn früher nicht gesehen hätte, oder dann, aufmerksam gemacht, nur gesagt hätte »ja, Rauch« und ihn nicht gesehen hätte –, und verstand, wie da alle Entscheidung in einem Punkte liegt, der ...; der Drehpunkt des Bewußtseins ... Sicherlich gibt es immer ungezählte Dinge, die wir sehend nicht sehen.

26

Er sagte: – Ich bin der eigentliche Führer, der geistigste Führer, nämlich der Führer durch die Zwischenreiche.

27

Das Wenige, was die griechischen Götter (die ja fast wie Menschen sind) vor uns voraushaben, sind: Zauberkünste und Unsterblichkeit.

Aber wenn wir genauer schauen: Das erste haben wir auch. Wie mühsam es ihnen aber fällt, zu zaubern, ist dadurch vertuscht, daß sie zeitlos sind. Diese Zeitlosigkeit jedoch ist einfach hinzugedacht und zwar eben der genannten Wirkung wegen: des Bildhaften wegen, damit die Zauberkünste plastisch hervortreten. Wie mühsam in Wirklichkeit das Ringen um diese Zauberkünste ist, zum Beispiel um das Fliegen seit Dädalus durch die Jahrtausende, wie viele durch die Versuche vernichtet wurden und wie viele durch die Trägheit, die in der Menschheit ist, umgebracht, ist weniger schön.

28

Die Weltgeschichte ist eine Vorstufe zur Geistesgeschichte.[1]

---
[1] Vgl. 52.

29

Für die größte Geisteskraft sind auf einmal keine Reisen mehr nötig. (Kant, Proust, Sokrates.) (Und vielleicht für die Zweitgrößten sind die weitesten Reisen nötig.) Wehe aber trotz alledem denen, die die Reisen, solange sie nötig sind, hindern wollen!

30

... aber das geistigste Vermögen ist Dies: Die Partei der Fernen ergreifen können.

31

Die geisterhafte Figur eines in den jetzigen Tag hineinfahrenden Wagens gesehn, schwarz lackiert, mit *einem* Pferdchen, so dünn –! Darauf saßen der Dicke und der Magere: der Dicke mit den Grübchen und der Magere, schon grau und bleich vor Schreck, der einmal (letzthin) vom Wagen gestürzt ist. (– obgleich er, wie der Dicke erklärte, im Trinken sonst standhaft war.)
Alles Vergängliche ...

32

Traum

Ein treuer und etwas kärglicher Mann aus meiner Kindheit wurde von mir gebeten um Übersetzung eines kleinen englischen Textes; er unternahm die Arbeit und sie gelang ihm.

Bild

Es handelt sich um ».... Taube«. Aber während er übersetzte – langsam schrieb er auf die Wandtafel –, war die *Natur selber* da und erklärte. Es waren kleine Tiere im Zimmer, auch eine große Taube, die man mich anhielt zu füttern. Ich versuchte dies – sie war so wunderbar sanft und klug! Sie kam auch in die Höhe, auf meine Hand, forderte mich auf, zu geben, unterschied jede meiner Bewegungen. Dann kam sie, als sie gefressen hatte, näher, zum Dank, und küßte mich: doch war sie aber dabei – was mir erst später zum Bewußtsein kam – wie ein Mädchen (das Gesicht nur und nur beim Kuß; der Körper war wirklich der große und geflügelte einer weißen Taube). Derweilen war der Text zu Ende gekommen in der Übersetzung und (erst mit Lesen beginnend) auf einmal begriff ich alles klar. Es wurde von diesen Tieren (auch ein Pferd war wohl unter ihnen) erzählt und erklärt bis zu der dringenden Frage: Muß es immer sein, daß dergleichen immer an Materielles gebunden ist? (Es handelte sich etwa um den Kuß der Taube, das wunderbar in Liebe erblühende kleine Erlebnis mit der Taube, meine jetzige Liebe zu ihr, das Wesen selbst.)
Es ist nichts Materielles, lautete die Antwort.[1]

33

(Vor dem Kind oder vor einem Mädchen, vor dem Ergreifendsten:)
»Ich weiß, daß sie nicht schön ist, aber ... – erzittere nicht vor des Worts Gewalt –: die Schönheit *ist nicht schön.*«

---

[1] Vgl. V, 36.

34

Schauen ist tatsächlich alles, Wissen geht immer fehl (das heißt das Wissen, das dauern will; das *höchste* Wissen kann nur einen Moment bestehen, eben den Moment, da es entsteht, im Schauen enthalten ist).

Schauen ist auch noch darum alles, weil es durch die vielen Kulissen, durch die vielen wie Kulissen, oder wie Blätter, hintereinanderstehenden Manifestationen des Dings, hindurchgehen kann; wogegen das Wissen fälschlicherweise nur immer auf *einen* Plan – während es doch viele gibt – abstellen muß.

Wenn Freud wissenschaftlich gewisse Dinge in Zusammenhang brachte, ja eins als Ersatz des andern nachwies, so überraschte er damit niemals die schauenden Geister, welche endlos, durch Ewigkeiten hin immer ein Ding als Ersatz des andern erkennen. Ein Tannzapfen ist einmal ein Element in meinem Denken, einmal ein anderes Element, anderswo eingefügt; bedeutet da einen Moment lang die Weltkugel, da ein Pfefferkorn, da beim Geschlechtsverkehr ein Aufglänzen, da beim Anblick eines Gesichtes die Härte dieses Gesichtes, von der ich mich abwende. Und was ist er denn selber? Er muß in großer Eile vorübergehn, von Tausenden zeugend, von Tausenden her, zu Tausenden hin, Sinn, tausend fremde und andere Dinge vermittelnd (die weiterhin in *alles* hineinreichen) –: in Eile vorübergehn, er hat keinen Bestand; er ist nur ein momentlanges Auftauchen, er gleicht einer Welle, er ist nur ein Bild; oder er ist ein Spiegel, vielmehr ein Glas, durch das man hindurchschaut, eine Linse, die die Blicke sammelt und ausstreut, in die Ewigkeit. Man muß nur schauen können.

35

Mir ist es durchaus klar, daß es keinen Gott gibt.
Aber es gibt die Welt, das ist schon verwunderlich genug.

36

X, das ist nun ein Mensch, der glaubt an einen Fortschritt, wie es ihn freilich nie geben wird; und doch ist es gut so; zu fürchten ist nur ein allfälliger kommender Zusammenbruch, wenn er plötzlich *sehen* wird, zu jener Betrachtung kommt, mit welcher Malraux's großes Buch[1] endet: Wir, gefeit schon, wissen wieder mehr:

daß wir über das Wissen hinaus uns wieder müssen etwas anderem als Wissen (– dem, was in der Jugend sitzt) zuwenden: Das Höchste liegt nicht im Denken, genauer, *nicht im Denken allein*. Darum sagte Goethe auch: »Das Beste wird nicht durch Worte klar.«

»Das Beste«, lieber X, »wird nicht durch Worte klar.« Und hier eine Parodie des dort folgenden Satzes von Goethe[2], die in die Mitte wichtigster Zusammenhänge trifft: Zu wissen, daß ein Pessimist (ein wirklicher, und die sind selten) ein schlechter Mensch ist, das ist das Höchste.

37

Korrektur einer Korrektur (von »der glücklichen, goldenen Kindheit«):

---
[1] »La Condition Humaine«.
[2] »Der Geist, aus dem wir handeln, ist das Höchste.«

Das Kind ist tatsächlich doch glücklicher – aber nur, wenn wir das »Glück« richtig verstehen, wenn wir schon vom *höheren*, dem möglichen Glück reden wollen –: denn es hat mehr Phantasie, es ist produktiver als die Erwachsenen. (Denn: »Es fehlt in unserer innersten Seele an farbigen Bildern: das ist unser Übel.«)

38

Auch Homer hat gewiß, in seinem Wesentlichen, nicht spielen und unterhalten wollen – als wozu bestimmt nur *wir* seine Gebilde auffassen, weil es uns an historischem Verständnis fehlt. Sondern er mußte einen Geist ausdrücken. Wohl haben sich dabei wunderliche Steigerungen der Farbigkeiten, der *scheinbaren* Spielelemente eingestellt: die Blume blüht und duftet auch, und entwickelt immer höhere Duft und Farbe, Symmetrie und andere Kunstelemente, und ist sie zum Spiel da? aus Spiel entstanden? Spiel?

Es ist alles *eine* Vitalität, es gibt keinen Luxus, kein sinnloses Fabulieren. Was uns mit Recht als solches erscheint, ist im Nu seines Lebens entkleidet in der Weltgeschichte.

Alles ist geistiges Gesicht, alles ein Versuch, die Idee auszudrücken, das Bild einer vollen Welt, die durchdämmert: Rodins »Balzac« wie Balzacs Werke und wie diejenigen Heraklits; bei diesen sehen wir es eher. Aber ebenso und nicht anders das Werk Shakespeares und das Homers: Balzac sei uns eine Brücke[1] zum Verstehen, daß es auch da nicht anders sein *konnte*.

---

[1] »Les drames de la vie ne sont pas dans les circonstances, ils sont dans les sentiments, ils se jouent dans les coeurs, ou, si vous voulez, dans ce monde immense que nous devons nommer le MONDE SPIRITUEL.« Balzac, »Honorine«.
»Certes, l'idée sera toujours plus violente que le fait.« Balzac, »Massimilla Doni«.

Wohl gibt es noch so eine halbe Kunst, die einen Moment lang fortlebt, von den Brosamen der andern.

Diese, die einzige Kunst schafft die Sprache; schwaches Kunstgewerbe (»Gewerbe« in jedem Sinn) lebt noch eine Zeitlang hin mit geschwächten und verfälschten Ausdrükken.

Es stelle einer auf dem Markt ein Karussell auf! Es lebt nur durch jenen Funken Leben, den jene andern ihm zuwarfen und welchen es ohne Wissen mit sich trug, – jene andern: die einzigen, einigen geistigen Arbeiter: sei es Epiktet, Praxiteles oder Flaubert; Moses oder Montaigne oder – Pasteur. Es gibt nur einen einzigen geistigen Beruf: den ernsten.

39

Nie kann ich begreifen, wie die Leute zwischen Kunst und Philosophie so sicher unterscheiden können.

Über die Verwendbarkeit der Begriffe für rein äußere Unterscheidungen können wir uns nicht unklar sein (so würden wir Spinozas Ethik *eher* als Philosophie, Goethes Faust oder die Comédie Humaine eher als Kunst bezeichnen): aber wie weit kommen wir mit diesen äußeren Abgrenzungen? Wie unwichtig und gering werden sie im Hinblick auf das Gemeinsame in den *innern Räumen!*

Die einen wesentlichen Unterschied zwischen großen Denkern und großen Dichtern sehen, sind weder Dichter noch Denker.

40

Und die ganze Kunst ist keinem etwas anderes gewesen als Briefe.

Briefe, von denen nur der Absender bekannt ist, nicht der

Empfänger. – Je wunderbarer man ihn sich denkt, je größer die Liebe ist, umso besser sind die Briefe.

».... Lieber Leser! Du sollst der größte Mensch werden: Du bist es noch nicht, aber du sollst es werden. In andern Worten: ich bemühe mich, so gut wie möglich zu schreiben.«

41

Aber wenn ich krank war, ging meine Literatur nicht wie ein Traum in die Fernheit; das ist der Prüfstein.

42

Wie soll es einem aufdämmern, etwa, was Spinozas »adäquate Idee« ist, solange die Meinung Geltung hat, die Philosophie sei für die Philosophen?
Die Theologie ist für die Theologen – was hätten sie sonst? – und die Philosophie ist für die Menschen.

43

Man unterscheide unter den großen Denkern zwei Gruppen: Solche, über die man sich eines (bisweiligen) Lächelns nicht erwehren kann, bei aller Achtung vor einer ungeheuren Leistung; und solche, über die man zu einem Lächeln niemals gelangen könnte – so wenig wie beim Anblick der Natur oder der Seligen –: Spinoza.

44

Viele, wohl die meisten Menschen betrachten den körperlichen Schmerz als einen Fremdkörper, ein Absolutes; wissen nicht, daß er überhaupt nur durch Verhältnis mit einem selbst besteht, daß man regulieren kann, mitzureden hat.

45

Es wäre schön, wenn *schauen* und *erschauern* etymologisch zusammenhingen.

46

Die Menschen wollen nicht sehen. – nur blind über alles weggehn – während doch das Sehen das Gesetz des Lebens ist.

47

Lichtstärken. – In einer Wirtschaft wieder Meinungsverschiedenheiten und Diskussionen gehört: über Kerzen, Petrollampen, Elektrizität und gar erst jene neueste und beste Beleuchtung durch Neonröhren, dem Taglicht am ähnlichsten (weshalb auch einige Leute von dieser Beleuchtung behaupten, sie sei unerträglich, zerstöre den Gesichtssinn).
Heller als das Taglicht sind nur Augen.

48

Die Idioten sagen: Es gibt keine Wahrheit! weil sie zu faul sind, sie zu erkämpfen.

Das Geheimnis ist: es gibt wohl eine Wahrheit (eine ewige und einzige – nur werden meistens die *Wege* zu ihr für sie genommen), nur muß sie täglich neu erkämpft werden, nur läßt sie sich nicht aufbewahren, nicht in Büchsen in der Apotheke verkaufen.

49

Der legitime Besitz und der illegitime Besitz:

Der legitime existiert eigentlich nicht, denn er ist nur ein höheres Produktionsvermögen. (Es gibt also, wenn man ganz genau sein will, überhaupt nur illegitimen Besitz.)

Es gibt keinen größeren menschlichen Besitz als – genauer: überhaupt keinen als – die Fähigkeit, an möglichst vielen Dingen *teilzunehmen*. (Von Besitz kann dabei keine Rede sein. Das Sinnliche – Geschlechtliche – sei uns ein Beispiel dafür.)

Beischlaf: »Besitzen«. *Hast* du es? Was hast du? Die Spannung trägt dich von einem zum andern, du hast nie eins.

50

Der Mensch kann das Leben nur herumlenken, nicht erzeugen.

Den Narren gewidmet, welche meinen, daß die Kinder darum mit den Eltern verbunden seien, weil diese ihnen »das Leben gaben«, als ob man das Leben geben könnte! Das Leben ist schon da, geht weiter, durch alle hindurch. Was du kannst, ist nur Sache des Bewußtseins, des Willens, der Formveränderung. Verbunden ist man den Kindern nur, wenn man sich ihnen *zuwendet*, ihnen hilft usw.

51

Daß *das Blut binde,* ist eine Wahnidee. Es ist nicht das Blut, das bindet, sondern der Geist. Freilich mag durch ähnliche Erfahrungen teilweise ein ähnlicher Geist erzeugt werden.

52

Nocheinmal: Die Weltgeschichte ist nur eine Vorstufe zur Kulturgeschichte und die Kulturgeschichte zur Geistesgeschichte. – das heißt zur Biographie des – einzigen – Menschen.

Dieser Mensch hat das Eigentümliche, daß er unsterblich ist, wie die griechischen Götter; besser würde man sagen, die griechischen Götter sind unsterblich wie er, in diesem Zuge nach seinem Bilde geschaffen (während sie ja fast alle übrigen Eigenschaften mit zufälligen Einzelmenschen gemein haben).[1]

53

Eines von den Dingen, die man nie vergessen dürfte: Daß das Gleiche bei verschiedenen Gradationen seiner Quantität verschiedene Farben, verschiedene Eigenschaften hat. (10 cm tiefes Wasser ist weiß, 2 m desselben Wassers sind grün oder schwarz. Der Narr steht am Ufer und hält das Schwarze für Tinte; »denn Wasser«, sagt er, »ist weiß«.) Das »häßliche junge Entlein« ist eine großartige Illustration der Verwirrung, die eintritt, wenn man das vergessen hat.[2]

---

1 Vgl. 27.
2 Vgl. 21.

54

Wenn man *alles* erklären würde (könnte), wäre das Resultat gleich Null (das Alles = Null).[1]

Hinführend: Diese gute Erzählung von Joseph Roth (Le Triomphe de la Beauté) hat der Zorn geschrieben, jedenfalls ein gewisses Stück Zorn (Zorn heißt immer Beschränkung): aber die Erzählung ist doch gut, es sind Umstände, Vielfältigkeit des Objektes genug gegeben, daß dieses nicht dumm, nicht konstruiert wirkt. Nun könnte man ja wohl dieses elende Weib in seinen gesamten Bedingtheiten zeigen, in seinen Besserungsmöglichkeiten also auch; und die Bedingtheiten wieder in ihren Bedingtheiten (wozu freilich die Zeit schon fehlen würde, was aber nicht hindert, die Sache vorzustellen) und so fort; es würde endlich alles, was auf der Welt je existierte, hereinbezogen werden. (Da wäre kein Zorn mehr und überhaupt jede Beschränkung aufgehoben.) Dieses Werk wäre nichtssagend; jedes der so hergestellten Werke gliche dem andern: nur durch *Begrenzung* entsteht die Form (das heißt hier: das für uns Faßbare).

55

Viele fürchten sich vor der Psychologie, meinen, daß durch Aufzeigen der Zusammenhänge eine Leistung verhindert werde, oder, wo eine solche schon geschehen ist, deren Wert herabgesetzt.

Es sei ein sportlicher Rekord geschlagen worden. »Aus *Angst* hat er diesen Sprung getan.« Wohlan; vielleicht. Ich aber sage: »Miß jetzt den Sprung.«

War Achill aus Zorn der Stärkste? Aber doch eben der Stärkste.

Was kann es am »Zauberlehrling« ändern, daß allenfalls einer Zusammenhänge mit Gedanken an irgendwelche Funk-

---

1 Vgl. 22.

tionen der unteren Körperzone nachweist? Wenn das Gedicht gut ist, wird es dadurch weniger gut?

Wird eine Blume weniger schön dadurch, daß sie ein Geschlechtsteil ist? Wie kann sie dadurch weniger schön *werden*, da sie doch von jeher ein Geschlechtsteil war (was wirklich niemand leugnen kann)?

56

Je mehr die Wissenschaft entdeckt, umso deutlicher kann man den Unterschied der starken und der schwachen Geister sehen an diesem Detail: Die schwachen Geister werden umso mehr meinen, in kurzem am Ende zu sein (also: alles zu erkennen). Den starken Geistern geht immer mehr der Blick auf für die Unendlichkeit der Welt.

Wenn zwei in einem fensterlosen Zimmer eingeschlossen sind und immer waren und nie eine Nachricht von draußen hatten: der Dumme und der Gescheite, so mögen sie die gleiche Idee von der Ausdehnung der Welt haben; aber wenn sie zum erstenmal herausgeführt werden, werden sich ihre Vorstellungen gewaltig trennen: der Idiot wird meinen, bald am Ende zu sein, dem anderen gehen immer größere Vorstellungen von der Weite der Welt auf. – Und erst auf den Bergen!

57

Das Wichtigste über *die Phantasie* liegt in diesen zwei Sätzen:

1. Phantasie ist das Vermögen, sich ferne (andere) Verhältnisse *richtig* vorzustellen – nicht falsch, wie immer wieder gemeint wird (denn das könnte ja jeder).

2. Phantasie ist nicht, wie immer wieder gemeint wird, ein Luxus, sondern eines der allerwichtigsten Instrumente zur menschlichen »Erlösung«, zum Leben.

Entscheidendes darüber hat Edmond Jaloux gesehen, als er schrieb (die Hervorhebungen sind von mir):

»C'est un lieu commun que de parler de la solitude des hommes. Hebbel a même écrit dans son journal: ›Vivre signifie: être profondément solitaire‹. Il faut bien admettre que cette solitude est une illusion comme tant d'autres, car on ne serait vraiment solitaire que si l'on était vraiment différent de tous. La lecture nous prouve bien que rien n'est moins vrai. Nous devons cette illusion de solitude à notre égoisme, *à notre paresse d'esprit, à notre inintelligence* ou notre malveillance à l'égard d'autrui, (. . .).«[1]

58

Gnädig, wunderbar ist dieses: daß jedem am Ende das wird, genauer: geworden ist, als Ausdruck in der Kunst, was in seinem Wesen gelegen hat, was sein eigentliches Vermögen war. »Natürlich« ist es nicht, sondern erstaunlich: Denn unser Streben geht meistens nach etwas, das oben oder unten, außen oder innen von dem ist, was *uns* gehört (es ist nur an Hebbel zu denken; oder was hat Schiller gemeint zu sein oder zu erreichen!). Unsere Werke sind immer viel *tiefer*, als wir ahnen; – noch in einer andern Art tief, als sie es in dem üblichen Sinne sein können.

59

An den Wörtern ist das Schönste das, was sie (gewöhnlich) nicht vorstellen.

60

Es splittert –
und Geist kommt hervor.

---

[1] Nouvelles Littéraires, 25. 5. 35.

61

Mein großes Ja und mein allgemeines, aber kleines Nein; denn das Allgemeine ist klein.

62

». . . und die Erde drehte sich anders herum«:
Eben nicht! – Hier eröffnet sich der Einblick in das, was Gott *wäre,* und das, was die Welt *ist*.[1]

In der Angelegenheit Gott ist das das Merkwürdige, daß diejenigen, die seine Existenz ernst bejahen und diejenigen, die sie ernst verneinen, einander sehr gut verstehen.

63

Das Gescheiteste, was ich von einem Gott je gehört habe, ist: er geht in Menschengestalt verkleidet umher.

64

Er hat es so weit gebracht, die Mühsal auch bei Goethe zu sehen.
 – und dann erst recht, meine ich, versteht man Goethe.

65

Gnade? Dieses allein ist mir ein wahres Bild der Gnade: Die Kinder. Das heißt, daß es *immer wieder* Kinder gibt;

---

[1] Vgl. 35.

immer wieder Unverdorbene. – In ihnen wird die höhere Möglichkeit, die der Menschheit gegeben ist, immer neu.[1]

66

Die Welt ist noch jung. Solange die Kinder noch immer Kinder sind, bleibt die Welt jung. Wehe nur der Zeit, da die Kinder wie die Erwachsenen sein werden! (– wie die jetzigen Erwachsenen, diese Dürren, die nicht mehr zu Verändernden, an denen der Geist stirbt.)

Für den Geist ist die Welt immer jung. Geist besteht darin, immer den Morgen denken zu können – also den ewigen Morgen. Wenn es Mittag ist, denkt der Geist an den folgenden Morgen. Am Abend sagt der Geist nicht »Gute Nacht«, sondern er denkt an den Morgen. Wenn es Morgen ist, denkt er an den nächsten Morgen. (Ist das Gehetztsein? – Da sich dasselbe immer mit Präzision wiederholt, immer die Zuwendung zum Kommenden nämlich, bleibt die Linie konstant, ersteht in uns Konstanz, und zwar Konstanz des Höchsten, die Linie des Geistes nämlich.)

67

Alle Geistesarbeiter arbeiten immer auf Kredit.

68

»Meine Freunde sind weit.«
Ja, sehr weit sind sie.

---

[1] Vgl. das außerordentlich schöne Stück »Geist des Werdens« im Band mit dem gleichen Titel, von *Konrad Bänninger*, welches ich erst einige Jahre später zu Gesicht bekam.

69

Die Welt ist wesentlicherweise ein ewiger Neubeginn. Eine der Hauptsachen, die man nie vergessen dürfte.

Die *Kinder,* welche immer wieder geboren werden, mit höchsten Möglichkeiten, sind uns ein Bild und selber ein Teil davon.

Heute hörte ich im Hof einen entsetzlichen Volkslied-Gesang, man könnte wahnsinnig werden über diesem widerlichen Gekreische. Wer gibt ihn ab? Ein etwa fünfjähriges Kind ist es und zwar dasselbe, das – noch vor zwei Jahren oder weniger – in früher Morgenstunde so schön gesungen hat (hinter meiner Wand, wohl noch im Bett, wenn es eben erwacht war), ganz einfache Liedchen (vielleicht mit nur drei Tönen), mit einer feinen, ganz beseligten Stimme, *engel*gleichen Stimme. (Nun haben also die Erwachsenen ihren Einfluß durchgesetzt, ihr Gekreisch und ihre schauerlichen Melodien ihm eingepflanzt.) Man sieht also, das Größte haben alle. Worauf käme es an? Jenes zu behalten in die späteren Jahre, in die wirkungtuenden hinein; älter wieder geboren werden als Kinder.

70

Die schönsten Beine

Ich sah die schönsten Beine, die ich je gesehen habe, und zwar die schönsten, was die Farbe, den Teint betraf; als ich näher kam, sah ich, daß Strümpfe darum waren. Dieser Vorfall gibt einen Anlaß zu einer äußerst lichtvollen, einer großartigen Untersuchung, die zu einem unerhörten Aussichtspunkt führt. Ich hätte nicht näher kommen *müssen*. (Ein andermal kann es die schönste Beinform sein und beim Näherkommen sehe ich, es sind gar keine Beine. Ein andermal sehe ich das schönste Mädchen und wenn ich daraufhin erwache, war es ein Traum.) Für den Idioten ist die Untersuchung sofort beendet: »*Das* war Täuschung und die *Wirklichkeit*...« Die Wirklichkeit! Goethe fand: »Am farbigen Abglanz haben wir das Leben.« – Für mich gibt es über die Entscheidung der Frage keinen Zweifel. Ich sah die schönste Farbe, ich sah die schönsten Beine, ich sah das schönste Mädchen. Es *gibt keine schöneren*. Darum konnte, was ich sah, nicht Täuschung gewesen sein.

– Man hüte sich vor falschen praktischen Anwendungen! Todsünde ist, jemand, der reisen muß, zu hindern am Reisen unter dem Vorwand der sogenannten allerhöchsten Erkenntnis! Sie läßt sich nicht *so* anwenden. Am weitesten ist freilich der, der nicht mehr zu reisen *braucht*. Wer es aber noch braucht, den hindern, ist Sünde.

In diesen Zusammenhang gehört die in wenigen Worten erzählte Geschichte des vollendetsten erotischen Verhältnisses, das je gewesen ist. »Dieses Mädchen«, sagte der Betreffende zu seinem Freund – und man sah ein sehr schönes Mädchen vorbeigehen, vor allem einen königlichen Gang hatte sie (eine königliche Gangart, aber nicht etwa Macht ausdrückende, sondern zauberhafte; ganz aufgerichtete, aber vollständig elastische, in keinem Teile starre Haltung; Bewegungen von höchster Präzision und schwebend war sie dennoch) – »mit diesem Mädchen – aber mach nicht, daß sie uns sieht, – hat lange Zeit mein vollendetstes Verhältnis bestanden. Das einzige Verhältnis, in dem ich *nur* Freuden, gar keinen Kummer hatte, nur beschenkt wurde, gar nichts verlor.« – »Aber jetzt«, sagte der andere, »hast du doch gebrochen mit ihr – da sie doch nicht aufmerksam auf uns werden darf.« Der erste lächelte. (Seine Augen gingen träumend zurück durch die Zeiten, er sah, wie er alle Tage hingegangen war, wo sie vorüberkam, sich zu freuen, zu erheben an ihrer königlichen Gangart, bald da, bald dort an ihrem Wege, welchen er kannte. Es bestand von diesem Verhältnis nur das, was nicht brechbar ist. Er hatte nur die Essenz davon genommen. – Er wußte, daß alles Übrige mit ihr geringer wäre.)

Er lächelte: »Nein, aber sie kennt mich nicht.«

Vor dem ungeheuerlichen Mißbrauch, den man mit diesen wahren Dingen treibt, muß gewarnt werden. Verflucht seien, die solches dem *Jüngling* empfehlen oder verordnen wollen! Der Jüngling muß beginnen mit materiellem Besitz. Im Anfang war die Tat. Das Genannte ist die höchste Stufe, man kann nicht mit der höchsten Stufe beginnen. Will man das doch tun, so wird man nur Qual und Nichtigkeit damit erreichen; nur *Verminderung* des Wesens.

Wenn du auf dem Gipfel sitzest, siehst die andern im grausig finstern Tal sich winden, wirst du ihnen nicht sagen: »Das Höchste ist nicht das Steigen. – Es ist mühsam, Stufe um Stufe ist nur da, um zurückgelassen zu werden. Laßt das Steigen. Das Höchste ist der Glanz da oben.«

71

Man muß reisen und wenn es auch nur zu dem Zwecke wäre, sich zu überzeugen, daß anderswo auch *so wenig* ist.

72

Die Wunder

Ich hatte früher immer einmal wieder über die Wunder (wie sie zentral im Neuen Testament stehen) nachgedacht, eine Erklärung, eine Auslegung dieser dem Anschein nach den Naturkreis durchbrechenden Geschehnisse gesucht und bald die eine, bald die andere der üblichen Auslegungen vorübergehend angenommen, von denen aber keine wirklich *befriedigt*. Ich hatte eine Erklärung gesucht – aber *von außen*. Erst als ich das Geschehnis der Kunst entdeckte, war mir auf einmal auch da Klarheit geworden – entscheidende Einsicht.

Vorher hatte ich, genau gesehen, nicht *geglaubt* an die Wunder.

Die üblichen Auslegungen, welche alle den Geist nicht befriedigen, sind etwa: 1. Es sei gar nichts Besonderes geschehen (nichts den uns bekannten Naturkreis Durchbrechendes); der Chronist habe eben aus einer sehr großen Fülle von Ereignissen diejenigen ausgewählt, die durch ihre seltsame Form – in aller Natur kämen immer einmal seltsame Formen vor – den Anschein von »Wundern« erweckten. 2. Es liege einfacher Betrug vor. 3. Diese Wunder seien zwar nicht geschehen, die Erzählung habe aber doch eine Wahrheit, müsse nämlich *allegorisch* verstanden werden!

Sie sind Mittel parallel der Sprache. »Wenn ihr meinen Lehren nicht glaubt, sie nicht versteht, so glaubt doch den Wundern (laßt euch doch überzeugen durch die Wunder)«: dieser Satz soll der Ausgangspunkt sein; von ihm aus klären sich die Rätsel, verstehen wir das Wesen jener Wunder. Aber nur dem kann das geschehen, der es erlebt hat, wie die Verzweiflung, die Intuition, zusammengekettet in ungeheurer Not, dieses Zwingenwollen vor dem Versagen der Leute, zu allem befähigen, Formwunder tun (alle Kunst ist daraus entstanden) und schließlich in Momenten andere Wunder (sind sie denn etwas anderes – Höheres – als Kunst?).

Ein durch Intuition ermöglichtes Zusammenfügen der Dinge, so, wie sie sonst nicht zusammengefügt sind, so daß Leben herausbricht: Ist das eine Definition der Kunst oder des »Wunders«? Wer vermöchte zu antworten? – denn genau von beiden.

73

Ein größeres Wunder als ein richtig gewähltes Wort gibt es nicht.

74

Wunder. – ». . . . ist Betrug.« Alle Kunst ist Betrug: *wenn man die Kraft nicht hätte,* den schmalsten Steg zu überschreiten, . . .

Für die, die Kraft nicht haben, ist es Betrug. (Ohne außergewöhnliche Kraft überschreitet man den Steg nicht.)

75

Zum wievielten Male gesehen:
Um etwas zu finden, muß man es schon gefunden haben.
(Aber das darf man nicht falsch verstehen.)

76

. . . alles durch Beobachtung.
. . . wer schon eine Sache denkt, braucht fast keine Blicke mehr auf sie – nur die entscheidenden.

77

Reisen. – Warum soll (muß) man sich in fremden Ländern aufhalten? Was man sieht, ist nicht wesentlich anders, als was einem mitgeteilt werden kann; es wird sogar für die meisten nicht oder selten vorkommen, daß sie so bedeutende Einzelzüge sehen, wie sie die guten Reportagen[1], andere Bücher

---

1 Ich kenne freilich bisher nur einen einzigen guten Reporter: André Gide. Seine zwei Bücher über Afrika zähle ich unter seine größten Leistungen. – Vgl. II, 241, 242.

oder auch mündliche Mitteilungen bedeutender Individuen uns übermitteln. (Daß man »die Natur selber« sehe – alles Unsinn!) Nicht um, wie man meinte, *anders* zu erleben, als wenn man zu Hause mit den zu Gebote stehenden Mitteln sich instruiert; lediglich, weil die *Zahl* der tragenden Einzelzüge, die man wahrnimmt, weit größer ist.

78

Das weite Reisen ist, von wenigen Spezialgebieten geistiger Betätigung abgesehen, nicht für die geistige Erweiterung selbst nötig, sondern eine Sache des Temperamentes, des persönlichen Befindens (und dadurch vielleicht mit der geistigen Entwicklung zusammenhängend).

Der weiteste Geist, Spinoza, reiste nicht. Der größte Geist des Altertums blieb, wenn ich nicht irre, immer in Ephesus.

79

»Er lebt im Traum.« Das Schöpferische muß sich tatsächlich im Traum halten. Es kommt auf die Kraft an, mit der man den Traum bewahren kann.

Was morgen Wirkung und Tat ist, muß immer heute Traum sein.

In einer Zeitschrift diese Worte Lenins:
». . . ein schlechter Kommunist[1], der nicht zu träumen vermag.«

80

Aus der Dissonanz zwischen diesen beiden Gesetzen:
1., daß man nicht *warten* darf, das heißt, daß jede Tätigkeit

---

[1] Vermögen sie heute noch zu träumen?

eine volle sein muß, nicht Vorbereitung sein darf, sondern den Augenblick erfüllen, in sich selber ruhen muß, und

2., daß jede gute, jede aus einer großen Idee entspringende Tätigkeit – und umso mehr, je größer die Idee ist – erst nur Verwirrung, Schaden anrichtet, schlechtere Zustände herbeiführt, die Gegenwart aufhebt,

ersteht die Notwendigkeit der Phantasie.

81
Die Phantasie

Phantasie ist das gewaltigste geistige Vermögen.

(Aber unter »Phantasie« ist das Richtige zu verstehen!– »Phantasie ist das Vermögen, sich Fernes, eine andere Lage, richtig vorzustellen, nicht, wie meistens angenommen wird, falsch und irgendwie – denn das könnte ja jeder.« – Eine Kritik des »richtig« später.)

Was ist im Kampfe des Geistes mit der Welt, diesem Titanenkampfe, dem eines Balzac (eines Lenin, der *auch* ein »Träumer« war Jahrzehnte lang!) Mittel zum Siege, wenn nicht die Phantasie? – Kraft, aber Kraft braucht es zu allem, was ist hier die *Form* der Kraft? Das Vermögen, sich die andere, die zukünftige Lage, in welcher der Geist siegen wird, die geistige Richtigkeit sichtbar sein wird, immerwährend, immer wieder, vorzustellen, so deutlich, so heftig, daß diese Vorstellung den jetzigen, luftleeren Raum überwindet[1], die Differenz des Druckes aufhebt; uns ein LAND gibt, weiterzudauern (in unserer Idee), weiterzubauen (denn aufhören *weiter* zu bauen wäre Aufgeben). Es ist aber ungemein schwer, im Unsichtbaren weiterzubauen, in der *Un*realisation; – zum Beispiel wie Rembrandt seinen Gläubigern

---
[1] Vgl. 139.

gegenüber, welche höhnen, sagen zu können, seine zukünftigen Bildpreise werden die Schulden bezahlen, während jene rufen: Geld her! – sagen zu können nicht nur mit dem Mund, sondern mit dem Geist, und folglich weiter *malen* zu können. – Ein *Land*, weiterzubauen: denn wir müssen ein Land haben.

So war Kolumbus auf seiner Fahrt: er *sah* nichts. Die Phantasie nur führte ihn zu dem Erdteil: das vorgestellte Land zu dem irdischen Lande. Rechnung? Die Rechnung ist nur ein Anfang, sie ist die genügende Macht noch nicht. Oder sie ist nur ein Mittel, nicht der Ursprung und nicht die der Bewegung Dauer verleihende Kraft.

Und weiter, zweitens (genau genommen weniger ein zweites als eine Unterabteilung des selben einen, eben immer der Hauptsache, der menschlichen Produktivität) ist die Bedeutung der Phantasie noch sehr groß für die Gestaltung der Beziehung mit den andern.

Wir sprechen von der gewaltigen Phantasie eines Balzac (eines Shakespeare), nicht aber von derjenigen einer George Sand; fiel denn dieser weniger ein? Soweit wir kontrollieren können, mehr, da sie wenn nicht mehr Bücher, so doch unvergleichlich viel leichter ihre Bücher geschrieben hat. Die einzelnen Teile der Vorstellungen sind immerfort dieselben; man lese starke Stellen Balzacs nach. Wie sah der Oberst Chabert aus?

> L'ombre
> cachait si bien
> le corps
> à partir de la ligne brune
> que décrivait
> ce haillon . . .

Und so weiter. Welche dieser einzelnen Vorstellungen, die

ich da zu isolieren begonnen habe und die zusammen schließlich ein gewaltiges Bild ergeben, konnte nicht auch bei George Sand vorkommen – wie sie bei jedermann vorkommt? Warum sprechen wir aber Balzac Phantasie zu, den meisten andern ab? Weil diese (jedermann geläufigen) Einzelvorstellungen richtig verbunden sind. (Anzuwenden auf das Größere, wenn diese Einzeluntersuchung nicht genügen sollte.) – George Sand hatte viel *Einfälle* (im Gegensatz zu Phantasie), viel Hirntrieb.

Wichtig also: Daß man aufs schärfste auseinanderhält *Phantasie* und *Einfälle*. Denn Reichtum an Einfällen, ebenso häufig wie Phantasie selten ist, ist eine Sache des Blutdrucks, oder der Nervengereiztheit – des Trieblebens –, kurz, eine sozusagen körperliche Sache; Phantasie die höchste der menschlichen Tätigkeiten.

Der Unterschied ist etwa der, wie zwischen dem Abgeben einzelner Töne, zum Beispiel Schreien, und dem Komponieren eines Gesangs.

Handelt es sich um die Wahl des Wortes? Nun, zu einem Wort müssen wir greifen, ich habe mich für »Phantasie« entschieden, weil mir dies das schönere Wort schien für den umfassenderen Gegenstand als etwa »Vorstellungsvermögen«, »Einbildungskraft« und ähnliche vielfältig zusammengesetzte Wörter. »Vorstellungsvermögen«: ich glaube, daß die einzelnen Vorstellungen sich im Hirn einer Katze mit großer Geschwindigkeit folgen können, besonders im Hirn einer konfusen Katze. »Einbildungsvermögen«: – und ebenso heftig, besonders in einer konfusen Katze. Und doch sprechen wir der Katze, besonders der konfusen, Phantasie ab: sie hat nicht die Fähigkeit, sich eine ferne Lage richtig vorzustellen.

Übrigens scheint auch Goethe das Wort so verwendet zu haben, wenigstens hier:
Wenn Phantasie sich sonst mit kühnem Flug
Und hoffnungsvoll zum Ewigen erweitert...
Was sich *erweitern* kann (von hier überhaupt in Betracht kommenden Dingen, also in erster Linie den *Einfällen*), das ist es eben, was ich unter Phantasie verstehe.

Könnte aber nicht auch eine unrichtige (kranke), Vorstellung des Fernen sich erweitern? Daß eine solche Vorstellung – die des Fieberkranken, des

Irrsinnigen – ihr Volumen vermehren kann, ist evident. *Es häufen sich* die konfusen Einfälle. Aber sogar nach einem gewissen Bauplan. Das »erweitern« wäre doch genauer zu bestimmen. Doch lautete die Stelle: »*zum Ewigen* erweitern«: das kann nur die Phantasie. Grell genug steht es jener *Häufung von konfusen Einfällen* gegenüber. Denn zum Ewigen kommen jene nicht.

82

Alle großen menschlichen Fähigkeiten werden leicht mißbraucht; das ist kein Beweis, daß sie keine großen Fähigkeiten waren.

Wenn die Phantasie so arbeitet, daß sie die Tat *ersetzen* soll – die mögliche Tat lähmt –, ist sie mißbraucht.

Es gibt Fälle, wo man »Tat« der Phantasie gegenüberstellen kann; damit dann Phantasie Berechtigung habe, zu sein, muß sie: entweder hinführen zu dieser Tat; oder mehr sein als diese Tat (mehr *Tat!*). Dieses ist der Fall bei aller wahren Kunst. (Karl Kraus sagt: »Aber der Künstler geht aus der Flucht vor dem Leben siegreich hervor.«) Das erste ist der Fall überall, wo große Tat kommen wird (Lenin). Was in der Mitte liegt, ist Stümperei, ist Sache der Feigen, Faulen.

83

Ewige Aufgabe: es (ES) immer in neue Worte zu fassen. Denn die Worte werden nacheinander leer. (Man *hört* die Worte von Spinoza, wer *versteht* sie? Wie viele verstehen jene Verbindungen, das Ungeheure, das dort in den von jedem gebrauchten Wörtern lag?)

84

Sind die Menschen je so ohne Geist gewesen wie dieses Jahr, so verhetzt (wie die Vögel vor dem Sturm), so ohne

Wissen, was links und rechts ist, so vom Realen abgewendet? Während sie, die Allgemeinen, behaupten, daß die Philosophen in schwärmerischen Zonen sich aufgehalten hätten, in irrealen, und das Reale im Dasein der allgemeinen Welt sei, verhält es sich eben umgekehrt: sie allein, jene Denker, besonders die griechischen (weniger die deutschen), aber auch Spinoza, Montaigne, Goethe, haben die Realität gekannt, haben *voll gelebt* (während die Allgemeinen kaum in winzigen Teilen leben), *mit* den Dingen, was man einfach nenne: gelebt (sehend, wissend, wollend), im Gegensatz zu jenen andern, die nur wie Staub vor dem Sturm über die Straße gejagt werden (von der »Geburt« zum »Tod«).

85

Soll es sich zum Guten wenden? (– die Dinge der Welt, doch wieder einmal?)
Aber ein wirkliches Fest kann doch nur in deiner Erkenntnis sein.

86

Ein Ende:
Und vor ihm ging das glänzende Gestirn des Verstehens auf.

(Nochmals: soll ein Ende sein. – soll ein Ende sein einer Ausführung. – »Einer Erzählung?« – Einer Ausführung!)

Variante:
Und vor ihm auf ging das glänzende Gestirn des Verstehens.

87

Was einen wohl fesseln kann – in einer immer andern Erscheinung entgegentreten –, ist das Verhältnis der Einzelaspekte eines Vorgangs zu dessen Gesamtaspekt.

Unzählige Aufzeichnungen zum Beispiel können zusammen eine Endwirkung erzeugen, sind dann unnötig geworden, fallen weg wie das Gerüst von dem Hause und verschwinden, werden auch in der Erinnerung ausgelöscht; sie, all diese Einzel-Bewußtseinsmomente, die Einzelschritte, die vernünftigen kleinen Dinge: und nur das Gesamtergebnis, der Gesamtguß, steht da – ja, ein *Guß*, als ob er durch ein Wunder, von außen her, durch eine unberechenbare, fremde, mysteriöse Kraft zustandegekommen wäre. Man betrügt sich selbst und redet »das hat Gott für mich getan« (oder etwas weniger dumm, das bleibt sich fast gleich). Was ist aber die schreckliche Folge davon? Daß man *wieder* auf Gott hoffen wird, *ihm* das Weitere anheimstellen, folglich nichts mehr tut, – sondern zu dem Dom aufblickt, »den Gipfel im Auge auf der Ebene wandelt«, faul wird, fault.

Diese kolossale Verschiedenheit der Bewußtseinsstufen ... sie dürfte uns zu keiner Täuschung Anlaß geben. Doch vergessen wir das Unsrige so oft binnen kurzem – vergessen die einzelnen Ausführungsstufen, sobald die Gerüste weggeräumt sind, und schon ist das fertige Haus aus dem Schädel Zeus' entsprungen. Wie nun aber soll es gar erst andern gegenüber sein und fernen Zeiten gegenüber?

So sehen wir denn das Altertum und die Renaissance und andere Zeiten voller »Schöpferkraft«; und unsere Momente ganz ohne Schöpferkraft.

Es gibt und gab aber überhaupt nur Momente und niemals Schöpferkraft.

Es gibt nur die richtige Erledigung der Momente, und

wenn wir in großem Maße – das heißt großer Folge, großer Zahl – die Momente richtig erledigen, wachsen wir zur Höhe aller Schöpfer und aller Schöpfungen hinan.

88

Wenn ich mich in mein frühestes Bewußtsein zurückerinnere – ich war damals vielleicht zwei Jahre alt? –, das heißt in das früheste, in das ich mich zurückversetzen kann, so finde ich, daß jenes Bewußtsein in nichts anders war als mein jetziges Bewußtsein. Bewußtsein von viel weniger Dingen war es, aber gleich in seiner Art.

89

Pascal – welche Begrenztheit bei solcher geistigen Energie! Ein Krüppel – oft auf dem Hochgebirge, aber nicht imstande, das Leben zu wollen. Lichtenberg war doch auch ein Krüppel – mein wunderbarer Lichtenberg! Über sich hinwegsehend – die Welt geht weiter –, sich selber sehend (nicht in seiner Furcht gefangen, was das Gegenteil ist vom sich selber Sehen). Und all die andern *bejahenden Geister,* von Heraklit bis Goethe, mögen sie so groß sein wie Spinoza und Montaigne oder so einfach selbst wie dieser kindliche Voltaire! (Seine Geistesform ist kindlich, ich sage es nicht von der Person.)

Jeder große Geist wirkt wie eine Fackel, ein Scheinwerfer (in der Nacht, denn das Allgemeine ist Nacht); einige nun sind Scheinwerfer, die den Orkus beleuchten; und die dienen der Menschheit auch. (Wie, wo ein Loch oder ein Trümmerhaufen sich findet auf dem Fahrweg, nachts eine Laterne steht; – die grausigen Gebirgsklüfte beleuchten, wo es unwegsam und unfruchtbar ist. Dort steht Pascal und ging nie weg.) . . . aber Voltaire, einer von denen, denen meine Liebe gehört, den die Veränderung Wollenden, das ist das Leben Liebenden.

90

Freund Gottes, Feind der Welt!

91

»Mehr Licht« – oder Geduld. – Man sagt, dieser Mann habe kein Licht gehabt in seinem Zimmer, nur eine winzige Petrollampe – wie kann man da was sehen, wie soll man was tun?

Ich aber sage, daß dieser Mann Gläser geschliffen hat bei seiner kleinen Lampe (im dunklen Holland), Linsen, für Ferngläser und Mikroskope.

92

Vom Sehen. – Gewisse Stoffe, wenn man schief darüber schaut: von da aus sind sie weiß, von dort aus sind sie blau. Was sind sie denn? Und von oben haben sie wieder eine andere Farbe! Sie sind eine Mischung von verschiedenfarbenen Fäden.

Von der einen Seite sieht man nur *die* Art, von jener Seite nur jene Art Fäden aus dem Gewebe heraus. – Aus diesem einfachen Fall als dem Grundfall wäre ein Fall mit einer größeren Zahl der Verschiedenartigkeiten aufzubauen, die Geschichte ist komplizierter als ein gewebter Stoff. – Man sieht ein *Bild* aus dem Allgemeinen heraus.

Das Auge eines Hirten war so eingerichtet, daß er nur Schafe zu erkennen vermochte, unter allen Tieren. Wo etwa Kühe oder Esel sich befanden, da war für ihn eine weiße Stelle, wie Watte, und er sagte ruhig: »Nichts.« (Von jenem Nichts her trafen ihn manchmal Hornstöße oder Fußtritte, aber es machte ihn nicht klüger, er sagte, er leide an der Niere.)

Es ist mir klar, daß es noch viel mehr Dinge gibt, als unsere Augen sehen, und nicht nur solche, die zu klein oder zu fern sind. Das Auge *könnte* sie sehen – wenn es von seinem Diktator, dem Gehirn, nicht abkommandiert wäre (oder nicht ankommandiert zum Nichtsehen). Und nach und nach vergißt das Auge sie selber, schaut immer über jene Dinge hinweg, als ob nichts dort wäre. Die Katzen erkennen ihr Bild im Spiegel, aber ihr gemaltes Bild nicht. Ein Gemälde ist für sie nur eine Wand – das Bild, als ob nichts dort wäre. (Ob es nicht vielleicht doch bisweilen sie anschaut, in ihren Träumen, dünne Momente lang, wenn es schläft, das Gehirn, der Gebieter? Das gibt dann Schrecken als Wirkung, wenn sie wieder »wacher« werden, unerklärliche Zuckungen – das Bild, wenn es wieder zurückgezogen wird, verursacht die Zuckung, nehme ich an; wie der abgehende Schuß den Rückschlag des Gewehres, ungefähr; oder wie ein Strang, der reißt.)

93

Katherine Mansfield schrie immer I want to be *real* – die doch realer als fast alle andern war.

94

Man kann das Leiden nicht wegbringen (im Ganzen), aber man darf nicht am Leiden leiden.

95

Das Tragische

Der Grund – das Wesen – des Tragischen ist die Ungleichzeitigkeit der Erscheinungen.

Der Mensch – und umso mehr in dem Maße, wie er größer ist – möchte die Vereinigung, das heißt er möchte alles, das Alles. Er ist aber nur ein Stück weit da. (Eine kurze Zeitspanne lang, für einen kurzen Bereich.) Schaut aber durch diese Wirkungszone hindurch in das Alles. Der Moment, da er sich losreißen muß, ist das Tragische.

Wenn ein Mensch die Kunst besäße, unaufhörlich am Neuen (am Gegenwärtigen) teilzunehmen, bis zur allerletzten Sekunde (bis er, ohne es zu merken, erloschen ist), würde er (auch bei der größten Stärke) dem Tragischen entgehen. (Ein Franz von Assisi war vielleicht da; ein Goethe war nicht weit davon.)

Das Komische. Was uns lachen macht, das heißt, warum etwas uns lachen macht, das kann ich nicht sagen.

Das Gute am Komischen ist, daß es uns lachen macht: das Lachen säubert den Zustand für den Ernst.

(Das Seriöse, das Pathetische macht so oft jeden Ernst unmöglich.)

Anders geredet: Weil die Persönlichkeit *begrenzt* ist, besteht das Tragische.

Balzac mit der ungeheuren Kraft, in den unendlichen Raum zu streben (nicht der Bändezahl seines Werkes wegen!), hat, eben weil seine Kraft so groß war, den Körper ruiniert; tat jenes auf Kosten des andern, des Körpers. – Wenn er nicht so begrenzt gewesen wäre, wenn er nicht nur ein

Stück weit dagewesen wäre, wenn er unaufhörlich am Neuen, am Gegenwärtigen teilzunehmen vermocht hätte, würde er auch an seinem Körper (wie an allem) und an jedem Zustand seines Körpers voll teilgenommen haben und somit hätte es kein Losreißen gegeben und somit kein Tragisches.

96

Es darf nichts, was du tust, Vorbereitung sein.

97

»I have a feeling often and often that it's dangerous to wait for things –«[1]

Aber die Phantasie verhilft zu allem – – zuletzt sogar dazu, das, was man *hat,* sich vorzustellen (denn das ist am schwersten sich vorzustellen).

98

Die geistige Höhe kann nicht mehr unterscheiden zwischen mein und dein.

Das eben ist die geistige Höhe, daß man nicht mehr unterscheiden kann zwischen mein und dein – daß man sich nicht mehr Mühe geben muß, nicht zu unterscheiden, wie die Frommen, sondern nicht mehr kann.

Man identifiziert sein eigenes Geschehen mit dem Weltgeschehen, das Weltgeschehen mit seinem eigenen.

Es gibt nur *Entfernungsgrade;* also auch hier nur quantitative Unterschiede.

---
[1] Katherine Mansfield.

99

Nicht nur die neue Kunst hat die alte nötig, mein Kind: Die alten Bilder leben nicht mehr, wenn sie nicht durch die neuen aufgefrischt werden.

100

Er kannte so viele Sprachen, er kannte sogar die Sprache der Tiere. Er kannte die Sprachen mit Vertrauen jegliche. – Aber nicht philologisch meinte er das.
Die Fähigkeit der Verbindungen in ihm, die Phantasie ...

101

Er hat einen Sturm in einem Wasserglase beobachtet und dabei noch Verschiedenes mehr entdeckt als nur Eigenschaften eines Sturmes.

Der wirkliche Forschungswille ist nicht an Objekte gebunden: irgendwelche hat er immer. Im Gegensatze aber kannst du die Trägen über jeden Ozean führen ...

102

Man hat oft von denen gehört, die sich im Schmerz isolieren; aber sich isolieren können in der Freude, ist das gar nichts?

(Sich isolieren können – heute in der Welt – da alles freudlos ist – um die Freude zu halten eine volle Nacht, – –)
Ein Akkumulator – und glaubst du, daß ein Mensch, der den Schmerz austeilen kann nach allen Seiten, zu seiner Zeit, so ganz und gar herrlich und allein herrlich ist?

103

Man kann die Wahrheiten wie die Gesichte nicht aufbewahren. Was sind Worte? Nicht viel mehr als ein Gesicht.

104

Von der Freude

Wie *ungeheuer langweilig* doch alle Leute, die ich hier kenne, sind! Seit des einzigen Dichters[1] Abreise alle. Weder Schmerz noch Freude gereicht ihnen zur Belebung. Womit verbringen sie ihre Zeit – die wenige, die ihnen, wie allen Menschen, gegeben ist? (Mit dem Vortod, Tod schon vor dem Sterben. Dann sterben sie – und sind auch noch nicht geboren.)

Dann begründen sie es mit Sorgen. Ja warum werden ihnen die Sorgen nicht eine Stufe zur Höhe? Es heißt des Berges Höhe mit einem Steine, die Elektrizität mit einem Blatte begründen. Hatten denn die andern keine Sorgen, die wenigen, die ein Leben lebten?

»Da steht ein Stein!« – Ja, wenn du aber ein Haus gebaut hättest, wäre er zum Grundstein des Hauses geworden.

Eines habe ich bestimmt gelernt in meinem Leben, das habe ich nicht gewußt, als ich zur Welt kam: daß die Menschen so ungeheuer langweilig sind.

Ich könnte mir einen vorstellen, der aus der Welt entweicht, lediglich weil die Menschen so blöd sind.

Die Frage ist eben ganz und gar nicht: »Gibt es die Freude? – Gibt es die Freude nicht?« Das ist eine nicht weniger falsche Fragestellung als die: »Gibt

---
[1] Eduard Zak.

es einen Fortschritt?« Goethe hat es gewußt, daß es reine Sinnlosigkeit ist, so zu fragen.

Genau so sinnlos wie dies: Existiert die und die deiner Bewegungen – Gesten, Leistungen –, die du entweder tust oder nicht tust? – »Gibt es den Anblick meines Gesichtes in einem Spiegel?« Wer vermöchte da zu antworten.

105

Man kann die Produktionen – auch wenn es die herrlichsten Worte wären – nicht essen (aufnehmen, behalten), man kann nur wieder produzieren. (Habe ich nicht gesagt, daß Lesen gleich Schreiben ist, nur eine verminderte Quantität?) – Ganz wie im Geschlechtlichen.

Die Evokation der Dinge ist das Ewige.

106

Es gibt einen Ort im Dasein, wo man »schneller sein muß als das Leben«.[1]

Im Zusammenhang mit den Worten Geislers auf den letzten Seiten von »Segen der Erde«: ». . . sie wollen rascher gehen als das Leben« – Worten, die ich hier absichtlich ein wenig mißverstehe, genauer, ich hebe nur die eine Seite hervor, lasse die andere, welche durch die dortige Umgebung Berechtigung bekommt, aus dem Blick.

– wo man aus einer mathematischen Operation in eine mathematische Operation höheren Grades überspringen muß. Katherine Mansfield hat das geahnt; hat über die Begründungen, die Wege sich ausgesprochen in einem Briefe vom 11. Oktober 1922, der durch die folgende Stelle wohl einer der schönsten und wichtigsten Briefe ist, die je geschrieben wurden[2]:

---
[1] Vgl. II, 312 und 109.
[2] Vgl. »Die Elfen«, Nuancen und Details II, 8.

A new way of being is not an easy thing to *live*. Thinking about it, preparing to meet the difficulties and so on, is one thing, meeting those difficulties another. I have to die to so much; I have to make such *big* changes. I feel the only thing to do is to get the dying over – to court it, almost. (Fearfully hard, that.) And then all hands to the business of being born again. What do I mean exactly? Let me give you an instance.

Und jetzt kommen die Zeilen von der höchsten Bedeutung:

... Looking back, my boat is almost swamped sometimes by seas of sentiment. ›Ah, what I have missed! How sweet it was, how dear, how warm, how simple, how precious!‹ And I think of the garden at the Isola Bella and the furry bees and the house-wall so warm. But then I remember what we really felt there – the blanks, the silences, the anguish of continual misunderstanding. Were we positive, eager, real, alive? No, we were not. We were a nothingness shot with gleams of what might be. But no more. Well, I have to face everything as far as I can and see where I stand – what *remains*.

– »Von einer mathematischen Operation in eine mathematische Operation höheren Grades überspringen«: Ich meine also ganz und gar, daß die Erlösung nur durch die Erkenntnis kommt. (Das mit dem Glauben usw. ist veraltet.)

107

Lichtenberg hat recht: Schwierigkeit ist wirklich ein *den Dingen* fremder Begriff.

»Das Wort Schwierigkeit muß gar nicht für einen Menschen von Geist als existent gedacht werden. Weg damit!« – ein Mensch von Geist ist ja eben bei *den Dingen*.

108

Er will sich das Los erleichtern und läßt etwas fallen und alles wird immer schwerer.

Er will sich das Los nicht erleichtern, die Last, die auf ihn fällt, nimmt er an, er nimmt immer mehr die Dinge an, und alles wird immer leichter.

109

Darüber denkend, was die Macht – die entscheidende Macht – der *Rede* ist: Das Rühren an Realitäten, das Aufrühren der Realitäten, die im Zuhörer sind, die für den Zuhörer bestehen. Wie ist es möglich? Durch die Phantasie.

Noch und nocheinmal: Die Phantasie ist kein Schaffen. Die Phantasie ist ein Erwärmen dessen, was schon da ist. *Es gibt kein Schaffen.*

110

Aber:
Wenn du nicht zaubern kannst – –, nein, dann bist du wirklich nichts, dann ist nichts zu hoffen.

111

Wer nicht zaubern kann, der ist verloren.

Variante:
Wer jetzt nicht zaubern kann, der ist verloren.
(Gegenteil vom Warten auf Wunder: wer also das tut, der ist verloren.)

112

Die Freude ist viel weniger ein Naturgeschehen als eine menschliche Schöpfung: die schwerste und größte.

113

Zauberei

(Ein scharfer und wirtschaftlich gerichteter Denker redete von »Illusionen«.)
Von Illusionen im allgemeinen, gewöhnlichen Illusionen kann ich wohl immer nur abraten, obwohl sie verwandt sind dem, was ich als das am meisten, bald noch allein Reale erkenne, dem positiven Traum, der aber doch wieder etwas ganz anderes ist: Zauberei.
Nicht auf Wunder warten: Wer auf Wunder wartet, ist verloren. Wer nicht zaubern kann, der ist verloren.

»Gibt es die Freude?« fragte einer.[1] Ich kann nur darauf hinweisen, daß die Fragestellung falsch ist, sinnlos. Die Freude, bei erwachsenen (zurechnungsfähigen) Menschen, ist kein Naturgeschehen (wie der Regen zum Beispiel, wie deine Haarfarbe), oder doch viel weniger ein Naturgeschehen als eine menschliche Leistung: die schwerste und größte.

Du kannst nicht hingehen und sie suchen. Der Fehler der meisten Menschen besteht darin, immer hingehen und sie suchen zu wollen.
Doch, du kannst hingehen und sie suchen; aber nicht sie finden. Um sie zu finden, mußt du sie produzieren.

114

Ich möchte einmal das hören, worin alle großen Dichter und alle großen Denker miteinander einig sind. Denn das muß das Reale sein.
Versuche es zu sagen, und du gehörst auch zu ihnen – wenn

---
[1] Jean Giono.

dir das *Versuchen* nur gelingt. Denn wenn einem es je gelungen wäre, es klar zu sagen, also das *Ganze* des Realen hinzustellen (statt es nur zu berühren), dann brauchten wir die andern nicht mehr.

115

Wirkliche Realisierungen finden nur in der Idee statt. In dem, was sie »Leben« nennen, finden Realisierungen entweder nicht statt oder dann sind sie so skabrös – – so sehr vermischt mit anderem, daß . . . (vielleicht: daß man sie nur in der Idee sehen kann).

Dieses Rätsel vollzieht sich: Aus dem Irrealen tritt für den Menschen das am meisten Reale – das, was ihm das Leben ermöglicht –; oder, schärfer gesagt: Aus dem Unwirklichen tritt für ihn das REALE. – Illusion, Illusionierung: Auch all das, was ich im I. Teil dieses Werkes vom Arbeiten dargelegt habe, ist in der Hauptsache eine Illusionierung (weil die Mehrzahl der Menschen nicht bewußt und nicht teilnehmend, nicht lenkend, sondern nur getrieben, ausgeliefert im Strome sind): eine Illusion aber, die das Leben gibt, die im menschlichen Bereiche Entscheidendes ermöglicht. Das Arbeiten in seinem höchsten Grade wird *Phantasie:* das heißt, ermöglicht uns, das Bild zu bauen. Und »wir leben«, bemerkt Konrad Bänninger, »*so lange wir dem Bild vertrauen.*« – So und in keinem andern Sinne sind diese Hauptsätze meines Werkes zu verstehen: »Der Mensch hat die Pflicht, reich zu sein.« – »Wer jetzt nicht zaubern kann, der ist verloren.« – der warnende Satz, daß, obgleich alle Veränderungen umsonst sind, meine Liebe nur denen gehören kann, die doch die Veränderungen wollen: um das Unveränderliche zu erhalten. – die zentrale Feststellung, die ich in einer nochmaligen Variante geben will:

Die höchste Erkenntnis, die Schau, ist zwar niemals pessimistisch oder optimistisch, aber sie bejaht die Tat; weil diese ihre Dienerin ist, immer wieder die Schau zu verleihen, die Schau zu halten (sozusagen; genauer: nur die Disposition zu halten; noch genauer: die Disposition wieder zu verleihen).

– und endlich der Satz, der mir die einzige Gewähr für die Überwindung des Todes zu geben scheint: »Arbeiten ist nichts anderes als aus dem Sterblichen übersetzen in das, was weitergeht.«

116

Kunst

Muß nicht alles, was heute fleucht und kreucht in Kunst, mit Cézanne Verwandtschaft spüren? Nicht von Ausmaßen soll geredet werden, nichts von näherem Persönlichen; aber von typischem Fall, Sichtbarmachung.

– von der Methode. – Die kolossale Achtung vor der Materie – und das ist in der Malerei nicht das Modell, sondern der Pinselstrich, das letzte Einzelne der Farbe –, die absolute Abneigung, sich zu retten durch irgendeinen *Außen*schwung – vielleicht Schwung überhaupt –; die Methode, Methodik; Kritik der Methodik; das unaufhörliche *Aufzeigen* der Methode.

... das langsame Arbeiten, der Widerwille, durch Schwung ersetzen zu wollen.

Der Stoff, ich meine die Dinge der Außenwelt, wie der Apfel, im Gegensatz zur eben genannten *realen* Materie der Kunst (dem Pinselstrich, dem Wort), – der Stoff, sagen sie, sei ihm alles gewesen, und das ist genau wahr, wenn man's ins Gegenteil verkehrt: wenn je einem, war der Stoff ihm nichts.

Der Stoff ist zwar jedem Künstler nichts, auch Balzac und vor allem Balzac; man kann vielleicht sagen, daß in dem Maße, wie der Künstler größer ist, ... es soll hier nicht weiter darauf eingegangen werden, sondern nur dieses vermerkt: Es gibt, was die Bedeutung des Stoffes betrifft, doch Unterschiede: man braucht nur an Böcklin zu denken (das Meer, Drachenschlucht): Er malte mit einem ungemeinen Schwung von *außen*, von den Dingen her, jedenfalls Schwung durch die Dinge hindurch, und noch genauer: durch das Epische, die nennbaren Ausmaße, Ereignisse von Dingen. Van Gogh stand ungefähr in der Mitte, doch noch ergriffen von (nennbaren) Gesichten. Cézanne war auch ergriffen von Gesichten, aber nur *malbaren*. – Die meisten Maler waren solche Mitte: halb Methodik, halb Belebung durch Stoff. Die vom Stoffe her allein Beschwingten sind in der Regel die schlechten Maler (wohl überhaupt nur schlechte Maler): Cézanne ist die reine Malerei. – Nicht zu verwechseln mit *Manieriertheit*. Hier, bei Cézanne, ist lebendige Problematik, Problematik der Methode; dort, bei den Vielen von allerlei Manieriertheit ungleicher Bedeutung, ist auch eine Problematik, aber nur die eines Weges zu einer bestimmten, einer *vorausfixierten* Haltung hin, einer Geste.

Das schrecklichste aller Gespenster aber ist das Gespenst der Gestaltung, das dem Künstler erscheint. – Schreite darauf zu und du siehst, daß nichts da ist. (Du kannst dich wieder kümmern um das Reale, deinen Weg.)

117

Vom Verhältnis zwischen Schaffen und Kritik haben die unschöpferischen Geister keine Ahnung.

Und nicht nur diese, sondern auch viele Jünglinge, die selber keineswegs ohne Potenz sind. – »Schaffen«, »Kritik« ist eine unzulängliche Ausdrucksweise, ist die gewöhnliche, falsche Ausdrucksweise, hier der Kürze wegen – und der Verständlichkeit wegen – gebraucht.

Einer zählt in einer Zeitung auf: »Gobineau – *Stendhal* (ich unterstreiche) – Sainte-Beuve« und fährt fort »also *mehr kritische als schaffende* Geister«!

Weiter ist das in Erinnerung zu rufen, was die Leute über die Briefe van Goghs sagen oder denken.

Jene Jünglinge sehen die zwei Dinge einander gegenüberstehen als »Tun« gegenüber »Worten« . . .; als »Wirklichkeit« gegenüber »Theorie«:

Schöpferisches und Kritik sind überhaupt keine Gegensätze! So wenig wie »Potenz« und »Mann«, wie »Schärfe« und »Gegenstand«: ein Mann kann potent oder impotent, ein Gegenstand geschärft oder ungeschärft sein.

– so wenig wie (durch das Wort) Werte Fördern und Schreiben. Sondern die einzigen Gegensätze, um die es sich hier handeln kann, sind: *Schöpferisches* und *Konventionelles*.

Zur Verdeutlichung – Überflüssiges für einen wirklichen Leser –: Die Kritik kann doch gleicherweise schöpferisch wie unschöpferisch sein! Und wenn die meiste Kritik konventionell, also unschöpferisch, ist, was ändert das? Sind es die meisten Romane etwa weniger?

118

Eine geistige Produktion hat dann ihre Höhe erreicht, wenn sie sich selbst zu verproviantieren beginnt (ohne anämisch zu werden!).

119

Reisen und Landschaften. – Spinoza und Montaigne gegenüber Hochgebirge und südlichem Meer. – Der Unterschied ist nur der: ins Gebirge, ans Südmeer muß man *nicht mehr hingehen,* da sie ja, wo sie bedeutend werden, unsere Produktion sind: wir können ja dort auch nichts Höheres als es (das Gebirge, das Meer) schaffen. Durch Spinoza, Montaigne werden wir aus der Tiefe gehoben mit wunderbaren Armen.

Valéry weiß es: »Was man bei der Lektüre der wirklichen Schriftsteller lernt, das sind Freiheiten.« – Und über die Natur habe ich irgendwo bei Brecht etwas sehr Gutes gelesen: daß man sich in acht nehmen muß, daß man eine Art Fieber von ihr bekommt ... daß sie unproduktiv ist.

120

Aller Übel Abgrund ist das fehlende Erkennen.

Wie auch die Übel seien: *kein* Übel kann über eine Grenze hinaus schrecklich sein außer einem: dem Fehlen des Erkennens der Übel. – Wenn das Erkennen da ist, sind die Übel auch die Übel – aber sie haben keinen wahren Abgrund.

121

Vorbereitung

und über das Tragische

Briefe von scheußlicher Lästigkeit, die zu schreiben wären; andere, ähnliche Unternehmungen, die das Leben (das äußere Dasein) ermöglichend sind und welche ich nicht aufzuzählen brauche: alle diese Erledigungen der weltlichen Natur schiebe ich immer weg, wenn ich etwas am Werk tun kann (an dem man fast immer etwas tun kann). Ich stelle mir Herrn Meyer vor, der kommt mit seinen Vorwürfen.

»Sollst du nicht *erst* diese Erledigungen ... um nachher *besser* dich der Kunst zuwenden zu können ... sie spuken doch immer in deinen Traum hinein?«

(In meinen Traum! Was weiß Herr Meyer von meinem Traum? Ich habe verschiedene Arten Träume, die einen kann Herr Meyer sich vorstellen.)

Warum kann man nicht dieses Lästige zuerst erledigen, um nachher »ungestört« sich der Kunst zuzuwenden? Weil diesem Lästigen wie der Hydra Kopf um Kopf nachwachsen.

Wer die Welt nicht souverän *ausschalten kann*, ist nicht befähigt zur Kunst.

(Wer nicht die Kraft, die *Macht* hat, die Dinge wegzuschieben – zu ignorieren –, bis ihn etwa ein einzelnes unter ihnen geradezu mit physischen Klammern packt; ich betone das »physisch« –, der, ach, er kommt nicht zur Kunst.)

Sie will wirklich die erste, die alleinige höchste Gebieterin sein (nur die physiologische Grenze ausgenommen; diese ist ja aber eben keine Gebieterin, sondern eine Grenze; man denke an den Tod, um sich's deutlich zu machen). Sie geht unter keinen andern Bedingungen eine Verbindung mit dir ein. Sondern wo sie wirken kann, mußt du ihr Raum gewähren, zu wirken: im ersten Moment, in jedem Moment. Das Bild des Sokrates, der auf dem Wege zum Gastmahl eine Stunde auf einem Flecke stehen bleibt, ist das Bild für alle Künstler. Und genau das ist das Gleichnis von den zehn Jungfrauen: der Bräutigam ist die große Arbeit des Menschen, die wahre Arbeit. Der Archimedes, der nackt auf die Straße stürzte und schrie, hat von jeher die Mitglieder der Akademie und von jeher keinen geistigen Arbeiter verwundert.

– Raum im ersten Moment, in jedem Moment:

Kunst ist wesentlicherweise das, was keine Vorbereitungen erlaubt.

Es ist allbekannt, wohin die Mahnung des Herrn Meyer, folgerichtig ins Große entwickelt, führt (aber an welcher Stelle soll man ihre Entwicklung abbrechen?): Ein Mann soll sich erst (bis zum vierzigsten Jahr vielleicht) den Angelegenheiten seines Vermögens widmen, und dann, wenn er »festen Stand auf der Erde« hat, reich genug ist: *dann* ist der Augenblick gekommen, wo er (der Welt zur Freude, ihm zur Lust) ...

(Die alten Knochen müssen noch springen lernen, ja Weltrekorde schlagen. Jede Kunst ist ein Weltrekord.)

... dann ist er im Stadium, Kunst auszuüben, ohne in die Gefahren zu fallen eines van Gogh, eines Mozart, eines Hölderlin. Dann gibt es Herrn Meyers eigene Kunst, Eigenkunst, Meyersche.

Ich sage: physiologische Grenze. Ich betone: körperlich.

Jene sagen: »Aber eben das führt zu...« Hier ist der Unterschied: Es *führt* zu – aber dazwischen ist mein Raum. Zugrundegehen können wir noch früh genug. Sie sagen »... auf einem Wahn...« Aber auf einem Wahn wurden Weltreiche gegründet und die Weltreiche waren wirklich.

Es gibt in den Tagebüchern Hebbels mehrere sehr schöne Stellen, die dahin gehören: Was wohl jene Leute, die immer von *Versöhnung* im Tragischen redeten, sich darunter vorstellten?
Was aber ist überhaupt das Leben? Etwas Versichertes?
Lebst du denn, Herr Meyer, ewig?
Ich glaube beinahe, ja. Vor tausend Jahren sahest du schon aus wie jetzt.

Aber wir sind sterblich. Und es soll nicht anders sein.

122

Hölderlin. Er ging durch einen Wald. Der Wald dämmerte um ihn ein. Das war kein schlechtes Geschehen. Bald kannst du sie von Unglück krächzen hören. Und doch war dieses Waldes Geschehen noch besser als ihr Wachsein.

123

Landschaften. – Ich beginne mich zu fragen, ob das Gebirge wirklich dem Geist so förderlich ist. Es gibt Impulse – aber dieses Steigernde, Abschnürende... *Das beste Klima ist nicht das treibende, sondern das neutralisierende.* Das leere, aber auch nicht Opposition bildende; dieses läßt dem Geist seine Reinheit, treibt ihn nicht zu Verhärtungen und Übersteigerungen, die Idee muß alles tun, bleibt bei sich –, so daß sie nicht, wenn man nachher die Natur von ihr abzieht, gebrechlich ist, sondern real.

Es wäre, wenn die Landschaft (die Qualität, das Positive der Landschaft) für den Geist so günstig wäre, verwunderlich, daß so viele der größten Geister in schlechter Landschaft sich aufgehalten haben. Gibt es eine leerere Landschaft als die holländische? Spinoza war immer hier. Die Landschaft um Paris herum ist nicht viel besser und in Paris haben mehr große Intelligenzen gelebt als in irgendeiner andern Stadt.

Wo ist positive Landschaft? Küste des Mittelmeers, die Alpen. – Bedeutung haben die Alpen noch keinem gegeben; aber Nietzsche ist durch sie vielleicht ein paar Jahre früher verrückt geworden, als unumgänglich war.

Das Gebirge: Fratzen, gegen den Himmel gerichtet! –

Unseres Geistes Geburten sind auch solche gegen den Himmel starrende Gebilde, gleißende Zähne. Eine ruhig-nichtssagende Landschaft nun steigert nicht das Starrende, Dünne und Gebrechliche an ihnen und nicht ihr Gift, treibt sie aber wohl zur Verstärkung ihrer Solidität (daß sie den Himmel machtvoller bedrohen können).

Ich glaube, der Einfluß der herrlichen Natur auf die geistige Arbeit ist dieser: es schleichen sich Fehler ein, und man entschuldigt Fehler.

Man sollte das Hochgebirge, wie geistige Getränke, in beliebigen Dosen wirken lassen können (abstellen, wann man will).

– Aber am Morgen, wenn Nietzsche in Sils-Maria erwacht, ist das schaurige, gleißende, starrende Gebirge schon wieder da – – nichts kühlt seines Traumes fieberhaftes, fratzenhaftes Gebilde . . .

Wenn dagegen jemand in der Öde erwacht, will sein starr ragendes geistiges Gebilde, sein Traumgebilde, sich auflösen –

und wird sich auflösen oder muß fester gehämmert werden.

– und nur die immer neuen inneren Notwendigkeiten geben den Zuschuß, es immer fester zu fügen, so daß es *widersteht*. (Was der Öde widerstanden hat, wird auch der Zeit widerstehen.) Ist nicht Spinozas Werk so gebaut?

124

Eine geistige Produktion ist dann gewaltig (auf ihrer höchsten Höhe), wenn sie sich selbst zu verproviantieren beginnt, ohne anämisch zu werden.

Nietzsche ist vorwiegend auf der andern Seite: sich selbst verproviantierend, aber indem er anämisch wurde: sich vermindernd oder falsch steigernd, jedenfalls leidend dabei: sich nicht *voll* verproviantierend. Das herrlichste Beispiel für diese Seite, die des Siegens: Spinoza.

Leute wie Goethe treten nicht in diese Unterscheidung hinein; Goethe war eine Art Mastodon, dem die Welt die riesige Nährmasse, deren er bedurfte, geliefert hat, was nicht heißt, daß es ohne schwere und andauernde Kämpfe geschehen sei. In dieser Unterscheidung aber handelt es sich um die Einsamen; die, denen die Welt die Zufuhr verweigerte (jedenfalls die Zufuhr durch lebendige Umgebung). Ich nehme an, daß Goethe in diesem Entscheidungskampf gesiegt hätte – seine Kraft war gewaltig und seine tiefe Zuneigung zu Spinoza läßt ahnen, daß ihm der Sinn jener Richtung nicht fremd war –, aber ob er es wirklich vermocht hätte, weiß keiner.

125

Vom Jenseits. – »Zukünftiges Leben« sagen sie. Man soll doch besser jenseitiges Leben sagen; das ist schon ein großer Fortschritt. Denn das *weitere* Leben ist nicht zeitlich gekennzeichnet; »zukünftig« nennt man es nur, um die Leute in Erstaunen zu setzen; statt seiner wesentlichen Eigenschaft gab man eine seiner Seiten an, wie man manchmal ein Land mit dem Namen eines Distrikts benennt.

Die Realität des »Jenseits« ist einfach die: die andern, oder die Dinge der andern, nicht die unsrigen oder ich; also das Objektive.

– Da wir aber doch *real* in jenen weitern Dingen, im gleichen Element aller andern sind, in unsern Wirkungen uns fortsetzen: Wie ist denn diese Trennung entstanden (die uns vom höchsten Ort aus ganz hinfällig scheint), auf was für Gegebenheiten unserer Natur, psychologischen Gegebenheiten beruht sie?

Wohl einfach darauf:

Unsere Sinneswahrnehmungen reichen nicht über unsere subjektive Welt hinaus. Was das Objektive ist, muß ich denken.

Mit unsern Sinnen fassen wir einen beschränkten Raum unseres Daseins; mit dem Denken einen unermeßlich viel weiteren (niemals den ganzen). Das erste nennen wir das Subjektive, das zweite das Objektive; das erste nennen wir Ich, das zweite die Welt: und diese Gegensätze sind nicht real. (Von der hohen Stufe der Weisheit aus wissen wir nicht mehr, wo die Grenzen setzen; – wenn wir uns zufällig überhaupt erinnern, daß der Mensch solche Grenzen kennt, daß auch wir sie kannten, soeben noch. Das sinnliche Auge trennt, das geistige vereint.)

Geistiges Sehen ist kein Gegensatz von sinnlichem Sehen,

sondern dessen Erweiterung. Darum kann jeder dazu entwickelt werden, das »Jenseits«, die Ewigkeit zu sehen.

Das geistige Sehen geht von den sinnlichen Wahrnehmungen aus, ist deren Kombination, verfährt durch Analogien, ist der sinnlichen Wahrnehmungen *Erweiterung*. Und zwar sind seiner Erweiterung keine Grenzen gesetzt. »Wenn Phantasie sich ... zum Ewigen erweitert.« Was ist Phantasie? Das Wort bezeichnet nur einen *Grad* des geistigen Sehens. Darum ist zwischen geistigem Sehen und sinnlichem Wahrnehmen die Grenze nie genau zu bestimmen. Im letztgenannten ist schon geistiges Sehen. Auch die Tiere haben es: die erste Gemse fällt erschossen, die andern gehen nicht mehr weiter. Warum geht die zweite nicht weiter, sondern wieder zurück? Nur ein Narr antwortet »sie hat ja ... *gesehen*«. *Was* hat sie gesehen? Hat sie vielleicht den Schuß am eigenen Körper gespürt, quasi als einen rückwärts treibenden Stoß? Nein, hier sind schon Kombinationen sinnlicher Wahrnehmungen, wird nach Analogie verfahren, sind *Erweiterungen*, weshalb in entferntestem Sinne durchaus schon von geistigem Sehen gesprochen werden kann. Die Grenzen sind nicht festlegbar. Beim Menschen aber ist dieses Vermögen ungeheuer entwickelt. Aus Ermüdung und um diejenigen, die weit hinterher waren und nicht mitkommen wollten, mit einem Knoten anzuschließen, um ihnen etwas vorzuwerfen, das zugleich etwas Festes war, das sie mit der Sache verband, sozusagen ein Pfand, und das zugleich doch wieder die Sache nicht in Bewegung setzte, keine Mühe beanspruchte, – so als vorläufigen Abschluß, als Fixierung einer Stufe – erfanden diejenigen, die das Vermögen weit voraus entwickelt hatten, Abkürzungen, Märchen (die Märchen sind ja keine Lügen, sondern Abkürzungen). Hier handelt es sich um Märchen, die in einem Wort bestehen: »Jenseits«, »zukünftiges Leben«.

126

Schrecklich ist unser Mangel an Gedächtnis! Daß wir unsere eigenen vergangenen Entwicklungsstufen vergessen! Wie viele ... Millionen, möchte ich beinahe sagen ... könnte ein weit voraus Entwickelter mitnehmen in seine Höhe, wenn alles auf den von ihm überschrittenen Stufen Vorhandene ihm noch immer gegenwärtig wäre; was für eine Macht würde er entfalten! Hermetisches Resultat schreckt ab. Hermetisch ist jedes Resultat, mit dem von der Stufe aus, auf der man sich befindet, keine Verbindungen, *noch* keine sichtbar oder fühlbar gewordenen Verbindungen, bestehen.

127

Seit vielleicht hundert Jahren lacht man über den Witz: Ein Philosoph habe dem andern vorgeworfen: »Er versteht sein eigenes System nicht.« (Wer die zwei waren, interessiert mich nicht.)

Ich meine, wer darüber ernstlich lacht, muß ein rechter Apotheker sein; das heißt ein Mensch, der keinen tiefen Blick, wirklichen Blick tat in unsere hauptsächlichen Dinge.

Der Mensch ist begrenzt; alles aber wirkt ins Endlose: Folglich muß es ganz klar sein, daß ein Denker möglicherweise eine der wesentlichen Folgen seiner Entdeckungen nicht mehr ermißt. Kann denn ein Denker universal sein?

Oder nimmt man an, daß jeder unendlich allein ist, daß jedes System folglich etwas absolut Persönliches ist, das in jedem seiner Elemente schon persönlich, getrennt von den übrigen Elementen der Welt, ist? – Lauter Unfug.

Wir sind eine vorübergehende Synthese des immer universal Daseienden, Strömenden ...; einen Moment lang vermag einer die unendlichen Farben zum Bild zu *halten;* das ist die höchste menschliche Leistung, die persönlichste; schon verschiebt sich alles wieder, wirkt das gleiche anders, wirkt das gleiche Bild gleichzeitig auf verschiedene Arten, anders unter jeder andern Beleuchtung, usw. Müssen das für den Erkennenden nicht sozusagen Axiome geworden sein? Unmittelbar erkenne ich, daß einer, der im Ernste, naiv, lacht über den genannten »Witz«, nicht beim *Sehen* ist, sondern in ganz verrotteten Vorstellungen.

128

Jeder große Geist ist immer eine Synthese; aber er weiß es nicht, er betont das Analytische.

Denn er führt *hinüber,* ist also notwendigerweise synthetisch, wie eine Brücke.

Aber die Brücke weiß es nicht, sie sagt: »Dort!« und führt hinüber.

129

Ich nehme an, daß im tiefsten Grunde ein jeder überzeugt ist von dem, was er kann – genauer, daß in seiner innersten Überzeugung ein genaues Wissen ist darüber, was er kann. Dieser tiefe Grund dringt bei den wenigsten an die Oberfläche hervor; auch mit sich selbst treibt man allerlei Mätzchen (wie viel mehr mit anderen, also im Sichtbaren). Bei Balzac brach der Grund hervor und er sagte über sich die Wahrheit. (»Ich trage die ganze gegenwärtige Gesellschaft in meinem Kopfe.« – »Ich bin im Begriffe, ein Genie zu werden.«) Auch Goethe, Hebbel kannten sich.

Auch . . . und nun kommen viele; dann noch mehr. Aber nun ist die Frage: in welchem Grade?

Denn zuletzt sind es ungefähr alle, sie aber kennen sich nur dunkel, dunkel.

– daß man immer mehr in den Nebel kommt, das ist das Absteigen von den Höhen (von Goethe kommend zu den Vielen). Die tieferen Regionen unterscheiden sich durch den Nebelgrad.

130

Wer wirklich fern ist von den andern, kann nicht einmal mehr sagen »Ihr seid fern von mir«.

131

Wunder geschehen nur dann, wenn man totalen Glauben hat – oder wenn man gar keinen Glauben hat. (Da die eine und die andere Stufe so selten sind, sind die Wunder so selten.)

132
Gott

Gott ist vor allem ein Produkt des menschlichen *Nichthandelns*.

In der Passivität spaltet man den Willen, das Handeln, das Verfügen als eine kühne Idee irgendwo in das Weltall ab, damit doch *eines* sei, das handelt, lenkt, verfügt, ein glänzend kühnes Bild; die Sehnsucht schuf und hält es.

»Gott lenkt« entspringt daraus, daß der Mensch selber nicht lenkt, was ihm zu lenken möglich wäre; der Mensch bildet und sagt dieses Sätzchen, um seine Würde zu bewahren.

Alles, was sie zeitlebens leugnen, schließt sich dann zuletzt knüppeldick zusammen zur Vorstellung »Gott«. Und auf sie nieder saust der Knüppel.

133

Die andern können dich nicht lehren, was *wirklich* ist.

134

Und dann, in einer Nacht wieder, habe ich Pascal so gut begriffen, wie man ihn überhaupt begreifen kann. (Es handelt sich natürlich nur um jene Hauptsache bei ihm, von der an anderer Stelle die Rede ist.[1]) Nur kann man für Gott etwas anderes einsetzen.

Im übrigen haben alle großen Geister dieselbe Verzweiflung erlebt (im selben oder in minderem Maße, meistens wohl in minderem) – vor dem *Tod*, dem Vergehen aller Dinge, dem Militär, der rettungslosen Dummheit der Menschen (der Wirkungslosigkeit, dem Sumpf).

– und mit Glut ebenfalls und mit derselben alles in ihnen überwiegenden Gewalt sich dem rettenden *Einen* zugewandt (das meistens, wenn nicht immer, großartig einsam war) – man blicke auf Proust oder Lawrence, um den endlosen Raum der Möglichkeiten zu sehn. Und die wahrhaft großen Politiker waren ... auch nicht anders.

Ob Gott oder Idee, ist (psychologisch) nicht viel Unterschied. Es darf nur nicht etwas sein, *das unsern Kenntnissen widerspricht*.

---

[1] Vgl. 89 und VII, 86.

135

Das *Reale* des Ewigkeit Habens ist, daß man die alten Bücher versteht; daß man Ruhm habe, »Werke« so oder so ausführe (die und die Form erreiche oder nicht erreiche), hängt von den Umständen ab.

136

Der Geistige kann kein Wesen beleidigen.
Denn der Geistige, das ist ein in großem oder vollem Maße von Leben Erfüllter; das Leben hat Achtung vor dem Leben.
Dies ist eine viel umfassendere Übereinstimmung als eine Nützlichkeitsübereinstimmung, etwa wie der Kuh gegenüber, wäre. Sie erstreckt sich über schlafende Katze, Maus und Käfer gleicherweise; wenn der geistige Mensch Wanzen und Mücken tötet, so tut er's nicht mit Beleidigung, sondern bedauernd; wie auch, wenn er Tiere tötet, um sie zu essen; wenn er mäht, Bäume fällt.
Der aber, seien es noch so geringe Tiere – Käferchen, Schnecken, Maus – wirklich verachten, beleidigen kann, der hat nicht Geist. (Da nützt es ihm denn auch nichts, diese Tiere *nicht* zu beleidigen; könnte er's ja doch.)

Wenn ich den Hund ausnehme[1], so, genau gesehen, nicht des restlichen Tieres wegen, das auch in ihm ist, sondern *menschlicher Elemente* wegen: Unterwürfigkeit, Kriecherei, Falschheit, Käuflichkeit, totale Produktionslosigkeit. – Alle Hunde sind katholisch.
Oder dann evangelisch, aber es gibt keine christlichen Hunde; und keine heidnischen; und keine menschlichen; und keine geistigen.

---
1 Vgl. VIII, 49, 50.

137

Manche Idee ist für euch abgedroschen, für mich nicht nur volles Korn tragend, sondern auch noch in der Erde und immer fortzeugend.

Die Vergangenheit, für euch abgedroschen und vergangen, ist für mich immer offen und zeugend in ungeahnte Möglichkeiten.

138

Wenn uns von allen nur Spinoza und Goethe übrigblieben: So hätten wir schon (noch immer) die Hauptsache.

Spinoza: die entscheidende Kühnheit des Geistes.
Goethe: der Ausblick in endlose Entwicklungsmöglichkeiten, und zwar der sinnliche, der sozusagen verkörperte Ausblick (Ausdruck, Beweis), denn abstrakt, angedeutet, ist dieser Ausblick schon bei Spinoza.

139

Dasjenige, was zur alten Form treiben soll, erscheint mit allen Poesielichtern geschmückt (die »Vaterlandsglut« des Fascismus, der man nicht die »Verbesserung«, die »Richtigkeit« gegenüberstellen kann: es fehlt das Sinnliche, weil die Begriffe neu sind und darum die Poesie noch nicht geschaffen wurde); was zur neuen Form führen will, hat diese Lichter nicht und wird sie durch etwas ganz anderes ersetzen: die Not.

Aber die Not genügt, wirklich Großes, Weitreichendes zu schaffen, nicht; sie hat als Mitwirkende nötig jene wesentliche schöpferische Macht: die Phantasie. – Und vielleicht würde man besser sagen: *die Phantasie ist die Erscheinungsform der schöpferischen Not.*

»Schöpferische Not«: gibt es noch eine andere? Gewiß; jede volle Not vermag zwar eine Veränderung; aber als schöpferische Not bezeichnen wir diejenige, die nicht nur eine Veränderung des Augenblicks, sondern über den Augenblick Hinausreichendes (nicht nur kausal!), viele Augenblicke Umfassendes, neues *Gebilde* zu erzeugen vermag.

140

Phantasie

In einem Briefe stand: »S. (ein Kind) hat seit . . . nicht mehr geschrieben und das kann mit Schreibfaulheit nicht erklärt werden.« Nein, aber mit Mangel an Phantasie; und da die Erwachsenen an Phantasie so unendlich wenig besitzen – wir erleben die erstaunlichsten Dinge, mehr und mehr –, wie sollte sie das Kind haben? – Ist denn nicht Phantasie das, was das Kind im Übermaße besitzt? Nein.

Was ich unter Phantasie verstehe – die höchste menschliche Tätigkeit –, ist die Summe von dem, was das Kind überreichlich besitzt, *und* Erfahrung und allen dirigierenden Kräften des Verstandes.

Hat vielleicht Kassners Begriff[1] »Einbildungskraft« zu tun mit dem, wofür ich die Bezeichnung »Phantasie« gewählt habe? – Müßte man aber nicht Einbildungskraft dem Tier und dem Fieberkranken auch zusprechen? Das ist eben gar nicht, was ich als Phantasie bezeichne. Was ich meine, ist das, was zum Beispiel Proust in höchstem Maße besitzt – und zwar als den Hauptbestandteil seiner Größe. Und was jedermann allein retten kann.

Etwas, das durchaus im Gegensatz steht zu *Einfällen;* – »durchaus

---

1 Über den ich nicht genügend Genaues weiß.

Gegensatz« ist zuviel gesagt, aber was sich auf das schärfste unterscheidet.
»Das Vermögen, sich eine andere Lage *richtig* vorzustellen.«

Wollte jemand das »richtig« einer Kritik unterziehen[1], so müßte man eigentlich nur lächeln darüber. Denn versteht es sich nicht fast von selber:
»Richtig« ist (hier), was die praktische Probe besteht.
Die Ferne, die zeitliche oder örtliche, kann doch aufgehoben werden? – was dann nicht geändert zu werden braucht, sondern sich als anschließend, wirkend erweist.

141

Über die absolute Lustlosigkeit. – Beginnt nicht der Wahnsinn mit Gleichgültigkeit? (Natürlich nicht jeder Wahnsinn.) Die absolute Lustlosigkeit – ist sie nicht schon Wahnsinn? Schwer erklärt man dem, der nicht etwas derartiges erfahren hat, was absolute Lustlosigkeit ist. (In Gefängnissen mögen indessen einige, die sonst nicht viel erlebten – nicht geistig bedeutend sind – das kennen; nur, leider, werden diese es wieder vergessen, wenn sie draußen sind.) Er wird mit Langeweile verwechseln oder mit Abneigung!

Wenn sich Ding um Ding, das locken sollte, als reizlos zeigt, und du erblickst, daß so in einer ewigen Kette könnte ...

Und die totale Melancholie wäre darzustellen, aber dann die *totale* Melancholie ...

Hier genügen direkte Nennungen nicht mehr. Es wäre nur etwa eine schwache Idee zu geben mit der *Ziege von Dingy*.

Im Stall war noch ein Verschlag. Der Stall aber auch schon ist vorwiegend ohne Beziehung mit dem Außen: man gelangt in ihn durch eine mit Wagen, Trümmern und Geräten gefüllte Remise (einstige Scheune), aber nicht über

---

1 Vgl. 81.

eine gewöhnliche Schwelle, sondern über ein breites, unten quer über die niedrige Türöffnung genageltes Brett, wobei man also zugleich darauf achten muß, die Füße genügend hoch zu heben, oben aber mit dem Kopf nicht anzustoßen; dieser Stall ist ohne Fenster – jedenfalls dem Anschein nach: wenn irgendwo eines sich befindet, ist es so klein, versenkt, dicht versponnen (und vielleicht in einen mit Stangen verstellten Schattenwinkel des Gartens gehend), daß es nicht mehr als Fenster zählen kann; der Stall ist mehr dunkel als hell. In diesem Stall ist ein Verschlag. Und in diesem Verschlag war noch etwas, nämlich, seit ein paar Jahren, eine Ziege.

Welche Farbe hatte die Ziege? Sie war weiß, wie sich zeigte an jenem großen Tage, an dem sie herausgeführt wurde. Allerlei Gespinste waren an ihr, merkwürdige Gewächse hatten sich eingenistet an ihr, teilweise farbige, allerlei Gewächse oder Krankheiten, wie man nun feststellen konnte, als man sie hervornahm – heraus, erst durch den Stall, dann die schon weniger dunkle Remise, ans Tageslicht! – an die Luft und das Licht eines gewöhnlichen Tages, was auf die Ziege eine so fürchterliche Wirkung hervorrief, daß sie Eigenschaften aller möglichen Tiere annahm, zartestes Gras, kaum abgerupft, zu fressen vergaß, sich, obgleich schwer und nicht mehr jung, gegen Bäume, gegen die wilden Reben stürzte, im Kreise wirbelte, stutzte vor dem grauen Band der Straße, ausriß, bald aber doch wieder stehen blieb, das Ungeheuerliche da draußen, die unglaubliche, lichter-strahlende, vielfältige Welt schreckte sie zu sehr.

142

Entscheidung

Nach der vorausgegangenen sehr schrecklichen Nacht, als ich endlich tief zu schlafen begonnen hatte, dann aber gleich wieder aufgejagt worden war durch etwas, das wirkte wie ein Messerstich, – und als nun alles das, was mir alle Tage fehlte und was nie zu erreichen schien, nacheinander oder auch miteinander an mir vorüberzog, und auch alles das, was mir alle Tage zusetzte und was offenbar bei seiner Dauer und bei der Aussichtslosigkeit einer Änderung jedes Leben unterbinden, auf langsame, sichere Art den Atem selber nehmen mußte; – und als ich von jener totalen Lustlosigkeit überfallen wurde, die ich noch nie ausdrücken konnte und die auszudrücken vielleicht keinem je gelingen wird –:

Im Momente also des Einschlafens, da man sinkt, entsinkt ... und da eben mit einem »ich kann nicht mehr« sie ausbrach, die totale Lustlosigkeit, und ein Hochfahren geschah wie das des Erstickenden, Ertrinkenden: *Wie* weiterhin ... (das, was bisher immer gerettet hatte, die zentrale Sache:) schreiben, die Werke fassen, tragen? – da erkannte ich, ging die Erkenntnis vor mir auf, dunkel-hell, paradiesisch, kaum sagbar –

daß sie nicht aus Lust geschehen und nicht aus Förderung durch einen gewissen Schmerz,

sondern ---
Und dieses nicht, oder hier nicht Auszudrückende zu verkörperlichen, traten diese zwei brennenden (brennenden aber ohne Übles zu tun: brennendleuchtenden) Erinnerungen ein: An einen Satz, den ich einmal gelesen hatte »von jenen schöpferischen Tiefen, die gleich entfernt sind von Freude wie von Leid«, und einen andern Satz, noch ungenauer gewußt, von jemand über Pascal geschrieben: Die Last, die jeder andere abgeworfen hätte, nimmt er auf sich und keuchend, flammend steigt er damit den Berg hinan.

Und meine Vorstellung, ausgedrückt dennoch in den zwei Erinnerungen, gab mir dasjenige wieder, was ich in den Überlegungen und Zuständen der schrecklichen Nacht nicht mehr hatte finden können oder nicht mehr zu finden gemeint hatte. Genau so mußte es dem Gläubigen gewesen sein, der durch seinen Glauben wieder gerettet wurde.

Das ist das Wort des hier Geschehenden: eine *neue Sinnlichkeit*. Oder: die tiefere – gründlichere, definitivere – Installation an dem zuerst schwer auch nur *erreichbaren* Orte ...

143

Ein höckeriger Boden in Entfernung bekam die Glattheit einer geschliffenen Platte.

»Früher . . .« Früher war ein Idealzustand. (In irgendeiner Sache vergleicht man.) – Aber nur, weil du nicht schärfer hinschaust. In Wirklichkeit war damals ein ewiges Auf und Ab, ein immer wiederkehrendes knappes Gerettetwerden von Kalamitäten.

Also kann man dasselbe heute auch noch tun.

144

So war der Moment, als ich aus der Einsamkeit in die Uneinsamkeit einen der größten Schritte tat:

– als ich nämlich, in meinem dreißigsten Jahr, in dem Zimmer, an das ich mich immer erinnern werde, Goethes »Maximen und Reflexionen« zum erstenmal in die Hände bekam; nach der langen Dunkelheit, nach dem ununterbrochenen Arbeiten im Dunkeln, von nichts unterstützt, von keinem Licht beleuchtet; von keiner Erscheinung wenigstens der *geistigen* Außenwelt bejaht:

– so war der Moment und nicht anders kann er sein:

eine Felsendecke bricht, es rieselt Licht hernieder, und alles, was man geschaffen hat, zeigt sich als echt.

145

In *der* Epoche seines Lebens hat er von *der* Sache genug – erotische Beziehung vielleicht oder Geld –; was er aber vorher besaß – zum Beispiel innere Beziehungen, Anerkennung – oder Gesundheit – oder Festigkeit –, hat er jetzt nicht mehr, *da* ist jetzt Öde und da jetzt die Sehnsucht:

»... also hat er doch wieder das andere nicht und hat wieder gleichviel.« *Das ist nicht wahr.* – Es ist etwas Neues dazugekommen. (Die Ergänzung der zweie; das Bild der zwei fehlenden Hälften wie der zwei vorhandenen, ein Produkt der Verschiebung; das Sehen, daß jede der Hälften fehlen kann, dasein kann.)

... Aus dem wechselnden Irdischen herauf dämmert das Reale.

146

Der Mann, der Mensch möchte *durch* ... *hindurch* – ja wohin? Durch das Äußere hindurch zum Inneren und Innersten ... Aber in Wirklichkeit bewegt er sich nur, durch das »Äußere«, und kann sich endlich nur selbst vermindern; und es bleibt ihm nur übrig, dasselbe zu wiederholen.

Beim allzu langen und nahen Verweilen an einer Stelle verflüchtigen sich die Reize – strömen, wenn man sich entfernt, wieder dahin zurück.

Ein Gebirge ragte unfern einem Dorf, »der Finger Gottes«, schauerlich, besonders vor der Abendröte; bucklige und schauervolle Figuren genug darum herum. »Ich muß doch einmal sehen...« sagte der Tor des Dorfs, stieg zwölf Stunden und wühlte sein Gesicht so tief ins Gestein, daß zementener Geruch ihn fast erstickte; kam wütend, tobend vor Enttäuschung zurück; fluchend seiner Täuschung, denn es war nichts dort, er war betrogen worden. Aber als er in der Abenddämmerung, schon nahe dem Dorf, einmal Halt machte, schon etwas besänftigter und müde, träumerisch, – was stand hinter ihm? was hatte sich zusammengeschlossen zum Kreise, schauervoll ragend vor den Himmeln, drohend wie nie? Der Finger Gottes, umgeben von furchtbaren Figuren genug. Ragende und bucklige Wahnsinnige, Gesellschaft von

Riesen und Krüppeln, riesig alle. Der Narr öffnete den Mund und begann zu lallen und verbarg sich hinter Blättern.

Aber, sag ich's? – daß der Tor mir lieber ist als die andern Bewohner des Dorfs? Die waren nämlich nicht so weit; die sagten einfach, *es sei so.*
Der Sohn des Toren kann etwas sein.

147

»Alle Bilder (die mit Ernst komponierten) sind wahr; aber die Geschichte ist länger.«[1]
Nicht zu vergessen ist dies: Wenn lange Zeit verging, setzen sich die Bilder wieder zusammen (die Ereignisse wieder zum *Bild* zusammen).
So ist, was in der Prophezeiung stand, geschehen, ist vorübergegangen – *man weiß eigentlich nicht, wann.*
Schon steht wieder das Bild da: jetzt in der Vergangenheit.

148

Die Größten, die Einsamen sind, die Vertrauen zu der Welt haben.
– wie zu einem Bruder.

149

Die Ewigkeit schaut herein durchs Fenster, groß, ein Gesicht[2]!

---

[1] Nuancen und Details, II, 20.
[2] »Antlitz« nicht »Vision«!

Gleich wie in der Hütte des Holzhackers im Walde aufeinmal ein Gesicht hereinschaut – – das Gesicht eines Wanderers, er war schon lange da, während der Holzhauer still seiner Beschäftigung oblag – am Herde –, und er wird noch lange bleiben.

150

Wieder einmal sah ich im Halbtraum etwas, das mit den Mitteln des Tags kaum wiederzugeben ist, und zwar blieb es, das *dort* klar und beseligend gewesen war, hier unfaßlich, weniger weil es ins Komplizierte hinein, als weil es ins Einfache, Einfachste hinein verschwebte. – Ich sah: wie gerecht es ist, wie *un*häßlich und richtig, was als so häßlich und qualvoll erscheint; wie *unverloren* das als so verloren Erscheinende: daß tausendmal Leiden und Versuch, Spannung, Durchdrungensein unserer Wahrnehmung mit dem Unrichtigen sein muß, bis, nach tausend Versuchen mindestens, nach tausend Willensäußerungen mindestens, *einer* hervortritt nach oben. Daß dies ganz in der Natur liegt, Naturgesetz ist; nicht geringer als das »fruchtbarste« Geschehen; ganz Produktion, Bejahung – gesund; und daß nur eines bedenklich und bedauerlich ist, nämlich das Gegenteil: wenn einer *aufhört* mit dem Wollen, zurücktritt aus der Spannung der »ungesunden« Un-Einsheit.

151

»Unrein, unrein!« riefen die mittleren Engel.
Aber aus dem höchsten Himmel tönte ein Ton:
»Rein.«

152

Alles, was du bist, wirst du einst sein.

153

Tage lang, in entscheidender Zeit, obsedierte mich dieser Vorgang:
Man schaut mit Anstrengung auf einen ziemlich fernen Hügelrand, oder auf das kleine Gekräusel einer Linie über dem Wald, und man weiß: es soll da etwas geschehen, ein *Gesicht* wird gezeichnet. Man sieht es noch nicht. Manchmal meint man es schon zu sehen, dann wieder nicht mehr; man sieht es noch nicht, aber man arbeitet daran. Wir schauen scharf hin, bemüht, es im ersten Augenblick, da es entstanden sein wird, zu erkennen. Wir arbeiten übrigens nicht nur dort, auch anderswo: tief unten in einer Ecke des Plans, und auch oben, in den Wolken, da und dort; aber nur auf jene Stelle schauen wir mit ganz großer Anstrengung, wo es bald erscheinen muß, wo wir bald das Gesicht (Antlitz) erkennen müssen. Immer wenn es fast herausgebracht ist, ist es doch noch nicht heraus, wir hatten unsere Augen nur zu einer Täuschung gezwungen, und die Arbeit geht weiter. Das Leben ist lang, es beginnt uns lang vorzukommen...
– Aber auf einem Plan, der von der Erde bis in den Zenit des Himmels reicht – weiß wie eine Bildfläche – und auf dem jenes Arbeitsgekräusel und -gedrehe, das wir immer fixierten, nur ein kleiner Teil ist, ein Hundertstel nicht einmal der Fläche: auf diesem ungeheuren Plan, von hier über Wald und Hügelrand ansteigend bis zu den Wolken und ganz bis in die höchste Mitte des Himmels hoch, – auf diesem Plan *erscheint* auf einmal das Gesicht. Alle Linien, die einzelnen Arbeitsherde haben sich zusammengefügt; was wir fixiert haben, ist

ein winziger Teil seiner Ausdehnung; es geht über uns hinaus und rund um uns herum; Wald und Hügel und alle Dinge dienen ihm, dienten ihm, sind in es eingegangen; aber bis in den Zenit des Himmels steigen seine gewaltigen Konturen.

Uns Menschen sind immer die Zusammenhänge, das Dynamische, viel klarer, eher klar, als die Dimensionen; – öfters schon haben wir beobachten können, wie die Ankündigungen von Propheten wohl stimmten – nur die Angaben der Zeit stimmten nicht.

Anhang

Personenregister

(Die römische Zahl gibt das Buch, die arabische Zahl die Nummer der Notiz an. – Verwendete Abkürzungen: A = Anhang (zu Buch VII); E = Einleitung; M = Motto; Vw = Vorwort.
Mythische Gestalten und literarische Figuren wurden nicht aufgenommen.)

Alexander d. Gr. II, 206, 273.
Altwegg, W. IX, 39.
Archimedes V, 34; XII, 121.
Aristoteles II, 100; IX, 55.
Arnet, E. VII, 148.

Bach, J. S. I, 14; II, 171, 224; III, 12; V, 10, 20, 24; VI, 25; IX, 11, 20, 21, 55, 91; XI, 35; XII, 4.
Balzac I, 17; II, 22, 27, 47, 48, 114, 150, 165, 206, 208, 273, 275, 319; IV, 2; V, 10, 20, 21, 26, 27, 34, 40, 41; VI, 3, 4, 6, 20, 28; VII, 31, 101, 141, 146, 148; VIII, 102; IX, 3, 6, 7, 22, 30, 68, 73, 81, 82, 93, 117; XI, 1, 8; XII, 38, 39, 81, 95, 116, 129.
Bänninger, K. VIII, 49; IX, 39; XII, M, 65, 115.
Barrès, M. II, 166; XI, 19.
Baudelaire IX, 39.
Beethoven II, 30, 272; V, 32; VII, 148; IX, 78; XII, 4.
Benoît VIII, 3.
Bossuet IV, 5.
Böcklin XII, 116.
Bourget, P. VI, 6.
Brecht, B. XII, 119.
Breughel X, 20.
Brunner, E. II, 70.
Buffon V, 24.
Burckhardt, J. II, 129; V, 10, 40; IX, 45; X, 20; XI, 23; XII, 4.

Calvin II, 243.
Cellini, B. IX, 100.
Cervantes IX, 68.
Cézanne I, 17; IV, 3; V, 19, 34, 40; VI, 1, 2; VII, 104; XII, 116.

Chamfort IX, 8.
Chavannes, F. VII, 171.
Claudius IX, 68.
Constant, B. I, 18, 19.
Curtius, E. R. VI, 6; VII, 146; IX, 7; XI, 1.

Dante VII, 103.
Delacroix VII, 104.
Demokrit IX, 25.
Demosthenes II, 278.
Descartes II, 265; IV, 5; IX, 6, 30.
Diderot II, 243.
Diels, H. I, 42.
Döblin VII, 23.
Dostojewski II, 114, 166, 175; V, 10, 30; VII, 154; IX, 82; X, 14.
Duhamel III, 25.

Eckermann IX, 83.
Ehrenburg IX, 23.
Epikur II, 122.
Epiktet XII, 38.

Fallada VIII, 83.
Federer, H. VIII, 86.
Flaubert VI, 3, 12; XII, 38.
Forel, H. II, 73, 301.
France, A. IX, 14.
Frankl, V. II, 22.
François, I. VI, 3.
Franz von Assisi VII, 91; XII, 95.
Freud II, 73, 74, 81; IX, 38, 58; X, 20; XII, 34.

Galilei II, 185.
Geck, R. VI, 43.
George II, 318.
Gessler II, 201; VIII, 75.
Gide II, 200; IV, 10, 20; V, 7, 13, 19, 20, 24, 33, 40; VI, 2, 5, 30, 37; VII, A E;
  VIII, 1, 70, 83; IX, 23, 37, 48, 62, 67, 83, 111, 117; XI, 4; XII, 77.
Giono, J. VII, 87; XII, 113.
Gobineau XII, 117.

Personenregister

Goethe Vw; I, 17, 19, 43; II, 30, 35, 36, 40, 42, 50, 70, 71, 102, 103, 133, 188, 206, 208, 235, 264, 273, 279, 280, 304, 305, 308, 319, 322, 327; III, M, 14, 27; IV, M, 3, 5, 6, 7, 8, 10, 19, 21; V, M, 1, 7, 8, 10, 17, 18, 20, 21, 24, 30, 32, 33, 34, 38, 39, 40, 41; VI, 5, 13, 30, 31, 32, 37, 42, 43, 48; VII, 50, 62, 78, 91, 139, 146, 154, 159, 160, 161; VIII, 1, 13, 23, 33, 49, 50, 54, 79, 81, 83, 96, 111, 120, 125; IX, 1, 7, 19, 20, 33, 35, 37, 39, 42, 45, 48, 49, 53, 54, 55, 65, 67, 68, 69, 75, 77, 78, 82, 83, 86, 87, 96, 97, 98, 99, 100, 113, 119; X, 5; XI, 1, 17, 28; XII, 17, 36, 39, 64, 70, 81, 84, 89, 95, 104, 124, 129, 138, 144.
van Gogh I, 14; II, 47, 228, 322; IV, 20; V, 13, 18, 27; VII, 135; XII, 116, 117, 121.
Gotthelf VIII, 81.
El Greco VII, 104; XII, 1.
Green, J. VI, 5.
Gryphius VI, 20; IX, 26.
Gundolf, Fr. IX, 83.
Günther II, 322; V, 10; VII, 139; IX, 26, 35.

Hamann II, 273.
Hamsun I, 43; II, 72, 103, 264, 312; IX, 9, 17, 93, 94; XII, 106.
Hebbel II, 153, 161, 272; V, 10, 13; VI, 5, 6, 13; VII, 8, 97; VIII, 120; IX, 18; XII, 57, 58, 121, 129.
Hebel VIII, 81.
Heine IX, 103.
Helbling, C. IX, 68.
Heraklit I, M, 42; II, 2, 170, 235, 273, 319; IV, 4; VI, 20; VIII, 1; IX, 25, 55, 82; XI, 10, 15, 23; XII, 38, 78, 89.
Herder VI, 13.
Herzog von Mailand VI, 3.
Hesse II, 130; VI, 13, 40; VIII, 12; IX, 39, 63, 95.
Hodler IX, 39.
Hölderlin I, 37; II, 22, 89, 154, 224, 273; III, 14; IV, 19, 21; V, 10, 21, 30, 38; VI, 20, 27, 43, 44; VII, 43, 139; VIII, 60; IX, 55, 68, 75, 78, 82, 85, 87, 91, 96; XI, 27; XII, 121, 122.
Homer IV, 10; V, 21; XII, 38.
Hugo, V. V, 32; XI, 35.
Humm, R. J. VIII, 90.

Jaloux, E. XII, 57.
Jean Paul IX, 20.
Jedlicka, G. V, 19.

Jesus v. Nazareth V, 21; IX, 91.
Johannes d. Täufer IX, 15, 91.

Kafka VM; VI, 30; IX, 39.
Kant I, 17; II, 89, 265, 275, 326; XII, 29.
Kassner, R. VI, 3; XII, 140.
Keats II, 322.
Keller IX, 10, 37, 39, 78.
Kierkegaard II, 76; IV, 20.
Kleist II, 30, 36, 47.
Klopstock IV, 19; V, 13; IX, 26.
Koelsch, A. VI, 20.
Kolumbus II, 103, 281; VI, 27; VIII, 36; XII, 81.
Kopernikus II, 70, 81; X, 20.
Kraus, K. II, 56, 319; V, 7, 21, 32, 34; VI, M, 2, 3, 5, 8, 17, 19, 32; VII, 102, 147; VIII, 1; IX, 37, 39, 51, 54, 61, 73, 74, 82, 90, 91, 103; XII, 82.
Kübler, A. IX, 68.

Labé, L. IX, 33.
Lamartine IX, 68.
Lang, S. VII, 148.
La Rochefoucauld IV, 19; VI, 3; IX, 69.
Lavater IX, 96.
Lawrence, D. H. II, 23, 50, 103, 171; IV, 2; IX, 15, 16, 17, 91, 92; XII, 134.
Lenin I, 17; II, 27, 81, 200, 206; VII, 38, 148; IX, 105; XII, 79, 81, 82.
Leonardo da Vinci II, 103, 243, 319, 322; VI, 3, 43.
Lessing VI, 13; VII, 60.
Lichtenberg II, 198, 206, 235, 265, 273; IV, 1, 5, 18, 19; V, 7, 13, 21, 25, 34; VI, 3, 17, 30, 31, 42, 43, 48; VII, M, 60, 94, 97, 102, 125; VIII, 1, 3, 113, 117, 120; IX, M, 19, 20, 37, 55, 69, 71, 75, 78, 79, 99; X, M, 20; XII, 89, 107.
Lorenzo Magnifico II, 276; VI, 3.
Lot, F. I, 3.
Ludwig XIV VI, 3.
Luther I, 20; II, 132, 243, 264; IX, 77.

Mallarmé VI, 4.
Malraux II, 157; IX, 5; XII, 7, 36.
Mann, H. II, 257.

Mann, Th. I, 17; II, M, 103, 200; IV, 20; V, 10, 32; VI, 5, 13, 20, 37, 38; VII, 121; IX, 22, 35, 47, 68; X, 7; XI, 10.
Mansfield, K. I, 1; II, 322; V, 18, 20, 30, 31, 40; VI, 6, 20; VII, 97, 135, 160, 165; VIII, M, 71; IX, 16, 57, 58; XI, 19; XII, 93, 97, 106.
Marx II, 243; VI, 2; IX, 104.
Masereel V, 10.
Maulnier, Th. II, 322; IX, 83.
Maupassant VI, 19; IX, 50.
Mauriac V, 10; VI, 2, 12.
Merck IX, 96.
Meyer, C. F. IX, 39, 68.
Michelangelo II, 243, 273, 275, 322; V, 20, 30; IX, 81, 82, 102; X, 27.
Mohler, A. VIII, 7.
Molière V, 40.
Montaigne II, 104, 206, 319; III, 12, 27; IV, 4, 5, 6, 21; V, 8, 15, 21; VI, 2, 30, 31; VII, 139; VIII, 74; IX, 20, 22, 35, 55, 99; XI, 44; XII, 38, 84, 89, 119.
Morgenstern VIII, 51.
Mörike IX, 75.
Moses II, 319; XII, 38.
Mozart II, 104, 322; V, 40, 41; VI, 2; VIII, 55; IX, 39, 68; XII, 121.
Mühsam, E. IX, 106.
Multatuli VII, 102; VIII, 81; IX, 50, 62.
Musset IX, 68.

Napoleon I. I, 20; II, 27, 171, 206; III, 14; VII, 23, 38.
Nietzsche II, 257; VI, 5, 27, 32, 37; VII, 135; IX, 31, 32, 43, 50; XII, 123, 124.

Pascal II, 275, 291; IV, 6, 17; V, 21, 25, 34; VI, 2, 49; VII, 86, 135, 139; IX, 1, 68; XI, 4; XII, 89, 134, 142.
Pasteur V, 27; IX, 21, 44; XII, 38.
Paulus II, 114, 132, 203, 237, 264; IX, 77, 89.
Péguy VI, 5.
Pestalozzi IX, 53.
Petrus II, 292; IX, 89.
Picasso VI, 1.
Pindar IV, 10.
Plato II, 100; IX, 55.
Poe IX, 8.
Praxiteles XII, 38.

Proust II, 275; IV, 2, 5, 9, 10, 17, 19; V, 8, 9, 10, 32; VI, 2, 5, 13, 17, 30; VII, 117, 135; VIII, 37; IX, 20, 39, 55, 56, 102, 120, 121; XII, 29, 134, 140.
Pythagoras V, 34; IX, 55; X, 20.

Raphael II, 322.
Ramuz VII, 171; IX, 39.
de Régnier, H. I, 43.
Rembrandt XII, 1, 81.
Renoir VII, 104.
Rilke I, 9; II, 165, 275, 318; IV, 19; V, 10, 13, 19, 34, 40; VI, 4, 5, 43; VII, 139; IX, 18, 19, 33, 39, 67, 68, 87; XI, 25, 27.
Rimbaud II, 322; V, 21; XII, M.
Ringelnatz IX, 39.
Rodin I, 17; V, 40; VI, 28; XII, 38.
Romains, J. IV, 2; VI, 6, 13, 30.
Ronai, A. VII, A E.
Roth, J. XII, 54.
Rousseau II, 103; IX, 68.

Sainte-Beuve XII, 117.
Sand, G. XII, 81.
Schaffner, J. IV, 2; VIII, 83; IX, 39, 57, 62.
Schiller II, 272; IV, 19; V, 32; VIII, 13; IX, 2, 35, 36, 68, 78, 87; X, 27; XII, 58.
Schmitt, E. VII, 163.
Schopenhauer VIII, 83; XI, 10.
Schubert X, 7.
Shakespeare II, 319; III, 25; IV, 10; V, 10, 17, 21, 40; VI, 42; VII, 23; X, 14; XII, 38, 81.
Shaw IX, 107.
Silesius, A. VII, 139; VIII, M.
Sokrates II, 66, 81, 100, 121, 273; VII, 31; VIII, 6, 61; IX, 55; XI, 23; XII, 29, 121.
Spinoza I, 17, 20; II, 70, 128, 130, 175, 243, 257, 272, 273, 280; III, 27; IV, 4, 6, 10; V, 8, 13, 24; VII, 74, 91, 94, 116, 139, 157; VIII, 1, 23; IX, 15, 20, 21, 31, 55, 74, 99; XI, 4, 8, 10; XII, 39, 42, 43, 78, 83, 84, 89, 91, 119, 123, 124, 138.
Spitteler VII, 50, 121; IX, 10, 37, 39, 40.
Stendhal II, 257; IX, 4; XII, 117.
Stifter II, 260.
Stolberg IX, 96.

Tacitus IX, 122.
Tell VIII, 75.
Thomas v. Aquin IX, 77.
Tizian XII, 1.
Tolstoi II, 166, 182, 259, 291, 322; V, 31; VI, 16; IX, 15.
Tschechow V, 18, 31.

Valéry III, 25; IV, 5, 19; V, 10, 21, 25, 32, 34; VI, 3, 4, 5, 12, 43; VII, 76, 135; IX, 1, 39, 118; XI, 14; XII, 119.
Vauvenargues VI, 3.
Vinteuil VI, 2.
Voltaire II, 243; IV, 2; XI, 32; XII, 89.

Wagner IX, 43.
Wallace IV, 6; VI, 4; IX, 82.
Walser, R. IV, 19; VI, 40; IX, 10, 39, 68.
Wassermann VI, 13, 30; VIII, 83.
Wedekind II, 257; IX, 107.
Wilde IX, 111.

Zak, E. VII, 139; XII, 104.
Zola II, 319; VI, 6.
Zollinger, A. IX, 39.
Zwingli II, 243.

Sachregister

(Zur Numerierung und zu den verwendeten Abkürzungen siehe den Vorspann zum Personen-Register.)

Abenteuer. Unproduktives A. II, 133.
Abgrund in jedem unrichtigen Schritt II, 8.
Abschließen ist etwas Tötendes VII, 150.
Abstammung in der Kunst V, 31.
Alkohol. A. als Mittel zur Geselligkeit VII, 28; einen feineren Geist aus dem A. ziehen VII, 127; A. und Beten VII, 51.
Allein. »Jeder ist total allein« II, 326 (→Einsamkeit).
Das *Allgemeine* ist klein XII, 61; ist Nacht XII, 89; man sieht ein Bild aus dem A. heraus XII, 92.
Alt. A. und neue Kunst und Bilder XII, 99.
Alter. Einfalt des A. II, 2; A. und Weisheit II, 103; zur Bestimmung des A. XII, 8.
Altern. »Man wird nicht weiser, nur älter« II, 103; A. als spröd werden II, 303.
Der *Andere;* die *Andern.* Zu den A. kommen II, 75; an die A. denken II, 269; unterscheiden zwischen sich und den A. XI, 9; erkennen des A. II, 146.
Anerkennung. A. unerreichbar II, 256; A. und Ruhm II, 256, 273; Reihenfolge in der A. IX, 121.
Anfang nicht schwer II, 219.
Anfangsstadium. A. als Geist II, 208; A. und Endregion II, 318.
Angst und Geistesstärke II, 17; A. und terminales Verhängnis XI, 5; A. als Unkenntnis der Dinge XI, 43.
Ankunft. Verfrühte A. XI, 42.
Anlauf (cf. Vorbereitung). Keinen A. nehmen II, 217.
Anstrengung. Ihr mystisches Wesen II, 36; Geheimnis der A. VII, 145; die Leute strengen sich nicht an VIII, 5.
Apotheker. Definition VIII, 8; »Quintessenzenmeier« VIII, 24; A. sind faul VIII, 26; weshalb vom A. reden? VIII, 9; A. als Typ des logisch Denkenden II, 235, 236; der A. und das Nominal-Wissen VI, 31; wie der A. liest IV, 6; VIII, 54, 110; der A. und die Poesie IX, 39; A. und die Musik VIII, 55; was der A. versteht VIII, 1, 3; der A. und der Mann von Geist VIII, 91; A. der richtige Beruf ... VIII, 25; A. und Lehrer VIII, 100; der

A. und die Tiere VII, 91; Einfälle zum A. VIII, 10, 11; Vorwürfe an und Auseinandersetzung mit dem A. VIII, 12, 13, 15.

Arbeit. Definition: I, 1; A. als eigene Bewegung I, 3; A. als mechanische Bewegung I, 17; eigene A. I, 9; schöpferische A. I, 17; künstlerische A. IV, 20; A. und Kind I, 3; Flucht vor der A. I, 3, 6; A. und gefährliche Einflüsse I, 5; Herr Meyer und die A. I, 14; richtige A. als das Erkennen I, 29; A. als Melodie einer Orgel I, 51; A. und Tod I, 51; XI, 1; Sprechen als A. III, 1; Lesen als A. IV, 1-4; Ungewissheit der A. I, 40; A. als Heimat II, 199; A. rettet VII, 159; A. und Anlauf II, 217.

Arbeiten. A. als Inneres nach außen gerichtet I, 1, 15, 20; III, 1; allein a. I, 2; Basis des A. I, 17; äußere Umstände des A. I, 1, 12; dichtes A. I, 11; A. nicht gleichzeitig an mehreren Stellen I, 17; Methode des A. I, 10; VII, 16; Stufen des A. I, 18, 19, 20, 22, 24; Rausch des A. I, 41; unaufhörliches A. I, 12, 42; II, 12; A. in der Kunst IX, 67; A. im höchsten Grade wird Phantasie XII, 115; A., Vereinigung von Tun und Erkennen I, 15; A. als Realisierung des Erkennens I, 49; A. als Wille zum Wert I, 3; A. aus dem Sterblichen übersetzten I, 51; XI, M; XII, 115.

Arbeiter. A. und Selbstbewußtsein II, 64; A. und Bürgertum VIII, 20; geistiger A. und Volk II, 154; geistiger A. und Lebensbedingungen II, 155; der geistige A. mißt den Menschen am Positiven II, 191; der Künstler als geistiger A. V, I; geistiger A. und kommendes Reich VIII, 38; geistiger A. und Ruhe IX, 50: Geistesa. arbeiten auf Kredit XII, 67.

Architektur und Konstruktion V, 17.

Armut. A. als Unglück für die Kinder II, 212, 213; der arme Mann und das Gesetz II, 324.

Das *Artistische.* Alle Schwierigkeiten liegen im A. IX, 112.

Arzt. A. und Verfügungsrecht VII, 100; schöpferische Leistung des A. VII, 101; A. behandeln Krankheiten statt Menschen VIII, 102.

Atheist. Spinoza als A. IX, 20, 31 A; A. keine leichte Sache IX, 31 A; A. und Glaubender XII, 62.

Aufgabe. Ewige A. XII, 83.

Auge. Das sinnliche, das geistige A. XII, 125.

Ausweg als falscher Weg II, 49 (→Weg).

Autobiographisches. Die Entstehung der »Notizen Vw. Stellung zum Tagebuch VII/A E. Apparitionen oder: Wie ich den Verstand verlor VII, 18. Der Tagesklang VII, 139; IX, E. Am Morgen nicht sprechen VII, 140. Das frühe Aufstehen VII, 141. Körperübungen VII, 141. Sich vom Schweren abwenden VII, 142. Unabhängig werden VII, 143. Entdeckung der Arbeitsmethode VII, 144. Das Geheimnis der Anstrengung VII, 145. Erschrecken vor dem Technischen VII, 145. Intensität VII, 146. Die beim Schreiben hindernden Dinge VII, 147. Die Entscheidung vor dem Fisch

VII, 148. Zwei Dinge herausarbeiten VII, 149. Alles ist Werk VII, 150. Verhältnis zur Korrespondenz VII, 151. Lese-Reaktionen anderer VII, 152. Aus Zwang schreiben VII, 153. Ich kann meine Mittel nur im Widerstand entwickeln VII, 155. Tod von Nächststehenden VII, 156. Durch das Wissen leben VII, 157. Tages-Chroniken VII, 158, 159, 163. Die Sätze meisseln VII, 162. Unfähigkeit zum Warten VII, 164. Mit Kahterine Mansfield sprechen VII, 165. Entwicklung des eigenen Denkens VII, 166. Ich brauche Freunde auf Erden VII, 167. Daß ich Leser haben werde VII, 168. Das Abschreiben der Notizen VII, 169. Lebens-Bedingungen VII, 172. Gewalt der Meditation VII, 174. Keine Vollendung meines Werks VII, 175. Immer reineres Zeugnis ablegen VII, 176. Keine Aphorismen Vw; VIII, 7 Anm. Etwas von meiner Intention VIII, 12. Die ungeheure Veränderung in meiner Denkweise VIII, 23. »Nötig« VIII, 58. Beim Zuhören VIII, 62. Ein besonderer Fall VIII, 83. Daß ich nur in Fragmenten schreibe VIII, 81. Zum Titel »Nuancen und Details« VIII, 90 Anm. Schreibe ich wutvolle Dinge? VIII, 112. Geschenkemachen VIII, 120. Umgang mit der Literatur IX/E. Montaigne, Lichtenberg, Spinoza IX 20, 21. Die Männer, denen ich am dankbarsten sein muß IX, 55. Einzelne Träume X, 3-13, 15-18, 21-29, 32, 34; XII, 32. Mein frühestes Bewußtsein XII, 88. Die schreckliche Nacht XII, 142. Schritt aus der Einsamkeit XII, 144.

Autorität und Erkenntnis II, 181.

Badesaison VIII, 113, 128.
Bedeutung und äußeres Leben VII, 117.
Bedingungen. Vom Resultat der B. XII, 19; elende B. und Leistung II, 272; äußere B. und Form II, 273; schlechte B. und Tragik II, 280; B. als Fundament VIII, 25.
Begabung und Fleiß II, 264.
Beginnen. Irgendwo b. II, 108.
Begrenzung. Durch B. entsteht die Form XII, 54.
Bejahung. Das große Ja und das kleine Nein XII, 61; das Bejahende II, 234.
Beobachter. Arten der B. VII, 125.
Beobachtung. B. und Theorie II, 241; B. ist Liebe II, 242; drei Kategorien von B. VII, 110; B. und Denken XII, 76.
Einzelne *Beobachtungen:* Die alte Wirtin VII, 19. Der Alte mit dem Hund VII, 19. Das hohe Militär VII, 19. Die Derbe VII, 19. Der furchtbare Säufer VII, 19. Die Schwangere VII, 19. Die Pflanzenesser VII, 19. Der Fischer im Kaffee VII, 32. Frau im tunnelartigen Durchgang VII, 42. Die Wirtschaftsdirne VII, 44. Die Seele meines Wirtes VII, 44. Warum Leute

schlagen VII, 54. Wie Vergleiche kränken VII, 55. Markt VII, 65. Vermummte Kaffeehäuser VII, 66. Den Stöpsel richten VII, 122. Der denkende Baum VIII, 63. Ungeheuer witzig VIII, 65. Inländer VIII, 66. Von Frauen VIII, 103. Von alten Weibern VIII, 105. Strand VIII, 128.

Bergsteigen als Bild der kleinen Taten I, 25, 26; als Bild der Selbstbegegnung I, 27; als Bild des Wegs II, 11; als Bild des Schreibens II, 90; VII, 130; B., wo das Gebirge nicht mehr belehren kann II, 172; als Bild der Entscheidung II, 298; als Bild für den Weg zum Höheren/Höchsten II, 331; VII, 128; als Bild des Denkens X, 18.

Beruf und Leben II, 88.

Einzelne *Berufe:* Kellner VII, 125. Lehrer VIII, 100. Handwerker VIII, 101. Ärzte VIII, 102.

Bescheidenheit der Literaten VII, 85; IX, 74.

Besen. Über den B. VIII, 17.

Besitz. Legitimer und illegitimer B. XII, 49.

Das *Beste* und die Worte IX, 34.

Besuch. Der B. ändert VII, 7.

Beten, vergeudete Energie VII, 51.

Bewahren. Sein Wissen b. II, 170; das Bewahrende in großen Gestalten II, 322.

Bewegung. B. und Mittelpunkt II, 70; adäquate, inadäquate B. II, 172; B. und Ruhe II, 184, 185; VII, 20; produktive B. VIII, 25; B. und Eilen VIII, 27.

Beweisen als Zusammenhänge aufzeigen II, 179; in Verbindung bringen VII, 116.

Bewunderung und Liebe II, 124.

Bewußtsein. Veränderung des B. II, 19; absolutes B. II, 156; B. und Sünde II, 183; B. wandert langsam II, 307; All-B. II, 313; Bs-Stufen XII, 87.

Beziehung. Zwei B. zum Ding XII, 22.

Bilanz ziehen II, 127.

Bild, Bilder. Farbige B. I, 1; XII, 37; die stetig heranströmenden B. I, 43; B. und Wortkunst IV, 19; B. und Fläche VII, 3; B. als Absolutes II, 87; B. Gottes II, 238; das Verhängnis: kein B. im Innern XII, 2; B. aus dem Allgemeinen heraus XII, 92; dem B. vertrauen XII, 115; alle B. sind wahr XII, 147.

Einzelne *Bilder:* Der funkelnde Glas-Stein XII, 1. Der in den Tag hineinfahrende Wagen XII, 31. Ein Gesicht wird gezeichnet XII, 153.

Bildhauerei. In der B. ist das Material alles VI, 28.

Blick. »Ein Blick genügt« VII, 68.

Blindheit. B. der Seher II, 310; VII, 83; B. steigert das Sehen VII, 119, 120; B. der Apotheker VIII, 12.

Blut. Der Geist bindet, nicht das B. XII, 50, 51.
Boden. Fester B. I, 13, 14.
Böse. B. als abgeleiteter Begriff I, 30; II, 180; IX, 21.
Das *Böse.* Bestimmung des B. II, 85; Überwiegen des B. II, 97; das B. und Faulheit II, 186; das B. und das Gute II, 320.
Briefe. B. und Alltag VII, 35, 102; Kalamität des B. Schreibens VII, 151; Schreiben als B. Schreiben VII, 131; XI, 16; XII, 40.
Bücherwürde und Menschenwürde IV, 7, 8, 9.
Bürger. B. und Notwendigkeit II, 139; Region des B. II, 175; der B. mißt den Menschen am Negativen II, 191.
Busenwärme. Literarische B. IX, 75.

Christen. Die Ch. und die Tiere VII, 91.
Christentum. Macht des Chr. II, 208.
Christlich und Dummheit VIII, 30.

Das *Definitive* (s. Vorbereitung). Man muß das D. tun II, 221.
Dekadenz und dekadente Betrachtungsweise II, 245.
Deklamatoren. Ihre Sprechweise IX, 87.
Demut. D. verbindet II, 279; »wer sich selbst erhöht . . .« VII, 94; von der literarischen D. IX, 74.
Denken. D.-Können und -Müssen II, 19; d. und Möglichkeit II, 20; d. und Bewegung II, 70; durch sich hindurch d. II, 75; an den andern d. II, 76; sich selbst im andern d. II, 323; produktives D. II, 87; Konstanz des D. II, 190; logisches D. II, 235, 236; Inflation des D. II, 236; D. als Mut und Übermut II, 236; Welt-D. VII, 166; denkender Mensch VIII, 4; der Gedanke des Todes als Anfang unseres D. XI, 2; D. findet allein den Ausgang XI, 3; subjektives und objektives D. XI, 4, 7; das Höchste liegt nicht im D. allein XII, 36; D. und Sinne XII, 125.
Deutsch. Gutes D. VII, 89, 90 Anm.; IX, 38; D. und Dialekte IX, 12; D. lernen IX, 46, 47, 77; Aussprache im D. IX, 47.
Dialekte. D. fördern II, 154; D. erlaubt keine Präzision VIII, 73; D. und Eigenart VIII, 79; D. ist Gebärde VIII, 80; D. in der Literatur VIII, 81; D. und Witz VIII, 118; D. hindert den geistigen Fortschritt IX, 37; schweizerische D. IX, 12; D. und Aussprache IX, 47; D. ausdrücke IX, 76; D. als Plagiat IX, 77.
Dichten. Nicht dichten beim D. IX, 28 (→Schreiben); D. als Nachahmung des Träumens X, 31; D. heißt den Sinn wiederverleihen XII, 10.
Dichter. D. und Kraft II, 104; D. und Widerspruch II, 236; D. und Politiker II, 321; Größe eines D. III, 25; die D. ergreifen VI, 26; der D. muß Macht haben IX, 35; theologische und weltliche D. IX, 76.

Dichtung. Wesen der D. IX, 39; D. als »Narrheit« VI, 42; Gedichtetes und Erdichtetes VI, 27.

Ding und Form II, 6, 7.

Diskretion und Unwahrhaftigkeit II, 325.

Distanz und Kenntnis XII, 23.

Distanzierung als Gestaltungsfähigkeit VI, 15.

Dosierung. Richtige D. II, 248.

Drama. Das D. und die Professoren VIII, 99.

Dreistufigkeit I, 18, 19, 20, 22, 24.

Duldsam gegen die Natur II, 54.

Dumm; Dummheit; d. als primärer Begriff I, 30; II, 180; IX, 21; sind die Menschen entsetzlich d.? II, 128; der Mann, der am d. redet VIII, 111; D. ist identisch mit Faulheit II, 188, 302; D. und Intelligenz VII, 121.

Dunkel; Dunkelheit. D. verhaßt II, 156; die D. annehmen XI, 12.

Durchgänge als Wesen der Dinge XI, 15.

Echt heißt ... VIII, 19.

Egoismus. E. als kleinere Welt I, 28; E. als Manie II, 268.

Eigen. e. Bewegung I, 3; e. Leben I, 8; e. Wort I, 8; e. Tod I, 9; e. Arbeit I, 9; e. Kraft II, 44; XI, 39; ›e.‹ als Präfix IX, 38.

Eigenart und Dialekt VIII, 79.

Eigenes. Was E. ist VI, 30; E. geben und zitieren VI, 31.

Eigentlich und das Eigentliche IX, 38.

Das *Einfache* und das Schwierige II, 282; VII, 49.

Einfälle und Phantasie XII, 81, 140.

Einfallen und Gestaltung VII, 76.

Einsamkeit. Nacht der E. II, 15; Formen der E. II, 59; E. und allein sein II, 326; bedenkt meine E. VI, 45.

Einsicht und Einsichten VII, 10, 11.

Das *Einzelne.* Das E. ist Mühsal I, 25; das E. und das Ganze I, 26; II, 175, 176; XII, 87; das E. und die Veränderung I, 23; das E. in der Kunst V, 20; sich dem E. ganz zuwenden X, 11.

Element. Vertrauen in das E. I, 10.

Eltern und Kinder II, 47; VIII, 97; XII, 50.

Emanzipation. Falsche E. II, 45.

Ende. Wenn man zu einem E. beim Schreiben kommt VI, 49; VII, 150; meinen, bald am E. zu sein XII, 56; soll ein E. sein? XII, 86.

Entdeckung. E. ist proportionenlos II, 78; Neuheit der geistigen E. IX, 1.

Entscheidungen. Drei Stufen der E. VII, 115.

Entwicklung. Wichtige E.stufe II, 107; nur eine Richtung der E. II, 141.

Erbschaft und Nachfolge II, 203.
Erfolg und Schriftsteller IX, 62.
Erinnern. Wunder des E. II, 40.
Erkennen. E. und Arbeiten I, 15; E. als richtige Arbeit I, 29; E. geht in die Tat über I, 47; E. als richtiges Tun I, 48; E. von oben her II, 109; E. schafft Fremdes II, 139; e. und zurückhalten II, 142; Wege des E. II, 151; alles e. XII, 54, 55.
Erkenntnis. Irrtümer über E. I, 44; E. als Höchstes I, 48, 49; guter Wille und E. II, 83; E. als Gegenmittel der Macht II, 181; E. und Lage II, 259; E. und Glaube II, 263; E. und Handeln II, 264; XII, 16, 17, 115; E. des Mangels E. II, 278; E.e nicht übertragbar VII, 165; E.e können nicht aufbewahrt werden XI, 44; die E. rettet uns XII, 16; fehlende E. als Abgrund aller Übel XII, 120.
Erlebnis. Geistiges E. und Persönlichkeit II, 207.
Erlösung nur durch Erkenntnis XII, 106; der Ernst erlöst XI, 28.
Ernährung. E. als das Absolute II, 248, 174; Gleichförmigkeit der E. II, 275; Produktivität als E. VII, 159.
Ernst. Der E. erlöst XI, 28.
Erschrecken. E. können als Maß der Dichter III, 25.
Erwachsene und Kinder II, 323; XII, 66, 69.
Erwarten. Erlaubtes, unerlaubtes E. I, 35; E. von Unglück und Glück VII, 5.
Erzählen. Kunst des E. VI, 16.
Einzelne Erzählungen. Drei Männer im Streit VII, 10; E. vom Knecht VII, 29.
Erziehung. E. und Milieu II, 45; Wirkung der E. II, 215; Gleichnis der E. VII, 15.
Europa. Die zwei zählenden Länder E.s VII, 46.
Ewig; Ewigkeit. Das e. Leben XI, 31; E. ist sich dem Einzelnen ganz zuwenden XI, 11; Wesen der E. XI, 12; E. und Tod XI, 12; E. haben und Umstände XII, 135; die E. schaut herein durchs Fenster XII, 149; *das Ewige.* Beobachtung als das E. II, 241; das E. als Evokation der Dinge XII, 105.
Exil und Größe II, 27.
Exklusivität und Größe II, 86.

Fabulieren und Kunst II, 32.
Farben des Todes XI, 38.
Farbigkeit. Höchste F. VII, 104.
Fasching. Das einzige (religiöse) Fest VII, 86; VIII, 19, 95, 96.
Faschismus. Mißtrauen gegen den F. II, 182; F. treibt zur alten Form XII, 139.

Faulheit. F. heute I, 3; F. in dir II, 54; F. als Sünde II, 121; VIII, 26; F. des Menschen II, 128; F. identisch mit Dummheit II, 188, 302; F. und das Böse II, 186; F. und Begabung II, 264; das Schlechte der F. II, 301; F. ist das einzige Ur-Übel XI, 23.
Fehler der großen Männer IX, 43.
Feinde. Ohne F. II, 148; VIII, 42.
Fern. Wer wirklich f. ist von den andern XII, 130; die Partei der F.n ergreifen XII, 30.
Ferne. Die vergoldende F. II, 281; V, 27; XII, 11.
Fest. F. soll sein alle Tage II, 118; ein wirkliches F. nur in der Erkenntnis XII, 85.
Finden. Übernehmen und F. V, 7; F. und gefunden haben XII, 75.
Flugzeug. Das F. sehen lernen VI, 43; Flug eines F. IX, 106.
Form. F. und Ding II, 6, 7; F. als Außen II, 98; Stoff, Gehalt und F. IV, 3; IX, 61; F. als Beweis, daß man gefunden hat V, 7; F. und Geist V, 22; F. ist alles IX, 61; F. und Kraft (Potenz) XI, 10; durch Begrenzung entsteht die F. XII, 54; F. als das Immer-schon-Vergangene XI, 10.
Die *Formen.* F. in der Kunst V, 9; VI, 36; Mythos und F. V, 10; alle F. wandern VI, 20; große und kleine F. VII, 75.
Formung ist das menschliche Wesen selber III, 21.
Forschungswille und Objekt XII, 101.
Fortschritt. Den F. als solchen lieben II, 57; Blindheit für F. im Fortschreiten VII, 114; F. und Pessimismus XII, 36; F. und Freude XII, 104.
Frage. Veränderung der F. II, 18; schlecht gestellte F. II, 290.
Fragment. Alles ist F. II, 178; VII, 146; XI, 12, 16; F. und Unvergängliches XI, 12, 16.
Frauen. Von F. VIII, 103, 104; von alten Weibern VIII, 105; junge und alte Weiber VIII, 113.
Freiheit. F. und Notwendigkeit II, 139, 206; F. und die Schweiz VIII, 76.
Freude. F. und Leiden II, 157; F. und Fortschritt XII, 104; F. als schwerste menschliche Schöpfung XII, 112, 113.
Freunde sind weit XII, 68.
Früher und heute XII, 143.
Führer durch die Zwischenreiche XII, 26.
Füllmaterial in der Kunst V, 34.

Das *Ganze* und das Einzelne I, 26; II, 175, 176.
Geben, was der Gebende will VII, 15; VIII, 120, 121, 122, 123, 124.
Gebirge. Fratzen, gegen den Himmel gerichtet XII, 123.
Geburt. Nichts mitbringen I, 45.
Geburtstag. Seinen G. feiern VIII, 116.

Gedächtnis. G. als höchste Fähigkeit XII, 20; Mangel an G. XII, 126.

Gedanke. G. als der kleine Arbeiter II, 37; die guten G. und die große Idee II, 73, 301; der schöpferische G. II, 79; G. als Baustein VI, 5.

Gedicht. Der eigentliche Körper eines G. IX, 18.

Geduld. G. als das Höchste II, 308; V, 24; mehr G. XII, 91.

Gegensätze und Gemeinsames II, 278.

Gegenwart. G. und Vergangenheit II, 40; auf der Höhe der jetzigen Lage sein XI, 24, 25.

Gehalt. Stoff, G. und Form IV, 3.

Gehen. Vorwärtsg., im Kreise herum g. II, 271.

Geist. G. und Schule II, 81; das Wesen des G. II, 122; G. und Sozialismus II, 145; G. und Widerstand II, 189; G. als Anfangsstadium II, 208; Stoff und G. V, 13; VI, 5; G. und Form V, 22; G. und Mut V, 26; Sterblichkeit des G. V, 34; der G. schafft nicht, er verdeutlicht VI, 23; G. als dauerndes Verwandeln VII, 23; G. und Wahnsinn VII, 135, 136; sich nicht zufrieden geben VIII, 20; G. und Natur XII, 14; der G. bindet, nicht das Blut XII, 50, 51; es splittert – und G. kommt hervor XII, 60; immer den Morgen denken zu können XII, 66.

Geister. Starke und schwache G. XII, 56.

Geistesgeschichte und Weltgeschichte XII, 28, 52.

Geistesstärke. G. und Angst II, 17; G. und Kampf II, 60; G. und Reisen XII, 29.

Geistig; das Geistige. G. Tätigkeit als Unvergängliches XI, 12; Bedeutung des G. VII, 26; das geistigste Vermögen XII, 30.

Geistlichkeit. Fragmente über die G. VIII, 29-34.

Geiz und Verfehlen des Möglichen II, 93.

Geldmangel. G. und Produktion II, 258; vom G. II, 259; G. als Krankheitsgrund VII, 101.

Genie. G. als Formel für vollkommenen Sozialismus I, 29; II, 227; G. und Notwendigkeit II, 139.

Genuß und Ernst XI, 28.

Die *Geretteten.* Mißtraue den G. II, 116; VIII, 29; IX, 1.

Geschehen. Ob du weißt: es geschieht etwas XI, 40.

Das *Geschehen.* Weltg. und eigenes G. XII, 98.

Geschenke machen VIII, 120, 121, 122-124.

Geschichte. In die G. treten I, 21; G. und Tat I, 20.

Geschmack. Verschiedene Arten von G. VIII, 64, 115.

Geschwätzigkeit. Arten der G. III, 16, 17, 18; IX, 78.

Geschwindigkeit. Mit verschiedener G. lesen IX, 82.

Gesellschaft. Bilder für G. VIII, 94, 119.

Gesetze und Ordnung II, 324.

Gesunder Menschenverstand als Enge II, 179.
Gesundheit. Streben nach G. II, 264.
Gestalter. Die großen G. IX, 56.
Gestaltung. G. in der Beziehung mit den andern II, 316; G. als Kern der Dichtung VI, 6; G. von Einfällen VII, 76; IX, 7 A; es gibt keine G. IX, 64, 65; das Gespenst der G. XII, 116.
Gestaltungsfähigkeit. Geheimnis der G. VI, 15.
Gesteine. Das Göttlichste sind G. VI, 48.
Das *Gewaltige* als Grundelement der Kunst V, 30; VI, 29.
Gewitter als schönstes Wetter VII, 63, 133.
Glaube. G. der anderen und eigene Kraft II, 44; G. und Kraft II, 63; G. und Erkenntnis II, 263; G.n und Wissen II, 292; manischer G. und Tod XI, 3; der G. wärmt uns XII, 24.
Glück. Daß man von G. so wenig spricht II, 96; das G. allein . . . II, 333; eine Art G. VII, 144; das höchste G. XI, 7, 8, 15; was G. ist XII, 13.
Gnade. Bild der G. XII, 65.
Gott. G. als Mittelpunkt II, 70; G. als Kork II, 111; G. als Projektion II, 112; G. als Erfindung und Knotenpunkt II, 113; G. in den Dingen erkennen II, 176; G. und das Universum II, 237; Bilder G. II, 238; Existenz G. II, 130, 166, 239, 240; XII, 35, 62; G. ist gegen die Entwicklung des Fleisches VII, 96; G. und Pessimismus VIII, 20; G. ist tot IX, 31; G. geht in Menschengestalt verkleidet herum XII, 63; *wieder* auf G. hoffen XII, 87; Freund G., Feind der Welt XII, 90; G. als Produkt menschlichen Nichthandelns XII, 132; ob G. oder Idee XII, 134.
Götter. Die griechischen G. und wir X, 52; XII, 27.
Größe. G. durch Exil II, 27; G. und System II, 30; Exklusivität und G. II, 86; G. des Menschen II, 104; G. und Wille zur G. II, 134; jeder große Geist wirkt wie eine Fackel XII, 89.
Grund. »Im Grunde« IX, 38.
Gruß. Der automatische G. VIII, 18.
Gültigkeit und Urgültigkeit II, 162.
Das *Gute.* D. G. um des Lohnes willen I, 33; II, 57, 220; IX, 20; d. G. geschieht durch Freiwilligkeit II, 21; Bestimmung des G. II, 85; d. G. wissen II, 99; d. G. als abgeleiteter Begriff II, 139; d. G. und das Bessere II, 320; die Dinge am G. messen XI, 33.

Handeln. H. und Erkenntnis II, 264; H. und Nichth. II, 286.
Handlung. Positive H. I, 32; H. und guter Wille II, 83.
Handschrift und Ausdruck V, 8.
Handwerk und Kunst II, 172; V, 28.

Härte. Es kam auf den H.grad an Vw; alles in seiner H. lassen VI, 37; H. die glänzt IX, 70.
Hast vor dem Tod das Entscheidende tun II, 223.
Heilige. H.r als Sanktionierter II, 164; H. und Leben II, 165.
Heilung ist alles II, 229, 230.
Heimat. Nur eine H., die Arbeit II, 199; IX, 5; H.künstler VIII, 77.
Heiterkeit in der Kunst V, 41.
Held und Tat I, 20.
Heldentum und Gelegenheit II, 295.
Hilfe. H. und Lebenssinn II, 22, 23; H. und Wert II, 161; H. erteilen und versagen II, 264; Grenzen der H. VII, 52.
Das Höchste. Die Wegstrecken des H. II, 331.
Hoffnungslosigkeit als Begrenzung des Handelns II, 264.
Höhe. Geistige H. XII, 98; H. der Produktion XII, 118, 124.
Holland. H. als Ganzes II, 59; VII, 106, 107; H. und die Bücher IX, 20.
Holländer. H. sind wohnlich I, 17; II, 275; H. lieben das Halbdunkel II, 156; H. sind stumm III, 19; VIII, 121; IX, 49; H. und Sauberkeit VIII, 17.
Holländisch. H. Mädchen II, 45; einzelne h. Landschaften: Nordsee IX, 49; Den Haag VII, 19; VIII, 57; Delft VIII, 57; Bad Scheveningen VIII, 56, 106; im ganzen XII, 123.

Ich. Sich selber sehen II, 269; von sich selber reden II, 270; I. als Subjektivität XII, 125; »I. bin« II, 64; VII, 143; »I. bin bei mir« VII, 64, 103.
Idee. Die große I. und die kleinen I.n I, 18, 19, 20, 24; die große I. und die guten Gedanken II, 73, 301; Nacht-I. und Morgen-I. VII, 154; I. wiederkehrend wie dieselben Stürme IX, 78; Kunst, die selber I. ist, – die von I.n genährt ist IX, 78.
Identität und Quantität XII, 27, 53.
Idiot und Größenwahnsinn II, 202.
Illegalität des Großen II, 81.
Indifferenz ist Tod XII, 22.
Individuelles. Verhältnis des I. zum Sozialen XI, 4.
Intelligenz. I., Talent und Wille II, 80; I. und Anschmiegsamkeit VII, 53; Prüfung der I. VII, 106; I. und Dummheit VII, 121; I. als Produkt der Arbeit VIII, 20; I. und Konklusion VIII, 39.
Interpunktionszeichen. Deutung der I. III, 7.
Intoleranz der Angekommenen VII, 6.
Intuition und Beziehung zur Vergangenheit II, 40.
Irrtum. Nur *ein* I. II, 6.
Isolation. I. und Leistung II, 275; bitterste I. II, 293; sich isolieren können XII, 102 (→allein, Einsamkeit).

Jenseits. J. und Leben II, 138; J. als Realität und als Märchen XII, 125.
Journalismus. Schreiben und J. IX, 57.
Journalist, Schriftsteller und Wissenschaft IX, 44.
Jugend. Einfalt der J. II, 2; Gipfel-Rechnung der J. II, 36; J. und Integralität II, 107; was ich der J. wünschen mag XII, 7; wo ist die J.? XII, 8.

Kampf. K. und Stärke II, 60; Formen des K. II, 61; K. und Ferne V, 27; VIII, 15; unrecht haben und K. VII, 73; damit K. Sinn habe VIII, 13, 15.
Kämpfen. Das körperliche K. VIII, 2; k. und hadern XII, 6.
Kasernenstraße als Gleichnis VII, 17.
Kenner und Masse VI, 1, 3.
Kind; Kinder. K. und Arbeit I, 3; K. und Eltern II, 47; VIII, 97; XII, 50; K. und Erziehung II, 154; VIII, 98; K. und Urgütigkeit II, 162; K. und Phantasie XII, 140; K. haben II, 212; K. erzeugen II, 213; was K. sagen II, 214; werden wie die K. II, 285, 323; XI, 28; Unterlegenheit des K. II, 323; K. als immer neue Chance VIII, 20; XII, 65, 69; K. und Dichtung IX, 73; K. vor dem Tod XI, 37; K. ist glücklicher: produktiver XII, 37; K. als Bild der Gnade XII, 65; solange die K. noch K. bleiben XII, 66.
Kirche. Die K. ist faul II, 114; wohltätige Macht der K. II, 317.
Klagen und schimpfen II, 95.
Klassenbewußtsein und dritte Klasse II, 66.
Kleidung. Dilemma der K. VII, 30.
Das *Kleine* lehrt das Größte II, 150.
Das *Komische* und das Lachen XII, 95.
Kommunikation. Arten der K. II, 50; K. als Bejahung des Lebens II, 119; Bedeutung der K. II, 147; K. und Bedeutung der Worte V, 39; die schwächste K. VIII, 93; Wahrheitsgrad der K. IX, 16.
Kompaß. Im Nichts braucht es keinen K. VIII, 40.
»*König*«. Das Element »K.« VII, 121.
Konklusion ziehen VIII, 39.
Konsonanten ermöglichen den Innenraum IX, 87.
Konstanz. Immer dasselbe denken II, 190.
Konstruktion. K. und Kunst V, 17, 18, 19, 20; K. und Gestaltung VI, 6.
Körper (Leib). K. und Leben II, 89; K.gebrechen VII, 120; körperliches Unbehagen färbt auf Dinge ab XII, 24.
Korrespondenz s. Briefe.
Konventionelles und Schöpferisches XII, 117.
Kraft. Eigene K. und Glaube der anderen II, 44; K. als akkumulierter Glaube II, 63; K. auf Armlänge II, 69; K. als Gott II, 70; K. der Machthaber II, 181; Einsetzen der K. in einer ruhigen Linie II, 219; K. und Muskeln VII,

62; physische K. und Werk VII, 137; K. und Form XI, 10; positive, eigene K. XI, 39.

Krankheit. Sich eine K. anschaffen I, 17; K. und der tätigkeitslose Mensch I, 34; K. und Gesundheit II, 4; K. und Kampf II, 48; Ursachen der K. II, 120; VII, 101; K. und Heilung ist alles II, 229; K. als Bedingung zur Leistung X, 21; K. als Prüfstein XII, 41.

Kreatur. Die K. hat einen Geist, der ihr hilft IX, 35.

Kreis. K. als Lüge VII, 98; K. als Vollendung VII, 103.

Krieg. K. als Vater aller Dinge II, 61; K. als nutzloses Morden VII, 45.

Kritik. K. und Kunst V, 34; IX, 85; von der K. IX, 57; tiefstehende und höchste K. IX, 58; K. und Schaffen XII, 117; Schweizer Literaturk. VIII, 86; IX, 10.

Kritiker. Der bewährte K. IX, 41, 84; Kunstkr. IX. 42.

Kultur. Schande und K. VIII, 117; Umgang mit K.gütern IV, 7.

Kunst. K. gibt Bejahung II, 32, 119; K. als geistige Aufgabe II, 32; K. als das Gehen eines Wanderers II, 106; Kriterium für wirkliche K. II, 171; Wesen der K. IX, 72; Ort der K. V, 3; Dimension der K. V, 25; K. und Inneres und Äußeres V, 6; K. heißt die paar großen Wahrheiten an den Mann bringen XI, 2; wahre K. als Maximum II, 275; was K. ist V, 5, 6, 21, 35; K. ist mehr Tat XII, 82; was K. machen heißt VI, 14; K. ist definitiv V, 16, 17; K. erlaubt keine Vorbereitungen V, 16, 17; VI, 44; XII, 121; lernen in der K. II, 172; V, 28; zwei Grundelemente der K. V, 30; K. und Gegenstand V, 14; K. und Stoff V, 15, 41; VI, 6, 7, 8, 21; VII, 123; IX, 39; XII, 116; K. und Konstruktion V, 17, 18, 19, 20; K. und Gestaltung VI, 6, 15; VII, 76; IX, 64; XII, 116; K. und Form II, 81; K. und ihre Formen V, 9; VI, 36; K. des Erzählens VI, 16; K. als Vermittlerin V, 34; K. als Ersatz für Tätigkeit V, 37; VII, 38; K. als alleinige höchste Gebieterin XII, 121; K. als eigener Ausdruck V, 38; K. als Briefe VII, 131; XI, 16; XII, 40; K. und Ernst V, 40, 41; Bilanz ziehen in der K. II, 127; Heiterkeit in der K. V, 41; wo alle K. aufhört, ist K. VII, 78; die zentrale Frage der K. IX, 61; in der K. gibt es entweder Plagiat oder Nicht-Plagiat VI, 30; Ausgangspunkt jeder K. lehre IV, 3; K. und Kritik V, 34; IX, 85; K., die selber Idee ist – die von Ideen genährt ist IX, 78; K. und Leben V, 1, 4, 5, 17; IX, 78, 111; K., Trunkenheit und Traurigkeit II, 296; K. und persönlicher Wert IX, 44; K. und Natur V, 2; K. und K.gewerbe XII, 38; K. und Sozialraum VI, 1, 3; V, 34; K. und Masse VI, 1, 2, 3; K. und Glauben V, 10; K. und Wunder XII, 72-74; K. und Philosophie VII, 118; XII, 39.

Künstler. Nur eine größere Quantität II, 119; der K. als typischer Fall V, 1; die großen K. V, 23, 34; ein wirklicher K. V, 28, 33; prätentiöse K. V, 32; seine Beziehung zur Umgebung II, 152, 153; Abhängigkeit des K. II, 273; seine Anziehungskraft II, 279; der K. und sein Leser IV, 20; die richtigen

Farben finden II, 222; K. und Politiker II, 253; angesichts von Stoff, Gehalt und Form IV, 3; Heimatk. VIII, 77; erste Pflicht des K. XI, 28.
Künstlerisch. K. Arbeit und Wirkung IV, 20; k. Äußerung V, 24; k. Potenz I, 29.
Kunstwerk. K. als unmittelbarer Ausdruck V, 8; annehmbarer Kommentar eines K. IX, 85; das wirkliche K. ist nie ausgelesen IV, 1.
Einzelne *Kurzgeschichten:* Stadt der Nachtwächter VII, 2. Der Erfrorene VII, 11. Die Bahn ist nicht mehr VII, 12. Königsgeschichten VII, 13. Vom Geben VII, 15. Erziehung VII, 15. Wirtschaft an der Kasernenstraße VII, 17. Von Wirten VII, 58. Frau Gutzkopf VII, 67. Milieu VII, 108. Schlaffest VII, 109. Vom Mann, der im Traum in größte Fernen entführt wurde VII, 138. Das Unglück der Feuersbrunst VIII, 16, 127. Tour du Mont-Blanc und ascension du Mont-Blanc VIII, 37. »Unzahl« VIII, 52. Kandidaten VIII, 60. Schmiedearbeit VIII, 98. Aus einem Reisebericht VIII, 108. Dichter und Könige VIII, 109. Feuerwerk VIII, 131. Patrouillen in der Wüste IX, 24. Der Kunstkritiker IX, 42. Das vollendetste erotische Verhältnis XII, 70. Das Auge eines Hirten XII, 92. Die Ziege von Dingy XII, 141. »Der Finger Gottes« XII, 146.

Lachen säubert den Zustand für den Ernst XII, 95.
Landschaft. Hilfe einer L. VII, 107; positive L. XII, 123.
Langweilig. Daß die Menschen so ungeheuer l. sind XII, 104.
Last und Tragfähigkeit II, 51.
Laune. Scheußliche L. II, 315; »das ist nur eine L.« VII, 126.
Leben. Kürze des L. I, 1; L. und Tod XI, 1, 10, 17, 18, 20, 28, 44; Quantität von L. I, 3; eigenes L. I, 8; was ist »das Leben«? IX, 111; Wesen des L. XI, 15; zwei Principien des L. XI, 12; das Ungeheure »dieses« L. XII, 5; das ewige L. XI, 31; dein l. ändern I, 20; L. und Veränderung II, 135; XI, 32; L. ist nicht Vorbereitung II, 138; L. ist universell XI, 10; L. ist wesentlicherweise Leiden XII, 13; alles L. als ein Jagen II, 48; L. als Erhöhung des L. II, 58; wir sind nur Teilnehmer XII, 9; nur herumlenken, nicht erzeugen XII, 50; das L. hat viel von einem Traum II, 332; nur das L. erfreut das L. I, 26; L. als Schönheit und Verkümmerung I, 43; Zählen der schlechten und frohen Momente II, 13; L. nicht so schwer I, 20; II, 128; Frage nach dem Sinn des L. II, 22, 23; Achtung vor dem L. XII, 136; L. und Produktivität II, 60; L. und Lebenswissenschaft IV, 14; L. und geometrische Methode II, 179; L. und Kunst V, 1, 4, 5, 17; IX, 78, 111; L. als Kunstprodukt II, 119; L. nicht ohne politisches Prinzip II, 88.
Leere und Monotonie XII, 3.

Lehre. Die große L. II, 38; Mißtrauen gegen L. II, 182; nach der L. der großen Männer leben II, 203.

Lehrer. L. der Menschheit II, 160; die großen L. II, 247; L. als Jugendverderber VII, 87; L. und Apotheker VIII, 100.

Leiden. L. und Kampf II, 48; Überwindung des L. II, 94, 111, 167; XI, 23; Ausnahme des L. II, 95, 111, 167; L. nicht teilbar II, 157; die größten L. II, 167; Eintreten eines L. II, 168; was wir daraus machen 11, 169; L. und Leistung II, 254; das letzte und tiefste L. II, 293; tragische L. II, 294; die L. des Pioniers II, 297; Leben ist wesentlicherweise L. XII, 13; nicht am L. leiden XII, 94.

Leistung. Glanz der L. I, 25; Dankbarkeit für L. II, 149; Ls.verhinderung II, 183; L. und Muße II, 206; L. und Selbstdisziplin II, 194; L. und Einsatz II, 196; L. und Leiden II, 254; L. und Reinheit II, 262; L. und äußere Bedingung II, 272; L. und Änderung der Lebensführung II, 275; L. entfremdet II, 279; körperliche L. VII, 61; Krankheit als Bedingung von L. X, 21; wir als Vater und Sohn unserer L. XI, 27; L. und ihre Erklärung XII, 55.

Lernen. L. und Einfachheit II, 209, 210; L. und Gelerntes II, 264; L. in der Kunst V, 28, 34; der dauernd L. de VIII, 35.

Lesen. L. und Schreiben IV, 1, 4, 5, 18; XII, 105; gutes L. IV, 18; summarisches L. IV, 19; mit verschiedener Geschwindigkeit l. IX, 82; wenig, viel l. IV, 11; Lesefrüchte IX, 52; was hast du gelesen? IV, 10; Lese-Erlebnis IV, 17; persönliche Lesewirkung IV, 15; wie der unentwickelte Mensch liest IV, 9.

Der *Leser.* Der wirkliche L. IV, 1, 2, 4, 5, 6, 18; den L. beim Schreiben lieben IV, 15; L. und Künstler IV, 20; VI, 2; schlechte L. VI, 9; VIII, 132; wenn ich L. hätte VI, 45; zukünftige L. von »Nuancen und Details« VIII, 110; der deutsche L. IV, 19; der deutschschweizerische L. IV, 19.

Licht. L. der Nacht II, 14; L. und Tat II, 53; absolutes L. II, 156; L.stärken XII, 47.

Liebe. L. zu den Menschen I, 19; VIII, 19; die höheren Wesen lieben VII, 69; L. und Lebenssinn II, 22, 23; geistliche L. II, 114; nicht erwiderte L. XI, 24; mehr als Bewunderung II, 124; L. und Liebeslyrik VI, 32; L. muß im Schaffen sein VIII, 19; L. als Ausrede VII, 1; »L.« als verhurtestes Wort II, 171.

Lied. Wohl eine vergangene Form IX, 87.

Literarisch. L. Artikel VIII, 85; l. Schatzkästlein IX, 68; l. Demut IX, 74; l. Busenwärme IX, 75.

Literatur. Worauf es in der L. ankommt IV, 2; L. und Dialekt VIII, 81; IX, 37; Schweizer L. VIII, 82; IX, 27, 39, 45, 68, 74.

Literaturkritik. Schweizer L. VIII, 86; IX, 10.

Logos. Rätsel des L. II, 105.
Lohn. Der L. muß in dir sein II, 24; nicht des L. wegen I, 33; II, 57, 220.
Lokomotionen in der Tierwelt und der Technik VII, 57, 58.
Los. Sich das L. erleichtern XII, 108.
Lustlosigkeit. Absolute L. als Beginn des Wahnsinns XII, 141.
Lyrik und Prosa VI, 3.

Macht. M. ist nicht Wert I, 3; Realisierung der M. II, 174; M. und Huldigung II, 181.
Maler und Modell V, 29.
Malerei. Das Elementare der M. V, 21; M. und Wortkunst VI, 1.
Märchen. M. als Abkürzungen XII, 125; Das M. von den drei Aufgaben VII, 24, 25; IX, 101; Tierm. VII, 50.
Maß. M. und maßloses Prinzip II, 123; M. der Dinge II, 250; XI, 26; mich mit meinem M. messen IX, 114.
Masse. M. und Kunst VI, 1, 2, 3; die M. denkt wenig II, 65.
Mathematik. Reine M. kann nicht erblühen II, 27; M. ist leicht VII, 39; mathematische Begabung VII, 39.
Mechanisch. M. Bewegungen I, 17.
Meditation. Gewalt der M. VII, 174.
Medizin s. Arzt.
Meinungen müssen Wirklichkeit haben VII, 102.
Melancholie und Wahnsinn XII, 141.
Das *Melodische* in der Prosa VI, 46, 47.
Mensch. Die M.en bessern sich wenig und spät I, 39; Liebe zu den M. I, 19; VIII, 19; der tätigkeitslose M. I, 34; Wert eines M. I, 3; M. und Wert II, 133; Größe des M. II, 104; der M. ist ein Sehender VIII, 12; der M. muß ein Strahlen sein VIII, 19; der M. ist ein manisches Wesen IX, 104; der einzige M. ist unsterblich XII, 52; eine vorübergehende Synthese XII, 127; als Versammlungsplatz der eigenen Stärke und eigenen Schwäche II, 224; wenn die M. rein leben würden II, 262; M. als Forscher und Verschwender II, 265; des M. Wesen II, 330; ein M., dessen Vorzüge in lauter Negationen bestehen III, 9; der M. schaut dem Entschwundenen nach II, 244; M. als Produkt des Milieus und der Persönlichkeit II, 42; sind die M. entsetzlich dumm? II, 128; M. und Natur II, 140; M. und Tier VII, 50, 91, 92, 93; VIII, 19; IX, 86; M. und Veränderung II, 193; M. der Zukunft II, 193; M.würde und Bücherwürde IV, 7, 8.
Messen. Den andern m. II, 191; sich selber m. II, 192.
Meßbarkeit. M. und Leben II, 306.
Messiasse. Erklärung der M. II, 46.

Metall. Deine Sätze sollen wie M. sein VI, 47, 48.
Methode. M. des Arbeitens I, 10; M.n des Praktischen II, 300.
Herr Meyer. »Definition« I, 14; H. M. und die Arbeit I, 14; Frau M. und die Arbeit I, 17; H. M. und der feste Boden I, 13, 14; H. M. und die Dreistufigkeit I, 22; H. M. und die Entwicklung II, 294; H. M. als Schriftsteller VI, 32; H. M. als Leser VIII, 110; H. M. redet VIII, 111; H. M.s Vorwürfe XII, 121 (→Apotheker).
Milieu. M. und Persönlichkeit II, 42; M. und Erziehung II, 45; menschliches M. II, 59.
Mitteilung. Verkleiden der M. IV, 13 (→Kommunikation).
Moral. M. und sittliche Basis II, 187; M. und Weltentwicklung II, 283; die M. sei in deinem Beruf II, 320.
Mittelpunkt und Bewegung II, 70.
Mond. Nach dem M. fahren II, 104.
Mondwald und Igelwald VII, 20, 24, 31, 76, 134, 145; IX, 21, 52; XI, 35.
Müdigkeit. Das einzige selige Gefühl beim Empfangen des Todes XI, 29; M. ist der Anfang des Endes XI, 34.
Musik. Möglichkeit der M. XII, 4; um M. zu verstehen VIII, 114; Apotheker und die M. VIII, 55; »M.« der Sätze IV, 19; »M.« in der Sprache IX, 87.
Muße als Voraussetzung der Leistung II, 206.
Mut. M. als Dimension der Kunst V, 25; M. als Größe des Geistes V, 26; Denken ist vor allem M. VII, 166; M. als sicheres Wissen, daß man nicht sterbe XI, 43; M. des Akrobaten VII, 14.
Mythos. M. und Formen V, 10; man schafft sich den M. selbst VII, 113.

Nachahmung und Aufgabe V, 26.
Nachfolge und Erbschaft II, 203.
Nacht. Das Licht aus der N. nehmen II, 14; N. über dem Ozean II, 15; man sieht in der N. weiter II, 39; richtige Mischung von Tag und N. VII, 27; die Stille der N. fördert Ideen VII, 154.
Nähe. Momente der N. II, 26, 151.
Narren. Wer ist ein Narr? VIII, 108; N. und Wahrheit VI, 42; N. kommen hinterher II, 16.
Nation. Ob N. nötig ist VIII, 68.
Nationalität und Nationalismus IX, 30.
Natur. N. und Mensch II, 140; N. und Vergeudung II, 225, 281; N. und Kunst V, 2; N. ist nur in Bewegung VII, 20; N. und Geist XII, 14; Einfluß der N. auf die geistige Arbeit XII, 123.
Neu; Neuheit. Alte und n. Kunst und Bilder XII, 99; neues Schreiben IX, 115, 116, 117; N. der geistigen Entdeckungen IX, 1.

Das *Negative*. Die Dinge am N. messen ist der Tod XI, 33.
Not. Schöpferische N. XII, 139.
Notlage. Kurze und dauernde N. II, 259; sich in die N. eines andern versetzen XII, 18.
Notwendigkeit. Ort der N. II, 139; N. und »Freiheit« II, 206.

»Objektiv«. Vollkommen o. sein XI, 14; Umschlag des subjektiven ins o. Denken XI, 4, 7, 8, 15; die Welt als das O. XII, 125.
»Objektivität« und Liebe und Haß II, 266.
Offenbarung und Psychologie II, 239.
Ort. Die keinen O. besitzen II, 133; Wirkung bestimmter O. VII, 20, 31.

Panzerung in Notlage II, 260.
Papsttum. Als Institution II, 159; Macht des P. durch Kreuzzüge II, 207, 208.
Pathos, Rhetorik und Wortgewalt IX, 78.
Patriotismus. Inländer sein VIII, 66; ob Nation nötig sei VIII, 68; Komp. VIII, 69; Gebote des P. VIII, 74.
Persönlichkeit. P. und Milieu II, 42; P. formt sich durch geistige Erlebnisse II, 207.
Pessimist als schlechter Mensch II, 84, 85; VIII, 20; XII, 36.
Phantasie. Ph. und Fundament II, 275; Ph. als Rettung V, 27; XII, 140; Ph. als Gewalt über das Ferne VII, 70; XII, 57, 81; Mangel an Ph. als Sünde VIII, 26; Ph. und Tat XII, 82; das Wichtigste über Ph. XII, 57; Notwendigkeit der Ph. XII, 80; Ph. ist das gewaltigste geistige Vermögen XII, 81; Ph. hilft zu allem XII, 97; Ph. als Fähigkeit der Verbindung XII, 100; Ph. und Einfälle XII, 81, 140; Ph. ist kein Schaffen XII, 109; Ph. als Grad des geistigen Sehens XII, 125; Ph. ist die Erscheinungsform der schöpferischen Not XII, 139.
Philosoph. Welcher Ph. ist denn bekannt? IX, 110; zwei Arten von Ph. XII, 43; sein eigenes System nicht verstehen XII, 127; die Ph. allein haben die Realität gekannt XII, 84.
Philosophie. Bilanz ziehen in der Ph. II, 127; Ph. und Widerspruch II, 236; XII, 4; Ph. und System II, 235; Ph. und Kunst VII, 118; XII, 39; Ph. und Leben IX, 20; XI, 10; irgendwo muß man die Ph. verlassen IX, 30; die beiden Ph. XI, 10; Ph. ist für die Menschen XII, 42.
Physik. Vorbild der Ph. II, 62.
Physiologisch. Die ph. Grenze XI, 22; XII, 121.
Plagiat. P. und Wort VI, 29; was keine Bedeutung hat, ist P. VI, 30; alles Unrichtige ist P. IX, 67, 68; P. und »gewöhnliche Wahrheit« IX, 64; die deutschsprachige Schweiz als Heimat des P. IX, 77.

Plan und planloses Schweifen VII, 112.

Poesie. Wesen der P. IV, 12; P. von einer anderen Seite gesehen IX, 27; es gibt keine poetischen Lizenzen IX, 39.

Polemik. P. als literarische Gattung VI, 32; IX, 68; wo P. Sinn hat VIII, 13, 15; Arten der P. IX, 66.

Politik und Leben II, 88, 89.

Politiker. P. und Welterlösung II, 253; P. und Dichter II, 321.

Potenz. Schöpferische P. II, 133.

Praktisch. P. – unp. VII, 37, 38, 41.

Das *Praktische*, das mehr ist II, 309.

Problem. Das P. flasch/richtig stellen VIII, 22.

Produktion. Man lebt in seiner P. II, 269; auch das Nehmen jedes Genusses ist P. VII, 21; Höhe der geistigen P. XII, 118, 124.

Produktivität. P. und Leben II, 60; P. und Produziertes II, 144; IX, 29; P. als Ernährung des Menschen VII, 159; P. und Ruhe XI, 25.

Produzieren. Daß wir nur durch P. wachsen VII, 20; wer nicht mehr p., stirbt rasch XI, 30.

Prognosen als Prüfungsmittel der Sehfähigkeit II, 28, 29.

Prosa. P. und Lyrik VI, 3; P. und Stoff VI, 4; methodische P. VI, 46, 47.

Psychologie; Psychologen. Falsche Ps. und Nichtps. II, 74; Ps. als Herabsetzung der Leistung? XII, 55; zwei Gruppen von Ps. II, 74.

Quantität. Künstler als größere Qu. II, 119; Qu. und Identität XII, 27, 53.

Rat geben. Drei Stufen des R. II, 10.

Rätsel. Das R. weder leugnen noch lieben II, 289.

Raum. R. und Zeit V, 39; Zeit und Schreiben VIII, 87.

Rausch. Immer im R. leben II, 118.

Das Reale. D. R. als das Unnennbare IV, 2; wo ist d. R.? VII, 170; Kriterium des R. VIII, 28; worin alle großen Dichter und Denker einig sind XII, 114; aus dem wechselnden Irdischen herauf dämmert d. R. XII, 145.

Realisierung. Stufen der R. II, 224; R. findet nur in der Idee statt XII, 115.

Rechnung und Richtigkeit (Genauigkeit) II, 126.

Rechtfertigung an den Leser VI, 45.

Redaktor. Regeln für R. VI, 41; Fragmente über R. VIII, 44-48.

Rede. Macht der R. XII, 109 (→Rhetorik).

Reden. R. und Schwatzen III, 1, 2, 15, 20; R. und Schreiben III, 1; R. verändert III, 4; Bedeutung des R. III, 5; nicht zu r. als Luxus III, 6; R. und Schweigen III, 7, 10, 11, 13, 15; es kommt nicht darauf an, worüber wir r. IX, 51.

Redner. Arten der R. III, 22, 24, 27 (→Rhetorik); R. und öffentliches Auftreten III, 23; Kluft des R. zum Politiker III, 24; R. und Kommunikation III, 25; Gemälde eines R. III, 26.

Reformation als Ereignis II, 243.

Reich. Pflicht, r. zu sein II, 25, 118, 144; XII, 115.

Reinheit und Unr. XII, 151.

Reise; reisen. R. und Geisteskraft XII, 29; am R. hindern ist Sünde XII, 70; man muß r. XII, 71; warum r.? XII, 77; eine Sache des Temperaments XII, 78; R. und Natur XII, 119; R.berichte VII, 110.

Religion. Ihr Werden II, 125; R. und seelische Würde II, 163; R. und Wahrheit II, 205.

Revolution. Zeitalter fortwährender R. II, 208; französische und russische R. II, 243.

Revolutionäre sind von schwerem Material II, 132.

Rezept. Sicheres R. ein großer Schriftsteller zu werden VI, 44.

Rhetorik, Pathos und Wortgewalt IX, 78 (→Rede, Redner).

Richtigkeit. R. als Freund II, 201; richtig oder falsch VIII, 133; XII, 140.

Richtung. R. und Weg II, 79; Gesetz der nicht zu ändernden R. II, 163.

Roman. R. fangen Leser VI, 10; R. als Hilfsmittel, fremde Sprachen zu lernen VI, 11; da man noch R. schreiben mußte VI, 12; Arten des R. heute VI, 13; was dem R. heute zu wünschen wäre VI, 30; die besten Bücher sind längst keine R. mehr IX, 57; daß R. lesen dumm macht IX, 68; wohl eine vergangene Form IX, 87.

Ruhe. R. und Bewegung II, 184; VII, 20; R. tötet VII, 20, 47; R. und Produktivität XI, 25; der Mensch wird nie ausruhen können VII, 23; der geistige Arbeiter hat keine Möglichkeit zum Ruhen IX, 50.

Ruhm. R. und Anerkennung II, 256, 273; IX, 4; R. ist Macht II, 273.

Sache und Form IX, 61.

Sagen. Wieders. und nachs. II, 216.

Sand als schlechteste Materie VIII, 113; IX, 49.

Schaffen. Es gibt kein Sch. XII, 109; Sch. und Kritik XII, 117.

Scham als Lebensschutz VII, 140.

Schau als höchste Erkenntnis XII, 115.

Schauen. Sch. und Wissen XII, 34; Sch. und Erschauern XII, 45.

Schicksal; kämpfen und hadern XII, 6.

Schlaf. Sich einer mächtigen Produktion zuwenden VII, 20; Sch. ist nicht Selbstzweck VII, 21; Sch. und Wachwerden VII, 74.

Schmerz ist regulierbar XII, 44.

Schmuck. Arten des Sch. VII, 124.

Schönheit. Sch. und Kunst V, 21; Sch. des Diamanten VII, 81; Sch. der Glaskugeln VII, 82; die Sch. ist nicht schön XII, 33; Rätsel der Sch. V, 36.

Schöpferisch. Sch. heißt verändernd I, 17; sch. und mechanische Kräfte I, 17; das Sch. im universalen Sinne I, 17 Anm.; der sch. Gedanke II, 79; IX, 21; die sch. Macht II, 133; IX, 48; ein sch. Zeitalter II, 208; der sch. Geist und die Umwelt II, 257; Zugang zum Sch. II, 258; sch. Menschen sind größere Quantitäten XII, 21; falsche Vorstellung vom Sch. IV, 5; das Sch. als Nicht-Plagiat VI, 30; Sch.es und Konventionelles XII, 117.

Schöpferkraft. Sch. und Fähigkeit, Lust zu nehmen II, 92; Sch. und Moment XII, 87.

Schreiben. Leichteres, schwereres Sch. I, 16; die Sauerkeit des Sch. I, 26; Sch. und Bergsteigen II, 90; VII, 130; Sch. und Reden III, 3; IV, 20; Lesen und Sch. IV, 1, 4, 5, 18; XII, 105; nicht sch. können und nichts zu sagen haben VI, 7; etwas sch. – über etwas sch. VI, 8; gut Sch. – von sich Sch. VI, 17; das gute Sch. – Reden mit eigenen Worten IX, 73; das gut Geschriebene VI, 18; IX, 111; Sch. als Bestätigung der faulig gewordenen Ordnung VI, 22; Sch. und Denken VI, 24; Sch. und Zitieren VI, 31; das Geschriebene erzeugt Lust VI, 25; Schreibregeln VI, 36, 37, 43; IX, 37; Schreibregeln von Redaktoren VI, 41; Schreibregeln von Schweizer Schriftstellern IX, 37; die große Regel II, 221; Allgemeinstes vom Sch. IX, 64; strengste und allgemeinste Norm XI, 12; das Interessante am Anfang VII, 72; die ganze Kunst des Sch. VI, 30; da wäre denn Sch. so leicht? IX, 65; vom Sch. wegtreiben VI, 43; ohne ein Ende sch. VI, 49; beim Sch. VII, 71; Quantum und Räume VII, 130; als Briefe sch. VII, 131; Sch. und Journalismus IX, 57; Sch. im Traum X, 29, 30.

Schriftsteller. Selbstkritik des Sch. II, 67; Wirkung des Sch. II, 81; Sch. sind Forscher VI, 20; Macht des Sch. II, 208; Warnung vor Sch. II, 108; entscheidende Arbeit des Sch. IV, 20; Sch. und Leser IV, 20, 21; VI, 10; schwer und leicht verständlicher Sch. VI, 19; Schwierigkeiten großer Sch. VI, 38; sicheres Rezept, ein großer Sch. zu werden VI, 44; der Sch., der mir als Bild vorschwebt VI, 47; das unpraktische Wesen des Sch. VII, 36; ein Blinder als Sch. VII, 120; das Finden des Sch. VII, 79; ein echter schweizerischer Sch. VIII, 88; Sch., Journalist und Wissenschaft IX, 44; Lieblingssch. IX, 58; das wahre Kriterium, daß einer ein Sch. sei IX, 61; Sch. und Erfolg IX, 62; die nichts/etwas zu sagen haben IX, 69; theologische und weltliche Sch. IX, 76; Sch. und Neues schreiben IX, 115, 116, 117; soll er das Wort zertrümmern? IX, 123.

Schuld verbindet II, 293.

Schule. Sch. und Geist II, 82; Wirkung der Sch. II, 210; Sch. und Freiwilligkeit II, 206; Unterricht an Mittelsch. VII, 40.

Schwäche des Menschen II, 224.

Schwatzen. Sch. und Reden III, 1, 2, 16, 20, 21; Sch. und Schweigen III, 19, 20, 21; Sch. als Fliehen vor der Arbeit III, 17.

Schweigen. Sch. und Reden III, 7, 10, 11, 13, 15; Sch. und Schwatzen III, 19, 20, 21; Sch. sei Gold III, 8, 16; es gibt kein bedeutendes Sch. III, 10; »Genuß des Sch.« III, 11; wer darf sch.? III, 14.

Schweiz. Deutschsprachige Sch.: die unsolideste Prosa VI, 40; IX, 38; als Heimat des Plagiats IX, 77; Helvetisches VII, 111; Witze in der Sch. VIII, 48; Starrheit VIII, 70; Sch. und Freiheit VIII, 76; Sch. leidet an vorzeitigen Versöhnungen IX, 10; Theologie in der Sch. IX, 11.

Schweizer. Mit 19 Jahren Greise II, 303; Sch. und die Berge VIII, 67; charakteristische Züge der Sch. VIII, 71; das Gehör der Sch. VIII, 72; Gebote für den Sch. VIII, 74.

Schweizerisch. Sch. Literatur VIII, 82, 83; IX, 37, 39, 40, 45, 74; sch. Literaturkritik VIII, 86; IX, 10; sch. Schriftsteller VIII, 88; sch. Dialekte IX, 12.

Schwierigkeit ein den Dingen fremder Begriff XII, 107.

Schwimmen. Sch. als Bild der Methode I, 10; Sch. und integrale Bewegung II, 172; Sch. lernen als Bild für Sprachen lernen II, 211; Sch. als Bild für das Erzählen VI, 16.

Sehen. Die Sterne s. bei Nacht und bei Tag VII, 4; s. und Zeit haben II, 299; s. – nicht s. VII, 85, 88, 89, 122; VIII, 53; S. und Tun XII, 17; S. und Sein XII, 22; sehend nicht s. XII, 25; S. ist das Gesetz des Lebens XII, 46; S. und Allgemeines XII, 92; sinnliches und geistiges S. XII, 125; der Mensch ist ein Sehender VIII, 12.

Seher. Blindheit und S. II, 310; VII, 83.

Sehfähigkeit. Prüfmittel der S. II, 28, 29.

Sein. S. und Sehen XII, 22; alles, was du bist, wirst du einst sein XII, 152.

Selbstbewußtsein und Leben II, 64.

Selbstdisziplin und Leistung II, 194.

Selbstkritik des Schriftstellers II, 67.

Siegen. Technik des S. II, 284.

Sinn. Frage nach dem S. des Lebens II, 22; S. der Sinne I, 50; S. und Mythos V, 10; S. u. Wort V, 11; S. und geistiger Wille XI, 41; es hat fast alles einen tiefen S. XII, 10.

Sinne. S., Erkennen und Tun I, 50; S. und Denken XII, 125.

Sinnlichkeit. Die neue S. XII, 142.

Sinnlosigkeit als Gefahr II, 203.

Sohn. Zum Gleichnis vom verlorenen Sohn IX, 48.

Sonn- und Feiertage: VIII, 19, 20, 21, 95, 96, 125.

Sophismus und Theologie II, 129.
Sorgen als eine Stufe zur Höhe XII, 104.
Sozial. Die einzige s. Einstellung II, 323; das Werk als etwas S. X, 1; Verhältnis des Individuellen zum S. XI, 4.
Sozialismus. S. und Genie I, 29; II, 227; S. und Geist II, 145; S. als Fortsetzung der Reformation II, 243; Arten des S. VII, 26; S. als Bedrohung VII, 147; S. und Kommunikation IX, 16.
Spannungsverhältnis mit geistigen Entwicklungen II, 248.
Sparsamkeit. S. und Verlust II, 47; S. und Weisheit II, 246.
Spezialisten. S. haben Nacht-Augen VIII, 43; S. und Universalität II, 253.
Spiegel. Überall S. II, 110; Beziehung zur Vergangenheit als S. VII, 113.
Spiel. Sinnvoll aufs S. setzen IX, 83.
Sport. Die Welt des S. V, 34.
Sprache. Sprachliche Begabung VI, 39; S.fehler verschiedenen Grades IX, 88; S. wörtlich zu nehmen IX, 107.
Sprechen. S. als Arbeit (Reden) und als Aufschieben der Tat (Schwatzen) III, 1; Schamgefühl beim S. VIII, 93.
Sprichwörter. Verwendung der S. II, 68; VI, 34; alle S. sind Lügen VIII, 50; S. um sich aus der Sache zu ziehen IX, 76; zu einzelnen Sprichwörtern: VIII, 50 Anm., 51, 73.
Standort und Urteil VII, 90.
Stärke des Menschen II, 224.
Sterblich. Wir sind st. XII, 121.
Stil. St. und Distanz IX, 80, 81; wissen, wo St. ist IX, 82.
Stille. Ewige St. III, 12.
Stoff. St., Gehalt und Form IV, 3; St. und Geist V, 13; VI, 5; St. und Kunst V, 15, 41; VI, 6, 7, 8, 21; VII, 123; IX, 39; XII, 116; Bedeutung des St. IX, 59; Bewältigung des St. IX, 60; St. (»Handlung«) als Attrappe für den Leser VI, 9; worüber ich schreibe VII, 132.
Straße. Eine St. erkennen I, 36 (→Weg).
Streit. »Der St. wird ewig währen« II, 290; St. um Ansichten VII, 10.
Ströme vor den innern Sinnen II, 330.
Stummheit und Schwatzhaftigkeit III, 19, 20.
Subjektiv. Umschlag des s. ins objektive Denken XI, 4, 7, 8, 15; das Subjektive im Ich XII, 125.
Sünde. S. und Bewußtsein II, 183; die größten S. VIII, 26; sündigen im Verhältnis zum Einzelnen XI, 11.
Synonyme gibt es nicht IX, 37.
Synthese. Wir sind eine vorübergehende S. XII, 127; jeder große Geist ist immer eine S. XII, 128.

System. S. und Größe II, 30; kein S. macht die Intelligenz überflüssig II, 195; das S. zwingen II, 236; S. und Widerspruch II, 236; S. und Wirklichkeit II, 235; S. und Natur II, 248.

Tag. Richtige Mischung von T. und Nacht VII, 27; T. und Traum X, 33.
Talent, Intelligenz und Wille II, 80.
Tat. Erkennen und T. I, 47, 48, 49; XII, 16, 17, 115; die große T. I, 18, 19, 20, 24; die kleinen T. I, 18, 19, 20; gute T. II, 12, 97; T. ein anderes Quantum von Licht II, 53; am Anfang war die T. XII, 70; T. und Phantasie XII, 82.
Tätigkeit; der Tätige (s. a. Arbeit). Der wirkliche T. I, 31; falsche T. II, 52; eine T. nährt die andere II, 118; das eine tun, um das andere zu tun II, 143; wahre T. II, 267; jede T. muß legitim sein VII, 22; Verhinderung der legitimen T.? VII, 23; unbedingte T. X, 5; T. als Unvergängliches und als Fragment XI, 12; T. hebt Gegenwart auf XII, 80; Tun, Schreiben und Reden III, 3; der tätigkeitslose Mensch I, 34.
Tatsachen und System II, 235.
Teilnahme. Volle T. II, 171.
Thema. Gutes und »geladenes« Th. VI, 6.
Theologen (Geistliche, Pfaffen). Polemik mit Pfaffen IX, 66; Fragmente über Th. VIII, 31-34; falsches Pathos der Th. IX, 78; Th. als Todes-Philosophen XI, 10.
Theologie. Th. als Irrlehre II, 70; Th. und Sophismus II, 129; Th. und System II, 235; Th. als Plagiat IX, 77; Th. in der Schweiz IX, 11, 13, 77; Th. ist für die Theologen XII, 42; th. Dichter sind geistige Parasiten IX, 76, 77.
Theorie und Beobachtung II, 241.
Tier. Mensch und T. VII, 50, 91, 92, 93; IX, 86; Lokomotionen der T. VII, 57, 58; blind wie die T. XII, 16; Achtung vor dem T. XII, 136; Haust. VII, 59; T.namen VII, 97; T. und der Tod XI, 3, 36; Einschätzung der T. VII, 91; T.arten: Vögel VII, 60, 87; Hunde IV, 9; VIII, 49, 50, 106, 112, 130; XII, 136; das Pferd VIII, 56.
Tochter. Zur Bezeichnung »T.« IX, 35, 36, 79.
Tod. Der eigene T. I, 9; T. und Arbeit I, 51; XI, 1; T. erfreut nicht das Leben I, 26; nichts mitnehmen I, 45; T. und Beharrung II, 135; XI, 32; T. als Kleinigkeit II, 332; ein klarer T. V, 39; T. von Nächststehenden VII, 156; T. und Leben XI, 1, 10, 17, 18, 20, 28, 44; Wissen vom T. steigert das Leben XI, 18, 20; der Gedanke des T. als Anfang unseres Denkens XI, 2; wissen, daß man stirbt und daß man nicht stirbt XI, 12, 13, 14; T.überwindung XI, 4, 7, 8, 13, 14, 15; XII, 115; Stufen der Überwindung des T. XI, 3; T. als Kalamität XI, 6; T. und Ewigkeit XI, 12; ein genaues Bild vom T. XI, 14; T. gibt Distanz XI, 16; das praktische Problem des T. XI, 17; T. als totale

Tatsache XI, 18; T. als unser Rahmen XI, 19; T. als langsames Sterben XI, 21; T. als Exponent für physiologische Grenze XI, 22; T. überrascht uns XI, 23; T. und Weisheit XI, 26; T. als lebensspendendes Element XI, 28; T. und Müdigkeit XI, 29; T. und Produktion XI, 30; die Dinge am Negativen messen XI, 33; Lasset die Toten die Toten begraben XI, 35; Kinder vor dem T. XI, 37; T. und Tier XI, 3, 36; Farben des T. XI, 38; T. und Mut XI, 43; der T. ist nicht schwer zu begreifen XI, 44.

Tragik/das Tragische. Was T. ist II, 294; Wesen des T. XII, 95; Versöhnung im T. XII, 121; »Tragödien, die nötig sind« IX, 108.

Träume. Deutung der T. II, 28; Leben und T. II, 332; XII, 79; T. und Wachsein X, 7, 14; Geist der T. X, 10; T.vollendung X, 1; T. und Ich X, 26; T. und Dichtung X, 31; Mitteilbarkeit eines T. X, 32; Projektion als Verfahren des T. X, 34; der positive T. XII, 113; Wege zu den T. X, 19; T.bilder und Wirklichkeit X, 2, 13, 20, 21, 31; an T.bildern zeichnen lernen X, 2, 34; einzelne Träume II, 204; X, 3, 4, 5, 6, 7, 8, 9, 10, 11, 12, 13, 15, 16 17, 18, 21, 22, 23, 24, 25, 26, 27, 28, 29, 32, 34; XII, 32.

Träumer. Alle Mächtigen waren T. II, 147.

»Träumerisch«. Da sei nicht träumerisch VI, 35.

Traurigkeit. Was T. ist II, 296.

Treue oder Verdienst II, 133.

Trunkenheit. T. als Kunst II, 296; T. als Flucht in eine Art von T. XI, 4.

Übel. Nur *ein* Ü. XI, 6; Abgrund aller Ü. XII, 120.

Übeltaten. Hinnahme von Ü. II, 216.

Übernehmen und Finden V, 7.

Umstände. U. des Arbeitens I, 1, 12; U. und Willensschwäche II, 43; U. und geistige Leistung II, 100; VII, 173; Überwinden der U. II, 111; U. und Ewigkeit Haben XII, 135.

Unabhängig werden VII, 143.

Unausstehliche Dinge VIII, 106.

Das *Ungeheure* »dieses« Lebens XII, 5.

Unglück. U. und Kampf II, 48; nur *ein* U. II, 52, 121; das U. allein ist noch nicht das U. II, 233, 333.

Unglückliche: die sich nicht durch Produktion erlösen können II, 105.

Das *Universale.* D. U. und die Veränderung I, 23; d. U. als Musikorganisation II, 329.

Universum. U. und Mensch II, 104; U. als sich gleichbleibende Eins II, 133.

Unkenntnis und Urteil II, 252.

Das *Unnennbare* in der Dichtung IV, 2.

Unterlassung. Entschuldigung einer U. II, 55.

Unterricht. U. und Vorbereitung II, 210; U. und Sprache II, 211.
Unveränderliches und Veränderung I, 46; II, 2 (→Veränderung).
Das *Unvergängliche* und das Fragment XI, 12, 14.
Unwahrhaftigkeit und Diskretion II, 325.
Unwandelbar im Wandelbaren XII, 12.
Urchigkeit der Schweizer VIII, 72.

Veränderung. V. und Unveränderliches I, 46; II, 2; V. zur richtigen Zeit II, 5; V. des Bewußtseins II, 19; V. der Fragen II, 18; V. allein der Wert II, 122; dauernde V. II, 135; V. der Welt II, 136; VIII, 6; V. und Nichtigkeit II, 193; V. wollen IV, 20; meine Liebe gehört denen, die V. wollen XII, 15.
Verblendung. Der V. fähig II, 314.
Verdienst oder Treue II, 133.
Vergangenheit. V. und Gegenwart II, 40; V. ist fortzeugend XII, 137.
Vergeudung durch die Natur II, 225, 281.
Vergleichungen. Keine Erlaubnis für V. VI, 43; VIII, 126.
Verlustposition. In einer V. I, 35.
Verneinung. Völlige V. II, 22.
Vernunft und Welt II, 130.
Versöhnung. Die vorzeitigen V. der Schweiz IX, 10, 11, 77; voreilige V. als Plagiat IX, 77.
Verständnis und Mißv. II, 226.
Verstehen. Prinzip des V. II, 251; V. zur rechten Zeit II, 327; integral V. IV, 6; Nicht-V. der Anderen II, 257.
Vertrauen. V. in das Element I, 10; V. zur Welt XII, 148.
Verzweiflung der großen Geister XII, 134.
Vokale schneiden dem Lebendigen den Weg ab IX, 87.
Volk und geistiger Arbeiter II, 154.
Vorbereitung. Lähmende V. II, 118; Leben als V. II, 138; V. und Würde II, 210; es gibt gar keine V.en II, 197, 218; XII, 80; V. und Definition II, 221; Gefährlichkeit der V. III, 1; XII, 96; Kunst erlaubt keine V. V, 16, 17; VI, 44; XII, 121; V. für V. VII, 13; V. auf den Tod? XI, 18.
Vorurteil und Wirkung VII, 8, 9.
Vorwürfe. Beleidigende V. II, 255.

Wachsen und Altern II, 103.
Wachwerden und Schlaf VII, 74.
Wahl. Die W. bei Lesen und Schreiben IV, 5.
Wahnsinn. Arten des W. II, 291; W. als Fahrenlassen II, 296; W. und Geist

VII, 135, 136; über eine W.gefahr IX, 50; Lustlosigkeit und W. XII, 141.

Wahrheit. W. und Religion II, 205; W. und Werk II, 328; W. und Mitteilung IV, 13; die Narrheit verschafft der W. Dauer VI, 42; nah und fern der W. VIII, 92; Binsenw. IX, 64; die paar großen W. an den Mann bringen XI, 2; die W. täglich neu erkämpfen XII, 48, 103.

»*Warum?*« »W.« sagen VIII, 61, 90.

Weg. Der richtige W. I, 1; die W.e wollen I, 27; wo ist der W.? II, 1; W. der andern II, 11; W. und Denken II, 19; W. als eigentliches Ziel II, 36; Länge des W. II, 131; immer die Frage des W. II, 167; W. und adäquate Bewegung II, 172; Schwierigkeiten des W. VII, 12; bis einer hervortritt nach oben XII, 150.

Der *Weise* und der Tod XI, 26.

Weisheit. Formen der W. II, 9; W. und Alter I, 43; II, 103; W. bereitet Wege II, 115; größte Stufe wahrer W. XI, 17; in deiner jetzigen Lage XI, 25.

Welt. W. als größte Persönlichkeit I, 38; an der W. teilnehmen I, 24; kein Entweder – Oder II, 3; W. fault rasch II, 116; W. und Vernunft II, 130; daß man die W. lassen muß XI, 24; die W. souverän ausschalten XII, 121; W. ist sehr gut XII, 13; W. als ewiger Neubeginn XII, 66, 69; W.veränderung II, 136, 137, 139; XII, 15.

Weltgeschichte ist Vorstufe zur Geistesgeschichte XII, 28, 52.

Werk. W. und Wert II, 133; Wahrheit und W. II, 328; W. und physische Kraft VII, 137; W. sind Briefe an den Freund II, 153; zwei Arten der W. II, 319; alles ist W. VII, 150; W., in gewissem Maße etwas Soziales X, 1; unsere W. sind viel tiefer als wir ahnen XII, 58; größtes W.: den Tod zu überwinden XI, 3 (→Tod: Überwindung des T.).

Wert. Die W. selber erzeugen I, 45; W. geben VII, 84; menschlicher W. I, 3; II, 139; persönlicher W. und Kunst IX, 44; überall dieselben W. II, 98; W. der Veränderung II, 122; W. und Werk II, 133; W. des Menschen II, 133.

Wesen und Werk XII, 58.

Wetter. Das Gewitter als schönstes W. VII, 63, 133.

Das *Wichtige.* Risiko des W. II, 41.

Widerstand. Jeder einzelne Schritt das Brechen eines W. I, 25; W. und Macht II, 60, 131, 132; W. als Maß des Geistes II, 189; W. gegen die Zeit IV, 21; Arten des W. VII, 155; Ort des W. II, 249.

Widerspruch und System der Philosophie II, 236.

Wille. Intelligenz, Talent und W. II, 80; guter W. II, 83; W. und Widerstand II, 91; W.schwäche und Umstände II, 43; W. zur Größe II, 134; Macht des W. XI, 41.

Wirkung. Arten der W. IV, 20; Vorurteil und W. VII, 8, 9; W. bestimmter

Orte VII, 20, 31; das W.- und das nicht W.-Gewordene XI, 6; die Lebendigsten haben keinen W.kreis V, 37.

Wissen. Arten des W. II, 200; W. als »Stückwerk« II, 237; der Raum des W. II, 264; viel W. haben II, 287; W. und Glauben II, 292; Intensitätsgrade des W. III, 5; menschliches W. und Nominal-W. VI, 31; durch sein W. leben VII, 157; W. und tun VIII, 41; wir w. fast nichts X, 27; W. und Schauen XII, 34; W. ist nicht das Höchste XII, 36; w., was man kann XII, 129.

Wissenschaften. Konsekrierte W. II, 81; Bilanz ziehen in der W. II, 127; W. und wissen II, 288; Schriftsteller, Journalist und W. IX, 44.

Witze. W. und Witzigkeit VI, 42; W. und Dialekt VIII, 118.

Wort; Worte; Wörter. Seine Eckigkeit des Metalls II, 33; W. als kostbare Dinge II, 34; W. sterben ab II, 68; »und das W. ward Fleisch« V, 10; Körperlichkeit der W. V, 10, 11; W. als Fundament der W.kunst V, 21; IV, 19; als Stoff des Geschriebenen VI, 28; W. und Kommunikation V, 39; W., die nicht Gewalt antun VI, 29; das Beste und die W. IX, 34; immer in neue W. zu fassen XII, 83; »das W. faßt nicht jeden« IX, 123; W.genauigkeit IX, 39, 112; W.gewalt, Pathos und Rhetorik IX, 78; von einzelnen W. IX, 79; das Schönste an den W. XII, 59.

Wortkunst. Einteilungen der W. IV, 3; »Musik«, »Bilder« und Wort in der W. IV, 19; das Elementare der W. V, 21; W. und Malerei VI, 1; die W. braucht keinen Stoff V, 15, 41; VI, 6, 7, 8; gute und schlechte W. VII, 80 (→Dichtung; Kunst, Schreiben).

Wunder. Ort des W. II, 232; W. und Ernährung II, 274; wenn das W. da ist VI, 43; W. parallel zu Kunst XII, 72, 73, 74; nicht auf W. warten XII, 111, 113; W. geschehen nur dann . . . XII, 131.

Würde. Seelische W. II, 163; W. und Vorbereitung II, 210.

Würdenträger VIII, 129.

Zartheit. Z. als Grundelement der Kunst V, 30; Z. und Zärtlichkeit VI, 39; VII, 160, 161.

Zaubern. Wenn du nicht z. kannst XII, 110, 111, 113, 115.

Zeit. Raum und Z. V, 39; Raum, Z. und Schreiben VIII, 87; zur rechten Z. II, 5; VII, 77; der die Z. für sich hatte IX, 24.

Ziel. Warum man es erreichen muß II, 117.

Zitieren. Z. und Schreiben VI, 31; wie das Z. aufgefaßt werden muß VII, 139; IX, 109.

Zufall. Z. und Wunder II, 232.

Zugänge. Neue Z. VII, 129.

Zu spät II, 101.

Zwei. Die Zahl 2 II, 2, 158, 159; Z.heit in den Gebilden XI, 10.

Inhalt

Vorwort		5
I.	Vom Arbeiten	7
II.	Vom Erreichbaren und vom Unerreichbaren	41
III.	Reden, Schwatzen, Schweigen	207
IV.	Der Leser	223
V.	Kunst	249
VI.	Vom Schreiben	297
VII.	Varia	347
	Anhang zu VII. Autobiographisches	435
VIII.	Apotheker	465
IX.	Literatur	543
X.	Traum und Träume	655
XI.	Vom Tod	687
XII.	Bild	717
Anhang		
Personen-Register		797
Sach-Register		804